普通高等教育“十一五”国家级规划教材

新编21世纪经济学系列教材

政治经济学教程

第14版

主 编 宋 涛
副主编 顾学荣 杨干忠 张 宇

Political Economics

中国人民大学出版社
·北京·

内容简介

本书在体系结构上划分为导论、资本主义经济制度、社会主义经济制度、经济全球化和国际经济关系四篇，共26章。全书重视对马克思主义政治经济学基本理论的分析，着重阐明社会经济发展的规律性，理论体系完整，结构合理，重点明确，内容充实。特别是，本书重视理论与实际相结合，对我国社会主义现代化建设和改革开放中的新问题、当代资本主义经济的新特点和新变化，以及经济全球化等现实经济问题，都作了科学的分析和论述。第14版以习近平新时代中国特色社会主义思想为指导，全面贯彻党的二十大精神，体现党的二十大提出的高举中国特色社会主义伟大旗帜、全面贯彻习近平新时代中国特色社会主义思想、为全面建设社会主义现代化国家和全面推进中华民族伟大复兴而团结奋斗的主题，遵循中国特色社会主义政治经济学以人民为中心发展思想的根本立场和坚持解放与发展生产力的重大原则，按照马克思主义理论研究和建设工程编写高等教育马克思主义政治经济学教材的要求，对全书的结构和内容进行了全面修订。

作者简介

宋　涛　新中国马克思主义政治经济学奠基人，卓越的政治经济学家，杰出的教育家，一级教授。中国人民大学政治经济学系的创建者，长期担任系主任，曾担任国务院学位委员会经济学科评议组召集人、中国《资本论》研究会会长等社会学术职务。长期承担政治经济学本科、研究生的教学任务，是全国首批政治经济学专业博士生导师。研究领域包括马克思主义政治经济学基本理论，《资本论》与当代社会主义经济问题，帝国主义和当代资本主义，社会主义经济理论与经济体制改革，社会主义市场经济，国有企业改革与发展，等等。

第14版说明

《政治经济学教程》最初是1981年由教育部政教司和中共北京市委大学工作部委托中国人民大学经济学系编写的，由资深经济学教授宋涛担任主编，作为高等院校马克思主义理论课及财经类专业的教材。

本书第1版于1982年1月出版，至今已出版发行13版，现在出版发行的是第14版。本书由教育部列为普通高等教育国家级规划教材。本书于2021年9月被由国家教材委员会举办的首届全国教材建设奖评选为“全国优秀教材（高等教育类）一等奖”。

这一版是本书的第14版。本版以习近平新时代中国特色社会主义思想为指导，全面贯彻党的二十大精神，体现党的二十大提出的高举中国特色社会主义伟大旗帜、全面贯彻习近平新时代中国特色社会主义思想、为全面建设社会主义现代化国家和全面推进中华民族伟大复兴而团结奋斗的主题，遵循中国特色社会主义政治经济学以人民为中心发展思想的根本立场和坚持解放与发展生产力的重大原则，按照马克思主义理论研究和建设工程编写高等教育马克思主义政治经济学教材的要求，对全书的结构和内容进行了全面修订。

本版在体系结构上划分为导论、资本主义经济制度、社会主义经济制度、经济全球化和国际经济关系四篇，共26章。本版在内容上加强了对新时代中国特色社会主义经济理论与实践、当代资本主义经济的新现象和新变化、经济全球化和新型国际经济关系的分析。全书着力阐明了习近平新时代中国特色社会主义思想、特别是习近平经济思想对马克思主义政治经济学的丰富和发展，全面分析了中国特色社会主义的形成、发展及其科学内涵和伟大历史意义以及新时代中国特色社会主义的新特点、新方略和新征程，加强了在新时代全面建设社会主义现代化国家和全面推进中华民族伟大复兴的分析和论述；围绕社会主义的本质、社会主义基本经济制度、坚持和完善中国特色社会主义制度、推进国家治理体系和治理能力现代化、新时代中国特色社会主义的主要矛盾、社会主义生产目的与保障和改善民生、构建高水平社会主义市场经济体制和完善宏观经济治理体系等方面作了较多分析；着重论述了以创新、协调、绿色、开放、共享的新发展理念为指导，建设现代化经济体系、推进供给侧结构性改革和扩大国内需求、构建以国内大循环为主体和国内国际双循环相互促进的新发展格局、调整经济结构、转变经济发展方式、推动经济高质量发展、稳定经济增长、保护生态环境、全方位对外开放、构建人类命运共同体、推进“一带一路”建设等重大问题。同时，本版对当代资本主义剥削形式和劳资关系的变化，当代资本主义经济危机、金融危机和经济周期的新特点，资本主义国家的“福利制度”，当代资本主义社会阶级结构的新变化，以及当代科学技术发展对垄断资本主义的影响等问题，也作了较多的分析和论述；并对生产资本、商品资本、金融资本全球化等问题，作了专门的分析和论述。

本书体现了科学性、理论性、现实性相统一，理论体系和教学体系相统一，适宜作为普通高等院校、成人高校、各级党校以及党政干部培训班的教材。

为了更方便地服务于国内普通高校教师、学生和其他读者，更好地适应部分高校“政治经济学”课程的设置安排，本书既是全书内容合为一体的一本书，又可拆分为“资本主义部分”和“社会主义部分”分别讲授。其中，第一篇“导论”和第二篇“资本主义经济制度”可作为“资本主义部分”分册；第三篇“社会主义经济制度”和第四篇“经济全球化和国际经济关系”以及第二十六章“社会主义必然发展到共产主义”可作为“社会主义部分”分册。

本教材由宋涛任主编，顾学荣、杨干忠、张宇任副主编。

参加本书第 1 版编写和第 2、3、4、5、6、7、8、9、10、11、12、13 版修订的同志为（以姓氏笔画为序）：王长富、王怀宁、邓秀玲、包仁、宁玉山、杜厚文、李成勋、杨干忠、杨达伟、宋涛、张宇、张朝尊、顾学荣、徐茂魁、黎惠民。

参加本书第 14 版修订的同志为（以姓氏笔画为序）：杨达伟、张宇、顾学荣、徐茂魁、彭刚。

本书 1982 年第 1 次出版，由宋涛任主编，之后历次的修订也是由他主持完成的。2011 年 2 月宋涛去世后，修订工作由顾学荣负责。2023 年 1 月顾学荣不幸去世，本次修订工作就是在他去世前由他主持完成的。编写组对此前各版编写和修订者中已经去世的主编宋涛，副主编张朝尊、杨干忠、顾学荣，以及去世的其他编写者杜厚文等，表示崇高的敬意和深切的怀念。

由于编者水平有限，不妥乃至错误之处，谨希读者批评指正。

编者

2023 年 4 月

目录

第一篇 导论

第一章 政治经济学的研究对象

第二章 商品和货币

第三章 市场经济

第二篇

资本主义经济制度

第四篇

经济全球化和国际经济关系

*　　*　　*　　*　　*　　*

PART ONE

1

|第一篇|

导　论

第一章

政治经济学的研究对象

本章重点

1. 马克思主义政治经济学的研究对象
2. 物质资料生产是人类社会存在和发展的基础
3. 社会生产力及科学技术是第一生产力
4. 生产、分配、交换和消费的相互关系
5. 生产力和生产关系的相互关系
6. 经济规律的客观性和认识与利用经济规律
7. 政治经济学的研究方法
8. 政治经济学的阶级性和科学性
9. 马克思主义政治经济学的创立及其在中国的发展

政治经济学是马克思主义的一个重要组成部分，它同马克思主义哲学和科学社会主义一起，是指导我们思想的理论基础，是无产阶级和广大劳动人民战胜旧世界与创造新世界的强大思想武器。列宁深刻指出："使马克思的理论得到最深刻、最全面、最详尽的证明和运用的是他的经济学说。"①

政治经济学作为一门社会科学，它的研究对象是人类社会在一定社会生产力水平基础上形成的社会生产关系及其发展的规律性。而社会生产关系及其发展的规律性，是在物质资料的生产过程中形成和存在的，因而，了解政治经济学的研究对象，要从物质资料生产和生产力状况入手进行分析。

第一节　物质资料的生产

一、物质资料生产是人类社会存在和发展的基础

人们要生存，就必须有维持生活的物质资料，要有饭吃、有衣穿、有房住，等等，否则人们就无法生活下去。而要取得这些生活资料，必须进行物质资料的生产。因此，

① 列宁．列宁全集：第 26 卷．2 版．北京：人民出版社，1988：62.

物质资料生产是人类社会存在和发展的基础。

物质资料生产是劳动者按照预期目的，运用劳动资料（又叫劳动手段）加工于劳动对象，改变劳动对象的形状、性质或地理位置，使它适合人们需要的过程。例如，农民种植谷物和棉花，工人把棉花纺成纱，把纱织成布等，这些活动都是物质资料的生产活动。

人们的生产活动首先是一个劳动过程。马克思说："劳动过程的简单要素是：有目的的活动或劳动本身，劳动对象和劳动资料。"① 在任何社会发展阶段，进行生产都必须具备这三个最简单、最一般的要素，缺少其中任何一个要素，生产都无法进行。

劳动就是具有一定生产经验和劳动技能的劳动者，使用劳动工具所进行的有目的的生产活动，它是生产的最基本的要素。任何先进的生产工具，如果没有劳动者去操作，都只能是一堆物料，没有人的劳动就根本谈不上生产。

在社会生产的发展过程中，劳动者的生产经验和劳动技能逐渐积累起来，并一代一代地传授下去。随着社会生产的发展，人们的生产经验和劳动技能越来越丰富和进步。以往社会的劳动者所不能制造的产品，被现代劳动者运用先进的生产工具、先进的科学技术、丰富的生产经验和提高了的劳动技能制造出来了。人们的生产经验和劳动技能来自生产实践，反过来又给社会生产以积极的推动。

劳动对象即人们在生产过程中把自己的劳动加于其上的一切东西。在劳动对象中，一类是没有经过人们劳动加工的自然生成物，如采伐中的原始森林里的树木、开采中的地下矿藏等；另一类是经过人们加工的劳动产品，如棉纱、钢铁等等，这种经过人们加工的劳动对象被称为原材料。无论是哪种劳动对象，现在比起以往各个社会阶段，都极大地增多或质量提高了。随着生产的发展和科学技术的进步，还会有更多更新的物质资料被用来作为劳动对象，即以往不能作为劳动对象的物质资料，在新的条件下能够成为劳动对象，或加工成为新的劳动对象，同时对劳动对象的加工方法和利用程度也是不断发展的。

劳动资料即人们用来把自己的体力和脑力劳动传导到劳动对象上去的一切物质资料。劳动资料包括生产工具、建筑物、道路、管、桶、瓶和度量衡等，其中最重要的是生产工具。在生产过程中，劳动者通过生产经验的积累，使劳动资料特别是生产工具总是不断被改进。现代人们在生产中所使用的劳动资料，特别是机器设备等现代化的生产工具，比起以往社会阶段的劳动资料大大进步了。在生产中，人们不断地改进劳动资料，以推动生产的发展。劳动资料发展的状况，标志着人们进行生产和对自然界的改造所达到的程度，标志着社会经济发展的不同阶段。马克思说："动物遗骸的结构对于认识已经绝迹的动物的机体有重要的意义，劳动资料的遗骸对于判断已经消亡的社会经济形态也有同样重要的意义。各种经济时代的区别，不在于生产什么，而在于怎样生产，用什么劳动资料生产。"②

生产资料是劳动资料和劳动对象的总称。生产资料是人们进行物质资料生产的客观

---

① 马克思，恩格斯. 马克思恩格斯全集：第 23 卷. 北京：人民出版社，1972：202.

② 同①204.

条件，人的劳动则是进行物质资料生产的主观条件。

二、生产方式的两个方面

人们在物质资料生产过程中，必然要同自然界发生关系，从而形成了社会生产力；同时，在物质资料生产过程中，人与人之间也要发生联系，从而形成了社会生产关系。

社会生产力与社会生产关系的结合和统一，构成社会生产方式。**生产方式**即人们进行生产活动的方式。生产方式包括两个方面：生产力和生产关系。

生产力是具有一定生产经验和劳动技能的劳动者运用生产工具加工劳动对象进行生产时所形成的物质力量。生产力包含两个因素，即劳动者和生产工具。劳动对象是生产力作用的对象，因而不能构成生产力的因素。

人们进行生产，不能单靠自己的体力和脑力，必须运用生产工具，才能增强加工劳动对象的能力。生产力是人们改造和利用自然界，并获得适合自身需要的物质资料的能力，它反映人和自然界之间的关系。生产力是社会生产方式的一个方面。

生产方式的另一个方面是人们的生产关系。单独的个人是无法进行生产的。人们从事生产活动总是要相互结成一定的关系，即**生产关系**。马克思说："他们只有以一定的方式共同活动和互相交换其活动，才能进行生产。"① 人们只有相互结合起来和相互交换其活动，才能进行生产，才能有力量改造和利用自然界。

从历史发展过程来看，原始人的生产，初期以人群为单位相互结合，后来以氏族、部落为单位相互结合，共同从事打猎、捕鱼、采集等生产活动，获取他们所需要的物质资料。所以，人类社会的生产一开始就是结成一定的关系进行的。

随着金属工具的使用和氏族制度的瓦解，个体劳动逐步代替了氏族社会的集体劳动。一个家庭既是一个血缘集体，又是一个生活和生产单位。个体农民及其家庭成员一起劳动，用自己生产的产品来满足家庭成员的需要。农民种地所用的木制和铁制农具，织布所用的织布机等，多数是手工业者生产的。同样，个体手工业者的生产，也是以家庭为单位进行的，但他们吃的粮食，大部分或全部要从农民那里换来。这样，经过分工和交换，以家庭为生产单位的个体农民和个体手工业者们相互交换其产品，从而相互结合起来。他们的结合，与以氏族为单位的结合相比，在范围上扩大了。

在近现代的社会化生产的条件下，经过交换，不仅一个企业与另一个企业的经营者和劳动者要相互结合起来，而且一个生产部门与另一个生产部门的经营者和劳动者要相互结合起来，以至在全社会范围内参与生产的经营者和劳动者都必须结合起来。否则，社会化的生产就无法进行，从而人们在生产过程中的相互结合关系进一步扩大了。

在剥削阶级占统治地位的社会里，剥削阶级迫使劳动者使用剥削阶级所占有的生产资料进行劳动，除把很少一部分产品分配给劳动者，使他们能够活下去，以便迫使他们继续进行劳动外，把绝大部分产品都攫为己有，以满足其生活享受和进一步剥削广大劳动者。被剥削阶级虽有劳动能力，却没有或很少占有生产资料，因而处于被剥削和被奴

---

① 马克思，恩格斯. 马克思恩格斯选集：第1卷. 3版. 北京：人民出版社，2012：340.

役的地位。在阶级社会里，人们的生产关系是以阶级关系的形式表现出来的。

人们必须通过一定的方式相互结合起来进行生产，这就形成了人们之间的生产关系。生产关系是生产的社会形式，它表示人类社会发展在一定阶段上的社会性质。

在人类社会历史上，相继出现过原始社会、奴隶社会、封建社会、资本主义社会和社会主义社会五种生产方式。

第二节 社会生产力

一、生产力的形成

如前所述，生产力是劳动者运用生产工具加工劳动对象所形成的物质力量。**生产工具**，包括从落后的手工工具到现代自动化的各种机器设备，是所有用于加工劳动对象的工具的统称。劳动者要运用生产工具加工劳动对象，必须与生产工具结合起来。在各种不同的生产方式条件下，劳动者与生产工具结合的性质和方法也不同。例如，在资本主义条件下，工人失去了生产资料，只有出卖自己的劳动力，受雇于资本家，才能和归资本家所有的机器设备结合起来；在社会主义国有企业中，工人是以生产资料的主人的身份与生产工具相结合的。劳动者和生产工具以一定的性质和方式结合，并把生产工具运用起来之后，才能加工于劳动对象，从而形成实际的生产能力。劳动者的智力和劳动技能以及劳动工具是不断发展的，所以生产力也是不断发展的。

二、科学技术是第一生产力

生产力的要素是具有劳动技能的劳动者和生产工具，而科学技术在生产力发展中起着决定性的作用。马克思在 19 世纪中叶研究了大机器工业生产后说：“生产力中也包括科学”①。邓小平同志着重研究了 20 世纪中叶以来科学技术的发展，他不仅肯定了“科学技术是生产力”②，而且进一步提出“科学技术是第一生产力”③。自然科学是人们从生产实践和科学实验中总结出来的系统经验，它又反过来推动生产力的发展。自然科学的发展，渗透到生产力的各要素中，既能促进生产技术的发展和新技术的出现，改进和完善生产工具，又能提高劳动者的科学文化水平和劳动技能，从而可以促使生产力大发展，大大地提高劳动生产率，使同等数量甚至较少的劳动者，在同等的时间内，能生产出更大数量和更高质量的产品来。“科学技术是第一生产力”的论述，是完全符合生产力发展客观实际的科学的结论。人们发展生产力，特别是发展先进生产力，必须高度重视科学技术的巨大作用，科学技术是第一生产力，而且是先进生产力的集中体现和主要标志。

---

① 马克思，恩格斯. 马克思恩格斯全集：第 46 卷下. 北京：人民出版社，1980：211.

② 邓小平. 邓小平文选：第 2 卷. 2 版. 北京：人民出版社，1994：86.

③ 邓小平. 邓小平文选：第 3 卷. 北京：人民出版社，1993：377.

第三节　社会生产关系

一、人们的生产、分配、交换和消费的关系

政治经济学的研究对象是人类社会在一定社会生产力水平基础上形成的社会生产关系及其发展的规律性。如前所述，生产关系就是人们在生产过程中相互结成的关系。这种关系分为四个方面或四个环节，即生产、分配、交换和消费。政治经济学所研究的生产关系，就是人们以某种生产资料所有制为基础，在生产过程中形成的生产、分配、交换和消费关系。

人们在制造和生产各种物质产品的直接生产过程中相互发生的关系是狭义的生产关系。人们在生产出产品之后，按照一定的分配原则，各分得一部分产品，这就在人们之间发生了**分配关系**。在存在社会分工的条件下，人们自己所生产的产品往往不是自己直接需要的产品，这时一些人必须用自己生产的产品去和另外一些人生产的产品进行交换，换取他们所需要的产品，以满足自己的消费，这就在人们之间发生了**交换关系**。人们在生产出产品之后，经过分配和交换过程才能消费。**消费关系**是人们在取得消费品时所发生的关系。这种包括生产、分配、交换和消费关系的生产关系，是广义的生产关系。也就是说，政治经济学的研究对象，是包括狭义的生产关系在内的广义的生产关系。

二、生产和消费的关系

在生产和消费的关系上，生产是对生产资料和劳动力的消费，而对消费品的消费则是劳动力的再生产。

任何生产都要消耗生产资料。生产工具虽然可以在生产过程中被多次使用，但最终总要被磨损掉。原材料等劳动对象则被改变形状、性能或位置，从原来物质资料的意义上讲，它们被消费了；燃料经过燃烧完全失去了原来的物质形态，也被消费了。在生产中，还要消费劳动者的体力和脑力。这是因为，任何生产都是人们的活动，从而也都是人们体力和脑力的运用，是对人们体力和脑力的消费。生产资料和劳动者体力与脑力的消费，属于生产过程，包含在生产过程内，因而这种消费是生产性的消费。马克思说："生产行为本身就它的一切要素来说也是消费行为。"① 生产性的消费和维持人们生存的消费品的消费，两者是意义不同的消费。从消费品的消费看，劳动者用产品来满足自己的生活需要，使消耗的体力和脑力得到恢复，使他们的劳动力再生产出来，即再生产出人的劳动能力。

在消费品的生产和消费的关系上，生产决定消费，决定消费的对象和消费的方式。人们要消费就必须有消费的对象，要有食品、衣服和房屋等。没有生产，也就没有消费

---

① 马克思，恩格斯. 马克思恩格斯选集：第 2 卷. 3 版. 北京：人民出版社，2012：690.

资料，这些消费对象是由生产决定的。所以，生产决定着消费。生产不只是生产出消费的对象，而且规定着消费的方式。原始人用手抓生肉吃，现代人则使用餐具食用经过烹调的熟肉。随着生产的发展，人们生产的消费品质量提高了，品种增多了，从而引起了消费方式的变化。生产还引起人们对某种消费品需要的动力，消费者对某种消费品的需要，是由于消费者看到并知道这种消费品已经生产出来。因此，马克思说：生产“生产出消费的对象，消费的方式，消费的动力”①。

在消费对生产的作用上，消费在两方面制约着生产。一方面，消费使生产出来的产品得以最后完成其为产品。例如，一幢房屋如果没有人去住，它只是一幢具有居住可能性的房屋，只有被人居住了，它才是现实的房屋。生产品不同于一般的自然对象。一般自然界的存在物，人们不去消费它，它仍然在现实中存在着；人们生产的产品，只有人们去消费它，才证实它是现实的产品，也就是说，产品只有在消费中才能最后完成其为产品。另一方面，消费还为生产创造出动力。人们为了获得消费品，就得进行生产；如果人们对任何消费资料都没有需要，就没有必要进行生产。人们要获得品种多、质量好的消费品，就必须发展生产。所以，消费又是推动生产发展的动力。从这种意义上讲，消费又决定着生产。

对于一个劳动者来说，生产和消费是一个生产过程的两个环节。生产是这个过程的起点，消费是它的终点。生产为消费提供消费品，消费把生产的产品消费掉，把劳动者的劳动力再生产出来。

三、生产和分配的关系

分配处于生产与消费之间。就社会生产来说，生产者生产出产品之后，这个产品就独立于生产者而存在着，生产者要占有产品，就要经过分配。马克思说：“在生产者和产品之间出现了分配，分配借社会规律决定生产者在产品世界中的份额，因而出现在生产和消费之间。”② 但是分配有两种：一种是产品的分配；另一种是生产资料和社会成员在生产过程中的分配。这两种分配和生产的关系也不相同。在产品分配上，是生产决定分配；在生产过程中的生产资料和社会成员的分配上，是分配决定生产。

在产品分配上，生产决定分配表现为分配的对象是生产的产品，没有产品也就不可能有分配。就分配方式来说，同样是生产决定分配，人们在生产过程中所处的地位，决定了他们在分配中所处的地位，以什么方式参加生产，也就以什么方式参与分配。一些人以资本所有者的身份参加生产，他们就以利润的形式参与分配；一些人由于一无所有而只得把劳动力出卖给资本家，以雇佣劳动者的身份参加生产，他们就以工资的形式参与分配。参与生产的方式决定参与分配的方式。

生产资料和社会成员在生产过程中的分配决定着生产。在进行生产活动之前，要有生产资料和社会成员的分配。生产资料的分配，是指生产资料归某个阶级、集团或个人

---

① 马克思，恩格斯. 马克思恩格斯选集：第 2 卷. 3 版. 北京：人民出版社，2012：692.

② 同①694.

所私有，或者归劳动者共同所有，并由生产资料所有者把生产资料分配到生产过程中去。在进行生产之前，没有生产资料的分配，生产就无法进行。除了生产资料的分配以外，还必须有社会成员在各类生产中的分配。社会成员被分配到各类生产部门和生产过程中，经过这种分配，他们在生产过程中处于不同的社会地位和岗位上。总之，正如马克思所说："在分配是产品的分配之前，它是（1）生产工具的分配，（2）社会成员在各类生产之间的分配……这种分配包含在生产过程本身中并且决定生产的结构，产品的分配显然只是这种分配的结果。"①

四、生产和交换的关系

交换有两种，一种交换属于生产性的交换，即生产要素的交换，它包含在生产过程之中；另一种交换是生产出的产品的交换，它是由生产决定的。这两种交换和生产的关系也不相同。生产性的交换表现为，在生产过程中，要有参加生产的社会成员之间各种活动和能力的交换，这种交换本身就属于直接的生产过程，因而包含在生产过程中。在生产进行之前，还要有生产资料的交换，否则生产也无法进行。生产资料的交换也包含在生产过程中，这种交换活动同样属于生产过程中的活动。因此，人们的劳动能力的交换、生产资料的交换都属于生产性的交换。

除去生产要素的交换外，还有生产品的交换。这种交换是在生产出产品之后进行的，是由生产决定的。这种交换之所以由生产决定，是因为它是由生产过程中的分工决定的。如果没有分工，每个劳动者或每个企业都把自己生产的产品消费掉，那么就不可能有生产品的交换。生产的性质决定着这种交换的性质，如果生产是在资本家占有生产资料的基础上进行的，那么产品的交换就必然是资本主义性质的；如果生产是在社会主义劳动者共同占有生产资料的基础上进行的，那么产品的交换就是社会主义性质的。产品交换发展的程度是由生产发展的程度决定的，生产越发展，分工越细，产品交换也就发展得越快。产品交换的深度和广度是由生产过程中分工发展的深度和广度决定的。可见，产品交换是由生产决定的。所以，马克思说："交换就其一切要素来说，或者是直接包含在生产之中，或者是由生产决定。"② 同时，产品的交换也在一定程度上反作用于生产。随着交换的发展和市场的扩大，对用来交换的产品的需求增长了，从而促进生产的发展。不论是乡村内部、城市内部以及乡村和城市之间，还是各个地区之间、生产部门之间以及各个地区内部或各个部门内部的产品交换的发展，都对生产具有反作用。

五、生产、分配、交换和消费的相互关系

从以上的分析可以看出，人们的生产、分配、交换和消费彼此并不是孤立的，而是一个统一体内部的各个环节，构成社会生产的总过程。在这个统一体中，生产要素的分

---

① 马克思，恩格斯．马克思恩格斯选集：第2卷．3版．北京：人民出版社，2012：696.

② 同①699.

配、交换和消费内含于生产过程中，它们本身就是生产；消费品的分配、交换和消费是由生产决定的。马克思说：生产、分配、交换和消费“构成一个总体的各个环节，一个统一体内部的差别”①。

人们的生产、分配、交换和消费的社会性质是由生产资料所有制的性质决定的。所谓**生产资料所有制**是指生产资料的归属，即生产资料归谁占有和支配。生产资料所有制的性质决定着生产关系的性质。离开生产资料归谁所有这个根本问题，就无法理解人们的生产关系的性质。资本主义生产关系的性质是由生产资料归资本家私有决定的，而社会主义生产关系的性质则是由生产资料归劳动者公有决定的。生产资料所有制是生产关系的基础与核心，它决定人们的生产、分配、交换和消费关系的性质。

同时生产资料所有制又总是通过生产、分配、交换和消费等社会生产的各个环节来实现自己。在资本家占有生产资料的条件下，资本家在生产中处于支配地位，工人处于被支配地位；在分配中，工人所创造的全部剩余价值都被资本家无偿占有，工人只能得到和他们的劳动力价值相等的工资；在交换中，资本家用他们剥削来的剩余价值的一部分去购买各种消费品，以满足其奢侈生活的需要，将剩余价值的另一部分作为增加的资本即资本积累；工人则用他们所得到的工资去购买生活必需品，从而把劳动力再生产出来，以便继续把劳动力出卖给资本家。这种生产、分配、交换和消费关系就体现着资本主义私有制关系的性质。正是在这个意义上，马克思说：“给资产阶级的所有权下定义不外是把资产阶级生产的全部社会关系描述一番。”② 在社会主义劳动者共同占有生产资料的公有制条件下，在生产中，人与人之间的关系是互助合作的关系；在分配中，每个劳动者都按照自己所提供的劳动的数量和质量取得相应的收入，并且随着生产的发展，他们的收入会逐步有所增加，他们的生活水平也会不断得到提高。人们的这种生产、分配、交换和消费关系，就体现着生产资料社会主义公有制关系的性质。

因此，一方面，不能离开生产资料所有制去研究人们的生产、分配、交换和消费关系；另一方面，生产资料所有制的性质表现在生产、分配、交换和消费各个环节上，只有分析了人们的生产、分配、交换和消费关系的性质，才能把生产资料所有制的性质分析清楚。

人们的生产、分配、交换和消费关系即社会生产关系的总和构成社会的经济基础。马克思说：“人们在自己生活的社会生产中发生一定的、必然的、不以他们的意志为转移的关系，即同他们的物质生产力的一定发展阶段相适合的生产关系。这些生产关系的总和构成社会的经济结构，即有法律的和政治的上层建筑竖立其上并有一定的社会意识形式与之相适应的现实基础。”③ 政治、法律、宗教、文学、艺术、社会意识等社会上层建筑是在一定的经济基础上建立起来的，是由经济基础决定的。有什么样的经济基础，就有什么样的上层建筑。但是上层建筑对经济基础又有反作用，它能够促进或阻碍经济基础的发展。

---

① 马克思，恩格斯. 马克思恩格斯选集：第 2 卷. 3 版. 北京：人民出版社，2012：699.

② 马克思，恩格斯. 马克思恩格斯选集：第 1 卷. 3 版. 北京：人民出版社，2012：258.

③ 同①2.

第四节 生产关系和生产力的关系

一、生产力决定生产关系

生产关系和生产力作为社会生产方式的两个方面，是相互结合的统一体。因此，研究生产关系，必须研究生产力对生产关系的决定作用；研究生产力，就要研究生产关系对生产力的反作用。

生产关系是由生产力决定的。为了进行生产，人们必须以一定方式结合起来共同活动。人们在生产过程中所结成的生产关系，必须适应生产力发展状况的要求，它的变化和发展也是由生产力发展状况决定的。正如马克思所说："各个人借以进行生产的社会关系，**即社会生产关系，是随着物质生产资料、生产力的变化和发展而变化和改变的。**"①

一种新的生产关系取代旧的过时的生产关系，是由生产力的发展状况决定的。而某种生产关系出现后，在它所处的生产方式内，也是变化和发展的。在一种生产方式内，生产资料所有制的根本性质是不会变化的。但是，人们在这种生产资料所有制基础上形成的生产、分配、交换和消费关系及其形式，会发生一定程度的局部性变化。这种在一定生产方式内部的生产关系的局部性变化，同样是由生产力的变化和发展决定的。

在阶级社会中，一种新生产关系完全代替旧生产关系，并不是轻而易举的。代表新的生产力的阶级要求改变旧的生产关系，而反动的统治阶级总是要维护旧的生产关系。因此，新兴阶级必须经过革命斗争并取得胜利，建立起自己的政权，运用新的政权力量才能使新的生产关系取得统治地位。在社会主义社会，由于对抗阶级的消灭，人们之间没有根本的利害冲突，随着生产力的发展，人们能够自觉地调节生产关系以适应生产力发展的要求。

二、生产关系反作用于生产力

生产关系决定于生产力，这只是生产关系和生产力相互关系中的一个方面。另一方面，生产关系对生产力又有反作用。这种反作用表现在两个方面：一是新的生产关系能促进生产力的发展，二是旧的生产关系阻碍着生产力的发展。

新的生产关系是一种重要的和强大的力量，正是它推动生产力进一步的而且是强大的发展。新的生产关系是指在生产力发展的一定水平的基础上，新建立和发展起来的生产关系。这种新的生产关系的各个环节都能有利于生产的发展，能更多地调动劳动者的劳动热情、更大地提高劳动者的劳动技能，能更好地推动新的生产工具的制造、科学技术的发展，能更合理、更有效地利用劳动对象，从而为生产力的发展开辟出广阔的前景。例如，以生产资料公有制为基础的社会主义生产关系，与社会化的生产力相适应，从而

---

① 马克思，恩格斯. 马克思恩格斯选集：第1卷. 3版. 北京：人民出版社，2012：340.

能够有力地促进生产力的发展。

当生产力发展到某种生产关系所可能容纳的最高限度时，这种生产关系就过时了。这种过时的、旧的生产关系，会阻碍生产力的发展。例如，资本主义发展到了垄断资本主义阶段，它的生产关系在某些方面已经阻碍生产力的发展，因而变成过时的生产关系。

我们承认生产关系反作用于生产力，但生产关系不可能决定生产力。因为生产关系的改变及其能动的反作用，归根到底是由生产力的发展状况决定的。生产关系是人们在生产过程中结成的相互关系，当人们之间结成的这种相互关系适应生产力发展状况的需要时，就能促进生产力的发展，否则，就会阻碍生产力的发展。

总体来说，生产力决定生产关系，生产关系又反作用于生产力。这就是生产力和生产关系相互关系的实质。

第五节　经济规律

一、生产关系发展的规律就是社会经济发展的规律

人们在社会生产、分配、交换和消费过程中的活动，表现为各种经济现象。各种经济现象有其内在的、本质的、必然的联系。各种经济现象的内在的、本质的、必然的联系，就是**经济规律**。经济规律表示社会经济运动的必然趋势。

人们的生产、分配、交换和消费关系的总和构成了人们的全部社会经济关系，所以，表现生产、分配、交换和消费关系的内在本质联系的社会经济发展规律，也就是人们的生产关系发展的规律。恩格斯说："政治经济学，从最广的意义上说，是研究人类社会中支配物质生活资料的生产和交换的规律的科学。"①

经济规律是在一定经济条件的基础上产生并发生作用的，只要有某种经济条件存在，和这种经济条件相适应的经济规律就必然存在并且发生作用。而当一定的经济条件改变或消失时，经济规律也随之退出历史舞台。所谓经济条件，主要是指社会生产关系，特别是作为生产关系基础的生产资料所有制。有什么样的生产关系，就有什么样的经济规律。在不同经济条件下产生的经济规律所起的作用也不相同。

大体说来，经济规律有三种类型：(1) 在人类各个社会阶段中都起作用的经济规律；(2) 在几个社会阶段中起作用的经济规律；(3) 只在一个社会阶段中起作用的经济规律。

生产关系一定要适合生产力状况的规律，就是在人类各个社会阶段中都起作用的规律。在任何社会发展阶段中，人们进行生产，总有生产关系和生产力这两个方面，因而生产关系一定要适合生产力状况的规律就必然发生作用。

有的经济规律在几个社会阶段中都起作用，因为在这几个社会阶段中，都存在着这种经济规律发生作用的经济条件。价值规律就是在几个社会阶段中都起作用的经济规律。

---

① 马克思，恩格斯. 马克思恩格斯选集：第3卷. 3版. 北京：人民出版社，2012：525.

从奴隶社会到封建社会、资本主义社会和社会主义社会，都存在着商品生产和商品交换，因而价值规律就必然发生作用。不过，由于商品生产和商品交换在这几个社会阶段中的地位和性质不同，价值规律在不同历史阶段中的作用范围和结果会有所不同。

有些经济规律只在某一社会阶段中起作用，因为只有在这个社会阶段中存在着它们发生作用的经济条件。当这个社会阶段被另一个新的社会阶段代替后，由于原来的经济条件消失了，在这个社会阶段中起作用的经济规律就失去作用并退出历史舞台。比如，剩余价值规律是资本主义社会的经济规律，这个规律之所以存在和发生作用，是因为资本主义生产关系是在生产资料资本主义私有制基础上建立起来的。在生产资料资本主义私有制为社会主义公有制所代替后，这个规律就失去作用并退出历史舞台。又如社会主义基本经济规律、按劳分配规律等是社会主义社会的经济规律，这些规律之所以产生并发生作用，是因为社会主义生产关系是在生产资料公有制基础上建立起来的。任何一个社会经济形态都有其特有的经济规律，这些特有规律是特定生产关系的最本质的表现。

某个社会阶段所特有的经济规律是和这个阶段的社会生产关系一起产生的。新的生产关系产生的初期，由于仍然存在着旧社会遗留下来的生产关系的残余，因而该社会所特有的经济规律在全社会作用的范围还受到限制。随着新产生的生产关系的发展，该社会所特有的经济规律的作用范围相应扩大。一个社会所特有的经济规律和它产生的经济条件一样，有它产生、作用范围扩大和退出历史舞台的过程。

在几个社会阶段中都起作用的经济规律，表明人类社会发展的几个阶段是相互联系的；一个社会所特有的经济规律，表明人类社会发展的各个阶段在性质上又是相互区别的。

二、经济规律体系

在一定社会阶段的生产关系的基础上，有多种经济规律发生作用，其中必有一个起主导作用的规律，这就是**基本经济规律**。基本经济规律表明一定社会形态的社会经济发展的一切主要方面和主要过程，决定着该社会生产的实质。这种规律在资本主义社会，是剩余价值规律；在社会主义社会，是社会主义基本经济规律，即最大限度地满足人们的物质文化需求、实现共同富裕和促进人的全面发展的规律。由于经济规律都是在一定生产关系的基础上产生并发生作用的，因此，在一定的社会形态中，各种经济规律由于生产关系的内部联系而互相联系着，形成该社会的**经济规律体系**。资本主义社会和社会主义社会都有它们自身的经济规律体系。在经济规律体系中，各种经济规律相互联系、相互制约，其中基本经济规律起着主导作用；同时，其他经济规律也对基本经济规律起着制约作用。

三、经济规律的客观性

一切经济规律都具有不以人们的意志为转移的客观性，这一点是和自然规律相同的。经济发展的规律是反映不以人们的意志为转移的经济发展过程的客观规律。但是，经济规律和自然规律又是有区别的。自然规律，无论是物理的、化学的还是生物的等，都离开人们的活动而独立地存在。经济规律既然是人们生产关系运动的规律，即人们的生产、分配、交换和消费关系运动的规律，那么离开人们的经济活动也就没有经济规律。经济规律虽然和人们的经济活动联系在一起，但它又具有客观性。只要具有一定的客观经济条件，与这种经济条件相适应的经济规律就必然产生并发生作用。例如，价值规律是商品经济的客观经济规律，只要存在商品经济这个经济条件，价值规律就必然存在和起作用。经济规律对任何人，无论是对直接参加生产的劳动者和组织者，还是对一个国家的政府和政党的领导者，都是客观存在的。不管人们的主观意志如何，它总是客观地在起作用。由于经济规律是在一定的经济条件的基础上产生的，因而在任何人参加经济活动之前，这种经济条件就已经存在。人们在参加经济活动时，不能自由地选择经济条件。因此，不管任何人的主观意志如何，经济规律都客观存在和起作用。人们不能离开生产力的发展水平随意改变经济条件，因而也就不能随意改变经济规律。谁要是违背经济规律，按自己的主观意愿去办事，谁就会受到经济规律的惩罚。

经济规律具有客观性，但不等于人们在经济规律面前无能为力。人们能够发现这些规律，认识它们，依靠它们，利用它们，以利于社会。人们在认识经济规律客观性的基础上，利用经济规律来为发展社会经济服务，为人们谋福利，这就是人的主观能动性。在不同的社会条件下，人们对经济规律的利用情况是不同的。在资本主义制度下，资产阶级只能在一定时期内和一定程度上利用经济规律，为他们谋利益。例如，随着生产的发展，资产阶级组织起股份公司，联合成各种垄断组织，大力扩展国内市场和国际市场，以适应生产力发展的要求。这是资产阶级利用生产关系一定要适合生产力状况这一规律的表现。但是，对于资产阶级来说，经济规律是作为异己的力量而存在的，资产阶级只是从他们的切身利益出发，认为需要那样去做，而不是在认识经济规律作用的基础上，自觉地利用经济规律。到了生产力的发展要求改变生产资料资本主义私有制，要求改变资本主义生产关系的时候，资产阶级就不可能再去利用经济规律了。相反，他们为了维护自身的利益，会极力反对利用生产关系一定要适合生产力状况这一规律。这时，只有无产阶级能够利用这一规律，为了适应生产力发展的要求，他们推翻资产阶级的统治，建立起工人阶级政权，运用政权的力量把生产资料资本主义私有制改变为社会主义公有制，把资本主义生产关系改变为社会主义生产关系。

在社会主义条件下，人们能够认识并自觉地、主动地去利用经济规律。但是，要认识和利用经济规律，需要经历一个反复实践的过程。而且，由于客观经济条件在发展，经济规律作用的范围和表现形式也随之变化，因而人们认识和探索经济规律的过程也是逐步深化的。在我国经济建设和改革开放的实践中，必须认真研究经济规律的作用，很好地利用它，并按照客观经济规律的要求办事，以促进我国社会主义现代化建设又好又快地发展。

第六节　政治经济学的研究方法

一、唯物辩证法

马克思主义政治经济学的研究方法，最根本的就是唯物辩证法。唯物辩证法的规律即质量互变规律、对立统一规律和否定之否定规律，这是自然界事物发展规律在哲学上的反映，也是人类社会经济发展规律在哲学上的反映。同时唯物辩证法又被人们用来作为研究自然界事物和社会经济发展的基本方法。

（1）质量互变规律。社会经济的发展，先是量的变化，这种量变是某种经济现象的局部变化，当量变积累到一定程度，达到一定阶段，也就是量变达到对经济现象产生根本性的影响时，这种经济现象就要发生质变。运用量变和质变规律来研究社会经济现象，就是研究在一定社会发展阶段上的经济现象有些什么量变；这些量变是由什么引起的；由于量变，在经济现象上出现了什么新的特征；这些量变对经济现象的整体所产生的影响是什么；量变所引致的整个经济现象的状况是否达到了引起质变的阶段；如果还没有达到质变的阶段，怎样推动这种社会经济现象的发展，去为质变创造条件；如果已经达到了质变的阶段，又怎样使这种经济现象的质变得以实现，使人们的社会经济制度发展到更高阶段。人们的生产关系，随着生产力的发展，就发生着由量变到质变的过程。当生产力在这种生产关系内逐步发展起来时，生产关系的某些环节便不能适应生产力发展的要求，需要有局部的变化，这种局部变化还不会引起这种生产关系根本性质的变化，而只是量变，只有当量变积累到一定程度时，才会引起整个社会生产关系发生根本性质的变化。运用由量变到质变的方法来研究社会经济现象，才能很好地理解和认识社会经济发展的趋势和社会经济制度的演变。

（2）对立统一规律。运用对立统一规律来研究社会经济现象，就是研究在一定历史阶段上的经济现象时，应研究这种经济现象当中所包含的矛盾和矛盾推动经济发展的趋势。经济现象的内部是包含矛盾的，矛盾是对立的统一体。如果人们不能认识社会经济现象的内在矛盾，也就不可能真正认识这种社会经济现象发展的动力。必须运用对立统一规律，来研究社会经济现象内部存在着的矛盾、矛盾双方所处的状况、解决矛盾的途径和方法。只有这样，才会真正认识社会经济现象发展的规律性。例如，生产方式就是生产力与生产关系矛盾的统一体。要揭示某种生产方式的运动，就要研究这种生产方式内部所包含的生产力与生产关系的矛盾，研究这种矛盾的状况和已经达到的程度，研究这种矛盾解决的途径，了解经济发展的趋势，以推动社会经济的发展。

（3）否定之否定规律。社会经济的发展，和其他任何自然界事物的发展一样，都是由低级阶段向高级阶段发展的。运用否定之否定规律来研究社会经济现象，是要揭示出社会经济现象绝不会停留在某一个阶段上，而是不断向前发展的。例如：在社会主义社会，经济发展过程原来是平衡的，由于各部门、分部门在采用先进技术、改善经营管理、提高劳动者技术熟练程度及其他方面的不同，会出现不平衡现象，这种不平衡否定了前者的平衡，在对各部门、分部门进行调整之后，使它们又达到新的平衡，新的平衡又否定了不平衡，这是否定之否定。新的平衡和以前的平衡相比，固然也是平衡，但它是在新基础上的平衡，从而促进社会经济更好更快地发展。社会经济现象的发展，经过否定之否定，似乎又回到了它原来的出发点，实际上呈现为螺旋式上升，它是在一个更高更新阶段上的经济现象，包含了新的内容。经过否定之否定过程，某种经济现象经历着从低级阶段向高级阶段的发展。

马克思和恩格斯运用唯物辩证法研究人类社会历史的发展，创立了历史唯物主义，历史唯物主义是关于人类社会发展最一般规律的科学。运用历史唯物主义研究政治经济学，要依据社会历史发展自身所固有的客观规律，分析物质资料生产方式对社会经济发展的决定作用，阐明生产力和生产关系之间的矛盾、经济基础和上层建筑之间的矛盾是社会发展的基本矛盾，这个矛盾的运动决定着一种新的社会经济制度取代旧的过时的社会经济制度的必然性，以及人类社会逐渐由低级阶段向高级阶段发展过渡的历史趋势，同时也决定着同一社会经济制度内部不同阶段的发展变化。

二、抽象法

抽象法是唯物辩证法的一种方法。运用抽象法来研究政治经济学的对象，是要在研究社会经济现象时，经过分析，抽象掉它们的表象，揭示出经济现象的本质。马克思说："分析经济形式，既不能用显微镜，也不能用化学试剂。二者都必须用抽象力来代替。"① 运用抽象法研究的经济现象，应是在一定历史条件下的经济现象。社会经济现象和人们的经济活动是密切联结在一起的。政治经济学在研究某种社会经济现象时，必须透过这种经济的表象来揭示出这种现象的本质。分析作为整体的相互联系的经济现象时，应一步又一步地抽象掉经济现象中的表现形式，最终揭示出它们共同的本质。例如，在商品经济中，商品交换是社会经济现象，各种商品的相互交换要按照一定比例进行。而各种商品在数量上要相互成一定比例，其中必有一种共同的东西，使它们能够相互比较。各种商品的使用价值是不相同的，不能相互比较，生产不同商品的具体劳动也是不相同的，同样不能相互比较，都必须抽象掉。抽象掉商品的使用价值和生产商品的具体劳动之后，所有的商品，在生产它们时，都要支出人们的体力和脑力，即都要支出人们的抽象劳动，凝结在商品中的抽象劳动，就是商品的价值。包含在各种商品里的价值，只有量的不同，没有质的差别，因而能够相互比较，各种商品就是按照它们的价值进行交换的。所以，运用抽象法，逐步把商品的表象形式抽象出去之后，商品等价交换的本质便被揭示出来了。

三、归纳和演绎法

归纳法是指从研究个别经济现象中得出一般的结论。**演绎法**是指运用一般原理去研究个别经济现象。运用归纳法来研究某种经济现象，并从研究中得出一般结论时，所研究的经济现象对于其他经济现象而言，必须具有代表性，能够表现出其他经济现象的性质，如果所研究的个别经济现象和其他经济现象并不具有共同性，所得出的一般结论也会是错误的，这种一般结论不可能用来说明其他经济现象的本质。例如，研究资本主义企业中工人阶级的经济状况时，所得出的一般结论是，在资本主义社会中，工人阶级都失去了生产资料、不得不出卖劳动力给资本家；研究社会主义公有制企业中工人阶级的经济状况时，所得出的一般结论是，在社会主义企业中，工人阶级都是生产资料的主人，

---

① 马克思，恩格斯. 马克思恩格斯全集：第 23 卷. 北京：人民出版社，1972：8.

他们运用公有的生产资料，为自己和为自己的社会进行生产。运用演绎法，把一般原理运用于研究个别经济现象时，所研究的个别经济现象和一般原理所由以概括出的经济现象，其性质也必须是相同的。政治经济学的科学结论是在研究一定社会阶段上的经济现象时得出来的，运用这个理论所研究的个别经济现象，必须是在相同历史条件下的经济现象，否则便不能对这种经济现象作出科学的说明。经济现象是受一定历史条件制约的，而用来分析这种经济现象的理论，也应是在分析相同社会经济条件的基础上得出的理论。

四、分析和综合法

分析法是在研究某种经济现象时，分析它所表现出的一些形式，从而揭示出它的实质。一种经济现象的实质和它的表现形式并不是一致的，只有分析经济现象的表现形式，才能进而认清其本质。**综合法**是在分析出经济现象的本质后，对经济现象的一些形式加以综合，研究出它采取那些表现形式的原因。例如，在资本主义制度下，资本家支付给工人的工资，有些是计时工资，有些是计件工资，不论计时工资还是计件工资，都是工人在必要劳动时间内为自己生产的劳动力的价值，应用分析法，就揭示出了资本主义制度下雇佣劳动者所得工资的本质。既然雇佣劳动者得到的工资都是他们劳动力的价值，为什么又要采取不同形式呢？原因在于资本家要考虑采取哪种工资形式更有利于加强对工人的剥削。对于某些经济现象，既运用分析法揭示出它的本质，又运用综合法研究出它采取那些表现形式的原因，就能更深刻、更完整地认识这种经济现象的本质。

五、数学方法

数学是研究事物数量关系变化的科学。在研究社会经济现象时，不仅要研究经济现象的质的规定性和质的变化，同时还要研究经济现象量的变化。因此，对某些经济现象应该运用数学方法来进行研究。在研究商品流通中所需要的货币量、分析社会资本实现和流通的条件时，就采用了数学方法。研究社会主义经济，也需要运用数学方法。在经济管理中，使用投入产出法就要运用数学方法。但是数学只适用于研究经济的数量变化，对于研究经济现象的性质和质变是不适用的。

六、逻辑和历史方法

逻辑方法是在研究社会经济现象时所采用的思维推理法。在研究社会经济现象时，依照思维进程，推断出社会经济现象的发展进程。**历史方法**是在研究社会经济现象时，按照它的历史发展过程来进行研究的方法。运用历史方法来研究社会经济现象，必须排除对历史起干扰作用的偶然因素，排除经济发展历史中的曲折过程，按照历史发展的真实过程来研究经济现象的发展。只有这样，才是对历史的正确理解，才能从理论上把历史再现出来。在运用逻辑方法时，从根本上说，思维进程要符合经济现象的历史发展过程，脱离历史发展过程的思维推论会导致唯心主义。思维进程必须是社会经济历史发展过程的反映，思维进程和历史进程应是一致的，思维逻辑和历史逻辑必须是统一的。例如，在资本主义条件下，商品的价值比商品的生产价格先产生，生产价格是价值的转化形式。运用历史方法，是按照商品价值和商品生产价格产生的顺序来进行研究的；运用逻辑方法，思维的推理也应先分析商品的价值，进而研究商品的生产价格。

运用上述各种方法来研究各种社会经济现象，有时需要采用某种方法作为主要方法，有时则需要同时采用各种方法。而所有这些方法的运用，都是为了在研究社会经济现象时，能够揭示出这种经济现象的本质及其发展的规律性。

第七节　政治经济学的阶级性和科学性

一、政治经济学是具有鲜明阶级性的科学

政治经济学的研究对象决定了它是一门阶级性和党性很强的科学。政治经济学研究的生产关系就是经济关系，或者说是经济利益关系。政治经济学的全部内容实际上就是对人们在不同社会历史阶段上经济利益关系的本质的揭示。在阶级社会中，经济关系表现为阶级关系。由于人们的阶级地位不同，因而他们的经济利益也不同，对社会经济发展的看法也不同，这就决定了各个阶级不可能有统一的政治经济学。各个阶级都有自己的政治经济学，政治经济学具有鲜明的阶级性。剥削阶级，特别是当其发展到自身的衰朽阶段时，害怕触犯自己的经济利益，不敢正视社会经济发展的规律，竭力为自己的剥削行为辩护。所以，剥削阶级的政治经济学不可能是真正科学的政治经济学。马克思主义政治经济学既是体现无产阶级和广大劳动人民利益的学说，又是一门揭示社会经济发展规律的科学，只有马克思主义政治经济学才是实现了阶级性和高度科学性相统一的科学。

二、资产阶级政治经济学和小资产阶级政治经济学

在马克思主义政治经济学产生以前，已经有了资产阶级政治经济学。资产阶级的重商主义者和古典经济学家对他们所处时代的社会经济现象进行了研究。重商主义者是从商品流通领域研究社会经济现象的，因而他们不可能全面地阐明社会经济运动的规律。从英国的威廉·配第（1623—1687 年）开始的资产阶级古典政治经济学，经过以法国的魁奈（1694—1774 年）为代表的重农学派和英国的亚当·斯密（1723—1790 年）的发展，到英国的大卫·李嘉图（1772—1823 年）时，达到它的完成阶段。资产阶级古典政治经济学家处于资本主义上升时期，所以他们能够阐明经济现象的某些内在联系，在经济学说史上第一次把对理论的考察从流通领域转移到生产领域，并对资本主义生产关系的内部联系作了一些科学的分析，从而使政治经济学成为一门独立的科学。但是，资产阶级的局限性使古典经济学家不可能彻底了解资本主义经济的发展规律。因此，在古典政治经济学中，除了科学因素以外，不可避免地还存在着庸俗因素。

18 世纪末，自法国萨伊（1767—1832 年）开始，资产阶级政治经济学家把古典政治经济学中的科学因素丢掉或加以改造，接受其中的不科学因素并加以发展，使资产阶级政治经济学变成庸俗政治经济学，变成资本主义制度的辩护学。马克思说："法国和英国的资产阶级夺得了政权。从那时起，阶级斗争在实践方面和理论方面采取了日益鲜明的和带有威胁性的形式。它敲响了科学的资产阶级经济学的丧钟。现在问题不再是这个或那个原理是否正确，而是它对资本有利还是有害，方便还是不方便，违背警章还是不违背警章。不偏不倚的研究让位于豢养的文丐的争斗，公正无私的科学探讨让位于辩护士的坏心恶意。"① 庸俗政治经济学家所研究的只是资本主义生产关系的外部联系和外部表现，而不去考察被这种外部表现所掩盖的实质。他们的研究方法只是把这些表现记述下来，加以分类，使其成为一个"体系"。为了适应资产阶级的需要，他们对最常见的经济现象的解释，只是资产阶级可以接受的描述。庸俗政治经济学家有意识地把保护资产阶级的利益和掩饰资本主义社会的阶级矛盾作为自己的任务。但在资产阶级庸俗政治经济学著作中，一些关于管理社会化大生产的方法，一些关于研究、试制和采用新技术来开发新产品的措施，一些关于市场经济的运行机制和进行宏观调控的手段等，我们仍需要加以吸收和借鉴，为我国的经济建设和改革开放服务。

以瑞士西斯蒙第（1773—1842 年）和法国蒲鲁东（1809—1865 年）为代表人物的小资产阶级政治经济学，曾经无情地揭露了资本主义制度的弊病和矛盾，尖锐地批判了资本主义制度。如西斯蒙第就曾指出资本主义制度下的生产无政府状态、生产过剩危机、资本和地产的集中、小生产者的没落、无产阶级的贫困、财富分配的极不平等，等等。但他们都是以小资产阶级观点来批判资本主义制度的。他们或者企图退回到小商品生产方式，或者提出种种空想，因而不能对资本主义制度作出科学的分析。

三、马克思主义政治经济学

马克思（1818—1883 年）和恩格斯（1820—1895 年）在他们所创立的辩证唯物主义和历史唯物主义世界观的基础上，系统地考察了资本主义经济的内在矛盾，总结了国际工人运动的历史经验，同时，批判地吸收了资产阶级古典政治经济学的科学因素，创立了马克思主义政治经济学，即无产阶级政治经济学，从而完成了政治经济学史上的伟大的革命变革。

马克思创立了科学的劳动价值论，特别是在劳动价值论的基础上揭示了剩余价值理论，进而阐明了关于资本积累的理论。马克思在完成了对资本主义直接生产过程的分析之后，又分析了资本主义的流通过程和资本主义生产的总过程。这样，就透彻地剖析了资本主义的生产、分配、交换和消费的全过程，从而雄辩地论证了资本主义必然灭亡和社会主义必然胜利的历史规律，为全世界无产阶级的解放斗争提供了无比锐利的理论武器。

继马克思和恩格斯之后，列宁（1870—1924 年）对资本主义发展的新时期即垄断资

---

① 马克思，恩格斯. 马克思恩格斯全集：第 23 卷. 北京：人民出版社，1972：17.

本主义时期的经济制度作了科学的分析，揭示了资本主义发展到垄断资本主义时期的经济特征。资本主义发展到了垄断资本主义阶段，由于其内在矛盾的激化，已经到了它的最后阶段。由于垄断资本主义国家经济政治发展的不平衡，无产阶级革命可能首先在一国取得胜利。列宁关于垄断资本主义经济规律的分析，是马克思主义政治经济学的新发展。

马克思列宁主义政治经济学不仅分析了资本主义经济制度的产生、发展和灭亡的规律，同时也分析了社会主义经济制度的基本特征及其规律。在社会主义制度下，以生产资料社会主义公有制为主体，生产的目的是满足劳动人民不断增长的物质和文化需要，实现共同富裕和促进人的全面发展，因此，必须大力发展生产力，个人消费品实行按劳分配为主体，社会主义时期存在着商品经济，社会主义社会由它的初级阶段逐步发展到高级阶段，在生产高度发展的基础上为逐步向共产主义社会过渡创造条件，等等，这些都是马克思列宁主义关于社会主义社会经济发展的基本原理。

马克思主义政治经济学已被资本主义经济发展的历史事实、无产阶级社会主义革命与社会主义经济建设的实践证明是一门正确地揭示了经济发展规律的科学。

马克思主义政治经济学不隐讳自己的阶级性和党性，它公然申明是代表无产阶级利益的，是为无产阶级服务的。无产阶级及其政党的根本利益要求以社会主义生产关系代替资本主义生产关系，只有这样，无产阶级才能够得到彻底的解放。无产阶级及其政党的根本利益和马克思主义政治经济学所阐明的经济发展规律的要求是相一致的，因此，无产阶级及其政党能够把马克思主义政治经济学作为自己的理论武器。在资本主义制度下，它被用来武装无产阶级的头脑，使无产阶级在马克思列宁主义的基础上团结起来，共同为实现社会主义制度而斗争；在无产阶级已经取得胜利和建立起无产阶级专政的社会主义国家里，它被用来指导社会主义经济建设的实践。

马克思主义政治经济学作为研究人类社会生产关系发展规律的科学，应当逐个地研究各个社会经济制度。但是，考虑到使用本教程的对象，我们省略了对资本主义以前的社会经济制度的分析，直接从分析资本主义社会经济制度开始。

第八节　马克思主义政治经济学在中国的发展

一、毛泽东思想对马克思主义政治经济学的发展

毛泽东是当代中国伟大的马克思主义者，他的经济思想有以下几个主要方面。

一是新民主主义的经济思想。毛泽东在深刻分析半殖民地半封建旧中国的经济结构和社会关系的基础上，明确指出，中国革命要分两步走，第一步是建立新民主主义社会，第二步是建立社会主义社会。中国在新民主主义革命时期，社会的主要矛盾是人民大众与帝国主义、封建主义、官僚资本主义的矛盾。毛泽东强调在革命根据地要重视发展经济，提出“发展经济，保障供给”是经济工作和财政工作的总方针，并在这一总方针指导下，提出了自力更生发展工农业生产、发展合作经济、减租减息等一系列重要的经济

思想。在解放战争时期，毛泽东把“发展生产、繁荣经济、公私兼顾、劳资两利”作为新民主主义国民经济的指导方针，并明确提出新民主主义革命的三大经济纲领是没收封建地主阶级的土地归农民所有、没收垄断资本归新民主主义的国家所有、保护民族工商业。在中华人民共和国成立前夕，毛泽东提出新民主主义的经济形态包括五种经济成分，即社会主义性质的国营经济、半社会主义性质的合作社经济、私人资本主义经济、个体经济、国家和私人合作的国家资本主义经济。同时，他还提出了新民主主义经济向社会主义经济转变的思想。

二是生产资料私有制的社会主义改造理论。中华人民共和国成立后，在恢复和发展国民经济及完成土地改革的基础上，毛泽东提出了基本实现工业化和对农业、手工业、资本主义工商业进行社会主义改造的过渡时期总路线，采取了逐步改造私有制经济和大力发展公有制经济并举的方针，在我国完成了由新民主主义社会向社会主义社会的转变，建立起社会主义经济制度，促进了整个国民经济的发展。

三是探索适合中国国情的社会主义建设道路的思想。毛泽东强调指出，社会主义的基本矛盾可以通过社会主义制度本身的不断完善而得到解决，要正确区分与处理敌我之间的矛盾和人民内部的矛盾。他认为，在社会主义制度下，经济工作中要统筹安排和兼顾国家、集体、个人三者的利益。他从中国是一个农业国并应大力发展工业的情况出发，提出了“以农业为基础，以工业为主导”的发展国民经济的总方针，强调要正确处理重工业同农业、轻工业的关系，走出一条适合我国国情的中国工业化道路。他强调在社会主义建设中要处理好经济建设和国防建设、大型企业和中小型企业、汉族和少数民族、沿海和内地、中央和地方、自力更生和学习外国、积累和消费等各种关系，注意搞好综合平衡。他还提出干部参加劳动，工人参加管理，改革不合理的规章制度，干部、工人、技术人员三结合的“两参一改三结合”的思想。他强调提出了调动一切积极因素，化消极因素为积极因素，以便团结全国各族人民建设社会主义强大国家的战略思想。

毛泽东关于新民主主义经济、社会主义革命和社会主义建设的重要思想，在中国的具体情况下，丰富和发展了马克思主义政治经济学。

二、邓小平理论对马克思主义政治经济学的发展

邓小平理论是在中国现时和世界当代的具体情况下，对马克思主义和毛泽东思想的运用和发展，是当代中国的马克思主义。

第一，邓小平理论的精髓是解放思想和实事求是。解放思想，是要求人们特别是党政各级干部的思想，要从过去一些阻碍经济发展的重大问题认识中解放出来，不要被过去的思想所束缚；实事求是，是要求从现时的实际情况出发，寻找经济发展的规律。邓小平强调指出，以是否有利于发展社会主义社会的生产力，是否有利于增强社会主义国家的综合国力，是否有利于提高人民的生活水平作为判断一切事情正确与否的标准，以不断推动各项事业前进。

第二，邓小平理论深刻阐明了社会主义的本质。邓小平指出，社会主义的本质是解放生产力，发展生产力，消灭剥削，消除两极分化，最终达到共同富裕。他认为什么是

社会主义、怎样建设社会主义这个根本问题一定要弄清楚，以提高人们对社会主义本质和如何进行社会主义建设认识的科学水平，这也就为把党的工作重点转到以经济建设为中心上来、采取全面改革和开放政策、实行社会主义市场经济奠定了理论基础，把建设社会主义推向一个新的长期继续下去的进程。

第三，邓小平理论坚持运用马克思主义来观察世界形势的变化。邓小平理论对现时世界各国出现的许多新情况，如当今时代特征和总体国际形势、其他社会主义国家的成败、发展中国家和发达国家中出现的新问题，都进行了正确的分析并作出了科学的判断。特别是科学技术日新月异的进步，深刻地改变了和正在继续改变着当代各国的经济生活和世界面貌，每个马克思主义者都必须认真对待。邓小平理论即是根据这些新情况，提出了和平与发展是当代世界主题的科学论断，制定了我们党的路线和国际战略，要求我们要有新的观点来认识、继承和发展马克思主义，否则就会导致落后和失败。

第四，邓小平理论是建设中国特色社会主义的科学体系。邓小平理论主要是在建设我国社会主义和进行改革开放的实践过程中，总结取得成功的经验和遭受挫折的教训，并研究其他社会主义国家成败的原因，形成的建设中国特色社会主义的科学理论。邓小平理论第一次比较系统地初步回答了中国社会主义发展道路、发展阶段、根本任务、发展动力、外部条件、政治保证、战略步骤、党的领导和依靠力量，以及祖国统一等一系列基本问题，指导我们党制定了在社会主义初级阶段的基本路线。邓小平理论从各方面指明了我国进行社会主义建设的方向和途径。

邓小平理论是马克思主义在中国发展的新阶段，也是马克思主义政治经济学发展的新阶段。

三、“三个代表”重要思想对马克思主义政治经济学的发展

“三个代表”重要思想强调我们党必须始终代表中国先进生产力的发展要求、始终代表中国先进文化的前进方向、始终代表中国最广大人民的根本利益。强调党的理论、路线、纲领、方针和各项工作必须符合生产力发展的规律，体现不断推动社会生产力的解放和发展的要求，尤其是要体现推动先进生产力发展的要求，通过发展生产力不断提高人民群众的生活水平；必须努力体现发展面向现代化、面向世界、面向未来的，民族的、科学的、大众的社会主义文化的要求，促进全民族思想道德素质和科学文化素质的不断提高，为我国经济发展和社会进步提供精神动力和智力支持；必须把人民的根本利益作为出发点和归宿，充分发挥人民群众的积极性、主动性、创造性，在社会不断发展进步的基础上，使人民群众不断获得切实的经济、政治、文化利益。

“三个代表”重要思想加深了对什么是社会主义、怎样建设社会主义和建设什么样的党、怎样建设党的认识，深化了对中国特色社会主义的认识，发展了马克思主义政治经济学。

四、科学发展观对马克思主义政治经济学的发展

科学发展观是坚持以人为本、全面协调可持续发展的发展观。科学发展观强调，要

坚持把发展作为党执政兴国的第一要务，牢牢抓住经济建设这个中心，坚持聚精会神搞建设、一心一意谋发展，着力把握发展规律、创新发展理念、破解发展难题，深入实施科教兴国战略、人才强国战略、可持续发展战略，加快形成符合科学发展要求的发展方式和体制机制，不断解放和发展社会生产力，为坚持和发展中国特色社会主义打下坚实的基础。要坚持以人为本，把实现好、维护好、发展好最广大人民的根本利益作为党和国家一切工作的出发点和落脚点，尊重人民首创精神，保障人民各项利益，不断在实现发展成果由人民共享、促进人的全面发展上取得新成效。要坚持全面协调可持续发展，全面推进经济、政治、文化、社会、生态文明建设五位一体总体布局，促进现代化建设各方面相协调，促进生产关系与生产力、上层建筑与经济基础相协调，不断开拓生产发展、生活富裕、生态良好的文明发展道路。要坚持统筹兼顾，一切从实际出发，正确认识和妥善处理中国特色社会主义事业中的各种重大关系。

科学发展观体现了对社会主义建设规律和人类社会发展规律的新认识，是对马克思主义政治经济学的重大发展。

五、习近平经济思想对马克思主义政治经济学的发展

党的十八大以来，中国特色社会主义进入了新时代。习近平新时代中国特色社会主义思想坚持把马克思主义基本原理同中国实际相结合、同中华优秀传统文化相结合，科学系统回答了新时代坚持和发展什么样的中国特色社会主义、怎样坚持和发展中国特色社会主义等重大时代课题，是当代中国马克思主义，二十一世纪马克思主义，是中华文化和中国精神的时代精华，是党和人民实践经验与集体智慧的结晶，是中国特色社会主义理论体系的重要组成部分，是全党全国人民为实现中华民族伟大复兴而奋斗的指导思想和行动指南，谱写了马克思主义中国化时代化的新篇章。

习近平经济思想是习近平新时代中国特色社会主义思想的重要组成部分，是中国共产党不懈探索社会主义经济发展道路形成的思想结晶。这一思想深刻总结了新中国成立以来我国社会主义经济建设的实践经验和理论成果，立足新时代新阶段经济发展的实践，运用马克思主义政治经济学的理论和方法，系统回答了新时代我国经济发展的一系列重大理论和实践问题，为新时代推动我国经济发展提供了科学指南，这包括：加强党对经济工作的全面领导是我国经济发展的根本保证，坚持以人民为中心的发展思想是我国经济发展的根本立场，进入新发展阶段是我国经济发展的历史方位，坚持新发展理念是我国经济发展的指导原则，构建新发展格局是我国经济发展的路径选择，推动高质量发展是我国经济发展的鲜明主题，坚持和完善社会主义基本经济制度是我国经济发展的制度基础，坚持问题导向部署实施国家重大发展战略是我国经济发展的战略举措，坚持创新驱动发展是我国经济发展的第一动力，大力发展制造业和实体经济是我国经济发展的主要着力点，坚定不移全面扩大开放是我国经济发展的重要法宝，统筹发展和安全是我国经济发展的重要保障，坚持正确工作策略和方法是做好经济工作的方法论。

习近平经济思想坚持把马克思主义政治经济学基本原理同中国实际和时代特征相结合，不断推进马克思主义政治经济学中国化时代化，为丰富和发展马克思主义政治经济

学作出了重要原创性贡献：

（1）创造性地提出加强党对经济工作的全面领导的重大理论观点，丰富和发展了马克思主义政治经济学关于经济和政治关系的理论。

（2）创造性地提出坚持以人民为中心的发展思想，丰富和发展了马克思主义政治经济学关于社会主义经济本质的理论。

（3）创造性地提出树立和坚持新发展理念，丰富和发展了马克思主义政治经济学关于经济发展原则的理论。

创造性地提出我国经济已由高速增长阶段转向高质量发展阶段的重大论断，丰富和发展了马克思主义政治经济学关于经济发展阶段的理论。

（4）创造性地提出推进完善社会主义市场经济体制的重要思想，丰富和发展了马克思主义政治经济学关于市场经济的理论。

（5）创造性地提出供给侧结构性改革的重大方针，丰富和发展了马克思主义政治经济学关于生产和需要关系的理论。

（6）创造性地提出构建新发展格局的重大战略，丰富和发展了马克思主义政治经济学关于社会再生产的理论。

（7）创造性地提出推动构建人类命运共同体、促进经济全球化健康发展的重要思想，丰富和发展了马克思主义政治经济学关于世界经济的理论。

（8）创造性地提出推进城乡发展一体化、加快农业农村现代化重大战略，深化和发展了对社会主义城乡关系发展规律的认识，丰富和发展了马克思主义政治经济学关于城乡关系的理论。

（9）创造性地提出统筹好发展和安全、认识和把握防范化解重大风险的重要思想，深化和发展了对社会主义安全发展规律的认识，丰富和发展了马克思政治经济学关于国家经济安全的理论，等等。

习近平经济思想是当代马克思主义政治经济学的集中体现，是中国特色社会主义政治经济学的最新成果，为新时代指导我国经济发展、建设社会主义现代化国家提供了强大的思想武器。

六、构建和发展中国特色社会主义政治经济学

坚持和发展中国特色社会主义，必须加快构建中国特色哲学社会科学体系，着力构建和发展中国特色社会主义政治经济学，开拓当代中国马克思主义政治经济学新境界，丰富和发展马克思主义政治经济学。

党的十一届三中全会以来，我们党把马克思主义政治经济学基本原理同改革开放新的实践结合起来，不断丰富和发展马克思主义政治经济学，形成了当代中国马克思主义政治经济学的许多重要理论成果，创立了中国特色社会主义政治经济学。中国特色社会主义政治经济学是马克思主义政治经济学基本理论与中国改革开放新的实践相结合的理论成果。改革开放以来，我们及时总结新的生动实践，不断推进理论创新，在发展理念、所有制、分配体制、政府职能、市场机制、宏观调控、产业结构、企业治理结构、民生

保障、社会治理等重大问题上提出了许多重要论断。比如，关于社会主义本质的理论，关于社会主义初级阶段基本经济制度的理论，关于创新、协调、绿色、开放、共享发展的理论，关于发展社会主义市场经济、使市场在资源配置中起决定性作用和更好发挥政府作用的理论，关于我国经济发展进入新常态、深化供给侧结构性改革、推动经济高质量发展的理论，关于推动新型工业化、信息化、城镇化、农业现代化同步发展和区域协调发展的理论，关于农民承包的土地具有所有权、承包权、经营权属性的理论，关于用好国际国内两个市场、两种资源的理论，关于加快形成以国内大循环为主体、国内国际双循环相互促进的新发展格局的理论，关于促进社会公平正义、逐步实现全体人民共同富裕的理论，关于统筹发展和安全的理论，等等。这些理论成果构成了中国特色社会主义政治经济学理论体系的基本内容，不仅有力地指导了我国的经济发展实践，而且开拓了马克思主义政治经济学新境界。

党的十八大以来，习近平同志立足我国国情和发展实践，提出要坚持和发展当代中国马克思主义政治经济学，坚持和发展中国特色社会主义政治经济学，为马克思主义政治经济学创新发展贡献中国智慧；强调发展为了人民，这是马克思主义政治经济学的根本立场；强调坚持中国特色社会主义政治经济学的重大原则，坚持解放和发展社会生产力；强调以马克思主义政治经济学为指导，总结和提炼我国改革开放和社会主义现代化建设的伟大实践经验，同时借鉴西方经济学的有益成分。这些重要论述为发展中国特色社会主义政治经济学、构建中国特色社会主义政治经济学理论体系指明了方向。

中国特色社会主义政治经济学来源于实践，又指导实践，需要在不断的实践中创新和发展。习近平同志指出："要立足我国国情和我们的发展实践，深入研究世界经济和我国经济面临的新情况新问题，揭示新特点新规律，提炼和总结我国经济发展实践的规律性成果，把实践经验上升为系统化的经济学说，不断开拓当代中国马克思主义政治经济学新境界"①。坚持和发展中国特色社会主义政治经济学，必须立足中国的国情和实践，从理论和实践的结合上，阐析我国经济发展进入新阶段所面临的一系列新情况和新课题，揭示中国特色社会主义经济发展规律，不断完善和发展中国特色社会主义政治经济学理论体系。

本章重要名词概念

政治经济学	物质资料生产	劳动	劳动对象	劳动资料
生产资料	生产方式	生产力	生产关系	分配关系
交换关系	消费关系	生产资料所有制	经济规律	基本经济规律
经济规律体系				

思考题

1. 为什么物质资料生产是人类社会存在和发展的基础？

① 习近平. 不断开拓当代中国马克思主义政治经济学新境界. 求是，2020（16）：4－9.

2. 什么是社会生产方式？
3. 社会生产力是怎样形成的？
4. 为什么科学技术是第一生产力？
5. 如何正确认识生产、分配、交换和消费的相互关系？
6. 生产力和生产关系之间的相互关系是怎样的？
7. 经济规律为什么具有客观性？
8. 怎样认识和利用经济规律？
9. 什么是经济规律体系和基本经济规律？
10. 政治经济学的研究方法是怎样的？
11. 为什么马克思主义政治经济学是阶级性与科学性的统一？
12. 马克思主义政治经济学是怎样创立和发展的？
13. 马克思主义政治经济学在中国有哪些发展？
14. 怎样构建和发展中国特色社会主义政治经济学？

本章练习

第二章
商品和货币

本章重点

1. 自然经济的基本特征
2. 自然经济发展为商品经济
3. 商品经济存在的条件和商品经济的基本特征
4. 商品二因素、劳动二重性和商品经济的基本矛盾
5. 科学的劳动价值论
6. 货币的产生、本质和职能，货币流通量规律
7. 价值规律及其对社会经济发展的作用

本章的内容是简要叙述自然经济作为一种社会经济形式的形成和基本特征及其发展为商品经济形式的过程，提炼出商品经济存在的条件及其基本特征。在此基础上重点分析商品和货币，揭示其内在矛盾，进而论述科学的劳动价值论，最后阐明价值规律及其对社会经济发展的作用。

第一节　自然经济及其发展为商品经济

一、自然经济

（一）自然经济的形成

自然经济是在社会生产力水平很低、没有社会分工或社会分工很不发达的社会中，为了直接满足生产者个人及其家庭或经济单位自身需要而进行的、以自给自足生产为特征的一种社会经济形式。这种经济形式在原始社会就已产生，在奴隶社会和封建社会成为占统治地位的经济形式，在资本主义社会乃至社会主义社会一些经济落后、比较封闭的地方，还存在自然经济的残余。列宁是这样描述自然经济的："在自然经济下，社会是由许许多多同类的经济单位（父权制的农民家庭、原始村社、封建领地）组成的，每个这样的单位从事各种经济工作，从采掘各种原料开始，直到最后把这些原料制作得可供消费。"①

在原始社会初期，劳动生产力极其低下，人类认识和利用自然的能力微乎其微，为

① 列宁. 列宁全集：第3卷. 2版. 北京：人民出版社，1984：17.

了获取生存所需要的物质资料，只有联合起来，依靠群体的力量共同从事同一项劳动，通过集体进行围猎、捕鱼、采集。生产力的这种状况，使得劳动过程不可能划分出不同的程序和阶段，自然不可能有社会分工。人们在劳动中只存在以性别、年龄和体力等生理差别划分的原始自然分工，男性和体力强壮的中青年从事狩猎、打鱼等劳动，老人和妇女则从事植物采集等劳动，以取得人们生存需要的物资，从而形成了原始氏族部落的自然经济。在原始社会晚期，随着人们在利用自然的实践中经验的日渐积累，生产工具逐步发展，并出现了畜牧业和农业生产，社会生产力逐步提高，使单个人独立进行生产劳动成为可能，出现了以一家一户为单位进行的生产活动，从而逐渐产生了由劳动者及其家庭成员形成的家庭自然经济。后来，随着生产力的发展及私有制和阶级的产生，在奴隶社会和封建社会又产生了奴隶主的庄园自然经济和封建主的庄园自然经济。在奴隶社会和封建社会，虽然已出现了社会分工和商品经济，但社会分工不发达，商品经济在社会经济生活中只处于从属地位，占统治地位的是以自给自足生产为特征的奴隶主和封建主的庄园自然经济。

（二）自然经济的基本特征

自然经济作为人们在生产中的劳动联系的一种社会经济形式，具有以下一些特征。

1. 自然经济是生产力水平十分低下的经济

自然经济是与极为低下的社会生产力水平相适应的社会经济形式。在这种经济形式下，单个生产者或经济单位的生产规模较小，使用简单的手工工具，劳动生产率十分低下。原始社会的自然经济以自然分工为基础，以后其他社会中的自然经济也是建立在社会分工很不发达、生产力水平很低的基础上的。

2. 自然经济是一种自给自足的封闭性和保守性经济

不同时期的自然经济分别以原始部落、奴隶主或封建主庄园、家庭为生产和生活单位，人们在一个狭小的空间中进行自给自足的经济活动，生产和生活上所需要的绝大部分产品都自行生产，各个家庭或经济单位之间在经济上是基本隔绝的，很少进行经济联系或经济交往。“鸡犬之声相闻，民至老死不相往来”就是这种经济形式的形象写照。这就使得生产和生活被封闭在一个个分散而孤立的社会经济单位之内，从而决定了自然经济是一种封闭性和保守性的经济。马克思曾指出：“这种生产方式是以土地及其他生产资料的分散为前提的。它既排斥生产资料的积聚，也排斥协作，排斥同一生产过程内部的分工，排斥社会对自然的统治和支配，排斥生产力的自由发展。它只同生产和社会的狭隘的自然产生的界限相容。”①

3. 自然经济是发展缓慢、规模有限、对自然界依附性很强的经济

自然经济的狭小的生产范围、简陋的生产工具和落后的劳动方式，使生产力的发展必然受到自然条件的极大限制。在风调雨顺的情况下，尚能维持简单再生产，自然条件稍有恶化，则陷于萎缩再生产。生产出的数量很少的物质资料一般只能维持生存的最低

---

① 马克思，恩格斯. 马克思恩格斯全集：第23卷. 北京：人民出版社，1972：830.

需要，或者只有很少的剩余产品，这就使得整个社会经济的发展十分缓慢，甚至长期处于停滞状态。正如马克思所指出的："由于一般自然经济的性质，所以，这种形式完全适合于为静止的社会状态提供基础"①。

二、自然经济发展为商品经济的过程

商品经济是直接以市场交换为目的的一种社会经济形式，是商品生产和商品交换的统一。社会经济形式从自然经济发展为商品经济，是一个渐进而漫长的历史进程，这一转变是伴随着新的生产工具的出现和发展，从而社会分工的发展，导致社会生产力的发展而逐渐实现的。在人类利用自然界的物质并将其改造成人类需要的生活资料的实践中，生产经验不断积累，生产方法和生产工具逐步发展，从旧石器到新石器的使用，从火的使用到弓箭的发明，从采集、狩猎过渡到原始畜牧业和原始农业，一直到金属工具的出现，推动了社会分工的发展。马克思指出："生产工具的积聚和分工是彼此不可分割的……工具积聚发展了，分工也随之发展"②。到了原始社会的后期，出现了畜牧部落从其他原始部落中分离出来的**第一次社会大分工**。而后农业部落的产生，又扩大和加深了第一次社会大分工。这就有力地推动了劳动生产率的提高，使得产品在满足生产者自身需要外还有所剩余，而且专门从事畜牧业的部落和专门从事农业生产的部落之间，互相需要对方的产品来满足需求，从而导致牲畜与谷物之间的交换。到了原始社会末期，耕作工具和手工工具进一步发展，引起了以手工业从农业中分离出来为标志的**第二次社会大分工**。从事手工业生产的劳动者不生产农产品，但他们又必须获得农产品来满足生活需要，这就决定了手工业劳动者要用自己生产的手工业品同农产品进行交换。手工业独立出来后，其产品一开始就是为了交换而生产的，从那时起出现了为交换而进行的商品生产。恩格斯明确指出："第二次大分工……随着生产分为农业和手工业这两大主要部门，便出现了直接以交换为目的的生产，即商品生产；随之而来的是贸易"③。到了原始社会解体和奴隶社会形成的初期，出现了**第三次社会大分工**，即出现了专门从事商品买卖的商人阶层。这就进一步推进了商品交换的发展，市场迅速扩展，从而极大地推动了商品经济的发展。

三、商品经济

（一）商品经济产生的基本条件

从上面对商品经济产生的历史过程的分析中，我们看到了商品经济作为商品生产和商品交换的统一，是社会生产力发展的必然产物，这种经济形式是社会经济发展不可逾越的阶段。随着社会生产力的发展，商品经济自身经历了**简单商品经济**和**发达商品经济**

---

① 马克思，恩格斯．马克思恩格斯全集：第25卷．北京：人民出版社，1974：897.
② 马克思，恩格斯．马克思恩格斯选集：第1卷．3版．北京：人民出版社，2012：246.
③ 马克思，恩格斯．马克思恩格斯选集：第4卷．3版．北京：人民出版社，2012：180.

两个阶段。简单商品经济是以个体手工劳动为基础的商品经济，它大量存在于资本主义以前的社会形态中，经历了原始社会末期、奴隶社会和封建社会；发达商品经济是建立在社会化生产的基础之上，在社会经济生活中占据统治地位的商品经济，它大量存在于资本主义社会和社会主义社会。

商品经济的产生需要具备两个条件：第一个条件是存在社会分工。社会分工使得各行各业的生产者或经济单位各自生产出不同的产品，而他们在生产和生活上又需要各自生产的产品以外的多种多样的产品，为了满足各自的多种需求，必须在分工者之间互通有无，这就使得各自所生产的不同产品进行交换成为必要。马克思说，社会分工是“构成一切商品生产的一般基础”①。可见，社会分工是商品经济产生的前提条件。第二个条件是社会分工者之间存在着各自独立的经济利益。马克思指出：“只有独立的互不依赖的私人劳动的产品，才作为商品互相对立。”② 正是由于社会分工者各自有着自己独立的经济利益，你的是你的，我的是我的，因而在正常的情况下，他们之间相互需要对方的产品时，才不可能无偿地取得，只能用各自生产的产品进行交换，而且这种产品的交换必须是对等的，彼此之间谁也不能占谁的便宜。要做到这一点，唯一的途径就是把各自的产品作为商品进行交换，商品之间的交换就是按照商品的价值量进行等价交换。社会分工者之间具有独立的经济利益这一条件最早是伴随着私有制的产生而出现的，不同的生产资料私有者各自都是具有自身独立经济利益的经济主体。所以，这一条件也可以概括为社会分工者是具有各自独立经济利益的不同所有者。这个条件是商品经济产生和存在的决定性条件。不管是在哪一种社会经济制度下，只要存在上述两个条件，商品经济就必然存在。

（二）商品经济的基本特征

1. 商品经济是竞争性经济

商品在市场上进行买卖，必然存在着商品生产者之间的竞争、商品购买者之间的竞争，以及商品生产者与购买者之间的竞争。作为商品生产者，他进行商品生产就要消耗商品生产成本（原材料消耗、工具磨损、劳动消耗等），他必须千方百计地降低自己的商品生产成本，才能使自己的商品在市场上按同类商品的市场价格出售时，获得较多的盈利；或者以低于其他同类商品的市场价格出售，挤垮其他商品生产者而占领市场，获取更大的利益。而且各个商品生产者为了使自己生产的商品尽快地卖出去，在激烈的销售竞争中总是想方设法推销自己的商品，价格战、广告战、各种商业欺诈等，都成为争夺商品销售市场的手段。商品购买者同样为能够购买到价廉物美的商品而竞争，特别是当市场上商品供不应求时，这种竞争尤为激烈。此外，在商品市场上，商品生产者与购买者之间也存在着竞争，商品生产者尽量使自己的商品卖出较高的价钱，而购买者则希望以最低的价格购买到商品。可见，商品经济同竞争是一对孪生兄弟。

综上所述，竞争对于商品生产者来说，是一种外部的强制力量，这种外部强制力量必然转化为一种内部的经营机制，迫使商品生产者不断改进和加强经营管理，采用新的

---

① 马克思，恩格斯. 马克思恩格斯全集：第23卷. 北京：人民出版社，1972：389.

② 同①55.

科学技术，增加商品的花色品种，提高劳动生产率，降低生产费用，使生产的商品价廉物美，符合市场需求。这就决定了商品经济是一种进取的、发展的经济。

2. 商品经济是开放性经济

商品生产者的内在利益驱动以及外在竞争压力，使他们千方百计地在各地寻求最廉价的原材料来源地，寻找最理想的商品销售市场。商品经济不承认区域疆界，它的生存与发展要求冲破国度、民族和地区的界限，开辟广阔的国内市场和国际市场。正如马克思所说，他们“必须到处落户，到处开发，到处建立联系”①。商品经济的发展使得不同的国家、民族和地区的经济联系日益加强，市场范围不断扩展，当今的经济全球化正是商品经济开放性的必然产物。商品经济的开放性还使得先进的技术和管理方法得到迅速而广泛的传播，从而有力地促进各地经济的发展，有利于地区之间经济发展差异的逐渐缩小，并促使社会经济发展充满活力。

3. 商品经济是具有自主性和平等性的经济

商品经济要求商品经济的当事人必须是相互独立的个体，商品生产者和经营者必须具有独立处理自己商品的权利，具有自己独立的经济利益，要根据自己的意愿独立地处理商品以实现自己的经济利益。只有商品交换当事人之间各自独立的经济利益都得到满足，商品交换才能正常进行。正如马克思所说：“商品监护人必须作为有自己的意志体现在这些物中的人彼此发生关系，因此，一方只有符合另一方的意志，就是说每一方只有通过双方共同一致的意志行为，才能让渡自己的商品，占有别人的商品。”②

正因为商品生产者具有自身独立的经济利益，因而各个商品生产者相互交换自己生产的商品时，双方处于平等的地位，交换必须遵循对等的原则，这是商品交换的基本准则，只有这样才不会损害交换双方各自的经济利益。不同商品满足人的不同需要，不同商品相互必须按照一定的数量比例来交换，这个数量比例就是由下一节所要分析的商品的价值量来确定的。不同的商品只有按照各自所包含的价值量进行等价交换，才能使各个商品生产者的平等地位得到维护，谁也占不了谁的便宜，从而使商品交换当事人各自的经济利益都得到满足。商品经济具有这种平等性特征，正如马克思所说：“商品是天生的平等派”③。

第二节 商 品

一、商品的二因素

商品是为交换而生产的劳动产品。任何商品都具有两方面的属性：自然属性和社会属性。

从自然属性来看，商品都具有可以满足人们某种需要的属性，即**使用价值**。如小麦

---

① 马克思，恩格斯. 马克思恩格斯选集：第1卷.3版. 北京：人民出版社，2012：404.

② 马克思，恩格斯. 马克思恩格斯全集：第23卷. 北京：人民出版社，1972：102.

③ 同②103.

可以充饥，棉衣可以御寒，机床可以用于生产加工各种零部件，书报可以供人阅读取得信息，等等。可见，“物的有用性使物成为使用价值”①。一种商品的使用价值可以是多种多样的，如钢铁既可以用来制造各种生产资料，又可以用来制造各种生活资料。随着科学技术的发展，商品的使用价值还将不断地被发现、被利用。商品具有何种使用价值，是由它本身所具有的物理的、化学的或生物学的性质决定的。商品的使用价值是在人们使用和消费它的时候才实现的。作为生活资料的商品是直接满足人们的生活需要的，作为生产资料的商品是间接满足人们的生活需要的。

从社会属性来看，商品又都可以被它的所有者用来和别人的商品相交换，也就是说，它具有**交换价值**。什么是交换价值呢？马克思说：“交换价值首先表现为一种使用价值同另一种使用价值相交换的量的关系或比例”②。如用 1 张兽皮去交换 25 千克粮食，25 千克粮食就成为 1 张兽皮的交换价值。

粮食和兽皮具有不同的使用价值，为什么可以按一定的比例相交换呢？这从它们的有用性即使用价值方面是无法得到解释的。决不能说，因为兽皮可以御寒，因此 1 张兽皮就必须换 25 千克粮食；反过来也不能说，因为粮食可以充饥，因此 25 千克粮食就必须换 1 张兽皮。使用价值性质不同，用途各异，无法比较，因而不能确定它们之间量上的交换比例。两种不同的使用价值能够在量上按一定比例相交换，它们之间必定存在着某种共同的可以相互比较的东西。这种共同的东西就是各种商品都是经过人类劳动生产出来的，它们内部都包含着人类劳动。人类劳动凝结在商品中形成了商品的**价值**。使用价值不同的商品可以在量上按一定比例相交换，就是因为它们都是劳动产品，都具有价值。价值在质上是相同的，不同商品所包含的价值只有量上的差别，因而它们就可以从量的方面相互比较。价值是交换价值的基础，交换价值则是价值的表现形式。

由上可知，商品具有使用价值和价值二因素，前者反映人和自然的关系，是商品的自然属性，后者反映人和人的关系，是商品的社会属性。商品就是这两种因素的对立统一体。它们的统一性表现在：使用价值是价值的物质承担者，没有使用价值的东西，也不可能具有价值，因而不会是商品；有些东西虽有使用价值，如空气、阳光等，但不是人类劳动的产品，不具有价值，所以也不是商品；另外有些东西虽是劳动产品，但未形成使用价值，如废品，也不能成为商品；还有些东西，既是劳动产品，又具有使用价值，但不是为了交换，而是用于自己的消费，仍然不是商品，如劳动者自产自用的产品就是这样。此外，有些劳动产品具有使用价值，但不经过交换，也不是商品，如赠送的礼品、旧社会农民向地主缴纳的实物地租等。所以，商品必须同时具有使用价值和价值二因素。商品二因素的对立性表现在：一切商品对于购买者才具有使用价值；对于生产者就不具有使用价值。商品生产者不能既占有价值，又占有使用价值。商品生产者要占有价值，就必须让渡使用价值。商品生产者如果自己消费了使用价值，就无法进行交换，也就不能实现商品的价值。可见，商品的使用价值和价值又是相互排斥的。只有生产出来的商品能够交换出去，生产者实现了价值，购买者得到了使用价值，商品的内在矛盾才能得到解决。

---

① 马克思，恩格斯. 马克思恩格斯全集：第 23 卷 . 中文 1 版 . 北京：人民出版社，1972：48.

② 同①49.

二、生产商品的劳动二重性：具体劳动和抽象劳动

商品为什么具有使用价值和价值二因素呢？由于商品是一种劳动产品，所以商品的二因素只能从生产商品的劳动的性质中去寻找原因。商品的二因素是由生产商品的劳动二重性决定的。

从一方面看，生产商品的劳动是**具体劳动**。人们用不同性质和不同形式的劳动生产出不同的商品，这种劳动目的、劳动工具、劳动对象、制作方法、劳动成果各不相同的劳动，就是具体劳动。简单地说，具体劳动就是在一定具体形式下进行的劳动。具体劳动创造商品的使用价值，它反映人和自然的关系。具体劳动过程就是人们利用和改造自然物质使之适合人们需要的过程。所以，具体劳动不仅是商品生产条件下所必需的，而且是人类生存和发展的永恒条件。在任何社会条件下，没有人们的具体劳动，也就没有物质资料的生产，人类便无法生存，社会也就不可能存在和发展，具体劳动是人类社会的一个永恒的范畴。

从另一方面看，生产商品的劳动，不管具体形式怎样千差万别，都是人类体力和脑力的消耗，这种抽掉了各种具体形式的、无差别的、一般意义上的人类劳动，叫做**抽象劳动**。所谓商品价值是人类劳动的凝结，这里所说的劳动指的就是这种抽象劳动。生产商品所消耗的抽象劳动，形成商品的价值。抽象劳动是一个历史范畴，它是生产商品的社会劳动所特有的。在自然经济社会和在未来的产品经济社会中，人们的劳动产品不用来交换，因此，他们的劳动就只表现为具体劳动。

生产商品的劳动二重性学说，是由马克思首先提出并加以科学论证的，劳动二重性学说在马克思主义政治经济学整个科学体系的理解和把握上，具有极其重要的意义。因为只有弄懂了劳动二重性问题，才能使劳动价值论奠定在科学的基础上。而只有弄懂了劳动价值论，才能理解关于资本和剩余价值理论等的一系列政治经济学原理。所以，马克思指出，劳动二重性学说“是理解政治经济学的枢纽”①。

三、商品价值的构成与创造、商品的价值量

（一）商品价值的构成与创造

生产商品的劳动二重性学说表明，生产商品的劳动一方面是具体劳动，具体劳动创造商品的使用价值，并把商品生产过程中耗费的生产资料的价值转移到新的商品中；生产商品的同一劳动又是抽象劳动，抽象劳动凝结到商品中，形成商品的新价值。可见，经过生产过程生产出的商品，其价值由两个部分构成：一是商品生产过程中耗费的生产资料的价值，它是过去的劳动即物化劳动所形成的价值转移到商品中来的；二是商品生产过程中活劳动新创造的价值。

商品价值的构成与商品价值的创造是两个不同的范畴。商品价值的构成如上所述，

① 马克思，恩格斯. 马克思恩格斯全集：第 23 卷. 北京：人民出版社，1972：55.

商品的价值是由物化劳动转移的价值和活劳动创造的新价值所构成的。而商品价值的创造则是指商品生产过程中由活劳动新增加到商品中的价值。

（二）活劳动是价值的唯一源泉

马克思的劳动价值论的核心就是科学地揭示了包含在商品中的新价值是劳动者的活劳动所创造的，活劳动是价值的唯一源泉。**活劳动**是指劳动者在商品生产过程中脑力和体力的消耗，即新加入到商品中的抽象劳动。在商品生产过程中，只有加进了人的活劳动，才能把生产资料改变成适合人们需要的新的使用价值，离开了活劳动，所有的生产资料本身都只是一堆死物。在商品生产过程中，属于**物化劳动**的生产资料的价值只能转移到新产品中去，其价值量是不会发生变化的，不能将物化劳动的各种生产要素视为价值的源泉。一切生产资料的价值，只能转移，自身不可能发生增殖。而与生产资料相结合、凝结在新产品中的活劳动则创造出新的价值。马克思的劳动价值论是马克思主义政治经济学理论的基本原理，我们在政治经济学的学习与研究中，必须坚持马克思的劳动价值论，特别要坚持活劳动是商品价值唯一源泉的理论。

（三）创造价值的劳动是“总体工人”的活劳动

劳动是价值的唯一源泉，但创造价值的劳动不能仅仅理解为体力劳动。商品的生产和价值的创造固然离不开体力劳动，但随着商品生产的发展和劳动协作关系的不断扩大，创造价值的生产劳动以及生产劳动者的范围相应不断扩大。马克思针对生产劳动范围逐步扩大的情况，提出要从“总体工人”或“结合劳动人员”角度来考察创造价值的活劳动。他指出：“随着劳动过程本身的协作性质的发展，生产劳动和它的承担者即生产工人的概念也就必然扩大。为了从事生产劳动，现在不一定要亲自动手；只要成为总体工人的一个器官，完成他所属的某一种职能就够了。”① 这就是说，在创造价值的“总体工人”的活劳动中，既包括直接进行生产操作者的劳动，也包括从事生产管理和工程技术工作的人员的劳动；既包括体力劳动，也包括脑力劳动；既包括简单劳动，也包括复杂劳动。

当今时代，科学技术迅猛发展，人类社会开始进入以数字化、信息化为标志的知识经济时代，物质资料的生产离不开体力劳动，但在物质资料的生产中，脑力劳动变得日益重要。特别是与物质资料生产相关联的科技劳动、管理劳动、服务劳动在生产和经济生活中起着日益重要的作用，高新科技的出现和发展，使得过去被认为与物质资料生产没有直接关系的劳动，变得与物质资料生产的关系越来越紧密，从而导致创造价值的劳动扩大到包括那些与物质资料生产直接有关的劳动，生产性劳动的外延有所扩展，这些劳动作为现代社会“总体工人”劳动的必要构成部分，都属于生产劳动，从而都创造价值。

（四）商品的价值量

各种商品的价值在质上是相同的，都是凝结在商品中的人类一般劳动，因而各种商

---

① 马克思，恩格斯. 马克思恩格斯全集：第 23 卷. 北京：人民出版社，1972：556.

品的价值只有量的区别，那么商品价值的量是怎样确定的呢？既然商品价值是人类一般劳动的凝结，那么商品价值的量就是由生产商品的劳动的量决定的。衡量劳动量的单位是劳动时间，所以商品的价值量是由生产商品的劳动时间决定的。

那么，是不是说商品生产者的工作条件越差，生产技术越落后，工作越懒惰，从而耗费的劳动时间越长，他所生产的商品的价值就越大呢？当然不是。由于商品的价值是社会劳动的凝结和表现，商品生产者的个别劳动只有在它是社会必要劳动的条件下，才形成价值。所以，商品的**价值量**不是由某个商品生产者所消耗的个别劳动时间决定的，而是由生产商品的社会必要劳动时间决定的。

什么是社会必要劳动时间呢？马克思指出：“**社会必要劳动时间**是在现有的社会正常的生产条件下，在社会平均的劳动熟练程度和劳动强度下制造某种使用价值所需要的劳动时间。”① 所谓现有的社会正常的生产条件，就是指现时某一生产部门大多数产品生产已经达到的技术装备水平。例如，全社会每年棉纱的生产量是 100 万件，其中 80 万件是用纺纱机生产出来的，只有 20 万件是用手摇纺车生产出来的，那么，使用纺纱机就是棉纺部门现有的社会正常的生产条件。

由生产商品的社会必要劳动时间所决定的价值，称为商品的**社会价值**，而由个别商品生产者自身所耗费的个别劳动时间所形成的价值，称为商品的**个别价值**，我们通常所说的商品价值，都是指商品的社会价值。

在社会正常的生产条件下，生产同一种商品的各个劳动者，其**劳动熟练程度**和劳动强度是不同的。经验不多、技术生疏的劳动，是非熟练劳动；经验较多、技术纯熟的劳动，是熟练劳动。**劳动强度**是由单位时间内的劳动消耗决定的。劳动强度大，意味着操作紧张，单位时间内体力和脑力消耗多；劳动强度小，意味着操作松弛，单位时间内体力和脑力消耗少。在同样的劳动时间内，熟练劳动和强度大的劳动，比非熟练劳动和强度小的劳动创造出更多的价值。社会必要劳动时间是按平均的劳动熟练程度和平均的劳动强度计算的。

在考察社会必要劳动时间时，还必须注意简单劳动和复杂劳动的区别。**简单劳动**是指事先不需要经过专门训练和学习的、每个体魄健全的人都能进行的劳动。**复杂劳动**是指需要经过专门训练和学习的、具有一定技术专长的劳动。随着生产技术的发展和文化教育水平的提高，过去的复杂劳动现在就可能成为简单劳动。但在一定历史条件下，从全社会来看，简单劳动和复杂劳动的区分是相对固定的。社会必要劳动时间是以简单劳动为尺度的，复杂劳动表现为倍加的简单劳动。因此在一般情况下，单位时间内复杂劳动创造的价值要大于简单劳动创造的价值。单位时间内复杂劳动量折合为简单劳动量的比例，是在反复的交换实践中自发形成的。

研究商品的价值量还必须考察生产商品的劳动生产力，因为社会必要劳动时间是随着劳动生产力的发展而改变的。劳动生产力也称**劳动生产率**，指的是劳动的生产能力或效率。劳动生产力的高低有两种表示方法：一是单位时间内生产的产品数量；二是生产单位产品所消耗的劳动时间。劳动生产力的水平取决于各种经济和技术因素，如劳动者

① 马克思，恩格斯．马克思恩格斯全集：第 23 卷．北京：人民出版社，1972：52.

的熟练程度、科学的发展水平和它在工艺上应用的程度、劳动组织是否合理、生产设备的组合和效能、劳动对象的状况以及自然条件等。劳动生产力越高，在单位时间内生产的使用价值量就越多，但所形成的价值量却不会变，因而平均到单位商品内的价值量就越少。所以，单位商品的价值量和包含在商品中的社会必要劳动量成正比，而与生产这一商品的劳动生产力成反比。

随着现代科学技术的发展，智能生产工具包括机械手、机器人等在生产中的使用逐渐增多，劳动生产率大大提高，生产中劳动力的消耗日益减少，甚至有些产品从原料加工到成品包装完全是在智能机器的控制下完成的。在这种情况下，商品价值的实体还是不是人类一般劳动的凝结呢？对这个问题的回答是肯定的。具体理由将在下一章阐述马克思的剩余价值理论时一起说明。

四、以私有制为基础的商品经济的基本矛盾

生产商品的劳动二重性是怎样产生的呢？它是由私有制商品经济的基本矛盾——私人劳动和社会劳动的矛盾决定的。在私有制商品经济中，由于每个商品生产者都是生产资料的私有者，生产商品的劳动是他们私人的事情，生产什么，生产多少，都由他们自己决定，劳动成果也归他们自己所有，经营的盈亏也由他们自己负责，所以商品生产者的劳动具有私人的性质。同时，由于社会分工的存在，作为社会分工承担者的商品生产者之间是相互联系、相互依存的，每个商品生产者的劳动都是提供给社会的，都是社会总劳动的一部分，因而他们的劳动又都具有社会的性质。生产商品的劳动既是**私人劳动**，又是**社会劳动**，两者存在着矛盾。

私人劳动和社会劳动的矛盾表现在：生产商品的劳动作为私人劳动，纯属生产者个人的私事，商品生产者可以自己决定生产什么、自行支配生产过程及其成果；但生产商品的劳动作为社会劳动，是社会总劳动的一部分，因而商品生产者的生产不能离开社会而存在，他的产品必须能够满足社会需要。但分散的单个商品生产者并不知道他生产的产品是否能够满足社会需要，不知道他的私人劳动是否能成为社会劳动的一部分，这一矛盾只能通过商品的交换来解决。但是，私人劳动的产品怎样才能交换出去呢？私人劳动首先表现为各个商品生产者的具体劳动，由于各种具体劳动性质不同，在交换中无法确定交换的比例，因而也无法通过交换表现为社会劳动，而能够确定交换比例的只能是在质上相同的抽象劳动。这样私人劳动和社会劳动的矛盾就决定了生产商品的劳动二重性：具体劳动和抽象劳动。商品生产者如果能够把自己的产品顺利地卖出去，那么他私人的具体劳动所生产的使用价值就体现为社会所需要的使用价值，从而使私人劳动和社会劳动的矛盾得到了解决。

私人劳动和社会劳动的矛盾如果得不到解决，就意味着私人劳动的产品或者根本不适合社会的需要，或者超过了社会的需要，这样，他的产品也就卖不出去或者不能全部卖出去，以至给商品生产者带来不同程度的损失，甚至破产。所以，私人劳动和社会劳动的矛盾的存在，可以推动商品生产者设法提高自己的劳动技能，竭力使自己生产的使用价值在质和量两方面适合社会的需要，以求在交换中使自己的产品能销售出去。

私人劳动和社会劳动的矛盾，是私有制商品经济中各种矛盾如具体劳动和抽象劳动的矛盾、使用价值和价值的矛盾的基础，决定着商品生产者的命运。所以，它是私有制商品经济的基本矛盾。在资本主义商品经济中，私人劳动和社会劳动的矛盾仍然存在，但已发展为生产社会化与资本主义私人占有之间的矛盾，这个矛盾是资本主义社会的基本矛盾。（关于资本主义基本矛盾在本书第五章第三节中论述。）

第三节 货 币

一、价值形式的发展和货币的产生

商品既然具有使用价值和价值两个因素，商品也就具有两种表现形式，一是使用价值的表现形式，二是价值的表现形式。使用价值的表现形式就是商品体的自然形式，是人们可以直接接触到的。一种商品的形状、样式、大小及其用途，一目了然。但是，商品价值的表现形式，从单个商品本身是看不见、摸不着的，只有在它和别的商品相互交换时才能表现出来。所谓商品**价值形式**，指的就是价值的表现形式。商品价值形式发展的结果是产生了货币。所以，要了解货币的起源和本质，就必须研究价值形式发展的过程。

商品交换在发展的不同阶段，采取了以下几种不同的价值形式。

（一）简单的或偶然的价值形式

商品交换产生于原始社会后期，当时人们不是专门为交换而生产，仅仅是把自己消费以后剩余的少许产品偶然拿来交换。简单的或偶然的价值形式是和商品交换的这一发展阶段相适应的，这种价值形式可用等式表示为：

1只绵羊＝25千克谷物

在这个等式中，两种商品处于不同的地位，绵羊把它的价值表现在谷物上，处于**相对价值形式**的地位，即它的价值是在别的商品上相对地得到表现的。就好像糖的重量不能从糖本身得到表现，而只能由天平上的砝码相对地表现出来一样，在上面的等式中，谷物处于**等价形式**地位，是作为**个别等价物**充当表现绵羊价值的材料。

等价形式具有以下三个特点。

（1）使用价值成为价值的表现形式。在上面的简单价值形式中，等价形式谷物本是一种使用价值，它可以充饥。但是在这个等式中，就它和绵羊的关系来说，它是绵羊价值的表现形式。绵羊的价值原来是看不见、摸不着的，现在通过这种可以充饥的谷物表现出来了。所以谷物的使用价值就成为绵羊价值的表现形式。

（2）具体劳动成为抽象劳动的表现形式。在上面的简单价值形式中，等价形式谷物是农业劳动者花费的一定的具体劳动的产物，但在它和绵羊相交换时，却证明了在绵羊中凝结有人类一般劳动即抽象劳动，否则绵羊是不可能与它相交换的。所以，生产谷物的具体劳动就成为绵羊中所包含的抽象劳动的表现形式。

（3）私人劳动成为社会劳动的表现形式。在上面的简单价值形式中，等价形式谷物本来是谷物生产者私人劳动的产物，但是，由于绵羊能和谷物相交换，因而证明了生产绵羊的劳动具有社会性。所以，生产谷物的私人劳动就成为绵羊中所包含的社会劳动的表现形式。

相对价值形式和等价形式是互相依存、互为条件的，同时二者又是互相排斥的。在 1 只绵羊＝25 千克谷物的等式中，等式两端是相等的，因而二者的地位似乎也是一样的，但从价值关系角度来看则不然。在这个等式中，一种商品不能同时既处于相对价值形式地位，又处于等价形式地位，两种形式的地位是互相排斥的。

处于相对价值形式的绵羊，不仅要表现自己的价值，而且要表现自己价值的数量。例如，1 只绵羊＝25 千克谷物，也就是说，1 只绵羊值 25 千克谷物。绵羊和谷物在数量上的对等关系，表明这两个商品量耗费了同样多的劳动或等量的劳动时间。两种商品在数量上的对等关系，不是一成不变的。随着劳动生产率的变化以及相应的生产商品的社会必要劳动时间的变化，商品的价值量也会发生变化。由于两种商品价值量变动的方向和程度不同，因而两种商品在数量上的对比关系会发生多种情况的变化。

在简单价值形式中，商品内部所包含的使用价值和价值的矛盾、具体劳动和抽象劳动的矛盾以及私人劳动和社会劳动的矛盾，表现在两种商品之间的关系上。处于相对价值形式地位的商品，只表现为使用价值，表现为具体劳动和私人劳动的产物。而商品的价值，以及商品作为抽象劳动和社会劳动的产物，则在作为等价形式的商品上表现出来。所以，作为等价形式的商品就被当作价值、抽象劳动和社会劳动的体现。可见，在简单价值形式下，商品的内在矛盾就转化为外部对立即两种商品之间的对立了。

（二）扩大的价值形式

随着社会生产力的发展，特别是在原始社会末期出现了人类第一次社会大分工以后，不同部落需要交换的东西就多起来了，商品交换的范围也扩大了，于是就出现了扩大的价值形式。可用等式表示为：

$$1\text{只绵羊}\begin{cases}=25\text{ 千克谷物}\\ =1\text{ 把斧头}\\ =7\text{ 米麻布}\\ =6\text{ 毫克黄金}\\ =\cdots\cdots\end{cases}$$

从上面的等式可知，由于有许多商品如谷物、斧头、麻布等作为**特殊等价物**，它们成为绵羊的等价形式，因此绵羊的价值就能够比较充分地表现为没有差别的人类劳动的凝结。同时，由于交换已经不是偶然的而是经常的事情，各种商品的交换比例也就同它们各自的价值大体相适应了。

但是，在扩大的价值形式下，也有其不可调和的矛盾，即交换者对商品的特殊需要和物物交换形式的矛盾。如绵羊的所有者想换斧头，而斧头的所有者不愿要绵羊却想要麻布。这样，绵羊所有者的交换目的就很难实现。显然，这种价值形式不能适应商品交换进一步发展的需要。

（三）一般价值形式

商品交换的进一步发展，要求出现一种商品作为各种商品相互交换的媒介，从而使各种不同商品的价值都可以由一种商品来表现。这样，就可以解决扩大价值形式下商品交换的困难，于是就出现了一般价值形式。可用等式表示为：

$$\left.\begin{array}{r}25\text{ 千克谷物}=\\1\text{ 把斧头}=\\7\text{ 米麻布}=\\6\text{ 毫克黄金}=\\\cdots\cdots=\end{array}\right\}1\text{ 只绵羊}$$

在上面的等式中，由于各种商品都直接和绵羊相交换，绵羊就成了**一般等价物**。不管是哪种商品，只要首先换成绵羊，商品所有者就可以用绵羊换回自己所需要的东西，于是商品价值获得了统一的表现形式，因此被称为一般价值形式。

从扩大的价值形式发展到一般价值形式是质的飞跃。在扩大的价值形式下，各种特殊的等价物如谷物、斧头、麻布等，它们之间没有等价关系。而在一般价值形式下，各种相对价值形式如谷物、斧头、麻布等，都通过同一种商品绵羊来反映自己的价值量，因而它们之间可以互相对等，互相表现为交换价值。同时，在一般价值形式下，作为**一般等价物**的商品从其他商品中分离出来，变成社会劳动的唯一体现者，因而商品价值的无差别的社会性质就得到了更充分的体现。

（四）货币价值形式

在人类历史上出现了第二次社会大分工即手工业和农业的分工以后，就有了专门为交换而进行的商品生产，商品交换的范围也随之进一步扩大了，这就要求起一般等价物作用的商品能够固定在一种商品上。在一般价值形式下的一般等价物，在不同地区、不同时期或由于习惯不一样而由不同的商品承担，这种状况不利于商品交换的进一步发展。为适应解决这一矛盾的客观需要，就出现了货币价值形式。可用等式表示为：

$$\left.\begin{array}{r}25\text{ 千克谷物}=\\7\text{ 米麻布}=\\1\text{ 把斧头}=\\1\text{ 只绵羊}=\\\cdots\cdots=\end{array}\right\}6\text{ 毫克黄金}$$

在人类社会的不同历史时期，在不同的国家和地区，充当一般等价物的商品各种各样，像牲畜、贝壳、布匹、金属器具等都曾充当过一般等价物。随着商品交换的发展，一般等价物才固定地由金和银这些贵金属来担当。当金、银等贵金属固定充当一般等价物时，就过渡到了货币价值形式。马克思说：“金银天然不是货币，但货币天然是金银。”① 这是因为金和银是自然界早已存在的，而货币是商品经济发展到一定阶段的产物，所以金和银不可能天然就是货币；但由于金和银具有质地均匀、体积小、价值大、便于分割、便于携带等这些自然特性，所以它们天然具有充当货币材料的优势。

二、货币的本质和职能

由上可知，货币是在商品经济的发展过程中自发产生的，它是商品内在矛盾运动的必然产物。**货币**的本质是固定地充当一般等价物的商品。它体现了商品经济条件下人们的相互关系。

货币出现以后，整个商品世界分成了两极：一极是各种各样的具体商品，它们分别代表不同的使用价值；另一极是货币，即专门起一般等价物作用的商品，它只代表商品的价值。在货币价值形式下，商品内部使用价值和价值的矛盾，就表现为商品和货币的矛盾。商品换成了货币，商品的使用价值和价值的矛盾就解决了。如果商品不能换成货币，商品的使用价值和价值的矛盾就得不到解决。在这种情况下，商品的使用价值就不能发挥作用，价值也不能实现，生产商品的私人劳动也就得不到社会的承认。可见，货币出现以后，商品经济的矛盾更加深化了。

货币的本质体现在它的职能上。货币的职能是随着商品经济的发展而逐渐完备起来的。在发达的商品经济中，货币具有以下五种职能。

（一）价值尺度

货币作为衡量和计算一切商品价值量的尺度，就是执行**价值尺度**的职能。货币之所以能够用来衡量一切商品的价值，是因为它本身也有价值；如果货币本身没有价值，就无法衡量别的商品的价值。正如可以衡量其他一切物品长度的尺子，其本身也必须具有一定的长度一样。

马克思说：“货币作为价值尺度，是商品内在的价值尺度即劳动时间的必然表现形式。”② 这就是说，商品价值并不是因为有了货币才可以被衡量的，而是由于商品价值就是凝结的人类劳动，所以它本身就可以由劳动时间来衡量。货币作为价值尺度不过是商品内在价值的外在表现。

货币充当价值尺度可以是观念上的，也就是说，要衡量某一商品价值的多少，并不需要把现实的货币摆在那里比较，只要写出或说出值多少货币就可以了。

商品价值的货币表现就是**价格**。但是，货币要计量和比较各种商品的价值，它本身也必须以固定的计量单位作为标准，如将白银作为货币，就需要把白银划作两、钱、分等计量单位。这种统一规定的用以衡量货币本身的计量单位，就叫做**价格标准**（或称价格标度）。有了价格标准，货币才能更好地发挥价值尺度的作用，货币作为价格标准所起

---

① 马克思，恩格斯. 马克思恩格斯全集：第13卷. 北京：人民出版社，1962：145.

② 马克思，恩格斯. 马克思恩格斯全集：第23卷. 北京：人民出版社，1972：112.

的作用和它作为价值尺度所起的作用是不同的。作为价值尺度，它是人类劳动的社会化身，用以衡量商品的价值，使之表现为价格；作为价格标准，它是规定贵金属重量的技术标准，是用来衡量和计算货币金属本身的数量的。但二者又有密切联系，规定价格标准是为了使货币能够更准确地执行价值尺度的职能。

（二）流通手段

货币作为买卖商品的手段来使用，就是执行**流通手段**的职能。货币作为流通手段，起着媒介商品交换的作用。以货币为媒介的商品交换就是**商品流通**。

在货币出现以前，商品交换采取以物易物的形式，在交换过程中，卖的过程同时就是买的过程，二者是结合在一起的。而在以货币为媒介的商品流通中，某人卖了之后，却不一定马上就买。卖掉商品的人可以握有货币而一时不购买商品，这就相应地会使另外的人卖不出去商品，于是卖和买就可能出现脱节现象。可见，在货币作为流通手段出现以后，就已经有了出现经济危机的可能性。当然，这种可能性要变为现实性，需要商品经济发展到一定的高度。

货币作为流通手段，最初是以贵金属条块的形式出现的。但这种形状不一、重量不等、成色不同的贵金属条块，给交换的进行带来了不便，于是就逐渐产生了具有一定形状、重量、成色和标明面额价值的金属货币，这就是**铸币**。铸币一般由国家铸造，作为法定的货币来流通。我国早在春秋战国时期就已出现了用铜铁制作的铸币。秦始皇统一六国后（秦朝存续时间为公元前 221—公元前 207 年），统一制作了铜铸币，即秦半刀钱，在全国流通。

铸币经过长期流通，由于不断磨损而重量减轻，但这种不足值的货币仍可照常充当流通手段，因为作为商品交换媒介的货币，不断地从它的所有者手里流向别处。因此，商品所有者关心的是货币能否充当流通手段，而并不关心货币是否足值。铸币的实际价值和它所标明的价值的脱离，使贵金属货币由价值符号来代表成为可能，于是后来就出现了纸币。**纸币**是由国家发行的、强制流通的价值符号，它代表贵金属货币执行流通手段的职能。我国的纸币最早出现在北宋时期（公元 960—1127 年），当时的纸币叫做“交子”。

当今时代，随着科学技术的迅猛发展，社会生产力空前提高，很多国家都进入了商品经济高度发展的阶段，无论国内市场还是国际市场，商品交易的品种、范围都大大扩展，客观上要求更加便捷的流通手段和支付手段，于是以网络技术和互联网交易方式为依托的电子货币如银行信用卡、储蓄卡、支付宝等，以及数字货币应运而生，从而大大缩短了流通时间，节约了流通费用，简化了商品交易方式，有力地促进了社会经济的发展。

（三）贮藏手段

货币是一般等价物，谁有货币谁就可以任意购买各种商品，于是货币就成了社会财富的一般代表。货币的这种性质引起了人们贮藏货币的欲望。货币退出流通而作为社会财富被人们贮藏起来，就是执行**贮藏手段**的职能。

货币作为贮藏手段，既不能是观念上的即想象中的货币，也不能是价值符号，而必须是金属货币。

贮藏货币可以调节货币的流通量，流通中需要的货币量减少时，多余的金属货币就会退出流通，贮藏起来；流通中需要的货币量增加时，贮藏的货币就会重新投入商品流通中。在私有制商品经济中，贮藏货币的这种调节作用是自发进行的。

（四）支付手段

随着商品经济的发展，出现了赊账买卖，在赊购到期，以货币来偿还欠款时，货币便执行**支付手段**的职能。货币作为支付手段，还可以用来支付租金、利息、工资和赋税等。

货币作为支付手段，可以使商品在缺乏现金的情况下得以流通，从而有利于商品经济的发展；而且由于有些债务可以互相抵销，不再需要以货币作为流通手段，这就可以节省流通中所需要的货币量。

同时，货币作为支付手段也扩大了商品经济的矛盾。在存在支付手段的条件下，许多商品生产者以赊账买卖的方式发生了债务关系，形成债务链。例如，甲欠乙的钱，乙欠丙的钱，丙欠丁的钱，如果其中任何一个人因故未能按期偿还债务，就会影响其他一系列人支付欠款，由此引起的连锁反应，会使许多商品生产者因缺乏货币而无法继续生产。可见，货币的支付手段职能进一步增大了出现经济危机的可能性。

（五）世界货币

货币越出一国的范围，在国际经济关系中充当一般等价物，就是执行货币的**世界货币**职能。

铸币和纸币的制造和发行，都是由某一国家的政府机构负责和认可的。因此，作为世界货币就不能采取铸币和纸币的形式，而必须采取原来的贵金属条块的形式。但在现实生活中，某个国家由于经济力量十分强大和某些特殊的历史原因，其铸币和纸币可以在一定时期起着世界货币的作用，如第二次世界大战后的美元。

货币的世界货币职能主要有以下几个方面：（1）作为一般的支付手段，用来支付国际收支的差额；（2）作为一般的购买手段，用来购买外国的商品；（3）作为社会财富的代表，由一国转移到另一国，如战争赔款支付以及财产转移等。

货币的各种职能共同表现了货币作为一般等价物这一本质特征。在货币的五种职能中，价值尺度和流通手段是它的基本职能，货币一旦产生就同时具有这两种职能，其他几种职能是随着商品经济的发展而逐渐产生的。

三、货币流通量规律

在商品流通中，货币不断地由买者手里转移到卖者手里，货币作为商品流通媒介的不断运动，就是**货币流通**。

从现象上看，商品流通好像是由货币流通决定的，是货币流通的结果，其实不然。货币流通是由商品流通引起的。正是因为商品要买卖、要流通，所以才出现了媒介商品买卖的工具——货币。可见，没有商品流通，也就没有货币流通。商品流通是货币流通的基础。既然如此，为什么还会出现货币流通决定商品流通的假象呢？这是因为商品是不断由生产领域进入流通领域的，商品出卖后就退出流通领域而进入消费领域；但货币却不然，它总是停留在流通领域，媒介商品的交换，这就容易使人感到货币流通是主动的，商品流通反而是被动的。

既然货币作为流通手段，在流通领域中执行其职能，那么在一定时期内，流通领域究竟需要多少货币呢？

流通中的货币需要量取决于以下几个因素：（1）待售商品的总量；（2）商品的价格水平；（3）货币的流通速度。前两项相乘就是商品价格总额。流通中的货币需要量与商品价格总额成正比，而与货币的流通速度成反比。假定一年内待售商品的价格总额为100亿元，如果货币的流通速度一年是2次，则流通中的货币需要量就是50亿元，如果货币的流通速度一年是4次，则流通中的货币需要量就是25亿元。上述数量关系用公式表示为：

$$\text{一定时期内流通中需要的货币量}=\frac{\text{商品价格总额}}{\text{同一单位货币的平均流通速度（次数）}}$$

一定时期内流通中需要的货币量，等于全部待售商品的价格总额除以同一单位货币的平均流通速度，这就是**货币流通量规律**。不过，考虑到货币支付手段的作用，对货币流通量规律还需要作更完善的表述。

在货币作为支付手段的情况下，一方面，需要动用货币的地方，不仅有商品买卖，而且有清偿债务、支付工资以及交纳税款等；另一方面，在有商品买卖的地方，也不一定都需要动用货币，因为随着商业信用关系的发展，在很多情况下，商品买卖采取赊购和各当事人债权债务相抵销的办法。考虑到以上两方面的情况，货币流通量公式应为：

$$\text{一定时期内流通中需要的货币量}=\frac{\text{待售商品的价格总额}-\text{赊售商品的价格总额}+\text{到期支付总额}-\text{互相抵销的支付总额}}{\text{同一单位货币的平均流通速度（次数）}}$$

纸币既然可以代替金属货币执行流通手段的职能，那么它的流通量是怎样决定的呢？马克思指出："纸币流通的特殊规律只能从纸币是金的代表这种关系中产生。这一规律简单说来就是：纸币的发行限于它象征地代表的金（或银）的实际流通的数量。"① 如果国家发行的纸币和流通中所需要的金属货币量相适应，那么纸币就能完全代表金属货币量正常流通，物价就可以保持稳定；如果纸币发行量少于流通中所需要的金属货币量，就可能有一部分商品因缺少流通手段而不能流通；如果纸币的发行量超过了流通中所需要的金属货币量，纸币发行量再多，也只能代表流通中所需要的金属货币量，所以，就会发生纸币贬值、物价上涨的情况，这就是所谓的**通货膨胀**。由此可知，超过流通中所需金属货币量的纸币发行量与单位纸币所代表的价值成反比，与物价上涨的程度成正比。有的国家在某个时期，为调节经济也采用通货紧缩政策。**通货紧缩**是指在市场流通中收

① 马克思，恩格斯. 马克思恩格斯全集：第23卷. 北京：人民出版社，1972：147.

缩货币供应量或者减少纸币发行量，使之少于市场上媒介商品流通所需要的货币量，以减轻纸币贬值的程度或使纸币升值，使得市场上商品的价格下降，从而提高货币的购买力。

第四节　价值规律

一、价值规律的内容

在私有制商品经济中，社会生产和流通都不可能全面地、有计划地进行，商品生产者都是根据自己的私利盲目地经营，谁也无法事先确知市场到底需要什么商品，需要多少商品，以及他所生产的商品是否能够售出，他所花费的劳动是否能够得到补偿。那么，社会生产在这种盲目的无政府状态下怎样发展下去呢？是什么因素在支配着各个企业、各个部门的生产和流通呢？马克思科学地揭示出，是价值规律在支配着商品经济的发展。价值规律是商品经济的基本规律。

那么，价值规律的内容是什么呢？**价值规律**，就是商品的价值量由生产商品的社会必要劳动时间决定，商品的交换比例以商品的价值量为基础。

但是，是不是说，在商品交换中商品的价格必须与价值完全一致呢？其实商品价格与价值相一致只是一种偶然情况，不一致则是经常现象。这是因为，商品价格虽然以价值为基础，但引起价格变动的因素多种多样，其中主要的是市场上商品的供求关系。在私有制商品经济中，由于社会生产是无政府状态的，因而市场上商品供求之间不平衡是经常的。当某种商品供不应求时，由于商品的购买者的竞争，商品价格便会上涨到价值以上。相反，当某种商品供过于求时，由于商品的出卖者的竞争，商品价格便会降到价值以下。商品供求矛盾的客观存在，使得价格总是时而高于价值，时而低于价值，不停地围绕价值上下波动。

价格围绕价值上下波动不仅不违背价值规律，而且正是价值规律作用的表现形式。这是因为，首先，商品价格虽然时升时降，但商品价格的变动始终以它的价值为轴心，价格升降的幅度不会使商品价格与商品价值相差很远。例如，在同一市场的同一时间内，无论价格怎样波动，都绝不会使一辆汽车的价格低于一辆自行车的价格，因为生产一辆汽车所耗费的社会必要劳动时间总要大大高于生产一辆自行车所耗费的社会必要劳动时间。其次，从个别交换过程来看，虽然有些商品的价格高于其价值，有些商品的价格低于其价值，但从较长时期来看或从全社会来看，商品价格的升降是可以互相抵消的。因此，从总体上说，商品的总价格和商品的总价值是相等的。

二、价值规律在私有制商品经济中对社会经济发展的作用

价值规律是商品经济的基本规律，凡有商品生产和商品交换的地方，价值规律就必然起作用。价值规律在私有制商品经济中对社会经济发展的作用，主要有以下三个方面。

（1）它自发地调节着生产资料和劳动力在各社会生产部门之间的分配，即调节社会资源的配置。商品价格的高低，直接关系到商品生产者的经济利益。当某种商品供不应求，它的价格高于价值从而生产者有利可图时，一些商品生产者就会把自己拥有的生产资料和劳动力投入这一部门中。相反，当某种商品供过于求，它的价格低于价值从而生产者利益受损时，该商品的生产者就会把自己拥有的生产资料和劳动力从这一部门转移到获利的部门中去。在以私有制为基础的商品经济中，商品经济各部门之间的比例关系就是依靠价值规律来自发调节的。当然，生产资料和劳动力的转移，只有当市场上供求矛盾表现得比较尖锐时，人们才感到它的必要。在生产资料和劳动力转移的过程中，各生产部门之间的比例关系会因为这种转移而接近平衡，但由于生产无政府状态的发展和激烈的竞争，这种比例又会失去平衡，重新引起生产资料和劳动力的转移。所以，由价值规律自发调节而形成的比例，只能是暂时的和不稳定的；同时，生产资料和劳动力不断地由一个部门转移到另一个部门，必然造成巨大的损失和浪费。

（2）价值规律的作用会自发地刺激商品生产者改进生产技术，改善经营管理，促进社会生产力的发展。商品是按照社会必要劳动时间决定的价值量来交换的。商品生产者如果改进了技术，提高了劳动生产率，他的个别劳动耗费就会低于社会必要劳动耗费，但他在市场上仍可按照社会必要劳动时间决定的价值量出售商品，这样他就可以得到比别人多的收入。相反，如果商品生产者的个别劳动耗费超过了社会必要劳动耗费，他就必然不赚钱甚至亏本。这两方面的情况都会刺激商品生产者不断改进生产技术，改善劳动组织，提高经营管理水平，提高劳动生产率，以求降低个别劳动耗费，谋取较高的盈利。

当然，在价值规律促进社会生产力发展的同时，各个私有的商品生产者为了保持自己在竞争中的优势，总要对自己所采用的新技术和经营方法保守秘密，这又会阻碍新技术的推广和经营管理的改善，从而不利于生产力的发展。

（3）价值规律促使小商品生产者向两极分化，并在一定条件下引起资本主义生产关系的产生。由于各个商品生产者的生产条件不同、经营管理水平不同等，虽然各商品生产者生产同种商品，但是个别劳动时间的耗费却不一样，有的高于社会必要劳动时间，有的低于社会必要劳动时间。在商品按照价值出卖的情况下，个别劳动时间低于社会必要劳动时间的，就会多赚钱；个别劳动时间高于社会必要劳动时间的，就会不赚钱甚至亏本。同时，各个商品生产者的本金多少也不一样。本金雄厚的，在市场价格波动的情况下，可以等待有利时机，高价卖出产品，低价买进原料；本金不充裕的，由于没有多余的资金用于周转，在产品生产出来后，就必须及时卖掉才能继续进行生产，以致不得不在市场条件不利的情况下，被迫低价卖出产品，高价买进原料。因此，本金雄厚的就有可能压倒本金不充裕的。此外，由于各种原因，有的商品生产者经营的商品盈利大，有的商品生产者经营的商品盈利小、不盈利甚至亏本，这样，前者就敢于“薄利多销”，做到扩大经营，而后者的经营就受到了限制。

上述情况说明，在价值规律的作用下，小商品生产者会出现贫富悬殊的状况，导致两极分化。但是，小商品生产并不是在任何历史条件下都会导致资本主义的产生。小商品生产在原始社会末期就开始出现，在奴隶社会和封建社会都大量存在过，但只有在封建社会末期，小商品生产者的两极分化才导致资本主义的产生。这是因为，资本主义生产关系的出现，不仅要求商品经济有一定高度的发展，而且要求有大批具有人身自由的劳动者，他们既不能像奴隶和农奴那样依附于奴隶主和封建主，也不能像封建手工业中的帮工、学徒那样依附于行东，而是可以自由地出卖自己的劳动力。否则，那些手中有大量货币的商品生产者就不可能雇到劳动力，也就无法进行资本主义生产。在封建社会末期，由于生产力的发展和农民不断起义，腐朽的封建主义生产关系逐渐解体。一方面，一些手工业者和商人手里积蓄了相当数量的货币；另一方面，有不少个体农民、手工业者和小商贩破产，成为具有人身自由的劳动者。正是在这种特定的历史条件下，随着商品经济的发展，资本主义生产关系便产生了。

本章重要名词概念

自然经济	商品经济	第一次社会大分工	第二次社会大分工
简单商品经济	发达商品经济	商品	使用价值
交换价值	价值	具体劳动	抽象劳动
活劳动	物化劳动	价值量	社会必要劳动时间
社会价值	个别价值	劳动熟练程度	劳动强度
简单劳动	复杂劳动	劳动生产率	私人劳动
社会劳动	价值形式	一般等价物	货币
价值尺度	价格	价格标准	流通手段
商品流通	铸币	纸币	贮藏手段
支付手段	世界货币	货币流通	货币流通量规律
通货膨胀	通货紧缩	价值规律	

思考题

1. 自然经济具有哪些基本特征？
2. 自然经济是怎样发展成为商品经济的？
3. 商品经济存在的条件及其基本特征是什么？
4. 什么是商品的二因素和生产商品的劳动二重性？它们的相互关系是怎样的？
5. 怎样理解劳动是商品价值的唯一源泉？
6. 商品的价值量是怎样决定的？
7. 以私有制为基础的商品经济的基本矛盾是什么？
8. 货币是怎样产生的？
9. 货币的本质和职能是什么？

10. 什么是货币流通量规律？

11. 价值规律的内容和作用的表现形式是怎样的？

12. 价值规律在私有制商品经济中对社会经济有哪些作用？

本章练习

第三章

市场经济

本章重点

1. 商品经济与市场经济的相互关系
2. 市场对资源配置的作用
3. 市场在资源配置中起决定性作用是市场经济的一般规律
4. 市场经济的特征
5. 市场经济运行机制
6. 市场对经济的调节
7. 市场体系的类型及其作用
8. 市场格局的形成和类型

市场经济是商品经济发展到一定高度的产物。本章主要阐明商品经济和市场经济之间的关系，分析市场对资源配置的作用及市场经济的特征，进而说明市场机制、市场体系及其在市场调节中的作用，揭示市场在资源配置中起决定性作用是市场经济的一般规律，并分析市场格局的形成。

第一节　市场经济的形成和特征

一、商品经济与市场经济的相互关系

(一) 社会经济资源的配置及其配置方式

要了解商品经济与市场经济的相互关系，首先应了解这两个经济范畴的含义。上一章已经阐明了商品经济的含义，在这里要说明市场经济的含义，为此要了解社会经济资源的配置问题。

任何社会形态下的社会经济要能快速、协调、可持续地发展，都必须对社会经济资源（包括各种生产要素）进行合理而有效的配置。**资源配置**就是在全社会范围内把经济资源（即各种生产要素）按比例分配到各个部门和地区，使各种生产要素合理而有效地组合，以保持社会经济均衡和可持续发展，获得最大的社会产出，以满足社会需要。马克思精辟地指出："这种按一定比例**分配**社会劳动的**必要性**，决不可能被社会生产的**一定**

形式所取消，而可能改变的只是**它的表现方式**，这是不言而喻的。”① 马克思在这里讲的社会劳动的按比例分配，本质上就是合理而有效配置社会经济资源的问题。这里讲的表现方式就是对社会经济资源进行合理而有效配置的方式或手段。

社会经济资源的合理而有效的配置有两种方式，即市场方式和计划方式。一般来说，在商品经济占统治地位的条件下，资源配置主要由价值规律的自发作用，即由市场或市场机制的作用来实现。另一种经济资源配置方式是计划方式，即通过社会管理机构所制定的计划，采取指令性的和指导性的计划指标，来实现资源的配置。人们把前一种资源配置方式叫做市场经济，把后一种资源配置方式叫做计划经济。可见，**市场经济**是社会经济资源主要由市场来进行配置的一种资源配置方式。

（二）商品经济与市场经济的联系与区别

商品经济与市场经济是相互紧密联系而又有区别的两个经济范畴。它们之间的紧密联系表现为：商品经济是市场经济的基础，没有商品经济就没有市场，没有市场就无所谓市场机制和市场调节，也就没有市场经济。但是，如果商品经济的规模和范围很小，市场覆盖面很狭窄，价值规律的作用从而市场机制的作用只局限于狭小的范围，不能对社会范围的经济资源的配置起决定性作用，在这样的社会经济条件下，虽然存在着商品经济，但不能说已经形成了市场经济。从历史中可以看到，在商品经济并未普遍化的资本主义以前的社会形态中，市场的覆盖面狭小，市场对整个社会经济资源的配置不可能起决定性作用，市场对社会经济资源的配置作用只局限于不占主导地位的简单商品经济之中，因而那时社会资源配置方式不能称为市场经济。随着简单商品经济发展到了资本主义商品经济阶段，商品经济取代了自然经济而成为社会中占统治地位的经济形式，商品经济普遍化了，市场的规模和覆盖范围扩展到全社会，这时，市场在整个社会经济生活中的支配和调节作用确立了，市场和市场机制才在社会资源配置中起决定性作用，从而形成了市场经济。可见，**市场经济**就是市场对社会资源配置起决定性作用的商品经济。由于市场对社会经济资源配置的决定性作用产生于商品经济发展到了普遍化的阶段，而这一阶段同人类社会形态发展上的资本主义社会阶段重叠，所以，人们就容易误把市场经济等同于资本主义经济。其实，市场经济只是同商品经济发展相联系的范畴，商品经济的发展程度不同，市场或市场机制在社会经济生活中的地位与作用程度就不同，市场经济是商品经济发展到一定高度的必然产物，它不是同社会制度相联系的经济范畴，不是社会制度发展的产物。

市场经济作为资源配置的一种方式，随着社会经济的发展，至今大体上经历了两个发展阶段：第一阶段是从 17 世纪到 20 世纪 30 年代，在资本主义国家，社会资源的配置主要由价值规律这只“看不见的手”的自发作用来实现，政府作为“守夜人”只是维持市场外部的法律秩序，这种完全由自由竞争来调节社会资源配置的市场经济被称为**自由市场经济**（又称古典式市场经济）。第二阶段是 20 世纪 30 年代以后，资本主义世界经济危机催生了“凯恩斯主义”，国家或政府机构逐步干预社会经济生活，通过制定经济计划

---

① 马克思，恩格斯. 马克思恩格斯选集：第 4 卷 . 3 版 . 北京：人民出版社，2012：473.

或经济政策参与社会资源的配置，这时社会资源的配置除了价值规律这只“看不见的手”的调节仍起决定性作用外，还有国家或政府机构这只“看得见的手”干预社会资源的配置，这种政府宏观调控下的市场经济被称为**现代市场经济**。实践证明，现代市场经济中虽然仍存在着自发性和盲目性，但通过政府对经济生活的正确干预和调节，可以在一定程度上克服市场经济出现的“市场失灵”现象和其他缺陷。

商品经济与市场经济的区别表现在，商品经济是从具有各自经济利益的社会成员之间如何实现劳动互换和经济联系的方式上，或者说从社会生产中的个人劳动如何转化为社会劳动的方式上来界定的经济形式。商品经济表明了社会成员之间的劳动互换和劳动联系、个人劳动转化为社会劳动是通过商品交换来实现的。所以，与商品经济相对应的经济范畴是自然经济和产品经济。而市场经济则是从社会经济资源如何实现合理有效配置的角度来界定的，它表明在商品经济条件下，社会经济资源的合理有效配置是通过市场或市场机制的作用来实现的。因此，与市场经济相对应的经济范畴是计划经济。

二、市场对社会经济资源配置的作用

一方面，在商品经济占统治地位且社会经济正常协调运行的社会里，市场经济作为一种社会资源配置方式，可以合理而有效地配置社会经济资源，可以促使社会总供给与总需求平衡。由于市场上商品供求与商品价格的内在联系，在其他条件一定的情况下，商品供不应求时，价格会上涨，商品供过于求时，价格则下降，商品生产者在价高利大的利益驱动下，将生产要素从供过于求的部门转移出来，投入供不应求的部门，正是生产要素的这种由价格波动引起的流动，促使社会经济资源从商品供过于求的部门流到商品供不应求的部门，实现社会总供给与总需求的平衡。而市场竞争和价值规律的作用又驱使商品生产者不断采用新技术、改善经营管理、提高劳动生产率，以降低商品生产的个别劳动时间，获取更多盈利，从而使社会资源得到有效配置与合理利用。

另一方面，市场或市场机制对社会经济资源的配置，又具有自身难以克服的缺陷。一是具有自发性和盲目性。因为商品生产者和经营者对生产要素的投入和转移所依据的主要信号是商品市场价格的高低，以及其对投资于某种商品生产的预期收益，完全是一种利益驱动下自发的行为。而影响商品市场价格的因素不仅仅是商品的供求关系，还有其他非供求关系因素，所以，以商品的价格变动来引导资源配置就可能出现盲目性，甚至出现误导。至于商品生产者和经营者对市场预期收益的主观判断，更是难免出现失误，从而导致投资的盲目性。二是具有滞后性。商品的市场价格的变化是在商品已经生产出来并拿到市场上销售以后，通过市场上供求关系的变化才反映出来的。生产者接收到价格信号后才开始扩大或缩小生产规模，这时市场上的商品供给已经过少或过多，因而这种调节方式必然具有滞后性，是商品已经生产出来并上市后的事后调节。三是造成社会资源的浪费或商品短缺。在商品市场价格的引导下，某种商品价格上涨从而对生产者来说有利可图，于是大家都转而生产这种商品，但是谁也不知道市场上这种商品究竟短缺多少、有多少人转产、转产量有多大，结果往往造成这种商品的过量生产，导致社会资源的浪费。同样的道理，大家都从生产那些价格低、无利可图的商品转向生产价格高、有利可图的商品，结果就会导致市场上某些价低利少的商品的短缺。

三、市场在资源配置中起决定性作用是市场经济的一般规律

市场经济最根本的作用就是能够实现对资源的有效配置与合理利用，在市场经济条件下，市场的这种配置社会资源的决定性作用，贯穿于社会的生产、分配、交换、消费等各个环节，贯穿于社会经济的总供给和总需求的平衡中。经济链条的供给侧和需求侧，社会经济运行的各环节，都体现着市场机制、市场价格、市场竞争的决定性作用。市场的这种决定性作用还贯穿于整个市场体系，商品市场、金融市场、劳动力市场、知识市场、技术市场、房地产市场、数据市场都体现着市场机制的决定性作用。

市场对资源配置起决定性作用，意味着市场经济基本规律即价值规律能够充分发挥作用，从而使通过市场交换促进社会生产的机制、通过市场竞争激励先进鞭策后进和优胜劣汰的机制、通过市场价格自动调节供求的机制充分发挥作用，使资源实现合理有效的配置。可见，市场决定资源配置本质上就是价值规律在整个社会经济领域的全面贯彻和体现。市场在资源配置中起决定性作用，就是价值规律、竞争规律和供求规律等市场经济规律在资源配置中起决定性作用，是市场经济规律体系的集中体现。

总之，市场经济本质上就是市场决定资源配置的经济，在市场经济条件下，必然是由市场来决定社会资源的配置，这是市场经济的内在本质要求和必然趋势。2013 年，党的十八届三中全会通过的《中共中央关于全面深化改革若干重大问题的决定》深刻揭示，“市场决定资源配置是市场经济的一般规律”。实行市场经济必须遵循这个规律，以利于资源的优化配置。

现代市场经济正常运行的实践表明，市场在资源配置中起决定性作用，并不是起全部作用。市场决定资源的配置，并不是完全取代了政府的作用。市场经济的自发性和盲目性以及在多种因素的影响下造成的“市场失灵”现象，都会影响资源的合理有效配置，为此必须由政府干预经济生活。但政府的干预是有条件和有限度的，该管的要管，不该管的不管，既不能缺位，也不能越位和错位。

四、市场经济的特征

市场经济的根本特征就是由市场对资源配置起决定性作用，这是其区别于其他资源配置方式的标志。由于市场经济以商品经济为基础，是商品经济发展到一定高度的产物，所以市场经济的特征就是商品经济有效运行、市场机制正常而有序地在市场中发挥作用的集中体现。概括起来，市场经济的特征主要有：

（一）经济资源配置市场化

在市场经济条件下，社会经济资源的配置，都是由市场或市场机制起决定性作用，

而不能由市场以外的其他因素起决定性作用。

（二）经济单位行为主体化

在市场经济条件下，社会经济运行要依靠社会各个经济单位（主要是企业）的经营活动来实现，而各个社会经济单位要具有市场经营的活力和动力，就必须是一个个独立自主的市场经济主体，都具有独立的经济利益，其一切经济活动都是为了实现自己的最大利益，这样才能通过市场价格的波动和经济竞争，使社会经济资源得到合理而有效的配置。

（三）市场竞争平等化

在市场经济条件下存在着各个市场经济主体的激烈竞争，各个经济主体都应当是平等的竞争对手，他们之间的竞争前提是平等的，规范其经营活动的竞争规则是一样的。不允许哪一个市场经济主体拥有特殊的地位、权利和条件，才能保证市场运行秩序的公正和公平。

（四）商品价格市场化

在市场经济条件下，商品的市场价格既不能由政府制定，也不能是垄断价格，而是在价值规律作用下由市场竞争形成的价格，从而使得商品价格的形成以价值为基础，并反映商品供求关系的变化。

（五）市场体系完善化

市场配置资源的决定性作用的发挥，要依托完善的市场体系，市场和市场机制发挥调节作用以及市场规律作用的发挥也要以各类市场为载体。完善的市场体系由生产资料市场、消费品市场、金融市场、劳动力市场、知识市场、技术市场、房地产市场以及信息（含数据）市场等组成。市场体系越完善，市场机制的作用就越充分，从而市场配置资源的作用便能越有效地实现。

（六）市场管理和市场行为法制化

市场经济是一种法制经济，需要有一系列市场经济法规和市场制度来规范市场经济主体的经营活动和行为。市场经济法规主要包括：市场准入法规，即规定具备什么条件的经济单位可以进入市场，违反哪些规定必须退出市场；市场行为法规，即规定市场主体在市场竞争中应当遵守的行为准则，如禁止不正当竞争的法规、反垄断法规、反暴利法规等；市场行政管理法规，即规定市场主体在市场活动中应当接受哪些组织机构的管理、如何接受管理、市场管理机构的行为规范等。市场经济法规和市场制度越完善，市场经济的正常运行就越有保障。

第二节 市场机制和市场调节

一、市场机制及其特点

市场的作用是通过市场机制实现的。所谓**市场机制**是指市场中各种市场要素（价格、竞争、供求、利润、利息、工资等）之间的相互制约和互为因果的联系与作用。市场机制的特点是：（1）具有利益制约性。市场机制从根本上说，是通过市场上各个利益不同的经济主体经济利益的得失和大小来发挥作用的，离开了经济利益的制约，也就没有了市场机制的存在。（2）具有内在性。市场机制的作用是在一定的经济条件下由各种市场要素的内在功能和市场要素之间的内在联系导致的。（3）具有相互制约性。各种市场要素中任何一种要素的作用都会一环扣一环地引起其他要素的连锁变化。

二、市场经济运行中的市场机制

市场要素的多样性使得市场机制也是多样的，但其中最主要的、最能体现市场起重要调节作用的市场机制有以下五种。

（一）价格机制

价格机制是指在市场竞争过程中，市场上某种商品市场价格的变动与市场上该商品供求关系变动之间的有机联系和运动。在市场中，商品的市场价格与市场供求之间互相联系、互相制约。一方面，在其他条件一定的情况下，商品的市场价格上涨，说明商品供不应求，反之则说明商品供过于求。另一方面，商品价格的涨落，也会引起商品需求量的减增。商品的市场价格与市场供求的相互影响，导致市场价格围绕商品的价值上下波动并促使市场上商品的供求趋向平衡。可见，价格机制直接传导着市场供求的信息，而且直接触及市场经济主体的利益，所以，商品价格涨落是社会资源流向的“导航仪”，价格机制是市场实现对资源有效配置的最主要的机制。

在市场经济中，价格机制的作用主要有四个方面：（1）它促使商品生产者调整生产方向和生产规模。因为市场上某种商品的供求变动直接影响商品市场价格的变动，市场价格的变动又直接影响商品生产者的利益，受利益驱动的商品生产者必然投资于生产那些价格高从而盈利大的商品，而正在生产这种商品的生产者则会扩大生产规模；反之，对于那些供过于求而使市场价格下降、盈利小甚至亏损的商品，商品生产者便会转产或缩小生产规模。这些作用都会导致社会资源的合理有效配置。（2）它是商品生产者的竞争手段。对生产同种商品的生产者来说，在具有同样质量的前提下，谁的价格低，谁的商品市场需求量就大，谁就可以占有更大的市场销售份额，所以，商品生产者总要设法降低自己的商品价格以增强竞争力。这就要求生产者不断改进技术和设备，改善经营管理，提高劳动生产率，从而降低商品成本，其结果是节约了社会劳动和资源。（3）它可以使消费者改变需求方向、规模和结构。在消费水平一定的情况下，某种商品的需求量总是同该商品的市场价格成反比地变化。价格的涨落会影响消费者的购买力，进而影响消费者的购买量和需求规模。此外，当某种商品的市场价格上涨得过高时，消费者也可能放弃对该商品的需求转而购买功能相近且价格相对较低的商品，导致需求方向和需求结构的变化。（4）它是国家进行宏观调控的重要手段。国家从各种商品的市场价格的变动信息中掌握市场上商品的供求状况，进而从宏观上调控市场活动，以避免由市场自发调节引发的巨大经济波动，促使市场供求趋于平衡。

要使价格机制上述四个方面的作用得以充分发挥，必须有一个前提条件，即商品的价格必须完全由市场决定，符合价值规律的要求，不存在垄断价格或人为地操纵价格。

（二）竞争机制

竞争机制是指在市场经济运行中，竞争同供求关系、价格变动和各生产要素流动等市场活动之间的有机联系与作用。市场中的竞争是各经济主体为了生存和发展的利益，通过市场的优胜劣汰的较量来体现的，这种竞争既包括生产经营者之间为追求利润最大化而展开的生产和销售竞争，也包括消费者之间为争得物美价廉的商品而展开的购买竞争，还包括生产经营者和消费者之间的竞争。竞争机制不是单独发挥作用的，而是同其他市场机制紧密结合共同发挥作用的。所有的市场机制，都要通过竞争机制起作用，市场促进生产力发展和调节社会资源从而实现合理有效配置的作用，也要通过竞争机制才能得到发挥。

竞争机制的作用主要有三个方面：（1）竞争机制可以促使市场经济主体对市场价格信号作出灵敏的反应，从而努力采用先进的技术设备，改善经营管理，提高劳动生产率，并根据市场需求调整生产结构。（2）竞争机制可以导致社会资源在社会各经济部门之间的合理流动，从而有利于解决市场供求矛盾。（3）竞争机制是整个市场机制存在和发挥作用的前提条件。

竞争是商品经济的必然产物，但要使竞争机制充分发挥作用，最基本的条件是各市场经济主体都应该是具有独立经济利益的自主经营、自负盈亏、自我发展、自我约束的商品生产者和经营者，成为独立享有民事权利和承担民事义务的法人实体。各市场经济主体必须处于平等的地位，实现平等竞争。所谓平等竞争，是指竞争者按统一的市场价格取得生产要素；进入市场的机会均等；按市场价格出售和经营商品；平等地承担赋税。

（三）供求机制

供求机制是指在市场经济中，市场的商品供求关系同价格、竞争等市场要素变化之间的有机联系。

供求机制的作用主要有两个方面：（1）供求关系的变化引起商品市场价格的涨落；而市场价格的涨落又会使供求关系变化，这种变化最终导致供求之间不断趋于平衡。（2）供求关系的变化引起市场竞争关系的改变，从而形成买卖双方所处地位不同的市场格局（市场格局问题见本章第三节）。

商品的供与求都具有弹性，它们的变动受到多种因素的制约与影响。供给的变动受到商品价格水平、生产规模、生产周期、技术条件和资金转移难易等因素的影响；需求的变动则受到货币收入状况和商品价格水平的制约。所以，充分发挥供求机制的作用，实现供求平衡，是一个多种因素共同发挥作用的过程。

（四）信贷利率机制

信贷利率机制是指在市场竞争过程中借贷利率变动同信贷资金供求变动之间的内在联系。它是支配和调控金融市场的机制，其作用表现为：当借贷利率高时，一方面，存款利率高使储蓄存款增加，从而引起银行货币资金供给的增多；另一方面，贷款利率高使借款者贷款减少，导致市场对货币资金需求的下降。当借贷利率低时，则出现相反的情况，即银行货币资金供给的减少和市场对货币资金需求的上升。利率与信贷资金供求之间的这种内在联系，有利于金融市场信贷资金实现供求平衡。信贷资金供求随着利率的变动而变动，从而使信贷资金在社会各经济部门和地区间流动，对社会生产起到调节作用。

（五）工资机制

工资机制是指在市场竞争过程中，工资变动同劳动力供求之间相互制约的有机联系。它是劳动力市场的调节机制。其作用表现为：在其他条件一定的情况下，某部门工资水平的提高引起该部门劳动力供给的增加，而工资水平的下降则引起劳动力供给的减少；某部门劳动力供给过多，会导致工资水平下降，工资水平的下降又使得劳动力供给减少，而劳动力供给过少又会导致工资水平提高。正是劳动力供求变化与工资水平变动的相互联系和制约，导致劳动力在社会各经济部门和地区间流动，从而对社会生产起到调节作用。

以上各种市场机制从不同的侧面反映了市场经济的内在要求，它们分别在市场各个领域中起着调节作用。但这几种机制又是紧密联系在一起的，互相依存、互为因果，它们正是在这种相互联系、相互制约和相互作用的关系中，实现着调控资源配置的功能。

三、市场调节

所谓**市场调节**，就是市场机制的调节，也就是指通过市场机制的综合作用来实现对社会经济生活的调节，宏观上使社会总供给与总需求平衡，微观上使市场上商品的花色品种符合消费者的多样消费需要，提高商品生产者的劳动生产率。市场调节是建立在经济主体能够自主经营、追求自身利益和价值规律发挥作用的基础上的，市场调节的作用包括市场调节价格、市场调节生产、市场调节需求、市场调节资金（资本）流动、市场调节各种生产要素的配置。

市场调节价格是指市场对过高或过低的市场价格的调节。市场上某类商品价格过高或过低，表明这类商品出现了严重的供不应求或供过于求。这时市场依靠商品经营者追求最大盈利的本能，通过各种渠道增加该类商品的市场供给或缩减该类商品的市场供给，从而改变该类商品供不应求或供过于求的局面，使得商品价格趋于平稳，市场秩序基本正常，由此体现出市场调节价格的功能。

市场调节生产是平衡市场供求的需要。它主要通过调节商品生产者的生产方向、生产规模和产品结构，来调节商品的供给。当市场上某类商品出现供不应求，而这种供不应求不是流通方面的原因造成的，而是由生产不足造成的时，该类商品的市场价格便会上涨，盈利增加，从而促使该类商品生产者扩大生产规模来增产该类商品，同时也使得生产其他类商品的生产者调整自己的生产结构，转而生产该类商品，经过一两个生产周期，逐渐增加该类商品在市场上的供给量，促使市场上商品供求趋于平衡。反之，当市场上某类商品供过于求时，市场则从相反的方面如通过价格的降低等进行调节，以实现商品供求平衡。市场调节使商品生产者提供物美价廉的商品，促使生产者提高劳动生产率。

市场调节需求同样是平衡市场供求的需要。市场调节需求主要是调节商品需求者的需求方向、需求规模和需求结构。市场上商品价格的高低影响着需求的状况。某类商品价格上升，就会使需求量减少；反之，某类商品价格下降，则会使需求量增大。当某类商品的供给无法满足市场需求时，市场调节通过市场价格的提高，使得市场需求下降，以达到供求平衡。反之，当某类商品供过于求时，则通过价格的降低，刺激对该类商品的消费需求。

市场调节资金（资本）流动。在商品经济条件下，一种商品生产的扩大或缩小，必须通过资金（资本）的流动来实现。所以，市场调节可促使社会资金（资本）合理流动，使之符合社会需求。

市场调节最终可以促使各种生产要素（劳动力、土地、资本、知识、技术、管理、数据等）合理配置，使社会经济快速、高质量、协调、可持续发展。

第三节　市场体系和市场格局

一、市场体系的类型及其作用

市场体系是由具有不同功能的各类市场组成的有机统一体，是社会经济资源通过买卖来进行合理有效配置的载体。

市场体系的类型可以从不同的角度来划分。按市场规模或空间来划分，可以有由国内市场、地区市场、国际市场组成的市场体系。按商品交易方式来划分，则可以有由现货交易市场、租赁市场、期货市场、批发市场、网购市场、零售市场等组成的市场体系。按所交易的物品或要素的种类来划分，则可以有由一般商品市场（包括消费品市场和生产资料市场）和生产要素市场［包括金融市场、土地市场、劳动力市场、知识市场、技术市场、信息（含数据）市场和房地产市场］组成的市场体系。在考察市场经济下资源的合理有效配置时所分析的市场体系，主要就是这类按所交易的物品或要素的种类来划分的市场体系。

在这种市场体系中，一般商品市场居于基础的地位，因为商品交换是市场交换的基本内容，市场是随着商品交换的出现才产生，并随着商品交换的扩大而发展的。金融市场（包括资本市场和货币市场）在市场体系中居于枢纽地位，因为在发达的商品经济条件下，货币资金的运动带动着整个市场体系的运动，并反映市场的全部运行状况。货币作为商品的一般等价物，是所有经济资源的一般代表，经济资源的配置首先表现为货币资本的配置。劳动力市场是劳动力供求双方进行双向选择的市场，它起着对劳动力资源进行调配、交换的作用。劳动力市场在市场体系中同样十分重要，离开了劳动力，一切经济活动都会停止。劳动力是活的生产要素，经济资源的配置离不开劳动力的配置。由此可见，商品市场、金融市场和劳动力市场是市场的最基本内容，构成了市场体系的三大支柱。

完善的市场体系具有平衡商品供求、协调生产与消费、调节各种生产要素在各个经济部门的合理配置、调整各市场经济主体的利益分配、传递和反馈经济信息等作用。完善的市场体系是市场机制存在和发挥作用的载体，任何一种市场的缺失或市场体系不完善，都会直接影响市场机制作用的发挥，从而影响市场对社会经济资源的配置。例如，如果没有劳动力市场，工资机制就不存在，更谈不上由工资的变动引起劳动力供求的变动和劳动力在不同地区、部门、企业之间的流动，从而作为重要生产要素的劳动力的配置就不能由市场来调节了。随着科学技术的发展，知识、技术、数据对经济的发展起着越来越大的作用，这些要素市场的完善更为重要。

二、市场格局

市场格局是指在市场上买卖双方在交换活动中所处的地位，特别是何方在交换活动中处于主导地位或优势地位。它是市场中供求机制和竞争机制综合作用的市场现象。市场格局有三种类型。

（一）以买方为主导、总供给大于总需求的买方型市场格局，简称买方市场

这种类型的市场格局出现于市场上商品供过于求时，商品出卖者为尽快脱手而彼此竞争，相互压价促销，在商品交换活动中卖方处于被动地位；相反，买方则可以在卖方为脱手商品而进行的竞争中待价而沽，在商品交换活动中处于主导地位、优势地位。一方面，买方市场格局可促使企业之间展开竞争，有利于企业改善经营管理、提高劳动生产率，使商品物美价廉，也有助于产业结构的合理化。另一方面，买方市场如果出现过分压低商品价格的情况，则会严重打击商品生产者的生产积极性，从而导致市场疲软和经济不景气。而且由于投资者信心不足，信贷利率机制难以发挥作用，严重时会导致经济萧条。所以，当出现严重的买方市场时，要及时调整产业结构，采取有效措施刺激消费，扩大市场需求。

（二）以卖方为主导、总需求大于总供给的卖方型市场格局，简称卖方市场

这种类型的市场格局出现于市场上商品供不应求时，商品购买者为能购买到商品而竞争，商品出卖者则物以稀为贵，导致市场上商品价格上涨，这时商品买方在商品交换

活动中处于被动地位；相反，卖方则在商品交换活动中处于主导地位、优势地位。在卖方市场格局下，市场上商品价格信号和利率信号等都发生了扭曲，从而导致分配不合理、企业缺乏竞争，企业便会丧失强化经营管理、采用新技术和降低成本的动力与压力。可见，长期而严重的卖方市场同样不利于市场机制发挥作用，不利于经济的健康发展。

（三）总供给与总需求基本平衡的买卖双方地位均衡的市场格局，简称均衡市场

当市场上的商品供给大体上符合对商品的需求时，商品的市场价格能够大体上与商品的价值相符合，基本上保持价格稳定，各种市场机制就得以有效地调节市场运行。所以，均衡的市场格局是市场机制充分发挥作用的条件。

本章重要名词概念

资源配置	市场经济	自由市场经济	现代市场经济	市场机制
价格机制	竞争机制	供求机制	信贷利率机制	工资机制
市场调节	市场体系	市场格局	买方市场	卖方市场
均衡市场				

思考题

1. 什么叫做市场经济？
2. 商品经济与市场经济的相互关系是什么？
3. 市场经济是怎样对社会经济资源进行配置的？其缺陷何在？
4. 为什么说市场在资源配置中起决定性作用是市场经济的一般规律？
5. 市场经济有哪些基本特征？
6. 什么叫做市场机制？主要的市场机制有哪些？
7. 什么是市场调节？市场调节有什么作用？
8. 市场体系的类型和作用有哪些？
9. 市场格局有哪些类型？

本章练习

2

PART TWO

| 第二篇 |

资本主义经济制度

第四章

资本和剩余价值

本章重点

1. 资本主义经济制度的形成
2. 货币转化为资本的前提是劳动力成为商品
3. 资本主义生产过程是劳动过程和价值增殖过程的统一
4. 资本的本质和划分不变资本与可变资本的依据及意义
5. 剩余价值率体现了资本主义的剥削程度
6. 绝对剩余价值生产和相对剩余价值生产
7. 资本主义的基本经济规律——剩余价值规律
8. 资本主义工资的本质是劳动力的价值或价格
9. 当代资本主义剥削形式和劳资关系的变化

本章是分析资本主义经济制度的开篇，着重阐明资本主义经济制度的形成和获取剩余价值是资本主义经济制度的本质。本章首先考察资本主义经济制度的产生和确立，并以马克思主义的劳动价值论为基础，阐明马克思主义的剩余价值理论。通过对剩余价值生产过程的分析，揭示资本的本质、剩余价值的来源、生产剩余价值的基本方法和资本主义工资的本质。剩余价值理论深刻揭示了资产阶级和无产阶级的矛盾及其经济根源，是剖析资本主义经济制度的科学依据。

第一节　资本主义经济制度的形成

一、资本主义经济制度的产生

资本主义经济制度是以资产阶级占有生产资料的资本主义私有制为基础，通过雇佣劳动制剥削工人所创造的剩余价值的经济制度。

(一) 资本主义生产关系最初的产生

资本主义生产关系最初是在封建社会末期的小商品生产者两极分化的基础上产生的。**小商品经济**即简单商品经济，是建立在生产资料个体私有制基础之上，以手工劳动进行小规模商品生产的经济。典型的小商品经济是个体手工业和个体农民经济。在封建社会末期，小商品经济有了很大发展。随着手工业的发展，一些生产条件比较优越的作坊主日益富裕，他们逐渐脱离生产劳动，把帮工和学徒变为雇佣工人，自己成为剥削雇工的资本家。而一些生产条件差的手工作坊，由于资金短缺、经营不善而破产，其作坊主和帮工都沦为雇佣工人。同时，农业中少数富裕的个体农民，不断扩大生产规模，并雇用一些雇工；而贫困和破产的个体农民，则沦为农业雇佣劳动者，于是在农村中逐渐产生了资本主义性质的富农经济。所以，在封建社会末期，随着社会生产力和商品经济的发展，在小商品生产者两极分化的基础上，在16世纪便产生出最初的资本主义经济关系。

（二）商业的发展对资本主义经济制度的产生起到了促进作用

早期的商业在小商品生产者之间交换商品的过程中起着中介作用。在封建社会末期，随着市场的扩大和商业的发展，一些商人通过向小商品生产者收购产品和提供原材料而成为包买主，进而控制小商品生产者，使之逐渐丧失生产资料而沦为受雇于包买主的雇佣工人，而包买主则逐渐变为产业资本家，从而促进了资本主义生产关系的产生。

（三）资本原始积累加速了资本主义经济制度的形成

资本主义经济制度的形成，在经济上需要具备两个基本条件：第一，存在大量的有人身自由但失去生产资料的劳动者；第二，少数人手中积累起组织资本主义生产所需要的大量货币财富。这两个条件通过小商品生产者的两极分化已逐渐准备着，但是，单纯依靠小商品生产者的两极分化来实现这两个条件，是一个相当缓慢的过程。新兴资产阶级为了促进资本主义经济关系的形成，便采取暴力手段加速形成这两个经济条件。这个过程发生在资本主义经济制度确立之前，所以叫做资本原始积累。

资本原始积累的实质，是用暴力手段剥夺小生产者的生产资料，强迫劳动者同生产资料相分离，使生产资料和货币财富在少数资本家手中迅速积累起来，并使劳动者沦为出卖劳动力的雇佣工人，为资本主义经济制度的形成加速准备了经济条件。资本原始积累在历史上以英国最为典型。从15世纪末到19世纪初的三百多年里，英国为了生产出发展纺织业所需要的羊毛，一些资产阶级化的贵族地主，通过“圈地运动”，强占农民的租地，捣毁农民的住宅，将大片耕地变为牧场，并通过国家制定的各种法律，强迫失去土地和家园的农民到资本主义工厂中充当雇佣劳动者。这就是在英国发生的“羊吃人”的资本原始积累的血腥历史。

新兴资产阶级为了加速货币财富的积累，还用暴力手段在海外推行殖民主义，掠夺殖民地的金银财富，贩卖奴隶和毒品，进行殖民贸易；在国内则大肆掠夺本国劳动人民，采取发行国债、增加税收、保护关税等手段，聚敛货币财富，从而积累起大量货币资本。

资本原始积累的过程，是用暴力手段剥夺劳动者，为资本主义制度的建立而加速准备条件的过程。马克思说：“这种剥夺的历史是用血和火的文字载入人类编年史的。”①

---

① 马克思，恩格斯．马克思恩格斯全集：第23卷．北京：人民出版社，1972：783.

二、资本主义经济制度的确立

（一）资产阶级革命的胜利初步确立了资本主义经济制度

资本主义生产关系在封建社会内部产生和初步形成后，并不意味着资本主义经济制度已得到确立。资本主义经济制度的确立必须排除封建制度对资本主义发展的重重障碍和束缚，在政治上完成资产阶级革命，推翻封建统治，建立起资产阶级政权。

在封建社会末期，在封建地主阶级和农民阶级之间的斗争中，广大农民是反封建制度的主力军，他们不断进行起义斗争，从根本上动摇了封建统治，为推翻封建制度创造了极为有利的条件。然而，农民不是新的生产方式的代表，他们所向往的是建立在个体小生产基础上的自给自足的自然经济，这种要求完全不适应商品经济和生产社会化逐渐发展的趋势。所以，反封建的领导者就自然地由代表资本主义生产方式的新兴资产阶级来担当。17 世纪中叶以后，源于欧洲并逐步扩展到世界各地的资产阶级革命风起云涌，新兴资产阶级领导各种反封建力量进行了武装革命，经过反对封建复辟的反复斗争，终于推翻了封建制度，建立了资产阶级政权，确立了资产阶级的政治统治，为资本主义经济关系的发展扫清了道路，从而使资本主义经济制度得到初步确立。

（二）产业革命使资本主义经济制度完全确立

资产阶级革命的胜利，虽然初步确立了资本主义经济制度，但其物质技术基础仍是手工生产，尚处在工场手工业发展阶段，远远不能适应日益扩大的国内外市场和商品经济发展的需求，迫切要求通过科学技术革命发展社会化大生产，建立资本主义经济制度的物质技术基础。这个历史任务是通过产业革命实现的。

从 18 世纪下半叶到 19 世纪中叶，主要资本主义国家先后进行了产业革命。**产业革命**又称工业革命，即从手工生产过渡到机器生产，从工场手工业过渡到机器大工业的生产技术革命。一方面，通过产业革命，资本主义国家实现了生产技术的根本变革，使资本主义生产方式获得了与其相适应的物质技术基础，促进了生产力的迅速发展；另一方面，产业革命又巩固和发展了资本主义生产关系，使已经丧失了生产资料的雇佣工人，进一步丧失了依靠手工技术而独立劳动的可能性，成为资本家掌握的机器的附属物，从而巩固了资本主义雇佣剥削制度。因此，产业革命使资本主义经济制度取得了完全的胜利，并最终确立起来。

第二节　货币转化为资本和劳动力成为商品

为了深入揭示资本主义经济制度的本质，必须从理论上阐明资产阶级所掌握的货币财富是怎样转化为资本的，还应阐明劳动者是怎样转化为劳动力的出卖者，从而形成雇佣劳动制度的。

一、资本的总公式及其矛盾

（一）资本的总公式

每一个资本最初都表现为一定数量的货币。任何资本家都必须首先用货币购买生产资料和雇佣工人，然后才能进行资本主义生产和经营。但是，货币本身并不是资本，货币只有在特殊的运动中才转化为资本。为了认识作为货币的货币和作为资本的货币之间的区别，需要分析两种不同的流通，即商品流通和资本流通。

商品流通的公式是：商品—货币—商品（W—G—W）。这个公式表明，商品生产者先出卖自己的商品，取得货币，然后用货币购买自己需要的商品。**资本流通的公式**是：货币—商品—货币（G—W—G）。这个公式表明，资本家先用货币购买一定的商品，再将商品卖出，换回货币。这两种流通在形式上有明显的区别：它们在买和卖的顺序上是相反的，前者是先卖后买，后者是先买后卖；流通的起点和终点不同，前者的起点和终点都是商品，后者都是货币；在整个流通过程中起媒介作用的，前者是货币，后者是商品。

单是看这种形式上的区别，还不足以认识究竟什么是资本。这种形式上的区别是以隐藏在形式后面的内容上的区别为基础的。在商品流通中，商品生产者出卖自己的商品，是为了换回自己需要的另一种商品。它的内容是不同的使用价值相交换，流通的目的是商品生产者获得适合自己需要的使用价值。资本流通则不同，它的两极都是货币。但是，在资本流通中最初付出的货币和经过流通收回的货币是两个不同的量，收回的货币在量上大于付出的货币，否则这个流通就毫无意义，资本流通的目的就是获得更多的货币。因此，资本流通过程的完整公式应该是：G—W—G′。$G'=G+\Delta G$，即原付货币额加上一个增殖额。这个增殖额就是剩余价值（m）。可见，资本流通最根本的特点就是，货币在运动中发生了价值量的变化，即实现了价值增殖，正是这种增殖，使货币转化为资本。**资本**就是带来剩余价值的价值。

从以上分析可见，尽管资本的最初表现形式是货币，但是，作为货币的货币和作为资本的货币有着本质区别。作为货币的货币只是商品交换的媒介，不发生价值增殖，而作为资本的货币却在资本流通过程中发生了价值增殖。

资本流通公式 G—W—G′概括了产业资本、商业资本和借贷资本运动，所以是**资本的总公式**。

（二）资本总公式的矛盾及其解决

从形式上看，资本总公式和商品经济的价值规律是对立的。因为按照价值规律的要求，在商品流通中，商品是按它的价值进行等价交换的，在交换中价值只发生形式的变换，并不发生价值量的改变，不会出现价值的增殖。但是，资本总公式呈现出来的现象却是资本在流通中确实发生了价值增殖。在流通过程中所出现的这种商品等价交换与价值发生增殖之间的矛盾，就是资本总公式的矛盾。

解决资本总公式的矛盾，关键在于阐明价值增殖从而剩余价值产生的条件是什么。

剩余价值不能从流通中产生。这是因为，在商品流通中，如果是等价交换，则商品按价值进行交换，交换双方都不能得到更多的价值，不能产生剩余价值。这样，剩余价值似乎是由不等价交换产生的。如果是不等价交换，通过贱买或贵卖，虽然可以使交换的一方占到便宜，可是商品生产者不仅要作为卖者而且要作为买者出现在市场上，他作为卖者或买者得到的，又会在作为买者或卖者时失掉。即使有的商品生产者善于欺骗，既贱买又贵卖，这也只能使个别人发财致富，而不能使所有的商品生产者都获得剩余价值。因为贱买贵卖没有增加全社会的价值总量，只是改变了价值在不同人之间的分配。总之，"无论怎样颠来倒去，结果都是一样。如果是等价物交换，不产生剩余价值；如果是非等价物交换，也不产生剩余价值。流通或商品交换不创造价值"①。

剩余价值不能从流通中产生，但是，离开流通也不能产生剩余价值。因为在流通之外，商品生产者之间不发生关系，他们只是和自己的商品发生关系。在这种情况下，商品生产者只能以自己的劳动创造出商品的价值，而不能再创造出一份剩余价值。

综上所述，剩余价值的产生，既不在流通领域，又不能离开流通领域，这就是解决资本总公式矛盾的条件。

按照解决资本总公式矛盾的条件，在 G—W—G′的资本流通中，剩余价值是怎样产生的呢？价值增殖不会发生在货币（G）上，因为货币无论作为购买手段还是支付手段，都只是实现它所购买的商品的价值，不会发生价值的增殖。所以，价值增殖只能发生在资本流通过程中的商品（W）上，但不能发生在商品的价值上，因为在流通中，商品的价值只能发生形态变化，而不会自行增殖。因此，价值增殖一定发生在商品的使用价值上，也就是说，货币所有者必须在市场上购买到一种特殊的商品，这种商品具有特殊的使用价值，通过对它的使用能创造出比它自身价值更大的价值，即创造出剩余价值。这种特殊的商品就是劳动力。劳动力成为商品，是解决资本总公式矛盾的关键，从而也是货币转化为资本的关键。

二、劳动力成为商品是货币转化为资本的前提

劳动力是人的劳动能力，即存在于人的身体中的体力和脑力的总和。

劳动力在任何社会都是生产的基本要素。但是，只有在一定历史条件下它才成为商品。劳动力成为商品需具备两个基本条件：第一个基本条件是劳动者必须具有人身自由。劳动者必须掌握劳动力的所有权，才能把劳动力在一定时期内的使用权当作商品出卖。第二个基本条件是劳动者除了自己的劳动力以外，不占有生产资料，也没有足够的生活资料。因此劳动者只能把劳动力当作商品出卖，否则就无法维持生活。这两个基本条件，在历史上是随着资本主义经济关系的发展而逐渐形成的。随着劳动力成为商品，便形成了资本主义**雇佣劳动制度**。

劳动力作为商品，和其他商品一样，具有价值和使用价值。劳动力商品的价值是由生产和再生产劳动力所需要的社会必要劳动时间决定的。由于劳动力存在于人的身体之

---

① 马克思，恩格斯. 马克思恩格斯全集：第 23 卷. 北京：人民出版社，1972：186.

中，它以劳动者的生存为前提，因而它的生产和再生产，就是人的体力与脑力的生产和再生产，这就需要一定的生活资料。因此，劳动力价值就是维持劳动力所有者的生活所需要的生活资料的价值。它包括三个部分：（1）劳动者本人所必需的生活资料的价值，用以维持他自身的劳动力的再生产；（2）劳动者养育子女所必需的生活资料的价值，用以繁衍后代，延续劳动力商品的供给；（3）劳动者的教育训练费用，用以满足资本主义生产对具备一定的技术和文化知识的劳动力的要求。

劳动力商品价值的决定同其他商品价值的决定相比，其特点在于它包含历史的和道德的因素。劳动者对生活资料的需求是在一定社会历史条件下形成的，因此它的构成和范围就不只是取决于劳动者的生理需要，还取决于社会经济和文化的发展。随着社会经济和文化水平的提高，工人所必需的生活资料的种类和数量会增加，质量会提高。同时，在不同的国家，由于社会道德、生活习惯以及气候和自然特点等不同，劳动者的物质和精神生活需要也就不同。

商品的使用价值是在消费中实现的。普通的商品被消费和使用时，随着使用价值的消失，价值或是消失了，或是转移到其他商品上去。劳动力商品却不是这样，它具有独特的使用价值，即它被消费和使用时，不仅能够创造价值，而且能创造出比它自身价值更大的价值。劳动力商品的这种特殊的使用价值对货币转化为资本具有决定性的意义，货币所有者必须购买到这种特殊商品，才能获得剩余价值。所以，劳动力成为商品是货币转化为资本的前提。

在市场上，货币所有者购买劳动力是为资本主义生产做准备，从而使货币转化为资本具有了可能性。但是，只有在资本主义的实际生产过程中，剩余价值才被生产出来，货币才现实地转化为资本。

第三节　资本主义生产是劳动过程和价值增殖过程的统一

一、劳动过程

资本家在购买了劳动力之后，就离开流通领域，进入生产过程。在生产过程中，资本家消费所购买的劳动力，让它和生产资料结合起来，生产出具有一定使用价值的商品，并使预付的资本价值发生增殖。资本主义生产过程是劳动过程和价值增殖过程的统一。

劳动过程是人们通过有目的的活动，运用劳动资料对劳动对象进行加工，创造具有特定使用价值的产品的过程。这个过程是一切社会所共有的。但是，资本主义的劳动过程是资本家消费他所购买的劳动力的过程，因而具有以下两个重要特点：（1）工人在资本家的监督下劳动。工人出卖劳动力给资本家，劳动力在一定时间内的使用权就属于资本家，工人是为资本家劳动。资本家为使工人的劳动合乎自己的目的，就要对工人的劳动进行监督，迫使工人紧张地劳动，并节省生产资料的耗费。（2）劳动产品归资本家所有。资本主义劳动过程是资本家的各种生产要素相结合的过程，因而劳动成果也就归资本家所有。

二、价值增殖过程

在资本主义的生产过程中，资本家的目的不是生产使用价值，而是生产剩余价值。他之所以要生产使用价值，是因为使用价值是价值和剩余价值的物质承担者。

下面，先把资本主义生产过程作为价值形成过程来考察。

在生产过程中，工人一方面消耗了生产资料，另一方面支出了活劳动。**价值形成过程**是生产资料价值的转移和活劳动创造新价值的过程，这两重过程是以生产商品的劳动二重性为基础的。

首先，分析生产资料价值的转移过程。在生产过程中要消耗各种生产资料，如原材料、燃料，同时会发生机器设备的磨损。被消耗掉的生产资料的价值并未消失，而是转移到新生产出的产品中去了，构成新产品价值的一部分。所以，生产资料价值的转移并没有改变生产资料自身原有的价值量，只是使价值的物质承担者由一种使用价值（生产资料）转换为另一种使用价值（新产品）。生产资料价值的转移是由工人的具体劳动实现的。

其次，分析活劳动创造新价值的过程。根据生产商品的劳动二重性的原理，工人在生产过程中消耗了一定的体力和脑力，即支出了一定量的抽象劳动。这一定量的抽象劳动凝结到产品中形成新价值，这就是工人的活劳动创造新价值的过程。

在资本主义生产过程中，工人的活劳动所创造的新价值如果等于劳动力的价值，那么资本家就不可能获得剩余价值，达不到实现价值增殖的目的，这样的生产过程只是一种单纯的价值形成过程，而不是价值增殖过程，这种单纯的价值形成过程对资本家是毫无意义的。所以，如果生产过程到此结束，资本家根本得不到剩余价值。实际上，生产过程当然不会到此结束。

那么，资本家是怎样使价值形成过程转化为价值增殖过程，从而剩余价值是怎样生产出来的呢？下面进而考察资本主义的价值增殖过程。

价值形成过程继续延长，超过一定点就会产生剩余价值。资本家购买工人一天的劳动力，支付一天劳动力的价值，于是作为买者的资本家就取得对劳动力一天的使用权。假定工人只需要 4 小时就能生产出来一天劳动力的价值，但并不能限制资本家把工人的劳动时间延长到 4 小时以上，假定资本家让工人再继续劳动 4 小时，这继续劳动的 4 小时就是工人为资本家所提供的无偿劳动，它为资本家创造出剩余价值。由此可见，剩余价值的产生，是由于资本家把雇佣工人的劳动时间延长到补偿劳动力价值所需要的劳动时间以上，从而劳动力所创造的全部价值超过了劳动力本身的价值，超过的那部分价值就是剩余价值，因而价值增殖过程就实现了，这就是资本价值增殖的秘密。所以，**剩余价值**就是由雇佣工人创造的、被资本家无偿占有的超过劳动力价值的价值。

对价值形成过程和价值增殖过程加以比较，可以看出，“**价值增殖过程**不外是超过一定点而延长了的价值形成过程”①。这个一定点就是工人补偿劳动力价值所需要的必要劳动时间，如果价值形成过程只达到这一点，即工人新生产的价值只等于劳动力的价值，

① 马克思，恩格斯. 马克思恩格斯全集：第 23 卷 . 北京：人民出版社，1972：221.

那么这就只是单纯的价值形成过程。如果价值形成过程超过了这一点，从而生产出剩余价值，价值形成过程就转化为价值增殖过程。可见，**资本主义的生产过程**就是劳动过程和价值增殖过程的统一。

在分析了资本主义生产过程后，资本总公式的矛盾就解决了。资本家获得剩余价值并未违背价值规律，而是价值规律的作用扩大到劳动力商品上的结果。资本家购买生产资料和劳动力，或者出卖商品，都是按等价交换原则进行的。有决定意义的是劳动力具有独特的使用价值，即劳动力的使用所创造的价值大于劳动力本身的价值。因此，在生产过程中，工人一天的劳动时间实际上分为两部分：一部分是**必要劳动时间**，用以再生产劳动力的价值；另一部分是**剩余劳动时间**，用以无偿地为资本家生产剩余价值。在生产过程结束，资本家按商品的价值出售商品后，收回的价值大于预付资本的价值，大于的部分即剩余价值，从而实现了资本增殖的使命。可见，雇佣工人的剩余劳动是剩余价值的唯一源泉。

第四节　资本的本质、不变资本和可变资本、剩余价值率

一、资本的本质

通过前面的分析，我们认识到**资本**是带来剩余价值的价值，而剩余价值是在生产过程中由雇佣工人的剩余劳动创造的。因此，资本体现着资本家对雇佣工人的剥削关系。

但是，资本的现象形态掩盖着它的本质。在现实生活中，资本总是表现为一定的物，如原料、机器、厂房等，这使人们误认为这些物天然就是资本，也就是把物的自然属性和物在一定经济条件下所体现的生产关系混同起来了。资本不能离开物而存在，但是，生产资料等物品之所以成为资本，不是由于它们的自然属性能用于生产一定的使用价值，而是由于它们是吮吸工人剩余劳动的手段。因此，在资本主义制度下，**资本的本质**是体现在物之上的资本主义生产关系，即资本家剥削工人的关系。马克思指出："资本不是物，而是一定的、社会的、属于一定历史社会形态的生产关系，它体现在一个物上，并赋予这个物以特有的社会性质。"①

二、不变资本和可变资本

资本家为了进行生产，必须把资本分为两部分：一部分转变为生产资料，另一部分转变为劳动力。依据这两部分资本在剩余价值生产中所起作用的不同，马克思把它们区分为不变资本和可变资本。

不变资本是转变为生产资料的那部分资本。在生产过程中，生产资料的使用价值形态发生了变化，而它的价值则转移到了新产品中。这种转移是通过具体劳动完成的。转移的

---

① 马克思，恩格斯. 马克思恩格斯全集：第 25 卷. 北京：人民出版社，1974：920.

价值量，只是等于进入生产过程时的生产资料的原有价值量。可见，这部分资本的价值在生产过程中没有发生数量的变化，只是改变了它的物质形态，因而叫做不变资本（c）。

可变资本是转变为劳动力的那部分资本。这部分资本的价值，在生产过程中没有转移到新产品上去，因为资本家所支付的劳动力的价值，被工人用于购买生活资料而消费掉了。这部分资本的价值是在生产过程中由工人再生产出来的。但是，劳动力在生产过程中被使用的结果是，不仅再生产出了转化为劳动力的那部分资本的价值，而且生产出了剩余价值。因此，转变为劳动力的资本，在生产过程中其价值量发生了变化，实现了价值增殖，所以叫做可变资本（v）。

不变资本和可变资本的区分的意义在于：第一，进一步揭露了剩余价值的源泉，表明剩余价值不是全部资本产生的，也不是不变资本产生的，而是可变资本产生的。这说明雇佣工人的剩余劳动是剩余价值的唯一源泉。可变资本的价值之所以能够发生量的变化，是因为它转化为劳动力以后，通过劳动力发挥作用，才生产出剩余价值。第二，区分不变资本和可变资本为正确地考察资本家对雇佣工人的剥削程度提供了科学依据，表明这种剥削程度的是剩余价值率。

三、剩余价值率

预付资本中不变资本用 c 表示，可变资本用 v 表示，剩余价值用 m 表示，商品价值就是 c＋v＋m。

剩余价值是可变资本创造的，为了表明资本家对工人的剥削程度，必须将剩余价值和可变资本相比较。剩余价值和可变资本的比率就是**剩余价值率**（m′），其公式是：

$$m'=\frac{m}{v}$$

剩余价值率也可以用另一个公式表示：

$$m'=\frac{\text{剩余劳动时间}}{\text{必要劳动时间}}$$

两个公式表示的内容是一致的。第一个公式以物化劳动表示剥削程度，即在工人的劳动所创造的价值中，资本家和工人各占多少份额，如剩余价值率为 300％，就表明工人所创造的新价值中，工人的收入只占其中的 1/4，其余 3/4 为被资本家无偿占有的剩余价值，从而清楚地表明了资本主义的剥削程度；第二个公式以活劳动的形式表示剥削程度，即在工人的一个工作日中，有多大部分用于生产劳动力的价值，有多大部分为资本家生产剩余价值。

在资本主义发展过程中，剩余价值率逐渐提高，例如，美国加工业的剩余价值率，1899 年为 145％，1909 年为 155％，1939 年为 180％，1955 年为 239％，1965 年为 309％，20 世纪 70 年代前后，已提高到 260％～380％。

资本家获得的剩余价值量的大小归根到底取决于两个因素：一个是剩余价值率的高低，另一个是可变资本总量 V。以 M 代表剩余价值总量，计算剩余价值总量的公式是：

$$M=\frac{m}{v}\times V=m'\times V$$

因此，资本家要增加剩余价值总量有两个途径：（1）增加可变资本总量，以雇佣更多的工人，扩大剥削范围；（2）提高剩余价值率，即从每个工人身上榨取更多的剩余价值。

第五节　生产剩余价值的两种基本方法

一、绝对剩余价值生产

资本家剥削工人的具体方法是多种多样的，但概括起来有两种基本方法：绝对剩余价值生产和相对剩余价值生产。

资本主义制度下工人的工作日分为两部分：必要劳动时间和剩余劳动时间。在必要劳动时间一定的条件下，工作日越长，剩余劳动时间就越长，资本家从工人身上榨取的剩余价值也就越多，从而剩余价值率也就越高。

例如，工人的工作日长度为 8 小时，其中，必要劳动时间为 4 小时，剩余劳动时间也为 4 小时，则剩余价值率为 100%。如果工作日长度延长为 10 小时，必要劳动时间不变，剩余劳动时间就变为 6 小时，剩余价值率则随之变为 150%。这种依靠绝对延长工作日而生产的剩余价值叫做**绝对剩余价值。**

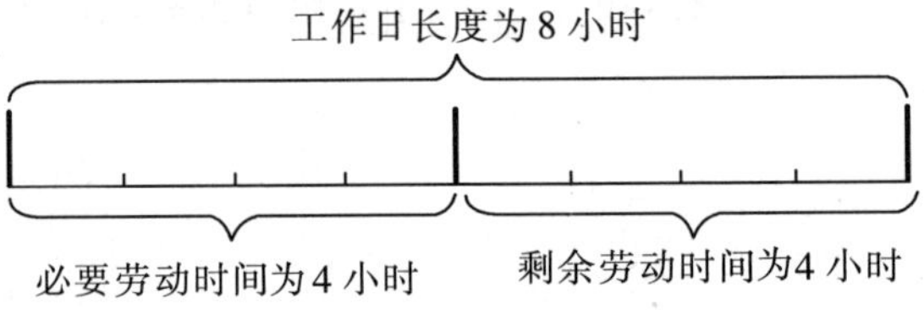

剩余价值率$=\frac{4}{4}=100\%$

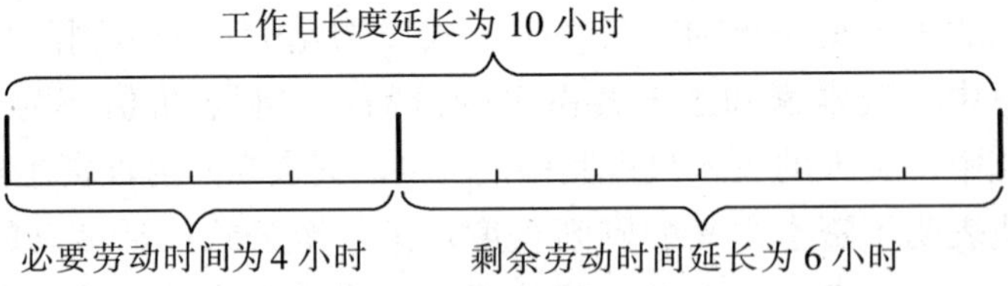

剩余价值率$=\frac{6}{4}=150\%$

此外，资本家还用提高工人**劳动强度**的方法来榨取更多的剩余价值。这种方法从表面上看，虽然工作日没有延长，但是工人在一个工作日中劳动更加紧张，从而支出了更多的劳动量，这实际上等于变相延长工作日。因此，个别企业由于提高劳动强度而生产的剩余价值也属于绝对剩余价值。

资本家之所以能采用延长工作日的方法来提高对工人的剥削程度，是因为工作日是一个可变量，它可以在一定的限度内变动。但工作日的最低界限必须在必要劳动时间以上，否则资本家就得不到剩余价值，资本主义生产也就不存在了。工作日的最高界限由两个因素决定。(1) 生理的因素。工人不可能在一昼夜的24小时之内全部从事劳动，必须有一定的时间来满足生理上的需要，如吃饭、休息、睡眠等。(2) 社会道德的因素。除了生理上的需要以外，工人还要有一定的时间用于满足精神文化生活和社会活动的需要，这些需要是由一定的社会文化状况决定的。由于上述两个因素都具有相当大的伸缩性，资本家就有可能用延长工人工作日的方法来加重剥削。

既然工作日的长度有伸缩性，那么，工作日的实际长度就取决于资产阶级和无产阶级之间的力量对比和斗争。

在资本主义发展的历史上，资产阶级不仅依靠经济的强制，而且依靠国家的暴力，把工作日延长到惊人的程度。在18世纪后期到19世纪前期，英国工人的工作日长达12～16小时，甚至更长。旧中国工人的工作日之长更是世界上少有的，一般为12小时，有的达到17～18小时，甚至20小时。工作日的过度延长，给工人阶级带来了严重后果，直接危害着他们的生存，激起了他们的强烈反抗。工人阶级为争取缩短工作日，进行了长期斗争。这一斗争在18世纪末到19世纪初首先出现于英国。英国工人阶级经过半个世纪的斗争，才迫使资本主义国家的政府颁布了一些工厂法，把工作日限定为12小时或10小时。继英国之后，其他各资本主义国家的工人阶级广泛开展了争取正常工作日的斗争。美国工人阶级在1866年3月召开的美国工人代表大会上，第一次提出了争取8小时工作日的要求，这一要求得到各国工人阶级的热烈响应。1886年5月1日，美国工人阶级举行了有40多万人参加的、以争取8小时工作日为斗争目标的总罢工，遭到美国政府的血腥镇压。1889年7月，在法国巴黎召开的国际社会主义工人代表大会，为纪念美国工人的罢工斗争，通过了将5月1日作为“国际劳动节”的决议。直到第一次世界大战(1914—1918年)以后，在国际工人运动蓬勃发展的形势下，一些资本主义国家才被迫实行了“八小时工作制”。在我国民主革命的过程中，工人阶级为争取正常工作日，也进行了长期斗争。1922年，在中国共产党的领导下，于广州召开的第一次全国劳动大会通过了争取8小时工作日的决议，以后党一直把争取“八小时工作制”作为我国民主革命的一项重要内容。

二、相对剩余价值生产

延长工作日受到工作日界限的限制，而且遭到工人阶级的反抗。在工作日既定的条件下，资本家为了提高剥削程度，就通过改变工作日中必要劳动时间和剩余劳动时间的比例，缩短必要劳动时间以延长剩余劳动时间。例如，工作日长度为8小时，必要劳动时间为4小时，剩余劳动时间为4小时，则剩余价值率为100%。假定工作日长度不变，必要劳动时间缩短为2小时，剩余劳动时间就相应延长为6小时，剩余价值率就变为300%，从而剥削程度提高了2倍。这种由于缩短必要劳动时间，相应延长剩余劳动时间而生产的剩余价值叫做**相对剩余价值**。

相对剩余价值是怎样生产的呢？

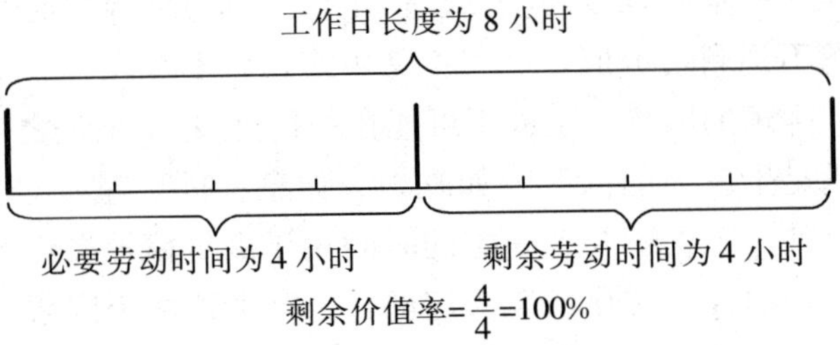

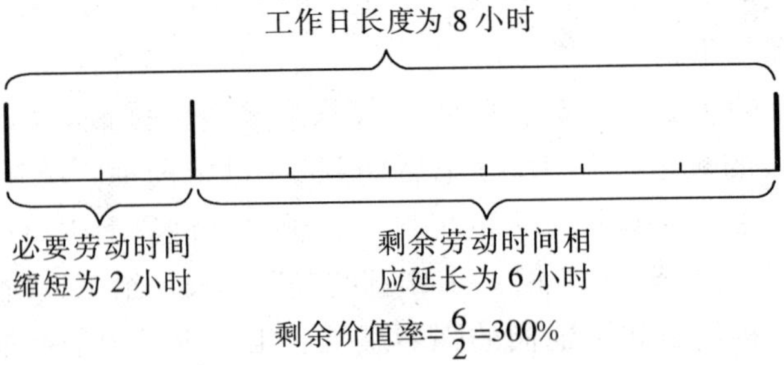

为了生产相对剩余价值，必须缩短必要劳动时间。必要劳动时间是再生产劳动力价值的时间，要缩短必要劳动时间就要降低劳动力的价值。我们知道，劳动力价值由维持工人及其家属生活所必需的生活资料的价值构成，这些生活资料的价值和生产它的劳动生产率成反比。要降低生活资料的价值，必须提高这些生产部门的劳动生产率。同时，生活资料的价值中包括转移的生产资料价值，这些生产资料生产部门的劳动生产率提高了，也会降低生活资料的价值。因此，相对剩余价值的生产是通过全社会劳动生产率的提高，降低了劳动力的价值，从而缩短了必要劳动时间，相应延长了剩余劳动时间而实现的。

在现实的经济过程中，劳动生产率的提高总是从个别企业开始的。个别资本家提高企业的劳动生产率的直接动机，并不是降低劳动力的价值，而是追求超额剩余价值。个别企业采用新技术，提高了劳动生产率，就可以缩减生产商品的个别劳动时间，使商品的个别价值低于社会价值。但在销售商品时，仍然按照社会价值出卖。于是，个别企业的资本家就会比其他资本家获得更多的剩余价值。个别资本家由于提高企业的劳动生产率，使自己企业生产的商品的个别价值低于社会价值而多得的一部分剩余价值，叫做**超额剩余价值**。

假定皮鞋工业部门一个工人每天劳动 8 小时，生产皮鞋 2 双，消耗的生产资料价值为 16 元，工人劳动一天创造的新价值为 8 元。这样，2 双皮鞋的价值为 24 元，每双皮鞋的社会价值为 12 元。如果某个皮鞋厂的劳动生产率提高 1 倍，工人劳动 8 小时可以生产皮鞋 4 双，消耗的生产资料价值为 32 元，工人劳动一天创造的新价值仍为 8 元。这样，4 双皮鞋的价值总计为 40 元，每双皮鞋的个别价值为 10 元。但在出卖皮鞋时，仍按原来的社会价值每双 12 元销售，这个皮鞋厂的资本家就可以从每双皮鞋中获得超额剩余价值 2 元，4 双皮鞋共可获得超额剩余价值 8 元。

超额剩余价值的源泉也是工人的剩余劳动。它的产生不是由于商品的价格高于价值，而是由于工人在同样的劳动时间中创造了更多的价值。个别企业改进了生产技术，提高了劳动生产率，工人的劳动等于加强的劳动。“生产力特别高的劳动起了自乘的劳动的作用，或者说，在同样的时间内，它所创造的价值比同种社会平均劳动要多”①，从而在相同的时间内，它所创造的剩余价值也比一般企业多，这多创造的剩余价值就是超额剩余价值。

超额剩余价值是率先采用先进技术的个别资本家获得的，而且只能暂时获得。这是因为，所有资本家都在努力改进自己的生产条件，以期获得超额剩余价值。个别企业的先进技术必然逐渐普及，从而使整个生产部门的技术水平和劳动生产率得到提高。在先进的生产条件成为一般的生产条件后，商品的社会价值便会因此下降，个别价值和社会价值之间的差额便会消失，原来的个别技术先进的企业就不能继续获得超额剩余价值。但社会劳动生产率的普遍提高，引起工人所必需的生活资料的价值下降，从而导致劳动力的价值随之下降。于是，工人的必要劳动时间便缩短，剩余劳动时间则相应地延长。结果是，虽然超额剩余价值在个别资本家那里消失，但整个资本家阶级却由于工人的剩余劳动时间的普遍延长而获得了相对剩余价值。可见，追求超额剩余价值，是各个个别资本主义企业改进生产技术、提高劳动生产率的直接动机，而各个资本主义企业竞相追求超额剩余价值的结果，却是相对剩余价值的形成。所以，相对剩余价值生产是作为各个资本家追求超额剩余价值的结果而实现的。

相对剩余价值的生产过程，进一步暴露了资本主义生产方式的对抗性矛盾。在资本主义制度下，资本家发展生产力，不是为了减轻工人的劳动，而是为了获得更多的剩余价值。生产力发展的结果是延长了剩余劳动时间，因此，生产力提高的后果反而是加重了劳动者被剥削的程度，提高了生产剩余价值的效力。

三、绝对剩余价值生产和相对剩余价值生产的相互关系

资本家提高剥削程度的两种基本方法既有区别又有联系。两者的联系在于，首先，从资本对雇佣劳动的剥削来看，这两种方法是一致的。无论是绝对剩余价值生产还是相对剩余价值生产，都延长了工人的剩余劳动时间，增加了资本家无偿占有的剩余价值量。其次，绝对剩余价值生产是资本主义剥削的一般基础，也是相对剩余价值生产的起点。资本主义剥削在任何时候都必须将工人的劳动时间绝对地延长到必要劳动时间以上，否则就不可能生产剩余价值。而相对剩余价值生产则是以工作日已经分为必要劳动时间和剩余劳动时间为前提的，以此为起点进一步缩短必要劳动时间，相应地延长剩余劳动时间，从而生产出相对剩余价值。

两者的区别在于，两种方法的物质技术基础不同，在资本主义发展的不同阶段起着不同的作用。在资本主义生产的初期阶段，由于生产工具和生产技术没有发生重大变化，生产力发展比较缓慢，绝对剩余价值生产是资本家加重剥削的主要方法。随着资本主义的发展，科学技术在生产中广泛应用，劳动生产率逐步提高，生产力逐步增长，从而相对剩余价值生产日益成为资本家加强对工人的剥削的主要方法。当然，这两种方法并不

① 马克思，恩格斯. 马克思恩格斯全集：第 23 卷. 北京：人民出版社，1972：354.

是截然分开的。在资本主义的现实生产过程中，这两种方法是相互结合、互为补充的。

四、生产自动化条件下剩余价值的源泉

第二次世界大战后，特别是进入20世纪70年代，以电子、激光、航天和生物工程为核心的科学技术革命兴起，一些发达资本主义国家的生产过程自动化程度有了很大的提高，甚至已经出现了“无人车间”和“无人工厂”。在那些使用机器人从而生产自动化程度较高的工厂企业里，直接在生产第一线从事劳动的工人大大地减少，但资本家得到的剩余价值不仅不减少，反而急剧地增长。一些资产阶级经济学家正是抓住这一现象宣扬机器人创造价值和利润，并以此攻击马克思主义的劳动价值论和剩余价值理论。

其实，无论在何种情况下，自动化设备和机器人都不能创造价值和剩余价值。剩余价值的源泉仍然是雇佣工人的剩余劳动。这是因为：

（1）价值是人类一般劳动的凝结，离开了人的活劳动，其他任何生产要素都不能创造价值。再先进、再灵巧的机器人毕竟是机器，是生产过程中物的因素，属于生产资料的范畴，必须有人对它进行操作，所谓“无人车间”和“无人工厂”只是人对机器的操作形式不同罢了。即使是最先进的机器人，仍然需要由人来编制运行程序、输入信息、调节信号、输入能源等才能运转，否则也只是一堆物料。机器人同其他机器设备参加生产过程所起的作用是完全一样的。在资本的构成中，机器人和其他机器设备一样都是不变资本，它们在生产过程中只能比例于它们的磨损程度把自身的价值转移到新产品上，而价值转移本身不增加任何价值。自动化设备和机器人不能创造价值，当然也就不可能创造剩余价值。价值和剩余价值的唯一源泉只能是工人的活劳动。

（2）使用自动化设备和机器人的资本家获得的剩余价值来源于“总体工人”的剩余劳动。随着生产社会化的发展，生产过程具有更加广泛的、复杂的协作性质，一件产品的完成，是经过一系列工序和很多工人协作的结果，产品成为“总体工人”或“结合劳动人员”的劳动成果。马克思说：“为了从事生产劳动，现在不一定要亲自动手；只要成为总体工人的一个器官，完成他所属的某一种职能就够了。”① “总体工人”不仅包括在生产第一线直接操纵机器设备进行劳动的工人，而且包括从事技术工作和一般管理工作的工程技术人员与管理人员；既包括体力劳动者，也包括脑力劳动者，他们共同参与价值和剩余价值的创造。那些自动化程度较高、使用机器人的企业，虽然直接在第一线劳动的工人减少了，但从事其他协作劳动的人员如编制自动化设备运行程序、输入信息以及进行维修保养等的技术人员和管理人员都增加了，他们同在生产第一线劳动的工人一起，共同创造价值和剩余价值。

（3）使用自动化设备和机器人的资本家比没有使用这些设备和机器人的资本家获得更多的剩余价值，是由于前者的总体工人的劳动生产率高于平均水平的劳动生产率，劳动复杂程度也比较高，从而创造出更多的价值和剩余价值。当前，在发达的资本主义国家，率先使用自动化设备和机器人的工厂企业，由于采用先进技术而使工人具有比平均

① 马克思，恩格斯. 马克思恩格斯全集：第23卷. 北京：人民出版社，1972：556.

水平更高的劳动生产率，因而其所生产的商品的个别价值低于社会价值，从而获得超额剩余价值。使用自动化设备和机器人的工人的劳动，在同行业中是劳动生产率与劳动复杂程度较高的劳动，所以，这些工人在同一时间里，要比同行业其他具有平均水平劳动生产率与劳动复杂程度的工人创造的价值和剩余价值更多。

（4）使用自动化设备和机器人的资本家所获得的更多的剩余价值中，有一部分是由其他生产部门工人创造的剩余价值转移过来的。因为使用自动化设备和机器人的生产部门的资本有机构成比较高，在剩余价值率一定的条件下，同量资本获得的剩余价值量就比较少。但是，由于后面第七章第一节将要讲到的部门之间的竞争导致形成了平均利润率，因而一部分剩余价值从资本有机构成低的部门转移到资本有机构成高的使用自动化设备和机器人的部门中来。

五、剩余价值规律是资本主义的基本经济规律

资本主义的基本经济规律是剩余价值规律。**剩余价值规律**的内容就是，通过不断扩大和加重对雇佣劳动的剥削来达到获取尽可能多的剩余价值的目的。资本主义生产的目的是由资本主义私有制决定的。如前所述，这种所有制的特点在于，生产资料被资本家占有，劳动者除了劳动力外，一无所有。生产资料和劳动者的结合是通过资本家购买劳动力来实现的，在生产过程中，二者都是作为资本的要素在起作用，因而资本主义的生产目的必然是获取剩余价值。正如马克思所说："资本主义生产——实质上就是剩余价值的生产，就是剩余劳动的吸取"①。"生产剩余价值或赚钱，是这个生产方式的绝对规律。"②

剩余价值规律表明了资本主义生产的实质是资本家剥削工人创造的剩余价值。在资本主义生产方式中，只有生产剩余价值的劳动，才被资本家认为是有意义的。劳动者只是生产剩余价值的工具，他们的个人消费只有在保证生产剩余价值的限度内，才是资本主义所需要的。对剩余价值的追求是资本主义生产发展的动力。

剩余价值规律决定着资本主义生产的一切主要方面和主要过程，支配着资本主义生产总过程的生产、分配、交换和消费各个环节，决定着资本主义生产的高涨和危机，决定着资本主义生产方式的产生、发展和灭亡，决定着资本主义矛盾的全部发展过程。所以，剩余价值规律是资本主义的基本经济规律。只有掌握了这个规律，才能了解和说明资本主义制度的本质和它的一切复杂现象。

剩余价值学说（也称剩余价值理论）是马克思的伟大发现，这一发现实现了政治经济学的革命，揭露了资本主义剥削的秘密，为理解资本主义制度的本质提供了一把钥匙。剩余价值学说是无产阶级争取解放和进行革命斗争的强大思想武器，在马克思主义经济理论中占有极为重要的地位。列宁明确指出："剩余价值学说是马克思经济理论的基石。"③

---

① 马克思，恩格斯. 马克思恩格斯全集：第23卷. 北京：人民出版社，1972：295.

② 同①679.

③ 列宁. 列宁全集：第23卷. 2版. 北京：人民出版社，1990：46.

第六节　资本主义制度下的工资

一、资本主义工资的本质

在资本主义社会的现实经济生活中，资本的本质和剩余价值的来源被工资的现象形态所歪曲和掩盖。因此，必须进一步分析资本主义工资，揭示它的本质和它怎样掩盖了资本家对工人的剥削。

在资本主义社会，工人为资本家劳动，资本家付给工人工资，工人劳动一天，得一天的工资，劳动一个月，得一个月的工资。这样就造成了一种假象，好像工人出卖给资本家的是劳动，而不是劳动力，工资似乎是“劳动的价值或价格”，而不是劳动力的价值或价格，似乎工人的全部劳动都得到了报酬。其实，在资本家同工人的买卖关系中，工人出卖的是劳动力，而不是劳动。劳动不能成为商品，不能买卖，从而是没有价值或价格的，这是因为：

（1）任何一种可供出卖的商品，必须在出卖之前就存在。但是，当工人同资本家分别以卖者和买者的身份出现在市场上时，工人还没有开始劳动，劳动还没有出现。当劳动开始的时候，工人已经在资本家的工厂里干活，这时劳动已经属于资本家了，因而工人无法将劳动当作属于自己的商品出卖。

（2）商品的价值是人类劳动的凝结，商品的价值量是由生产商品所耗费的社会必要劳动时间决定的。如果说劳动是商品，具有价值，那么就无异于说劳动的价值是由劳动决定的，这显然是同义语的反复。

（3）如果说工人出卖的是劳动，那么就会产生这样的问题：资本家同工人之间买卖劳动是等价交换还是不等价交换？如果遵循商品等价交换的原则，资本家就应将劳动者的劳动创造的全部价值作为报酬支付给劳动者，这样资本家就无法获得剩余价值，资本主义生产方式也就不可能存在；如果资本家是以低于劳动的价值向工人购买劳动，那么等价交换原则就被破坏了，但在商品经济普遍化的资本主义社会，价值规律支配着一切商品的生产和交换，它是不容否定的。所以，无论是等价交换还是不等价交换，劳动都不可能是商品。

由此可见，劳动绝不是商品，也不可能成为商品，工人能出卖的商品只是劳动力。资本家支付给工人的只是劳动力的价值或价格。资本主义工资的本质是劳动力的价值或价格，不是劳动的价值或价格。**资本主义工资**不过是劳动力价值或价格的转化形式。正如马克思所说：“**工资**不是它**表面上呈现的**那种东西，不是**劳动的价值**或**价格**，而只是**劳动力的价值**或**价格**的隐蔽形式。”①

在资本主义制度下，工人劳动力的价值或价格转化为工资，这就掩盖了工人的必要劳动和剩余劳动之间的区分、有酬劳动和无酬劳动之间的区分，似乎工人得到的是他的

---

① 马克思，恩格斯．马克思恩格斯选集：第 3 卷．3 版．北京：人民出版社，2012：370.

全部劳动所创造的价值，无酬劳动也表现为有酬劳动，所以工资形式掩盖了资本家与工人之间的剥削和被剥削的关系。

二、资本主义工资的基本形式

在资本主义制度下存在着名目繁多的工资形式，但基本的形式有两种，即计时工资和计件工资。

计时工资是按照工人的劳动时间支付的工资，如日工资、周工资、月工资等。既然资本主义工资是劳动力价值或价格的转化形式，那么日工资、周工资、月工资就不外是劳动力的日价值、周价值、月价值的转化形式。

资本家经常保持日工资总额不变甚至有所提高，而通过延长工作日时数，或者通过提高劳动强度来使每小时的工资下降，以此来加重对工人的剥削。

资本家还采取**小时工资制**来加重对工人的剥削，他们往往只规定每小时劳动的平均工资额，而不规定工作日的长度和日、周、月工资总额，这样资本家就可以根据他们的经济利益的需要来任意延长或缩短工作日。当经济繁荣，扩展生产有利可图时，资本家就大搞加班加点来加重对工人的剥削，迫使工人遭受过度劳动之苦；当经济不景气，市场萧条时，资本家就减少企业开工时间，使工人的工作日缩短，并只按工人实际劳动的小时数支付工资，使工人陷入半失业状态，工人甚至得不到维持劳动力再生产所必需的生活费用，遭受劳动不足之苦。

在资本主义发展的初期，计时工资曾是一种普遍流行的工资形式。随着资本主义的发展，虽然计时工资仍是工资的基本形式之一，但计件工资却因适应资本主义发展和资本主义剥削的需要而广泛地流行起来。

计件工资是依据工人所完成的产品数量或作业量而支付的工资。计件工资与计时工资在本质上相同，计件工资是以计时工资为基础的。因为资本家在确定每件产品的计件工资单价时，正是把工人一天的计时工资与一天生产出来的产品或完成的作业量进行比较而确定的。假如工人的计时日工资为 3 元，日产量为 10 件产品，那么改为计件工资时，每件产品的计件工资单价就是 3/10＝0.3（元）。可见，计件工资无非是计时工资的转化形式。

随着发达资本主义国家生产自动化的发展，特别是电子、信息技术的发展，很多自动化装置本身就严格地控制着工人的劳动强度和质量，在这种情况下，采用计时奖励工资要比计件工资对资本家更有利，因为资本家可以在计时工资总额不变，甚至工资略为提高的情况下，利用机器的加速运转来提高工人的劳动强度，从而加重对工人的剥削；而且这样做可以避免由于资本家不断降低计件工资单价而引起的工人反抗。

三、名义工资和实际工资

考察资本主义工资，还应从工资的数量方面分析工资的水平和它的变动趋势，区分名义工资和实际工资。**名义工资**是指资本家以货币形式支付给工人的工资，也称货币工资。工人得到货币工资后，要用它去购买生活资料和各种服务。**实际工资**是指工人得到的货币工资所能购买到的生活资料和服务的数量。由于生活资料和服务的价格会发生变化，因而这必然要影响同量货币所能购买到的生活资料和服务的数量。可见，货币工资并不能确切地反映工人的实际收益和实际生活状况，只有实际工资才能确切地反映工人的实际生活状况。

实际工资和名义工资存在着密切的联系，在生活资料与服务的价格以及工人负担的赋税不变的情况下，名义工资越高，工人能够购买到的生活资料和服务的数量就越多，表现为实际工资的提高；反之，就是实际工资的下降。但在资本主义社会里，往往在名义工资不变，甚至提高时，由于通货膨胀、物价上涨以及赋税加重等，实际工资还可能下降。这就表明名义工资的变化不能确切地反映工人实际生活状况的变化，不能表现出工人所受剥削程度的变化。因此，我们在考察资本主义工资水平变动时，不能只注意货币工资的变动，更重要的是要考察实际工资的变动。

四、无产阶级争取提高工资的斗争

在资本主义制度下，资本家为了追求最大限度的剩余价值，总是要加强对工人的剥削，尽可能地压低工人的工资，这就必然加剧无产阶级同资产阶级经济利益的根本对立。无产阶级为了维护自己的生存权利，反对资本家的残酷剥削，必然要进行争取提高工资的斗争。马克思指出："资本家总想把工资降低到生理上所容许的最低限度，把工作日延长到生理上所容许的最高限度，而工人则在相反的方面不断地对抗。"① 从资本主义制度确立到现在，这种斗争始终没有停止过。在这种斗争中，双方的力量对比最终决定着工资的现实水平。因此，无产阶级加强团结，为争取提高工资而进行的斗争具有重大意义。这种斗争不仅可以起到阻止工资水平下降的作用，而且可以促进无产阶级的团结，提高无产阶级的觉悟，锻炼无产阶级同资产阶级斗争的组织纪律性。

当然，也应当看到，这种为争取提高工资而进行的斗争，毕竟只是一种经济斗争，带有很大的局限性，因为这种斗争"反对的只是结果，而不是产生这种结果的原因……他们服用止痛剂，而不祛除病根"②。这种斗争的胜利，至多只能稍微改善一下无产阶级的生活状况，并不能使无产阶级从根本上摆脱被剥削、被压迫的地位。无产阶级要想取得彻底解放，必须把经济斗争同政治斗争紧密地结合起来，并把这种经济斗争发展为政治斗争，从根本上变革资本主义制度。

第七节　当代资本主义剥削形式和劳资关系的变化

第二次世界大战后，随着新科技革命的发展，生产社会化程度的提高，特别是无产

① 马克思，恩格斯. 马克思恩格斯选集：第 2 卷 . 3 版 . 北京：人民出版社，2012：66.

② 同①68.

阶级与资产阶级矛盾的加深，发达资本主义国家的垄断资产阶级为了发展资本主义经济，攫取更多的剩余价值，在不触动其统治地位和资本主义私有制的前提下，对资本主义的剥削形式和劳资关系进行了某些局部调整，采取了一些掩盖资本主义剥削和缓解劳资矛盾的措施，这些措施既未改变资本主义私有制和资本主义剥削关系的本质，又使资产阶级由此获取的剩余价值大为增长。

一、发行小额股票，推行“资本民主化”

第二次世界大战后，发达资本主义国家的垄断资产阶级所控制的股份公司（关于股份公司问题，在本书第七章第三节详述），通过发行小额股票来吸收社会游资，使一般劳动者也可以购买小额股票，或者在股份公司内部推行“职工股票计划”，奖励职工购买本公司的股票，有的甚至把本公司的股票作为奖金发给职工。资产阶级及其学者借此大肆宣扬资本主义社会已实行了“资本民主化”，消灭了资本家与劳动者的界限，二者是企业的共同所有者，资本主义已经转变为“人民资本主义”，等等。

实际上，资本主义企业发行小额股票，实行股权分散，不过是垄断资本家强化对广大劳动者的控制、增强资本实力的一种手段。

第一，发行小额股票，无非是将劳动人民手中的少量货币积蓄集中起来由资本家支配，这有利于资产阶级利用社会闲散资金，广泛筹集资本，扩大其股份公司的经营规模。而股份公司的所有权和控制权仍被少数垄断资本家掌握，并不因发行小额股票而有实质性的改变，从而增强了资本家获取剩余价值的实力。

第二，垄断企业中的职工购买或获得股份公司的小额股票，从表面上看他们似乎与资本家有了“共同的”利益，造成了“劳资一家”的假象，起到了掩盖资本主义剥削本质的作用，并在一定程度上缓解了不断加深的劳资矛盾，有利于资本家利用职工与企业“共命运”的心理，使职工产生归属感，以调动其积极性，增加剩余价值的生产。

第三，劳动者购买或获得小额股票，并取得股息和红利收入，其数量微不足道，他们的主要收入还是依靠出卖劳动力所得的工资。购买或获得小额股票，丝毫不会改变劳动者所处的被剥削的雇佣劳动者地位，更不可能使他们成为资本主义私有制的资产所有者。

二、推行职工参与企业管理的“管理民主化”

第二次世界大战后，发达资本主义国家的企业中逐步推行“管理民主化”。所谓“管理民主化”，就是在企业中吸收职工参与企业的经营管理。“管理民主化”的具体做法多种多样，其主要形式有：一是吸收职工参与企业的经营管理决策，在企业的董事会、监事会等决策机构中有职工代表参加；二是由职工组成企业管理委员会，参与企业的日常管理活动；三是实行职工合理建议制度，对职工的建议加以研究、采纳，并给予建议者一定奖励；四是开展职工广泛参与的质量管理活动；等等。垄断资产阶级及其学者竭力宣扬“管理民主化”，把它美化为资本主义企业的职工已成为企业管理的主人。

“管理民主化”出现的深层的经济原因在于，社会化大生产要求直接生产者参加企业的管理。特别是第二次世界大战后，随着科学技术的大发展，脑力劳动在生产经营中的作用日益提高，职工的积极性、主动性成为影响企业生产效率的重要因素。而“管理民主化”正是调动和激励企业职工主动性和创造性的一种有效形式，它是在资本主义生产关系范围内所采取的有利于加强企业经营管理，提高产品质量，增强企业竞争力，降低产品成本，从而增加剩余价值生产的一种措施。同时，推行“管理民主化”有利于调节企业内部的劳资关系，吸收职工参加企业管理，可以起到缓解劳资矛盾的作用。还应看到，职工参加企业管理，也是工人阶级长期斗争的结果，工人阶级通过自身的斗争，取得了某些参加企业管理的“权力”。

“管理民主化”在一定程度上调动了企业职工的积极性，使劳动条件得到某些改善。但是职工参加企业管理的权力毕竟是有限的，企业的经营管理实权仍然掌握在垄断资本家及其代理人手中。“管理民主化”并没有也不可能改变职工作为雇佣劳动者的被剥削的地位，它实际上是垄断资产阶级所采取的一种更隐蔽、更巧妙的增加剩余价值生产的方法，以给垄断资本家带来丰厚的剥削收入。

三、缩短工作日和提高剥削程度

第二次世界大战后，主要发达资本主义国家普遍缩短了工人的工作日，大多实行每周5个工作日，每个工作日工作8小时或少于8小时，即每周劳动时间为40小时或稍低于40小时。

工人工作日缩短的主要原因为：第一，第二次世界大战后，科学技术的发展及其在生产上的广泛应用，普遍提高了社会劳动生产率，工作日即使有所缩短，也并不影响企业产量和收益的增长。这就是说，科学技术的发展为缩短工作日创造了物质条件。第二，科学技术的发展和生产的机械化、自动化程度的提高，需要高素质的劳动者进行操作，劳动者必须进行更多的脑力劳动，掌握更高的生产技术，因而客观上需要通过缩短工作日来增加劳动力再生产所需要的较多学习和训练时间，培养出科技水平较高的合格的劳动者。第三，第二次世界大战后发达资本主义国家频繁爆发经济危机，企业普遍开工不足，工人失业严重。在这种情况下，资本家往往在采取小时工资制的同时，缩短工人的工作日，这既有利于减少企业的工资支出，又可以适当增加就业人数，缓解因失业而引起的社会动荡。第四，工作日的缩短是工人阶级进行长期斗争的结果，也是垄断资产阶级为缓和劳资矛盾而采取的一种措施。

第二次世界大战后，伴随工人工作日的缩短，资本家的剩余价值率却大为提高。因为工作日的缩短是在科技进步和社会劳动生产率提高的前提下实现的，而社会劳动生产率的提高必然导致劳动力价值的下降，工人的必要劳动时间缩短，剩余劳动时间相应延长，从而大大增加了资本家所获取的相对剩余价值。此外，资本家在缩短工人工作日的同时，又在有限的劳动时间内，要求工人更紧张地工作，使劳动强度显著加强，这就更加提高了对工人的剥削程度。因此，缩短工人的工作日成为垄断资产阶级提高剥削程度、获取更多剩余价值的一种隐蔽形式。

本章重要名词概念

资本主义经济制度	小商品经济	资本原始积累	资本的总公式
劳动力	雇佣劳动制度	劳动过程	价值形成过程
剩余价值	价值增殖过程	资本主义的生产过程	必要劳动时间
剩余劳动时间	资本	不变资本	可变资本
剩余价值率	绝对剩余价值	相对剩余价值	超额剩余价值
剩余价值规律	资本主义工资	计时工资	计件工资
名义工资	实际工资		

思考题

1. 资本主义经济制度是怎样形成的？
2. 货币转化为资本的前提是什么？
3. 劳动力商品有什么特点？
4. 剩余价值是怎样生产出来的？
5. 资本主义生产过程为什么是劳动过程和价值增殖过程的统一？
6. 价值增殖过程为什么是超过一定点而延长了的价值形成过程？
7. 资本的本质是什么？
8. 划分不变资本和可变资本的依据和意义是什么？
9. 什么是剩余价值率？它为什么表明了资本主义的剥削程度？
10. 绝对剩余价值是怎样生产出来的？
11. 相对剩余价值生产为什么是各个资本家追求超额剩余价值的结果？
12. 在生产自动化条件下剩余价值的源泉是什么？
13. 为什么剩余价值规律是资本主义的基本经济规律？
14. 资本主义工资的本质是什么？
15. 名义工资和实际工资的相互关系是怎样的？
16. 当代资本主义的剥削形式和劳资关系有什么变化？

本章练习

第五章

资本积累及其历史趋势

本章重点

1. 资本主义简单再生产所揭示出的资本主义生产过程的特征表明了资本主义生产关系的再生产
2. 资本主义扩大再生产揭示出资本主义生产关系的扩大再生产
3. 资本积累的实质、必然性和影响资本积累的因素
4. 资本的技术构成、资本的价值构成、资本的有机构成
5. 资本主义相对过剩人口规律，相对过剩人口是资本主义制度的产物和资本主义生产方式存在与发展的条件
6. 资本主义积累的一般规律
7. 资本主义积累的历史趋势

前一章阐明了剩余价值是怎样产生的，揭露了资本主义剥削的实质。这一章进一步分析资本家所攫取的剩余价值怎样转化为资本，揭示资本积累的实质和资本主义积累的规律，阐明资本主义制度必然被社会主义制度所代替的历史趋势。

第一节　资本主义再生产和资本积累

一、资本主义简单再生产

社会不能停止消费，因而也不能停止生产，社会生产总是连续不断地进行。这种不断重复和经常更新的生产过程就是**社会再生产过程**。社会再生产过程一方面是物质资料的再生产，另一方面也是生产关系的再生产，它是这两个方面的统一。

社会再生产按其规模可以分为简单再生产和扩大再生产。**简单再生产**就是在原有规模上进行的再生产；**扩大再生产**是大于原有规模的再生产。资本主义再生产的特征是扩大再生产。但是，由于简单再生产是扩大再生产的基础和出发点，因此，对资本主义再生产的分析，要从简单再生产开始。

资本主义的简单再生产就是工人在生产过程中所创造的剩余价值被资本家全部用于个人消费，生产只是在原有的规模上重复进行。例如，假定以一年作为一个生产周期，

年初资本家投入生产的资本是5 000，其中不变资本为4 000，可变资本为1 000，再假定剩余价值率是100%，则全年生产出来的产品价值为4 000c+1 000v+1 000m=6 000，其中1 000m全部被资本家用于个人消费。这样，下一年投入生产的资本数量就同上年一样，仍为5 000，这就是资本主义的简单再生产。

资本主义简单再生产虽然只是生产过程按同一规模的重复，但是从资本主义生产过程的这种重复或连续性来考察，可以消除它作为孤立的一次生产过程所具有的假象，揭示出资本主义生产过程的一些新的特征：

（1）从资本主义简单再生产过程可以看出，可变资本是由工人创造的。资本家为了进行生产，必须购买劳动力，工人在为资本家劳动一定时间以后得到工资。从孤立的一次生产过程来看，工人得到工资时，他们生产的产品可能还没有卖掉。这就造成一种假象，好像工资是资本家以自己的可变资本垫付给工人的。资产阶级经济学家从这一假象出发，大肆宣扬资本家出钱养活了工人。但是，从连续进行的再生产过程来看，工人这一时期得到的工资，正是他前一个时期劳动创造的价值的一部分，资本家将工人前一时期生产的产品出卖后，用所得货币的一部分来支付工人这一时期的工资。可见，资本家的可变资本，是由工人的劳动创造出来的。所以，不是资本家养活了工人，而是工人养活了自己。

（2）从资本主义简单再生产过程还可以看出，不仅可变资本而且全部资本都是工人创造的。资本家最初的资本无论是从哪里来的，经过若干再生产周期，原有的资本都会被他消费掉。资本家的资本之所以还存在，是由于这个资本是由无偿占有工人所创造的剩余价值而积累起来的。例如，资本家有1万元资本，每年生产剩余价值2 000元。在简单再生产条件下，剩余价值全部被资本家消费掉，经过5年，他所消费的价值总额就和原有资本的数额相等。而他经过这5年后仍然持有的1万元资本显然全部是由剩余价值转化而来的。资本家可能会为自己辩护：他消费的只是剩余价值，资本依旧是原有的资本。但这种辩解是徒劳的，因为他手中资本的数量之所以没有变化，只是由于占有了同样数量的剩余价值，否则他的资本就一无所存了。由此可见，正是工人养活了资本家，而不是资本家养活了工人。这就表明，无产阶级取得政权后，把资本家的财产变为社会公有的财产是完全合理的。

（3）从资本主义简单再生产过程还可以看出，工人的个人消费是从属于资产阶级的，是资本主义再生产的一个条件，为资本家再生产出可供剥削的劳动力。如果孤立地考察一次生产过程，工人的个人消费是在生产过程以外进行的，这纯粹是工人自己的事，与资本主义生产过程无关。但是，从再生产过程来考察，工人在这次生产过程中的劳动力消耗必须得到补偿，才能为资本家提供下一次生产过程所需要的劳动力。在资本主义制度下，工人的个人消费只能是再生产出自己的劳动力，除此之外，他仍然是一无所有，必须继续出卖劳动力。所以，即使在生产过程以外，工人也是资本的附属物，他可以选择受雇于这个或那个资本家，但不能摆脱整个资本家阶级的剥削。可见，无论在生产过程以内还是以外，工人的个人消费都是资本主义再生产的一个条件。工人在经济上的这种隶属地位，正如马克思所指出的："罗马的奴隶是由锁链，雇佣工人则由看不见的线系在自己的所有者手里。"① 因此，无产阶级的解放必须推翻整个资本主义雇佣劳动制度。

① 马克思，恩格斯. 马克思恩格斯全集：第23卷. 北京：人民出版社，1972：629.

以上所揭示出的资本主义生产过程的新特征表明，资本主义的再生产同时是资本主义生产关系的再生产。我们知道，生产资料和劳动者的分离是资本主义生产的基础。资本主义的再生产就是不断地再生产着这种分离：一方面，不断再生产出资本家，他们作为生产资料的占有者，继续保持其资本家的地位，掌握进行剥削的条件；另一方面，不断地再生产出一无所有的雇佣劳动者，继续向资本家出卖供其剥削的劳动力。总之，这也就意味着资本主义的生产关系被不断再生产出来。

二、资本积累和资本主义扩大再生产

如果资本家不把工人所创造的全部剩余价值用于个人消费，而是把其中的一部分合并到原有的资本中，用来购买生产资料和劳动力，使生产在扩大的规模上进行，那么这就是**资本主义的扩大再生产**。把剩余价值转化为资本或剩余价值的资本化，就是**资本积累**。例如，假定资本家原有资本为5 000，其中不变资本为4 000，可变资本为1 000，剩余价值率为100%，则第一年的生产结果为4 000c+1 000v+1 000m=6 000。再假定资本家将1 000m中的一半即500m用于自己的个人消费，将另一半500m转化为资本，按原来不变资本和可变资本4∶1的比例，合并到原有资本中去。这样，第二年的资本总额增大为5 500，其中不变资本为4 400，可变资本为1 100。由于资本增大，购买的生产资料和劳动力增加，生产就在扩大的规模上进行。如果剩余价值率不变，仍为100%，则第二年的生产结果就扩大为4 400c+1 100v+1 100m=6 600。从以上说明中可以看出，剩余价值是资本积累的源泉，资本积累是资本主义扩大再生产的重要源泉。

通过资本主义扩大再生产可以揭示出资本主义生产过程的另一些新的特点：

(1) 在简单再生产条件下，原有的资本要经过若干生产周期才由剩余价值转化而来，而在扩大再生产条件下，新追加的资本一开始就是由工人创造的剩余价值形成的。

(2) 劳动力买卖的真实内容是，资本家用无偿占有的剩余价值去占有工人更大量的活劳动所创造的更多的剩余价值。一方面，资本家用来购买劳动力的资本，是由他无偿占有的剩余价值转化而来的。劳动力的买卖从形式上看是等价交换，表面上看起来，交换的双方是平等的商品所有者，交换是按照等价原则进行的，实际上资本家自己什么也没有拿出来。另一方面，出卖劳动力的工人在生产过程中创造的价值，不仅要补偿自身劳动力的价值，还要向资本家无偿提供剩余价值。

(3) 资本积累不仅是资本家剥削工人的结果，反过来又成为资本家扩大剥削的手段。剥削越多，积累就越多；积累越多，剥削也就越多。

以上揭示出的资本主义生产过程的新特点表明，通过资本积累实现的资本主义扩大再生产，同时也是资本主义生产关系的扩大再生产：一方面，再生产出更大、更多的资本家；另一方面，再生产出更多的雇佣工人。

三、资本积累的实质和必然性

资本积累的实质是，资本家不断利用无偿占有的剩余价值，扩大资本的规模，扩大对工人的剥削，以继续榨取更多的剩余价值。

资本积累具有客观必然性。首先，这是由剩余价值规律决定的。资本家作为人格化的资本，对剩余价值的贪求是无限的。为了榨取更多的剩余价值，资本家除了提高对工人的剥削程度以外，还必须增加资本的数量，以扩大剥削的规模。所以，对剩余价值的追求是资本家进行资本积累的内在动力。其次，这是由竞争规律决定的。在竞争中，大企业在生产、销售和信贷方面比小企业具有优越的条件。资本家只有不断进行资本积累，才能扩大生产规模，改进生产技术，从而提高自己的竞争能力，免遭破产的命运。所以，资本主义竞争是资本家进行资本积累的外在压力。

四、影响资本积累的因素

既然资本积累的源泉来自剩余价值，那么在剩余价值分为积累基金和资本家个人消费基金的比例不变的情况下，积累的规模归根到底要受剩余价值数量的制约。因此，一切决定剩余价值量的因素也影响资本积累的规模。影响资本积累的具体因素有以下四个。

（1）对工人的剥削程度。一般来说，对工人的剥削程度越高，剩余价值量也就越大，从而积累的资本就能越多。

（2）社会劳动生产率的水平。随着社会劳动生产率的提高，商品价值会下降。首先，这会使劳动力价值下降，剩余价值率提高；其次，同样数量的资本可以购买更多的生产资料和劳动力，使资本家能扩大对工人的剥削；最后，由于商品价值下降，资本家自身在实物上保持原有的消费甚至增加消费时，只需在剩余价值中将较少的部分用于自己的消费，从而相应增大积累的数量。此外，在原有资本进行更新时，由效率更高的生产资料代替旧有的生产资料，也会产生超额剩余价值或相对剩余价值。

（3）所用资本和所费资本差额的大小。**所用资本**是指投入生产的全部资本，**所费资本**是指每一次生产过程中，实际耗费的资本。投入生产的资本并不是在一次生产过程中全部消耗掉。例如，机器等劳动资料全部用于生产过程，但它们是被逐渐地磨损耗费的，因而其价值是一部分一部分地转移到产品中去的，这样，所用资本和所费资本之间就存在差额。这个差额的大小取决于劳动资料的质量和数量。在所用资本一定的条件下，劳动资料的质量越好，越经久耐用，每一次生产过程中，所费资本就越少，从而所用资本和所费资本的差额就越大；劳动资料的数量越多，上述差额的总额就越大。所用资本和所费资本的差额越大，越能够提高机器设备的使用效率，使之在越多次生产过程中发挥作用，从而有利于扩大资本积累的规模。不仅如此，而且在生产过程中，随着劳动资料的逐渐消耗，消耗的那部分劳动资料的价值（即所费资本）转移到新产品中去，并随着产品的销售而收回。但由于原有的劳动资料并未全部损耗，仍可在生产中继续使用，资本家便可将已收回的那部分劳动资料的价值，作为折旧基金提取出来，以备日后用于更新劳动资料，不过在劳动资料更新之前，资本家可以把这部分折旧基金暂时作为积累基金使用。因此，企业使用的机器设备越多，所用资本和所费资本的差额就越大，暂时闲置的折旧基金就越多，从而越有利于资本积累。

（4）预付资本的多少。在剥削程度已定的条件下，剩余价值量取决于被剥削的工人人数。如果预付资本中的不变资本和可变资本的比例不变，则预付资本总量越大，被剥削的工人就越多，剩余价值量也就越大。

资产阶级经济学家为了掩盖资本积累的本质，宣称资本积累是资本家为了“社会进步”而实行节欲的结果。这种论调根本不符合事实。首先，资本家之所以要进行资本积累，是由资本主义的剩余价值规律客观决定的，并不是出于他为社会谋利益的主观善良愿望。其次，资本积累的实体是剩余价值，没有工人创造的剩余价值，资本家无论怎样节欲都“生”不出一个资本的原子来，并且积累规模是由剩余价值量的大小决定的。最后，资本积累和资本家的挥霍浪费实际上是一同增加的。资本主义发展的历史证明，随着资本的增长，资本家的挥霍浪费也是增长的，因为这种挥霍是炫耀财富从而是取得“信誉”的手段，以至成为资本家在经营上的一种必要。总之，用资本家的“节欲”来歪曲资本积累的来源和本质，是替资本家的剥削行为进行辩护的虚伪论调。

第二节　资本有机构成和相对人口过剩

一、资本的有机构成及其提高趋势

为了考察资本积累对无产阶级命运的影响，首先要分析资本的构成及其在积累过程中的变化。资本积累不仅是资本在量上增大，而且在资本积累过程中，资本在构成上也会发生变化。这种变化是影响无产阶级状况的十分重要的因素。

资本的构成有两个方面。从物质形态上看，资本是由一定数量的生产资料和劳动力构成的，两者之间存在一定的比例。一般来说，这种比例是由生产的技术水平决定的，即技术水平越高，每个工人运用的生产资料就越多；反之，则越少。这种反映生产技术水平的生产资料和劳动力的比例，叫做**资本的技术构成**。从价值形态上看，资本是由一定数量的不变资本和可变资本构成的，它们之间的比例叫做**资本的价值构成**。资本的技术构成和价值构成之间有密切联系，一般来说，资本的技术构成决定资本的价值构成，技术构成的变化会引起价值构成的变化。为了表达这种联系，马克思把这种“由资本技术构成决定并且反映技术构成变化的资本价值构成，叫做**资本的有机构成**”①，用c∶v来表示。

在资本积累过程中，资本有机构成的总趋势是不断提高的。资本家为了榨取更多的剩余价值和在竞争中取得优势，就要不断地提高劳动生产率，而劳动生产率的提高反映在资本的技术构成上，表现为每个工人所使用的生产资料增加了。其中，劳动资料的增加是提高劳动生产率的条件；同一时间内加工的原材料的增加是劳动生产率提高的结果。不论是条件还是结果，劳动生产率的提高总是表现为生产资料比使用它的劳动力相对增加了，也就是资本的技术构成提高了。资本技术构成的这种变化，反映在资本的价值构成上就是全部资本价值中不变资本所占比重增大、可变资本所占比重减小。因此，随着

---

① 马克思，恩格斯. 马克思恩格斯全集：第23卷. 北京：人民出版社，1972：672.

资本积累的增长，资本有机构成必然存在不断提高的趋势。

资本有机构成的提高，一般要以个别资本（或单个资本）的增大为前提。个别资本的增大有两种形式：资本积聚和资本集中。

资本积聚是指单个资本因积累而增大，它是资本积累的直接结果。资本积聚有两个特征：（1）社会生产资料在个别资本家手中的积聚，要受到全社会财富增加的限制；（2）由于社会资本分散在单个资本家手里，因而资本家的人数越多，同量社会资本分散在每个资本家手中的数量就越少，则每个资本家资本积累的增长就越小，从而资本积聚的规模也就越小。这两个特征使个别资本的增大受到限制。突破这种限制的形式是资本集中。

资本集中就是若干较小的资本合并成较大的资本。它可以通过大资本吞并小资本来实现，或者通过由原来分散的资本联合起来组成新的更大的资本来实现。资本集中和资本积聚不同：（1）它不是单个资本依靠自身的积累而增大，而是现有多个资本组合的结果；（2）它不受社会财富增长的限制。因此，资本集中可以使个别资本在短时期内迅速扩大。

资本集中有两个有力的杠杆。其一是竞争。在这方面，大资本具有许多有利条件，它能在竞争中迅速击败、吞并小资本而扩大自己。其二是信用。资本主义信用制度的发展使其能够吸收大量的社会资金，大资本可以通过贷款来加强自己的竞争力量，以加速大资本吞并小资本的过程。同时，信用也促使分散的中小资本联合起来，组成大规模的股份公司。（关于资本主义信用和股份公司问题请参阅本书第七章第三节。）

个别资本通过资本积聚和集中而迅速增大，为采用先进的机器设备和提高劳动生产率提供了有利条件，从而促使资本有机构成不断提高。

二、相对人口过剩

在资本积累过程中，资本有机构成的变化对无产阶级的命运有着重要的影响。我们先来考察在资本有机构成不变的条件下，资本积累对无产阶级状况的影响。如果资本有机构成不变，当社会总资本增加时，其中的可变资本会按同一比率增加，从而对劳动力的需求会随着资本的增长而增加，这就给工人就业和提高工资提供了较为有利的条件，工人的生活条件就会得到某些改善。在资本主义发展的初期曾经出现过这种情况。

但是，随着资本主义的发展，在资本积累过程中，技术的发展和进步促使资本的有机构成也在不断提高。在这种条件下，资本积累对无产阶级命运最重要的影响就是造成相对过剩人口。随着资本有机构成的提高，可变资本在总资本中的比重就会下降。这一下降趋势由于下面一些因素而加速：在资本积累过程中，不仅追加资本的有机构成在提高，而且原有资本在更新时，有机构成也会提高。此外，与资本积累并进的还有资本集中，由资本集中形成的大资本比原来分散的小资本的资本有机构成也要高。因此，随着资本积累的进行，社会总资本中可变资本必然相对减少。

资本对劳动力的需求是由可变资本的多少决定的，而不是由总资本的多少决定的。社会资本总额的增长虽然也包含可变资本绝对量的增加，从而对劳动力的需求也会绝对增加，但由于资本有机构成的提高，可变资本的增长落后于总资本的增长，从而对劳动力的需求会相对减少。所以，资本对劳动力的需求同社会总资本量的增长相比必然相对减少，见表5-1。

表5-1 资本有机构成变化与资本对劳动力的需求的关系

资本总额（元）	资本有机构成 c∶v	不变资本量（元）	可变资本量（元）	需要工人数（每人工资50元）
10 000	1∶1	5 000	5 000	100
50 000	4∶1	40 000	10 000	200

表5-1中所列的情况表明，资本总额增加了4倍，但由于资本有机构成的提高，可变资本只增长了1倍，对劳动力的需求也只增长了1倍，并非增长了4倍。

不仅如此，在有些部门和企业，由于采用大幅度提高生产效率的机器设备，资本有机构成的提高非常迅速，对劳动力的需求甚至会绝对减少，把原有工人的一部分从生产领域中排挤出去。

而劳动力的供给却在增加，这是因为：（1）工人的工资往往被压低到劳动力价值以下，为了维持生活，工人家庭中的妇女甚至儿童也被迫出卖劳动力。（2）破产的农民和手工业者以及破产的中小资本家不断涌进劳动力市场。（3）人口的增长也会增加劳动力的供给。

因此，在资本积累过程中，必然出现两种对立的趋势：一方面，资本对劳动力的需求相对地减少，有时甚至绝对地减少；另一方面，劳动力的供给却迅速增加。结果，必然形成大量失业人口，即**相对过剩人口**。

这种过剩人口是相对的，即对资本价值增殖的需要来说，他们成了"多余"的。在资本主义制度下，劳动者作为雇佣工人，只是生产剩余价值的工具。工人被吸收进或被排除出生产过程，完全取决于资本价值增殖的需要。就资本积累所造成的失业人口而言，并不是由于社会生产的发展绝对不需要这些劳动力，而是由于他们不能为资本家创造更多的剩余价值。相对过剩人口的根源，不是人口的增长超过了社会生产所能提供的生产资料和消费资料，而是资本主义生产方式。资本主义国家人口的增长速度在不同时期有增有减。第二次世界大战以后，某些资本主义国家人口增长率很低，有的接近于零，有的国家人口甚至在减少。在此期间，消费资料的生产都有较多的增长。但是，失业人口不仅普遍存在，而且有时显著增加。可见人口相对过剩完全是资本主义制度的产物，是**资本主义的人口规律**。"工人人口本身在生产出资本积累的同时，也以日益扩大的规模生产出使他们自身成为相对过剩人口的手段。这就是资本主义生产方式所特有的人口规律"①。

相对过剩人口是资本积累的产物，反过来又成为资本积累的杠杆，以至成为资本主义生产方式存在和发展的条件。这是因为：（1）资本主义生产的发展是周期性的，从高涨到危机，再从危机到高涨。在危机期间，生产缩减，大批工厂倒闭，大量工人被抛进失业大军。而当生产走向高涨时，生产急剧扩大，需要吸收大量工人，人口自然增

① 马克思，恩格斯．马克思恩格斯全集：第23卷．北京：人民出版社，1972：692.

长不能满足这种需要，失业人口的存在则可以及时提供所需要的劳动力。因此，相对过剩人口形成资本主义生产方式的**产业后备军**。(2) 大量失业人口的存在，使劳动力商品供过于求，资本家可借此压低在业工人的工资，提高劳动强度，从而加重对在业工人的剥削。

相对过剩人口的形式有以下几种。

第一种是**流动的过剩人口**。这是指在城市中时而被解雇、时而被雇佣的那种过剩人口。由于资本主义生产的无政府状态，在竞争中经常有一些企业减产、倒闭，并且新技术的采用也会减少对劳动力的需求，这样就会使一部分工人失业。当一些部门受到利润的刺激而扩大生产时，他们又不同程度地被雇佣。

第二种是**潜在的过剩人口**。这是指农村的失业人口。这部分过剩人口之所以是潜在的，是因为他们往往还保留着一小块土地，在形式上没有失业，但靠那一小块土地难以维持生活，时刻等待补充城市工人或农业工人的队伍。

第三种是**停滞的过剩人口**。这是指那些职业极不固定、从事家内劳动和打短工的劳动者。这些人工作不稳定，经常处于失业和半失业状态，工作时间最长，劳动条件最恶劣，工资水平最低。此外，处在相对过剩人口最底层的，还有那些失去工作再也不能就业的人们，如丧失劳动能力的以及各种被迫流浪和堕落的人，等等。

第二次世界大战以后，在发达的资本主义国家还经常存在**结构性失业**，即由于新的科学技术在生产中的应用，一些工人不能适应工作要求而被抛到失业队伍中。

上述相对过剩人口的几种形式，并不是在所有国家、在任何时期都同样地普遍存在。由于各国的具体情况不同或历史时期不同，相对过剩人口的形式也不完全相同。有的国家农业已经现代化，农业人口向工业转移已基本实现，就不存在潜在的过剩人口。

大量失业人口的存在，使无产阶级的生活状况恶化，这是资本主义社会阶级矛盾尖锐化的一个重要原因。为了削弱工人的反抗，资本主义国家的政府经常宣布要“实现充分就业”。实际上，失业人口是资本所需劳动力的产业后备军，也是加强对在业工人剥削的一个条件，资本主义国家的政府不会也不可能真正地消除失业。各个主要资本主义国家都普遍存在着严重的失业问题，见表 5-2。

表 5-2 主要资本主义国家的失业率（%）

国家 \ 年份	2000	2005	2010	2015	2016	2017	2018	2019	2020	2021
美国	4.0	5.0	9.8	5.2	4.7	4.1	3.9	3.7	6.7	5.4
英国	5.5	4.6	7.9	5.3	2.3	2.3	3.9	3.8	5.1	4.5
法国	10.0	8.8	9.2	10.3	10.0	9.7	8.8	8.1	8.0	7.9
德国	7.9	11.1	9.4	4.5	6.1	5.7	5.2	3.2	5.2	3.6
意大利	10.5	7.7	8.5	11.9	11.9	10.9	10.7	10.0	9.0	9.5
加拿大	6.8	6.7	7.6	7.1	6.9	5.9	6.0	5.7	8.8	7.5
日本	4.7	4.4	5.1	3.4	3.1	2.7	2.4	2.2	2.8	2.8

第三节　资本主义积累的一般规律和历史趋势

一、资本主义积累的一般规律

随着资本积累的进行，出现了两方面的社会后果，一方面，资本在量上不断增大。通过资本的积聚和集中，社会财富越来越集中到少数资本家手里；同时，社会资本有机构成越高，越要求扩大个别资本的规模，这就更加剧了社会财富的集中。另一方面，随着资本积累的进行，无产阶级的队伍也在增长，产业后备军日益扩大，无产阶级遭受的劳动折磨及其贫困状况愈加严重。

资本主义积累的一般规律的内容概括地说就是，随着资本积累的不断进行，必然产生两个对立的方面：财富在资产阶级一方积累，贫困在无产阶级一方积累，形成严重的贫富两极分化。正如马克思所指出的："社会的财富即执行职能的资本越大，它的增长的规模和能力越大，从而无产阶级的绝对数量和他们的劳动生产力越大，产业后备军也就越大。可供支配的劳动力同资本的膨胀力一样，是由同一些原因发展起来的。因此，产业后备军的相对量和财富的力量一同增长。但是同现役劳动军相比，这种后备军越大，常备的过剩人口也就越多，他们的贫困同他们所受的劳动折磨成反比。最后，工人阶级中贫苦阶层和产业后备军越大，官方认为需要救济的贫民也就越多。**这就是资本主义积累的绝对的、一般的规律**。"①

资本主义积累的一般规律深刻地揭示了资本主义生产关系的对抗性。在资本主义制度下，无产阶级创造的社会财富虽然越来越多，但他们自己却始终处于被剥削和贫困的境地。

在当代发达资本主义国家中，科技进步所引起的生产的发展、资本主义经济关系的局部调整以及工人阶级所进行的长期斗争，导致工人的劳动条件有所改善，生活水平有所提高，但雇佣劳动与资本的对立矛盾和贫富两极分化的资本主义剥削关系的本质并未改变。

二、资本主义积累的历史趋势

马克思关于资本积累的学说，不仅揭露了无产阶级贫困的原因，而且阐明了资本主义积累的历史趋势，即资本主义制度必然灭亡的历史命运。

资本主义生产是在简单商品生产的基础上发展起来的。简单商品生产以劳动者个人占有生产资料和个体劳动为特征。社会生产力的进一步发展，要求突破这种小生产的局限性，实行大规模的分工协作。只有这样，才能用机器生产代替手工劳动，才能使生产资料由于集中使用而发挥更大作用，才能把科学技术广泛运用于生产过程，才能更有效

① 马克思，恩格斯. 马克思恩格斯全集：第23卷. 北京：人民出版社，1972：707.

地利用巨大的自然力。在以私有制为基础的商品生产的条件下，只有资本主义生产方式才能实现大规模的生产。而资本主义生产方式的建立必须具备两个条件，一方面，要把生产资料和生活资料集中到资本家手中；另一方面，要有大批失去生产资料的劳动者成为雇佣工人。在封建社会末期的历史条件下，小商品生产者的分化为资本主义生产方式的建立准备了条件。在这个基础上，新兴的资产阶级通过剥夺小生产者的生产资料即资本原始积累，建立了资本主义生产方式。

资本主义生产方式建立以后，由于经济条件的变化，剥夺采取了新的形式。现在已不仅仅是资本家剥夺以自己劳动为基础的小私有者，而且是资本家之间互相剥夺。这种剥夺是通过资本集中进行的。在资本积累过程中，资本家之间进行着激烈的竞争，大资本打倒小资本，吞并或控制小资本，使资本越来越集中到少数大资本家手里。

随着资本集中的发展，形成了社会化的大生产，而且**生产社会化**程度越来越高，这表现在：（1）生产规模不断扩大，生产资料日益转化为由许多人共同使用的社会化生产资料，生产过程变成许多人共同进行的社会化生产过程，劳动产品也成为许多人共同劳动的社会化生产成果。（2）社会分工和协作关系日益发展。生产越来越成为专业化的生产，社会生产的各部门和各企业之间的相互依赖、相互联系的社会化分工协作关系日益增强。（3）形成了社会化的国内市场和世界市场。生产规模的扩大和社会分工的发展，使整个社会经济联系更加密切，社会生产日益成为为广大国内外市场而进行的生产。

生产社会化的发展，客观上必然要求劳动者共同使用的已经社会化的生产资料由整个社会占有，以便对社会化生产按照社会需要由社会实行有效的宏观调控和计划管理，并按照社会的需要配置社会资源和分配劳动产品。这样，生产关系才能适应生产力的社会性质。但是，资本家凭借对生产资料的私人垄断，却把社会化的生产力变为资本家高效生产剩余价值的资本的生产力，把劳动者共同使用的社会化生产资料变成资本家谋取私人利益的手段，把已经社会化的生产过程由私人资本家按照追求剩余价值的一己私利进行控制和管理，把劳动者共同创造的已经社会化的劳动成果的大部分攫为己有，变成他们的私人财产。因此，就产生了**资本主义的基本矛盾**，即生产社会化和生产资料资本主义私人占有之间的矛盾。这是生产力与生产关系之间的矛盾在资本主义社会中的具体体现。随着生产社会化程度的不断提高和资本积累过程中生产资料越来越集中到少数私人资本家手中，资本主义的基本矛盾日益加剧。这个矛盾的日益尖锐化，表明资本主义私有制已成为生产力进一步发展的严重障碍，从而用和生产社会化性质相适应的生产资料社会主义公有制代替资本主义私有制就成为历史发展的必然趋势。

资本积累所造成的社会化生产的发展，为向社会主义过渡准备了充分的物质条件，而且资本积累还为资本主义制度准备了掘墓人，为向社会主义过渡准备了社会条件，即无产阶级。“资产阶级不仅锻造了置自身于死地的武器；它还产生了将要运用这种武器的人——现代的工人，即**无产者**。”① 无产阶级没有任何生产资料，是社会化大生产中的劳

① 马克思，恩格斯．马克思恩格斯选集：第1卷．3版．北京：人民出版社，2012：406.

动者，因而最富有革命的彻底性、组织性和纪律性。在资本积累过程中，无产阶级队伍不断发展壮大，在反对资产阶级的剥削和压迫的斗争中，阶级团结不断加强，阶级觉悟不断提高，成为以社会主义制度代替资本主义制度的强大社会力量。

资本积累过程表明，资本主义的发展必然导致资本主义基本矛盾的尖锐化，从而为它自身的灭亡准备基本条件。尽管在资本主义经济制度发展过程中，资产阶级通过对生产关系的局部调整和采取某些措施，可以暂时缓和这一矛盾，但不可能从根本上解决这一矛盾。马克思通过对资本积累的分析，得出这样的结论："资本的垄断成了与这种垄断一起并在这种垄断之下繁盛起来的生产方式的桎梏。生产资料的集中和劳动的社会化，达到了同它们的资本主义外壳不能相容的地步。这个外壳就要炸毁了。"① 资本主义积累的历史趋势，就是以社会主义公有制为基础的社会主义制度，必然取代以资本主义私有制为基础的资本主义制度。当然，这一历史趋势的实现，要经过一个长期和曲折的历史过程。

本章重要名词概念

社会再生产过程	简单再生产	扩大再生产
资本主义的简单再生产	资本主义的扩大再生产	资本积累
资本的有机构成	资本积聚	资本集中
相对过剩人口	资本主义的人口规律	流动的过剩人口
潜在的过剩人口	停滞的过剩人口	结构性失业
资本主义积累的一般规律	生产社会化	资本主义的基本矛盾

思考题

1. 资本主义简单再生产所揭示出来的资本主义生产过程的特征为什么表明了资本主义生产关系的再生产？
2. 资本主义扩大再生产怎样揭示出资本主义生产关系的扩大再生产？
3. 资本积累的实质和必然性是什么？
4. 影响资本积累的因素有哪些？
5. 资本的技术构成、资本的价值构成、资本的有机构成的相互关系是怎样的？
6. 单个资本增大的形式有哪些？
7. 相对过剩人口是怎样形成的？
8. 相对过剩人口为什么是资本主义生产方式存在和发展的条件？
9. 相对过剩人口有哪些形式？
10. 什么是资本主义积累的一般规律？

---

① 马克思，恩格斯. 马克思恩格斯全集：第 23 卷. 北京：人民出版社，1972：831.

11. 资本主义的基本矛盾是怎样形成的?

12. 资本主义积累的历史趋势是什么?

本章练习

第六章

资本的循环和周转及社会资本再生产

本章重点

1. 产业资本循环的三个阶段、三种职能形式、三种循环形式
2. 实现产业资本循环的两个条件
3. 影响资本周转速度的因素
4. 资本周转速度对剩余价值生产的影响
5. 社会资本简单再生产的实现过程和实现条件
6. 社会资本扩大再生产的前提条件、实现过程和实现条件
7. 资本主义经济危机的实质和根源，第二次世界大战后经济危机和再生产周期的特点

资本是带来剩余价值的价值，资本的这种本质只有在资本的不断运动中才能实现。资本的运动过程包括单个资本的运动和社会资本的运动。单个资本的运动表现为单个资本的循环和周转；社会资本的运动表现为社会资本的再生产。考察单个资本的循环，重点是分析资本运动过程所经历的各个阶段及采取的各种职能形式，揭示资本只有在连续的循环运动中才能不断生产出剩余价值。考察单个资本的周转，重点是分析资本运动的速度，揭示资本周转的速度对生产的剩余价值数量的影响。考察社会资本再生产，重点是分析整个社会资本运动的实现条件，揭示社会资本再生产顺利实现所应保持的实现条件，即所应保持的基本比例关系，以及这种实现条件和比例关系遭到破坏时爆发的经济危机。

第一节　资本的循环

一、产业资本循环的三个阶段和三种职能形式

考察资本如何在不断的运动中实现价值的增殖，应以产业资本作为研究的对象，因为只有产业资本才能发生价值增殖。**产业资本**是指按资本主义方式经营的一切生产部门的资本，包括工业、农业、建筑业等各个物质生产部门的资本。

产业资本在它的循环运动过程中，依次经过三个阶段，与这三个阶段相联系，依次采取三种职能形式。

产业资本循环运动的第一阶段为购买阶段。每个产业资本家进行生产，首先都要用他的货币到市场上购买生产资料和劳动力，为剩余价值生产准备条件。货币在这个阶段从形式上看执行着一般商品流通的购买手段和支付手段的职能，但这里的货币同时又具有资本的职能。这是因为，产业资本家用货币购买的不是一般的商品，而是购买了能够为资本家创造剩余价值的劳动力和能够使资本家榨取剩余价值的物质条件即生产资料。所以，货币在这个阶段已不是一般的货币，而是以货币形态存在的资本即**货币资本**，货币资本在这里所实现的购买行为，是为资本主义剥削准备条件。

产业资本循环运动的第一阶段，可以用公式表示如下：

$$G—W<\begin{matrix}A\\P_m\end{matrix}$$

公式中G代表货币；W代表商品；A代表劳动力；P_m代表生产资料。

在产业资本循环运动的第一阶段，资本在数量上虽然没有发生变化，却发生了形态的变化，即由货币资本转变成劳动力和生产资料，也就是转变成能够为资本家生产剩余价值的生产资本。**生产资本**就是以生产资料和劳动力形态存在的资本。所以，由货币资本转化为生产资本，是产业资本循环运动的第一阶段。

产业资本循环运动的第二阶段为生产阶段。产业资本家购买到劳动力和生产资料以后，便进入资本主义生产过程。在生产过程中，劳动力和生产资料相互结合，生产出一定数量的新商品，从而产业资本的形态又发生了变化，即由生产资本形态转变成一定数量的商品。该商品与资本家在前一阶段所购买的商品相比，有两个显著的区别：从物质形态来看，原来购买的劳动力和生产资料，通过生产过程转化成具有另一种使用价值的商品；从价值量来看，该商品的价值量大于资本家最初购买商品所支付的货币资本的价值量，因为它包含工人创造出的剩余价值。正因为该新的商品是已经发生了价值增殖的商品，因而形成以商品形式存在的资本即**商品资本**。产业资本循环运动的第二阶段就是由生产资本转化为商品资本的阶段。

产业资本循环运动的第二阶段，可以用公式表示如下：

$$W<\begin{matrix}A\\P_m\end{matrix}\cdots P\cdots W'$$

公式中虚线表示流通过程的中断；P表示生产过程；W′表示包含剩余价值的商品资本。

产业资本循环运动的第二阶段是生产剩余价值的阶段，因而它是产业资本循环运动的全部过程中具有决定意义的阶段，只有在这个阶段，才生产出剩余价值，发生了价值增殖。在这个阶段，生产资料和劳动力既发挥着一般生产要素的作用，又发挥着资本的作用。由生产资本转化为商品资本，资本不仅在形态上发生了变化，而且由于发生了价值的增殖，资本在数量上也发生了增殖的变化。

产业资本循环运动的第三阶段为售卖阶段。在这个阶段，产业资本家重新回到市场上，以售卖者的身份把生产出来的已经包含剩余价值的商品销售出去，换回一定数量的货币。但是，该货币数量大于资本家最初预付的货币数量，由于它包含剩余价值，因而是已经发生了价值增殖的货币资本。

产业资本循环运动的第三阶段，可以用公式表示如下：

$$W'—G'$$

公式中 G' 表示已经增殖的货币资本。

经过售卖阶段，产业资本家既收回了预付的货币资本，同时又使包含在商品中的剩余价值得到实现。$W'—G'$ 过程，看起来似乎和一般商品流通过程没有什么区别，然而，正因为在这个过程中，资本不仅发生了由商品形态向货币形态的转变，更重要的是产业资本家获得了包含着剩余价值的货币资本，从而使剩余价值得到了实现，因此，产业资本循环运动的第三阶段是由商品资本转化为货币资本的阶段。

在产业资本的循环过程中，产业资本所采取的货币资本、生产资本、商品资本三种资本形式，是产业资本在循环过程中所采取的三种职能形式，三者分别起着不同的作用，执行着不同的职能。货币资本的职能是购买劳动力和生产资料，为剩余价值的生产准备好条件。生产资本的职能是使劳动力与生产资料以资本主义的方式相结合，生产出包含剩余价值的商品。商品资本的职能是经过商品的销售，既收回资本家预付的货币资本价值，又实现生产过程中创造出来的剩余价值。

产业资本依次经过三个阶段，采取三种职能形式，使价值得到增殖，最后又回到原来出发点的全部运动过程，就是**资本的循环**。资本的循环用公式表示为：

$$G—W<\begin{matrix}A\\P_m\end{matrix}\cdots P\cdots W'—G'$$

产业资本循环运动的第一阶段和第三阶段是资本的流通过程，第二阶段是资本的生产过程。马克思说：“资本的循环过程是流通和生产的统一”①。在资本循环的全部过程中，生产过程起着决定性作用，因为价值和剩余价值是通过生产过程创造出来的，流通过程并不引起价值的增殖。但是，资本的循环运动也不能离开流通过程，否则，产业资本家既无法购买到劳动力和生产资料，也无法通过销售商品而收回预付资本和实现包含在商品中的剩余价值。

产业资本循环运动的三个阶段彼此是紧密衔接、互相联系的。资本循环只有不停顿地从一个阶段转入另一个阶段，才能正常进行。如果资本循环在第一阶段停顿下来，货币资本就成为贮藏货币，不能执行资本的职能。如果资本循环在第二阶段停顿下来，劳动力和生产资料就被搁置起来，不能相互结合起来进行生产，从而就不能创造出剩余价值。如果资本循环在第三阶段停顿下来，商品就销售不出去，资本家预付的货币资本就不能收回，剩余价值也不能得到实现。所以，产业资本只有不停顿地顺次经过循环的三个阶段，并依次采取三种职能形式，也就是只有不停顿地运动，才能实现价值的增殖。

二、产业资本的三种循环形式

产业资本家对剩余价值的追求是无止境的。为了实现资本的不断增殖，产业资本不

① 马克思，恩格斯. 马克思恩格斯全集：第 24 卷. 北京：人民出版社，1972：70.

能经过一次循环就停止自身的运动，而必须周而复始地进行循环。产业资本不断的循环运动可以用公式表示如下：

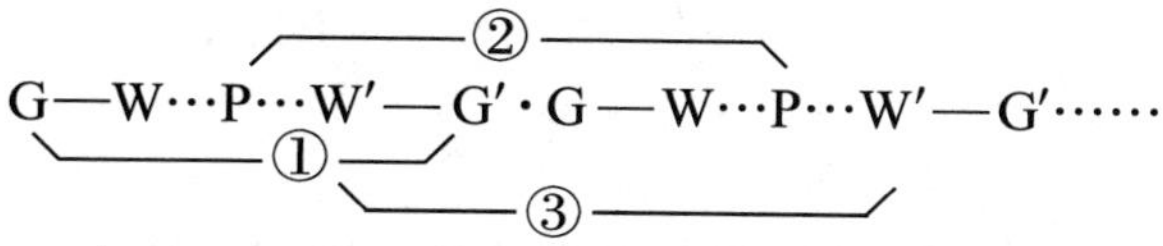

从产业资本的不断循环过程可以看出，产业资本的每一种职能形式，都不断地经过循环的三个阶段，进行着各自的循环运动。因此，产业资本的循环有三种形式：

（1）货币资本的循环：G—W…P…W′—G′。

（2）生产资本的循环：P…W′—G′·G—W…P。

（3）商品资本的循环：W′—G′·G—W…P…W′。

产业资本的三种循环形式具有共同的特点，即它们都以价值的增殖为目的。在现实的产业资本循环运动中，产业资本的三种循环形式并不是各自单独循环、孤立存在的。实际上，任何一个产业资本的循环，都同时处在所有三种循环之中。每一种循环形式都以其他的循环形式为前提，而且每一种循环形式的反复进行，也必然都包含其他的循环形式。所以，产业资本的循环是三种循环形式的有机统一。正如马克思所说："产业资本的连续进行的现实循环，不仅是流通过程和生产过程的统一，而且是它的所有三个循环的统一。"①

三、产业资本实现连续循环的条件

产业资本家为了不断地获取剩余价值，必须使他的资本不间断地进行循环运动。实现产业资本连续不断的循环，需具备两个条件：第一，产业资本家的全部资本不能同时存在于循环的某一个阶段和处于某一种职能资本形式，必须把全部资本按一定比例分为三个部分，分别处于货币资本、生产资本和商品资本形式，使三种职能资本形式在空间上并存（即并存性），只有这样，才不会发生生产过程和流通过程的中断。第二，产业资本家所掌握的三部分职能资本中，每一种职能资本形式都必须连续不断地进行循环，顺次通过三个阶段，依次改变它们的形式，经过循环回到原来的形式，使三种职能资本形式在时间上相继进行转化（即继起性）。一旦任何一部分资本在循环的任何一个阶段发生中断，产业资本的三种职能形式并存的状况就不能保持。

并存性和继起性是互为前提、互为条件的。没有并存性就没有继起性，并存性是继起性的前提；而没有继起性也就不可能有并存性，并存性又是继起性的结果。产业资本的三种职能形式只有并存并依次相继转化，产业资本的循环运动才不致中断。与此相适应，产业资本必然同时并列存在着货币资本循环、生产资本循环和商品资本循环三种循环形式，其中每一种循环形式都要连续不断地进行循环运动。

货币资本、生产资本和商品资本的并存性和继起性，是产业资本循环得以正常进行

① 马克思，恩格斯. 马克思恩格斯全集：第24卷. 北京：人民出版社，1972：119.

的必要条件。但是，在资本主义制度下，由于生产的无政府状态和经济危机的频繁爆发等原因，资本循环的必要条件经常遭到破坏，资本的循环运动并不能始终顺利地进行。

四、资本是一种运动

产业资本的运动表明，资本运动的目的就是获取剩余价值，同时，资本家也只有在资本的运动过程中，通过无偿占有工人的活劳动才能源源不断地获得剩余价值。所以，资本是一种不停顿的运动，资本一旦停止了运动，就不能发生价值增殖，剩余价值就无从产生，资本也就不成其为资本了。马克思指出："资本作为自行增殖的价值，不仅包含着阶级关系，包含着建立在劳动作为雇佣劳动而存在的基础上的一定的社会性质。它是一种运动，是一个经过各个不同阶段的循环过程，这个过程本身又包含循环过程的三种不同的形式。因此，它只能理解为运动，而不能理解为静止物。"①

从以上分析可见，资本家作为人格化的资本，为了保持他的资本家地位，就要通过资本的运动不断地获取剩余价值，他对雇佣工人的剥削是永不停止的。所以，资本循环的理论进一步阐明了资本的内涵，深刻地揭示了资本主义剥削和资本的本质。

第二节　资本的周转

一、资本的周转时间和周转次数

产业资本家为了生产越来越多的剩余价值，实现价值的不断增殖，不能只经过资本的一次循环就中止了资本的运动，而必须使资本的循环运动不间断地进行。这种周而复始不断进行的资本循环，就是**资本的周转**。前面考察资本循环的目的，是分析资本只有在连续不断的循环运动过程中，才能实现价值增殖；而这里考察资本周转的目的，则是分析资本周转速度的快慢对所生产的剩余价值数量的影响。

考察资本周转速度，要从资本周转时间和资本周转次数两个方面进行。

资本周转要经过生产领域和流通领域。产业资本由生产资本转化为商品资本，发生在生产领域；由货币资本转化为生产资本和由商品资本转化为货币资本，发生在流通领域。资本处在生产领域的时间形成资本的**生产时间**，资本处在流通领域的时间形成资本的**流通时间**。资本的生产时间和流通时间的总和构成资本的周转时间。

资本的周转时间就是产业资本家从垫付一定形式的资本开始，通过资本的循环运动带来剩余价值，然后重新回到原有的资本形式为止所经历的时间。

资本周转时间的长短和周转速度的快慢，取决于各个生产部门的生产和流通的具体条件，各个生产部门的条件不同，资本的周转时间和周转速度也就各不相同。在一般情况下，轻工业部门的资本周转时间较短、周转速度较快，重工业部门的资本周转时间较

---

① 马克思，恩格斯．马克思恩格斯全集：第 24 卷．北京：人民出版社，1972：122.

长、周转速度较慢。

周转时间和周转次数是相互密切联系的，周转时间不同，一定时间内的周转次数也就不同。**资本周转次数**就是在一定时间内资本所经历的周转循环的次数。这个一定时间，通常以“年”为计量单位。如果用 U 代表“年”，用 u 代表一定数量的资本周转一次所需要的时间，用 n 代表一年中资本周转的次数，则衡量一年中资本周转次数的公式就是：

$$n=\frac{U}{u}$$

例如，某产业资本家的资本周转一次需要 6 个月，则在一年之内的资本周转次数为 n=12÷6=2 次。

在一定时期内，资本周转的次数越多，周转一次的时间就越短，周转速度也就越快；反之，周转的次数越少，周转一次的时间就越长，周转速度也就越慢。所以，资本的周转速度与周转次数成正比，与周转时间成反比。

资本的周转速度越快，产业资本家手中一定数量的资本就能发挥越大的作用，带来越多的剩余价值。因此，产业资本家总是力图加速资本的周转，用缩短资本周转一次的时间和增加一定时期内资本周转次数的方法，来攫取更多的剩余价值。

二、影响资本周转速度的因素

影响资本周转速度快慢的因素有两个：一是资本周转时间的长短，包括生产时间和流通时间的长短；二是生产资本的构成，即生产资本内部的固定资本和流动资本的比例，以及固定资本和流动资本自身的周转速度。下面分别考察这两个因素。

（一）生产时间和流通时间

资本周转速度的快慢受生产时间和流通时间长短的影响。

生产时间是指产业资本停留在生产领域内的时间，它包括劳动时间和非劳动时间。

劳动时间是指生产一件成品所需要的工作日或劳动小时的总和，也就是生产一件产品时，工人实际从事劳动的全部时间，而休息、停工等时间则不包括在内。生产时间中主要的部分就是劳动时间。

非劳动时间包括自然力对劳动对象独立发生作用的时间、停工时间和生产资料的储存时间。

自然力对劳动对象独立发生作用的时间，是指某些产品在生产过程中，需要独立地发生物理、化学或生理变化的时间。例如，酿酒需要经过一段发酵时间，农作物播种后需要经过一段自然生长时间。

停工时间主要是指机器设备在正常检修或工人夜间休息时停止发挥作用的时间。

生产资料的储存时间是指生产资料虽已进入生产领域，但还没有投入生产过程的那一段时间。如原材料在工厂仓库里的正常储存时间。生产资料的正常储备可及时满足对生产资料的需求，这是维持生产过程连续进行的必要条件。

生产时间要长于劳动时间。在劳动时间内，劳动力与生产资料相互结合，创造价值和剩余价值。而在非劳动时间内没有劳动的实际耗费，同时生产资料也不起吸收活劳动的作用，因而不能创造价值和剩余价值。因此，资本家为了加速资本周转，获取更多的剩余价值，不仅要节省生产每一件产品的劳动时间，而且要尽量缩短非劳动时间。

流通时间是指产业资本停留在流通领域内的时间，它包括商品的出售时间和劳动力与生产资料等生产要素的购买时间。商品出售关系到价值和剩余价值的实现问题，因此，出售时间对资本的影响很大。一般来说，出售商品比购买商品更为困难，占用的流通时间也比较长。

生产时间和流通时间越长，资本的周转速度就越慢，反之则越快。为了加速资本周转，使一定数量的资本带来更多的剩余价值，资本家总是力图缩短生产时间和流通时间。

（二）生产资本的构成——固定资本和流动资本

1. 固定资本和流动资本的划分依据

在生产过程中，影响产业资本周转速度的另一个重要因素是生产资本的构成。生产资本的不同构成部分，按其价值周转方式的不同，可以区分为固定资本和流动资本。

固定资本是产业资本家用于机器、设备、工具、厂房等劳动资料的那部分生产资本。这部分资本从物质形态来看，在进行生产时全部参加生产过程，并在较长时间内在多次生产过程中发挥作用。这部分资本的物质形态在每次生产过程中并不改变，待其功能全部失效后才需更新。但是，从价值形态来看，这部分资本的价值并不是一次全部转移到新产品中去，而是按照机器、厂房等在生产过程中的损耗程度，逐渐地一部分一部分地转移到新产品中去，经过多次生产过程，资本的全部价值才能转移完毕。而转移到新产品中去的价值，是随着商品的销售，经过多次流通过程，才一部分一部分地逐渐周转回到资本家手中的。根据这部分资本的价值周转方式是多次转移、多次收回这一特点，把它称为固定资本。

流动资本是产业资本家用于原材料、燃料、辅助材料等和用于劳动力的那部分生产资本。用于原材料等的那部分生产资本，其物质形态在生产过程中一次全部消耗掉，不再保存下来；其价值也在一次生产过程中就全部转移到新产品中去，而在商品出售以后，其价值又全部经流通过程周转回来。根据这部分资本的价值周转方式是一次投入、一次收回这一特点，把它称为流动资本。

用于劳动力的那部分生产资本，其价值并不是转移到新产品中去，而是由工人在生产过程中投入的劳动重新创造出来。这部分资本的价值由工人创造出来以后，全部包含在新产品中，并在商品出售以后，也全部周转回来。可见，用于劳动力的这部分资本的价值周转方式，与用于原材料等的那部分资本的价值周转方式，是完全相同的，也是一次全部投入生产过程，并从流通中一次全部收回，因此，用于劳动力的资本也称为流动资本。

考察流动资本时，不能把它和流通资本相混淆。**流通资本**是指处于流通领域中的资本，即货币资本和商品资本，它是与生产资本相对立的资本形式。而流动资本是处于生产领域的资本，它是生产资本的一个组成部分。产业资本的构成见图 6－1。

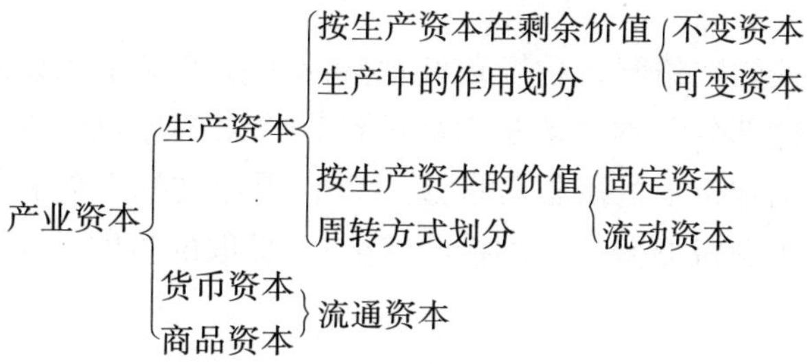

图 6－1　产业资本的构成

2. 固定资本与流动资本的划分同不变资本与可变资本的划分的区别

前面第四章在分析剩余价值的生产时，曾把产业资本家的生产资本划分为不变资本和可变资本，本章又将生产资本划分为固定资本和流动资本。固定资本和流动资本的划分同不变资本和可变资本的划分是有区别的，这种区别在于：

第一，划分的根据不同。不变资本和可变资本是根据它们在剩余价值生产过程中所起的作用的不同来划分的；而固定资本和流动资本是根据它们的资本价值的周转方式的不同来划分的。

第二，划分的目的不同。划分不变资本和可变资本的目的在于揭示剩余价值是由可变资本所雇佣的劳动力带来的，从而揭示资本主义剥削的实质；而划分固定资本和流动资本的目的在于考察生产资本的不同部分对资本周转速度从而对剩余价值生产数量的影响。

第三，划分的内容不同。不变资本包括用于劳动资料和劳动对象的资本，而固定资本只包括用于劳动资料的资本。可变资本只是用于劳动力的资本，而流动资本却包括用于劳动对象和劳动力的资本。这两种划分的区别见表 6－1。

表 6－1　生产资本两种划分内容的区别

按照生产资本在剩余价值生产中的作用划分	生产资本的各种要素	按照生产资本的价值周转方式划分
不变资本	劳动资料	固定资本
	劳动对象	流动资本
可变资本	劳动力	

3. 固定资本的磨损与折旧

固定资本的价值是按照它的磨损程度逐渐地转移到新产品中去的。**固定资本磨损**分为有形磨损（或称物质磨损）和无形磨损（或称精神磨损）。**固定资本的有形磨损**是由两种原因引起的：一是由于固定资本在生产过程中被使用而形成的，使用的强度越大，持续使用的时间越长，物质磨损就越重；二是由于自然力的作用而形成的，如金属工具生锈、木制设备腐烂等。**固定资本的无形磨损**也是由两种原因引起的：一是随着生产技术的改进和劳动生产率的提高，生产同样的机器设备所需要的社会必要劳动时间减少，从而使原有的机器设备的价值降低；二是出现了效率更高、更加完善的机器设备，引起原有的机器设备贬值。

固定资本的价值按照它的磨损程度逐渐地转移到新产品中去以后，为了保证再生产的正常进行，必须把这部分资本价值从商品的销售收入中提取出来，以备将来用于更新固定资本。这种根据固定资本的磨损程度逐步以货币形式提取的补偿，叫做**固定资本折旧**；提取的补偿金额叫做**折旧费**（或称折旧基金）；提取的折旧费与固定资本原始价值的比率，叫做**折旧率**。

4. 生产资本的构成对资本周转速度的影响

生产资本的构成对预付生产资本总周转速度的快慢有两方面的重要影响。

第一，固定资本和流动资本的周转速度。全部预付资本的总周转速度，要受固定资本和流动资本周转速度的影响。在生产资本中的固定资本与流动资本的比例既定的条件下，预付资本的总周转速度同固定资本和流动资本的周转速度成正比，即固定资本和流动资本的周转速度越快，预付资本的总周转速度就越快；反之，固定资本和流动资本的周转速度越慢，预付资本的总周转速度就越慢。

第二，固定资本和流动资本在生产资本中所占的比重。生产资本中固定资本所占的比重越大，预付资本的总周转速度就越慢；流动资本所占的比重越大，预付资本的总周转速度就越快。这是因为，固定资本的价值要经过多次生产和销售过程才能周转回来，而流动资本的价值经过一次生产和销售过程就能周转回来。固定资本的周转速度要慢于流动资本的周转速度，在固定资本周转一次的期间内，流动资本可以周转多次。

三、预付资本的总周转速度

在产业资本家的全部预付资本中，由于固定资本和流动资本的周转速度各不相同，而且固定资本和流动资本的比例会发生变化，因此，在计算预付资本的总周转速度时，要把生产资本的各个组成部分都转化为同质的货币形式，将固定资本和流动资本各自在一定时期（一般以年为单位）中周转的价值额加总起来，除以预付资本总额，才能计算出预付资本在一定时期中的平均周转速度。计算预付资本总周转速度的公式如下：

$$\text{预付资本一年中的周转次数}=\frac{\text{一年中固定资本周转价值总额}+\text{一年中流动资本周转价值总额}}{\text{预付资本总额}}$$

例如，某产业资本家的固定资本为20万元，其中厂房的价值为6万元，可用20年；机器的价值为12万元，可用10年；小工具的价值为2万元，可用4年。流动资本为8万元，一年周转4次，每次周转时间为3个月。这样，一年中固定资本周转价值总额为2万元，流动资本周转价值总额为32万元，全部预付资本一年中的周转次数是：34万元/28万元＝1.214次。计算见表6-2。

表 6-2　某产业资本家预付资本周转速度计算表

预付资本		价值（万元）	使用年限	一年中周转的价值总额（万元）	一年中周转的次数
固定资本	厂房	6	20	0.3	
	机器	12	10	1.2	
	小工具	2	4	0.5	
流动资本		8		32.0	4
预付资本总额		28		34.0	1.214

四、资本周转速度对剩余价值生产的影响

资本周转速度的快慢，对剩余价值的生产有很大的影响，因为它不仅关系到预付资本数量的大小，而且影响到一定数量的预付资本在一定时期内所能带来的剩余价值数量的多少。

（一）资本周转速度的快慢影响预付资本的数量

在生产规模一定的条件下，资本周转速度越快，预付资本的数量就越小，反之就越大。例如，甲、乙两个资本家的生产规模相同，每月都要投入 1 万元流动资本才能使生产正常进行。假定甲的流动资本每月周转 1 次，一年周转 12 次，则甲只需要预付 1 万元流动资本即可满足全年对流动资本的需要。再假定乙的流动资本 3 个月才周转 1 次，一年周转 4 次，则乙需要预付 3 万元流动资本才能满足全年对流动资本的需要。

（二）资本周转速度的快慢影响年剩余价值的数量

在全部预付资本中，只有可变资本才能带来剩余价值。资本周转速度越快，一般来说，可变资本的周转速度也就随之越快，因而一定数量的可变资本就可以发挥越大的作用，剥削越多的劳动力，从而创造越多的剩余价值。例如，甲、乙两个资本家预付的可变资本都是 1 万元，剩余价值率都是 100%。假定甲的可变资本每年周转 9 次，则一年中实际发挥作用的可变资本为 9 万元，年剩余价值总量也为 9 万元。再假定乙的可变资本每年周转 3 次，则一年中实际发挥作用的可变资本为 3 万元，年剩余价值总量就只有 3 万元。可见，甲、乙两个资本家的预付可变资本的数量虽然一样，但由于可变资本的周转速度相差 2 倍，所获得的年剩余价值总量也就相差 2 倍。

如以 M 表示年剩余价值量，以 m' 表示剩余价值率，以 v 表示预付可变资本，以 n 表示可变资本的周转次数，则年剩余价值量的计算公式可表示为：

$$M=m'vn$$

（三）资本周转速度的快慢影响年剩余价值率的高低

年剩余价值率为一年内生产的剩余价值总量和一年内预付的可变资本总量的比率，它表示预付可变资本的增殖程度，用公式表示如下：

$$年剩余价值率=\frac{一年内生产的剩余价值总量}{一年内预付的可变资本总量}$$

资本周转速度越快，年剩余价值率就越高；反之，则年剩余价值率越低。仍按上面的例子，甲、乙两个资本家的年剩余价值率分别为：甲的年剩余价值率＝90 000/10 000＝900％，乙的年剩余价值率＝30 000/10 000＝300％，前者是后者的3倍。

由上可见，如果其他条件不变，年剩余价值量和年剩余价值率与可变资本的周转速度成正比。

年剩余价值率和剩余价值率是从不同的方面来表现资本家对工人的剥削关系的。年剩余价值率表示预付可变资本的增殖程度，而剩余价值率表示资本家对工人的剥削程度。按照上面的例子，甲、乙两个资本家对工人的剥削程度即剩余价值率都是100％，但是，预付可变资本的增殖程度即年剩余价值率却不相同，甲资本家是900％，乙资本家是300％，甲资本家为乙资本家的3倍。

如果以 M' 表示年剩余价值率，以 m' 表示剩余价值率，以 v 表示预付可变资本，以 n 表示可变资本的周转次数，则年剩余价值率的公式可表示如下：

$$M'=\frac{m'vn}{v}=m'n$$

在资本主义制度下，资本家加速资本周转的目的是榨取更多的剩余价值，因而加速资本周转的各种方法都会导致对雇佣劳动者剥削的加重，从而使无产阶级和资产阶级的矛盾日益加深。

第三节　社会资本的再生产

一、单个资本和社会资本

在资本主义社会中，每个企业的资本都独立地进行循环和周转，实现着价值的增殖。这种独立执行职能的资本就是**单个资本**或个别资本。但是，各个独立的单个资本并不是彼此孤立、互相隔绝的，而是相互依赖、密切联系的。每一个企业都既要从其他企业购买生产资料，又要向其他企业销售产品。这种互相联系的单个资本的总和，就是**社会资本**。同时，各个单个资本的循环和周转也是彼此交错、互为条件的。例如，当甲企业将其生产出的生产资料卖给乙企业时，甲企业的商品资本便转化为货币资本，而乙企业的货币资本同时就转化为生产资本。如果乙企业不把货币资本转化为生产资本，甲企业的商品资本就难以转化为货币资本。这种互相交错的单个资本运动的总和，就是**社会资本的运动**。

二、社会资本再生产的核心问题是社会总产品的实现

前面考察单个资本的运动，目的在于揭示单个资本的价值的保存和增殖，因而只着

重分析资本价值的各个部分如何得到补偿，就能够使问题得到说明。至于资本家的产品出售到哪里，从哪里购买消耗掉的生产资料，以及资本家和工人从哪里购买消费品等实物补偿问题，都假定能够顺利地解决。但是，在考察社会资本的运动，即考察社会资本再生产时，就不能再作这种假定了。这是因为，社会资本是各个单个资本的总和，再生产过程中所需要的生产资料和消费资料，只能从社会资本所生产的社会总产品中得到补偿。所以，考察社会资本的再生产，就不仅要说明社会总产品各部分的价值补偿问题，而且要说明它的实物补偿问题。只有在生产社会总产品时所消耗掉的生产资料和消费资料能够正好从社会总产品中找到相应的物质资料加以补偿，社会资本再生产才能顺利进行。社会总产品的补偿也就是社会总产品的实现问题，这是考察社会资本再生产的核心问题。

社会总产品就是社会各物质生产部门在一定时期（通常是一年）内所生产的全部物质资料的总和。资本主义社会的社会总产品的价值由不变资本价值（c）、可变资本价值（v）和剩余价值（m）三部分构成，而它的实物形态按产品的最终经济用途，则区分为生产资料和消费资料两大类。与此相适应，社会生产也被划分为**制造生产资料的部类**即第一部类（Ⅰ）和**制造消费资料的部类**即第二部类（Ⅱ）。每个部类中包括若干生产部门，每个部门中又包括若干企业。

社会总产品的价值补偿，就是指它的各个组成部分的价值，包括不变资本价值、可变资本价值、剩余价值，如何由商品形式转化为货币形式，即如何通过商品的销售，以货币形式收回，以便补偿预付资本的价值，并获得剩余价值。社会总产品的实物补偿，就是指它的各个组成部分的价值转化为货币形式以后，如何再转化为所需要的产品，其中，相当于不变资本的价值从哪里和怎样重新获得所需要的生产资料，相当于可变资本的价值和资本家用于自身消费的剩余价值从哪里和怎样获得所需要的消费资料。只有使社会总产品既从价值上得到补偿，又从实物上得到补偿，才能保证整个社会资本再生产正常顺利地进行。

社会总产品在价值形态上区分为三个部分和按产品的实物形态把社会生产划分为两大部类的原理，是马克思主义再生产理论的两个基本原理。

三、社会资本简单再生产的实现

（一）社会资本简单再生产的实现过程

资本主义再生产的特征是扩大再生产，但是，考察社会资本再生产过程中社会总产品的实现问题，要从考察社会资本简单再生产过程中社会总产品的实现所应具备的条件开始。这是因为：一方面，简单再生产是扩大再生产的基础，在简单再生产条件下所生产出来的剩余价值，是扩大再生产的前提；另一方面，在理论分析上，困难主要在于简单再生产的实现问题，这个问题解决了，扩大再生产的实现问题也就容易解决。

考察社会资本简单再生产的实现条件问题，要从分析第一部类和第二部类全年生产的社会总产品及其构成开始。假定两大部类全年生产的社会总产品的价值为 9 000。第一部类产品的价值为 6 000，其中不变资本为 4 000，可变资本为1 000，剩余价值率为 100%，创造的剩余价值为 1 000；第二部类产品的价值为3 000，其中不变资本为 2 000，可变资本为 500，剩余价值率为 100%，创造的剩余价值为 500。这样，两大部类全年的社会总产品价值的构成可以表示为下列图式：

$$\text{I}\ \ 4\,000c+1\,000v+1\,000m=6\,000$$
$$\text{II}\ \ 2\,000c+500v+500m=3\,000$$

为了使第二年的简单再生产能够继续进行，两大部类的产品都必须经过交换，以便在价值上得到补偿，在实物形态上得到替换，也就是两大部类的产品都能够通过交换得到实现。这种交换有以下几个方面。

（1）第一部类内部的交换。第一部类的 4 000c 代表本部类所消耗掉的生产资料的价值，为了维持简单再生产的继续进行，必须用新的生产资料来补偿。而 4 000c 本身在实物形态上就是生产资料，所以，只要通过第一部类内部各生产部门之间的交换，就可以使4 000c 的生产资料得到实现。

（2）第二部类内部的交换。第二部类的 500v＋500m 代表本部类工人和资本家用于消费的消费资料的价值，它必须以消费资料来补偿。而 500v＋500m 本身在实物形态上就是消费资料，所以，只要通过第二部类内部各生产部门之间的交换，就可以使 500v＋500m 的消费资料得到实现。

（3）两大部类之间的交换。第一部类的 1 000v＋1 000m 在实物形态上是生产资料，由于第一部类的工人和资本家所需要的是消费资料，因此，它必须通过与第二部类交换，用消费资料来补偿，以便使第一部类消耗掉的消费资料得到补偿。第二部类的 2 000c 在实物形态上是消费资料，它必须通过与第一部类的交换，用生产资料来补偿，这样才能使第二部类消耗掉的生产资料得到替换。因此，通过第一部类的 1 000v＋1 000m 所代表的生产资料与第二部类的 2 000c 所代表的消费资料的交换，第一部类工人和资本家得到所需要的价值 2 000 的消费资料，第二部类的资本家得到再生产所需要的价值 2 000 的生产资料。这样就使第一部类价值为 2 000 的生产资料和第二部类价值为2 000的消费资料都得到实现。两大部类之间的交换用图式可以表示如下：

$$\text{I}\ \ 4\,000c+\boxed{1\,000v+1\,000m}=6\,000$$
$$\text{II}\ \ \boxed{2\,000c}+500v+500m=3\,000$$

通过以上三方面的交换，两大部类的产品在价值形态上都得到补偿，在实物形态上都得到替换，全年的社会总产品全部得到了实现，这样就为下一年简单再生产的继续正常进行创造了条件。

（二）社会资本简单再生产的实现条件

通过以上对社会资本简单再生产的实现过程的分析可知，社会资本简单再生产顺利进行所需具备的基本的实现条件，就是第一部类的可变资本加剩余价值，必须同第二部类的不变资本相等，这个基本实现条件用公式表示为：

Ⅰ(v＋m)＝Ⅱc

这个基本实现条件表明，第一部类在一年中提供给第二部类的生产资料的价值，应当等于第二部类在一年中所需要的生产资料的价值；第二部类在一年中提供给第一部类的消费资料的价值，应当等于第一部类在一年中所需要的消费资料的价值。

关于社会资本简单再生产的实现条件，还可以从Ⅰ(v＋m)＝Ⅱc这个基本实现条件中引申出另外两个实现条件：

Ⅰ(c＋v＋m)＝Ⅰc＋Ⅱc

Ⅱ(c＋v＋m)＝Ⅰ(v＋m)＋Ⅱ(v＋m)

前一实现条件表明，第一部类在一年中所生产的生产资料的价值应当等于两大部类一年中所需要的全部生产资料的价值。后一实现条件表明，第二部类在一年中所生产的消费资料的价值，应当等于两大部类的工人和资本家一年中所需要的全部消费资料的价值。

社会资本简单再生产的实现条件，也就是社会资本简单再生产所必须保持的两大部类之间的基本比例关系，这些基本比例关系如果不能保持，社会资本简单再生产就不能顺利进行。

四、社会资本扩大再生产的实现

（一）社会资本扩大再生产的前提条件

社会资本的扩大再生产，要以资本积累作为前提。资本家为了进行扩大再生产，必须把剩余价值不完全用于个人消费，而是将剩余价值的一部分积累起来，作为追加的资本投入生产。其中一部分作为追加的不变资本，用于追加生产资料，另一部分作为追加的可变资本，用于追加劳动力。

在资本主义条件下，扩大再生产所需要追加的劳动力，可以从产业后备军中得到补充。主要问题是在社会总产品中，需要提供维持扩大再生产所需追加的生产资料和维持扩大再生产追加的劳动力所需要追加的消费资料。

扩大再生产所需要追加的生产资料是由第一部类生产的，因此，第一部类一年中生产的全部生产资料，在补偿当年两大部类消耗的生产资料以后，还必须有一定的余额，才能保证满足扩大再生产对追加的生产资料的需要。用公式表示就是：Ⅰ(c＋v＋m)＞Ⅰc＋Ⅱc，把公式两端的Ⅰc都减去，这个公式就表示为：

Ⅰ(v＋m)＞Ⅱc

这个公式表明，第一部类的可变资本与剩余价值之和，必须大于第二部类的不变资本，这就是社会资本扩大再生产所必需的第一个前提条件。

扩大再生产所需要追加的消费资料是由第二部类提供的，因此，第二部类一年中生产的全部消费资料，在补偿当年两大部类消耗的消费资料以后，也必须有一定的余额，才能保证满足扩大再生产对追加的消费资料的需要。如用$\frac{m}{x}$代表资本家用于个人消费的剩余价值，则$m-\frac{m}{x}$表示用于积累的剩余价值，这样，用公式表示就是：$\text{Ⅱ}(c+v+m)>\text{Ⅰ}\left(v+\frac{m}{x}\right)+\text{Ⅱ}\left(v+\frac{m}{x}\right)$，把公式两端都减去$\text{Ⅱ}\left(v+\frac{m}{x}\right)$，则扩大再生产的第二个前提条件可用公式表示为：

$$\text{Ⅱ}\left(c+m-\frac{m}{x}\right)>\text{Ⅰ}\left(v+\frac{m}{x}\right)$$

这个公式表明，第二部类的不变资本与用于积累的那部分剩余价值之和，必须大于第一部类的可变资本与资本家用于个人消费的那部分剩余价值之和。

具备了上述两个基本前提条件，社会资本的扩大再生产就具有可能性。

扩大再生产所需要具备的前提条件，对于外延的扩大再生产和内涵的扩大再生产来说是有所不同的。**外延的扩大再生产**，是指依靠增添新的工厂企业或扩建原有的工厂企业，也就是单纯依靠增加机器设备、劳动力和生产场所来扩大生产规模。**内涵的扩大再生产**，是指依靠技术进步、改进机器设备、提高劳动者的技术水平和劳动效率来扩大生产规模。以上关于社会资本扩大再生产的两个基本前提条件，对于外延的扩大再生产来说，是必不可少的。但是，对于内涵的扩大再生产来说，由于并没有追加新的劳动力，也就不需要追加消费资料，因而在工人的工资水平或实际生活水平没有提高的情况下，就不需要具备社会资本扩大再生产的第二个基本前提条件。

（二）社会资本扩大再生产的实现过程

以上分析表明，只有具备了一定的基本前提条件，社会资本扩大再生产才有可能性。但是，可能性不等于现实性，只有两大部类的产品都得到实现，社会资本扩大再生产的可能性才能变为现实性。下面就进一步研究在扩大再生产条件下社会产品是怎样实现的。

根据社会资本扩大再生产的前提条件，即$\text{Ⅰ}(v+m)>\text{Ⅱ}c$，假定两大部类全年的社会总产品的价值构成为：

$$\text{Ⅰ}\ 4\,000c+1\,000v+1\,000m=6\,000$$
$$\text{Ⅱ}\ 1\,500c+750v+750m=3\,000$$

假定第一部类的资本家为了进行扩大再生产，把 1 000m 的一半即 500 作为积累的追加资本，把另一半即 500 作为资本家的个人消费。按照原有的 4∶1 的资本有机构成，500 追加资本中有 400 作为追加的不变资本，100 作为追加的可变资本。这样，第一部类全部产品的价值构成重新组合为：

$$\text{Ⅰ}\ 4\,400c+1\,100v+500m=6\,000$$

第一部类的 1 100v+500m 要与第二部类相交换，才能补偿第一部类的工人和资本家所需要的消费资料和第二部类所需要的生产资料。但是，第二部类只有 1 500c 用来和第一部类相交换。因此第二部类还要从 750m 中拿出 100 作为积累的追加的不变资本，以便使第一部类所需要的消费资料得到补偿。而且，第二部类追加 100 不变资本，使第二部类自身也能实现扩大再生产。按照第二部类原有的 2∶1 的资本有机构成，第二部类还要从剩余价值中相应提取 50 作为追加的可变资本。这样，第二部类全部产品的价值构成就重新组合为：

Ⅱ1 600c＋800v＋600m＝3 000

两大部类产品的价值经过重新组合后，就为社会资本扩大再生产的实现创造了条件。两大部类的产品同样通过三方面的交换而得到实现：第一部类的 4 400c，通过本部门内部的交换得到实现；第二部类的 800v＋600m，也通过本部门内部的交换得到实现；第一部类的 1 100v＋500m 和第二部类的 1 600c，则通过两大部类之间的相互交换得到实现。用图式可以表示如下：

Ⅰ　4 400c＋[1 100v＋500m]＝6 000

Ⅱ　[1 600c]＋800v＋600m＝3 000

通过上述几方面的交换，两大部类的全部产品都得到实现，因而社会资本扩大再生产在第二年就能够顺利地进行。在第二年的扩大再生产中，如果剩余价值率仍为 100%，到第二年末，两大部类生产的全部产品在价值上的构成则为：

Ⅰ4 400c＋1 100v＋1 100m＝6 600

Ⅱ1 600c＋800v＋800m＝3 200

这样，社会资本的生产规模就由上一年的 9 000（即 6 000＋3 000）扩大到第二年的 9 800（即 6 600＋3 200），从而实现了社会资本的扩大再生产。以后各年社会资本扩大再生产的规模和社会总产品的实现，都可以根据第一部类的剩余价值分解为积累的追加资本与资本家个人消费金额的比例，按照以上方法加以类推。

（三）社会资本扩大再生产的实现条件

通过以上社会资本扩大再生产的实现过程可以看出，社会资本扩大再生产的实现条件就是，第一部类原有的可变资本，加上追加的可变资本，再加上本部类资本家用于个人消费的剩余价值，三者之和必须等于第二部类原有的不变资本加上追加的不变资本。这就是社会资本扩大再生产所必须保持的两大部类之间的基本比例关系。用 Δc 表示追加的不变资本，用 Δv 表示追加的可变资本，上述社会资本扩大再生产基本的实现条件可用公式表示如下：

$$\text{Ⅰ}\left(v+\Delta v+\frac{m}{x}\right)=\text{Ⅱ}(c+\Delta c)$$

从社会资本扩大再生产的这个基本实现条件，同样可以引申出另外两个实现条件：

$$\text{Ⅰ}(c+v+m)=\text{Ⅰ}(c+\Delta c)+\text{Ⅱ}(c+\Delta c)$$

$$\text{Ⅱ}(c+v+m)=\text{Ⅰ}\left(v+\Delta v+\frac{m}{x}\right)+\text{Ⅱ}\left(v+\Delta v+\frac{m}{x}\right)$$

(四) 生产资料生产的优先增长

上面对社会资本扩大再生产实现条件的分析，把技术进步所引起的资本有机构成提高的因素暂时排除在外。但是，实际上资本主义扩大再生产总是与技术进步和资本有机构成的提高相伴随而进行的。如果把这些因素考虑进去，那么在扩大再生产过程中，原有的预付资本和积累的资本中转变为不变资本的比重就会越来越大，不变资本的增加必然要快于可变资本的增加，对生产资料需求的增长必然要快于对消费资料需求的增长。因此，在其他条件不变的情况下，第一部类的增长速度就要快于第二部类的增长速度，也就是生产资料的生产要优先增长。由此可见，在技术进步以及由此引起的资本有机构成提高的条件下，生产资料生产优先增长是一个普遍规律。同时，为了保证生产资料生产的优先增长，第一部类中为本部类制造生产资料的部门的生产增长速度，必然比为第二部类制造生产资料的部门的生产增长速度要快。因此制造生产资料的生产资料生产的增长速度，就要快于制造消费资料的生产资料生产的增长速度。所以，列宁指出："增长最快的是制造生产资料的生产资料生产，其次是制造消费资料的生产资料生产，最慢的是消费资料生产。"①

生产资料生产的优先增长，是与技术进步所引起的资本有机构成的提高相适应的一种客观趋势。但是，这种趋势并不排除在某种情况下，消费资料生产可以比生产资料生产增长得快一些。如果资本有机构成并没有提高，或者当消费资料生产已落后于两大部类扩大再生产对消费资料的需要，而制造生产资料部类的现有生产能力又可以满足扩大再生产对生产资料的需要时，生产资料生产的增长速度就会减慢，甚至在个别期间，消费资料生产的增长速度还会快于生产资料生产的增长速度。只有这样，才能建立和保持扩大再生产所要求的两大部类之间的比例关系。然而，这种情况并不是对生产资料生产优先增长规律的否定。

生产资料生产的优先增长，并不意味着生产资料生产可以脱离消费资料生产而片面地、孤立地发展。这是因为，一方面，在第一部类的生产发展中，追加的劳动力对消费资料的需要，必然依赖第二部类生产的增长；另一方面，第一部类生产的发展，归根到底是为了满足第二部类对生产资料的需要。所以，生产资料生产的增长，并非越快越好，它的发展如果脱离了消费资料生产的发展，是不可能实现的。

社会资本再生产所要求的两大部类之间的比例关系，以及资本的顺畅循环与周转，在资本主义制度下并不能经常顺利保持，而是通过经济的巨大动荡和周期性的经济危机自发地、强制地实现的。这就充分暴露了资本主义生产方式的历史局限性。

---

① 列宁. 列宁全集：第 1 卷. 2 版. 北京：人民出版社，1984：66.

第四节　资本主义的经济危机

一、资本主义经济危机的实质和根源

（一）经济危机的实质

在资本主义经济发展过程中，每隔若干年就爆发一次生产相对过剩的经济危机。经济危机期间最根本的现象和典型特征是商品生产过剩。其他许多现象，如生产下降、工厂倒闭、工人大量失业等，都是直接或间接地由生产过剩这个根本特征引起的。

经济危机的根本特点是商品生产过剩，但这种过剩并非与劳动者的实际需要相比的生产绝对过剩，而是与劳动者有支付能力的需求相比即与劳动者的货币购买力相比的生产相对过剩。因此，**资本主义经济危机**实质上是生产相对过剩的危机。

（二）经济危机产生的根源

经济危机产生的根源在于资本主义生产方式的基本矛盾，即生产的社会化与生产资料私人资本主义占有形式之间的矛盾。当这个矛盾达到十分尖锐的程度时，就会引起经济危机的爆发。资本主义基本矛盾是经济危机爆发的根源，可通过这个矛盾的具体表现反映出来。

资本主义基本矛盾的一种表现是个别企业内部生产的有组织性和整个社会生产的无政府状态之间的矛盾。各个资本主义企业在生产经营中都竭力加强企业内部的组织性和计划性，以便提高生产效率和取得尽可能多的利润，并在竞争中战胜对手，保存和发展自己。同时，生产的社会化也迫使企业改进经营管理，加强生产的组织性和计划性，以使企业生产顺利发展。但是，资本主义私有制却使生产资料和劳动成果归各个资本家私有，各个企业生产什么、生产多少完全是资本家的私事，整个社会生产处于无政府状态。当代资本主义国家加强了对社会经济生活的政府调控和政府干预，在相当程度上使生产的无政府状态有所弱化，但并不能从根本上消除生产的无政府状态。在资本主义发展的长时期中，个别企业生产的有组织性和社会生产的无政府状态之间的矛盾，使社会资本再生产基本比例关系的失调发展到十分严重的程度，引起大量商品过剩时，便会导致经济危机爆发。

资本主义基本矛盾的另一种表现是资本主义生产无限扩大的趋势和劳动人民有支付能力的需求相对缩小之间的矛盾。资本家为了追求大量利润和参与市场竞争，总是竭力扩大生产规模。而生产的社会化和现代生产技术，又为生产扩大提供了物质技术基础。但是，在资本主义生产规模不断扩大的同时，资本家总是通过各种方式来加强对劳动者的剥削，提高剥削程度，从而使劳动人民有支付能力的需求与社会生产的扩大相比日益相对地缩小，导致生产和消费之间的严重矛盾。当这个矛盾发展到尖锐化的程度时，社会资本再生产的实现条件遭到严重破坏，市场上商品大量积压，便会导致经济危机爆发。

经济危机的每一次爆发，都使资本主义国家的经济陷入巨大的混乱之中，社会生产力遭到严重破坏，暴露出资本主义生产关系同生产力之间存在着尖锐的对抗性矛盾，充分表明了资本主义制度的历史局限性。正如马克思所说，“资本主义生产的真正限制是资本自身”①。

二、资本主义再生产的周期性

（一）经济危机周期性爆发的原因

资本主义社会并不是时刻都处在经济危机之中，经济危机是周期性爆发的，即每隔若干年才爆发一次。

经济危机之所以周期性爆发，原因在于资本主义基本矛盾运动的阶段性。资本主义的基本矛盾并非始终处于尖锐激化程度，资本主义生产方式自 16 世纪产生以后的一段时期内，由于资本主义基本矛盾并未激化，因而当时没有爆发经济危机。只是到了资本主义生产方式占据统治地位，资本主义基本矛盾逐渐发展乃至十分尖锐时，才在 1825 年于英国爆发了资本主义世界的第一次经济危机。此后，经济危机成为与资本主义经济制度形影相随的伴侣。但是，即使在资本主义生产方式取得统治地位后，资本主义基本矛盾的发展运动，也是有时较为缓和，有时尖锐激化，只有在矛盾尖锐激化时才会爆发经济危机。

经济危机既是资本主义基本矛盾尖锐激化的结果，同时通过经济危机的爆发，在社会生产力遭受巨大破坏的代价下，这个矛盾又会得到暂时的、强制性的缓解，而社会资本再生产的比例关系又会暂时地达到平衡，从而资本主义社会便会逐渐渡过危机，经济重新恢复和发展。然而，在渡过经济危机和经济获得恢复及发展后，经过一定时期，资本主义基本矛盾又会重新激化，从而导致经济危机再一次爆发。所以，经济危机总是周期性地、不断重复地爆发。

（二）资本主义再生产周期的阶段

经济危机的周期性爆发，使资本主义再生产也具有周期性。从一次危机的开始到下一次危机的开始，其间所经历的时间便是一个**资本主义再生产周期**。资本主义再生产周期一般来说包括危机、萧条、复苏、高涨四个阶段。

危机阶段是再生产周期的决定性阶段。这个阶段的特点是，商品销售困难甚至被销毁，企业开工不足甚至倒闭，生产下降，物价下跌，工人大批失业，货币信用制度被破坏，整个社会经济生活陷于瘫痪和混乱，生产力遭到严重破坏。

萧条阶段的特点是，生产不再下降，企业停止倒闭，失业人数不再增加，但商品销售仍很困难，市场萧条，信贷关系呆滞。

复苏阶段的特点是，市场销售逐步扩大，生产逐渐回升，企业利润增加，就业日益

---

① 马克思，恩格斯. 马克思恩格斯全集：第 25 卷 . 北京：人民出版社，1974：278.

增多，信贷关系逐渐活跃，当社会生产赶上和超过危机前的最高点时，便过渡到高涨阶段。

高涨阶段的特点是，市场繁荣，生产上涨，企业规模扩大或新建企业增多，就业人数明显增加，社会购买力提高，信贷关系兴旺。整个社会经济呈现出一片繁荣景象。

然而，随着社会生产的发展，劳动人民有支付能力的需求又会落后于生产的增长，当社会资本再生产的比例关系严重失调，资本主义基本矛盾又重新激化，市场上的商品再度严重过剩时，就不可避免地再一次爆发经济危机。

三、当代资本主义经济危机和再生产周期的特点

第二次世界大战以后，科学技术革命引起生产社会化程度的提高，国家垄断资本主义的发展及其对社会经济生活的干预，经济全球化和资本国际化的加强，发展中国家的兴起和资本主义发展不平衡的加剧，这些经济和政治条件的变化使战后资本主义经济危机和再生产周期出现了许多新的特点。

（一）经济危机的同期性和非同期性交错出现

第二次世界大战前，随着资本主义世界市场的发展、资本主义世界经济体系的形成和完善以及资本主义国际联系的日益加强，资本主义国家再生产周期的运动逐渐趋同，经济危机在主要资本主义国家趋于同时爆发。第二次世界大战后，由于各主要资本主义国家恢复和发展经济的进程不同、各国政府对经济的宏观调控政策措施不同和干预经济生活的力度不同，因而经济发展很不平衡，再生产周期长短不一，削弱了经济危机在国家之间的连锁反应程度，产生了经济危机非同期爆发现象。第二次世界大战后只有1957—1958年、1974—1975年、1979—1982年的经济危机在各主要资本主义国家同期爆发，具有同期性，其他时期各资本主义国家爆发的多次经济危机则不具有同期性。但是，20世纪80年代以来，随着经济全球化趋势的迅速发展，资本主义世界各国的经济联系日益密切，一些主要资本主义国家爆发的经济危机会迅速向其他国家传递和蔓延，演变为世界性经济危机，从而使经济危机的同期性显著加强。

（二）经济危机的严重程度起伏较大

工业生产下降幅度是衡量和反映经济危机严重程度的一个基本指标。第二次世界大战前，在经济危机期间，工业生产下降幅度较大，下降持续的时间也较长，特别是1929—1933年的经济危机最为严重，整个资本主义世界的工业生产下降了46%，工业生产连续下降了50多个月。第二次世界大战后的经济危机对社会生产力的破坏性仍很大，但与第二次世界大战前相比，破坏程度相对较轻，经济危机对经济生活的冲击不如战前严重，工业生产多则下降20%左右，少时仅下降百分之几，整个再生产周期的起伏不像第二次世界大战前那么大。但是，进入21世纪，2008年爆发的国际金融危机和继而爆发的世界性经济危机对各主要资本主义国家的经济造成了巨大破坏，这是继1929—1933

年资本主义世界爆发严重经济危机以来又一次极为严重的经济危机。2020年全球性新冠疫情的暴发，深度冲击了世界经济的发展，使本已低迷的资本主义国家经济陷入严重衰退。

（三）再生产周期各阶段的交替进程不甚明显，各阶段的特征有所减弱

第二次世界大战前，再生产周期各阶段顺序交替，每个阶段的特征明显。第二次世界大战后，危机阶段生产下降幅度一般较小，危机阶段持续时间较短，萧条阶段与复苏阶段不易明显划分，经济复苏缓慢无力，经济回升到危机前的最高点非常困难。而在高涨阶段，生产上升缓慢，增长乏力，经常存在企业开工不足的现象。而在2008年爆发的国际金融危机和继而爆发的世界性经济危机中，各主要资本主义国家的经济下降幅度均较大，危机阶段持续时间较长，经济复苏明显乏力。

（四）生产能力过剩和大量失业成为再生产周期中的经常现象

第二次世界大战前，每当发生经济危机时，生产下降，设备大量闲置，企业开工不足或倒闭，同时工人大量失业，失业率急剧上升，在高涨阶段失业率又会明显下降。但是，第二次世界大战后，特别是20世纪80年代以来，企业开工不足、设备闲置和失业现象不仅伴随危机阶段，即使在高涨阶段，也存在开工不足、设备闲置和大量人口失业的现象，高失业率日益成为长期的结构性问题。

（五）经济危机和金融危机的联系日益密切，金融危机成为经济危机的重要诱因

20世纪80—90年代以来，在资本主义国家的金融信用领域中，过度的金融投机恶性发展，产生了大量金融泡沫，往往导致金融危机的爆发，继而引发实体经济的衰退，商品大量积压，企业大量倒闭，失业迅猛增加，致使经济危机爆发。1997年亚洲一些国家和地区所发生的金融危机，引发一些相关资本主义国家爆发经济危机。2007年美国爆发次贷危机，继而席卷全球金融市场，引发全球性金融风暴，并于2008年逐步演变为美、日、欧等许多资本主义国家爆发经济危机。金融危机的爆发往往成为经济危机爆发的诱因和前兆。（关于金融危机和美国次贷危机问题，详见本书第二十四章第二节的论述。）

本章重要名词概念

产业资本	货币资本	生产资本	商品资本
资本的循环	资本的周转	资本的周转时间	资本周转次数
生产时间	劳动时间	非劳动时间	流通时间
固定资本	流动资本	流通资本	固定资本磨损
固定资本折旧	折旧费	折旧率	年剩余价值率
单个资本	社会资本	社会总产品	制造生产资料的部类

制造消费资料的部类 外延的扩大再生产 内涵的扩大再生产　资本主义经济危机 资本主义再生产周期

思考题

1. 产业资本循环的三个阶段和三种职能形式是什么？
2. 产业资本循环为什么是三种循环形式的统一？
3. 实现产业资本连续循环的条件是什么？
4. 影响资本周转速度的因素是什么？
5. 固定资本和流动资本的划分同不变资本和可变资本的划分有何区别？
6. 怎样考察预付资本的总周转速度？
7. 资本周转速度对剩余价值生产有什么影响？
8. 马克思主义再生产理论的两个基本原理是什么？
9. 社会资本简单再生产的实现过程和实现条件是什么？
10. 社会资本扩大再生产的前提条件、实现过程和实现条件是什么？
11. 为什么生产资料生产要优先增长？
12. 资本主义经济危机的实质和根源是什么？
13. 经济危机为什么是周期性地爆发的？
14. 当代资本主义经济危机和再生产周期的特点是什么？

本章练习

第七章

资本和剩余价值的具体形式

本章重点

1. 剩余价值转化为利润和利润的本质
2. 剩余价值率转化为利润率和影响利润率的因素
3. 利润通过部门之间的竞争转化为平均利润
4. 价值转化为生产价格及生产价格形成后价值规律作用形式的变化
5. 商业资本的形成和作用
6. 商业利润的来源和形成的途径
7. 借贷资本的本质和利息率的决定
8. 股份公司的产生及股票和股票价格
9. 级差地租产生的条件、原因和源泉
10. 绝对地租产生的条件、原因和源泉
11. 资本主义社会的国民收入分配及资本主义“福利制度”
12. 资本主义社会的阶级结构及其新特点

在资本主义经济的实际运动过程中，资本和剩余价值以各种具体形式存在着。本章着重阐明资本和剩余价值的各种具体形式，揭示资本主义社会各个剥削集团之间对剩余价值的瓜分和分配。在资本和剩余价值的各种具体形式中，产业资本和产业利润是其他各种资本和剩余价值具体形式的基础。而产业资本又分为工业资本和农业资本。本章就是在考察工业资本及其利润和平均利润的基础上，考察商业资本、借贷资本、农业资本等资本的其他具体形式，相应地考察商业利润、借贷利息、资本主义地租等剩余价值的其他具体形式。通过对这些复杂的经济现象的分析，从总体上进一步揭露资本主义的剥削关系的本质和资本主义固有的矛盾。

第一节　利润和平均利润

一、剩余价值转化为利润

资本主义工业企业生产的商品的价值包括三个部分：不变资本的价值、可变资本的价值和剩余价值。用公式表示就是：W＝c＋v＋m。商品价值的这三个部分是生产商品实际耗费的劳动量所形成的。

但是，商品生产中实际耗费的劳动量，同资本家在生产商品时所耗费的费用是两个完全不同的量。对资本家来说，生产商品所耗费的只是资本，因此，资本家在计算生产商品的费用时，只计算他所耗费的资本数量，即不变资本加可变资本，二者的总和便构成商品的**生产成本**。商品价值大于生产成本，两者之间的差额就是剩余价值。

生产成本这一范畴掩盖了不变资本和可变资本的根本区别，掩盖了它们在价值增殖过程中的不同作用。剩余价值的源泉是可变资本，但当不变资本和可变资本合在一起，被归结为生产成本这一范畴时，它们之间的区别就被抹杀了，剩余价值就被看做在生产成本以上的增加额，即资本家所耗费资本的产物。

对资本家来说，剩余价值不仅是生产成本即所耗费资本的一个增加额，而且是资本家全部预付资本的一个增加额。因为全部预付资本在一次生产过程中未被消耗的那部分不变资本虽然不构成该次生产过程的生产成本，但其实物形态同样参加了生产过程，也是剩余价值生产所不可缺少的物质要素，因而也被资本家看做剩余价值的源泉。当剩余价值被看做全部预付资本的产物时，剩余价值就转化为利润。所以，**利润**是剩余价值的转化形式。

随着剩余价值转化为利润，商品价值就等于生产成本加利润。用k代表生产成本，用p代表利润，商品价值的公式就由W＝c＋v＋m转化为W＝k＋p。

利润与剩余价值的联系在于，利润本质上就是剩余价值，它们本是同一个东西，都是由雇佣工人的剩余劳动创造的，数量也相同。利润与剩余价值的区别在于，剩余价值是利润的本质，利润是剩余价值的转化形式；剩余价值原本是可变资本的产物，而利润表现为全部预付资本的产物。因此，剩余价值转化为利润，就掩盖了资本主义的剥削关系。

二、剩余价值率转化为利润率

剩余价值与预付总资本（也称全部预付资本、预付资本总额）的比率，叫**利润率**。利润率是剩余价值率的转化形式，它是用同一剩余价值量采用不同的计算方法计算出来的另一种比率。剩余价值率是剩余价值与可变资本的比率；利润率是剩余价值与全部预付资本的比率。

$$\text{利润率}=\frac{\text{剩余价值}}{\text{预付总资本}}\text{，即 } p'=\frac{m}{C}$$

公式中p'代表利润率，C代表预付总资本。

剩余价值率和利润率是两个完全不同的范畴，剩余价值率揭示的是资本家对工人的剥削程度，而利润率表示全部预付资本的增殖程度。由于全部预付资本总是大于可变资本，因此，利润率在量上也总是小于剩余价值率。假定全部预付资本为10 000，其中不变资本为8 000，可变资本为2 000，生产中工人创造的剩余价值为2 000，则C＝8 000c＋

2 000v=10 000，m'=2 000m/2 000v=100%，而 p'=2 000m/10 000C=20%。

利润率是资本增殖程度的标志，因此，资本家十分关心利润率的高低。资本主义生产的目的就是追求尽可能高的利润率，实现利润的最大化。马克思在《资本论》中曾引用托·约·登宁的这样一段话来描述资本家对利润的贪婪："资本害怕没有利润或利润太少，就象自然界害怕真空一样。一旦有适当的利润，资本就胆大起来。如果有 10%的利润，它就保证到处被使用；有 20%的利润，它就活跃起来；有 50%的利润，它就铤而走险；为了 100%的利润，它就敢践踏一切人间法律；有 300%的利润，它就敢犯任何罪行，甚至冒绞首的危险。"①

不同企业、不同时期的利润率是不一样的。影响利润率的因素主要有：(1) 剩余价值率。在其他条件相同的情况下，剩余价值率高，利润率就高；剩余价值率低，利润率就低。两者按相同的方向发生变化。因此，一切提高剩余价值率的因素同时也是提高利润率的因素。(2) 资本有机构成。在其他条件不变的情况下，资本有机构成高，同量资本所使用的劳动力就少，生产出来的剩余价值也少，利润率就低；反之，资本有机构成低，利润率就高。(3) 不变资本的节约。在可变资本量和剩余价值率已定时，不变资本的节约使同量剩余价值与较小的总资本相比，因而利润率就高；反之，利润率就低。因此，资本家总是力图通过各种途径节约不变资本，其中包括克扣劳动保护方面的不变资本，以损害工人健康为代价来提高利润率。(4) 资本周转速度。资本周转速度影响年利润率，在其他条件不变的情况下，资本周转速度快，一年中可变资本周转次数多，年剩余价值量就大，年利润率就高；反之，资本周转速度慢，年利润率就低。

三、利润转化为平均利润

(一) 不同生产部门利润的差别

资本主义社会的不同工业生产部门，其生产类别、产品性质、生产条件、技术水平、工艺流程等各不相同，因而各个生产部门的资本有机构成和资本周转速度存在差别。而资本有机构成的高低和资本周转速度的快慢是影响利润率高低的重要因素。因此在不同的生产部门中，投入同等数量的资本，即使剩余价值率等其他条件相同，但由于资本有机构成高低不同和资本周转速度快慢不同，其利润率也就各不相同，从而获得不等量的利润。

这就意味着，一定数量的预付资本，投入资本有机构成较高或资本周转速度较慢的生产部门中，在一定时间内获得的剩余价值较少，利润率就比较低；反之，投入资本有机构成较低或资本周转速度较快的生产部门中，在一定时间内获得的剩余价值较多，利润率则较高。在资本主义发展的初期，商品经济发展程度还不够高，市场竞争尚未充分展开，资本在不同生产部门之间的转移比较困难，因而在这种条件下，曾经存在过等量资本投入不同生产部门获得不等量利润的情况。但是，这种情况同利润的性质是相矛盾的。因为利润是同预付资本相联系的经济范畴，资本家总是要求一定数量预付资本的投

① 马克思，恩格斯. 马克思恩格斯全集：第 23 卷. 北京：人民出版社，1972：829.

入应取得一定数量的利润作为回报。如果说相等数量的资本投入不同的生产部门，在一定时间内始终获得不等量的利润，那么把资本投入利润率较低生产部门的资本家决不会心甘情愿地长期获得较低的利润率，必然会把资本转而投入利润率较高的生产部门。这样一来，那些资本有机构成较高、资本周转速度较慢的生产部门，如重工业部门、基础产业部门等，便永远不会有人去投资经营。如果这些部门真的没有人去经营，资本主义社会的生产就会因缺乏必要的生产资料和基础设施，而使社会资本再生产的比例关系遭到破坏，导致社会再生产难以为继。当然，实际情况并非如此，事实上随着资本主义经济发展到较高阶段，各个资本家无论把资本投入何种生产部门，等量资本的投入大体上都能得到等量利润，出现了等量资本获得等量利润的趋势，也就是形成了平均利润。

（二）部门之间的竞争导致形成平均利润

随着资本主义发展到较高阶段，商品经济有了较高程度的发展，市场机制特别是竞争机制作用的发挥使市场竞争较为充分地展开，从而为资本在不同生产部门之间的转移创造了条件。投资于不同生产部门的资本家，相互之间展开竞争。部门之间的竞争是围绕取得有利的投资场所和争夺较高的利润率而展开的竞争。竞争的手段是资本在不同生产部门之间的转移。所谓资本的转移有以下几种情况：一是有的资本家把资本从利润率较低的部门抽出，投入利润率较高的部门；二是原有企业实行转产，生产利润率较高的产品；三是新的资本投向利润率较高的生产部门。

通过部门之间的竞争，资本总是向利润率高的部门转移，导致资本在各生产部门之间分配的比例发生变化，原来利润率较低的生产部门的资本数量减少，原来利润率较高的生产部门的资本数量增加。资本在各部门之间分配比例的这种变化，必然导致各部门利润率的变化，一方面，原来利润率较低的生产部门，由于资本数量减少，生产规模缩小，生产的商品数量相应减少，在社会需求不变的情况下，商品便会供不应求，从而引起商品价格上涨，随着商品价格的上涨，盈利就会增加，利润率因而逐步提高；另一方面，原来利润率较高的生产部门，由于大量资本转移进来，生产规模扩大，生产的商品数量大为增加，在社会需求不变的情况下，便会造成商品供过于求，从而引起商品价格下降，随着商品价格的下降，盈利就会减少，利润率因而逐步降低。

在不同生产部门的利润率发生了这种由低到高和由高到低变化的情况下，资本家为了追逐较高的利润率，其资本又会向相反的方向转移。资本在不同生产部门之间的转移，一直要持续到通过不同生产部门价格变动的自发调整，导致各个生产部门在一定时期内的利润率大体趋于平衡，所有的生产部门都获得大体上相等的利润率，即形成平均利润时，才会趋于停止。所以，不同生产部门之间平均利润的形成，是部门之间竞争的结果。总而言之，部门之间的竞争是平均利润形成的原因和实现机制。

例如，假定社会上有机械工业、纺织工业、食品工业三个生产部门，由于它们各自的资本有机构成不同和资本周转速度不同，在投资数量和剩余价值率等条件相同的情况下，它们的利润率也各不相同，这三个生产部门之间形成平均利润率的情况见表 7-1。

表 7-1　三个生产部门的平均利润率的形成

生产部门	预付资本	剩余价值率（%）	剩余价值	每年资本周转次数	年剩余价值量	年利润率（%）	年平均利润率（%）	年平均利润量	年平均利润量与年剩余价值量之差
机械工业	90c＋10v	100	10	1	10	10	30	30	＋20
纺织工业	80c＋20v	100	20	$1\frac{1}{2}$	30	30	30	30	0
食品工业	70c＋30v	100	30	$1\frac{2}{3}$	50	50	30	30	－20

一般来说，资本有机构成高的生产部门，资本周转速度较慢；资本有机构成低的生产部门，资本周转速度较快。在上述三个生产部门中，机械工业部门的资本有机构成最高，为 9∶1，资本周转速度最慢，每年周转 1 次；食品工业部门的资本有机构成最低，为 7∶3，资本周转速度最快，每年周转 $1\frac{2}{3}$次；纺织工业部门的资本有机构成为 8∶2，相当于社会平均资本有机构成，其资本周转速度也大体相当于社会平均资本周转速度，每年周转 $1\frac{1}{2}$次。这三个生产部门经过部门之间的竞争，形成 30%的年平均利润率，三个生产部门都获得 30 的年平均利润量。

从以上分析可以看出，**平均利润率**是社会剩余价值总额与社会预付总资本的比率，用公式表示为：

$$平均利润率=\frac{社会剩余价值总额}{社会预付总资本}$$

平均利润就是一定量预付资本按照平均利润率所获得的利润，用公式表示为：

平均利润＝预付资本×平均利润率

平均利润率不是各个生产部门不同利润率的绝对平均，平均利润率形成后，并非各个生产部门的利润率毫无差别。平均利润率只是在部门之间竞争过程中形成的一种趋势，而不是利润率的绝对平均。如果平均利润率是各生产部门利润率的绝对平均，那么，部门之间的竞争也就完全停止了。事实上，在平均利润率形成的条件下，各生产部门的利润率虽大体相同，但仍然存在差别，个别时期或个别部门之间利润率的差别还可能较大。但是，从长时期和总体来看，通过部门之间的竞争，存在着利润率平均化的总趋势。

在资本主义条件下，利润率的平均化作为一种总的趋势，具有客观必然性。因此，利润率平均化是资本主义的客观经济规律，**平均利润率规律**调节着资本主义经济的运行。

由于社会平均资本有机构成会逐步提高，在剩余价值率不变的情况下，同量预付资本所获得的利润量必然减少，从而导致平均利润率下降。所以，从资本主义的较长发展时期来看，平均利润率存在着下降的趋势。**平均利润率下降趋势规律**是资本主义的客观经济规律。

（三）平均利润的本质及其对资本主义剥削关系的掩盖

平均利润的形成是不同生产部门的资本家通过竞争重新瓜分社会剩余价值总额的结果，所以，平均利润本质上是全社会的剩余价值在各生产部门的资本家之间的重新分配，它体现着整个资产阶级剥削整个无产阶级的经济关系。

平均利润的形成，进一步掩盖了资本主义的剥削关系。本来，剩余价值转化为利润已经掩盖了剩余价值的起源，但这时各部门的利润量和剩余价值量还是相等的。利润转化为平均利润以后，许多部门所得的利润量和本部门工人创造的剩余价值量不相等了，利润和剩余价值在量上的联系被割断了。由于不同生产部门投入等量资本都得到等量利润，这就造成了一种假象，似乎利润的多少只和投入的资本量有关，似乎利润的源泉并非雇佣工人的剩余劳动而是资本，从而使利润的本质和真实的来源被进一步掩盖。

四、价值转化为生产价格

平均利润率形成以后，商品就不是按价值出卖，而是按生产价格出卖。**生产价格**是商品的生产成本加平均利润，它是价值的转化形式。价值转化为生产价格的过程，见表7－2。

表7－2　商品价值转化为生产价格的过程

生产部门	资本有机构成	剩余价值率（%）	剩余价值	平均利润率（%）	平均利润	价值	生产价格	生产价格与价值之差
机械工业	90c＋10v	100	10	20	20	110	120	＋10
纺织工业	80c＋20v	100	20	20	20	120	120	0
食品工业	70c＋30v	100	30	20	20	130	120	－10

从表7－2可以看到，资本有机构成高于社会平均资本有机构成的部门（如机械工业部门），生产价格大于价值；资本有机构成低于社会平均资本有机构成的部门（如食品工业部门），生产价格小于价值；只有资本有机构成相当于社会平均资本有机构成的部门（如纺织工业部门），其生产价格才与价值相等。

随着价值转化为生产价格，价值规律作用的形式发生了变化。在生产价格出现以前，市场价格围绕着价值上下波动；在生产价格出现以后，市场价格则围绕着生产价格上下波动，生产价格成了市场价格波动的中心。

生产价格与价值的背离，以及商品按照生产价格而不是按照价值出卖，并没有否定价值规律。这是因为：（1）从各个生产部门看，资本家获得的平均利润可以高于或低于本部门工人创造的剩余价值，但从全社会看，整个资产阶级获得的平均利润总额仍然等于整个无产阶级所创造的剩余价值总额。（2）由于全社会平均利润总额等于剩余价值总额，商品的价值总额也必然和生产价格总额相等。因此，从整个社会来看，商品按照生产价格出卖，实际上仍是按照价值出卖。（3）生产价格的变动，归根到底取决于价值的变动。商品价值包括c＋v＋m，其中，c和v的变动会引起生产成本的变动；m的变动会引起平均利润率的变动，从而引起平均利润的变动。因此，价值的任何一部分发生变动都会相应地引起生产价格的变动，两者变动的方向也是一致的。

平均利润率的形成和商品按生产价格出售，并不排斥个别企业的资本家仍可以取得超额利润。这是因为部门之间的竞争并不能排除或代替部门内部的竞争，超额利润是通过部门内部各企业之间的竞争形成的。在部门内部的竞争中，个别企业的资本家通过改进技术，降低成本，使本企业产品的个别生产价格低于社会生产价格，从而获得超额利润。**超额利润**是商品的个别生产价格低于社会生产价格的差额，它是超额剩余价值的转化形式。

五、平均利润和生产价格理论的重要意义

马克思的平均利润和生产价格理论具有十分重要的意义。首先，这一理论科学地解决了劳动价值论同等量资本得到等量利润之间表面上的矛盾。这一理论表明，生产价格只是价值的转化形式，它的基础仍然是生产商品所耗费的社会必要劳动时间即价值。因此，只有在劳动价值论的基础上，才能说明平均利润和生产价格变动的规律，平均利润和生产价格理论是劳动价值论的进一步丰富和发展。其次，这一理论也具有十分重大的实际意义。它揭示了整个资产阶级和整个无产阶级之间的对立。整个资产阶级都参加了社会总剩余价值的瓜分，每个资本家得到多少利润，都不仅取决于他对本企业工人的剥削程度，而且取决于全体资本家对全体雇佣工人的剥削程度。剩余价值总量越大，平均利润也就越高。因此，资本家之间在瓜分剩余价值上虽然也有矛盾，但在剥削无产阶级这一根本问题上，他们的利益却是完全一致的。所以，无产阶级要摆脱资产阶级的剥削，必须团结起来，形成整个阶级的合力，推翻整个资产阶级的统治，以社会主义制度取代资本主义制度。

第二节　商业资本和商业利润

一、商业资本

产业资本在它的循环过程中要顺次采取货币资本、生产资本、商品资本这三种不同的形式，分别执行三种不同的职能。在资本主义初期，这些不同的职能都是由产业资本家自己来执行的。由于当时企业的规模不大，市场范围比较狭小，产业资本家一般自己推销商品。随着资本主义的发展，生产的迅速增长和市场的不断扩大使流通中商品资本的数量大大增加，流通的时间也相应延长。这时，如果产业资本家仍要自己销售商品，就必须大量增加流通领域中的资本，这样就会相对地，有时甚至绝对地减少生产资本的数量，从而降低产业资本的利润率。于是，就产生了把商品资本的职能独立出来，交给专门的资本家去执行的必要性。这样，在资产阶级中，就出现了一部分资本家把自己的资本专门用于为产业资本的流通服务，推销产业资本家的商品。

商品资本职能从产业资本中分离出来以后，独立化为商业资本的职能，形成**商业资本**。所以商业资本就是独立地在流通领域中发挥作用的资本，它所执行的职能仍然是商品资本的职能，即通过销售商品实现商品的价值和剩余价值。商业资本是与产业资本相并列的独立的职能资本形态。

商业资本对于促进资本主义的发展起着重要的作用。商业资本有利于缩短流通时间，节约流通费用，减少流通中资本的数量，这样就会扩大直接用于生产的那部分资本；有利于加速产业资本周转，从而有助于增加剩余价值的生产，提高利润率；有利于促进分工的发展和市场的扩大，推动资本主义经济的发展。但是，商业资本的存在会引致商业投机行为，出现囤积居奇、哄抬物价、辗转倒卖，从而使生产和消费之间的脱节现象加重，进一步加深资本主义再生产的矛盾。

二、商业利润

商业资本家投资于商品经营，其目的也是攫取利润。**商业利润**就是商业资本家从事商业经营活动所获得的利润。商业利润不能低于平均利润，否则商业部门中的资本就会转移到生产部门中去。当然，商业利润也不能高于平均利润，否则生产部门中的资本也会转移到商业部门中来。所以，资本主义的部门竞争使商业利润也大体上相当于平均利润。

商业资本不从事生产活动，从表面上看，商业利润似乎产生于流通领域，实际上，流通领域发生的只是价值形式的变化，并不能发生价值的增殖。商业利润是生产领域中产业工人创造的剩余价值的一部分，是由产业资本家转让给商业资本家的。由于商业资本家投资于商业，替产业资本家销售商品，实现剩余价值，产业资本家就不能独自占有全部剩余价值，而必须并愿意把剩余价值的一部分以商业利润的形式转让给商业资本家。

所以，商业利润是商业资本家从产业资本家剥削来的剩余价值中所瓜分到的那部分剩余价值的转化形式，它体现了商业资本家和产业资本家共同剥削雇佣工人和共同瓜分剩余价值的关系。

产业资本家转让给商业资本家的剩余价值是通过价格差额实现的。产业资本家以低于生产价格的价格把商品出售给商业资本家，商业资本家再按生产价格把商品出售给消费者，这两种价格之间的差额就是商业利润。例如，假定社会预付的产业资本是 720c＋180v＝900，剩余价值率为 100%，一年内生产的商品总价值＝720c＋180v＋180m＝1 080（假定不变资本的价值全部转移），利润率是 20%。为了销售商品，在流通领域内还必须垫支一定量的资本。假定商业资本家垫支了 100，这时社会总资本就不是 900，而是 1 000。现在，180 的剩余价值必须在 1 000 的社会总资本之间平均分配，平均利润率就变为 180/1 000＝18%。按照这个平均利润率，产业利润＝900×18%＝162，商业利润＝100×18%＝18。在这种情况下，产业资本家就不是按照商品生产价格把商品卖给商业资本家，而是按生产成本加产业利润的价格即 900＋162＝1 062 的价格把商品卖给商业资本家。商业资本家再加上商业利润，按照 1 062＋18＝1 080 的价格即按照商品的生产价格将其卖给消费者，从而商业资本家获得产业资本家让渡给他的那部分剩余价值。

商业资本参加剩余价值的分割，降低了平均利润率，对产业资本家似乎是不利的，但实际上并非如此。如果没有独立的商业资本，产业资本家必须另外在流通领域中投入一笔资本，而且如前所述，其数量将比商业资本家的资本量更大，从而利润率下降得更多。现在由于有商业资本家专门经营商业，流通领域的资本总量减少了，使平均利润率保持在较高水平，从而对产业资本家是有利的。

三、商业流通费用及其补偿

商业资本家经营商业，除了需要预付一定的资本购买商品外，还需要在商品流通过程中支付一定的**流通费用**。流通费用分为生产性流通费用和纯粹流通费用两种。

由于商品具有二因素，商品在流通领域里的运动也是两重的：一方面是商品本身即商品的使用价值的运动；另一方面是商品的价值形态变化的运动。

由商品使用价值的运动引起的费用，如运输费、保管费、包装费等，是同生产过程在流通领域内的继续有关系的费用，属于**生产性流通费用**。从事运输、保管、包装等的劳动，也是生产性的劳动。这种劳动不仅能把劳动过程中消耗掉的物质资料的价值转移到商品中去，而且能创造新价值，即增加商品的价值和剩余价值。这部分流通费用可以从销售已经增大了的商品价值中得到补偿。

由商品价值的运动引起的流通费用，即在商品买卖过程中，将商品变为货币和将货币变为商品而支出的费用，是**纯粹流通费用**。这种费用包括：商业店员的工资、广告费、办公费、簿记费、商店设备等方面的开支及其他一些费用开支。纯粹流通费用属于非生产性开支。单纯从事商品买卖的劳动是非生产性劳动，它不能增加商品的价值。但商业资本家垫支纯粹流通费用，不仅要求得到补偿，而且要求按照平均利润率带回一份相应的利润。纯粹流通费用从剩余价值总额中得到补偿，它是剩余价值的一种扣除。所以，纯粹流通费用的补偿及其所得到的平均利润，归根到底来源于产业工人所创造的剩余价值。

四、商业资本家对商业店员的剥削

商业店员的劳动是非生产性劳动，它不创造价值和剩余价值，只能实现商品价值和包含在商品价值中的剩余价值。但商业资本家对店员也存在剥削，因为商业资本家是依靠店员的劳动实现商品价值，从而才能瓜分到产业工人所创造的一部分剩余价值的。

商业店员的全部劳动时间也分为必要劳动时间和剩余劳动时间。在必要劳动时间内实现的剩余价值，补偿资本家支付给他们的工资；在剩余劳动时间内实现的剩余价值，除其中一部分用来补偿工资以外的纯粹流通费用外，其余部分形成商业资本家获得的商业利润。店员的工作日越长，劳动效率越高，所提供的剩余劳动就越多，商业资本家由此可以获得越多的商业利润。因此，商业店员和产业工人一样，属于受剥削的无产阶级。而商业资本家正是通过剥削店员的剩余劳动来取得产业资本家转让给他们的那部分剩余价值的。

第三节 借贷资本和利息

一、借贷资本的形成和本质

资本主义社会里的独立资本形态，除了产业资本、商业资本以外，还有借贷资本。**借贷资本**就是为了取得利息而暂时借给另一个资本家使用的货币资本。这种不从事任何实际生产经营而单靠利息获利的资本家，就是借贷资本家。

在资本主义制度下，借贷资本也是从产业资本的循环过程中分离出来的一种独立的资本形态。在产业资本循环过程中，必然会出现大量暂时闲置的货币资本，这是因为：(1) 固定资本价值是逐渐转移到商品中去，并随着商品的出售，一部分一部分地回到资本家的手里的。而固定资本在实物形态上的更新却是在它们完全磨损后才进行的。因此，在需要更新以前，资本家手里会有一部分固定资本的折旧费暂时闲置起来。(2) 在商品已经出售，但还没有发放工资、购买原材料时，这部分流动资本也会暂时闲置起来。(3) 资本家预定用于积累的剩余价值，只有积存到一定数量时，才能转化为资本。在这以前，这部分剩余价值也会暂时闲置起来。上述种种暂时闲置的货币资本，不能为其所有者带来剩余价值，这当然是同资本的本性相矛盾的。为了使这部分资本发挥作用，资本家就要为其寻找出路。这种出路是存在的，因为在资本主义生产和再生产过程中，各个资本的循环是交错进行的，某些资本家出售商品之后，会有暂时闲置不用的货币资本，而另外一些资本家的商品尚未销售却正要购买机器设备、原料和发放工资，需要补充的货币资本。这时，拥有暂时闲置货币资本的资本家就可以把这部分货币资本贷放给临时需要货币资本的资本家使用，使之发挥资本的作用。当然，拥有货币资本的资本家不会无代价地把资本暂时让给别人使用，取得贷款的资本家在归还贷款时必须加上一笔利息作为代价。于是，产业资本运动过程中暂时游离出来的货币资本为获取利息而被借贷出去时，就形成了借贷资本。

所以，借贷资本作为为取得利息而暂时借给另一个职能资本家使用的货币资本，它的本质在于，体现着借贷资本家和**职能资本家**（包括产业资本家和商业资本家）共同剥削雇佣工人和共同瓜分剩余价值的关系。

二、利息和利息率

伴随着借贷资本的出现，产生了资本所有权和资本使用权的分离。拥有货币资本的借贷资本家自己并不使用这些货币资本，而是把它们借给职能资本家使用。这部分货币资本，只有在转到职能资本家手里以后，才在生产和流通过程中发挥作用。借贷资本家只是凭借对货币资本的所有权，定期从职能资本家手里取得利息收入。由于资本所有权和资本使用权的分离，同一个资本取得了双重的存在：在借贷资本家手里是财产资本，在职能资本家手里是职能资本。与此相适应，使用这种资本所获得的平均利润也分割为两部分：一部分支付给借贷资本家作为其出让资本使用权的利息；另一部分是归职能资本家所有的企业利润。**企业利润**是指职能资本家利用借入资本从事生产经营所获得的利润，它在数量上是平均利润减去利息后的差额。

由此可见，**利息**是平均利润的一部分，是剩余价值的特殊的转化形式，它的来源是剩余价值。借贷资本家虽然不直接剥削雇佣工人，但通过职能资本家间接地和雇佣工人发生关系。所以，利息反映的仍然是资产阶级剥削雇佣工人的关系。

借贷资本家只凭借资本的所有权就可以获得利息。而在利息的形态上，剩余价值的生产过程和实现过程都看不见了。这就造成了一种假象，似乎货币本身就能生出更多的货币，从而完全掩盖了资本主义剥削的实质。其实，货币资本贷放过程本身并不能生产出剩余价值，只有在职能资本家使货币资本在实际生产过程中发挥作用时，才带来剩余价值。利息量与借贷资本量的比率，是**利息率**。

$$利息率=\frac{一定时期的利息量}{借贷资本量}$$

例如，一个100万元的借贷资本，一年能获得4万元的利息，那么它所依据的利息率就是4万元/100万元＝4%，习惯的说法是年利四厘或年利率4%。

利息率的高低是怎样决定的呢？在一般情况下，利息率要低于平均利润率，否则职能资本家得不到任何利益，就不去借款了。利息率也不能等于零，否则就没有人愿意贷出货币资本。因此，利息率总是在平均利润率和零之间波动。利息率的高低首先是受平均利润率高低的影响。其次，当平均利润率一定时，利息率的高低就取决于金融市场上借贷资本的供求关系。借贷资本的供给大于需求，利息率就下降；反之，利息率则会上涨。最后，当平均利润率既定和借贷资本供求平衡时，利息率是由一个国家的习惯和法律等因素决定的。

三、银行资本和银行利润

在资本主义社会里，货币资本的借贷主要是通过银行来进行的。**资本主义银行**是专门经营货币资本的资本主义企业，它的职能是把社会上的闲置资本和各阶层手中暂时不用的货币集中起来，贷给职能资本家使用，即充当货币资本的所有者和借用者之间的信用中介。同时，银行还充当资本家之间的支付中介。

银行资本分为两个部分：一部分是银行资本家投入银行的自有资本，它只占银行资本的很小一部分；另一部分是银行吸收的存款，即借入资本。资本家投资于银行和投资于工商业一样，其目的都是获得利润。**银行利润**是由存款利息和贷款利息之间的差额形成的。银行贷款利息一般都高于存款利息，两者之间的差额减去经营银行业务的费用，就构成银行利润。由于在银行资本家和职能资本家之间同样存在着竞争和资本的自由转移，因而银行资本家也获得平均利润，银行利润与银行的自有资本的比率相当于平均利润率。

银行利润和利息一样，它的来源也是雇佣工人在生产中所创造的剩余价值。银行资本家通过贷出资本给职能资本家使用而获得利息，这个利息是职能资本家将其利用贷款从事生产经营而获得的剩余价值的一部分支付给银行所形成的，因而银行资本家参加了对剩余价值的瓜分。银行资本家之所以能以银行利润的形式瓜分到一部分剩余价值，是因为他依靠了银行雇员的劳动。银行雇员的劳动也分为必要劳动和剩余劳动，银行雇员的劳动虽然不创造价值和剩余价值，但银行雇员能在剩余劳动时间内使银行资本家瓜分到一部分剩余价值，即实现银行利润。因此，银行雇员同样遭受银行资本家的剥削。

四、股份公司

（一）股份公司的产生

股份公司是通过发行股票的方式合资经营的企业。现代资本主义国家的大中型企业大都采取股份公司的形式。以发行股票的方式，集中很多单个资本进行股份联合经营的资本，被称为**股份资本**。

股份公司是随着资本主义社会生产社会化程度的提高和信用制度的发展而产生的。首先，生产社会化程度的提高，使得开办企业所必需的资本最低限额越来越大。此外，某些事业的经营，如铺设铁路等，需要投入巨额资本，这往往是个别资本家无力经营的。因此，需要通过集资方式，组织起股份公司进行经营。其次，资本主义信用制度的发展，促进了股份公司的产生和发展。这是因为，股份公司的股票发行一般是通过作为信用中介的金融机构来进行的，而且银行经常是股份公司的主要投资者。同时，在股份公司中，股票的持有者拥有公司的所有权，但这些资本是交给股份公司在生产经营中使用的，因而股份公司中资本的所有权和使用权是相互分离的。这就表明，股份公司实际上是信用这种借贷活动的一种特殊形式。

（二）股份公司的功能

股份公司这种与社会化大生产相适应的、在市场经济条件下发展起来的资本经营组织形式，对促进资本主义经济的发展具有重要的作用。

第一，有利于快速聚集资本、优化投资结构和提高投资效益。股份公司通过发行股票，可以突破单个资本的局限性，广泛吸收社会闲散资本，在短期内将大量资本集中起来，形成社会化的资本，从而适应社会化大生产对巨额资本的需求，建立起大型企业，或迅速扩大原有企业的生产能力，实行规模经营，促进生产社会化的发展。而大资本凭借其强大实力，能够广泛利用先进技术，合理配置资源，提高设备利用率，在激烈的市场竞争中更易取胜，获取较高盈利。同时，股份公司的效益越好，股东的收益就越多，从而能吸引越多的投资者。这就有利于资本向市场需求大、经济效益高的部门和企业转移，从而优化投资结构，促进资源的合理配置。

第二，有利于资本的所有权和经营权的分离，提高企业的运营效率。在股份公司中，股权是财产权的表现，股东作为公司资本的所有者，掌握企业财产的所有权，行使股东的权利，承担相应的义务。而公司制企业作为独立的法人，使用和经营企业的资产，掌握企业的经营权。这种所有权和经营权的两权分离，使企业财产所有者的权益得到了维护，他们享有资产收益权、重大决策权、经营管理者选择权。而企业的经常性生产经营活动，不由所有者自己承担，而是委托给有经验、会管理、善经营的专职经营者，即企业的经理人员。这样就使企业完全成为自主经营、自负盈亏的商品生产者、经营者和市场竞争主体，拥有独立的经营权，独立地进行生产经营活动，并在企业内部形成一个专业化的经营管理队伍，从而能够有效地提高企业的经营管理水平和企业资本的运营效率。

第三，有利于企业财产的完整和稳定。股份公司对股东投资所形成的全部财产具有法人财产权。**企业法人财产权**是企业法人与企业财产经营权的有机结合。企业作为法人财产权的主体，独立支配和自主经营企业财产。这种企业法人财产具有整体性、稳定性和连续性。股份公司有多元投资主体，但不论企业的投资者有多少，企业的法人财产都合为一体，不可分割，由企业法人占有和使用，实行统一经营管理，股东不能随意抽回投资，从而保持了企业财产的整体性。股份公司的股东即使将其对企业的投资转让给他人（如出卖股票而使股权转移），企业的法人财产也并不会因此而发生变动，从而保持了企业财产的相对稳定。同时，只要公司存在，企业法人就拥有企业法人财产权，不会因股权转移所引起的投资者的变动而影响企业法人财产权的连续行使。公司财产的完整和稳定，可以为企业进行较长期的经营决策和有计划地从事较长期的生产经营活动创造有利条件。

（三）股份公司的组织形式和法人治理结构

1. 股份公司的组织形式

股份公司的组织形式主要有：

（1）有限责任公司和股份有限公司。**有限责任公司**的股东对公司债务的清偿责任以其出资额为限，公司以其全部资产对公司的债务承担清偿责任。**股份有限公司**的全部资本被分为等额股份，股东以其所持股份为限对公司承担责任，公司以其全部资产对公司的债务承担责任。

（2）**股份无限公司**。由两个以上的股东组成，股东对公司的债务负连带无限清偿责任。

（3）**股份两合公司**。由无限责任股东和有限责任股东组成的公司。其无限责任股东对公司债务负连带无限清偿责任，有限责任股东以其所认购的股份为限对公司的债务负责。

2. 股份公司的法人治理结构

股份公司作为法人组织，其组织结构被称为**法人治理结构**，一般包括权力机构、经营管理机构、监督机构；相应地，一般需建立决策、执行和监督体系。这三种机构的具体形式就是股份公司的股东会、董事会（以及由董事会聘任的经理）、监事会。股东会是公司的最高权力机构；董事会是公司的经营决策机构，董事会所聘任的经理负责企业的日常生产经营管理；监事会是公司的监督机构。三者各司其职，权责明确，并相互制约。这种三权分立的组织结构，有利于在公司内部形成激励和约束机制，保证企业高效和通畅运营。

股份公司的最高权力机构是定期召开的股东大会，它决定公司的生产经营方向和重大经济活动，并选举董事会来负责公司的经营管理。股东有权出席股东大会，并有投票表决权。但是，大多数股东只具有形式上的权力。这是因为，股东大会上的投票表决权是按股票数目计算的，而不是按股东人数计算的。每股股票有一票表决权，少数掌握大量股票的大股东拥有较多的投票权，从而他们能控制股份公司的重要经济活动，大股东和大资本家实际上成为股份公司的真正所有者。

（四）股票和股息

股票是向股份公司投资入股并有权取得股息收入的凭证。每股股票代表一定金额，它体现着股份资本的所有权。股份公司通过发行股票筹集资本，股票的持有者作为股份公司的**股东**，其所投入公司的资本构成企业生产经营的基础。

股份公司股票具有的主要特点是：（1）不返还性。股票持有者不能向公司退股，不能从企业抽走资本。股东如不想继续持股，只能到证券市场上出售股票。（2）流动性。股票能给持有者带来股息收入，因而可以在股票市场买卖、抵押或转让。许多股票持有者之所以购买股票，正是基于股票流动性的特点，通过股票价格的波动，获取买卖股票的差价以谋利。（3）风险性。股票的风险性来自两个方面：一方面是公司的不良经营。股票持有者从公司获得收益的多少，取决于公司的生产经营状况。公司盈利，股票持有者则可获得股息，甚至获得较高收益；但是，如果公司亏损，甚至破产，股票持有者则按其持股的投资额承担责任和风险。另一方面是股票市场价格的波动。股票市场价格的波动影响着持股者的收益。若股票价格上涨，出卖股票可以获利，甚至在短期内获利丰厚；反之，若股票价格下跌，出卖股票就会遭受损失，甚至损失重大。所以，购买股票实际上是一种风险性投资。

大股东控制股份公司所需要的股票数量称作**股票控制额**。股票控制额从原则上说应占一个股份公司股票总额的一半以上，但实际上并不需要这么多，因为股票持有者众多，特别是小额股票的发行使得股权更为分散，小股东不可能形成与大股东相抗衡的力量。大股东据以控制股份公司的股票控制额，往往只需占股票总额的30%或20%，甚至5%即可。

股息是股票持有者根据股票的票面额从企业利润中分得的收入。股票持有者有权参加股份公司利润的分配。资本主义股份公司的利润是剩余价值的转化形式，因而股息实质上是雇佣工人所创造的剩余价值的转化形式。

（五）股票价格

股东可以把股票拿到证券市场上出卖。股票不是劳动产品，本身没有价值，它之所以能在证券市场上出卖，并且可以有价格，是因为持有股票的人每年可根据企业的盈利情况从股份公司取得一笔股息收入，这就同把一笔相当的货币资本存入银行取得利息一样。因此**股票价格**是股息收入的资本化，即股票价格等于这样一笔货币资本，把这笔货币资本存入银行每年所获得的利息，与凭这张股票每年取得的股息相等。股票价格取决于股息和利息率，它和股息成正比，和银行存款利息率成反比。可用公式表示如下：

$$\text{股票价格}=\frac{\text{股息}}{\text{存款利息率}}$$

例如，票面额为100元的股票，一年可分得股息6元，而银行的存款年利息率是3%，那么这张股票的价格就是6÷3%=200元。

股息和银行存款利息率是制约股票价格的最根本的因素。但在日常的股票市场上，股票的价格经常由于股票供求关系的变动而不断上下波动。影响股票供求关系的有经济因素、政治因素及人为投机因素。经济因素如经济周期、通货膨胀、金融政策、税收政策等；政治因素如战争、国内外重大政治事件、政府领导的更迭等；人为投机因素指一些大的股票持有者通过制造谣言、大量抛出或大量购入股票等手段造成虚假的供求变动，使股票价格大涨大落，以达到他们从中牟取暴利的目的。

五、信用在资本主义经济中的作用

资本主义信用是借贷资本运动的形式，它是以偿还为条件的货币借贷活动或商品赊销活动。资本主义信用有三种：商业信用、银行信用和国家信用。**商业信用**是指职能资本家之间用赊账方式买卖商品而发生的信用。**银行信用**是银行以贷款方式向职能资本家提供的信用。**国家信用**是国家财政发行公债和国库券，或贷款给企业而发生的信用。

信用尤其是银行信用的发展，对资本主义的经济生活有着两重作用。

第一，信用促进了资本主义经济的发展。这表现在：（1）信用促进了利润率的平均化。利润率的平均化以资本在各部门间的自由转移为条件，而货币形态上的资本比较容易自由地在各部门间转移。银行正是实现货币资本再分配的最灵活的机构。依靠银行的贷款或投资，资本能迅速地由利润率低的部门转向利润率高的部门，因而促进了各部门利润率的平均化。（2）信用能够节省流通费用，缩短流通时间。由于信用的发展，商品买卖可以采用赊账的方式，这就大大加快了商品流通，缩短了资本周转的时间，并节省了与商品流通有关的一些流通费用。（3）信用可以促进资本的集中，加速资本的积聚。信用是资本集中的强大杠杆，它加速了资本集中的重要形式之一即股份公司的发展。这是因为股份公司股票的很大一部分要通过银行来发行，而且银行常常是股份公司的主要投资者。信用还大大加速了大资本剥夺中小资本的过程，加强了大企业的竞争力，因为大资本往往能得到较多的银行贷款，这样就使它能更有力地压倒和吞并中小资本。信用还加速了资本的积累，它把各种闲置资本汇合成巨额货币资本，缩短了个别资本家逐渐积累资本所需要的时间；同时，它又把社会上各阶层的零星收入集中起来，供资本家使用，从而扩大了资本积累的规模。

第二，资本主义信用的发展促进了资本主义基本矛盾的发展和经济危机的爆发。这是因为信用制度的发展使资本主义的生产规模可以不受资本家自有资本的限制而扩大，促进了生产的社会化；同时，信用通过加速资本集中和积聚，使生产资料和产品日益集中到少数大资本家私人手里，这就使生产社会化和生产资料资本主义私人占有之间的资本主义基本矛盾进一步尖锐化。与此同时，信用又造成了商品的虚假需求，加剧了各生产部门之间发展的不平衡，从而促进了经济危机的爆发。

六、虚拟资本

虚拟资本是以股票、债券、不动产抵押单等有价证券形式存在，并为其持有者带来一定收入的资本。虚拟资本的持有者能够凭借有价证券定期取得一定的股息、债息等收入，并能通过有价证券的买卖，既获得投资价值的补偿（即保本），又获取一定的盈利，从而实现价值的增殖，从这个意义上我们把它称为“资本”。

但是，虚拟资本与产业资本、商业资本等现实的职能资本不同，它不在生产和流通领域中发挥实际职能作用；它与借贷资本不同，它本身没有价值；它与作为价值符号的纸币不同，各种有价证券并非价值符号。因此，虚拟资本的存在固然要以现实资本的存在为基础和依托，没有现实资本也就没有虚拟资本，然而虚拟资本与现实资本却有着本质的差别，虚拟资本不是真实存在的资本，只是现实资本所有权的一个证书，例如，股票是股份资本所有权和有权取得股息的凭证。所以，从这个意义上，我们把它称为“虚拟”资本。

虚拟资本不仅与现实资本具有上述质的差别，而且二者有量的差别。虚拟资本没有价值，它的价格不是价值的货币表现，而是有价证券收入的资本化，其价格不是随着现实资本价值的增减而升降，而是取决于其收入和利息率的变化，并受证券市场供求关系等因素的影响。如股票价格与股息收入成正比，与银行存款利息率成反比，并随着股票市场供求关系的变化而波动。所以，虚拟资本数量的决定方式和变动方式都与现实资本存在差别。

正因为虚拟资本与现实资本在质和量上都存在差别，所以，虚拟资本的价格的变动，可以同其所代表的现实资本的价值不一致，它的价格的变动是一种相对独立的运动。如股票价格的涨落可以使虚拟资本的数量大幅增减，但股份公司的现实资本的价值量却未必发生相应的变化。

虚拟资本作为信用工具，可以促进信用关系的发展，加速现实资本周转和促使资本及时转移，促进现实资本的重组和结构调整，有利于广泛利用社会上的各种闲散资金，推动资本的集中和股份制的发展，提高生产的社会化程度和满足扩大再生产的需要。但是，虚拟资本又可以成为金融投机工具，特别是在投机性炒作和金融衍生产品泛滥的情况下，使大量社会资金滞留在证券交易领域，影响实体经济的发展。而在虚拟资本过度膨胀，大大超出现实资本的数量，脱离实际经济发展需要的情况下，虚拟资本会造成虚假繁荣，形成大量经济泡沫，容易导致证券市场价格剧烈波动，造成金融体系的动荡，诱发金融危机。

第四节 资本主义地租

一、资本主义地租的本质和特点

地租是土地所有者凭借土地所有权获得的一种收入。在资本主义制度下，土地是私有的，土地所有者把土地出租给农业资本家，由农业资本家投资经营。农业资本家雇佣农业工人耕种土地，而后农业资本家把从农业雇佣工人身上剥削来的剩余价值的一部分作为自己获得的平均利润，把剩余价值的另一部分交给土地所有者，形成资本主义地租。**资本主义地租**就是农业资本家租种土地所有者的土地而向土地所有者缴纳的地租，它是由农业雇佣工人所创造的超过平均利润的那一部分超额利润构成的。

资本主义地租和封建地租虽然都是土地所有权在经济上的实现，都是土地所有者凭借土地所有权而获得的剥削收入，但是，由于它们存在于不同社会形态内，与不同的土地所有制相联系，所以，两者的性质根本不同，各有其特征。（1）封建地租以封建土地所有制为前提，并在不同程度上和农民对地主的人身依附相联系。资本主义地租以资本主义土地所有制为前提，和人身依附相分离，体现一种纯粹的经济关系。（2）封建地租是封建地主直接从农民那里剥削来的剩余劳动或剩余产品，它包括农民的全部剩余劳动或剩余产品，甚至侵吞一部分必要劳动和必要产品。而在资本主义制度下，地主将土地出租给农业资本家经营，农业资本家必须取得平均利润。因此，资本主义地租不是农业雇佣工人创造的全部剩余价值，而只是剩余价值扣除平均利润以后的余额，即超额利润。（3）封建地租反映的是封建社会两大基本阶级——地主和农民之间直接对立的关系。而资本主义地租体现的是资本主义社会三个主要阶级之间的关系，即农业资本家和土地所有者共同剥削农业雇佣工人的关系，以及农业资本家和土地所有者之间瓜分剩余价值的关系。

资本主义地租有两种基本形式：级差地租和绝对地租。

二、级差地租

土地是农业生产的基本生产资料，但不同地块的肥沃程度和地理位置存在差别，因而租种面积相同而肥沃程度、地理位置不同的土地，地租数量也不一样。这种与土地的不同等级相联系的地租，被称为**级差地租**，它是由农产品的个别生产价格低于社会生产价格所形成的超额利润构成的。

（一）级差地租形成的条件

土地有肥瘠之分，有地理位置（距离市场和交通线的远近）之别。同量资本投入面积相同而生产条件不同的土地，劳动生产率和资本家获得的收益是不相等的。租种生产条件较差的土地，劳动生产率低，产量少，单位农产品的个别生产价格就高；而租种条件较好的土地，劳动生产率高，产量多，单位农产品的个别生产价格就低。农产品同其他商品一样，按社会生产价格出售。而农产品的社会生产价格是由劣等地所生产的农产品的个别生产价格决定的，以使租种劣等地的农业资本家也能获得平均利润。因此，租种生产条件好的地块的农业资本家除获得平均利润外，还因其农产品的个别生产价格低于社会生产价格而取得超额利润。这个超额利润为农业资本家缴纳级差地租提供了条件。所以，土地的肥沃程度不同和地理位置不同，是形成级差地租的条件。下面举例说明级差地租形成的条件。

假定耕地由优等地、中等地和劣等地三个等级构成，三块土地的面积相等；假定每块土地上的投资都是100元，在一个生产周期中，这100元资本价值全部消耗掉，取得的平均利润都是20元；假定优等地产粮60千克，中等地产粮50千克，劣等地产粮40千克，每千克粮食的社会生产价格为3元。这样，优等地全部农产品的个别生产价格为120元，社会生产价格为180元，二者的差额为60元，这60元超额利润就为形成优等地的级差地租创造了条件。中等地全部农产品的个别生产价格也为120元，而社会生产价格为150元，二者的差额为30元，这30元超额利润就为形成中等地的级差地租创造了条件。而劣等地不能获得超额利润，因而没有形成级差地租的条件。级差地租的形成见表7-3。

表7-3　级差地租的形成

土地级别	投入资本（元）	平均利润（元）	产量（千克）	个别生产价格（元）		社会生产价格（元）		形成级差地租的超额利润（元）
				每千克	全部产品	每千克	全部产品	
优等地	100	20	60	2	120	3	180	60
中等地	100	20	50	2.4	120	3	150	30
劣等地	100	20	40	3	120	3	120	0

（二）构成级差地租实体的超额利润长期稳定存在的原因

构成级差地租实体的超额利润必须长期稳定地存在，才能够形成级差地租。而构成级差地租实体的超额利润能够长期稳定存在的原因是对土地的资本主义经营垄断。**土地的资本主义经营垄断**是指有限的土地被农业资本家经营使用后所形成的对土地的经营性垄断。

第一，土地的资本主义经营垄断，使农业中获得的形成级差地租的超额利润可以长期稳定地存在。工业中的超额利润不像农业中那样稳定，因为在工业中任何企业都不能长期垄断先进技术，随着其他企业也改进技术，当个别先进企业的生产条件变成大多数企业都具有的生产条件时，产品的社会生产价格就会降低，原有的超额利润就会消失。而农业的情况则不同。农业中投入同量资本于面积相同的土地而获得的不同收益，是和土地的不同等级联系在一起的。而土地是有限的，条件优越的土地更有限，不像机器设备那样可以随意添置。在有限的优等地和中等地被某些农业资本家承租经营以后，其他农业资本家不可能再制造出优等地和中等地去经营，这就形成了一种对土地的资本主义经营垄断。这种土地的资本主义经营垄断，限制了农业资本的自由转移和竞争，使农业中的超额利润经常地、稳定地存在，从而可以形成固定的收入作为级差地租缴纳给土地所有者。

第二，土地的资本主义经营垄断，使得经营优等地和中等地的农业资本家都能获得形成级差地租的超额利润。工业中的超额利润只有先进企业可以获得，而农业中的超额利润却是经营优等地和中等地的资本家都可取得。土地经营垄断的存在使得农产品的社会生产价格不能由农业中的中等生产条件决定，而必须由劣等生产条件决定。这是因为，优等地和中等地是有限的，仅仅耕种这些土地不能满足社会对农产品的需要，劣等地也必须投入生产，才能满足社会需要。而农产品的社会生产价格如果由中等地决定，经营劣等地的资本家就得不到平均利润，因而就不愿投资经营劣等地。但是，若劣等地不投入生产，农产品供不应求，市场价格就要上涨，一直上涨到与劣等地的农产品的个别生产价格相等，投资于劣等地也能得到平均利润时，资本家就会愿意去经营劣等地。因此，农产品的社会生产价格总是由劣等地决定，经营优等地和中等地的资本家按照这个社会生产价格出售农产品，都可以得到个别生产价格低于社会生产价格所形成的超额利润，只不过经营中等地所获得的超额利润比经营优等地所获得的要少一些，因而可以将这个超额利润作为级差地租缴纳给土地所有者。

从以上的分析可以看到，形成级差地租的超额利润之所以能够长期稳定地存在于资本主义农业中，原因是农业中对土地的资本主义经营垄断。垄断经营优等地和中等地的农业资本家所长期稳定获得的超额利润，便可以作为级差地租，交给土地所有者。

(三) 级差地租产生的原因

我们知道，资本主义工业中的超额利润由率先采用先进技术的工业资本家取得。但是，资本主义农业中的超额利润，却并非留在租种优等地和中等地的农业资本家手中，而是以级差地租的形式转归土地所有者，其原因就在于土地的私有权。土地私有权同农业中超额利润的形成没有关系，但它是农业中的超额利润转归土地所有者所有的原因，即级差地租产生的原因。土地所有者凭借他们对土地的私有权，要向租种优等地和中等地的农业资本家索取级差地租。而经营优等地和中等地的农业资本家已经取得了平均利润以后，可以把所获得的超额利润作为级差地租交给土地所有者。因此，土地私有权是使农业中超额利润以级差地租的形式从农业资本家手中转到大土地所有者手中的根本原因。

(四) 级差地租的源泉

级差地租的源泉是耕种优等地和中等地的农业雇佣工人创造的剩余价值的一部分，即农产品的个别生产价格低于社会生产价格所形成的超额利润。耕种优等地和中等地的农业雇佣工人的劳动是一种具有较高生产率的劳动，从而是倍加的劳动，它能创造出超额剩余价值。所以，级差地租反映的是农业资本家和土地所有者共同剥削农业雇佣工人的关系。

(五) 级差地租的形态

级差地租由于形成的条件不同而分为两种形态，即级差地租第一形态（Ⅰ）和级差地租第二形态（Ⅱ）。级差地租Ⅰ是由于土地肥沃程度不同和地理位置优劣而产生的级差地租。级差地租Ⅱ是由于在同一块土地上连续增加投资的劳动生产率较高而产生的级差地租。级差地租Ⅰ是级差地租Ⅱ的基础。

在超额利润转化为级差地租这一点上，级差地租Ⅰ和级差地租Ⅱ是不同的。构成级差地租Ⅰ的超额利润，一般都在租约内作了规定，归土地所有者所有。而构成级差地租Ⅱ的超额利润，在租约期内归农业资本家所有；当租约期满，签订新租约时，就会通过提高地租额而转归土地所有者所有。农业资本家和土地所有者之间经常为了租期长短与租额多少展开斗争，这种斗争反映了两个剥削阶级集团在瓜分剩余价值上的矛盾。

三、绝对地租

在分析级差地租时可以看到，耕种劣等地的农业资本家是不缴纳级差地租的。但实际上，资本主义制度下由于存在土地私有制，租种任何一块土地，哪怕是最贫瘠、位置最差的土地，也必须向它的所有者缴纳一定数量的地租。否则，土地所有者宁肯让它荒芜。这种由于土地私有制的存在，因而租种任何土地都必须缴纳的地租，叫做**绝对地租**。

（一）绝对地租形成的条件

绝对地租形成的条件是，在资本主义制度下相当长的时期内，农业生产技术的发展落后于工业，因而农业的资本有机构成低于社会平均资本有机构成。农业的资本有机构成低，同量资本就可以雇佣更多的劳动者，推动更多的活劳动，在剩余价值率相等的情况下，创造的剩余价值量就大，从而使农产品的价值高于其社会生产价格，由此所形成的超额利润，就为形成绝对地租创造了条件。下面举例说明绝对地租的形成。

假定工业部门和农业部门的投资各为 100 元，工业部门的资本有机构成为 80∶20，农业部门的资本有机构成为 60∶40；假定剩余价值率为 100%，则工业部门可获得 20 元剩余价值，农业部门可获得 40 元剩余价值；假定平均利润率为 20%，则平均利润为 20 元。农业平均利润率是以工业平均利润率为标准的，农业资本家获得与工业资本家同样的 20 元平均利润。这样，全部农产品的价值总量为 100 元＋40 元＝140 元，而全部农产品的社会生产价格总额为 100 元＋20 元＝120 元，二者的差额为 140 元－120 元＝20 元。这 20 元是农业资本家所获得的超额利润，这个超额利润就形成绝对地租，缴纳给土地所有者。绝对地租的形成见表 7－4。

表 7－4　绝对地租的形成

生产部门	资本有机构成（元）	剩余价值（元）（剩余价值率＝100%）	平均利润（元）（平均利润率＝20%）	产品价值（元）	产品的社会生产价格（元）	绝对地租（元）
工业	80c＋20v	20	20	120	120	0
农业	60c＋40v	40	20	140	120	20

（二）绝对地租产生的原因及源泉

绝对地租产生的原因是土地的私有权垄断，**土地的私有权垄断**是指有限的土地都被私人土地所有者占有后所形成的对土地的私有权垄断。第一，土地的私有权垄断使农产品的价值高于社会生产价格所形成的超额利润，有可能留在农业部门形成绝对地租。工业中不同生产部门的资本有机构成也是不同的，资本有机构成低的部门，其产品价值也高于社会生产价格。但在工业中由于部门之间的竞争及资本的自由转移，这种由于产品价值高于社会生产价格而形成的余额，会参加利润的平均化，提高平均利润率的水平，而不可能由资本有机构成低的部门的资本家独自占有。农业则不同，农业中有限的土地被私人土地所有者占有后，形成对土地的私有权垄断，阻碍着资本自由转入农业部门，使由于农产品的价值高于社会生产价格而形成的余额不参加利润平均化的过程。农产品不是按社会生产价格出售，而是按高于社会生产价格的价值出售。这样，由于价值高于社会生产价格而形成的超额利润，就能够留在农业部门，作为绝对地租由农业资本家交给土地所有者。第二，土地私有权垄断的存在，使农产品的价值高于社会生产价格所形成的超额利润，必须留在农业部门形成缴纳给土地所有者的绝对地租，否则农业资本家就不能使用土地所有者的土地。所以，绝对地租产生的原因是土地的私有权垄断。

绝对地租既然是农产品价值的一部分，那么，它的源泉就是农业雇佣工人创造的剩余价值的一部分，即农产品的价值高于社会生产价格所形成的超额利润。它体现的仍然是农业资本家和土地所有者对雇佣工人的剥削关系。

综上所述，农业资本家租种劣等地要向土地所有者缴纳绝对地租，租种优等地和中等地既要缴纳级差地租，也要缴纳绝对地租。这两种地租的构成见图 7－1。

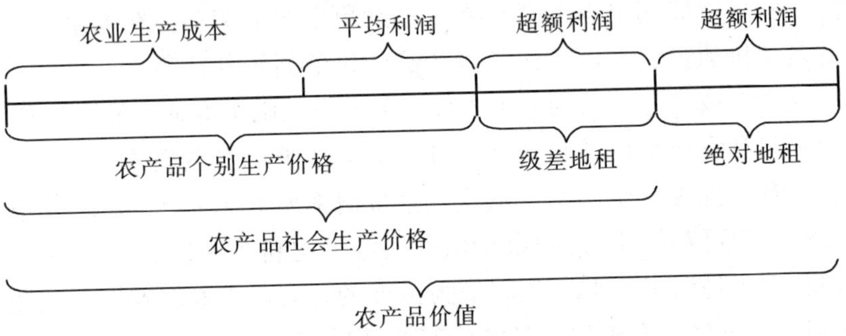

图 7－1　资本主义级差地租和绝对地租的构成

（三）当代资本主义条件下的绝对地租

马克思关于绝对地租的理论，是在严格遵守价值规律的基础上，阐明了绝对地租的存在，即证明了绝对地租是包含在农产品价值之内的。这种包含在农产品价值之内的绝对地租，是和农业的资本有机构成低于工业的资本有机构成相联系的。但是，当代资本主义的发展使得农业在技术上赶上了工业，某些发达资本主义国家农业的资本有机构成已经赶上工业。在这种情况下，还有没有绝对地租呢？这一点，马克思也早就有所预见。他指出，一旦农业的资本有机构成低于社会平均资本有机构成的条件不存在了，那种包含在农产品价值之内的绝对地租也就消失了。但如果土地私有制没有被消灭，土地所有者出租土地，哪怕是劣等地，也必须收取绝对地租。这种条件下的绝对地租就不再是由农产品的价值高于社会生产价格所形成的超额利润构成的。由于农产品是按社会生产价格出售的，因而这种绝对地租是“在租金的名义下，把他的租佃者的一部分利润甚至一部分工资刮走”①，即农业资本家将自己获得的一部分平均利润和克扣的农业工人的一部分工资作为绝对地租缴纳给土地所有者。

在当代发达资本主义国家中，农业的主要经营形式已由租种土地经营发展为家庭农

① 马克思，恩格斯. 马克思恩格斯全集：第 26 卷Ⅱ. 北京：人民出版社，1973：448.

场经营，土地所有者自己作为农场主从事农业生产，无须缴纳地租。

四、土地价格

在资本主义制度下，土地所有者可以凭借土地私有权出卖土地获得高额的收入。原始土地本来不是劳动产品，是没有价值的。但是在商品关系普遍存在的条件下，凡是被私人占有的有用的东西，都可以作为商品买卖，因而私人占有的土地同样可以出售，同样有价格。但是土地价格并不是土地这种商品的价值的货币表现。**土地价格**是资本化的地租。这就是说，通过出租土地可以定期获得一笔固定收入——地租，这就和将一笔货币资本存入银行，可以定期得到利息是一样的。所以，土地的价格等于这样一笔货币资本，把这笔货币资本存入银行每年所得到的利息，等于用这笔货币资本购买一块土地后将其出租每年所获得的地租。土地价格和地租量成正比，和银行存款利息率成反比。用公式表示为：

$$\text{土地价格}=\frac{\text{地租}}{\text{存款利息率}}$$

例如，某块土地一年能收取地租 2 000 元，当年银行存款利息率为 4%。如果想通过银行存款在一年内获得 2 000 元利息，则需存入银行 50 000 元货币资本。因此，这块土地的价格就是 50 000 元。土地价格＝2 000 元÷4%＝50 000 元。

第五节　资本主义社会的国民收入和阶级结构

一、资本主义社会的国民收入及其分配

资本主义社会的国民收入是社会总产品的一部分。从实物形态看，**国民收入**等于一国在一定时期（一般为一年）内生产出来的社会总产品减去同期内所消耗掉的生产资料；从价值形态看，国民收入等于社会总产品的价值减去同期所消耗掉的生产资料的价值，即等于全社会的可变资本和剩余价值之和。

国民收入是由各个物质生产部门的劳动者创造的。非物质生产部门不创造国民收入。国民收入被创造出来以后，在它最终被使用之前，要经过复杂的**国民收入分配**过程。在资本主义制度下，国民收入的分配具有鲜明的阶级对抗性质。资本主义国民收入的分配是通过初次分配和再分配两个过程进行的。

国民收入初次分配是指国民收入在与物质资料生产有直接联系的各阶级、阶层的社会成员之间进行的分配。国民收入初次分配的过程是：物质生产部门的劳动者所创造的国民收入，首先归产业资本家支配，其中可变资本部分由产业资本家以工资的形式支付给工人；剩余价值部分则为剥削阶级集团所占有，其中一部分作为产业利润留归产业资本家所有，另一部分则以地租的形式分配给土地所有者所有。由国民收入初次分配形成

的各种收入，称为**原始收入**。资本主义国民收入的初次分配表明，虽然国民收入是雇佣工人创造的，但工人只能得到仅够维持劳动力再生产的工资，而国民收入的大部分则被资产阶级及土地所有者无偿占有了。

国民收入在初次分配的基础上还要进行再分配。**国民收入再分配**是将国民收入初次分配所形成的一部分原始收入，再分配给非物质资料生产领域的各阶级、阶层的社会成员。在资本主义国家里，除了与物质资料生产有直接联系的各阶级、阶层之外，还存在着大量从事其他活动的社会成员，如国家官吏、警察、军队、教师、医生、作家、演员、运动员，以及商业、银行等各种服务行业的人员，等等，这些人也必须获得收入。他们的收入是通过国民收入的再分配获得的，即从国民收入初次分配所形成的各种原始收入中派生出来的，所以由国民收入再分配形成的各种收入也被称为**派生收入**。

国民收入的再分配有以下几个主要途径。一个途径是通过国家财政预算进行。资本主义国家预算收入的主要来源是税收，此外资本主义国家还通过发行公债、增发纸币等方法来增加财政收入，从而把各阶级已经获得的一部分国民收入变为财政收入。然后资本主义国家通过预算支出，把财政收入的一部分作为维持资产阶级国家机器的费用，把另一部分以国家投资或销售补贴等形式变为剥削阶级的收入，把再一部分变为非物质生产部门某些成员的收入。资本主义国家预算是为了维护资产阶级的利益而对一部分国民收入进行再分配的工具，其结果是使劳动人民收入的一部分通过预算变为归资产阶级所有，加重了对劳动人民的剥削。

国民收入再分配的另一个途径是通过各种服务费用（如文化娱乐费、医疗费、生活服务费等）形式，对社会各阶级获得的收入的一部分进行再分配。这种服务费用除了成为非生产性服务部门的劳动者的收入外，经营服务部门的资本家还会由此获得平均利润。

国民收入再分配的再一个途径是通过价格和利息形式进行。如通过商品的购销差价将物质生产部门创造的一部分国民收入转到商业部门，形成商业部门的收入；或通过市场价格的波动，影响交换双方的实际收入，实现国民收入的再分配；或通过银行存贷款利息率的差额，将一部分国民收入转到借贷资本家手中，形成银行的收入。

资本主义国民收入初次分配和再分配的结果是，使国民收入的大部分落入资本主义社会的各个剥削阶级集团手里，从而加深了无产阶级和资产阶级之间的矛盾。

二、当代资本主义国家的“福利制度”

第二次世界大战后，西方发达资本主义国家普遍推行了各种形式的社会**“福利制度”**。它的主要内容有两类：一类是社会保险，为丧失劳动能力者或失业者提供各种保障措施，如失业救济、医疗保障、养老金、抚恤金、伤残救济，乃至儿童津贴等。另一类是社会福利补助，为低收入者和贫困阶层提供福利补贴，如低收入家庭补助、住房补助、病假补助、社会保健、食品救济等。在某些发达资本主义国家，这些福利项目和措施几乎囊括了“从摇篮到坟墓”的各个环节，使工人阶级特别是贫困阶层的物质生活状况得到一定程度的改善。资产阶级及其代言人因而大肆宣扬资本主义制度已经成为“福利制度”，资本主义国家已经成为“福利国家”，现代资本主义社会已是“福利社会”，借此极力美化资本主义剥削制度。

发达资本主义国家所实行的"福利制度"，是资本主义国家国民收入再分配的一种形式。发达资本主义国家推行这种"福利制度"的主要原因在于：

第一，推行"福利制度"是维护资产阶级统治的需要。第二次世界大战后，资本主义国家在恢复和发展经济的过程中，屡屡遭到经济危机、严重失业、贫富差距加大的困扰，各种社会矛盾加深，资本主义国家的政府为了稳定社会生活和巩固资产阶级统治，采取了一些调整资本主义经济关系及缓和社会矛盾的措施，包括如前所述的"发行小额股票""管理民主化""缩短工作日"等，同时逐步推行福利政策，采取各种福利措施，以求在一定时期保持社会安定，为经济发展提供比较稳定的社会环境，维护资产阶级的经济和政治统治。

第二，推行"福利制度"是缓解生产与消费的矛盾，扩大市场销售量，促进经济发展的需要。第二次世界大战后，发达资本主义国家经济危机频繁爆发，企业经常开工不足，生产与消费的矛盾十分突出，而推行"福利制度"，可以刺激社会需求，扩大社会消费，带动商业、金融、卫生、保险、服务等第三产业的发展，增加就业机会，从而减轻经济危机的破坏作用，促进经济的发展。

第三，"福利制度"的实行是劳动人民进行斗争的结果。第二次世界大战后，资本主义国家的广大劳动者为维护自身的经济利益开展了广泛的斗争，使资产阶级遭到沉重打击。资产阶级为了缓和劳资矛盾，改变其统治手法，被迫作出一些让步，推行各种"福利制度"，以遏制工人阶级举行的经济罢工和政治斗争。

发达资本主义国家所实行的"福利制度"，就其实际效果来看，一方面，使劳动人民在物质文化生活方面获得了一定改善，特别是对社会上的贫困阶层和弱势群体给予较多照顾，在一定程度上减轻了劳动者在物质生活方面的后顾之忧；另一方面，"福利制度"在一定程度上缓解了劳资矛盾和贫富对立，有利于营造安定的社会环境，对现代资本主义经济的发展起到了助推和稳定作用。

"福利制度"作为国民收入再分配的一种形式，其各种福利措施的资金来源有三个方面，即国家财政补贴、企业缴纳和个人出资。其中，财政补贴来自资本主义国家的税收，而广大劳动者是主要的纳税者；企业缴纳的福利基金是企业工人所创造的价值的一部分；劳动者个人的出资则是其劳动力价值收入的一部分。因此从福利资金的来源来看，"福利制度"不过是把劳动者所创造的社会财富的一部分，特别是工人必要劳动所创造的价值的一部分，以"福利"形式再分配给劳动者，也就是"羊毛出在羊身上"。我们知道，劳动力价值的决定本来就包含劳动者及其家庭的基本生活需要和历史、道德的因素，随着资本主义社会经济、文化的发展，工人所必需的生活资料的范围和数量也应相应增加。而从社会总体来看，福利分配的相当大部分就是将原来属于工人的一部分劳动力价值收入，不以工资形式分配给工人从而由其自己所掌握，而由资本主义国家以福利形式分配给工人。这样就造成了一种假象，似乎劳动者在福利分配方面获得了劳动力价值以外的额外收入，为资本主义制度涂上了一层为民造福的色彩。而且，由资本主义国家统一控制的福利分配，反而迫使劳动者更加依附于资产阶级，"福利制度"变相地成为资本主义国家通过国民收入再分配加强统治的一种手段。

“福利制度”的推行是在资本主义私有制范围内，在不触动资产阶级根本利益的前提下，对资本主义分配关系的一种局部调整，它丝毫没有改变资本主义制度的剥削本质，更没有改变劳动者的被剥削地位。正如马克思所说，雇佣工人“吃穿好一些，待遇高一些，特有财产多一些，不会消除奴隶的从属关系和对他们的剥削……实际上不过表明，雇佣工人为自己铸造的金锁链已经够长够重，容许把它略微放松一点”①。

近年来，发达资本主义国家频繁爆发金融危机、财政危机、经济危机，经济陷入严重衰退，财政收支状况恶化，“福利制度”面临诸多负面因素的困扰。某些国家不堪社会“福利制度”所带来的财政负担及其制约经济发展的负面影响，从而推行所谓的“福利制度改革计划”，采取紧缩财政和货币措施，为复苏经济、降低生产成本、增强竞争力而削减社会福利开支，以减轻政府财政负担，缓解“福利制度”同经济发展的种种矛盾，从而使“福利制度”的可持续性遇到严重挑战，这已成为发达资本主义国家所面临的新的社会矛盾。

三、资本主义社会的阶级结构

资本主义生产方式是以资产阶级占有生产资料、剥削雇佣工人、榨取剩余价值为特点的，因此，资本主义社会两个最基本的阶级是资产阶级和无产阶级。**资产阶级**是拥有生产资料并剥削雇佣工人的阶级。资产阶级内部又分为工业资本家、农业资本家、商业资本家、银行资本家、借贷资本家等不同的资本家集团。他们都靠无偿占有无产阶级创造的剩余价值为生，共同瓜分剩余价值。**无产阶级**是丧失了生产资料而不得不把劳动力作为商品出卖给资本家的雇佣工人阶级。这两大阶级在经济利益上是根本对立的，他们之间的矛盾是对抗性的。除此之外，资本主义社会还存在另一剥削阶级，即**地主阶级**，他们占有土地等生产资料，以地租的形式占有剩余价值的一部分，和资产阶级一起剥削工人阶级。因此，“雇佣工人、资本家和土地所有者，形成建立在资本主义生产方式基础上的现代社会的三大阶级”②。

资本主义社会还存在各种中间阶级。这是因为，资本主义的社会关系不可能是纯粹的，即使在资本主义高度发达的国家，也存在着非资本主义的生产关系。因此，资本主义社会除了存在上述三个基本阶级以外，还存在**小资产阶级**，包括个体农民、小手工业者、小商人等，他们的特点是占有少量的生产资料，依靠自己的劳动谋生。所以他们既是劳动者，又是私有者。他们同样也受资产阶级和土地所有者的剥削和压迫，在资本主义社会中的地位是很不稳固的。随着资本主义的发展，他们受大生产的排挤而不断分化，少数人上升为资产阶级，大多数人都逃脱不了破产的命运，丧失生产资料，变为无产阶级。

所以，资本主义社会存在错综复杂的阶级矛盾，有无产阶级和资产阶级、地主阶级之间的矛盾；有农民、城市小资产阶级和资产阶级、地主阶级之间的矛盾；有资产阶级

---

① 马克思，恩格斯. 马克思恩格斯全集：第23卷. 北京：人民出版社，1972：678.

② 马克思，恩格斯. 马克思恩格斯全集：第25卷. 北京：人民出版社，1974：1000.

和地主阶级之间的矛盾；有资产阶级内部各剥削集团之间的矛盾；等等。其中无产阶级和资产阶级之间的矛盾是资本主义社会的主要矛盾。

无产阶级和资产阶级之间的矛盾是资本主义的基本矛盾（即生产社会化与生产资料资本主义私人占有之间的矛盾）在阶级关系方面的表现。随着资本主义基本矛盾的发展，无产阶级和资产阶级之间的矛盾和斗争必然日益加深。

四、当代资本主义社会阶级结构的新特点

当代资本主义国家最基本的阶级仍然是资产阶级和无产阶级，这两个阶级之间的矛盾仍然是资本主义社会的主要矛盾，而且这一矛盾日益加深。

第二次世界大战后，随着科学技术的进步、产业结构的调整、生产社会化程度的提高、社会经济的发展，以及垄断资本主义的发展和资本主义经济关系的局部调整，资本主义社会的阶级结构出现了一些新的特点。

一是垄断资产阶级的实力相对增强。资本主义社会在19世纪末到20世纪初由自由竞争资本主义发展为垄断资本主义，垄断资产阶级在资本主义的经济和政治生活中占据统治地位（关于垄断资本主义和垄断资产阶级问题，在本书第八章详述）。第二次世界大战后，垄断资产阶级利用资本主义国家政权的力量，干预和调节社会经济生活，使国家垄断资本主义广泛发展，社会财富越来越集中到少数大垄断资本家手中。垄断资产阶级不仅控制着资本主义国家的整个国民经济，特别是控制着国家的经济命脉，而且不断强化所掌握的国家机器和政治权力，获得日益增加的高额垄断利润，加强了他们的经济和政治统治实力。

二是中等资产阶级的地位极不稳定。中等资产阶级是掌握中小资本主义企业的中小资产者，他们也是资产阶级的组成部分，同样是剥削雇佣劳动的剥削者。中等资产阶级在各方面受到垄断资产阶级的控制和排挤，因而与垄断资产阶级存在冲突与矛盾。第二次世界大战后，中等资产阶级的地位更不稳定，其中只有极少数可能上升为垄断资产阶级，大多数在经营中不时受到被兼并或破产的威胁。

三是小资产阶级生存维艰，不断分化。小资产阶级的阶级地位本来就很不稳固。第二次世界大战后，资本主义国家的个体农民经常破产或被吞并，城乡手工业者和小商人的地位也很不稳固，受到垄断资产阶级的压榨和排挤，因而小资产阶级的分化不断加剧。

四是无产阶级日益壮大，内部结构发生变化。第二次世界大战后，随着科学技术的进步、产业结构的调整以及社会经济的发展，资本主义国家的无产阶级队伍迅速壮大，从物质生产领域到非物质生产领域，从体力劳动领域到脑力劳动领域，形成了人数众多的“总体工人”阶级。与此同时，无产阶级内部的就业部门构成发生了显著变化。传统工业部门（如钢铁、纺织、建筑、交通等部门）的工人人数减少，新兴工业部门（如电子、生物、航天、原子能、新能源、新材料等部门）的工人人数增加；在第一产业（农业）和第二产业（工业）就业的工人人数减少，在第三产业（主要是服务业）就业的工人人数增加。无产阶级内部的职业结构发生了显著变化，工程技术人员、企业管理人员、销售业务人员等以脑力劳动为特征的“白领工人”在无产阶级中所占比重大幅上升，而

以体力劳动为特征的“蓝领工人”在无产阶级中所占比重下降。无产阶级的科技、文化和劳动技能的素质也发生了变化，知识型、科技型、服务型劳动者增多，从传统劳动方式向现代劳动方式转变，劳动者的素质构成普遍地由低技术的体力型向高技术的智力型转化。当然，无产阶级内部结构的各种变化，并不意味着他们阶级地位的改变，无论是劳动者就业部门和职业结构的变化以及劳动者素质的提高，还是劳动方式的改变，抑或是工作环境的变化和劳动条件的某些改善，都丝毫不会使无产阶级摆脱被雇佣和被剥削的雇佣劳动者的地位。

本章重要名词概念

生产成本	利润	利润率	平均利润率
平均利润	平均利润率规律	生产价格	超额利润
商业资本	商业利润	流通费用	借贷资本
职能资本家	企业利润	利息	利息率
资本主义银行	银行资本	银行利润	股份公司
股份资本	企业法人财产权	法人治理结构	股票
股东	股票控制额	股息	股票价格
资本主义信用	虚拟资本	地租	资本主义地租
级差地租	土地的资本主义经营垄断	绝对地租	土地的私有权垄断
土地价格	国民收入	国民收入初次分配	原始收入
国民收入再分配	派生收入	“福利制度”	资产阶级
无产阶级	地主阶级	小资产阶级	

思考题

1. 剩余价值是如何转化为利润的？为什么利润掩盖了资本主义的剥削关系？
2. 剩余价值率是如何转化为利润率的？影响利润率的因素有哪些？
3. 利润是如何转化为平均利润的？为什么平均利润进一步掩盖了资本主义的剥削关系？
4. 价值是如何转化为生产价格的？生产价格为什么并未否定价值规律？
5. 平均利润和生产价格形成后为什么还存在超额利润？
6. 平均利润和生产价格理论的重要意义是什么？
7. 商业资本是怎样形成的？它有什么作用？
8. 商业利润的来源和产生的具体途径是什么？
9. 借贷资本的本质是什么？
10. 利息的本质是什么？利息率是怎样决定的？
11. 银行利润的形成和来源是怎样的？
12. 股份公司是怎样产生的？它有哪些形式？

13. 什么是股票？股票价格是怎样决定的？
14. 信用在资本主义经济中有什么作用？
15. 怎样认识虚拟资本的作用？
16. 级差地租产生的条件、原因、源泉是什么？
17. 绝对地租产生的条件、原因、源泉是什么？
18. 资本主义的土地价格是怎样决定的？
19. 资本主义社会的国民收入是如何分配的？
20. 怎样认识资本主义的“福利制度”？
21. 资本主义社会的阶级结构及其新特点是怎样的？

本章练习

第八章 垄断资本主义的产生及其发展

本章重点

1. 自由竞争资本主义发展到垄断资本主义
2. 垄断资本主义的基本特征及其经济实质
3. 当代科学技术革命对当代资本主义生产力发展的推动作用
4. 国家垄断资本主义的产生、特点及其基本形式
5. 国家垄断资本主义的实质，国家垄断资本主义对社会经济发展的两重作用

从资本主义萌芽产生至今已有500多年的历史。从16世纪初到18世纪末的300年间，资本主义经历了资本原始积累时期；从18世纪末到19世纪末是自由竞争资本主义时期；19世纪末20世纪初，资本主义从自由竞争阶段发展到垄断阶段，即帝国主义阶段；第二次世界大战后，垄断资本主义已从一般垄断阶段迈入一个更高的阶段——国家垄断资本主义阶段。本章的主要内容是考察垄断资本主义的产生及其基本特征，揭示垄断资本主义的实质，并通过对当代科学技术革命推动当代资本主义生产力发展的考察，阐明国家垄断资本主义在第二次世界大战后的发展，以及国家垄断资本主义的各种形式及其对社会经济发展的双重作用。

第一节　垄断资本主义的产生及其基本特征

一、垄断的形成及其基本形式

(一) 垄断的形成

资本主义从自由竞争阶段向垄断阶段过渡是从19世纪下半叶开始的，完成于20世纪初。当时，电力和内燃机等的发明和广泛应用使社会生产力有了很大的发展。生产力和生产关系因之产生的巨大矛盾使经济危机频繁爆发。这些都促使生产和资本加速集中，并逐渐使垄断代替自由竞争在社会经济生活中居于统治地位。垄断在一些主要资本主义国家中开始成为全部经济生活的基础。资本主义遂从自由竞争阶段发展到了垄断阶段，

从而形成了**垄断资本主义**，也就是“资本主义转化为帝国主义”①。

垄断是从生产集中中产生的。在资本主义社会中一直存在着生产和资本集中的趋势。这是由生产力和生产关系两方面的原因引起的。一方面，随着生产力的发展和科学技术的进步，不断涌现出各种大型的高效率的机器设备。这既为大生产提供了可能，也对大生产提出了要求，因为这些技术装备只有在大企业中才能加以推广和利用。另一方面，为了追逐利润，自由竞争也迫使资本家不断地扩大生产规模，获得规模效益，以使自己在竞争中处于有利的地位。竞争的一般趋势总是大企业战胜小企业，大资本吞食或控制小资本。因此，伴随着生产扩大而来的必然是生产日益集中于少数大企业。资本主义生产扩大的过程，同时也就是生产不断集中的过程。而当生产和资本集中发展到一定程度的时候，资本主义就会自然而然地走向垄断。

所谓**垄断**，是把一个或几个经济部门的大部分商品的生产和销售掌握在自己手中的极少数大企业，为了规定垄断价格、控制原料来源和销售市场、获取高额垄断利润，达成协议而实现同盟和联合。

垄断只有在生产和资本的集中达到很高程度时才会产生，因为只有这时才具备了垄断的条件和必要性：（1）一个部门的生产和资本高度集中时，就会使竞争遇到严重的困难和阻碍。这时，不但该部门原有的许多中小企业很难与少数大企业进行较量，从而不得不处于受支配的地位，而且新的企业很难建立和挤入这些部门。（2）企业规模空前扩大，除了使竞争更加困难之外，还增大了竞争的破坏性和危险性。少数大企业为了避免在竞争中两败俱伤，常常互相让步，暂时妥协，达成一定的协议来共同瓜分市场和原料来源。同时，由于大企业的数目很少，它们之间达成妥协的可能性很大。（3）由于大企业的资本有机构成一般都大大高于中小企业，再加上攫取更大利润的贪欲，这些企业决不会满足于资本的平均利润和一般的超额利润。在这种情况下，少数大企业联合起来操纵商品的生产和销售，通过规定垄断价格来赚取最大限度的利润，也就成了很自然的事情。

所以，当生产和资本的集中发展到一定程度时，便会从自由竞争中自然而然地生长出垄断。这是资本主义发展的一般规律和基本趋势。

（二）垄断组织的基本形式

垄断是通过各种各样的组织形式来实现的。垄断的组织形式在各个国家和各个时期不尽相同。在垄断形成后的相当长时期中，比较重要的垄断组织形式有如下几种。

（1）卡特尔。这是生产同类商品的资本主义企业之间所建立的垄断联盟。参加卡特尔的企业仍然各自独立，它们通过协议来划分销售市场，规定商品的产量和各自占有的份额，规定统一的标准价格，等等。

（2）辛迪加。这也是同一生产部门的资本主义企业之间建立的垄断联盟。它与卡特尔的不同之处在于，参加辛迪加的企业签有共同销售产品和采购原料的协定。因此，参加辛迪加的企业虽然在生产上和法律上仍然是独立的，但在商业上已失去了独立性，它

① 列宁．列宁全集：第27卷．2版．北京：人民出版社，1990：338.

们的产品销售和原料采购都按事先协定的份额由辛迪加建立一定的组织机构来统一办理。

（3）托拉斯。这是一种更为高级的垄断组织形式。它是由许多生产上有密切联系的企业联合组成的大垄断企业。参加托拉斯的企业在生产上和法律上都丧失了自己的独立性，成了联合企业的一个组成部分。托拉斯作为一个独立的企业，由董事会来进行统一的经营和管理。

（4）康采恩。这是出现较晚但更为复杂的一种垄断组织形式。它是以一两个实力雄厚的垄断企业（有的是大工业企业，有的是大银行）为核心，把许多不同部门的企业联合在一起而形成的企业集团。核心企业通过收买股票、人事参与和财务控制等办法把参加康采恩的其他企业置于自己的统治之下。康采恩突破了生产部门的界限，成为重要的垄断组织形式。

以上四种形式的垄断组织都是历史上存在过的垄断组织的形式。当代垄断组织的主要形式是跨国公司，它通过实施全球战略，把分支机构渗透到全球的各个角落，控制全世界的原料来源、销售渠道、市场价格和研究开发，从而实现利润最大化目标。（关于跨国公司问题，详见本书第二十一章的论述。）

企业联合起来实行垄断的目的是获得高额的垄断利润。**垄断利润**是垄断资本家凭借其在生产和流通领域的垄断地位而获取的大大超过平均利润的高额利润。垄断组织攫取垄断利润的主要手段是它所规定的垄断价格。**垄断价格**就是垄断资本家凭借其垄断地位在销售或购买商品时所规定的旨在保证最大限度的垄断利润的市场价格。

二、垄断资本主义的基本特征

列宁根据19世纪末和20世纪初期的实际情况，总结了资本主义垄断阶段即帝国主义阶段的主要经济特征和表现："（1）生产和资本的集中发展到这样高的程度，以致造成了在经济生活中起决定作用的垄断组织；（2）银行资本和工业资本已经融合起来，在这个'金融资本的'基础上形成了金融寡头；（3）和商品输出不同的资本输出具有特别重要的意义；（4）瓜分世界的资本家国际垄断同盟已经形成；（5）最大资本主义大国已把世界上的领土瓜分完毕。"① 在这五大基本经济特征中，垄断是最重要的基础，是帝国主义的经济实质。其他特征都由垄断产生，是垄断统治的表现与结果。所以，列宁所说的帝国主义就是垄断资本主义，两者是同义语。

（一）垄断代替自由竞争在经济生活中占统治地位

垄断资本主义最基本的经济特征是垄断代替了自由竞争，垄断在经济生活中占据统治地位。但是，垄断并没有也不可能消灭竞争，它只是使竞争的条件和形式发生了变化。在以生产资料私有制为基础的社会中，绝对垄断是不可能出现的。垄断企业总是少数，在垄断企业周围是大量的中、小企业，它们在不断地产生和破产，在企业总数中始终是多数。而只要有大量企业存在，竞争就不可避免。所不同的只是垄断时期的竞争与自由

---

① 列宁. 列宁全集：第27卷. 2版. 北京：人民出版社，1990：401.

竞争存在着许多不同的特点：（1）在垄断时期的竞争中，少数实力雄厚的垄断组织主宰着竞争的内容和方向，并决定着竞争的结局，非垄断组织在竞争中总是处于不利地位。（2）垄断时期竞争的手段变得更为多样了，不但有经济的，而且有政治的，甚至出现了公开地采用各种暴力手段来达到消灭竞争对手的目的。（3）由于竞争是在垄断基础上进行的，这时的竞争已变得空前剧烈而残酷，因此会产生许多特别尖锐、特别激烈的矛盾、摩擦和冲突。

所以，不能把垄断和竞争对立起来。那种认为“垄断可以消灭竞争”的观点是错误的。垄断从竞争中产生，垄断又反过来加剧了竞争。不过这种竞争已不是一般的自由竞争，而是在垄断条件下的竞争。所以列宁说：“正是竞争和垄断这两个互相矛盾的‘原则’的结合才是帝国主义的本质”①。

（二）金融资本和金融寡头的统治

在资本主义社会里，银行作为经营货币资本的特殊企业，也在不断地进行着资本的集中。银行资本的集中是以生产集中为基础，并与之同时进行的。与工业中的集中一样，银行业的高度集中也必然会导致垄断。

银行高度集中并形成垄断以后，银行的性质和作用便随之发生了根本的变化。在自由竞争时期，银行的主要作用是在支付中充当中介人。银行代资本家收支货款，通过吸收存款把社会上分散的、暂时闲置的货币资本收集起来，再通过放款将其借给资本家使用，从中赚取利息的差额。当时，银行比较分散，规模也比较小，它们与企业的关系一般是不固定的。它们最关心的是贷款的安全和利息的多少。在这种情况下，银行还谈不上对企业进行监督和控制。而在工业和银行的垄断形成以后，情况就大不相同了。这时，大企业需要的大量货币资本只有少数大银行才能提供，这使大企业逐渐丧失了选择银行的自由，使大企业和大银行之间的经济联系固定下来。大银行在向企业提供巨额贷款之后，不只是简单地坐收利息。为了保证贷款的安全和盈利，大银行开始关心企业的经营活动，进而对企业进行监督和干预。由于企业的一切金融活动都是通过银行进行的，银行有充分的条件来确切地了解企业的业务情况。在企业严重依赖银行资本的情况下，银行可能通过各种信用手段来影响企业经营的规模和方向，甚至最终决定企业的命运。这样，银行的性质也就改变了，从简单的中介人变成了万能的垄断者。“它们支配着所有资本家和小业主的几乎全部的货币资本，以及本国和许多国家的大部分生产资料和原料产地。”②

银行垄断的形成和银行作用的变化，使银行垄断资本与工业垄断资本的关系日益密切，不断融合。这主要表现在两个方面：一是资本和业务上的相互渗透，银行购买工商企业的股票或直接开办新企业，工商企业则购买银行的股票或开办新银行；二是人事上的结合，双方互派人员担任对方的各种领导职务，一身而二任。银行垄断资本和工业垄断资本融合后产生了一种过去所没有过的新型资本——**金融资本**。列宁指出：“生产的集

① 列宁．列宁全集：第29卷．2版．北京：人民出版社，1985：480.

② 列宁．列宁全集：第27卷．2版．北京：人民出版社，1990：346.

中；从集中生长起来的垄断；银行和工业日益融合或者说长合在一起，——这就是金融资本产生的历史和这一概念的内容。”① 金融资本的形成是资本主义发展到垄断阶段的一个重要标志，垄断资本主义最主要的特点就在于它是金融资本的统治。随着金融资本的形成，产生了金融寡头，**金融寡头**是掌握金融资本，操纵国民经济命脉，并实际上控制资本主义国家政权的少数最大的垄断资本家或垄断资本家集团。

金融资本和金融寡头在经济领域中进行统治的主要手段是参与制。所谓**参与制**，是指垄断资本家通过收买和持有一定数量股票的办法来实现对企业的控制。金融资本还通过参与制实行多层次的控制。垄断资本家在掌握了垄断组织中占统治地位的大企业之后，可以把它作为母公司，通过它再去购买其他公司的股票，把这些公司变成子公司，实现第二层的控制。子公司又可采取同样的办法去控制孙公司。这样，一层又一层的控制形成了垄断统治的多层宝塔，居于宝塔顶端的是极少数金融寡头。金融寡头通过参与制支配着比自有资本大几十倍、几百倍的其他资本，以实现对国民经济的控制。

除了参与制之外，金融资本还可以通过发行有价证券、创办新企业、改组中小企业、组织各种垄断组织等办法来攫取高额利润和实现垄断统治。进入21世纪，随着经济的发展，以及数字化、信息化的普及，金融资本的力量进一步扩展，金融资本的全面统治更为突出，已成为垄断资本主义的重要特征。

金融寡头实现了在经济领域里的垄断统治之后，不可避免地要把其触角伸展到社会生活的各个领域特别是国家的政治生活中去，因为只有这样才能保证和扩大金融寡头对国民经济的垄断和控制。金融寡头对国家机器的渗透与控制，主要是通过人事参与、实行“个人联合”来实现的。这种个人联合，可以采取收买政府高级官员或议员的办法来达到目的，也可以采取直接派人或亲自出马担任政府职务的办法来达到目的。“今天是部长，明天是银行家；今天是银行家，明天是部长”②，就是对这种个人联合的生动写照。金融资本通过个人联合参与政务活动，实现了少数垄断寡头对整个国家从经济到政治的全面统治。

（三）资本输出成为典型的经济现象

金融资本实现了对国内的全面统治后，决不会就此止步。追求高额利润的贪欲使它必然要把触角伸向国外，以便剥削和统治整个世界。金融资本进行对外扩张的重要手段是资本输出。列宁指出：“对自由竞争占完全统治地位的旧资本主义来说，典型的是**商品**输出。对垄断占统治地位的最新资本主义来说，典型的则是**资本**输出。”③

在资本主义的垄断阶段，资本输出继续存在而且更快地扩大着，它仍然是资本主义国家对外扩张的一个重要手段。但是，由于垄断统治的建立，资本输出有了与过去不同的特别意义。资本输出的急剧增长，不仅意味着资本的对外剥削从商品资本的领域进一步向货币资本和生产资本的领域扩展，从在国外实现剩余价值发展为到国外生产剩余价

---

① 列宁．列宁全集：第27卷．2版．北京：人民出版社，1990：362.

② 列宁．列宁全集：第29卷．2版．北京：人民出版社，1985：224.

③ 同①376.

值，而且意味着对金融资本建立国内外的垄断统治都是绝对必要的。所以，列宁把资本输出看做垄断资本主义的一个重要特征。

资本输出的必要性在于：

（1）由于国内已经建立了金融资本的垄断统治，因而垄断资本积累的大量货币资本开始“过剩”。这是因为垄断阻碍着新的投资，不但在垄断统治的部门里其他资本已很难挤进来开办新的企业，而且垄断资本在自己统治的部门里往往失去了追加投资的兴趣。由于垄断资本可以攫取到高额垄断利润，再追加投资可能会使资本的利润率下降。在这种情况下，资本在国内已不易找到有利的投资场所，而资本又不能停止剥削雇佣劳动的运动，于是，垄断资本积累的大量货币资本便涌向国外，以满足其追逐高额垄断利润的贪欲。

（2）国际竞争的加剧也迫使帝国主义国家不得不加速输出资本，以保证扩大市场和垄断原料来源。资本输出既可以带动商品输出，也可以越过对方的贸易壁垒，直接在国外生产商品，占领销售阵地。当资本输出被用于开发经济落后国家的各种资源时，垄断资本还可借此把这些资源控制在手中，进行廉价的掠夺，并加强自己在国际竞争中的地位。

（3）随着生产国际化的不断发展，国际分工也在扩大和深化，在国际的垂直分工进一步发展的同时，资本主义国家之间的水平分工也产生和发展起来。这也促使货币资本在国际上的转移和流动大大增加。

在垄断资本主义时期，进行大量资本输出的可能性也已具备。这时，资本主义已形成世界体系，世界上绝大部分国家都被卷入了资本主义的世界市场；生产和科技的进步也为资本主义生产向世界范围扩大创造了交通运输、邮电通信等方面的物质条件。

随着垄断统治的确立和加强，资本输出不断地、迅速地增长起来。资本输出使资本主义在世界范围内形成了金融资本的剥削网。资本输出成了“帝国主义压迫和剥削世界上大多数民族和国家的坚实基础”①，成了垄断资本主义的一个重要经济特征。

（四）国际垄断组织在经济上瓜分世界

在国内占据垄断地位的金融资本必然要不断地进行对外扩张。生产的社会化和国际化使国外市场具有越来越重要的意义。资本输出使各国垄断资本在争夺销售市场和投资场所方面进一步短兵相接。激烈的国际竞争同国内竞争一样，也会导致生产和资本的集中，并逐渐走向垄断；所不同的只是参加垄断同盟的不只是一个国家的垄断资本，而是两个以上国家的垄断资本。垄断越出了国家的范围，形成了国际性的垄断集团。

国际垄断同盟是各国最大的垄断组织为了瓜分世界市场、确定垄断价格、控制生产规模和原料来源以攫取高额垄断利润，通过达成一定的协议而建立起来的国际性经济联盟。国际垄断同盟的建立标志着世界范围的生产和资本集中已经达到一个新的、更高的阶段，从而成为垄断资本主义的又一个重要经济特征。

国际垄断同盟的形式也是多种多样的，有国际卡特尔、国际辛迪加和国际托拉斯等，

---

① 列宁．列宁全集：第27卷．2版．北京：人民出版社，1990：378.

在国际垄断开始发展的一段时期里最普遍、最常见的国际垄断组织是国际卡特尔。

在国际垄断同盟建立之后，各国垄断资本的发展依然是不平衡的。它们之间的实力发生了较大的变化之后，就会掀起重新瓜分世界市场的斗争，因为国际垄断同盟瓜分世界市场是按各自的资本和实力来进行的。条件改变了，新的斗争就会随之而起，它们绝不可能一劳永逸地在经济上瓜分世界。各国垄断资本为重新瓜分世界市场而进行的斗争，是以更大规模和在更大范围内进行的，所以比起一般的竞争就更加激烈和更加残酷。当斗争极为尖锐和剧烈的时候，甚至会爆发战争。

(五) 垄断资本主义国家对世界领土的瓜分

垄断资本还力图在领土上瓜分世界。因为只有这样，它们才能巩固在经济上对世界的瓜分，才能扩大和加深在世界范围内的剥削和掠夺。垄断资本主义国家在领土上瓜分世界集中地表现为抢占殖民地，建立对殖民地附属国的直接统治。

垄断资本主义国家在垄断资本主义产生以后之所以热衷于占领殖民地，是因为在 19 世纪末和 20 世纪上半叶，抢占殖民地对于它们有着特别重要的意义：（1）殖民地作为原料产地有了更重要的作用；（2）殖民地成为垄断资本主义国家可以垄断和加强掠夺的商品销售市场；（3）殖民地是垄断资本主义国家最有利的投资场所。

殖民地对垄断资本主义的特殊意义，使垄断资本主义国家展开了抢占殖民地的激烈斗争。19 世纪末 20 世纪初，也就是资本主义过渡到垄断阶段的这一时期，形成了抢占殖民地的大高潮。在这一时期里，6 个最大的垄断资本主义国家（英国、俄国、法国、德国、美国和日本）把殖民地的领土面积扩大了一半以上。到第一次世界大战前夕，垄断资本主义列强可以说已经把世界领土瓜分完毕。抢占殖民地成了垄断资本当时最“方便”、最有利从而也是最普遍的一种对外掠夺形式。

世界领土瓜分完毕是垄断资本主义国家抢占殖民地的必然结果，但不是抢占殖民地的结束。当世界上还有未被瓜分的领土时，垄断资本主义国家就要尽量抢先占领，攫为己有；而在世界领土已被瓜分完毕之后，就一定会出现互相争夺对方的殖民地、进行重新瓜分世界的斗争。既然垄断资本主义瓜分世界是按资本、按实力来进行的，而垄断资本主义国家的资本和实力又在不断变化，发展极不平衡，那么，垄断资本主义国家要求按新的实力对比来改变过去瓜分世界领土的状况，就成为不可避免的事情。

垄断资本主义国家瓜分和重新瓜分世界领土的激烈斗争，常常会导致垄断资本主义国家之间的战争，甚至爆发世界大战。20 世纪由垄断资本主义国家发动的两次世界大战，其根源就在于此。两次世界大战对世界经济造成了严重的破坏，给世界各国人民带来了极大的痛苦和深重的灾难。

大约一百年前列宁根据当时的历史条件归纳出的垄断资本主义的五大特征是科学的，并且已被垄断资本主义国家发展的历史所证明。随着社会生产力的发展、垄断资本主义的内在矛盾的加深，列宁当时阐明的五大特征有的进一步发展和突出，有的则以新的、更为隐蔽的形式出现，如新殖民主义的发展。但垄断资本主义的基本特征并没有发生质的变化。列宁对垄断资本主义的论断仍是我们今天观察和分析当代垄断资本主义的锐利武器。

三、垄断资本主义的经济实质

通过对垄断资本主义五个基本经济特征的分析，可以清楚地看到，在垄断资本主义条件下，垄断是最本质、最有决定意义的经济关系，贯穿于社会生活的各个领域，支配着社会生活的各个方面。所以，垄断资本主义的经济实质就是垄断，对此我们可以从以下几个方面来理解。

第一，垄断在经济生活中占统治地位，是进入帝国主义阶段的标志。垄断的统治就是垄断资产阶级的统治，垄断资产阶级的根本物质利益就是追求高额垄断利润。由垄断统治决定的追求高额垄断利润，成为决定帝国主义经济、政治和社会生活各个方面最深刻的经济根源，帝国主义时期的一切重要社会现象都可以从垄断统治中找到其最终根源。

第二，垄断是垄断资本主义的五个基本经济特征中最根本的特征和共同基础，也可以说，五个基本经济特征都是垄断在国内和国际范围内的表现。五个基本经济特征之间有着密切的联系。第一个特征是最根本的，其他各个特征都是在第一个特征的基础上产生和发展起来的。第一、第二个特征是垄断统治在国内的表现，第三、第四、第五个特征是垄断统治在国际范围内的表现。具体地讲，（1）生产的集中和垄断是指生产领域形成了垄断，由于生产决定再生产的其他环节，所以生产垄断是一切垄断统治的基础；（2）金融资本是最高形式的垄断资本，金融寡头及其统治是垄断统治的集中表现；（3）资本输出表明垄断统治由国内扩展到了国外，意味着资本主义对外扩张具有垄断性质；（4）国际垄断同盟在经济上瓜分世界，表明垄断资本形成了对世界商品市场和投资市场的分割与垄断；（5）垄断资本主义各国瓜分和重新瓜分世界领土的斗争，表明垄断资本主义各国的垄断资本分割了世界领土，垄断地占有了殖民地。因此，垄断资本主义的五个基本经济特征贯穿着一根轴线，具有共同的本质，这就是垄断。

第三，垄断是垄断资本主义国家国内和国际生产关系的实质。从自由竞争资本主义的生产关系过渡到垄断资本主义的生产关系，是在资本主义私有制范围内生产关系的部分质变。由于经济的本质就是社会生产关系的本质，所以，垄断资本主义国家在国内和国际上所形成的垄断生产关系，就是垄断资本主义的经济实质。

第四，垄断的统治加深了资本主义的基本矛盾以及资本主义所固有的其他各种矛盾。因为垄断的统治大大地提高了生产的社会化程度，而社会化的大生产却日益集中到少数大垄断资本家手中，这就使生产的社会化和资本主义私人占有形式之间的矛盾更加尖锐。垄断统治还使得产生了垄断前资本主义所没有的新的矛盾，这里包括垄断资本主义国家同殖民地、半殖民地、附属国之间的矛盾，垄断资本主义国家之间的矛盾，垄断组织和非垄断组织之间的矛盾，垄断组织之间的矛盾，等等，正是这些矛盾决定了垄断资本主义国家的对内压迫、剥削和对外侵略、掠夺、战争。这表明了垄断的统治使资本主义的各种矛盾进一步发展和尖锐化。

第五，在垄断资本主义阶段，垄断资本在经济生活中主宰了一切，从而必然把垄断统治渗透到上层建筑和社会生活的各个方面，控制着帝国主义国家的政治、科学、文化、艺术、教育等各个领域，垄断成为帝国主义国家经济生活和社会生活的基础。

正是基于上述分析，列宁明确指出："垄断代替自由竞争，是帝国主义的根本经济特征，是帝国主义的实质。"①

第二节　当代科学技术革命和生产力的发展对垄断资本主义的影响

一、当代科学技术革命的基本内容

人类历史上曾先后发生过四次重大的科学技术革命。第一次科学技术革命发生于18世纪下半叶，发祥地为英国，主要标志是蒸汽机的发明和广泛运用。第二次科学技术革命发生于19世纪下半叶，发祥地为美国，主要以电力、电动机、内燃机的发明和应用为代表。第三次科学技术革命发生于第二次世界大战以后，发祥地为美国，主要标志为电子计算机的发明和应用、生物工程的兴起和发展、新型材料的人工合成与利用、空间技术的发展，以及原子能等新能源的开发与利用。

21世纪初以来，以人工智能、大数据、云计算、物联网、太空技术、生物技术、量子科技为代表的第四次科学技术革命正在广泛发展，由此推动了新产业、新业态、新模式的巨大发展，带来了人们生产方式、生活方式、思维方式的显著变化。它是以经济全球化、金融全球化为背景，以信息技术空前发展为前提条件的科学技术革命。

当代科学技术革命指的是第三次科学技术革命以来的科学技术革命。

二、当代科学技术革命的特点

当代科学技术革命不同于以往历次科学技术革命，其特点表现为如下五个方面。

（一）规模大，涉及的领域广泛而全面

当代科学技术革命的规模大大超过了以前的科学技术革命。历史上的科学技术革命主要发生在动力部门和加工部门，而当代科学技术革命则深入农业、工业、交通、能源、办公、服务乃至生态环境等人类生活的各个方面，涵盖了几乎所有的科学技术领域。如果说以前的科学技术革命主要考虑的是生产力的发展，那么当代科学技术革命就是力图在促进生产力发展的同时，更多地保持和改善人类的生存条件和生存环境，重视走可持续发展的道路。

（二）推动实体经济融合发展

推动实体经济融合发展，是当代科学技术革命的重要特点。无论是人工智能、大数据，还是云计算，都具有扩散效应，随着信息技术和人类生产生活的交融以及互联网技

---

① 列宁. 列宁全集：第28卷. 2版. 北京：人民出版社，1990：69.

术的发展，都对实体经济部门产生了巨大影响。

（三）科学理论的不断发展起了至关重要的先导作用

当代科学技术革命是在科学理论不断发展的基础上进行的，许多重大的技术突破都是在自然科学理论取得重大成果的前提下，受其指导而实现的。在当代各个学科领域，正是科学理论重大突破的出现，极大地推动了诸多新发明、新创造的涌现，科学理论的不断发展对当代科学技术革命起到了至关重要的先导作用。

（四）创新的重要性突出，科技创新速度加快，科学研究日益社会化

当代科学技术革命的一个突出特点就是科技创新速度加快，智力投资的重要性日益受到重视，而且许多科研项目都必须依靠集体协作才能完成，科学研究日益社会化。由于当代科学技术革命投资大、涉及的范围广泛而复杂，许多尖端科研项目都不可能由某一个体单独完成，因而出现了许多科研生产联合体。在这些科研生产联合体中，各个领域、各个学科的人才分工合作、共同攻关，甚至联合开发、联合生产。过去很多科研项目可以由个人或团队来完成，而当代不少科学技术和科研项目则由国家甚至几个国家合作才能完成，科学技术研究工作日趋社会化。

（五）既促进了一批新的产业群出现，又改造了许多旧的产业部门

当代科学技术革命的深入发展，促进了一大批新兴产业群的出现，如信息产业、人工智能产业、原子能工业、宇航工业、生物化学工业、电子工业、海洋工业、光学工业、环保工业，等等。这些新兴产业群的出现使国民经济结构发生了很大变化。与此同时，旧的产业部门得到彻底改造，纺织、铁路、钢铁、机械等老工业部门已经面貌一新，焕发出了新的生机。在当代科学技术革命不断发展的进程中，新产业部门与旧产业部门日益渗透、结合，新产业部门将旧产业部门作为重要市场和依托，旧产业部门依靠新产业部门进行技术改造，二者相互补充，构成了今后科学技术发展的一个重要趋势。

三、当代科学技术革命对当代资本主义生产力发展的巨大推动作用

科学技术是第一生产力。在当代科学技术革命的推动下，当代资本主义所创造的生产力大大超过了此前它所创造的全部生产力的总和，并且使社会生产力发生了革命性的变化，使人类社会进入了一个新的时代——知识经济与信息经济时代。当代科学技术革命对当代资本主义生产力发展的巨大推动作用，可以从以下几个方面去把握。

（一）推动生产力各要素发生了革命性的变化

首先，生产已进入自动化、信息化阶段。当代科学技术革命深刻改变了人类的劳动手段和劳动方式，使资本主义机器大生产进入自动化、信息化阶段。电子计算机不仅在很大程度上代替了人的体力劳动，还部分代替了人的脑力劳动。它的出现和广泛应用使社会生产过程日益智能化。用电脑进行运算、设计、操作甚至管理的现象越来越普遍，

“无人工厂”也越来越多。最近十几年，信息技术的飞速发展更进一步促进了当代资本主义劳动生产率的提高和社会生产力的大发展。

其次，科学技术、脑力劳动在社会生产中所起的作用日益显著。随着社会生产逐渐步入自动化和信息化阶段，脑力劳动在直接生产过程中的作用越来越重要。这不仅表现在从事体力劳动和脑力劳动的劳动者的数量比例变化上，而且表现在社会生产对劳动者的素质要求上。在当代大多数资本主义国家中，体力劳动者的数量趋于减少，脑力劳动者的数量相对增加。比如在当代美国，从事脑力劳动的“白领”职员数量已占全部劳动力的60%以上，而直接从事制造业的“蓝领”工人却已减少到只占全部劳动力的13%左右。

最后，生产资料不断更新和拓展。当代科学技术革命的迅猛发展使人类的生产工具发生了急剧变革，劳动手段、劳动对象得到了极大的拓展。如电子计算机的发明与更新带动了现代工业机器人的出现，一些繁重、危险、人无法直接参与的工作，能交由机器人去完成；人们通过电脑自动控制中心，可以远距离、全方位地指挥和监督生产。过去，人们进行生产主要使用农产品、矿产品、木材等原始材料和初级产品以及煤炭、石油等传统能源，而现在，生产中所使用的原材料已远远超出这一范围，扩大到涵盖了合成纤维、人造橡胶、太阳能、风能、核能等各种合成材料和替代能源。目前，纳米技术、生物技术、宇宙空间技术和海洋开发技术等各项尖端技术仍在不断取得新的进展，人类将在更大程度上和更广范围内突破自然界的局限，创造出更多、更新的产品和工艺，开辟更加广阔的生产领域和活动空间。

（二）扩大再生产方式已越来越朝着以内涵发展型为主的方向变化

内涵型扩大再生产方式是以科技投入为主，通过提高劳动力和资本的质量来提高劳动生产率、经济效益和产品质量，从而实现扩大再生产。产业革命以后，科学技术在资本主义扩大再生产中的作用越来越大，推动资本主义扩大再生产方式日益朝着以内涵型为主的方向发展。第二次世界大战以来，由于大规模采用新兴科学技术成果，传统产业的发展已逐步转变为主要依靠技术改造，新兴产业部门则侧重于运用新技术，因此，当代资本主义的扩大再生产方式更加明显地向以内涵型为主的方向发展。

（三）产业结构渐趋现代化和高级化

产业结构是生产力的一个重要内容。第二次世界大战后，科学技术进步使许多新兴行业蓬勃兴起，传统产业的劳动生产率不断提高，那些为满足人们的物质生活需要而耗费的劳动相对越来越少，这使社会劳动日益从物质生产部门向非物质生产部门转移，即从第一、第二产业向第三产业转移。在国内生产总值中，第一产业所占的比重迅速下降，第二产业所占的比重增长缓慢或是下降，而第三产业所占的比重则越来越大。当代资本主义国家的国内生产总值约有2/3都来源于第三产业，只有1/3左右来源于第一、第二产业。这表明，当代资本主义国家的产业结构已渐趋现代化和高级化。

（四）生产日益社会化、国际化

生产国际化是生产社会化向世界范围的延伸，而生产的社会化主要体现在两个方面，即生产的专业化和生产的协作化。当代科学技术革命促使各种技术发明不断涌现，各种新产品不断问世，以至同一种类但不同规格、品种的产品在各个国家相同部门内的专业化分工迅速发展起来；而生产工艺流程中的一些工序也可根据各个国家资源条件和技术水平的差异，分别配置于不同国家的协作企业中。专业化逐步向纵深发展，必然要求扩大生产的协作范围。当代，这种生产协作范围的扩大已日渐表现为生产的国际化甚至全球化。例如，美国波音公司的747巨型客机就是由美、英等6个国家的1 500家大型企业和15 000家中小型企业共同生产的。信息技术迅猛发展，**互联网、内部网**以及**电子商务**的出现，使当代资本主义生产社会化和国际化的特点愈益明显。在网络全球化的同时，制造业也更趋全球化，从获取需求信息，到分析设计产品、选购原材料和辅助材料、采购零部件，乃至进行加工制造和营销，整个生产过程都日益全球化。

四、全面认识当代科学技术革命的作用

一方面，当代科学技术革命所引起的科技进步渗透到了生产力诸要素中。一是当代科学技术革命使生产工具发生了巨大变革，改变了传统生产部门的技术装备，同时更带动了一大批新兴产业群的出现，现代生产体系日益成为一个全盘自动化的机器大生产体系。二是当代科学技术革命对劳动对象有重大影响，主要体现在扩大劳动对象的范围、提高劳动对象的质量、加快劳动对象的生产，以及更有效地利用劳动对象等方面。新能源、新材料的开发和使用，生物工程技术的发展，等等，都是当代科学技术革命通过影响劳动对象而促进生产力发展的突出事例。三是当代科学技术革命还深刻地改变了生产力中人的因素。机器大工业出现以前，劳动者主要依靠手工工具进行生产，其素质主要表现在体力、经验和技巧上；机器大工业出现后，劳动者的体力因素作用下降，智力因素作用上升，脑力劳动在直接生产过程中的作用越来越重要；随着当代科学技术革命的深入发展，那些掌握现代科学技术知识、具有较高素质的劳动者在现代化大生产中发挥着越来越大的作用。当代科学技术革命使当代资本主义迸发出了巨大的生产力，各资本主义国家的劳动生产率都有了很大提高。

另一方面，也要清醒地看到，科学技术的发展固然有其自身的规律，但是不可避免地受到了社会经济制度的巨大影响。在垄断资本主义制度下，科学技术的进步、新的发明创造服从和服务于垄断资本追求最大限度的垄断利润的需要以及垄断集团掠夺世界的需要，这就注定了科学技术的发展受到垄断资本主义经济制度的很大限制，并非无限加速发展，有时甚至出现生产力发展倒退的情况。如2008年爆发的国际金融危机迅速蔓延至实体经济，使垄断资本主义国家的生产力遭到严重破坏。近年来有的资本主义国家出现的单边主义、保护主义等逆经济全球化倾向，也严重阻碍了资本主义国家经济的发展。然而，在当代科学技术革命推动下的巨大的社会化大生产，必然要求突破资本主义现存的生产关系，迫使垄断资产阶级不得不在资本主义生产关系的范围内对生产关系进行局部调整，以暂时适应新生产力的要求，缓解资本主义基本矛盾。垄断资本主义从私人垄断发展到国家垄断乃至国际垄断，其最终的根源正是当代科学技术革命推动下当代资本主义生产力的巨大发展。

第三节 国家垄断资本主义

一、国家垄断资本主义的产生、发展及其实质

(一) 国家垄断资本主义的产生和发展

国家垄断资本主义，是指资本主义国家在社会经济领域的职能全面增强，把社会经济生活置于自己的全面控制与干预之下的资本主义，它是私人垄断资本和资本主义国家相互融合的结果。国家垄断资本主义是和私人垄断同时产生的，只不过由于经济危机和战争的推动，国家垄断资本主义的力量和作用才日益增强和充分显示出来。

马克思早在论述股份公司的问题时就曾指出："它在一定部门中造成了垄断，因而要求国家的干涉。"① 随着生产力的进一步发展和垄断统治的加强，资本主义的基本矛盾更加尖锐起来。不断爆发的经济危机以及帝国主义战争表明，资本主义生产方式已无法继续像过去那样驾驭猛烈增长着的生产力。"猛烈增长着的生产力对它的资本属性的这种反作用力，要求承认生产力的社会本性的这种日益增长的压力，迫使资本家阶级本身在资本关系内部可能的限度内，越来越把生产力当做社会生产力看待。"② 由表面上凌驾于一切私人资本之上的资本主义国家对社会经济生活进行控制和干预，正是在资本主义生产关系的限度内把生产力当作社会生产力来对待的唯一可行的方法。因此，随着生产力的发展和垄断统治的形成，从私人垄断向国家垄断过渡，使资本主义国家成为真正意义上的"总资本家"，再一次对资本主义的生产关系进行必要的调整，乃是垄断资本主义发展的一般规律。

"战争和经济破坏逼迫各国从垄断资本主义走向国家垄断资本主义。"③ 两次世界大战和20世纪30年代空前严重的经济危机，加速了国家垄断资本主义的发展。但是直到第二次世界大战以前，国家垄断资本主义的发展还不能说是稳定的，在战争和经济危机过去之后，国家垄断资本主义不论就其规模还是就其作用而言都有所缩小。第二次世界大战以后，情况有了很大的变化，国家垄断资本主义进入了一个迅速发展的新时期，国家垄断资本主义已经成为当代资本主义国家经济基础最重要的组成部分。

第二次世界大战后国家垄断资本主义迅速而稳定的发展是由下列因素促成的。

(1) 第二次世界大战后资本主义国家发生的科学技术革命促进了社会生产力的巨大发展，生产社会化和国际化程度有了很大的提高。生产力的发展进一步提出了在社会范围内对国民经济进行宏观管理的要求。同时，生产规模的扩大和技术的提高还往往使许多经济部门的建立和发展不得不依靠国家的直接投资和帮助，资本主义国家作为"总资本家"的角色有了日益突出的作用；生产的国际化还要求国家在国际经济的协调中发挥

① 马克思，恩格斯．马克思恩格斯全集：第25卷．北京：人民出版社，1974：496.

② 马克思，恩格斯．马克思恩格斯选集：第3卷．3版．北京：人民出版社，2012：808.

③ 列宁．列宁全集：第32卷．2版．北京：人民出版社，1985：364.

日益重要的作用。如果说以电力的发明和运用为标志的第二次科学技术革命促进了资本主义从自由竞争向垄断阶段的过渡，那么以电子计算机、微电子的发明和应用为代表的第三次科学技术革命则促进了私人垄断向国家垄断的过渡。这是引起国家垄断资本主义在战后迅猛发展的重要物质基础。

（2）生产力的高速发展，使生产力和生产关系的矛盾空前加深了。经济危机频繁爆发，阶级矛盾不断加深，使垄断资产阶级不得不进一步依靠国家机器的强制力来干预和调节社会再生产过程和劳资关系，以使生产关系和生产力的矛盾得到一定的缓和，给生产力的发展创造一定的余地。这也促进了国家垄断资本主义的发展。

（3）资本主义国家在第二次世界大战后所处的国际环境也有了很大的变化。旧的殖民体系瓦解了，发展中国家的革命风暴动摇着帝国主义的统治基础。在经济全球化的背景下，在处理国际关系中，往往需要以国家的名义，由政府出面签订各种条约或协定，在这种情况下，单靠私人垄断资本的力量已很难继续维持对经济落后国家的剥削和统治。主要资本主义国家的发展不平衡加剧了垄断资本争夺投资场所、原料产地和商品销售市场的斗争，这也要求各国垄断资本进一步动员国家政权的力量来为自己的利益服务。国家垄断资本主义作为对外扩张的依靠力量和工具，因之有了空前广泛的发展。

由于上述种种原因，国家垄断资本主义在第二次世界大战后迅速而普遍地发展起来，形成了当代资本主义的一个重要特点。这是生产关系在资本主义范围内所作的又一次较大的、带有阶段性的调整。国家垄断资本主义的影响和作用渗透到了一切经济领域，使战后资本主义国家产生的各种经济现象和问题无不深深地打上了国家垄断资本主义的印记。

（二）国家垄断资本主义的实质

国家垄断资本主义的实质可以概括为：垄断资本与国家政权相结合，对经济生活进行调节和干预，以保证资本主义再生产的顺利进行，保证垄断资本获取高额垄断利润，维护资本主义制度的生存和发展，巩固垄断资产阶级的统治地位。

对于国家垄断资本主义的实质的理解，应强调以下几点。

（1）垄断资本与国家政权的结合是以私人垄断为基础的。随着垄断资本实力的加强，垄断资本必然要把其影响渗透到社会生活的各个领域，这就为垄断资本与国家政权的结合提供了客观必然性。垄断资本与国家政权相结合形成的国家垄断资本主义作为“总资本家”，是为整个垄断资本的利益服务的，国家并不完全专门服务于某个垄断集团，有时候为了整个垄断资本的利益，甚至可能牺牲某个垄断集团的利益。因此，各大垄断集团都力图通过各种渠道，采取多种手段，对政府施加影响，以便从政府决策中捞取更大利益。各个垄断集团往往直接选出自己的代表进入政府，控制政权。正如列宁所指出的，在垄断资本主义时代“除银行同工业的‘人事结合’以外，还有这些或那些公司同政府的‘人事结合’”①。

（2）国家调节与市场调节相结合是国家垄断资本主义经济运行的基本模式。资本主

---

① 列宁. 列宁全集：第 27 卷 . 2 版 . 北京：人民出版社，1990：357.

义经济是依靠市场调节来运转的，但市场机制的作用本身是有缺陷的。市场经济具有自发性和盲目性，不可避免地导致经济频繁波动和资源浪费；市场竞争必然会形成垄断，垄断则会导致不公平竞争和市场信号扭曲，降低资源的配置效率；在市场机制的运行中，企业以自身利益最大化为目标，竭力降低微观成本，忽视污染治理，其结果是企业经济效益虽然较好，但从整个社会来看，却容易导致环境污染、生态失衡等“外部不经济”问题，危及社会稳定和人类生存；市场经济中公共产品和服务供给不足，市场调节无法有效提供某些公共产品和服务，例如国防、社会治安、公共基础设施、卫生保健、文化教育等部门的产品和服务，而这些部门的发展是社会再生产得以维持的必要条件；市场调节也不能解决收入分配的公平性问题，导致贫富差距扩大和两极分化，引起社会不稳定，最终破坏经济发展的效率。可见，国家对经济生活的干预和调节，是对市场调节的不可缺少的补充，它是社会化大生产和生产力发展的客观要求，任何市场经济国家都将把这两种调节方式有机地结合起来，这是经济发展内在的客观要求。

（3）国家垄断资本主义仍然是资本主义。国家垄断资本主义是资本主义生产关系为适应社会生产力的高度发展所作出的自我完善、自我调整。这表明资本主义生产关系不是一成不变的，而是随着生产力的发展和生产社会化程度的提高而不断变化和进行局部调整。但这些调整和变革都是在资本主义私有制范围内进行的，没有从根本上改变资本主义生产资料的私人占有形式，因而也没有从根本上改变资本主义的剥削关系和资本主义生产方式的固有矛盾。这种局部变革和调整可以在一定程度上缓和这些矛盾，但不能最终消灭这些矛盾。

二、国家垄断资本主义的主要特点及其基本形式

（一）国家垄断资本主义的主要特点

第二次世界大战后，国家垄断资本主义得到迅速发展，同时也产生了一系列新特点，主要是：

（1）资本主义国家的社会经济职能空前地扩大和发展起来，资本主义国家成了真正意义上的“总资本家”，对国民经济实行全面的控制、干预与调节，在一定程度上为社会生产力的发展提供了余地。

（2）在国家垄断资本主义的参与和推动下，资本本身已高度社会化。不仅国家垄断资本主义是资本最高程度社会化的表现，而且私人垄断资本也日益社会化，这突出表现在家族垄断资本的不断削弱和各种社会资本、集团资本、法人资本形式的不断发展上。垄断资本对社会资本的依赖已达到前所未有的高度。

（3）在国家垄断资本主义的参与和推动下，资本已全面地国际化。商品资本、货币资本和生产资本的国际化都已达到空前的高度，出现了跨国公司这样的国际垄断资本的组织形式。跨国公司在世界范围内组织和利用资源进行生产和销售，大大推动了经济的全球化。现在，跨国公司已控制了接近一半的世界生产和大约 2/3 的国际贸易。

（4）随着各资本主义国家对国际经济生活的干预，产生了国际经济协调的必要性与可能性。既出现了各种国际经济组织，也形成了一些地区性经济集团，这对整个世界经

济的发展具有重要的影响。

(5) 资本主义国家直接参与国际经济剥削，对落后国家的国际剥削已从过去的抢占殖民地进行超经济剥削转向了更符合资本主义本质的经济剥削。各类国家都被卷入国际分工体系中。国际分工无论在广度还是深度上都大大地向前推进了一步。

国家垄断资本主义和私人垄断一样，其内容和形式在各个国家、各个时期也不完全一样，各具特色，并在不断地发展和变化。

(二) 国家垄断资本主义的基本形式

国家垄断资本主义是垄断资本与国家政权相结合，对经济生活进行干预和调节，以保证垄断资本获取高额垄断利润的经济形式，因而基于垄断资本与国家政权的结合程度以及与之相应的对经济生活的干预调节方式的不同，形成了国家垄断资本主义的各种形式，这些形式中最基本的有四种。

1. 通过资本主义国有企业直接参与生产过程

资本主义国有企业是国家垄断资本主义的一种重要形式，也是当前各发达资本主义国家调节经济的物质基础。国有企业的形成主要有两条途径：一是由国家对私人企业实行国有化，用高价收买或者其他补偿办法把某些私人企业转变为国有企业；二是由国家直接投资来兴办企业，具体分为完全国有和部分国有（即国家和私人合营）两种形式。资本主义国有企业几乎同资本主义生产方式的历史一样古老。不过，资本主义早期阶段的国家资本主义企业是私人资本积累不足的结果。当时许多社会发展所急需的工业与公共工程，如各种矿山、钢铁厂、军工厂、公路、河道、港口等建设工程，都需要巨额投资，而私人资本很难筹措到，这就只能由资本主义国家以"总资本家"的身份投资建设。第二次世界大战以前，资本主义国有企业一般只是在世界大战和经济危机时期才有较快的发展，一旦战争结束，危机过去，便大大收缩。第一次世界大战时期，许多国家如英、美、德等国都曾对军工、铁路、海运和电力等企业采取过国有化措施。但是，战争结束后，这些企业便大都被归还给了私人资本家。1929—1933 年世界性的经济大危机促使欧洲的许多国家如德、意等国的政府高价大量收购濒于破产的企业，将许多银行、企业国有化，为挽救濒于崩溃的经济创造了物质条件。2008 年爆发国际金融危机和经济危机后，西方国家政府为了挽救濒于破产的大银行和大企业，纷纷采取向这些银行和企业"注资"或实行政府担保等"准国有化"的办法，帮助企业渡过危机。这种情况说明，实行国有化或政府对私人企业参股、注资或实行政府担保等干预措施，是资本主义国家政府在一定情况下不得不采取的政策措施。

第二次世界大战后，通过国有化来建立国家所有制的浪潮涉及西欧许多国家。国有企业不仅控制了很大一部分基础工业部门，而且在整个国民经济中占有很高的比重。许多国家的国有企业的资产、投资额和就业工人数曾占全国企业资产、投资总额和就业工人总数的 10%～30%。无论是否实行过国有化，各垄断资本主义国家都通过日益增长的国家投资来发展国有企业，使国有企业不但扩大到了更多的部门，而且在许多部门中占据着越来越大的比重。在英国，国有企业的生产占一半以上的部门曾有 10 个之多，在意大利和联邦德国，这样的部门也曾分别有 9 个和 7 个。

第二次世界大战后垄断资本主义国家大力推行国有化，建立国有企业，是基于以下原因：第一，为了挽救在战争中遭到严重破坏的工业和基础设施；第二，利用国家资金发展煤、钢、电力、煤气、铁路、航空、造船、石油开采等关系国家经济命脉的部门，保证国家经济的迅速恢复和发展；第三，提高国际竞争力，提高本国产品在国际市场中的份额；第四，当经济危机和严重自然灾害来临时，保持经济稳定和私人资本的生存；第五，第二次世界大战后私人资本的实力大大削弱，资本积累不足，无力进行大规模的固定资本投资，不得不依靠国家的力量，保证获取高额利润。

在垄断资本主义国家中，作为“总资本家”的国家根据经济发展的需要时而实行国有化，时而又实行私有化。自 20 世纪 80 年代初开始的私有化浪潮是第二次世界大战后规模最大、范围最广的一次私有化运动，通过私有化运动，国家将国有企业转变为私人企业。西方国家交替实行的国有化和私有化政策，事实上是国家垄断资本主义的不同实现形式，是国家对经济实行宏观调控的不同手段，其目的都是保证垄断资本获取高额垄断利润。这一实质在国有化和私有化相互转变的过程中体现得十分清楚。例如，国有化时高价收购的私人企业大多是盈利状况不佳甚至面临破产的大企业。这些企业在经过国家大量投资，经济状况改善且竞争力提高后，往往在重新私有化时又物归原主，被低价卖给私人资本家。又如，国有企业所涉及的大多数是投资大、周转慢、盈利少甚至无利可图，私人垄断资本因而不愿经营的基础设施、基础工业或传统产业。私人垄断资本得以依靠这些国有企业提供的廉价产品和服务，降低自己的生产成本，增强竞争能力。当这些基础设施和社会公共产品部门实行私有化时，政府立即提高其产品和服务的价格（如水、电、通信等的价格），以牺牲消费者的利益来保证私有化了的企业的利润。再如，一些新兴工业如宇航、海洋开发、生物工程等领域风险大的投资，通常都由国有企业来承担，而当这些企业的生产变得有利可图时，政府又以私有化的形式将其转让给资本家，如此等等。

总之，在国家垄断资本主义充分发展的当今世界，私有化浪潮也罢，国有化浪潮也罢，都是国家垄断资本主义干预和调节经济生活的一种形式，这是国家资本形态的一种变化。当实行国有化时，国家资本采取生产资本的形态；当实行私有化时，国家资本转化为货币资本的形态。资本形态的变化没有改变代表垄断资产阶级利益的国家对资本的支配权、控制权、收益权。

2. 通过国家财政对国民收入进行再分配

资本主义国家作为投资者和生产者参与经济发展过程，是通过资本主义国有企业完成的；在流通领域和分配领域里，资本主义国家的政府则主要通过国家预算而参与其中。国家垄断资本主义使垄断资本主义国家的财政在性质上有了很大的变化。过去，国家财政主要是为了满足国家政权机构本身活动的需要，而现在，国家财政更重要的作用是国家参与再生产过程的手段。在国家垄断资本主义的各种形式中，国家财政影响的范围要比国家所有制更加广泛，其所起的作用也更为重要。通过国家财政参与再生产过程是当前国家垄断资本主义最重要、最普遍的手段和内容。

无论是财政收入，还是财政支出，都是国家参与再生产过程、对国民收入进行再分配的手段。通过财政收入，国家把国民收入中越来越大的部分集中到自己的手中，然后经由财政支出，对这部分国民收入进行重新分配，以此来有力地调节社会资本的再生产过程。

现在，垄断资本主义国家的财政支出主要用于三个方面：社会福利开支、国防费用和国债利息。社会福利开支包括用于社会保险、卫生保健和公共教育等方面的费用。在生产力高度发展、阶级矛盾非常尖锐的情况下，垄断资本为了维护自己的统治不得不支付这些费用，以维持劳动力的再生产，缓和阶级矛盾。国防费用的增加既为垄断资本提供了一个高利而稳定的市场，也是为了满足资产阶级在国外争夺势力范围的需要。国债利息在垄断资本主义国家的财政支出中所占的比重越来越大，这是垄断资本主义国家长期实行赤字财政政策所带来的结果。由于增税总有一定的限度，而政府参与经济发展过程又需要日益扩大财政支出，财政赤字遂逐年增加。在垄断资本主义国家里，财政赤字主要是依靠发行公债来弥补的。这就造成了公债数额的不断增长，并使每年用于公债还本付息的支出随之大大增加。巨额的公债利息主要落入垄断资产阶级的腰包，从而成为国家资助垄断资本的一种形式。

此外，垄断资本主义国家的财政支出还有相当数量被用于对垄断资本家进行各种补贴，如对农产品的价格补贴，对困难工业部门的资助，对进出口贸易的补贴，等等。这方面的财政支出同样是对国民收入进行的有利于垄断资产阶级的再分配。垄断资本主义国家还利用预算资金进行国家资本输出，以满足垄断资本对外扩张的需要。随着国家垄断资本主义的发展和争夺世界霸权的斗争日益尖锐，国家资本输出的数额在不断增大。

3. 通过国家参与金融活动来影响社会再生产过程

首先，资本主义国家的政府通过中央银行和一系列其他金融机构，牢牢地控制了整个国家的货币信用体系。国家通过中央银行垄断货币的发行，为其他金融机构提供资金，贯彻执行国家的货币金融政策，从而对整个国民经济起着举足轻重的作用。中央银行主要通过下列渠道来增减货币供应量和伸缩信用规模，以影响经济发展过程：（1）变更中央银行的再贴现率（即中央银行给商业银行的贷款的利息率）来决定市场利息率的高低；（2）变更银行存款准备金率来扩大或缩小信用的规模；（3）在金融市场买卖政府债券来控制银根的松紧。除了中央银行之外，资本主义国家还设立了大量国有的金融机构，如进出口银行、开发银行、土地银行、住宅抵押银行等，以控制各个专门领域的货币资本运动。这些金融机构一般以经营长期信贷业务为重点，为私人垄断资本提供扩大再生产所需要的货币资本。在西欧的一些资本主义国家里，国有金融机构在国内的信贷总额中已占50％以上。这些金融机构由于有政府作后盾，在筹集资金和发放贷款方面有较大能力，因而对经济发展的影响是很大的。

其次，资本主义国家的政府通过加强对私人金融机构的监督和管理来保证货币金融的稳定。这种监督和管理主要是通过中央银行进行的。中央银行既是金融机构又是管理机构，成为整个国家机器的一个组成部门，通过控制货币供应、信贷规模等业务活动以及规定一系列具体政策和管理措施，双管齐下地把全国的金融活动掌握在自己手中。资本主义国家的政府交替运用通胀或紧缩的经济政策，对国民经济实行宏观调控，主要就是通过中央银行和其他国有金融机构来贯彻执行的。

最后，资本主义国家的财政政策和货币政策相互配合、互相促进。西方国家在2008

年金融危机后，普遍实行量化宽松的货币政策，对刺激经济发展起了一定的作用，但是这一政策的实施却引起了西方社会一系列严重问题的爆发，例如国债居高不下、通货膨胀加重等。

4. 通过实行经济计划调节国民经济的发展

有计划地发展国民经济是生产社会化的客观要求，因此，垄断资本主义国家也不能不顺应这种要求，实行一定的经济计划。第二次世界大战后，经济计划也随着国家垄断资本主义的发展而在垄断资本主义国家中普遍化了。垄断资本主义国家的经济计划不是对社会经济发展作出具体的规划，往往只是对经济作短期或中期的预测，或为达到一定的目标而制定一些政策措施。垄断资本主义国家的计划大都具有如下特点：第一，计划不是指令性的，而是指导性或参考性的，不具有任何约束力；第二，计划的内容一般只包括国民经济发展的一些最重要的指标或比较笼统的总任务；第三，计划的实施不是依靠行政命令和干预，而是通过政府的经济政策和各种财政、金融方面的措施来影响私人企业的活动规模和方向。

垄断资本主义国家的经济计划体现了垄断资本的利益，在一定程度上反映了生产发展的客观要求，因此，有时也能部分地得到实现。但是，在生产资料私有制存在的情况下，要真正克服生产的无政府状态，实现国民经济的有计划发展，是根本不可能的。所以，尽管当代资本主义国家普遍实行一定的经济计划，但经济危机仍然不断爆发，经济很难实现稳定、协调的发展。

三、国家垄断资本主义对社会经济发展的推动作用及其局限性

（一）国家垄断资本主义对社会经济发展的推动作用

第二次世界大战后，资本主义国家的社会生产力得到了空前发展，不仅发展速度超过了自资本主义制度确立以来的任何时期，而且社会生产力发生了质的新的飞跃。国家垄断资本主义在这一过程中发挥了极其重要的作用。

国家垄断资本主义的发展不仅加强了国家运用各种政策手段对社会经济发展过程从外部进行干预，而且以大量的国家投资和国家消费使国家直接介入生产、分配和消费的各个领域。国家垄断资本主义因此成为社会经济基础的一个重要组成部分。国家对整个社会经济发展过程的介入、调控和干预，在一定程度上适应了社会生产力高度发展的要求，从而为社会生产力的进一步发展开拓了较大的空间。

国家垄断资本主义对当代资本主义国家经济发展所起的推动作用，主要表现在以下几个方面。

（1）满足了社会生产力发展对现代化基础设施的需要。

（2）推动了科学技术的迅速发展与进步。

（3）在资本主义制度范围内对生产关系进行的局部调整，在一定程度上缓和了阶级矛盾，从而为国民经济较为顺利地发展提供了社会条件。

（4）对社会经济运行采取必要的宏观调节措施，有利于社会生产力较为平衡和迅速地发展。

(5) 国家垄断资本主义的对外关系政策调整，既保持了对广大发展中国家的剥削，也在某种程度上缓解了发达国家之间以及发达国家与发展中国家之间的矛盾。

（二）国家垄断资本主义的局限性

国家垄断资本主义由于是在资本主义生产方式范围内对资本主义生产关系进行的重大调整，因而在一定程度上适应了资本主义生产力发展的要求，在一定时期、一定程度上推动了资本主义生产力的发展。但是国家垄断资本主义终究只是在资本主义生产方式范围内对生产关系进行的部分调整，它丝毫没有改变资本主义的经济基础，没有改变垄断资本主义的性质，因而不可能从根本上解决资本主义制度所固有的各种矛盾，经济发展仍然受资本主义经济规律的支配。国家垄断资本主义的产生只是使某些矛盾暂时缓和，使矛盾被掩盖起来或者向深处潜伏，因此这些矛盾必然随着资本主义生产社会化的发展而进一步尖锐化和复杂化，具体可从以下几个方面体现出来。

(1) 第二次世界大战以来，特别是2008年国际金融危机以来，各资本主义国家加强了对经济的调节与干预，出台了各种“逆周期”的财政和货币政策。在财政政策方面，实行以减税、减少政府开支为核心的紧缩政策。在货币政策方面，实行量化宽松政策，降低利率，甚至实行零利率，中央银行还不断向商业银行和其他金融机构注入流动资金，以刺激生产和消费，扩大就业，加快经济复苏。但是，所有这些财政政策和货币政策虽然在一定时期和一定程度上缓和了危机，却引发了主权债务危机的深化，使失业问题常态化，从而降低了有支付能力的需求，使资本主义的固有矛盾不断积累。这表明，国家垄断资本主义调节和干预经济的作用是十分有限的，甚至面临“市场失灵”与“政府失灵”并存的困境。

(2) 20世纪中叶以来，主要资本主义国家在政府的推动下，大力发展以现代金融业、金融衍生产品为核心的虚拟经济，而将一部分实体经济转移至成本更为低廉的发展中国家，从而形成本国实体经济“空心化”。其结果是，美国等一些发达资本主义国家长期以来出现贸易赤字与国际收支赤字并存的局面。最近一些资本主义国家又提出“实体经济回归”“再工业化”等口号，但由于国际分工格局和世界产业链条已发生变化，美国等国家企图以此增加就业、改善经济状况的设想是难以实现的。

(3) 20世纪特别是其后半叶以来，世界经济的迅速发展得益于经济全球化、实行贸易自由化和投资便利化的政策。但进入21世纪特别是自2008年国际金融和经济危机以来，资本主义国家纷纷采取单边主义、贸易保护主义政策和“逆全球化”“逆自由贸易”政策，使贸易摩擦和贸易纠纷不断发生，甚至使世界贸易组织的多边贸易体系处于危机四伏的境地。国际经济中的不稳定、不确定因素日益增多，导致资本主义国家经济复苏的困难大大加重。

上述一切都表明，国家垄断资本主义并没有也不可能克服资本主义制度内在的固有矛盾和历史局限性。

本章重要名词概念

垄断资本主义（帝国主义）　垄断　垄断利润　垄断价格　金融资本

金融寡头　　　　参与制　　国际垄断同盟　　国家垄断资本主义

思考题

1. 自由竞争资本主义是怎样发展为垄断资本主义的?
2. 垄断的统治是否能够消灭竞争? 如何正确理解垄断与竞争的关系?
3. 垄断资本主义有哪些基本特征? 如何把握垄断资本主义的经济实质?
4. 当代科学技术革命有哪些特点?
5. 当代科学技术革命对当代资本主义有哪些影响?
6. 国家垄断资本主义是怎样形成的?
7. 国家垄断资本主义有哪些基本形式?
8. 怎样正确把握国家垄断资本主义的实质?
9. 如何认识国家垄断资本主义的作用和局限性?

本章练习

第九章

垄断资本主义的历史地位和发展趋势

本章重点

1. 垄断资本主义所处的历史地位是过渡的资本主义
2. 垄断资本主义经济存在停滞与迅速发展两种趋势
3. 垄断资本主义的多种危机交织并存
4. 垄断资本主义为向社会主义过渡准备了物质条件
5. 资本主义固有矛盾的加剧和向社会主义过渡的历史必然性
6. 垄断资本主义向社会主义过渡的长期性和曲折性
7. 当前历史时代的特点及当前时代所面临的和平与发展两大主题

本书的第五章“资本积累及其历史趋势”，已经阐明了在资本主义积累过程中，随着资本主义基本矛盾即生产社会化和生产资料资本主义私人占有之间的矛盾的日益加剧，以社会主义制度代替资本主义制度，成为历史发展的必然趋势。而由自由竞争资本主义发展到垄断资本主义，是生产力高度发展和资本主义生产关系随之进行了一定调整的结果。资本主义生产关系的调整为生产力的进一步发展提供了一定的余地。但是，在垄断资本主义阶段，资本主义基本矛盾以及资本主义所固有的各种矛盾不仅没有从根本上得到解决，而且日趋尖锐深化。这些矛盾推动着资本主义社会向更高的社会形态——社会主义社会过渡。人类社会从此进入了从资本主义向社会主义转变的历史时期。垄断资本主义为这一转变准备着充分的物质和社会条件。这就是垄断资本主义在人类社会发展过程中所处的历史地位。列宁概括性地指出了垄断资本主义的历史地位：“应当说帝国主义是过渡的资本主义”①。

第一节　垄断资本主义经济发展的趋势及危机的加深

一、垄断资本主义时期经济发展的两种趋势

社会生产力总是不断发展变化的，它是推动人类社会不断前进的主要因素。在进入

① 列宁. 列宁全集：第27卷. 2版. 北京：人民出版社，1990：437.

垄断资本主义阶段后，社会生产力的发展由于生产力和生产关系的矛盾，存在着生产和技术停滞与迅速发展两种不同的趋势。列宁明确指出："在资本主义制度下……垄断所固有的停滞和腐朽的趋势仍旧在发生作用，而且在某些工业部门，在某些国家，在一定的时期，这种趋势还占上风。"① "如果以为这一腐朽趋势排除了资本主义的迅速发展，那就错了。不，在帝国主义时代，某些工业部门，某些资产阶级阶层，某些国家，不同程度地时而表现出这种趋势，时而又表现出那种趋势。整个说来，资本主义的发展比从前要快得多"②。

垄断是垄断资本主义最深厚的经济基础，垄断资本主义时期经济发展存在两种趋势的根本原因就在于垄断的形成和发展。

垄断资本主义经济发展的一种趋势是生产和技术的停滞。在资本主义制度下，生产的目的是追逐利润。为了追逐更多的利润，资本家才追加投资和扩大再生产。竞争也迫使资本家不得不采用新技术来提高劳动生产率，并使生产不断扩大。但是，在垄断的条件下，垄断统治又导致生产和技术出现了停滞趋势，主要原因在于：（1）由于垄断，垄断组织可以通过规定垄断价格等办法来获取高额的垄断利润，从而在一定程度上减弱了垄断组织扩大再生产的动力。（2）在一些情况下，垄断资本甚至会人为地阻碍新技术的发明和使用，以免影响现有的垄断地位和高额利润，并避免使现有固定资产贬值。（3）垄断自身还会成为资本转移和新投资形成的障碍，从而影响着整个生产规模的扩大，使垄断时期生产的发展大大落后于科学技术进步和资本积累所提供的可能性。

在垄断必然引起生产和技术停滞趋势的同时，资本主义国家也存在着经济迅速发展的趋势。列宁曾经指出："决不排除资本主义在某些工业部门，在某些国家或在某些时期内惊人迅速的发展"③。垄断资本主义经济迅速发展的原因在于：（1）生产力自身经常处于变化和发展过程中。垄断是在生产力高度发展的基础上产生的，垄断资本主义时期所积累起来的资本规模和扩大再生产的手段，为生产的进一步发展提供了巨大的、客观上的可能性。尽管垄断会引起一定的停滞和腐朽，但不可能完全阻碍社会生产发展的趋势。（2）垄断并未消灭竞争，只是使竞争的条件发生了变化，形成了在垄断条件下的竞争，它仍然是一种外在的强制力，迫使垄断资本依旧不得不改进技术，降低成本，提高劳动生产率，扩大生产规模。为了抢占新出现的市场，垄断资本还会研究新技术，发展新产品，以免在竞争中处于不利的地位。（3）为了争夺世界霸权，垄断资本主义国家大力扩充军备。资本主义国家的政府动员了大量的人力、物力和财力来进行军事科学技术的研究，而军事生产和民用生产是密切联系着的。军事科学技术上的发明创造迟早都会应用于民用生产，从而会带动整个社会科学技术水平的提高，加速国民经济的发展。（4）垄断所引起的种种矛盾，还会迫使资本主义的生产关系在资本主义制度所允许的范围内作一定的调整，使矛盾暂时缓和，从而有利于生产力在一定时期内和一定程度上的较快发展。第二次世界大战后，垄断资本主义国家对经济生活进行的干预以及各种国际协调政

① 列宁．列宁全集：第27卷．2版．北京：人民出版社，1990：411．

② 同①436．

③ 列宁．列宁全集：第28卷．2版．北京：人民出版社，1990：70．

策的运用等，对资本主义国家经济的较快发展起到了明显的作用。

所以，在垄断资本主义时期，生产和技术的发展同时存在着两种不同的趋势。

垄断资本主义经济发展的两种趋势，随着垄断所固有的各种矛盾和经济社会条件的变化，会交替占优势，在不同时期和不同国家，有时表现出这种趋势占优势，有时又表现出那种趋势占优势。一种趋势占优势时，另一种趋势并非完全消失。当迅速发展趋势占优势，因而经济呈现出迅速发展时，并非停滞趋势完全消失；而当停滞趋势占优势时，并非经济丝毫不发展。只不过在一种趋势占上风而表现明显时，另一种趋势表现得不很明显而已。但不管是哪一种趋势明显表现出来，由于垄断固有的各种矛盾，当代资本主义国家的实际经济发展都不可能充分地利用客观的经济条件，在实际的经济增长与客观可能性之间始终存在着很大的差距。在经济发展较快的时期，经济危机频繁爆发；在经济滞胀时期，更经常地有20%～30%的生产设备被闲置不用。

第二次世界大战后，在资本主义国家的经济发展过程中，停滞趋势与迅速发展趋势并存和二者交替占优势的现象，表现得尤为突出。由于第二次世界大战后各资本主义国家对遭受巨大破坏的经济进行恢复和发展，由于科学技术在战争和恢复经济的刺激下空前发展，也由于国家垄断资本主义对生产关系所作的某些调整，当代资本主义国家的经济在20世纪五六十年代经历了有史以来发展最快的"黄金时期"。但经济较快发展所积累起来的矛盾却使这些国家的经济发展在进入20世纪70年代后发生了巨大的转折，高速增长为经济的滞胀所代替，当代资本主义国家的经济又重新面临严重困难的局面，发达资本主义国家的经济大都呈现出低速而不稳定的状况。2008年爆发的国际金融危机和继而引发的世界性经济危机，使整个资本主义世界经济遭到沉重打击。2020年暴发的全球性新冠疫情和世界经济发展面临各种困难及动力不足，导致资本主义国家陷入严重的经济动荡。当然，从较长发展过程来看，资本主义经济的发展仍会存在两种趋势交替占优势的现象。

总之，第一，垄断资本主义国家经济发展中同时存在两种不同的趋势；第二，两种趋势交替占优势；第三，任何一个垄断资本主义国家的实际经济发展速度都是这两种趋势共同作用的结果。这三个方面表明了垄断资本主义经济发展的总体趋势和轨迹。

二、多种危机交织并存

在垄断资本主义时期，除了生产相对过剩经济危机继续周期性地爆发之外，还出现了许多结构性危机。金融危机、货币危机、财政危机、农业危机、社会危机和政治危机等相继发生和深化。种种危机交替发生，相互影响，形成了恶性循环，使垄断资本主义国家的经济不可能长期高速而稳定地增长，而是不时地陷入严重困难的境地。

资本主义的**金融危机**表明，资本主义的信用制度已呈现出很大的不稳定性。这一危机的主要内容和表现是：（1）垄断资本主义国家的政府通过大量发行纸币实行通货膨胀政策，纸币不断贬值，物价持续上涨，已成为垄断资本主义国家经济的通病。（2）在资本主义的信用领域，由于垄断引起了资本的相对过剩，越来越多的货币资本拥塞在流通领域而不能运用于生产过程。借贷资本的大量增加和过剩所形成的投机及冲击，动摇着资本主义的信用制度与银行制度。(3) 资本主义国家的政府为了弥补财政赤字，大量发行各种公债，使垄断资本主义国家的经济越来越成为债务经济。巨额的债务推动震撼整个信用制度的巨大危机的爆发。(4) 从国际货币金融关系来看，由于国际借贷资本的大量过剩，垄断资本主义国家的国际收支极不稳定，也极不平衡。

第二次世界大战后建立的以美元为中心的固定汇率制已经瓦解。在浮动汇率制下，外汇市场剧烈动荡，**货币危机**（如美元危机、英镑危机等）频繁出现，使国际货币金融关系经常处于混乱之中。汇率制度的多元化，黄金价格的剧烈波动，地区性货币集团的出现，金融危机的频繁爆发，更突出地表明资本主义的国际金融领域已不再有相对统一和相对稳定的制度了。

垄断资本主义国家的**财政危机**也日益严重。国家垄断资本主义为了应对生产过剩，在第二次世界大战后实行了赤字财政政策。除了个别年份外，垄断资本主义国家的财政都是连年赤字，而且赤字越来越大。这不仅使财政支出中的利息负担越来越大，而且缩小了垄断资本主义国家利用财政干预经济的回旋余地。现在，不仅一些国家的中央政府有财政危机，而且许多地方政府有财政危机。

垄断资本主义国家还发生了日益严重的**社会危机**。由于各种矛盾的尖锐化，许多人对社会和生活的前途丧失信心，甚至绝望。现在赌博、犯罪、吸毒等问题已成为困扰垄断资本主义国家的严重的社会问题。这与社会两极分化、财富分配极不公平有着很大的关系。

垄断资本主义在创造了高度物质文明的同时，也给社会带来了许多尖锐、难以克服的矛盾。这就清楚地表明，垄断资本主义已经在许多方面不再适应社会生产力发展的要求，向更高级的社会主义社会形态过渡成为历史发展的必然趋势。

第二节　垄断资本主义向社会主义过渡的历史必然性

一、垄断资本主义为向更高级的社会过渡准备了物质条件

在垄断资本主义阶段，不但生产资料的私有制已经与高度发展的社会化生产力发生了尖锐的矛盾，使资本主义生产关系进一步的和根本性的变革不可避免，而且垄断和国家垄断为向新的社会制度过渡准备了物质基础，即经济的全面社会化，从而创造着解决这一矛盾的日益成熟的物质条件，使整个社会制度的变革不但必要，而且有了可能。经济的全面社会化主要表现在以下三个方面。

(1) 在垄断资本主义阶段，生产的发展越来越全面地社会化甚至国际化。巨大的垄断企业不仅控制了一个个单一部门的生产，而且控制了许多部门的生产。混合联合企业和跨国公司的大量涌现使垄断资本形成了庞大的、无所不包的经济王国。它们不仅支配着国内的经济命脉，而且操纵着世界范围的经济活动。国际垄断和国家垄断资本主义国际联盟的出现，使生产的规模和生产的协作打破国界，向国外扩展，推动生产社会化向着更高程度的、国际化的方向发展，从而使生产高度社会化和生产资料资本主义私有制

之间的矛盾越来越尖锐。

（2）垄断还使经济管理日益社会化。这具体表现在：第一，由于垄断统治的触角不但伸向了各个经济部门，而且伸向了世界各地，垄断组织已有条件对本国和世界的经济情况进行了解、分析和预测，而且生产社会化的发展突破了部门、地区和国家的界线，达到了很高的程度，从而可以在垄断组织内部尽可能地制定出比较符合市场情况的经营管理方针和计划。第二，由于资本所有权与管理权日益分离，垄断组织的经营和管理逐渐由董事会和经理人员所组成的机构来执行。银行从一般的中介人变成万能的垄断者，更使这一社会化程度最高的管理机构成了国民经济的支配者。第三，国家垄断资本主义的出现使凌驾于各垄断集团之上的资本主义国家在经济发展过程中起着越来越大的作用。资本主义国家不仅通过国家所有制直接管理许多经济部门和企业，而且通过各种政策和措施来影响、干预经济的发展过程。

经济管理的社会化为社会主义社会实行真正的、全面的社会化管理做好了形式上和组织上的准备。

（3）垄断使资本本身也进一步社会化了。如果说股份公司是资本社会化的开始，垄断又使资本社会化的程度大大地提高了，那么，国家垄断资本的出现则使资本社会化在资本主义制度所允许的范围内达到了更高程度。资本关系的这种高度社会化已成为把资本变为社会财产的过渡点。正如列宁所指出的："国家垄断资本主义是社会主义的最充分的**物质**准备，是社会主义的**前阶**"①。

可见，在垄断资本主义阶段，生产、管理和资本的高度社会化已经在各个方面为社会占有生产资料，并在全社会范围内组织和调节生产准备了客观的物质条件。

但是，为更高级的社会制度准备了必要的物质条件，并不等于就能够自然而然地向社会主义过渡。在垄断资本主义制度下，垄断资产阶级不可能进行完全、彻底的自我否定。不管经济是怎样高度地社会化了，其生产关系的资本主义性质都不会自动改变，只不过生产资料更加集中地掌握在一小撮金融寡头手里，他们使大规模的生产和社会财富都用来为自己攫取更多、更大的利润服务。因此，要实现社会主义，必须通过变革资本主义私有制的手段，用生产资料社会主义公有制来代替生产资料资本主义私有制，对资本主义生产关系实行根本的变革。

二、资本主义固有矛盾的加剧和向社会主义过渡的必然性

垄断资本主义国家生产的社会化和国际化，使资本主义各种固有的矛盾进一步地尖锐起来，促进了向社会主义的革命变革。

（一）在垄断资本主义阶段，无产阶级和资产阶级之间的矛盾加深

无产阶级和资产阶级之间的矛盾是生产社会化和生产资料资本主义私人占有之间的矛盾在阶级关系上的集中反映，是资本主义社会的主要矛盾。随着资本主义基本矛盾不

---

① 列宁．列宁全集：第32卷．2版．北京：人民出版社，1985：218－219.

断加剧，无产阶级和资产阶级之间的矛盾也日益尖锐起来。

垄断使生产资料更加集中地掌握在一小撮金融寡头手中，他们凭借日益增多和日益集中的剥削手段，不断加重对无产阶级的剥削。在生产领域里，垄断资产阶级通过科学技术进步所提供的各种生产手段来榨取更多的相对剩余价值。工人的劳动复杂程度提高了，劳动生产率也极大地提高了，虽然他们的工资也随之有一定的增长，但工资在他们创造的价值中所占的比重却日益降低，而且工资数量大大低于现代劳动力所需要的生活资料的价值。因此，在资本主义国家里，剩余价值率都呈现出不断提高的趋势。在分配领域里，垄断资产阶级不仅凭借直接占有的生产资料攫取日益增长的利润，而且通过国家财政对国民收入进行有利于自己的再分配。工人阶级承受着越来越重的税负。国家的税收收入通过国家投资和国家消费，绝大部分都落入了垄断资产阶级的腰包，贫富两极分化日益加重。在流通领域里，垄断资产阶级不仅通过垄断价格来进一步剥削工人群众，而且通过国家垄断资本主义的种种手段，如实行通货膨胀、推行消费信贷等，使劳动人民遭受进一步的损失。

随着垄断资本主义的发展，工人大量的经常性的失业已成为垄断资本主义国家的普遍现象。过去只是在经济危机时期才会有较高的失业率，现在，即使在经济回升甚至经济比较高涨的时期，也同样存在着很高的失业率。经常性的大量失业威胁到工人的基本生活，必然会引起极为尖锐的阶级矛盾。

资本剥削的加重必然要引起劳动人民的反抗。这种反抗开始主要是在经济上。为了提高工资待遇、改善劳动条件，工人经常掀起罢工斗争。但是，经济上的斗争并不能使工人从根本上摆脱资本的奴役和剥削。经济斗争所取得的成效，常常会被进一步加重的剥削所吞食。工人的经济斗争还常常受到资本主义国家的暴力镇压。在斗争中，无产阶级逐渐认识到，不能只是进行经济斗争，而应进一步开展以社会主义取代资本主义的政治斗争。

（二）在垄断资本主义时期，殖民地、附属国和宗主国的矛盾急剧地激化，第二次世界大战后，垄断资本主义国家与发展中国家的矛盾不断加深

早在资本主义制度产生和确立的时期，资本主义国家就向外扩张和掠夺。一部资本主义发展史同时也就是资本主义国家用火和剑建立殖民统治的历史。到垄断资本主义时期，帝国主义列强已经把世界领土瓜分完毕，帝国主义的殖民体系最终形成了。在帝国主义宗主国的军事占领和政治统治之下，殖民地和附属国的人民遭受着严重的压迫和残酷的剥削。垄断资本主义国家用垄断低价收购殖民地和附属国的资源性初级产品，而用垄断高价向殖民地和附属国销售工业制成品，这一进一出，使殖民地和附属国遭受着双重的剥削，严重阻碍了殖民地和附属国的经济发展。

垄断资本对殖民地和附属国人民的剥削和压迫，必然会引起他们的强烈反抗。第二次世界大战后，殖民地和附属国人民的反抗和革命风起云涌，纷纷进行民族解放斗争，建立起一大批民族独立的发展中国家，最终使帝国主义的殖民体系瓦解了。

第二次世界大战后，随着旧殖民体系的瓦解，垄断资本主义国家迫于形势的变化，不得不改变旧殖民主义的统治方式，采用新的控制和掠夺手法，即推行新殖民主义。**新殖民主义**采用比较隐蔽的、间接的办法，主要是以经济渗透的办法来控制和掠夺发展中

国家，以继续保持和维护垄断资本的各种利益。新殖民主义对发展中国家进行控制和剥削的方法有很多，主要以“援助”为旗号进行国家资本输出，以此控制受援助国家的经济和政治。此外还利用跨国公司在发展中国家的投资、不合理的国际分工、不等价交换、技术上的垄断地位等，对发展中国家进行盘剥。新殖民主义的推行使得世界上富国与穷国之间的鸿沟不断扩大，从而导致垄断资本主义国家同发展中国家之间的矛盾不断加深。

（三）在垄断资本主义阶段，主要垄断资本主义国家之间的矛盾日益发展

在19世纪末20世纪初，世界领土和世界市场在垄断资本主义国家相互争夺的过程中已经分割完毕，而它们之间力量对比的变化必然会引起垄断资本主义大国重新瓜分世界领土和市场的激烈斗争。后来居上的一些垄断资本主义国家要求占有与其资本和经济实力相适应的市场和殖民地，而原来霸占的势力范围较大的垄断资本主义国家又决不会甘心让出自己已占有的地盘。于是，垄断资本主义国家之间的矛盾逐步发展并日益尖锐起来。当这种重新瓜分仅涉及两个垄断资本主义国家的利害冲突时，就会爆发双边战争。美西战争和日俄战争等，就属于这样的战争。当重新瓜分势力范围的斗争牵涉到许多垄断资本主义国家的利益时，就会爆发世界规模的战争。两次世界大战的爆发就是垄断资本主义国家之间矛盾极度尖锐化的集中表现和直接后果。不断发生的瓜分世界领土和市场的战争，加剧了资本主义固有的各种矛盾，削弱了垄断资本统治的力量，也暴露了垄断资本主义制度的腐朽性。

第二次世界大战后，垄断资本主义国家在推行新殖民主义与争夺商品市场和投资场所的过程中，存在着尖锐的矛盾和斗争。战后美国一度成为资本主义世界的霸主，随着日本和西欧的发展，在资本主义世界经济中，美国、日本、西欧在贸易、投资、金融领域中的争夺日益激烈。虽然它们通过各种国际协调手段来缓解相互之间的矛盾，但建立在经济实力基础上的垄断资本主义的利益矛盾和冲突是绝对不可避免并与日俱增的。

在垄断资本主义时期，以上三方面矛盾的日益加剧和加深使得社会主义革命的社会条件日渐成熟，深刻表明了垄断资本主义向社会主义过渡的历史必然性。

三、社会主义革命在一国或数国首先取得胜利的可能性

垄断资本主义为社会主义革命准备了物质条件和社会条件，促使无产阶级走上革命的道路，社会主义革命开始在一些国家兴起。

在资本主义发展到垄断阶段以前，马克思和恩格斯在19世纪中叶根据当时资本主义尚处于上升发展阶段的情况，曾经有过这样的设想：社会主义革命只有在所有或者至少是几个最发达的资本主义国家内同时爆发才有可能取得胜利，单独一个国家取得社会主义革命的胜利是很困难的。在资本主义发展到垄断阶段以后，列宁依据已经变化了的情况，提出了新的论断，认为在垄断资本主义条件下，社会主义可能首先在少数甚至单独一个资本主义国家内取得胜利。列宁说：“资本主义的发展在各个国家是极不平衡的。而且在商品生产下也只能是这样。由此得出一个必然的结论：社会主义不能**在所有**国家内同时获得胜利。它将首先在一个或者几个国家内获得胜利，而其余的国家在一段时间内

将仍然是资产阶级的或资产阶级以前的国家。”①

社会主义之所以可能在一国或数国首先取得胜利，是因为各个垄断**资本主义国家的经济和政治发展不平衡**比过去更为严重。列宁指出：“经济和政治发展的不平衡是资本主义的绝对规律。”② 经济发展的不平衡是各垄断资本主义国家的经济实力和经济发展速度的不平衡，从而决定了各资本主义国家各种矛盾的尖锐程度很不一样。政治发展的不平衡是各垄断资本主义国家的政治统治力量和军事实力发展的不平衡，从而决定了不同国家无产阶级革命的政治前提不会同时成熟，无产阶级的革命觉悟、组织程度和领导水平必然会有很大差异。这些都决定着无产阶级革命的主客观条件在各个国家的不一致性。经济和政治发展的不平衡，使得各主要垄断资本主义国家之间的矛盾由于实力对比的不断变化而日益尖锐，主要垄断资本主义国家之间的争夺和战争使这些国家相互削弱，有时甚至无暇集中力量内顾。经济和政治发展的不平衡，也使得在资本主义的世界体系中，各个国家的统治力量很不均衡，有的资本主义宗主国特别强大，而在一些发展较为缓慢的资本主义国家，特别是殖民地和附属国，垄断资本的统治就相对较弱。这样，在资本主义的世界体系中就会出现最薄弱的环节，使无产阶级革命有可能冲破这一薄弱环节而首先取得胜利。资本主义世界体系最薄弱的环节常常不是资本主义最发达、垄断统治最强的那些国家，而是那些经济上不很发达，但资本主义的各种矛盾却最集中、最尖锐，统治阶级力量比较薄弱，阶级力量对比有利于无产阶级的国家。只要某个国家具备了这样的条件，社会主义革命就会首先在这里发生，并取得胜利，社会主义国家可以建立和发展起来，在世界上与资本主义国家并存。

列宁作出的关于帝国主义时期社会主义革命的这一新结论，丰富和发展了马克思主义，指导了一些国家无产阶级革命的实践，一个从垄断资本主义向社会主义过渡的伟大时代开始了。

第三节　垄断资本主义向社会主义过渡的长期性与曲折性

一、从垄断资本主义向社会主义过渡的开始

从无产阶级社会主义革命在个别国家首先取得胜利，到社会主义最终在全世界范围内取代资本主义，这是一个漫长的历史过程，要经过相当长的历史时期。这一历史时期的主要特点是：资本主义已不再是一个统一的、无所不包的世界体系；在一些国家里，社会主义革命已经先后取得了胜利，确立了崭新的社会主义制度；世界上开始并存着两个对立的制度——社会主义制度和资本主义制度。在这一历史时期，世界发展的总趋势是，从资本主义向社会主义过渡，最终完成建立无阶级、无剥削和无压迫的更高级的社会形态的伟大历史任务。

---

① 列宁．列宁全集：第28卷．2版．北京：人民出版社，1990：88.

② 列宁．列宁全集：第26卷．2版．北京：人民出版社，1988：367.

从资本主义向社会主义过渡是从 20 世纪初期的第一次世界大战和俄国的十月革命开始的。俄国的无产阶级在以列宁为首的共产党的率领下，首先在资本主义世界体系的薄弱环节——俄国，发动了伟大的十月革命并取得了胜利，于 1917 年建立了世界上第一个社会主义国家。第二次世界大战后，在欧亚大陆和其他地区出现了一批社会主义国家。同时，战争还推动了殖民地和附属国民族解放运动的发展，使垄断资本主义的殖民体系在第二次世界大战后迅速地全面崩溃。

二、向社会主义过渡的长期性和曲折性

从 20 世纪初的俄国十月革命建立世界上第一个社会主义国家迄今，资本主义社会向社会主义社会的过渡已经经历了一百余年，但这一过渡才刚刚开始，而且是相当曲折和艰巨的，苏联解体和东欧剧变就是这一曲折过程的体现。当前，资本主义的经济体系仍然在世界上占据优势，向社会主义的过渡还需要经历相当长的历史过程。

为什么在社会主义革命已在一些国家取得胜利之后，资本主义不仅没有在世界范围内衰落和死亡，而且在第二次世界大战后其经济力量还有了较大发展呢？为什么向社会主义经济制度过渡会出现曲折的历程呢？马克思在谈到社会生产方式的变革时曾经指出："无论哪一个社会形态，在它所能容纳的全部生产力发挥出来以前，是决不会灭亡的；而新的更高的生产关系，在它的物质存在条件在旧社会的胎胞里成熟以前，是决不会出现的。所以人类始终只提出自己能够解决的任务，因为只要仔细考察就可以发现，任务本身，只有在解决它的物质条件已经存在或者至少是在生成过程中的时候，才会产生。"①正因为如此，尽管无产阶级早在 19 世纪就已开始了向资本主义制度的冲击，并在 1871 年进行了法国的巴黎公社那样伟大的革命尝试，但未能阻止资本主义的发展。因为当时资本主义仍处在自由竞争的鼎盛时期，而建立社会主义的各种物质条件和社会条件很不完备，无法实现向社会主义转变的历史任务。在巴黎公社革命之后约半个世纪，1917 年俄国无产阶级革命的成功终于揭开了人类从资本主义向社会主义过渡的序幕，此后，又有一批国家走上了社会主义道路。但发展并不是直线的，而是曲折的，苏联解体和东欧剧变表明相当一批社会主义国家在探索中遭遇了失败。现在，在世界范围内，社会主义国家的实力和影响还与资本主义世界体系的实力和影响有相当大的差距，向社会主义的过渡渐进曲折地进行着。

从资本主义向社会主义过渡的长期性和曲折性，取决于下列因素。

（1）从世界范围来说，垄断资本主义所能容纳的生产力尚未全部发挥出来，而垄断资产阶级对资本主义生产关系的持续的局部调整，在一定程度上适应了生产社会化的要求。如 19 世纪后期带有一定程度社会资本性质的股份公司和股份资本的发展、19 世纪末 20 世纪初垄断资本主义的产生和发展、第二次世界大战后国家垄断资本主义的发展，以及 20 世纪 80 年代以来国际垄断资本和国际垄断联盟的发展，等等，都是资本主义生产关系在其自身范围内的局部调整。这种"微调"没有从根本上触动资本主义私有制，

---

① 马克思，恩格斯. 马克思恩格斯选集：第 2 卷 . 3 版 . 北京：人民出版社，2012：3.

不能从根本上解决资本主义所固有的内在矛盾，但仍可使生产力有所发展，并使资本主义基本矛盾的激化程度有所缓解，从而使垄断资本主义在一段时期内继续发展。这就导致社会主义在世界范围内取代资本主义必然要经历一个相当长的历史时期。

（2）资本主义经济和政治发展的不平衡，使各国的社会主义革命条件的成熟程度也不平衡，革命发展高潮和低潮相互交错，使社会主义代替资本主义呈现出复杂曲折的过程。

（3）无产阶级革命首先取得胜利的一批国家，都是垄断资本主义链条中的薄弱环节。在这些国家中，旧社会的各种矛盾虽然最为尖锐，但新社会发展的各种物质条件并不是最成熟和最充分的。这使得它们在取得革命胜利后，不得不花大量时间和精力去建立新社会所必备的各种物质条件，建立以工业化为基础的大生产作为社会主义的物质基础。这必然会遇到各种各样的困难，从而不是短期内所能完成的。在这一任务完成以前，它们不可能在生产力和社会发展的各个方面都赶上并超过发达资本主义国家已经达到的水平。而不做到这一点，要使社会主义在全世界范围内最终战胜资本主义是不可能的。列宁明确指出："劳动生产率，归根到底是使新社会制度取得胜利的最重要最主要的东西。"① 已经取得革命胜利的社会主义国家，原有经济基础都相当落后，要创造出高于发达资本主义国家的劳动生产率，尚需时日，这就决定了在世界范围内实现从资本主义向社会主义的过渡，必然是长期而艰巨的。

（4）资本主义是已经成熟的一种经济制度，它有着成熟的经营方式和管理经验；而社会主义却是一种新的生产方式和社会制度，它的成长和壮大需要经过长期探索和开拓。无产阶级在社会主义国家掌握了政权，但他们过去从未有过治理国家和管理经济的经验，他们需要继承资本主义社会所创造的现代科学技术、社会化生产的管理方法、市场经济的运行机制和经营方式，而又不能完全照搬照套。他们还需要努力清除旧社会遗留下来的各种思想束缚和精神枷锁。新的社会制度不可能有事先设计好的完美无缺的蓝图，没有现成的经验可循，必须在社会主义建设的实践过程中创建和探索，寻找适合本国国情的社会主义建设道路和经济体制。而在这个探索过程中，可能出现失误，甚至遭受重大挫折。因此，社会主义制度作为一个新生事物的成长道路必然是艰巨而曲折的。

（5）当今世界上存在着复杂的阶级矛盾，国际上社会主义的敌对势力对已经取得革命胜利的社会主义国家，总是竭力从政治、军事、经济等方面施加种种压力，进行制裁和遏制，甚至推行"和平演变"乃至武力侵犯；社会主义国家内部也会出现反社会主义的阴谋活动。国际和国内的反社会主义势力还会相互结合，彼此呼应。在这种情况下，社会主义事业就有可能受到损害，甚至遭受像苏联解体和东欧剧变这样的重大挫折。所以，国际和国内阶级矛盾的复杂性和长期性，必然导致社会主义事业在全世界的胜利是一个长期和曲折的历史过程。

历史的发展表明，世界的前途是光明的，但道路是曲折的。从社会主义革命在个别国家首先取得胜利，到社会主义最终在全世界范围内取代资本主义，将是一个相当长期、曲折的发展过程，需要经历一整个历史时期。

---

① 列宁．列宁全集：第37卷．2版．北京：人民出版社，1986：18.

三、当前历史时代的主要特点

当今世界正处于大发展、大变革、大调整时期，我们当前所处的历史时代具有如下特点：（1）资本主义在其自身的基础上已有所发展。它已从一般垄断过渡到了国家垄断，它所能容纳的社会生产力已得到了较为充分的发展，它是更为成熟的发达的资本主义，并大大推动了经济的全球化。但资本主义体系固有的内在矛盾所导致的各种危机频发、经济持续低迷、经济增长乏力、两极分化加剧等顽疾依然存在并困扰着资本主义世界。（2）在庞大的资本主义世界体系旁边，已有了一些社会主义国家。作为一种新的社会政治、经济制度，社会主义在这些国家已经历了几十年的发展。它们的成长和发展尽管是艰难和曲折的，有的甚至发生了倒退，但毕竟有的社会主义国家已站稳了脚跟并日益发展壮大，特别是以中国为代表的新兴力量的崛起，使社会主义的影响力逐步扩展，彰显了世界未来发展的方向和趋势。（3）第二次世界大战后曾形成了美国和苏联两个超级大国对世界霸权进行激烈争夺的局面，由于苏联解体，这种两极对立格局已为多极化的局面所代替。（4）资本主义国家的发展不平衡使它们之间的矛盾增加。它们为了划分势力范围而筹组地区性经济集团，各个经济集团之间的矛盾和斗争正日益尖锐化。（5）广大发展中国家正在为发展民族经济而努力。经济全球化加深了世界各国的经济联系和相互依赖，但广大发展中国家仍然遭受着垄断资本主义国家的剥削和压榨，往往难以避免地陷入严重的经济困难，它们与发达资本主义国家在经济上的差距仍然很大，它们发展民族经济和反对国际剥削的斗争将是长期而艰巨的。（6）当今世界处于大发展、大变革、大调整时期，正经历百年未有之大变局，新一轮科学技术革命和产业变革深入发展，国际力量对比深刻调整，国际环境日趋复杂，不稳定性明显增加。随着人类进入互联互通新时代，人类命运共同体理念深入人心，各国利益休戚相关，命运紧密相连。

当前历史时代的上述特点决定了和平与发展成为当前时代所面临的两大主题，是人类的永恒期望和世界各国的共同事业。正如邓小平所指出的：“当前世界上主要有两个问题，一个是和平问题，一个是发展问题。”① 党的十九大报告指出：“和平与发展仍然是时代主题”，“和平发展大势不可逆转”。党的二十大报告郑重指出：“中国始终坚持维护世界和平、促进共同发展”。

和平与发展是紧密相联的，没有世界的和平，就不可能有世界各国社会与经济的发展；而没有世界各国特别是广大发展中国家的社会和经济发展，世界和平也就无法取得和维持。

和平之所以被作为一个问题，是因为还有可能不和平。必须看到，只要资本主义剥削制度特别是垄断资本主义制度仍然存在，阶级的矛盾、民族的矛盾、国家的矛盾、宗教的矛盾就不可能消除。在这些矛盾激化的时候就有可能爆发各种各样的武装冲突和战争，乃至形形色色的恐怖活动，自第二次世界大战以来，局部战争从来就没有中断过。反对霸权主义、制止战争、尽可能地排除战争所造成的威胁、争取世界和平始终是世界

① 邓小平．邓小平文选：第3卷．北京：人民出版社，1993：281.

各国人民所尽力实现的目标。

发展是人类社会的永恒主题。现在许多发展中国家的经济与社会发展都面临诸多困难和矛盾，要解决这个问题，关键在于消除垄断资本主义国家对广大发展中国家的剥削，彻底改变国际经济关系中不利于发展中国家的各种旧秩序，建立国际经济新秩序。与需要争取和平一样，世界各国人民也需要努力去争取发展的条件，推动全球发展，共创普惠平衡、协调包容、合作共赢、共同繁荣的发展格局。

争取世界的和平与发展，与推动垄断资本主义向社会主义过渡的目标是一致的。因为和平的条件有利于世界各国获得较快、较好的发展，从而为社会主义在世界范围内的胜利准备更充分的物质和精神条件。

社会主义是新生的力量，是社会生产力高度发展所要求的一种社会经济制度，新生的社会主义国家代表着世界发展的未来和希望。党的十九大报告明确指出“科学社会主义在二十一世纪的中国焕发出强大生机活力，在世界上高高举起了中国特色社会主义伟大旗帜”。党的二十大报告进一步强调指出“科学社会主义在二十一世纪的中国焕发出新的蓬勃生机”。我国国际影响力、感召力、塑造力进一步提高，为世界和平与发展作出了新的重大贡献。社会主义终将代替资本主义是人类社会历史发展的规律，是必然的历史趋势。世界必将逐步过渡到社会主义，历史已经并将继续证明这一客观真理。

本章重要名词概念

金融危机　货币危机　财政危机　社会危机　新殖民主义

资本主义国家的经济和政治发展不平衡

思考题

1. 怎样理解垄断资本主义的历史地位？
2. 垄断资本主义经济为什么存在停滞与迅速发展两种趋势？
3. 怎样全面认识垄断资本主义经济发展的总体趋势？
4. 怎样理解垄断资本主义的多种危机交织并存？
5. 垄断资本主义为向社会主义过渡准备了哪些物质条件？
6. 怎样从资本主义固有矛盾的加剧说明垄断资本主义向社会主义过渡的历史必然性？
7. 为什么垄断资本主义向社会主义过渡具有长期性和曲折性？
8. 当前历史时代的特点是什么？

本章练习

PART THREE

3

|第三篇|

社会主义经济制度

第十章

社会主义经济制度的建立和社会主义初级阶段

本章重点

1. 社会主义经济制度的建立是生产关系一定要适合生产力状况规律作用的必然结果
2. 我国社会主义经济制度建立的途径
3. 社会主义的本质是解放生产力，发展生产力，消灭剥削，消除两极分化，最终达到共同富裕
4. 我国社会主义初级阶段的必然性和长期性
5. 我国社会主义初级阶段的社会主要矛盾，以及党在社会主义初级阶段的基本路线
6. 正确认识社会主义初级阶段划分的重大意义
7. 中国社会主义基本经济制度的内涵
8. 我国社会主义基本经济制度的基本内容、创新发展和优越性

从本章开始，本书转入研究社会主义经济制度，它是一种崭新的制度，是人类历史发展迄今为止最进步的社会经济制度。**社会主义经济制度**是以生产资料社会主义公有制为基础和实行按劳分配，消灭剥削，消除两极分化，满足全体社会成员日益增长的物质文化需要，促进人的全面发展和最终达到共同富裕的社会经济制度。经济文化落后国家在取得社会主义革命的胜利后，必须经历一个相当长历史时期的社会主义初级阶段，以实现生产力现代化，改革和完善社会主义生产关系和上层建筑。本章着重阐明社会主义经济制度是怎样建立起来的以及社会主义的本质，揭示社会主义初级阶段的必然性、特征、主要矛盾，以及党在社会主义初级阶段的基本路线，进而阐述我国社会主义基本经济制度及其完整的内涵，说明中国特色社会主义基本经济制度的必要性及其理论、实践依据和优越性。

第一节　社会主义经济制度的建立

一、通过社会主义革命建立社会主义经济制度

随着资本主义的发展，它的基本矛盾即生产社会化和资本主义私人占有之间的矛盾

日益尖锐化。这个矛盾只能用生产资料社会主义公有制代替生产资料资本主义私有制，才能获得解决。正如列宁所指出的："生产社会化不能不导致生产资料转变为社会所有，导致'剥夺者被剥夺'。"① 因此，在人类社会的发展中，资本主义经济制度必然为社会主义经济制度所代替，这是生产关系一定要适合生产力状况规律作用的必然结果，是不以人的意志为转移的客观历史进程。

在阶级社会里，一种新的社会经济制度代替旧的过时的社会经济制度，只能通过社会革命来实现。社会主义经济制度是以生产资料公有制为基础的，社会主义公有制本身是对资本主义私有制的否定。迄今为止，社会主义经济制度是通过无产阶级带领广大劳动群众进行革命斗争，夺取政权，在改变生产资料私有制的基础上逐步地建立起来的。

中华人民共和国成立前中国是一个半殖民地半封建的社会，这种特殊的社会性质使中国革命必须分两步走：第一步，进行新民主主义革命，建立新民主主义社会；第二步，推动革命向前发展，建立社会主义社会。这两个步骤是互相联系、互相衔接的，前者是后者的必要准备，后者是前者的必然趋势。

中华人民共和国的成立标志着新民主主义革命的胜利，从此，在我国建立了新民主主义社会。**新民主主义社会**是一个过渡性质的社会，在这个社会中存在着三种基本经济成分，即社会主义经济、资本主义经济和个体经济；与此相适应，存在三个基本阶级，即工人阶级、资产阶级和小生产者阶级。工人阶级和资产阶级的阶级利益是根本对立的，而小生产者阶级经过自发发展，又会发生两极分化。因此，新民主主义社会的主要矛盾是工人阶级和资产阶级之间、社会主义道路和资本主义道路之间的矛盾。解决这个矛盾，要在发展生产力的基础上，逐步改造非公有制经济，使新民主主义社会逐步地转变为社会主义社会。从资本主义社会向社会主义社会的转变，要经历一个过渡时期，**过渡时期**是从无产阶级建立政权开始，到社会主义公有制在整个社会经济生活中占主体地位时为止。过渡时期的根本任务是把非社会主义所有制占主体地位的经济结构，改造成社会主义公有制为主体的经济结构。我国的过渡时期是从新民主主义社会向社会主义社会的过渡时期。实践证明，只有走社会主义道路，才能使我国的生产力获得更加迅速的发展，人民的生活才会逐步得到改善，国家才会越来越繁荣富强。

二、社会主义经济制度建立的途径

社会主义经济制度是以生产资料社会主义公有制为基础的，因此，考察我国社会主义经济制度的建立，也就是着重考察怎样把旧中国原有的各种不同性质的私有制转变成以社会主义公有制为主体的社会主义经济制度。

我国在建立社会主义经济制度的过程中所面临的私有制主要有两种：一是资本主义私有制，其中又分为官僚资本和民族资本；二是农业和手工业中以个体劳动为基础的个体小私有制。这些私有制在性质上是不同的，所以，我们对它们采取了不同的变革方法。

变革官僚资本是采取没收的方法实现的。**官僚资本**属于国家垄断资本主义，它控制

---

① 列宁．列宁全集：第26卷．2版．北京：人民出版社，1988：74.

着旧中国的国民经济命脉。据统计，在中华人民共和国成立前夕，官僚资本掌握了我国全部工业资本的大约 2/3 和全国工矿、交通运输业固定资产的 80%。中国的官僚资本是在半殖民地半封建社会中产生的一种极端腐朽的资本主义生产关系，它依附于帝国主义并和封建主义相勾结，严重地阻碍了生产力的发展，是国民党反动统治的经济基础。因此，中华人民共和国成立后，实行了没收官僚资本的政策，把它转变为社会主义全民所有制经济，使无产阶级领导的人民共和国掌握了国民经济命脉，为建立社会主义经济制度奠定了基础。我国在消灭官僚资本的同时，也采取各种方式消灭了帝国主义在华的资本和它们的特权，这是取得国家独立和掌握国民经济命脉所不可缺少的措施。

改变**民族资本**是在社会主义改造中采取赎买的方法实现的。中国的民族资本在我国从新民主主义到社会主义的转变过程中在经济上具有二重作用：一方面，它具有有利于国计民生的积极作用，如可以提供一部分工业品以支持人民和国家建设的需要，为社会主义建设训练一部分技术人员和熟练工人，解决一部分人的就业问题，为国家积累部分的建设资金，促进城乡物资交流的发展，等等；另一方面，它也有不利于国计民生的消极作用，如剥削工人和劳动群众，生产的无政府状态，搞投机倒把和哄抬物价，等等。我国的民族资产阶级在这一转变过程中在政治上也具有两面性：他们既有剥削工人阶级取得利润的一面，又有拥护宪法、愿意接受社会主义改造的一面。由于民族资本具有二重作用和民族资产阶级具有两面性，所以，我国工人阶级同民族资产阶级的矛盾属于人民内部矛盾，在我们这样一个原来经济基础落后的国家，完全有必要允许民族资本在一定时期内存在和在一定范围内得到某些发展。因此，我们对民族资本实行利用、限制和改造的政策，即利用它的积极作用，限制它的消极作用，通过赎买逐步地把它改造成社会主义全民所有制经济。同时对民族资本家实行团结、教育和改造的政策，把他们由剥削者改造成自食其力的劳动者。

我国对民族资本主义经济的改造，是通过国家资本主义形式，采取和平赎买方式实现的。在人民民主专政即无产阶级专政条件下，“**国家资本主义**，就是我们能够加以限制、能够规定其范围的资本主义”①。我国的国家资本主义经历了一个从初级形式（在工业方面是加工、订货、统购、包销，在商业方面是经销、代销）到高级形式（个别企业的公私合营和全行业的公私合营）的发展过程。这个过程也就是社会主义经济成分和资本主义经济成分之间从企业外部的联系逐步变为企业内部的联合，并通过社会主义经济成分在企业内部的扩大，逐步改造资本主义私有制，使之成为社会主义公有制的过程。1956 年民族资本主义工商业实行全行业公私合营，标志着我国对民族资本主义经济的社会主义改造基本完成。我国对民族资本的**和平赎买**，不是由国家拿出一笔钱作为赎金付给资本家，而是采取在国家资本主义企业中使资本家在一定时期内取得一部分利润的方式实现的。

改变农业和手工业中的个体私有制是采取合作化的方法实现的。小农本身具有二重性：一方面是私有者，另一方面又是劳动者。根据我国小农经济的特点，只能采取合作化的方法，使其走上社会主义集体经济的道路。我国的**农业合作化**是遵循自愿互利、典

① 列宁．列宁全集：第 43 卷．2 版．北京：人民出版社，1987：84.

型示范和国家帮助的原则，采取三个互相衔接的步骤和形式实现的。这就是先从组织带有社会主义萌芽性质的农业生产临时互助组和常年互助组开始，然后进到半社会主义性质的初级农业生产合作社，最后进到完全社会主义性质的高级农业生产合作社。这是一个循序渐进的步骤，有利于适应并逐步提高农民的社会主义觉悟，逐步改变他们的生产和生活方式，使他们对走上社会主义道路不感到很突然，并且有利于生产的发展和干部的培养。到 1956 年底，我国农业中的生产资料所有制的社会主义改造基本完成。

个体手工业的性质同小农经济一样，所以，对它实行社会主义改造的原则同对小农经济的改造是一样的。不过由于个体手工业是商品经济，同市场的联系比较密切，因此，对它的改造是从流通入手的。首先组织手工业供销小组或者供销合作社，然后在生产上逐步组织起来，使其发展成手工业生产合作社。到 1956 年，我国基本上完成了对手工业的社会主义改造。

上述变革和改造各种私有制的方针、政策和方法，符合马克思主义基本原则，是马克思列宁主义在我国的运用和发展。正因为如此，我国的社会主义经济制度才得以建立和发展起来。像任何一次伟大的革命都难免会产生一些这样或那样的缺点和问题一样，我们在社会主义改造中，在工作上也有一些缺点甚至错误，如改造要求过急，工作过粗，改变过快，在某些方面不按经济规律办事，形式也过于简单划一等。但从整体来说，在我国这样一个拥有几亿人口的大国中，通过复杂和深刻的社会变革，建立起了社会主义经济制度，促进了工农业和整个国民经济的发展，的确是伟大的历史性胜利。

第二节　社会主义的本质

社会主义的本质是指社会主义制度所固有的根本属性，它集中体现着社会主义制度的优越性。邓小平明确指出：“社会主义的本质，是解放生产力，发展生产力，消灭剥削，消除两极分化，最终达到共同富裕。”①

一、社会主义的根本经济特征是生产资料公有制和按劳分配

马克思主义理论和人类社会发展的历史表明，不同社会形态之间的根本区别在于劳动者同生产资料的结合方式不同，即生产资料所有制不同。马克思说过：“不论生产的社会形式如何，劳动者和生产资料始终是生产的因素。……凡要进行生产，就必须使它们结合起来。实行这种结合的特殊方式和方法，使社会结构区分为各个不同的经济时期。”② 生产资料归谁所有，以及与此相应的劳动者同生产资料的结合方式，决定着社会生产和再生产的各个环节的特点，所以，生产资料所有制构成社会的根本经济特征。又因为在社会中人们之间的关系最本质的是物质利益关系，而分配关系则是物质利益关系

① 邓小平. 邓小平文选：第 3 卷. 北京：人民出版社，1993：373.
② 马克思，恩格斯. 马克思恩格斯全集：第 24 卷. 北京：人民出版社，1972：44.

的重要表现形式，所以，一定社会的分配方式同该社会的所有制都是该社会的根本经济特征。

在我国随着向社会主义过渡的过渡时期的结束，生产资料社会主义公有制成为社会所有制结构的主体，标志着社会主义社会的建立。正是生产资料社会主义公有制代替生产资料资本主义私有制，劳动人民成为生产资料的主人，使得社会生产和再生产的各个环节发生了根本性的变化，它们不再为资本家追求最大限度的剩余价值服务，不再体现资本对雇佣劳动的剥削，而是为满足劳动人民不断增长的物质文化需要服务，体现了消灭剥削，逐渐达到共同富裕的根本要求。所以，生产资料社会主义公有制是社会主义的根本经济特征。

此外，在社会主义公有制范围内，生产资料公有制和社会生产力的状况决定了人们通过按劳分配来实现其物质利益，这种分配方式既区别于一切剥削制度下的分配方式，也区别于共产主义高级阶段的分配方式，因此，按劳分配也构成社会主义的根本经济特征。关于社会主义的根本经济特征，列宁曾做过这样的表述："人类从资本主义只能直接过渡到社会主义，即过渡到生产资料公有和按每个人的劳动量分配产品。"①

如何正确把握社会主义的根本经济特征，始终是一个根本性的原则问题，对此，邓小平曾指出，我国坚持了科学社会主义，其重要表现就在于，"我们坚持了社会主义公有制和按劳分配的原则"②。"一个公有制占主体，一个共同富裕，这是我们所必须坚持的社会主义的根本原则。"③ "坚持社会主义，实行按劳分配的原则，就不会产生贫富过大的差距"④。

社会主义的本质正是社会主义公有制和按劳分配的综合体现。（1）社会主义公有制代替资本主义私有制，这是生产关系一定要适合生产力状况规律作用的必然结果，随着社会主义公有制的建立，社会生产力得到解放，从而大大促进和推动了生产力的发展。而社会主义经济体制的改革又使社会主义所有制结构和社会主义公有制的实现形式更加完善，从而进一步地解放和发展了生产力。所以，解放和发展生产力都是社会主义公有制建立和完善的结果。（2）消灭剥削，消除两极分化，达到共同富裕，都只有在社会主义公有制和实行按劳分配的条件下，才能得到实现。

我国是实行社会主义制度的国家，其根本经济特征必然是实行社会主义公有制和按劳分配。但我国又处在社会主义发展的初级阶段，在相当长的时期内在所有制结构上必然是多种所有制并存，相应地在分配方式上也必然是多种分配方式并存。在这种情况下，必须坚持在多种所有制结构中社会主义公有制的主体地位和在多种分配方式结构中按劳分配的主体地位，如果离开了这两个主体地位，我国的社会主义社会性质就会发生变化。

二、社会主义的根本任务是解放和发展生产力

关于社会主义的根本任务是发展生产力的问题，马克思主义经典作家明确地做过论

① 列宁．列宁全集：第 29 卷．2 版．北京：人民出版社，1985：178.
② 邓小平．邓小平文选：第 2 卷．2 版．北京：人民出版社，1994：165.
③ 邓小平．邓小平文选：第 3 卷．北京：人民出版社，1993：111.
④ 同③64.

述。马克思和恩格斯早在《共产党宣言》中就指出：无产阶级取得政权并把全部资本集中到自己的手里后，就要“尽可能快地增加生产力的总量”①。列宁在俄国十月革命胜利后论述苏维埃政权的任务时更明确地指出：“在任何社会主义革命中，当无产阶级夺取政权的任务解决以后，随着剥夺剥夺者及镇压他们反抗的任务大体上和基本上解决，必然要把创造高于资本主义的社会结构的根本任务提到首要地位，这个根本任务就是：提高劳动生产率”②。在我国生产资料私有制的社会主义改造基本完成以后，毛泽东也指出：“我们的根本任务已经由解放生产力变为在新的生产关系下面保护和发展生产力。”③ 邓小平多次精辟地指出：“社会主义阶段的最根本任务就是发展生产力”④，特别是在总结我国改革开放的经验的基础上，进一步地把“解放生产力，发展生产力”提到社会主义本质的高度。诚然，发展生产力是极为重要的，但是它的首要前提是解放生产力，只有解放生产力，才能发展生产力。在以私有制为基础的社会中，生产关系与生产力之间的矛盾运动必然导致代表新生产力的革命阶级通过革命斗争，摧毁旧生产关系，建立起新生产关系，从而使生产力获得解放，所以，革命是解放生产力。我国的新民主主义革命和社会主义革命，解放和进一步解放了生产力。但是，实践证明在社会主义制度建立之后，仍然存在着生产关系和上层建筑的某些方面同生产力发展不相适应的问题，特别是传统的僵化的经济体制和不够完善的政治体制日益不利于生产力的发展，这就要求不断完善社会主义的生产关系和上层建筑，改革旧的经济体制，建立起充满生机和活力的社会主义经济体制，改革和完善政治体制，促进生产力的发展。可见改革也是解放生产力。我国改革开放四十多年来取得的巨大经济成就，生产力的飞跃发展，就是有力的证明。所以，邓小平明确地指出：“过去，只讲在社会主义条件下发展生产力，没有讲还要通过改革解放生产力，不完全。应该把解放生产力和发展生产力两个讲全了。”⑤

社会主义的根本任务之所以是解放和发展生产力，具体是由以下几个方面决定的。

一是由社会主义社会实现全体人民共同富裕的根本目的决定的。**社会主义的根本目的**是满足人民日益增长的物质文化和美好生活的需要，促进人的全面发展，最终实现全体社会成员的共同富裕。这个根本目的体现了以人民为中心的本质要求，是社会主义制度区别于资本主义制度的一个根本标志。社会主义根本目的的实现建立在生产资料社会主义公有制的基础上，通过社会主义制度本身的自我发展和自我完善，改革那些不适应生产力发展的体制机制，以不断解放和发展社会生产力，生产出丰富的物质财富，提高经济发展的质量和效益，最终达到共同富裕的目的。正如党的十九大报告所明确指出的：“不断提高人民生活水平，必须坚定不移把发展作为党执政兴国的第一要务，坚持解放和发展社会生产力”。因此，解放和发展社会生产力是社会主义社会的根本任务。

二是建立社会主义物质基础的要求。任何一种社会生产关系都有着与其相适应的物质基础，即物质条件和技术条件，也就是与生产关系相适应的社会生产力水平。社会主

---

① 马克思. 共产党宣言. 北京：人民出版社，1997：48.
② 列宁. 列宁全集：第 34 卷. 2 版. 北京：人民出版社，1985：168.
③ 毛泽东. 毛泽东文集：第 7 卷. 北京：人民出版社，1999：218.
④ 邓小平. 邓小平文选：第 3 卷. 北京：人民出版社，1993：63.
⑤ 同④370.

义生产关系是在资本主义社会化大生产的基础上产生的，所以，社会主义生产关系的物质基础应当高于资本主义已经达到的物质基础。我国原有生产力水平较低，在建立起社会主义生产关系后，必须付出极大的努力来发展社会生产力，才能建立起社会主义的物质基础。只有社会主义物质基础建立起来了，社会主义生产关系才能巩固和发展。

三是巩固和发展社会主义制度和显示社会主义制度优越性的客观要求。马克思主义认为，评价一种社会制度优越与否，归根到底就是看这种社会制度是否能为社会生产力的健康快速发展开辟广阔的道路，从而创造出更高的劳动生产率。社会主义社会只有建立起强大的物质基础，才能够产生比资本主义更高的劳动生产率，才能在各方面显示出比资本主义具有优越性，才能最终巩固和发展社会主义制度。列宁曾精辟地指出："劳动生产率，归根到底是使新社会制度取得胜利的最重要最主要的东西。"① 特别是当今国际社会中两种社会制度的竞争集中表现为经济实力和以经济实力为基础的综合国力的竞争与较量，更加要求加速社会主义物质基础的建设。

四是为将来过渡到共产主义高级阶段创造物质条件的需要。社会主义是共产主义的低级阶段，人类社会最终要进入共产主义的高级阶段。共产主义的高级阶段是物质文明和精神文明高度发达的社会，是"三大差别"被消灭的社会，是每个社会成员都得到全面发展、"各尽所能，按需分配"的社会。这一切都必须以生产力高度发展、社会产品极大丰富为物质前提。正如邓小平所说："我们讲社会主义是共产主义的初级阶段，共产主义的高级阶段要实行各尽所能、按需分配，这就要求社会生产力高度发展，社会物质财富极大丰富。所以社会主义阶段的最根本任务就是发展生产力"②。

三、社会主义的根本目的是要消灭剥削和消除两极分化，最终实现共同富裕

一切以生产资料私有制为基础的社会，都是少数人剥削广大劳动人民的社会，都是存在两极分化、贫富悬殊的社会。所谓剥削就是一部分人凭借生产资料的私人占有来实现对他人劳动的无偿占有。所以，生产资料私有制是人剥削人的经济根源。两极分化是指在社会经济生活中，少数人的财富越积累越多，在社会财富中占有的份额越来越大，从而越来越富有；多数人在社会财富中占有的份额则越来越小，生活在贫困线上。这种经济现象在一切以私有制为基础的社会经济制度中是普遍存在的，因为剥削阶级总是凭借其私人占有的生产资料，尽可能地加重对广大劳动者的剥削和压榨，把自身的富裕建立在劳动人民贫困的基础上。

社会主义经济制度与以往一切以私有制为基础的社会经济制度的根本区别就在于，它要消灭剥削和消除两极分化，社会经济发展成果由全体人民共享，最终实现共同富裕。因为社会主义社会是以生产资料公有制为基础的社会，劳动人民用共同占有的生产资料进行联合劳动，创造的物质财富归劳动人民共同占有和支配，并按照劳动人民的共同利益来使用与分配，即实行按劳分配，这就使人剥削人和两极分化成为不可能。并且随着

① 列宁．列宁全集：第 37 卷．2 版．北京：人民出版社，1986：18.

② 邓小平．邓小平文选：第 3 卷．北京：人民出版社，1993：63.

社会生产的发展和社会物质财富的不断增多，劳动人民将实现共同富裕。所以，邓小平指出："社会主义的目的就是要全国人民共同富裕，不是两极分化。"① 并且他把"消灭剥削，消除两极分化，最终达到共同富裕"确定为社会主义本质的重要内容。习近平指出："共同富裕是社会主义的本质要求，是人民群众的共同期盼。我们推动经济社会发展，归根结底是要实现全体人民共同富裕。"②

社会主义不仅要求消灭剥削，消除两极分化，最终实现共同富裕的目的，而且为实现这一目的提供了可能。一方面，社会主义公有制和按劳分配的实现，本身就是消灭剥削、消除两极分化的制度保障，而且是实现共同富裕的前提；另一方面，社会主义制度本身的自我发展和自我完善，通过改革来进一步解放生产力和发展生产力，为实现共同富裕提供了物质基础。我国十分重视实现广大人民的共同富裕。改革开放以来，随着我国经济的发展，人民生活得到了很大的改善。但是，必须看到，在我国社会主义现阶段，还存在多种经济形式和多种经营方式，存在个人收入的多种分配方式，因而在私营企业和外资企业中，不可避免地存在着一定范围和一定程度的剥削，我国发展不平衡不充分的问题仍比较突出，城乡、区域发展和收入分配差距较大。因此，必须正确处理一部分人先富与实现共同富裕的关系，对收入分配关系进行宏观调节，把促进全体人民共同富裕摆在更加重要的位置。党的二十大报告强调指出："共同富裕是中国特色社会主义的本质要求，也是一个长期的历史过程。我们坚持把实现人民对美好生活的向往作为现代化建设的出发点和落脚点，着力维护和促进社会公平正义，着力促进全体人民共同富裕，坚决防止两极分化。"

第三节　我国的社会主义初级阶段

一、社会主义初级阶段及其必然性和长期性

我国实现从新民主主义革命向社会主义革命的转变之后，于 20 世纪 50 年代中期建立起社会主义制度，从此进入了社会主义初级阶段。这里所说的**社会主义初级阶段**，不是泛指任何国家进入社会主义都必须经历的起始阶段，而是特指我国在生产力落后、商品经济不发达的经济条件下，建设社会主义必然要经历的特定历史阶段，这一特定历史阶段既不同于社会主义经济基础尚未奠定的过渡时期，又不同于社会主义现代化已经实现的更高阶段。我国的社会主义初级阶段包含两层含义：（1）我国已经是社会主义社会。我们必须坚持而不能离开社会主义，我国今后的发展不能偏离社会主义方向，要坚定不移地走社会主义道路。（2）我国的社会主义社会还处在初级阶段。我们考虑一切问题，从事一切工作，都必须从社会主义初级阶段这个基本的实际出发，而不能超越这个阶段，

---

① 邓小平. 邓小平文选：第 3 卷. 北京：人民出版社，1993：110-111.

② 习近平：关于《中共中央关于制定国民经济和社会发展第十四个五年规划和二〇三五年远景目标的建议》的说明. 人民日报，2020-11-04.

否则就脱离了我国最基本的国情。

我国在社会主义发展过程中必须经历一个特殊的初级发展阶段，绝非人们主观意志的产物，它具有客观必然性，从根本上讲就是我国的社会生产力水平还比较低。众所周知，我国的社会主义制度不是脱胎于商品经济比较发达、已经实现工业化的资本主义社会，而是脱胎于商品化和生产社会化程度很低、自然经济占相当大比重的半殖民地半封建社会，生产力发展水平远远落后于发达的资本主义国家。我国是在没有实现工业化、经济现代化和生产高度社会化的基础上建立起社会主义制度的，然后利用社会主义制度的优越性来进行现代化建设，建立社会主义社会的物质技术基础。这就决定了我国必须经过一个社会主义初级阶段的长期发展过程，来实现我国的工业化、信息化、城镇化、农业现代化。

社会主义初级阶段是逐步摆脱不发达状态，进行社会主义现代化建设的历史阶段；是由农业人口占很大比重、主要依靠手工劳动的农业国，逐步转变为非农业人口占多数、包含现代农业和现代服务业的工业国的历史阶段；是由自然经济半自然经济占很大比重，逐步转变为经济市场化程度较高的历史阶段；是由文盲半文盲人口占很大比重、科技教育文化落后，逐步转变为科技教育文化比较发达的历史阶段；是由贫困人口占很大比重、人民生活水平比较低，逐步转变为全体人民比较富裕的历史阶段；是由地区经济文化很不平衡，通过有先有后的发展，逐步缩小差距的历史阶段；是通过改革和探索，建立和完善比较成熟的、充满活力的社会主义市场经济体制、社会主义民主政治体制和其他方面体制的历史阶段；是广大人民牢固树立建设中国特色社会主义共同理想，自强不息，锐意进取，艰苦奋斗，勤俭建国，在建设物质文明的同时努力建设精神文明的历史阶段；是逐步缩小同世界先进水平的差距，全面建成小康社会、建成社会主义现代化强国、实现中华民族伟大复兴的历史阶段。这样的历史进程，至少需要一百年的时间。至于巩固和发展社会主义制度，还需要长得多的时间，需要几代人、十几代人，甚至几十代人坚持不懈地努力奋斗。

我国经过七十多年的发展，特别是经过四十多年的改革开放，在经济、政治、文化、社会和生态文明建设等各个方面都取得了举世瞩目的巨大成就，我国经济总量已跃居世界第二位，社会生产力、经济实力、科技实力、国防实力迈上了一个大台阶，人民生活水平、国民收入水平、社会保障水平迈上了一个大台阶，综合国力、国际竞争力、国际影响力迈上了一个大台阶，国家面貌发生了新的历史性变化，中国特色社会主义进入了一个新时代。面对这些历史性变化，如何正确判断我国的国情呢？党的十九大报告告诫全党和全国人民："我国仍处于并将长期处于社会主义初级阶段的基本国情没有变，我国是世界最大发展中国家的国际地位没有变。全党要牢牢把握社会主义初级阶段这个基本国情，牢牢立足社会主义初级阶段这个最大实际"。

二、社会主义初级阶段的主要矛盾

在我国的社会主义初级阶段，经济、政治、文化和社会生活各方面还存在着各种矛盾，由于国际国内各种因素的影响，阶级矛盾还在一定范围内长期存在，但已经不是主要矛盾。进入社会主义初级阶段，我国人民对物质文化生活的需要日益增长，而我国落后的社会生产却成为满足人民物质文化需要的主要制约因素，因此，我国在 20 世纪 50 年代中期进入社会主义初级阶段时所面临的主要矛盾是，人民日益增长的物质文化需要同落后的社会生产之间的矛盾。为了解决这个主要矛盾，必须经过长期努力，大力解放和发展社会生产力，这乃是社会主义初级阶段的根本任务。

2012 年党的十八大以来，中国特色社会主义进入了新时代，我国的社会生产力水平总体上有了显著的提高，社会生产能力在很多方面和很多领域进入世界前列。同时，人民对美好生活的需要日益广泛，不仅对物质文化生活提出了更高的要求，而且在民主、法治、公平、正义、安全、环境等方面的要求日益增长。我国经济社会发展所面临的突出问题是发展不平衡不充分。发展不平衡，主要指各区域各方面发展不够平衡，制约了全国水平的提升。发展不充分，主要指一些地区、一些领域、一些方面还存在发展不足的问题。发展的任务仍然很重。发展不平衡不充分已经成为满足人民美好生活需要的主要制约因素。正是基于这种新的实际情况，党的十九大报告明确指出："中国特色社会主义进入新时代，我国社会主要矛盾已经转化为人民日益增长的美好生活需要和不平衡不充分的发展之间的矛盾。"

我国社会主要矛盾的变化是关系全局的历史性变化。必须坚持以人民为中心的发展思想，在继续推动发展的基础上，着力解决好发展不平衡不充分问题，大力提升发展质量和效益，坚持质量第一、效率优先，以供给侧结构性改革为主线，实施扩大内需战略，推动经济发展质量变革、效率变革、动力变革，实现供需在高水平上的动态平衡，更好满足人民在经济、政治、文化、社会、生态等方面日益增长的美好生活需要，更好推动人的全面发展，实现全体人民的共同富裕和社会全面进步。

三、社会主义初级阶段的基本路线

工人阶级的政党在领导广大劳动人民进行社会主义革命和建设的斗争中，必须根据社会发展不同阶段的社会发展目标和社会主要矛盾，制定出达到社会发展目标和解决社会主要矛盾的全局性根本方针与根本政策，用以规范整个社会各方面的工作，这就形成了党在一定历史时期的基本路线。中国共产党正确地提出了我国处于社会主义初级阶段的科学论断，并明确确定了这一阶段的社会发展目标和社会主要矛盾，在此基础上形成了**党在社会主义初级阶段的基本路线**：领导和团结全国各族人民，以经济建设为中心，坚持四项基本原则，坚持改革开放，自力更生，艰苦创业，为把我国建设成为富强、民主、文明的社会主义现代化国家而奋斗。"以经济建设为中心，坚持两个基本点"，是对这条基本路线主要内容的简明概括。

实践证明，我国要摆脱贫穷和实现社会主义现代化，必须走中国特色的社会主义道路，为此，必须毫不动摇地坚持党在社会主义初级阶段的基本路线，把以经济建设为中心同坚持四项基本原则、坚持改革开放这两个基本点统一于建设中国特色社会主义的伟大实践。这就要求：（1）坚持党的基本路线不动摇，关键是坚持以经济建设为中心不动摇，以经济建设为中心是兴国之要，这是由我国现阶段的社会发展目标和社会主要矛盾的解决决定的。我们的一切工作都要围绕这个中心，服从这个中心，服务于这个中心，要全力以赴搞建设，一心一意谋发展，发展是硬道理，除非发生大规模外敌入侵，无论在什么情况下都不能动摇这个中心。（2）坚持党的基本路线不动摇，必须把坚持改革开放同坚持四项基本原则统一起来，坚持**四项基本原则**（坚持社会主义道路、坚持人民民主专政、坚持中国共产党的领导、坚持马克思列宁主义毛泽东思想）是社会主义立国之本，坚持改革开放是社会主义强国之路，只有坚持四项基本原则，才能保证改革开放的社会主义方向，也只有坚持改革开放，才能赋予四项基本原则以新的时代内容。这两个基本点相互联系、相互依赖，统一于建设中国特色的社会主义的实践，都是为了更好地解放和发展生产力。（3）坚持党的基本路线不动摇，必须巩固和发展团结稳定的政治局面，正确处理改革发展稳定的关系，实现改革发展稳定的统一，保持稳定的政治环境和社会秩序。

四、正确认识社会主义初级阶段的意义

科学地提出社会主义初级阶段，是我们党把马克思主义普遍真理同我国实际相结合的产物，因而具有重大的理论意义和实践意义。

（一）它是建设中国特色社会主义的总依据

建设中国特色的社会主义要求我们必须把马克思主义同中国实际结合起来，从中国国情出发来制定和执行符合中国实际情况的社会主义现代化建设的路线、方针和政策。我国现在处于并将长期处于社会主义初级阶段，这是我国的最大国情和最大实际，是建设中国特色社会主义的总依据。我国的改革开放事业之所以能取得巨大成就，成功地走出一条中国特色社会主义道路，说到底就是因为始终清醒地认识到社会主义初级阶段这个当代中国最大的国情，并以这个最大实际为总依据来思考和解决当代中国的一切问题。

（二）它为我国整个社会主义社会的阶段划分提供了科学依据

我们既然科学地论证了我国社会主义社会的发展必须经历一个初级阶段，那么，一般来说，它必然要经历从低级到高级的发展的不同阶段，这是符合社会发展一般规律的。社会主义社会属于共产主义社会的第一阶段，而整个共产主义社会是一个很长的历史发展过程，作为这个社会形态的第一阶段的社会主义社会，则是一个相对独立的历史发展过程，这个过程也必然受社会发展的一般规律支配，经历一个逐步发展成熟的历史过程。深刻把握这一点，可以避免在实践中超越必要的发展阶段，使社会主义社会能按照客观规律正常发展，以充分发挥它的优越性。

（三）它具有一定的普遍意义

社会主义初级阶段，不是泛指任何国家进入社会主义都会经历的起始阶段，而是特指我国在经济落后条件下建设社会主义必然要经历的特定阶段。但是，如果考虑到当今世界各国的实际情况，对一些经济文化落后而可能走上社会主义发展道路的国家来说，

也必然会经历社会主义初级阶段这样的阶段。当然，这些国家应结合各自的具体情况来完成其社会主义初级阶段所应完成的历史任务。

五、我国进入新发展阶段

党的十九届五中全会提出，全面建成小康社会、实现第一个百年奋斗目标之后，我们要乘势而上开启全面建设社会主义现代化国家新征程、向第二个百年奋斗目标进军，这标志着我国进入了一个新发展阶段。党的二十大报告提出，“从现在起，中国共产党的中心任务就是团结带领全国各族人民全面建成社会主义现代化强国、实现第二个百年奋斗目标，以中国式现代化全面推进中华民族伟大复兴。”

新发展阶段就是全面建设社会主义现代化国家的阶段。鸦片战争之后，中国人民和无数仁人志士不屈不挠，苦苦寻求中国现代化之路。中国共产党以马克思主义为指导，开创了社会主义救中国、社会主义现代化实现民族复兴的正确道路。新中国成立后，我们党团结带领中国人民进行社会主义革命，消灭在中国延续几千年的封建制度，确立社会主义基本制度，实现了中华民族有史以来最为广泛而深刻的社会变革，建立起独立的比较完整的工业体系和国民经济体系，迈出了社会主义现代化建设的坚实步伐。进入改革开放和社会主义建设新时期，我们党成功开辟了中国特色社会主义道路，使中国大踏步赶上时代，实现了社会主义现代化进程中新的历史性跨越，实现了从生产力相对落后的状况到经济总量跃居世界第二的历史性突破，实现了人民生活从温饱不足到总体小康、奔向全面小康的历史性跨越，为中国式现代化提供了充满新的活力的体制保证和快速发展的物质条件，迎来了中华民族伟大复兴的光明前景。党的十八大以来，中国特色社会主义进入新时代，社会主义现代化建设全面推进，取得历史性成就、发生历史性变革，经过新中国成立以来特别是改革开放 40 多年的不懈奋斗，到“十三五”规划收官之时，我国经济实力、科技实力、综合国力和人民生活水平跃上了新的大台阶。特别是全面建成小康社会取得伟大历史成果，解决困扰中华民族几千年的绝对贫困问题取得历史性成就，这在我国社会主义现代化建设进程中具有里程碑意义，为我国进入新发展阶段、朝着第二个百年奋斗目标进军奠定了坚实基础。经过党的十八大以来在理论和实践上的创新突破，我们党成功推进和拓展了中国式现代化，开辟了以中国式现代化全面推进中华民族伟大复兴的新境界。

新发展阶段是社会主义初级阶段的一个阶段，也是我国社会主义发展进程中的一个重要阶段。我们党在运用马克思主义基本原理解决中国实际问题的实践中逐步认识到，发展社会主义不仅是一个长期的历史过程，而且是需要划分为不同历史阶段的过程。一方面，社会主义本身是共产主义的初级阶段，而我国又处在社会主义的初级阶段。新发展阶段，就是社会主义初级阶段中的一个阶段，同时是其中经过几十年积累、站到了新的起点上的一个阶段。我们要深刻认识到，我国现在处于并将长期处于社会主义初级阶段，这是当代中国最大的国情。另一方面，社会主义初级阶段不是一个静态、一成不变、停滞不前的阶段，也不是一个自发、被动、不用费多大气力自然而然就可以跨过的阶段，而是一个动态、积极有为、始终洋溢着蓬勃生机活力的过程，是一个阶梯式递进、不断发展进步、日益接近质的飞跃的量的积累和发展变化的过程。全面建设社会主义现代化国家、基本实现社会主义现代化，既是社会主义初级阶段我国发展的要求，也是我国社会主义从初级阶段向更高阶段迈进的要求。党的二十大报告提出了全面建成社会主义现代化强国总的战略安排："从二〇二〇年到二〇三五年基本实现社会主义现代化；从二〇三五年到本世纪中叶把我国建成富强民主文明和谐美丽的社会主义现代化强国。"在基本实现现代化的基础上，我们要继续奋斗，到本世纪中叶，把我国建设成为综合国力和国际影响力领先的社会主义现代化强国。

第四节　社会主义基本经济制度

一、社会主义基本经济制度的创新发展

基本经济制度是反映一个国家生产关系性质的基本制度规定，它在整个经济制度体系中具有基础性地位。基本经济制度是由一个国家依据其社会性质及其基本国情，通过法律对社会经济结构中生产资料所有制、收入分配方式以及经济体制（含资源配置方式）作出明确规定的经济制度。社会基本经济制度的核心是生产资料所有制，它是社会生产关系的基础与核心，是经济制度体系中具有长期性和稳定性的部分，它对社会经济制度属性和经济发展方式具有决定性的影响。

每一种社会形态都有着自身独特的、区别于其他社会的基本经济制度，或者说社会基本经济制度是区分不同社会形态的"分水岭"。社会主义社会是具有以公有制为主体的所有制结构的社会，生产资料公有制是社会主义生产关系的基础，它决定了社会主义的分配、交换、消费关系，所以，以生产资料公有制为主体的所有制结构，属于社会主义基本经济制度。

1997 年，党的十五大以来，我国把公有制为主体、多种所有制经济共同发展，作为社会主义初级阶段的基本经济制度。随着党对马克思主义经济理论研究的深入，以及对中国伟大的社会主义实践的探索，特别是自党的十八大以来对中国特色社会主义伟大实践的总结，党对社会主义基本经济制度，尤其是中国特色社会主义基本经济制度的认识日益深化。党的十九届四中全会对社会主义基本经济制度作出新的概括，把按劳分配为主体、多种分配方式并存和社会主义市场经济体制上升为社会主义基本经济制度，科学地规范了中国**社会主义基本经济制度**的内涵为：公有制为主体、多种所有制经济共同发展，按劳分配为主体、多种分配方式并存，社会主义市场经济体制。

我国对社会主义基本经济制度内涵作出的重要创新发展和深化，推动了社会主义基本经济制度的与时俱进和发展完善，这是中国特色社会主义的重大理论和实践创新，标志着党对社会主义经济发展规律和社会主义基本经济制度的认识达到新的历史高度。党的二十大报告强调指出，要"坚持和完善社会主义基本经济制度，毫不动摇巩固和发展公有制经济，毫不动摇鼓励、支持、引导非公有制经济发展，充分发挥市场在资源配置中的决定性作用，更好发挥政府作用"，"构建高水平社会主义市场经济体制"。

二、社会主义基本经济制度的理论和实践依据及其优越性

我国社会主义基本经济制度是在革命、建设，特别是改革开放伟大实践中形成和确立的，是被实践所检验了的，具有巨大优越性。党的十九届四中全会指出：社会主义三项基本经济制度“既体现了社会主义制度优越性，又同我国社会主义初级阶段社会生产力发展水平相适应”。

在所有制方面，我国坚持社会主义公有制的主体地位和国有经济的主导地位，劳动人民成为生产资料的主人，体现了社会主义制度的本质特征和要求，是社会主义制度优越性的根本保证。同时我国改革开放以来，适应社会主义初级阶段生产力水平较低、多层次和发展不充分、不平衡的状况，大力调整所有制结构，支持私营经济、个体经济、外资经济以及混合所有制经济的发展，有效地激发了各类市场主体的活力和创造力，更好地调动了各方面的积极因素，推动了社会生产力的持续较快发展。

在分配制度方面，我国坚持按劳分配的主体地位，就是指在坚持社会主义公有制为主体的条件下，劳动者是生产资料的共同所有者，在公有制范围内的个人消费品必然在劳动者之间根据劳动者付出的劳动数量和质量实行按劳分配，实现了人们在分配领域中的平等关系，消除了不劳而获的分配制度，这是社会主义制度的本质要求和社会主义制度在分配方面的优越性的表现。同时，与多种所有制经济并存和多种经营方式并存相适应，必然存在多种分配方式，允许和鼓励劳动、资本、土地、技术、知识、管理、信息、数据等生产要素参与分配，极大地调动了各方面发展社会生产力的积极性。

在经济体制方面，我国坚持社会主义市场经济改革方向，实现了由高度集中的计划经济体制向社会主义市场经济体制的转变，把社会主义制度和市场经济有机结合，发挥市场在资源配置中的决定性作用和更好发挥政府对宏观经济的调控作用，有利于实现社会资源的优化配置，促进经济持续较快和高质量的发展，体现了不断解放和发展社会生产力的优势。

习近平同志明确指出：“公有制为主体、多种所有制经济共同发展，按劳分配为主体、多种分配方式并存，社会主义市场经济体制等社会主义基本经济制度，既有利于激发各类市场主体活力、解放和发展社会生产力，又有利于促进效率和公平有机统一、不断实现共同富裕。”① 社会主义的三项基本经济制度，相互联系、相辅相成、相互促进，在社会主义经济制度体系中起着规范方向和基础性决定作用，坚持和不断完善这一基本经济制度，必将更好发挥社会主义制度的优越性，不断解放和发展社会生产力，推动我国经济持续较快和高质量发展。

本章重要名词概念

社会主义经济制度　　新民主主义社会　　过渡时期

---

① 坚持用全面辩证长远眼光分析经济形势 努力在危机中育新机于变局中开新局. 人民日报，2020-05-24.

官僚资本	民族资本	国家资本主义
和平赎买	农业合作化	社会主义的本质
社会主义的根本目的	社会主义初级阶段	社会主义初级阶段的主要矛盾
四项基本原则	基本经济制度	社会主义基本经济制度

思考题

1. 为什么说社会主义代替资本主义是历史发展的必然？
2. 我国社会主义经济制度是怎样建立起来的？
3. 社会主义的根本经济特征是什么？邓小平同志是怎样科学地揭示社会主义的本质的？
4. 我国的社会主义发展为什么必须经历一个初级发展阶段？这个阶段为何是长期的？
5. 我国社会主义初段阶段的社会主要矛盾是什么？怎样理解新时代中国特色社会主义社会主要矛盾的转化？
6. 党在社会主义初级阶段的基本路线是什么？
7. 社会主义初级阶段理论的提出具有哪些重要意义？
8. 什么是社会基本经济制度？
9. 中国特色社会主义基本经济制度的内涵是什么？
10. 中国特色社会主义基本经济制度形成的基本依据与优越性何在？

本章练习

第十一章
中国特色社会主义

本章重点

1. 中国特色社会主义的形成、发展及其内涵
2. 建设中国特色社会主义的总依据、总任务和总体布局
3. 新时代中国特色社会主义
4. 中国特色社会主义制度和国家治理体系的重要性、本质特征与显著优势
5. 坚持和完善中国特色社会主义制度及推进国家治理体系和治理能力现代化的总体目标和制度体系

中国特色社会主义是中国共产党领导全国人民在社会主义建设中，把马克思主义基本原理和中国国情相结合的伟大创造。它极大地丰富和发展了科学社会主义，在马克思主义理论宝库中谱写了崭新的篇章。党的十八大以来，党带领人民坚持和发展中国特色社会主义，中国特色社会主义事业走向了新时代。本章主要阐明中国特色社会主义，特别是新时代中国特色社会主义的形成与发展，建设中国特色社会主义的总依据、总任务和总体布局；阐明新时代中国特色社会主义的历史方位、重大意义、基本方略和全面建设社会主义现代化国家的历史使命；论述中国特色社会主义制度和国家治理体系的内容、本质特征与显著优势，进而说明坚持和完善中国特色社会主义制度、推进国家治理体系和治理能力现代化的总体目标和重大制度体系。

第一节　中国特色社会主义是伟大历史性创造

一、中国特色社会主义的形成与发展

我们党领导全国各族人民开创伟大的社会主义事业，要把拥有十几亿人口、经济文化比较落后的中国建设成为富强民主文明和谐美丽的社会主义现代化强国，实现中华民族的伟大复兴，这是一个前无古人的极其艰巨的历史使命。完成这一历史使命，要依靠、集中全党全民的智慧，在马克思主义基本原理的指导下，结合我国的国情进行艰辛的探索。

我们党紧紧依靠人民，把马克思主义基本原理同中国实际和时代特征结合起来，独

立自主走自己的路，历经千辛万苦，取得了革命、建设、改革的伟大胜利，开创和发展了中国特色社会主义。邓小平明确指出："把马克思主义的普遍真理同我国的具体实际结合起来，走自己的路，建设有中国特色的社会主义"①。所以，**中国特色社会主义**，就是在中国共产党领导下，把马克思主义基本原理同中国具体实际相结合的社会主义。

中国特色社会主义是经过中国共产党人一以贯之、接力探索形成和发展起来的。中国特色社会主义经历了开创、形成和发展的历史过程。以毛泽东同志为主要代表的中国共产党人团结带领中国人民完成了新民主主义革命，进行了社会主义改造，确立了社会主义制度，发展了社会主义的经济、政治和文化，为当代中国的一切发展进步奠定了根本政治前提和制度基础。在探索过程中，虽然经历了严重的曲折，但党在社会主义建设中取得的独创性成果和巨大成就，为在新的历史时期开创中国特色社会主义提供了宝贵经验、理论准备、物质基础。党的十一届三中全会以来，以邓小平同志为主要代表的中国共产党人，团结带领中国人民深刻总结了正反两方面的经验，借鉴了世界社会主义的历史经验，解放思想、实事求是，作出了把党和国家的工作中心转移到经济建设上来、实行改革开放的历史性决策，深刻揭示了社会主义的本质，确立了社会主义初级阶段的基本路线，明确提出了走自己的路、建设中国特色社会主义，科学回答了建设中国特色社会主义的一系列基本问题，成功开创了中国特色社会主义。党的十三届四中全会以来，党中央团结带领中国人民坚持党的基本理论、基本路线，在国内外形势十分复杂、世界社会主义出现严重曲折的严峻考验面前捍卫了中国特色社会主义，依据新的实践确立了党的基本纲领、基本经验，确立了社会主义市场经济体制的改革目标和基本框架，开创了全面改革开放新局面，成功地把中国特色社会主义推向了21世纪。党的十六大以来，党中央抓住重要战略机遇期，在全面建设小康社会进程中推进实践创新、理论创新、制度创新，强调坚持以人为本、全面协调可持续发展，提出构建社会主义和谐社会、加快生态文明建设，形成中国特色社会主义事业总体布局，着力保障和改善民生，促进社会公平正义，推进党的执政能力建设和先进性建设，成功在新的历史起点上坚持和发展了中国特色社会主义。党的十八大以来，中国特色社会主义进入新时代，以习近平同志为主要代表的中国共产党人，团结带领中国人民砥砺前行，统筹推进"五位一体"总体布局，协调推进"四个全面"战略布局，改革开放和社会主义现代化建设全面开创新局面，成功推进和拓展了中国式现代化，迈上全面建设社会主义现代化国家新征程，全面推进中华民族伟大复兴，从理论和实践结合上系统回答了新时代坚持和发展什么样的中国特色社会主义、怎样坚持和发展中国特色社会主义等重大时代课题。近代以来久经磨难的中华民族迎来了从站起来、富起来到强起来的伟大飞跃，迎来了中华民族伟大复兴的光明前景。

可见，中国特色社会主义的形成和发展，是经过党的几代中央领导集体团结带领中国人民，在建设社会主义特别是改革开放的伟大实践中，把马克思主义同中国的实际相结合，发扬求真务实、开拓进取精神，坚持理论创新和实践创新的伟大成果。党的十八大报告强调指出："我们坚定不移高举中国特色社会主义伟大旗帜，既不走封闭僵化的老

① 邓小平．邓小平文选：第3卷．北京：人民出版社，1993：3.

路，也不走改旗易帜的邪路。”党的十九大进一步指出：“中国特色社会主义是改革开放以来党的全部理论和实践的主题，是党和人民历尽千辛万苦、付出巨大代价取得的根本成就。”党的二十大更加明确地指出：“中国特色社会主义是实现中华民族伟大复兴的必由之路”，必须“高举中国特色社会主义伟大旗帜”，“坚持中国特色社会主义道路”。

二、中国特色社会主义的本质特征和加强党的建设

从中国特色社会主义的形成和发展可以清楚地看到，中国特色社会主义是多年来，特别是改革开放以来，中国共产党带领中国人民以科学社会主义为指南、立足于中国国情进行的伟大的历史性创造。党的十九大报告强调指出：“中国特色社会主义最本质的特征是中国共产党领导，中国特色社会主义制度的最大优势是中国共产党领导，党是最高政治领导力量”。党政军民学，东西南北中，党是领导一切的。中国共产党是中国特色社会主义事业的领导核心，我国社会主义政治制度优越性的一个突出特点是党总揽全局、协调各方的领导核心作用。只有坚持党的领导，才能使我国全面深化改革取得胜利，才能在实现全面建成小康社会的奋斗目标的基础上，实现社会主义现代化，实现中华民族的伟大复兴。

加强与完善党的领导和党的建设，是建设中国特色社会主义的根本保证。党的政治建设是党的根本性建设，要把党的政治建设摆在首位，以党的政治建设为统领。要紧紧围绕提高科学执政、民主执政、依法执政水平深化党的建设制度改革。要加强民主集中制建设，完善党的领导体制和执政方式，保持党的先进性和纯洁性，为改革开放和社会主义现代化建设提供坚强政治保证。要充分发挥党总揽全局、协调各方的领导核心作用，建设学习型、服务型、创新型的马克思主义执政党，提高党的领导水平和执政能力。要贯彻全面从严治党要求，坚守初心使命，立党为公、执政为民，坚持为民务实、反腐倡廉，不断增强党的创造力、凝聚力、战斗力。

三、中国特色社会主义的内涵

中国特色社会主义的伟大历史性创造，体现在实践上，就是开辟了中国特色社会主义道路；体现在理论上，就是形成了中国特色社会主义理论体系；体现在制度上，就是确立了中国特色社会主义制度；体现在文化上，就是形成了中国特色社会主义文化。可见，中国特色社会主义包括中国特色社会主义道路、中国特色社会主义理论体系、中国特色社会主义制度、中国特色社会主义文化，具有丰富而深刻的内涵。

中国特色社会主义道路，是实现我国社会主义现代化和创造人民美好生活的必由之路。**中国特色社会主义道路**，就是在中国共产党领导下，立足基本国情，以经济建设为中心，坚持四项基本原则，坚持改革开放，坚持独立自主、自力更生，解放和发展社会生产力，建设社会主义市场经济、社会主义民主政治、社会主义先进文化、社会主义和谐社会、社会主义生态文明，促进人的全面发展，逐步实现全体人民共同富裕，建设富强民主文明和谐美丽的社会主义现代化国家。要坚持道不变、志不改，既不走封闭僵化

的老路，也不走改旗易帜的邪路，坚持把国家和民族发展放在自己力量的基点上，坚持把中国发展进步的命运牢牢掌握在自己手中。中国特色社会主义道路既坚持了科学社会主义的基本原则，又根据我国实际和时代特征被赋予了鲜明的中国特色，在当代中国，坚持中国特色社会主义道路，就是真正坚持社会主义。

中国特色社会主义理论体系，是沿着中国特色社会主义道路实现中华民族伟大复兴的正确理论。**中国特色社会主义理论体系**，就是包括邓小平理论、“三个代表”重要思想、科学发展观、习近平新时代中国特色社会主义思想在内的科学理论体系，是对马克思列宁主义、毛泽东思想的坚持和发展。在当代中国，坚持中国特色社会主义理论体系，就是真正坚持马克思主义。

中国特色社会主义制度是当代中国发展进步的根本制度保障。**中国特色社会主义制度**是一个严密完整、科学规范的制度体系，涵盖支撑中国特色社会主义制度的根本制度、基本制度、重要制度。根本制度有中国共产党的领导制度的根本领导制度、马克思主义指导地位的根本意识形态制度、人民代表大会制度的根本政治制度等。基本制度有中国共产党领导的多党合作和政治协商制度、民族区域自治制度以及基层群众自治制度等基本政治制度，公有制为主体、多种所有制经济共同发展，按劳分配为主体、多种分配方式并存，社会主义市场经济体制等社会主义基本经济制度。重要制度则包括建立在根本制度和基本制度基础之上的政治、经济、文化、教育、法治、社会、行政、生态文明等方面的各项具体制度。

中国特色社会主义文化，是激励全党全国各族人民奋勇前进的强大精神力量。它源自中华民族五千多年文明历史所孕育的中华优秀传统文化，熔铸于党领导人民在进行革命、建设、改革中创造的革命文化和社会主义先进文化，根植于中国特色社会主义伟大实践。正是有了这一强大精神力量的凝聚和激励，全党全国各族人民才更加紧密地团结起来奋勇前进。也正是有了这一强大精神力量的支撑和推动，中国特色社会主义才更加充分地展现出旺盛生命力。中国特色社会主义文化繁荣兴盛，才能更好地凝聚起应对重大挑战、抵御重大风险、克服重大阻力、解决重大矛盾的强大力量。文化兴国运兴，文化强民族强。

中国特色社会主义道路是实现途径，中国特色社会主义理论体系是行动指南，中国特色社会主义制度是根本保障，中国特色社会主义文化是强大精神力量，四者统一于中国特色社会主义伟大实践，这是党领导人民在建设社会主义的长期实践中形成的最鲜明特色。党的十九大报告指出，我们必须坚定中国特色社会主义的“道路自信、理论自信、制度自信、文化自信”。

四、建设中国特色社会主义的总依据、总任务、总体布局

党的十八大报告明确指出：“建设中国特色社会主义，总依据是社会主义初级阶段，总布局是五位一体，总任务是实现社会主义现代化和中华民族伟大复兴。”这一重要论断，为中国特色社会主义的全面发展明确了奋斗方向和努力目标，规划了整体布局，规定了基本任务。它是我们党不断深化对中国特色社会主义规律认识的新成果，对于我们

坚持一切从实际出发，立足基本国情，夺取中国特色社会主义新胜利具有重大意义。

建设**中国特色社会主义的总依据**是社会主义初级阶段。正确认识我国当今社会所处的历史阶段，是建设中国特色社会主义的首要问题。我们在上一章已经分析了社会主义初级阶段的丰富内涵，社会主义初级阶段是当代中国的最大国情、最大实际。要牢牢把握社会主义初级阶段这个基本国情，牢牢立足社会主义初级阶段这个最大实际。社会主义初级阶段是我们制定和执行正确的路线方针政策、建设中国特色社会主义的总依据。

建设**中国特色社会主义的总任务**是实现社会主义现代化和中华民族伟大复兴。实现中华民族伟大复兴，是中国沦为半殖民地半封建社会之后，中华民族一切有志之士的梦想和奋斗目标，为了实现中华民族伟大复兴，无数仁人志士奋起抗争，但一次又一次地失败了。中国共产党成立后，团结带领中国人民前仆后继、顽强奋斗，经过长期的艰苦探索和奋斗，特别是四十多年来的改革开放，走出了一条中国特色社会主义道路，使中国的社会生产力、经济实力、科技实力、综合国力、国际竞争力和国际影响力都迈上了一个大台阶，取得了举世瞩目的伟大成就，把贫穷落后的旧中国变成了日益走向繁荣富强的新中国，中华民族伟大复兴展现出前所未有的光明前景。实现社会主义现代化，是世界历史进程和发展潮流，是中华民族实现伟大复兴的时代要求。要实现中华民族伟大复兴，必须实现社会主义现代化。实践充分证明，中国特色社会主义道路是加快推进社会主义现代化，实现中华民族伟大复兴中国梦的光明之路、成功之路。

中国特色社会主义事业的总体布局是随着实践的发展而逐步深化和不断完善的。党的十九大明确指出，"中国特色社会主义事业总体布局是'五位一体'"，要"紧扣我国社会主要矛盾变化，统筹推进经济建设、政治建设、文化建设、社会建设、生态文明建设"。

（一）经济建设

要求加快完善社会主义市场经济体制和加快转变经济发展方式。强调以经济建设为中心，这是兴国之要，发展仍是解决我国所有问题的关键，必须坚持发展是硬道理的战略思想。要坚持走中国特色社会主义新型工业化、信息化、城镇化、农业现代化道路，大力推动经济持续健康发展。为此必须坚持和完善基本经济制度、全面深化经济体制改革、完善宏观调控体系和现代市场体系、实施创新驱动发展战略、推进经济结构特别是供给侧结构战略性调整、提高经济发展质量和效益、推进城乡发展一体化、全面提高开放型经济水平。

（二）政治建设

必须坚持走中国特色社会主义政治发展道路和推进政治体制改革。人民民主是社会主义的生命，坚持国家一切权力属于人民。必须继续积极稳妥地推进政治体制改革，发展更加广泛、更加充分、更加健全的人民民主。必须坚持党的领导、人民当家做主、依法治国的有机统一，加快建设社会主义法治国家，发展社会主义政治文明。为此必须支持和保证人民通过人民代表大会行使国家权力、健全社会主义协商民主制度、完善基层民主制度以及加快推进社会主义民主政治制度化、规范化、程序化，全面推进依法治国、深化行政管理体制改革、健全权力运行制约和监督体系、巩固和发展最广泛的爱国统一战线。

（三）文化建设

必须扎实推进社会主义文化强国建设。建设社会主义文化强国，必须走中国特色社会主义文化发展道路，坚持为人民服务、为社会主义服务的方向，坚持百花齐放、百家争鸣的方针，坚持贴近实际、贴近生活、贴近群众的原则，推动社会主义精神文明和物质文明全面发展，建设面向现代化、面向世界、面向未来、民族的、科学的、大众的社会主义文化。为此，必须加强社会主义核心价值体系建设、全面提高公民道德素质、丰富人民精神文化生活、增强文化整体实力和竞争力。必须紧紧围绕建设社会主义核心价值体系、社会主义文化强国深化文化体制改革，加快完善文化管理体制和文化生产经营机制，建立健全现代公共文化服务体系、现代文化市场体系，推动社会主义文化大发展大繁荣。

（四）社会建设

必须在改善民生和创新管理中加强社会建设。加强社会建设，是社会和谐稳定的重要保证，要以保障和改善民生为重点，促进社会公平正义、加快推进社会体制改革。为此必须努力办人民满意的教育、推动实现更高质量的就业、改革收入分配制度、千方百计增加居民收入、统筹推进城乡社会保障体系建设、推进基本公共服务均等化、提高人民健康水平、加强和创新社会管理、加快形成科学有效的社会治理体制。

（五）生态文明建设

推进生态文明建设，要正确处理人与自然的关系。自然是生命之母，人与自然是生命共同体，人类必须敬畏自然、尊重自然、顺应自然、保护自然。要坚持人与自然和谐共生，牢固树立和切实践行绿水青山就是金山银山的理念。建设生态文明是关系人民福祉、关乎中华民族永续发展的长远大计。要动员全社会的力量推进生态文明建设，共建美丽中国。要把生态文明建设放在突出地位，融入经济建设、政治建设、文化建设、社会建设各方面和全过程，努力建设美丽中国，实现中华民族永续发展。为此必须优化国土空间开发格局、全面促进资源节约、加大自然生态系统和环境保护力度、推进山水林田湖草沙生命共同体建设、大力实施碳达峰和碳中和、深化生态文明体制改革、加强生态文明制度建设、推动形成人与自然和谐发展的现代化建设新格局。

第二节 新时代中国特色社会主义

党的十八大以来，中国特色社会主义进入了新时代。以习近平同志为核心的党中央，抓住重要战略机遇期，在全面建设小康社会进程中推进实践创新、理论创新、制度创新，坚持和发展了中国特色社会主义，取得了改革开放和社会主义现代化建设的历史性成就。党的十八大以来，党中央提出了一系列新理念新思想新战略，出台了一系列重大方针政策，推出了一系列重大举措，推进了一系列重大工作，解决了许多长期想解决而没有解决的难题，办成了许多过去想办而没有办成的大事，推动党和国家事业发生了历史性变革。我国的经济实力、科技实力、国防实力、综合国力进入世界前列，推动我国国际地位实现了前所未有的提升，中华民族正以崭新姿态屹立于世界的东方。党的十九大及时地作出了“中国特色社会主义进入了新时代，这是我国发展新的历史方位”的重大政治判断，开辟了新时代中国特色社会主义的伟大征程。习近平同志指出：“**新时代中国特色社会主义**是我们党领导人民进行伟大社会革命的成果，也是我们党领导人民进行伟大社会革命的继续，必须一以贯之进行下去。”①

一、中国特色社会主义进入新时代的基本依据

中国特色社会主义进入新时代，有着时代依据、理论依据和实践依据。

第一，中国特色社会主义进入了新的发展阶段。党的十八大以来，我国取得了改革开放和社会主义现代化建设的历史性成就，推动党和国家事业发生历史性变革，这些变革力度之大、范围之广、效果之显著、影响之深远，在党的历史上、在中华人民共和国发展的历史上、在中华民族发展史上都具有开创性意义。这表明，在中华人民共和国成立以来特别是改革开放以来我国发展取得的重大成就的基础上，我国发展站到了新的历史起点上。因此，从历史发展的角度来看，中国特色社会主义进入了新的发展阶段。这个阶段既同改革开放四十多年来的发展一脉相承，又有很多新特点，党的执政方式和方略有重大创新，发展理念和发展方式有重大转变，发展环境和发展条件发生深刻变化，发展水平和要求更高。特别是我国经济发展已由高速增长阶段转向高质量发展阶段，这是我国经济发展进入新时代的基本特征。

第二，我国社会主要矛盾发生了新变化。如前所述，我国进入社会主义初级阶段时，所面临的主要矛盾是人民日益增长的物质文化需要同落后的社会生产之间的矛盾。经过长期努力和发展，我国人民物质文化生活显著改善，广大人民对美好生活的需要日益广泛，而我国当今所面临的突出问题是发展不平衡不充分。**新时代中国特色社会主义的主要矛盾**已经转化为人民日益增长的美好生活需要和不平衡不充分的发展之间的矛盾。我国社会主要矛盾的变化是关系全局的历史性变化，决定着中国特色社会主义进入了一个新时代。

第三，中国特色社会主义有了新的奋斗目标。实现我国社会主义现代化和中华民族伟大复兴，是中国特色社会主义所要承担的历史使命。党的十八大提出了**“两个一百年”**奋斗目标。当前，我国已经实现了在建党一百年时全面建成小康社会的第一个百年奋斗目标，要乘势而上，在中华人民共和国成立一百年时实现建成富强民主文明和谐美丽的社会主义现代化强国的第二个百年奋斗目标。中国特色社会主义所开启的伟大新征程，所要完成的新的历史伟业，所要达到的新的奋斗目标，决定着中国特色社会主义进入了一个新时代。

第四，我国面临的国际环境发生了新变化。当前，国际形势正在发生深刻复杂的变

① 习近平. 坚持和发展中国特色社会主义要一以贯之. 求是，2022（18）：4-9.

化，世界正处于大发展大变革大调整时期，和平与发展仍然是时代主题。这使我国的发展处在重要战略机遇期，前景十分光明，挑战也十分严峻。我国正从大国走向强国，日益走近世界舞台中央，我国的发展同外部世界的交融性、关联性、互动性不断增强，面对世界经济增长动能不足和保护主义升温，特别是当今世界正经历百年未有之大变局，中国要发挥负责任大国作用，主动引领经济全球化向正确方向发展，积极参与全球治理体系改革和建设，为解决人类命运共同体问题贡献中国智慧和中国方案。我国经济社会发展外部环境的这种巨大变化，决定着中国特色社会主义进入了一个新时代。

二、新时代中国特色社会主义的主要内涵和重大意义

中国特色社会主义进入新时代的重大政治判断，明确了我国发展所处的新的历史方位，具有丰富的时代内涵。这个新时代，是承前启后、继往开来、在新的历史条件下继续夺取中国特色社会主义伟大胜利的时代。这个新时代，是决胜全面建成小康社会进而全面建设社会主义现代化强国的时代。这个新时代，是全国各族人民团结奋斗、不断创造美好生活、逐步实现全体人民共同富裕的时代。这个新时代，是全体中华儿女勠力同心、奋力实现中华民族伟大复兴中国梦的时代。这个新时代，是我国日益走近世界舞台中央、不断为人类作出更大贡献的时代。

中国特色社会主义进入新时代，在中国社会发展史上和国际社会发展史上都具有重大意义。一是中国特色社会主义进入新时代，在中华民族发展史上具有重大意义，意味着近代以来久经磨难的中华民族迎来了从站起来、富起来到强起来的伟大飞跃，迎来了实现中华民族伟大复兴的光明前景；二是中国特色社会主义进入新时代，在世界社会主义发展史上具有重大意义，意味着科学社会主义在二十一世纪的中国焕发出强大生机活力，在世界上高高举起了中国特色社会主义伟大旗帜；三是中国特色社会主义进入新时代，在人类社会发展史上具有重大意义，意味着中国特色社会主义道路、理论、制度、文化不断发展，拓展了发展中国家走向现代化的途径，给世界上那些既希望加快发展又希望保持自身独立性的国家和民族提供了新选择，为解决人类问题贡献了中国智慧和中国方案。

三、新时代中国特色社会主义的基本方略

在新时代，建设中国特色社会主义的指导思想和行动指南是习近平新时代中国特色社会主义思想。党的十九大提出的“十四条坚持”则构成新时代坚持和发展中国特色社会主义的基本方略，是新时代全党和全国人民的行动纲领。第一，坚持党对一切工作的领导；第二，坚持以人民为中心；第三，坚持全面深化改革；第四，坚持新发展理念；第五，坚持人民当家做主；第六，坚持全面依法治国；第七，坚持社会主义核心价值体系；第八，坚持在发展中保障和改善民生；第九，坚持人与自然和谐共生；第十，坚持总体国家安全观；第十一，坚持党对人民军队的绝对领导；第十二，坚持“一国两制”和推进祖国统一；第十三，坚持推动构建人类命运共同体；第十四，坚持全面从严治党。

四、新时代新征程

我国进入中国特色社会主义新时代以来，全面贯彻习近平新时代中国特色社会主义思想，全面贯彻党的基本路线、基本方略，积极推进社会主义经济建设、政治建设、文化建设、社会建设、生态文明建设，深化经济体制改革，实行全方位对外开放，完成脱贫攻坚、全面建成小康社会的历史任务，党和国家事业取得历史性成就，发生历史性巨大变革，书写出经济快速发展和社会长期稳定两大奇迹新篇章，为我国进一步发展奠定了更为坚实的物质基础、更完善的制度保证，实现中华民族伟大复兴进入了不可逆转的历史进程。

党的二十大强调指出，“新时代新征程中国共产党的使命任务”，“就是团结带领全国各族人民全面建成社会主义现代化强国、实现第二个百年奋斗目标，以中国式现代化全面推进中华民族伟大复兴”，深刻分析我国发展面临的机遇和挑战，对我国新时代的进一步发展作出科学完整的战略部署，擘画了在新的历史条件下全面建设社会主义现代化国家、推进中华民族伟大复兴的宏伟蓝图，开启了全面建设社会主义现代化国家新征程。

（关于全面建设社会主义现代化国家和推进中国式现代化问题，参见本书第十九章。）

第三节　中国特色社会主义制度和国家治理体系

一、中国特色社会主义制度和国家治理体系是中国发展进步的根本保障

中国特色社会主义制度是党和人民在长期实践探索中形成的科学制度体系，新中国成立以来取得的历史成就充分证明，中国特色社会主义制度和国家治理体系是当代中国发展进步的根本保障。坚持和完善中国特色社会主义制度及推进国家治理体系和治理能力现代化，是关系党和国家事业兴旺发达、国家长治久安、人民幸福安康的重大问题。

中国特色社会主义制度是一个严密完整、科学规范的制度体系，起四梁八柱作用的是根本制度、基本制度、重要制度，其中具有统领地位的是党的领导制度（参见本章第一节有关中国特色社会主义制度的论述）。**国家治理体系**是集中体现中国特色社会主义制度的治国理政体系。**国家治理能力**则是运用和贯彻执行国家制度来治理社会各方面事务的能力。我国国家治理的一切工作和活动都依照中国特色社会主义制度展开，而我国国家治理体系和治理能力则是中国特色社会主义制度以及对这一制度的执行能力的集中体现。

从中国特色社会主义事业发展的全局和长远出发，坚持和完善中国特色社会主义制度，推进国家治理体系和治理能力现代化，具有极大的重要性。

第一，这是实现“两个一百年”奋斗目标的重大任务。我国实现“两个一百年”奋斗目标，把我国建设成社会主义现代化强国，必须深化重要领域的改革，破除一切妨碍科学发展的思想观念和体制机制弊端，构建系统完备、科学规范、运行有效的制度体系，

使各方面制度更加成熟和定型，实现国家治理体系和治理能力现代化。

第二，这是把新时代改革开放推向前进的根本要求。中国特色社会主义进入新时代，改革开放更多面对的是深层次体制机制问题，对改革顶层设计的要求更高，对改革的系统性、整体性、协同性要求更严，相应地建章立制、构建国家治理体系的任务更重。新时代谋划全面深化改革开放，必须以坚持和完善中国特色社会主义制度、推进国家治理体系和治理能力现代化为主轴。

第三，这是应对风险挑战、赢得主动的有力保障。当今世界正经历百年未有之大变局，面临的风险挑战之严峻前所未有。要打赢防范和化解重大风险的攻坚战，必须坚持和完善中国特色社会主义制度、推进国家治理体系和治理能力现代化，运用制度威力和发挥制度优势来应对风险和挑战的冲击。

二、 中国特色社会主义制度和国家治理体系的本质特征与显著优势

中国特色社会主义制度和国家治理体系的本质特征在于，它是以马克思主义为指导、植根中国大地、具有深厚中华文化根基、深得人民拥护的制度和治理体系；它是具有强大生命力和巨大优越性的制度和治理体系；它是能够持续推动拥有十四亿人口的大国进步和发展、确保拥有五千多年文明史的中华民族实现“两个一百年”奋斗目标进而实现伟大复兴的制度和治理体系。

我国国家制度和国家治理体系具有多方面的显著优势，党的十九届四中全会指出，主要有十三个方面：(1) 坚持党的集中统一领导，坚持党的科学理论，保持政治稳定，确保国家始终沿着社会主义方向前进的显著优势；(2) 坚持人民当家做主，发展人民民主，密切联系群众，紧紧依靠人民推动国家发展的显著优势；(3) 坚持全面依法治国，建设社会主义法治国家，切实保障社会公平正义和人民权利的显著优势；(4) 坚持全国一盘棋，调动各方面积极性，集中力量办大事的显著优势；(5) 坚持各民族一律平等，铸牢中华民族共同体意识，实现共同团结奋斗、共同繁荣发展的显著优势；(6) 坚持公有制为主体、多种所有制经济共同发展和按劳分配为主体、多种分配方式并存，把社会主义制度和市场经济有机结合起来，不断解放和发展社会生产力的显著优势；(7) 坚持共同的理想信念、价值理念、道德观念，弘扬中华优秀传统文化、革命文化、社会主义先进文化，促进全体人民在思想上精神上紧紧团结在一起的显著优势；(8) 坚持以人民为中心的发展思想，不断保障和改善民生、增进人民福祉，走共同富裕道路的显著优势；(9) 坚持改革创新、与时俱进，善于自我完善、自我发展，使社会始终充满生机活力的显著优势；(10) 坚持德才兼备、选贤任能，聚天下英才而用之，培养造就更多更优秀人才的显著优势；(11) 坚持党指挥枪，确保人民军队绝对忠诚于党和人民，有力保障国家主权、安全、发展利益的显著优势；(12) 坚持“一国两制”，保持香港、澳门长期繁荣稳定，促进祖国和平统一的显著优势；(13) 坚持独立自主和对外开放相统一，积极参与全球治理，为构建人类命运共同体不断作出贡献的显著优势。

这些显著优势，是我们坚定中国特色社会主义道路自信、理论自信、制度自信、文化自信的基本依据。

习近平同志强调指出："制度优势是一个国家的最大优势，制度竞争是国家间最根本的竞争。"① 我国必须发挥中国特色社会主义制度的重要作用，把我国的制度优势更好地转化为国家治理效能。

三、坚持和完善中国特色社会主义制度及推进国家治理体系和治理能力现代化的总体目标和重大制度体系

我国坚持和完善中国特色社会主义制度、推进国家治理体系和治理能力现代化的总体目标是：我们党成立一百年时，在各方面制度更加成熟、更加定型上取得显著成效；到2035年，各方面制度更加完善，基本实现国家治理体系和治理能力现代化；到新中国成立一百年时，全面实现国家治理体系和治理能力现代化，使中国特色社会主义制度更加巩固、优越性充分展现。

为实现这一总体目标，必须坚持和完善支撑中国特色社会主义制度的根本制度、基本制度、重要制度，牢牢坚持和完善下列重大制度体系：

（1）坚持和完善党的领导制度体系，提高党科学执政、民主执政、依法执政水平。

（2）坚持和完善人民当家做主制度体系，发展社会主义民主政治。要坚持和完善人民代表大会制度这一根本政治制度，坚持和完善中国共产党领导的多党合作和政治协商制度、民族区域自治制度、基层群众自治制度等基本政治制度。

（3）坚持和完善中国特色社会主义法治体系，提高党依法治国、依法执政能力。

（4）坚持和完善中国特色社会主义行政体制，构建职责明确、依法行政的政府治理体系。

（5）坚持和完善公有制为主体、多种所有制经济共同发展，按劳分配为主体、多种分配方式并存，社会市场经济体制等社会主义基本经济制度，推动经济高质量发展。

（6）坚持和完善繁荣发展社会主义先进文化的制度，巩固全体人民团结奋斗的共同思想基础。坚持马克思主义在意识形态领域指导地位的根本制度。

（7）坚持和完善统筹城乡的民生保障制度，满足人民日益增长的美好生活需要。

（8）坚持和完善共建共治共享的社会治理制度，保持社会稳定、维护国家安全。

（9）坚持和完善生态文明制度体系，促进人与自然和谐共生。

（10）坚持和完善党对人民军队的绝对领导制度，确保人民军队忠实履行新时代使命任务。

（11）坚持和完善"一国两制"制度体系，推进祖国和平统一。

（12）坚持和完善独立自主的和平外交政策，推动构建人类命运共同体。推进合作共赢的开放体系建设。

（13）坚持和完善党和国家监督体系，强化对权力运行的制约和监督。

上述十三个方面，是一整套紧密联系、内在协调、相互支撑、彼此衔接的制度体系，明确回答了"坚持和巩固什么，完善和发展什么"这个重大政治问题。制度的生命力在

---

① 习近平. 坚持和完善中国特色社会主义制度 推进国家治理体系和治理能力现代化. 求是，2020（1）：4-13.

于执行，必须毫不动摇地坚持和巩固、完善和发展中国特色社会主义制度，充分发挥中国特色社会主义制度指引方向、规范行为、提高效率、维护稳定、防范化解风险的重要作用，为全面建设社会主义现代化国家和中华民族伟大复兴提供强有力的保证。

本章重要名词概念

中国特色社会主义

中国特色社会主义理论体系

中国特色社会主义文化

新时代中国特色社会主义的主要矛盾

国家治理体系

中国特色社会主义道路

中国特色社会主义制度

新时代中国特色社会主义

两个一百年

国家治理能力

思考题

1. 中国特色社会主义是怎样形成和发展起来的？

2. 什么是中国特色社会主义的道路、理论体系、制度和文化？

3. 什么是建设中国特色社会主义的总依据、总任务和总体布局？

4. 中国特色社会主义进入新时代的基本依据是什么？

5. 新时代中国特色社会主义的主要内涵、重大意义和基本方略是什么？

6. 怎样理解我国全面建设社会主义现代化国家的新征程？

7. 中国特色社会主义制度和国家治理体系的重要性是什么？

8. 中国特色社会主义制度和国家治理体系的本质特征与显著优势是什么？

9. 什么是坚持和完善中国特色社会主义制度及推进国家治理体系和治理能力现代化的总体目标和重大制度体系？

本章练习

第十二章

公有制为主体、多种所有制经济共同发展

本章重点

1. 公有制为主体、多种所有制经济共同发展，是我国重要的社会主义基本经济制度
2. 社会主义公有制的主体地位和作用
3. 社会主义全民所有制的主导地位和作用
4. 国有资产管理体制改革与国有经济布局优化和结构调整
5. 城乡集体所有制经济的重要地位和作用
6. 社会主义公有制的实现形式
7. 非公有制经济是社会主义市场经济的重要组成部分
8. 混合所有制经济

本章着重考察社会主义初级阶段的生产资料所有制结构，揭示社会主义初级阶段实行以公有制为主体、多种所有制经济共同发展这一重要基本经济制度的客观必然性，说明社会主义公有制是社会主义经济制度的基础、社会主义公有制经济的主体地位和实现形式、非公有制经济在社会主义市场经济中的重要地位和作用以及混合所有制经济的功能。

第一节　社会主义初级阶段的所有制结构

生产资料所有制结构是指各种所有制经济成分在一定社会经济关系总体中各自所占的比重、所处的地位以及它们之间的相互关系。我国社会主义初级阶段的所有制结构，概括地说，就是公有制为主体、多种所有制经济共同发展。这一所有制结构构成我国重要的社会主义基本经济制度。这一制度的确立是由我国的社会主义性质和社会主义初级阶段的基本国情决定的。

一、公有制为主体、多种所有制经济共同发展的必然性

生产力决定生产关系，生产关系一定要适合生产力状况是人类社会发展的普遍规律。

就一个社会或国家来说，考察其生产关系是否适应生产力发展的水平和性质，既需要从每一种生产资料所有制形式自身来考察，看其在现实经济中能否对该社会或该国家的生产力发展起促进作用，又必须对各种生产资料所有制形式在整个社会经济中所处的地位、所占的比重以及它们之间的相互关系进行分析，也就是要考察该社会或该国家的生产资料所有制结构是否合理，是否能够使生产关系在整体上促进生产力的发展。这不仅是一个重大的理论问题，而且是我国经济体制改革从一开始就面临的、需要切实加以解决的一个重大现实问题。

我国在社会主义初级阶段形成公有制为主体、多种所有制经济共同发展的生产资料所有制结构，是具有客观必然性的。按照生产关系一定要适合生产力状况这一人类社会发展的普遍规律，一个社会或国家应当形成怎样的所有制结构，归根到底只能取决于该社会或该国家现实的生产力发展状况。与此相联系，我们评价某种生产资料所有制形式是否具有优越性，一个社会或国家的生产资料所有制结构是否合理，也不应脱离现实的生产力状况，孤立地仅仅从生产资料所有制形式和所有制结构本身得出结论，而必须坚持生产力标准，看其能否与现实的生产力状况相适应，能否促进社会生产力的迅速发展。如果某种所有制形式或某种所有制结构适应现实的生产力状况，能够促进生产力较快发展，那么，其存在和发展就具有客观必然性，也具有现实合理性。我国目前正处于社会主义发展的初级阶段，我国的社会主义是从旧中国半殖民地半封建社会中脱胎出来的，虽然几十年来的社会主义建设已经取得了巨大的成就，然而由于经济发展的起点较低，我国经济与当今世界发达国家相比仍然存在着较大的差距，经济总量虽已位居世界前列，但人均国内生产总值仍较低下，生产力总体发展水平还比较低；城市与乡村之间，沿海地区与内陆边远省份之间，工业与农业之间，生产力发展不平衡；既存在具有较高科技水平的社会化大生产，也存在社会化程度较低和各种半机械化、半手工操作的生产与经营活动，还存在落后的手工劳动方式的生产，生产力呈现出多层次性。生产力的这种水平低、不平衡、多层次的状况决定了在我国社会主义初级阶段，应当建立的必须是公有制为主体、多种所有制经济共同发展的所有制结构。唯有如此，才能使我国现阶段的生产关系从总体上与目前生产力水平低、不平衡和多层次的状况相适应，从而更好地调动起各方面的积极因素，促进各种社会资源的合理配置与充分利用，加速生产力的发展和整个国民经济的现代化进程。

此外，无论是从历史发展的角度来看还是从现实需要的角度来看，在我国现阶段形成多种所有制经济共同发展的所有制结构，都具有客观必然性。半殖民地半封建的旧中国存在着多种不同的生产资料私有制形式。无产阶级在夺取政权以后，为了建立起社会主义经济制度，就需要对这些私有制经济成分进行社会主义改造，变私有制经济为公有制经济占主体地位。由于我们对各种不同的私有制经济成分只能通过不同的途径和方式加以改造和变革，因而就必然会形成不同的生产资料公有制形式，如全民所有制、劳动群众集体所有制等。同时，为了适应水平低、不平衡、多层次的生产力状况，调动各方面的积极因素，更有利于社会生产力的发展，也有必要保存并适当发展一定数量的多种私有制经济成分。这样，在我国社会主义初级阶段这个相当长的历史时期，就必然存在着多种所有制经济并存和共同发展的局面。另外，为了加速我国经济的发展，弥补我国在建设资金、先进科学技术和管理经验等方面的缺陷与不足，适应经济全球化发展的趋势，我们必须坚定不移地实行对外开放，积极发展对外经济关系，大力吸引和利用外资。与此相联系，“外资经济”这种非公有制经济成分在我国现阶段的存在和发展，也就是必然与合理的了。

二、公有制为主体、多种所有制经济共同发展是我国重要的社会主义基本经济制度

社会主义公有制为主体、多种所有制经济共同发展，是我国重要的社会主义基本经济制度。这一基本经济制度是中国特色社会主义制度的重要支柱，也是社会主义市场经济的根基，它的确立，从根本上说，是由我国的社会主义性质和社会主义初级阶段的基本国情决定的。

第一，我国是社会主义国家，必须坚持将公有制作为社会主义经济制度的基础。社会主义制度是建立在生产资料社会主义公有制基础上的，公有制是社会主义的本质特征和根本标志，否定了公有制也就否定了社会主义。因此，要坚持和发展社会主义，就必须坚持公有制在整个国民经济中的主体地位，巩固和发展公有制经济。

第二，我国正处在社会主义初级阶段，需要在公有制为主体的条件下发展多种所有制经济。社会主义初级阶段是我国最基本的国情，这个阶段最显著的特征是生产力水平低、不平衡和多层次，整个国民经济正处在从不发达状态向现代化转变的过程中。与初级阶段生产力的这种多样性状况相适应，客观上必然要求建立多种所有制经济长期并存共同发展的所有制结构。

第三，一切符合**“三个有利于”**（有利于发展社会主义社会的生产力，有利于增强社会主义国家的综合国力，有利于提高人民的生活水平）的所有制形式都可以而且应该用来为社会主义服务。社会主义初级阶段的根本任务是解放和发展生产力。因此，必须在各项工作中始终坚持生产力标准，以“三个有利于”为尺度来检验和评价改革及各项具体工作的成败得失，来检验和评价对各种所有制经济乃至整个所有制结构的调整与变革。实践证明，改革开放以来，与我国现阶段的基本国情不相适应的那种公有制一统天下、“一大二公三纯”的所有制结构得到改革，逐步形成公有制为主体、多种所有制经济共同发展的所有制结构，促进了我国社会生产力的快速健康发展。

第四，建立和逐步完善社会主义市场经济体制既是我国社会主义初级阶段经济体制改革的基本目标，也是我们解放和发展生产力的根本途径。而我国改革开放以来的实践已经充分证明，个体、私营等各种形式的非公有制经济，是社会主义市场经济的重要组成部分，对充分调动社会各方面的积极性、完善社会主义市场经济体制、加快生产力发展具有重要作用。

总之，公有制为主体、多种所有制经济共同发展的所有制结构，既体现了我国社会主义制度的性质和本质特征，又与我国社会主义初级阶段生产力的状况相适应，并与我国现阶段大力发展社会主义市场经济的客观要求相适应，能够促进我国生产力的较快发展。因此，必须把这一所有制结构作为我国重要的基本经济制度长期坚持下来，并不断

加以调整和完善。当前，我国公有制为主体、多种所有制经济共同发展的重要基本经济制度已经确立，坚持公有制为主体，促进非公有制经济发展，统一于社会主义现代化建设的进程中，不能把这两者对立起来。公有制经济与非公有制经济不是相互对立的关系，两者之间虽有优胜劣汰的竞争，但更多的是各种所有制经济在市场竞争中发挥各自的优势，相辅相成、相得益彰、相互促进、共同发展。党的二十大报告强调指出，必须“坚持和完善社会主义基本经济制度，毫不动摇巩固和发展公有制经济，毫不动摇鼓励、支持、引导非公有制经济发展”。

三、建立和完善现代产权制度

为了坚持和完善我国公有制为主体、多种所有制经济共同发展的所有制结构，必须建立和完善现代产权制度。**产权**包括物权、债权、股权、知识产权等各类财产权，是人们在财产关系方面所形成的法律上的权利关系。这种权利关系是以所有制为核心的一组权利，包括对财产的所有权、占有权、使用权、处置权和收益权，收益权又分为所有者收益权和经营者收益权。其中的占有权、使用权、处置权和经营者收益权统称为**经营权**。**产权制度**是有关产权的归属、权责、保护、流转和监管的制度。我国的现代产权制度的主要特征是产权“归属清晰、权责明确、保护严格、流转顺畅”。

建立和完善现代产权制度，是坚持公有制为主体和多种所有制经济共同发展的内在要求，是社会主义市场经济的基石，有利于保护公有财产权，巩固公有制经济的主体地位；有利于保护私有财产权，促进非公有制经济发展；有利于各类资本的流动和重组，推动混合所有制经济发展；有利于增强企业和公众创业创新的能力，形成良好的信用基础和市场秩序。

完善和健全现代产权制度，要坚持权利平等、机会平等、规则平等原则，营造产权保护的优良体制环境，完善产权保护制度。

一要保证各种所有制经济依法平等使用生产要素。各种所有制经济在生产经营过程中均应遵循法律规定，在依法取得营业许可的生产经营范围内，有权平等地使用各种生产要素，在市场准入、要素获取、要素价格、资金利用、信息享用等方面，权利和机会平等，对其应一视同仁，同等对待。

二要保证各种所有制经济公平参与市场竞争。各种所有制经济都是自主经营、自我发展的市场经营主体，处于平等地位，进行平等竞争。要营造公开、公平、公正竞争的市场环境，使各市场经营主体通过平等竞争获得相应的利益和承担各种风险，优胜劣汰，防止和消除垄断。

三要保证各种所有制经济同等受到法律保护。国家依法保护各种所有制经济的产权与合法权益，坚持全面保护、平等保护、依法保护，推进产权保护法治化。公有制经济财产权不可侵犯，非公有制经济财产权同样不可侵犯。鼓励和支持各种所有制经济的发展，相关法律对各种所有制经济的所有权、占有权、使用权、处置权、收益权等都平等地加以保护，使其一律享有同等待遇。国家依法监管各种所有制经济，使各种所有制经济共同履行社会责任。

四、多种所有制经济共同发展的作用

我国改革开放的实践已经证明，公有制为主体、多种所有制经济共同发展的所有制结构，是适应我国现阶段的生产力状况的，能够有力地促进我国社会生产力的较快发展和综合国力的不断提高，使得我国改革开放以来的四十多年，成为中华人民共和国成立以来经济发展最快、综合国力增强最快、人民生活水平提高最快的时期，在这三个方面都上了一个大台阶。这种所有制结构已经显示出并且还将继续显示出它的巨大作用和优越性。具体来说，这种所有制结构对我国现阶段社会经济的发展有以下几方面的重要作用。

（1）它有利于充分调动各方面的积极因素，加快我国经济发展的进程。为了加快我国的经济发展，需要充分调动各方面的积极因素，动员一切可能的力量从事经济建设。而确立公有制为主体、多种所有制经济共同发展的所有制结构，有利于充分调动各方面发展经济的积极性，合理配置与充分利用各种社会资源，从而能够起到促进社会经济发展、增强综合国力的作用。

（2）它有利于推动我国社会主义市场经济的发展和社会主义市场经济体制的建设。确立公有制为主体、多种所有制经济共同发展的所有制结构，客观上将促进我国商品生产和交换的发展，使市场机制更充分地发挥其调节功能。通过各种经济成分在市场上展开平等竞争，实现企业之间的优胜劣汰，市场机制促进社会资源配置不断趋于合理和优化的作用能够有效发挥出来，从而推动我国社会生产力的更快发展。

（3）它有助于保持整个经济和社会的稳定，加强社会建设。多种所有制经济的发展，可以扩大就业，缓解整个社会的就业压力；可以增加财政收入，发展公共服务事业；可以增加城乡居民收入，提高人民生活水平，为促进经济社会稳定和推进以改善民生为重点的社会建设作出重要贡献。

（4）它有利于通过多种渠道促进我国对外开放的发展，在吸引外资和国外先进科技及管理经验，使我国经济走向国际市场，更好地利用国内国际两种资源等方面，都发挥重要的积极作用。

（5）它有利于我国面向市场的宏观调控体系的建设及相应的政府职能的转变。公有制为主体、多种所有制经济共同发展，使国民经济运行逐步活跃，市场经济日益发展，从而促使政府管理经济的模式和职能发生根本性变革，推动了我国面向市场的以间接调控为主的宏观调控体系的建立和逐步完善。

第二节　社会主义公有制的主体地位和实现形式

一、坚持社会主义公有制的主体地位

生产资料社会主义公有制，是生产资料归社会主义劳动者共同所有和支配的所有制形式。在我国现阶段多种所有制经济共同发展的所有制结构中，必须始终坚持社会主义公有制的主体地位。邓小平强调指出："我们始终坚持两条根本原则，一是以社会主义公有制经济为主体，一是共同富裕。"① 坚持社会主义公有制的主体地位，既是我国现阶段生产力状况的客观要求，也是我国的社会主义性质所决定的。

第一，社会化大生产以及作为其集中代表和体现的现代机器大工业，已经在我国社会主义初级阶段的生产力中占据主要地位，我国已经建立起门类比较齐全的现代工业体系和国民经济体系。因此，与这种社会化大生产相适应的生产资料社会主义公有制，也就必然和应当在我国现阶段的所有制结构中占据主体地位，这是适应生产力状况和发展的客观必然要求。坚持公有制的主体地位，既完全适应又有利于推动社会化大生产的发展，促进经济的快速增长。

第二，生产资料社会主义公有制，是社会主义经济制度的基础，是社会主义在经济上的本质特征和根本标志。任何一种社会经济制度区别于其他社会经济制度的根本标志，都在于生产资料所有制的性质以及与之相联系的生产资料与劳动者的结合方式。资本主义生产资料私有制以及资本与雇佣劳动相结合的方式，是资本主义经济制度的根本标志。同样，生产资料的社会主义公有制以及劳动者作为主人与生产资料直接相结合的方式，也是社会主义经济制度的根本标志。所以，只有建立起生产资料社会主义公有制并使之在所有制结构中占据主体地位，才标志着社会主义经济制度真正建立起来了。只有坚持公有制在所有制结构中的主体地位，才能够巩固和发展社会主义经济制度。如果否定了公有制的主体地位，就意味着动摇了社会主义的经济基础，社会主义制度就将不复存在。坚持社会主义，必须始终坚持生产资料社会主义公有制在整个所有制结构中的主体地位。

第三，社会主义公有制决定了在公有制范围内，劳动者在生产资料占有关系上处于完全平等的地位，决定了劳动者在生产过程中的主体地位，决定着劳动者之间在社会生产和社会经济生活中形成一种互助互利的合作关系，决定着生产成果按照符合劳动人民利益的原则进行分配。因此，坚持社会主义公有制的主体地位，才能保证劳动者以生产资料主人的身份共同参与生产、分配、交换、消费等社会经济生活过程。

第四，社会主义生产的目的，是最大限度地满足人民群众的物质文化和美好生活需要，促进人的全面发展。坚持公有制的主体地位，是实现社会主义生产目的、消灭剥削、消除两极分化、最终实现共同富裕的基本条件和根本保证。

第五，我国经济体制改革的性质，是社会主义经济制度内部的自我调整和完善。因此，必须始终坚持社会主义公有制在所有制结构中占据主体地位，这样才能保证我国的改革是在坚持社会主义方向的前提下解放和发展生产力，从而进一步巩固和发展社会主义。

我国公有制的主体地位主要体现在下述几个方面。

一是必须使公有资产在社会总资产中占优势，这种优势体现在，社会主义公有制掌握国家的基本生产资料和国民经济命脉，拥有先进技术装备和丰富的经济资源，并通过深化改革，使公有资产的组织结构和经济布局更为合理，技术装备水平和管理水平不断

---

① 邓小平．邓小平文选：第3卷．北京：人民出版社，1993：142.

提高，从而在国民经济运行中具有更多的活力和更好的经济效益，对国民经济发展发挥更强有力的引领和推动作用。

二是必须使国有经济掌握和控制国民经济命脉与关系国家安全的领域，对整个国民经济的发展起主导作用。国有经济对经济发展的主导作用，应当主要体现在它对国民经济发展全局的控制力和影响力上。

三是必须不断巩固和发展我国城乡集体所有制经济。集体所有制经济是公有制经济的重要组成部分，对发展社会主义经济具有重要的作用。特别是在我国现阶段农村经济的主体是集体所有制经济，而农民、农业、农村经济的发展事关我国经济社会的稳定和现代化建设的全局。

四是公有资产在社会总资产中占优势，这是就全国而言的，有的地方、有的产业可以有所差别。

二、社会主义全民所有制的主导地位和作用

在我国现阶段，生产资料的社会主义公有制有社会主义全民所有制和社会主义劳动群众集体所有制两种形式。而坚持社会主义公有制的主体地位，首先必须坚持社会主义全民所有制在整个社会经济运行中的主导地位和发挥它的主导作用，不断增强全民所有制经济的活力、控制力和影响力。

（一）全民所有制经济的主导地位和作用

社会主义全民所有制是生产资料归全体劳动人民共同占有的一种公有制形式，它是在消灭资本主义私有制的基础上建立起来的，并且随着社会主义国民经济的发展而不断发展壮大。社会主义全民所有制是与社会化大生产相适应的社会主义公有制形式，在全民所有制经济中，劳动者对生产资料的所有权是完全平等的，产品归社会全体劳动者共同占有和分享，从而形成了全体劳动者共同的经济利益和共同的生产目的。由于全民所有制实现了劳动者对生产资料在全社会范围内的共同占有，实现了生产资料全社会范围内的公有化，因而它是公有化程度比较高的公有制形式。社会主义全民所有制经济拥有现代机器大工业和比较先进的科学技术水平，支配着国家的主要经济资源和自然资源，具有雄厚的经济技术实力，掌握着国民经济命脉，对国民经济的全局具有控制力。社会主义全民所有制是社会主义生产关系的主要组成部分，是社会主义经济制度的主要经济基础，它决定着整个国家的社会主义性质和发展方向，是整个国民经济的领导力量和主要支柱，因而它在社会主义国民经济中居于主导地位。

社会主义全民所有制经济在社会主义国家的国民经济中占据着主导地位，并发挥着主导作用。这种主导作用具体表现为：（1）社会主义全民所有制经济的巩固和发展，对于发挥社会主义制度的优越性，增强我国的经济实力、国防实力和民族凝聚力，具有关键性作用，是保证我国经济和社会稳定的坚实基础。（2）社会主义全民所有制经济是社会主义国家物质产品、国民收入和财政收入的重要来源。社会主义全民所有制经济不仅为满足社会全体人民的物质文化需要提供了大量的、多样化的消费品，而且其上缴的税

金和利润构成了社会主义国家经济建设资金积累的最重要来源。（3）社会主义全民所有制经济是社会主义国家经济建设和社会发展的主要推动力量。它不仅为社会经济的发展提供了丰富的物质产品和大量的建设资金，而且为整个国民经济的技术进步和向现代化发展提供了强大的物质技术基础。（4）在我国现阶段多种所有制经济并存的条件下，全民所有制经济对整个国民经济沿着社会主义方向发展起着重要的保证和领导作用。它自身的巩固和发展壮大，是保证集体所有制经济的社会主义性质并使其沿着社会主义方向前进，保证非公有制经济成分真正有利于社会主义社会发展的决定性条件。

正是由于全民所有制经济在社会主义国家的整个国民经济中居于主导地位，是社会主义国家的主要经济基础，它的巩固和发展，对发展和壮大社会主义经济，实现国民经济现代化，巩固社会主义经济制度，坚持社会主义方向和发展道路，都具有决定性的意义。所以，要巩固和发展社会主义制度，保证改革和发展的社会主义性质与方向，就不仅要坚持社会主义公有制在所有制结构中的主体地位，而且必须强调使全民所有制经济在整个国民经济中始终居于主导地位，发挥对整个国民经济的主导作用。

（二）全民所有制采取国家所有制形式

我国现阶段的全民所有制采取了国家所有制形式，也就是通常所说的**国有经济**，这有其历史的和现实的客观必然性。第一，从历史上看，我国的全民所有制经济是在中华人民共和国成立以后，运用国家政权的力量消灭和改造了各种类型的资本主义私有制经济，并以此为基础逐步建立和发展起来的。这样建立起来的全民所有制，相应地采取了国家所有制形式。第二，从现实来看，一方面，全民所有制经济的各个部门、各个企业之间存在着相互联系、相互制约的关系，这在客观上要求有一个社会中心来统一指挥和协调它们之间的经济关系，这样才能保证全民所有制经济乃至整个国民经济的正常运转。而这一社会中心，在现阶段只能是社会主义国家，因而全民所有制采取了社会主义国家所有制形式。另一方面，全民所有制的生产资料归全体劳动者共同占有，并不意味着每个劳动者都单独占有一部分社会生产资料，而是指全体劳动者作为一个统一的整体对生产资料实行共同占有。这在实践上就要求由全体劳动者共同利益的代表者来代表全体劳动者去行使对生产资料的所有权。显然，在社会主义发展的现阶段，全体劳动者共同利益的代表者只能是社会主义国家。只有由社会主义国家掌握属于全民所有的生产资料，代表全体人民行使对生产资料的所有权，才能很好地把劳动人民的长远利益和眼前利益、整体利益和局部利益有机地结合起来，从而使全民所有制的生产资料真正为实现全体劳动者的共同利益和根本利益服务。

但是，现阶段的社会主义全民所有制采取国家所有制形式，并不意味着必须由社会主义国家去直接经营和管理所有的全民所有制企业。社会主义国家经济建设的实践已经证明，国有经济并不意味着国家直接经营，“国有”不等于“国营”，因为社会主义全民所有制生产资料的所有权和经营权是可以也应该适当分离的。（1）由于社会需要复杂多变，企业之间的条件千差万别，企业之间的经济联系错综复杂，因此任何国家机构都不可能全面了解和迅速适应这些情况，进而作出正确的决策。如果全民所有制企业都由国家机构直接经营管理，就不可避免地会产生严重的主观主义和官僚主义，造成大量经营决策上的失误及由此导致的资源的不合理配置和损失浪费。（2）由国家经济管理机构直接经营管理全民所有制的生产资料，不仅会使企业成为政府行政系统的附属物，从而严重压抑企业的主动性和创新精神，使企业丧失活力和生机，而且会造成政府经济管理部门和机构与企业之间的政企不分，并可能滋生以权谋私、权钱交易等腐败现象。因此，对全民所有制的生产资料实行所有权与经营权的适当分离，赋予全民所有制企业以自主经营、自我发展的充分权力，并使其承担相应的自负盈亏、自我约束、自我积累的经济责任，才能既在整体上保证国民经济发展的统一性，又在局部上保证各全民所有制企业生产经营上的多样性、灵活性和进取性，从而使我国的全民所有制经济具有充分的活力和持久的生机。（3）企业生产资料所有权与经营权的分离是生产社会化发展所导致的一种必然的趋势。在资本主义经济发展的相当长时期里，资本家曾经既是生产资料的所有者，又是生产资料的直接经营管理者。但是，随着生产社会化程度的日益提高，随着股份公司等社会化资本形式的相继出现并日益普遍化，生产资料所有权与经营权的分离就越来越成为一种普遍的发展趋势。生产资料所有权与经营权的适当分离，实际上是生产社会化发展的一种必然要求和必然结果。而建立在社会化大生产基础上的社会主义全民所有制经济，要能够正常运转并取得良好的经济效益，必须按照社会化大生产发展的这种客观要求，实行生产资料所有权与经营权的适当分离，赋予并扩大企业经营自主权。

三、国有资产管理体制改革与国有经济布局优化和结构调整

在我国现阶段，为推动国有经济战略性调整，巩固其在国民经济中的主导地位和发挥其主导作用，除了要继续深化国有企业改革外，还必须从宏观上做好以下两个方面的工作。

一是要改革国有资产管理体制。坚持政府公共管理职能和国有资产出资人职能分开，完善经营性国有资产管理和国有企业监管体制机制。对公益性和竞争性国有企业实行分类管理。要在坚持国家所有的前提下，充分发挥中央和地方两个积极性。国家要制定法律法规，建立中央政府和地方政府分别代表国家履行出资人职责，享有所有者权益，权利、义务和责任相统一，管资产和管人、管事相结合的国有资产管理体制。要建立和完善覆盖全部国有企业、分级管理的国有资本①经营预算制度、国有资本授权经营制度和国有资本收益分享制度②，合理分配和使用国有资本收益。要完善和加强国有金融资产、行政事业单位资产和自然资源资产监管体制。要建立科学的业绩考核体系和国有资产重大损失责任追究制度，以实现国有资产保值增值，防止国有资产流失。

二是要优化国有经济的战略布局和结构调整。全民所有制经济在国民经济中的主导作用应当主要体现在控制力上，即控制国民经济的命脉，并对整体经济运行的过程、状

① 我国在社会主义公有制经济领域中，现在也使用“资本”概念。这里所说的资本，从性质上看，当然不体现资本主义剥削关系，而是体现社会主义经济关系。它包括两层具体含义：一是指资本金，即社会主义公有制经济单位从事生产经营活动的投资注册资金，或劳动者个人在社会主义公有制经济中的投资，或社会主义公有制银行存贷款的本金；二是指社会主义公有制经济在市场生产经营中能够实现增值的价值。

② 关于国有资本经营预算制度、国有资本授权经营制度、国有资本收益分享制度的论述，见第十五章第三节。

态和方向切实发挥重要的引导和支配作用。为此，我们要从战略上推进国有经济布局优化和结构调整。

从战略上推进国有经济布局优化和结构调整，要同产业结构的优化升级和所有制结构的调整完善结合起来。坚持国有资本有进有退、有所为有所不为的方针，健全国有资本合理流动、改制重组、布局调整的机制，着眼于搞好整个国有经济，提高国有经济的整体素质和竞争力。对关系国民经济命脉的重要行业和关键领域，国有经济必须占支配地位。引导国有资本更多投向关系国计民生的重要领域和关系国家安全和国民经济命脉及科技、国防的重要行业和关键领域，服务国家战略目标，增强国有经济的控制力、影响力、竞争力、创造力、抗风险能力和带动力，做强做优做大国有资本，以更好地发挥国有经济的主导作用。而在其他领域，则可通过对国有企业的资产重组和结构调整来加强重点，以提高国有资产的整体质量。从战略上优化国有经济布局和结构调整，要加快形成一批拥有自主知识产权和国际知名品牌、国际竞争力较强的优势国有企业。还需要加快中西部地区和东北等老工业基地国有经济布局和结构的调整，支持这些地区经济的发展。

国有经济的布局优化和结构调整，可以促进国有经济不断发展、整体素质日益提高、分布和结构更为合理，但是，这并不要求国有经济在各个地方、部门和领域中都在数量和比重上占优势。我国四十多年来改革开放的实践已经证明，只要是在全国范围内切实坚持公有资产在社会总资产中占优势，国有经济控制国民经济的命脉，并通过深化改革使国有经济自身的竞争力、创造力和对经济运行全局的控制力、影响力不断得到增强这个前提下，国有经济的比重减小一些，国有经济成分在某些地方、部门和领域中的适当收缩，不会影响我国的社会主义性质，也不会动摇或削弱社会主义公有制的主体地位和国有经济在整个国民经济中的主导地位与作用。

四、社会主义劳动群众集体所有制

社会主义劳动群众集体所有制，是由一部分劳动者共同占有一定范围内的生产资料和劳动产品所形成的一种社会主义公有制形式，与全民所有制相比，它的生产资料公有化程度较低。在城乡集体所有制经济中，劳动者在一个集体的范围内共同占有生产资料，实现了在生产资料占有关系上的平等地位。但是，由于各个集体经济组织在占有的生产资料数量和质量上还存在着明显差别，从而各个集体经济组织在劳动成果的占有和个人收入分配上也存在着明显差别，这是集体所有制区别于全民所有制的一个重要特点。在社会主义现阶段，我们必须承认并允许这种差别存在，而绝不能企图通过人为地搞“一平二调”来缩小或消灭这种差别，否定这种差别也就意味着在实际上否定了集体所有制。

我国现阶段的集体所有制，是社会主义公有制性质的经济成分，在我国现阶段的所有制结构中坚持公有制的主体地位，也就是要坚持包括全民所有制和集体所有制在内的公有制经济成分在我国现阶段的所有制结构中居于主体地位，以此作为巩固和发展社会主义经济制度的经济基础。

城乡集体所有制经济在我国现阶段的国民经济中占有重要地位，发挥着重要作用。

集体所有制经济一般来说规模较小，它的建立所需资金基本上由劳动者自行筹集，不需要国家投资；它实行自主经营和自负盈亏，经营状况与集体中每个劳动者的利益密切相关；它的经营方式比较灵活多样，能够适应和容纳手工生产、半机械化生产、机械化生产等不同层次的生产力；对市场的适应性比较强，能够较好地调动起劳动者的生产积极性和主动创新精神。大力发展各种形式的城乡集体所有制经济，对于充分调动各方面的积极因素，动员一切可能利用的人力、财力和物力资源加快国民经济发展，广集建设资金，繁荣经济，满足人民多方面的需要，扩大就业渠道，实现共同富裕的目标，具有十分重要的作用。我国改革开放的实践表明，城乡集体所有制经济的蓬勃发展，成为推动我国经济和社会发展的强大力量。

我国现阶段的集体所有制经济按其所在地域划分，可分为农村集体所有制经济和城镇集体所有制经济。农村集体所有制经济是目前我国农村中主要的所有制形式，全国广大农民的生产和生活是与农村集体所有制经济紧密联系在一起的，全国 90%以上的粮食和经济作物是由农业集体经济组织生产的。农业是我国整个国民经济的基础，没有农业和农村经济的稳定与发展，就谈不上整个国民经济的稳定与发展。因此，坚持并不断大力发展和完善农村集体所有制经济，对于我国国民经济的发展和现代化进程的加速具有十分重大的意义。

我国城镇中的集体所有制经济，在整个国民经济中也具有重要的地位和作用。我国的城镇集体经济，一部分是在 20 世纪 50 年代对个体手工业和小商贩进行社会主义改造的基础上建立起来的，大部分则是随着新中国成立后的大规模经济建设发展起来的。特别是党的十一届三中全会以来，在各地地方政府和国有企事业单位的大力扶持下，我国的城镇集体经济更是有了长足的发展，成为国民经济中的一支重要经济力量。由于城镇集体经济具有投资少、见效快、易于兴办、适应性强、能吸收较多劳动力等特点，它的存在和发展对促进城镇经济繁荣、推动城镇化建设、满足人民的物质文化需要、缓解就业压力、提高人民生活水平等，都具有十分重要的作用。

五、社会主义公有制的其他经济形式

自党的十一届三中全会以来，随着我国经济体制改革的深入，在社会主义公有制经济范围内，已经出现了诸如股份公司、经济联合体、企业集团等新型经济组织。这些新型经济组织的出现，客观上有利于发展社会分工和协作；有利于打破传统计划经济下条块分割所造成的资源配置的不合理状况，促进生产要素的合理流动和重新组合，优化整个社会资源的配置；有利于企业增强经济实力和竞争能力，从而必将促进我国社会生产力的更快发展。社会主义公有制范围之内的股份公司、经济联合体、企业集团这类经济形式，其所有制性质是由其参与主体的性质决定的。由各个国有企业和单位联合组成的股份公司、经济联合体或企业集团，仍然属于全民所有制经济；由各个集体经济组织共同组成的股份公司、经济联合体或企业集团，仍然属于集体所有制经济；由国有企业与集体企业联合组成的股份公司、经济联合体或企业集团，仍然属于公有制经济成分。此外，我国现阶段的混合所有制经济中的国有经济成分和集体经济成分，都属于社会主义公有制经济。

六、社会主义公有制的实现形式

生产资料所有制和生产资料所有制的实现形式，是两个既相联系又相区别的概念。生产资料所有制一般是指生产资料的归属，即生产资料归谁所有，它表明劳动者与生产资料的结合方式。而**生产资料所有制的实现形式**，是指一种所有制经济所采取的具体经营方式和组织形式。一种生产资料所有制可以采取多种实现形式，不同的所有制经济也可采用相同的实现形式。任何存在多种所有制经济的社会经济制度中，都有占主体地位的生产资料所有制，这种占主体地位的所有制如果发生变化，社会性质也就相应发生变化。但是，这种占主体地位的所有制却可以采取多种实现形式，即多种经营方式和组织形式。一定的生产资料所有制不会因其实现形式的多样化而引起该种所有制本身性质的变化。

社会主义公有制的实现形式可以而且应当多样化。一切反映社会化生产规律的经营方式和组织形式都可以采用。要通过改革努力寻求能够极大促进生产力发展的公有制实现形式，继续探索有效的国有资产经营体制和方式。

我国自改革开放以来，社会主义公有制已经出现了多种实现形式，初步形成了公有制实现形式多样化的局面，如承包制、租赁制、股份制、股份合作制、委托经营制等。

股份制是现代企业的一种资本组织形式，是我国公有制的主要实现形式。它有利于所有权和经营权的分离，有利于提高企业和资本的运作效率，有利于企业筹集资金，增强竞争实力。股份制本身并不反映社会经济制度的性质，资本主义可以用，社会主义也可以用。不能笼统地说股份制是公有还是私有，关键要看控股权掌握在谁手中。显然，只要股份公司的控股权掌握在国家和集体手中，它就具有明显的公有性，有利于扩大公有资产的支配范围，增强公有制在国民经济中的主体地位和作用。

我国农村中的集体经济过去曾经长期采取人民公社的经营组织形式。实践证明，这种政社合一的经营组织形式不适应现阶段我国农村生产力的状况，不能很好地调动广大农民的生产积极性，不利于农业生产的发展。改革开放以来，我国农村集体经济中普遍建立了以家庭承包经营为基础、以集体统一经营和农户承包分散经营为特征的**统分结合的双层经营体制**，它是我国现阶段农村中的一项基本经营制度。**家庭承包经营**是在坚持土地、水利设施等基本生产资料集体经济公有的基础上，由农户承包使用土地等生产资料的农村集体经济的经营组织形式。**双层经营体制**是指一家一户办不到，必须由农村集体组织从事经营的项目，如农田水利建设、乡镇企业等，由集体统一经营，除此以外，各种经常性的农业生产活动，都由承包农户分散进行。要确保集体经济组织成员平等享有土地权益，赋予农民对承包地占有、使用、收益、流转及承包经营权抵押、担保的权能。这种以家庭承包经营为基础、统分结合的双层经营体制是中国农民的伟大创造，符合我国现阶段农业生产力的特点，具有广泛适应性，极大地调动了广大农民的生产积极性，推动了我国农业和整个农村生产力的发展。实行我国现阶段农村中的这项基本经营制度，必须依法维护农民土地承包经营权，保持农村土地承包关系稳定并长久不变。这有利于增强农民发展生产的信心，保障农村长治久安，促进农业发展。党的十九大报告提出“保持土地承包关系稳定并长久不变，第二轮土地承包到期后再延长三十年”，从而使农村土地承包关系从1980年前后第一轮承包开始，保持稳定长达七十五年，让农民吃上了长效“定心丸”。

我国现阶段深化农村基本经营制度改革，要在坚持和稳定农村土地家庭承包经营的基础上，顺应农民保留土地承包权、流转土地经营权的意愿，将土地承包经营权分解为承包权和经营权，实行土地所有权、承包权、经营权的“三权分置”制度。承包方承包土地后，享有土地经营权，可以自己经营，也可按自愿有偿原则，流转其承包土地的经营权，转由他人经营。“三权分置”是农村基本经营制度的自我完善和制度创新，是农村土地集体所有制的重要实现形式。它有利于促进土地资源合理利用，优化土地资源配置，提升农业综合生产能力，构建新型农业经营体系，发展多种形式的适度规模经营，提高土地产出率、劳动生产率和资源利用率。要逐步建立和规范高效的“三权分置”运行机制，健全“归属清晰、权能完整、流转顺畅、保护严格”的农村土地产权制度。

随着农村承包地“三权分置”制度的推进，相应地要加快构建现代农业经营体系。不断探索农村土地集体所有制的有效实现形式，落实集体所有权、稳定农户土地承包权、放活土地经营权，依法推进土地经营权有序流动。加快构建以农户家庭经营为基础、合作与联合为纽带、社会化服务为支撑的立体复合型现代农业经营体系。

同农村承包地“三权分置”相适应，要培育新型农业经营主体和实施农业适度规模经营。实施新型农业经营主体培育工程，要积极培育发展家庭农场、专业种植大户、农民合作社、龙头企业、社会化服务组织、农业产业联合体等新型农业经营主体和高素质的新型职业农民，发挥其引领带动作用。实施农业适度规模经营，要通过代耕代种、联耕联种、土地流转、土地托管、土地入股、股份合作等多种经营方式，提升农业适度规模经营水平。

我国目前城乡中大量出现的多种多样的**股份合作制经济**，是劳动者的劳动与劳动者的资本相结合的社会主义集体所有制经济。实践证明，它有利于充分调动劳动者的积极性，提高城乡集体所有制企业的运作效率。因此，要积极加以扶持和引导，使之逐步完善。对于那种以劳动者的劳动联合和劳动者的资本联合相结合为主要特征的集体经济组织，尤其要大力提倡和鼓励。股份合作制经济的基本特征是：由企业内部的劳动者按照大致等额的原则投资入股，持有本企业的股份，企业的劳动者同时也就是本企业的出资人和资产的所有者。劳动者的收入一方面来自按劳分配的劳动所得，另一方面来自投资入股的股息分红收益。通过股份合作制这种企业组织形式，企业劳动者的利益与所在企业的经济效益能够更紧密地结合起来，使企业劳动者从股权收益方面更多地关心和参与本企业的生产经营活动。这就为进一步调动劳动者的生产积极性、推动劳动者参与企业的民主监督管理、增强企业的活力、强化企业内部的各种监督制约机制创造出必要的体制条件。

第三节　非公有制经济形式

在我国现阶段的所有制结构中，存在着个体经济、私营经济、外资经济等非公有制经济形式，它们是我国社会主义市场经济的重要组成部分。我国鼓励、支持和引导非公有制经济的发展，保护其合法的权利和利益。

一、劳动者个体所有制经济

劳动者个体所有制经济（简称**个体经济**）是一种生产资料归劳动者个人所有，由劳动者个人及其家庭成员直接支配和使用其生产资料从事生产经营活动的小私有制经济形式。在任何社会中，劳动者个体所有制经济总是依附于在该社会中占统治地位的所有制经济，作为其附属和补充而存在。我国现阶段是在社会主义公有制占主体地位的情况下，鼓励和支持个体工商户等个体经济在社会主义国家的指导和监督下发展。劳动者个体所有制经济是社会主义市场经济的重要组成部分。

在我国社会主义初级阶段，个体经济的存在和适当发展是有其客观必然性的。个体经济具有规模小、经营分散、劳动工具简单、主要依靠手工劳动等特点，它适应于我国目前生产力发展水平还比较低、使用工具简单、进行手工操作的生产经营领域。个体经济的适当发展，能够更好地利用各种社会资源，增加社会供给，活跃流通，方便群众生活，从多方面满足人民物质文化生活的需要。个体经济的发展，还有利于增加国家财政收入，积累建设资金和安排劳动就业。

二、私营经济

私营经济是一种生产资料属于私人所有、存在着雇佣劳动和剥削关系的私有制经济成分。从本质上说，它属于资本主义性质的经济成分。在我国社会主义初级阶段，在公有制已经居于主体地位并需要大力发展社会主义市场经济以加快生产力发展的特定历史条件下，允许私营经济在一定范围内存在和适当发展，不仅是必要的，而且是有益的，它同个体经济一样，也是社会主义市场经济的重要组成部分。

我国现阶段社会主义公有制经济为主体条件下的私营经济的存在和适当发展，不仅不会导致资本主义，而且有利于社会主义经济的发展。它有利于扩大社会生产，活跃市场，搞活经济；有利于安排社会就业，增加国家财政收入；有利于更好地满足人民多方面的需要，提高人民生活水平。私营经济在一定条件下甚至可以成为推动某些地区经济迅速发展的重要经济增长点。正因为如此，在我国现阶段，私营经济是可以与社会主义公有制经济实现长期并存、共同发展的。国家鼓励、支持和引导私营经济发展，保护其合法的权利和利益，并加强对它的服务、监督和管理。

三、外资经济

中外合资经营企业、中外合作经营企业和外商在华独资经营企业，简称**“三资企业”**，它们是党的十一届三中全会以来，随着我国实行对外开放政策、积极发展对外经济关系、大力引进外资而迅速发展起来的重要经济形式。中外合资经营企业和中外合作经营企业，统称为**中外合营经济**，属于混合所有制经济的范畴。三资企业中的外商投资，就是**外资经济**。

在我国现阶段，外资经济的存在和发展是具有客观必然性的。它们的存在和发展，从总体上看有利于弥补我国经济建设资金的不足，有利于引进和消化吸收国外的先进科学技术与管理经验，有利于提高我国企业的经营管理水平，有利于提高我国经营管理人员、科技人员和职工队伍的素质，有利于我们更快地熟悉国际惯例，更广泛地参与国际分工，增强竞争实力，从而促进我国社会生产力的迅速发展。

三资企业中的外资部分（即外资经济）属于资本主义性质的经济成分。它作为我国实行改革开放政策的产物，其存在和活动范围要受到社会主义国家的规范和调控，一切经营活动都要遵守我国的有关法律和法规。在社会主义公有制经济在国民经济中占据主体地位的情况下，大力吸收外资，鼓励其存在和适当发展，保护其合法的经营权和收益权，不仅不会削弱和动摇我国的社会主义制度，反而能够促进社会主义社会生产力的更快发展，加快我国经济走向现代化的历史进程。当然也应看到，外资经济的存在和发展，不可避免地会给我国的经济和社会生活带来某些消极影响，使我们在国民经济管理和社会经济发展中遇到许多新的矛盾和问题，对此必须有充分的认识并妥善加以解决。为了更好地吸引外资而对它实行一定的优惠政策，并不意味着对外资经济可以放任自流，放弃必要的监督和管理。必须依照法律和政策对其经济活动进行监督管理和必要的宏观调控，维护劳动者的合法权益，将其纳入社会主义市场经济正常秩序的轨道。

我国现阶段的国内公私合营经济及中外合营经济，都是混合所有制经济。这些混合所有制经济中的非公有制成分，都属于非公有制经济。

四、非公有制经济是社会主义市场经济的重要组成部分

发展社会主义市场经济，要适应我国社会主义初级阶段的基本国情和生产力的发展状况，鼓励和支持有利于社会经济发展的各种经济成分的存在和发展，在坚持社会主义公有制主体地位的前提下，充分发挥各种非公有制经济的作用。非公有制经济是我国社会主义市场经济的重要组成部分。

一般来说，个体经济、私营经济、外资经济等非公有制经济的市场导向较为明确，经营机制比较灵活，同市场的兼容性较强，有利于提供多样化的产品和服务，繁荣市场和流通，支撑经济增长，促进科技创新，改善民生，满足多方面的需求，扩大就业机会，增加国家税收。各种非公有制经济都能在其适应的市场经济领域发挥重要作用。

非公有制经济的发展使得市场主体多元化，有利于在社会主义市场经济的发展中打

破垄断，形成多元化竞争格局，发挥市场竞争机制的作用，从而有利于提高经济效率，改善经营管理，调整产业结构，使资源合理流动，促进社会经济的发展和市场经济体制的完善。

非公有制经济的存在和发展，对处于主体地位的公有制经济形成了加快市场化改革的动力和压力，促使公有制经济完善市场经营机制，积极参与市场竞争，使企业的产、供、销等各环节加快形成适应市场经济的运行机制和经营管理体制。

改革开放以来，我国非公有制经济有了很大发展，目前非公有制经济的数量占市场主体数量的90%以上，创造了超过60%的国内生产总值，超过80%的社会就业，超过50%的税收，超过65%的固定资产投资，超过67%的对外直接投资，超过65%的技术创新，超过75%的新产品制造，为我国经济发展作出了重大贡献，是我国稳定经济的重要基础、国家税收的重要来源、技术创新的重要主体、金融发展的重要依托、经济持续健康发展的重要力量。

国家保护非公有制经济的合法权益，鼓励、支持和引导非公有制经济的发展。营造支持非公有制经济高质量发展的制度环境，健全支持非公有制经济发展的市场、政策、法治和社会环境，激发其活力和创造力。坚持权利平等、机会平等、规则平等的原则，在要素获取、准入许可、经营运行、政府采购和招标投标等方面平等对待。促进公有制经济和非公有制经济融合发展、共同发展。鼓励和引导民间资本进入法律法规未明文禁止准入的行业和领域，市场准入标准和优惠扶持政策必须公开透明，不得对民间资本单独设置附加条件。鼓励和引导非公有制企业通过参股、控股、并购等多种形式参与国有企业改制重组。完善鼓励非公有制经济发展的法律制度，完善构建亲清政商关系的政策体系，进一步消除制约非公有制经济发展和参与市场竞争的体制性障碍和政策因素，废除对非公有制经济各种形式的不合理规定，消除各种隐性壁垒，保证非公有制经济依法平等使用生产要素、公平参与市场竞争、同等受到法律保护、共同履行社会责任。改善融资条件，优化市场环境，减轻税费负担，加强各种服务。同时加强对非公有制经济的指导、监督和规范管理，使之健康发展。

第四节　混合所有制经济

一、混合所有制经济是我国以公有制为主体的多种所有制经济的重要实现形式

混合所有制经济一般来说是由不同性质的所有制经济组合而成的、财产权分属于不同性质的所有者的经济形式。我国现阶段的混合所有制经济是国有资本、集体资本、非公有资本等交叉持股、相互融合的混合所有制经济。

我国社会主义初级阶段坚持与完善公有制为主体、多种所有制经济共同发展的重要基本经济制度，为此要充分发挥各种所有制经济的优势，激发各种所有制经济的活力，以推动社会生产力的发展。而国有资本、集体资本、非公有资本等交叉持股、相互融合的混合所有制经济，是我国公有制为主体、多种所有制经济共同发展这一重要基本经济

制度的重要实现形式。发展以公有制控股为主要形式的混合所有制经济，可以巩固和加强公有制的主体地位，发挥国有经济的主导作用，促进和引导多种所有制经济健康发展。

我国现阶段随着经济体制改革的日益深化，随着社会主义市场经济的不断发展，混合所有制经济的数量日益增多，它们不仅在联合的内容和形式上不断发生变化，而且在整个国民经济中的地位逐步提高，作用不断扩大。

我国现阶段存在的混合所有制经济有三种基本类型：一是公有制经济与国内私营经济共同投资组成的合营经济；二是公有制经济与外资经济共同投资组成的中外合营经济，包括中外合资经济和中外合作经济；三是公有制经济与个体经济联合组成的合营经济（包括国有企业股份制改造中吸收本企业职工持有部分股权的企业）。

我国现阶段存在的混合所有制经济是通过多种途径形成的。一是通过组建跨所有制的、由多个投资主体共同投资的企业所形成的，二是现存的不同性质的所有制企业相互参股所形成的，三是公有制企业通过出售部分股权或吸收职工入股所形成的。

我国现阶段的混合所有制经济一般采取股份制的经营组织形式，而股份制是与市场经济紧密结合、富有活力和效率的现代产权组织形式。混合所有制经济不是一种具有独立性质的经济成分，不能简单地、笼统地说它是公有制还是私有制，关键要看一个企业的控股权掌握在谁的手中。控股权掌握在公有制经济手中，则该企业具有明显的公有制性质；控股权掌握在私有制经济手中，则该企业具有明显的私有制性质。

二、混合所有制经济的功能

我国在社会主义初级阶段发展混合所有制经济，总体上说，有利于国有资本放大功能、保值增值、提高竞争力，有利于各种所有制资本取长补短、相互促进、共同发展。

一是有利于更好地坚持和体现社会主义公有制经济的主体地位。在公有资本掌握控股权的混合所有制经济中，有利于放大公有资本的功能，实现保值增值，这是坚持公有制的主体地位，增强公有制经济的活力、控制力、竞争力、影响力的一个有效途径。

二是有利于促进多种所有制经济共同发展，实现投资主体多元化。发展混合所有制经济，可以广为拓宽各种所有制经济的投资渠道和发展空间，优化资源配置，完善企业产权结构，推动企业产权的流动和重组。

三是有利于扩充企业的资本实力和规模，增强企业的市场竞争力和经济效益。发展混合所有制经济，可以实现公有制企业与民营企业的取长补短、互动创新，从而提高企业的技术素质、经济水平、经济效益，增强我国经济整体的创新水平和创新能力。

四是有利于转换企业经营机制。在混合所有制企业中，有利于提高公有资本的市场经营和运行效率，转换公有资本的经营机制，实行政企分开和政资分开；同时也有利于非公有资本进入更多经济领域，扩展经营渠道，发挥经营特长。

五是有利于吸收利用外资和国外先进技术及管理经验，更好地利用国内国际两个市场、两种资源，从而有利于进一步扩大对外开放。

三、积极稳妥推进混合所有制经济改革和发展

我国自改革开放以来，混合所有制经济有了很大发展，混合所有制改革稳步推进，目前中央国有企业实施混合所有制的企业户数占比超过70%，资产总额的65%已进入上市公司，营业收入的61%、利润总额的88%来自上市公司。

我国随着社会主义市场经济体制的建立和完善，将积极稳妥地推进混合所有制经济进一步改革和发展。要按照完善治理、强化激励、突出主业、提高效率的要求，推进混合所有制改革，规范有序发展混合所有制经济。对混合所有制企业，探索建立有别于国有独资、全资公司的治理机制和监管制度。对国有资本不再绝对控股的混合所有制企业，探索实施更加灵活高效的监管制度。对充分竞争领域的国家出资企业和国有资本运营公司出资企业，探索将部分国有股权转化为优先股，强化国有资本收益功能。支持符合条件的混合所有制企业建立骨干员工持股、上市公司股权激励、科技型企业股权和分红激励等中长期激励机制。

我国要把发展混合所有制经济同发展股份制经济有机密切结合，建立和完善股权制衡机制，推动国有企业改制上市，根据不同企业的功能定位，逐步调整国有股权比例。国有资本投资项目在增资扩股中，允许非国有资本参股。鼓励和引导非公有资本主体通过出资入股、收购股权、认购可转债、股权置换等多种方式参与国有企业的改制重组。鼓励国有资本以多种方式入股非国有企业。对主业处于关系国家安全和国民经济命脉的重要行业和关键领域，以及主要承担重大专项任务的商业类国有企业，要保持国有资本的控股地位。在发展混合所有制经济同建立和完善股权制衡机制的过程中，既要防止对非公有制经济的不合理限制，消除各种隐性壁垒，又要打击以“改制”为名侵吞和瓜分公有资产的违法行为，防止公有资产的流失。

本章重要名词概念

生产资料所有制结构	三个有利于	产权
产权制度	生产资料社会主义公有制	社会主义全民所有制
国有经济	社会主义劳动群众集体所有制	生产资料所有制的实现形式
家庭承包经营	统分结合的双层经营体制	股份合作制经济
个体经济	私营经济	三资企业
中外合营经济	外资经济	混合所有制经济

思考题

1. 为什么要把公有制为主体、多种所有制经济共同发展确立为我国重要的社会主义基本经济制度？

2. 为什么要建立和完善现代产权制度？

3. 为什么要坚持社会主义公有制的主体地位？这种主体地位如何体现？
4. 如何认识国有经济的主导地位和作用？
5. 如何深化我国国有资产管理体制改革与国有经济的布局优化和结构调整？
6. 怎样认识我国现阶段集体经济的重要地位及其改革？
7. 怎样认识社会主义公有制的实现形式？
8. 为什么我国现阶段的非公有制经济是社会主义市场经济的重要组成部分？
9. 如何认识我国现阶段的混合所有制经济？

本章练习

第十三章
按劳分配为主体、多种分配方式并存

本章重点

1. 按劳分配的必然性及其重要作用
2. 社会主义市场经济条件下按劳分配的特点和实现形式
3. 按劳分配为主体、多种分配方式并存的必然性
4. 深化我国的收入分配制度改革
5. 我国的居民消费
6. 增进民生福祉、保障和改善民生

分配制度是促进共同富裕的基础性制度，按劳分配为主体、多种分配方式并存，是我国一项重要的社会主义基本经济制度。实行按劳分配是社会主义本质要求的体现。我国在社会主义初级阶段坚持按劳分配在分配领域的主体地位的同时，必须在分配结构上实行多种分配方式并存的分配制度。要坚持以人民为中心的发展，增进民生福祉、保障和改善民生，走全体人民共同富裕的道路。

第一节　社会主义个人收入的按劳分配

一、按劳分配的本质

按劳分配就是以劳动的数量和质量为尺度来决定劳动者的劳动报酬，多劳多得，少劳少得，等量劳动领取等量报酬。按劳分配本质上就是在社会主义公有制范围内，劳动者向社会或集体提供了自己的劳动，经过各项必要的社会扣除后，按照本人所提供的劳动的数量和质量，领取等量的消费品。马克思指出："每一个生产者，在作了各项扣除以后，从社会领回的，正好是他给予社会的。""他以一种形式给予社会的劳动量，又以另一种形式领回来。"① 或者像列宁所说的按等量劳动领取等量产品。在这里，劳动是分配消费品的唯一尺度。因此，实行按劳分配，就要实行多劳多得、少劳少得、不劳动者不

① 马克思，恩格斯. 马克思恩格斯文集：第3卷. 北京：人民出版社，2009：434.

得食的原则，使劳动者的劳动收入差别同劳动者在生产或工作中实际支出的劳动数量差别和质量差别相符合，这样才是按劳分配。

按劳分配同不劳而获是根本对立的。在按劳分配的条件下，有劳动能力的人要取得收入，就必须参加劳动。如果有劳动能力的人不劳动而参与分配，就违反了按劳分配原则。按劳分配同平均主义也是相对立的。**平均主义**是小资产阶级特别是个体农民的平等要求，它要求缩小乃至消灭合理的收入差别，多劳不多得，少劳不少得，必然损伤劳动群众的劳动积极性。按劳分配是社会主义的分配原则，它是对一切以剥削为特征的分配方式的根本否定，体现着个人消费品分配领域中社会主义性质的分配关系。

按劳分配是人类社会历史发展迄今为止最进步的分配制度，“它不承认任何阶级差别，因为每个人都像其他人一样只是劳动者”①。因此，在按劳分配的条件下，每个人都享有按等量劳动取得等量产品的平等权利，这种权利也是历史发展迄今为止最进步的一种权利。

但是，按劳分配又不同于共产主义高级阶段的按需分配，按劳分配所体现的等量劳动领取等量报酬的“这种**平等的**权利，对不同等的劳动来说是不平等的权利”②。因为按劳分配是以劳动为尺度来分配消费品的，而不同的劳动者在体力上和智力上是有差别的，因而在同一时间内他们向社会提供的劳动量是不等的，这样就会造成有的人劳动收入多一些，有的人劳动收入少一些，在劳动收入上出现事实上的不平等；同时，由于每个劳动者因结婚与否和家庭成员状况不同，他们赡养的人口各不相同，在等量劳动领取等量产品的条件下，就会造成有的人生活好一些，有的人生活差一些，在生活水平上呈现出事实上的不平等。这种事实上的不平等的权利，在社会主义历史阶段上是不可避免的，因为“权利决不能超出社会的经济结构以及由经济结构制约的社会的文化发展”③。所以，在社会主义公有制范围内，必须坚持贯彻按劳分配原则。只有到了共产主义高级阶段，社会生产力高度发展了，具备了按需要分配个人消费品的条件，这种事实上的不平等才会消失。

需要指出，按劳分配所体现的事实上的不平等，同资本主义在生产资料占有上存在的事实上的不平等有着根本的区别，前者只是人们之间的富裕程度上的差别，后者则是剥削阶级与被剥削阶级之间的阶级利益对立。

二、社会主义公有制条件下按劳分配的客观必然性

社会主义公有制条件下劳动者的个人收入是根据按劳分配原则，从社会总产品的个人消费基金中取得的。社会主义公有制条件下个人收入的按劳分配，绝非人们主观意志的选择，而是由以下客观经济条件决定的。

（1）生产资料社会主义公有制是实行按劳分配的前提条件。生产资料社会主义公有制的确立，改变了生产资料所有制的性质，即生产资料已不是少数资本家的私有财产，而成为劳动者的公共财产。在这种条件下，资本主义的按资本分配方式必然被抛弃，代

---

①②③ 马克思，恩格斯. 马克思恩格斯文集：第 3 卷. 北京：人民出版社，2009：435.

之以有利于劳动者根本利益、没有剥削的分配方式，从而为实行按劳分配创造了前提。因为在生产资料社会主义公有制条件下，每个劳动者“除了自己的劳动，谁都不能提供其他任何东西……除了个人的消费资料，没有任何东西可以转为个人的财产”①。这种情况决定了劳动可以成为分配个人消费品的尺度。

（2）社会主义社会的生产力水平。分配方式除取决于生产资料所有制的性质外，还取决于可分配的产品的数量。在社会主义公有制条件下，由于生产力的发展还不可能达到产品极大丰富的程度，还不可能按照劳动者的需要分配个人消费品，所以，只能以劳动者向社会提供的劳动数量和质量为尺度进行分配，即实行按劳分配。

（3）劳动还只是人们的谋生手段。由于社会主义社会刚刚从资本主义社会脱胎出来，生产力还不够发达，生产的技术水平还比较低，人们还不可能完全摆脱旧的社会分工的束缚，不能达到全面发展的程度，因此，劳动还不可能从一种负担变成人们生活的第一需要，它还仅仅是人们的谋生手段，因此劳动者对自己的劳动成果还有物质利益要求，人们的劳动差别必然要体现在收入的差别上。在这种情况下，只有实行按劳分配，才能使劳动者之间的劳动差别从收入的差别上得到承认，体现劳动的谋生手段性质，从而他们之间的物质利益得到合理的调整，才能充分调动他们的社会主义劳动积极性、主动性和创造性，促进社会主义经济的发展。

总之，只要存在上述三个经济条件，按劳分配就会作为一种客观必然性贯彻下去，它是不以人们的意志为转移的客观经济规律。人们只能遵循这个客观经济规律，按照它的要求办事。如果违反了这个客观经济规律，就要受到客观规律的惩罚，就会使社会主义公有制和社会生产力遭到破坏。

三、按劳分配的作用

实行按劳分配可以有力地促进社会主义社会生产力的发展。首先，实行按劳分配可以将劳动者的个人收入与他们付出的劳动的数量和质量直接联系在一起。劳动得多，劳动得好，收入就多，必然有力地激发劳动者的劳动积极性和创造性，推动劳动者努力学习科学技术，提高生产技能，改进和革新生产工具，提高劳动生产率。其次，实行按劳分配有利于加强经济管理和促进劳动组织的健全与完善，因为按劳分配要求对劳动者的劳动数量和质量进行科学的计算和监督，要求企业有严格的定额管理制度、岗位责任制度、技术考核和质量检验制度、计划和财务制度等经济管理制度，否则就无法实现将劳动的数量和质量作为分配的标准。

实行按劳分配有利于社会主义公有制的巩固和发展。按劳分配本身既是社会主义公有制的产物，同时又是社会主义公有制在分配领域的实现。任何一种生产资料所有制都不是抽象的，必须通过一定的分配方式来实现，离开了相应的分配方式，所有制就成为空洞的或形式上的所有制。资本主义私有制只有在资本家按资本分配获得利润时，才得到实现。同样，社会主义公有制也只有实现了按劳分配，才能体现劳动者是生产资料的

① 马克思，恩格斯．马克思恩格斯文集：第3卷．北京：人民出版社，2009：434.

主人，才能从经济上保证社会主义公有制的实现。

另外，实行按劳分配使劳动者与劳动成果直接地联系起来，因而有助于促进劳动者自觉地对产品的生产与分配进行监督，自觉地同各种贪污、盗窃、腐败以及有损于社会主义经济利益的坏人坏事进行斗争，同时也有利于限制剥削和反对懒惰。

第二节　社会主义市场经济条件下的按劳分配和按劳分配的实现形式

一、马克思设想的按劳分配和市场经济条件下的按劳分配

马克思设想社会主义革命是在发达的资本主义国家爆发的，那里具备了相当发达的社会生产力，因而无产阶级在夺取政权后，经过一段过渡时期后便进入共产主义社会第一阶段，即社会主义社会。在这一社会阶段里，全社会实行单一的公有制，商品经济不复存在，个人消费品实行按劳分配。马克思阐述的按劳分配虽然是在非商品经济条件下的按劳分配，但按劳分配的基本原则仍然适用于实行市场经济条件下的社会主义。那种认为在社会主义市场经济条件下不能实行按劳分配的观点是错误的。

科学社会主义的实践表明，社会主义条件下必然存在着商品经济，我国在经济体制上实行社会主义市场经济体制。社会主义市场经济同按劳分配之间绝非互相排斥，它们都是建立在公有制的基础上。社会主义市场经济条件下的按劳分配同马克思设想的非商品经济条件下的按劳分配，在本质上是一致的，即在公有制条件下以劳动者劳动的数量和质量为尺度分配消费品，但社会主义市场经济条件下的按劳分配实现形式同马克思设想的非商品经济条件下的按劳分配实现形式相比，具有不同的新特点。这些特点主要有：

（1）按劳分配不是在全社会范围内按统一的标准来实现，而是在公有制的集体单位或企业范围内按统一标准来实现，因而只是在集体单位或企业范围内实现等量劳动领取等量报酬，相同数量和质量的劳动在不同的集体单位或企业所领取的报酬可能是不同的。按劳分配的主体不是社会，而是集体单位或企业，由集体单位或企业向劳动者分配。因为在社会主义市场经济条件下，不仅每一个集体所有制企业是完全独立的市场经济主体，而且每一个全民所有制企业是一个自主经营、自负盈亏的市场经济主体，它们都要面对市场。在这种条件下，各企业的生产经营效益是不同的，各自的经济利益也是不一样的，各自都有其独立的经济利益。因此按劳分配只能以集体单位或企业为主体来实现。

（2）对劳动者实行按劳分配的形式，不是采用劳动凭证、由劳动者直接向社会领取消费品的方式，而是通过工资、奖金、津贴等形式向劳动者发放货币工资，再由劳动者用货币到市场上购买消费品。

（3）按劳分配的实现程度受到市场机制的制约。因为在市场经济条件下，各个集体单位或企业中的劳动者的劳动是否能得到社会承认，他们的个别劳动是否能转化为社会

劳动，以及能转化为多少社会劳动，取决于所生产的商品是否能在市场上卖出而实现其价值，在存在着个别劳动同社会必要劳动的差别的情况下，通过商品的市场销售，有的集体单位或企业的个别劳动不能完全实现为社会价值，有的集体单位或企业的个别劳动可实现为较多的社会价值，从而会导致不同集体单位或企业的按劳分配水平的降低或提高。而且，在市场经济条件下，各个企业生产的商品的市场供求状况会影响到按劳分配水平的高低。当某企业生产的商品供过于求时，劳动者耗费的劳动即商品的价值不能实现或者不能全部实现，就会降低该企业按劳分配的水平；反之，则可提高该企业按劳分配的水平。此外，货币工资形式也制约着按劳分配的最终实现程度，劳动者用通过劳动得到的货币工资购买消费品后，按劳分配才最终实现，而用货币购买消费品的过程直接受市场供求和价格的影响，从而影响按劳分配的最终实现程度。总之，在社会主义市场经济条件下，各种影响企业经济效益和消费品价格等的市场要素和市场机制都会制约和影响企业劳动者的按劳分配。

二、国有企业按劳分配的实现形式

（一）企业职工的按劳分配同企业的经济效益直接挂钩

在市场经济条件下，企业的经济效益表现为企业的产品在市场上出售后所获得的收益的大小。因此，按劳分配同企业的经济效益挂钩，就表明在市场经济条件下企业的按劳分配水平取决于企业通过销售商品所能实现的社会必要劳动总量。如果企业的职工在产品生产上所花费的劳动超过了社会必要劳动，则超过的部分是无效的劳动，不能得到社会承认，不能参加分配。按社会必要劳动进行分配有利于生产的发展，因为它可以督促企业的职工搞好生产经营，不断提高生产技术水平、管理水平、科学文化水平和劳动熟练程度。

（二）社会主义工资、奖金和津贴

按劳分配在国有企业中主要采取工资形式来实现。由于社会主义社会还存在着商品货币关系，劳动者通过按劳分配所得到的劳动收入还必须采取货币工资的形式。但是，**社会主义工资**作为按劳分配的实现形式，它所反映的已经不是资本家剥削工人的关系，而是没有剥削的劳动者之间平等的互助互利的合作关系。改革开放以来，国有企业都逐步实行了职工工资与企业经营成果及劳动者个人劳动绩效相联系的计时工资、计件工资、职务工资等各种工资形式。

在贯彻按劳分配中，奖金是一种比较灵活的补充形式。**奖金**作为对劳动者提供了超额劳动支付的报酬，能够比较准确而及时地反映劳动者在一定时期内所提供的劳动量。在实行经济责任制的条件下，对超额完成劳动定额或作出特殊贡献的劳动者发给相应的奖金，是按劳分配的一种体现。

津贴也是一种贯彻按劳分配制度的补充形式。它是对在特定条件下从事劳动的职工以及处在担负更多更大责任岗位的职工的额外劳动支付的报酬。有些工作岗位的劳动条件差、劳动强度大，甚至损害人体健康，有些工作岗位则是责任重大。在这些岗位工作的劳动者，在同样的工作时间里要付出更多的劳动，对这些额外的劳动耗费必须给予补偿，即在工资以外发放津贴。津贴种类繁多，主要有高温津贴、高空津贴、井下津贴、野外津贴、有毒工种津贴、职务津贴等。

三、集体所有制企业的按劳分配

（一）工商业集体所有制企业的按劳分配

工商业集体所有制企业的生产经营特点和企业的社会主义性质决定了在这些企业的内部，也需要像全民所有制企业那样实行多种形式的经济责任制，以调动劳动者的主动性、积极性和创造性。这里贯彻按劳分配的具体做法和原则同国有企业基本上是一样的。但在经济关系上，两种不同所有制企业之间存在一个原则性的区别：国有企业由于生产资料优越而得到的级差收益，特别是具有垄断性的行业的国有企业的利润，要按一定比例上缴给国家，这部分收益不能直接分配给该企业的职工。这是因为，这些企业的生产资料是属于国家的，这些优越的生产资料所带来的收益理所当然地归国家所有，由国家来占有和支配。而集体所有制企业本身就是生产资料的所有者，因此，由优越的生产资料带来的级差收益就应归这些企业所有和支配，企业的职工理应参与这部分收益的分配。

（二）农业集体所有制企业的按劳分配

当前，我国农村经济是在坚持土地集体所有制不变的基础上，贯彻土地承包政策，实行以家庭承包经营为基础、统分结合的双层经营体制。家庭承包经营是由农业集体企业对一定面积的土地、山林、水面规定出合理的产量或产值，由农户实行承包，在生产周期完结后，由农户按照承包合同的规定，将收获的农副产品（或产值）的一部分，以集体提留的形式缴给农业集体企业，剩余的全部产品（或产值）都留归农户所有，多劳多留，少劳少留，体现了按劳分配原则。集体经济发展得较好的地方，不仅不再收取农户的集体提留，反而以集体经济中的其他工业、副业的盈利反哺农业。农业劳动者所得的收入除他们的投资所得外，劳动贡献起了决定性的作用，符合按劳动者提供的劳动的数量和质量进行分配的原则。事实证明，这种分配形式有力地调动了广大农民的社会主义生产经营的积极性、主动性和创造性。

第三节　社会主义初级阶段按劳分配为主体、多种分配方式并存的分配制度

一、社会主义初级阶段按劳分配为主体、多种分配方式并存的必然性

党的二十大报告明确指出："分配制度是促进共同富裕的基础性制度。"社会主义初级阶段全社会的**个人收入分配制度**，是按劳分配为主体、多种分配方式并存的分配制度，这是我国的一项重要的社会主义基本经济制度，既体现了社会主义制度的优越性，又是

由社会主义初级阶段的客观经济条件决定的。

(1) 社会主义初级阶段的生产力状况，决定了存在着以社会主义公有制为主体的多种所有制共同发展的所有制结构。马克思指出："消费资料的任何一种分配，都不过是生产条件本身分配的结果"①。所谓生产条件的分配，指的是生产资料归谁所有。也就是说，分配形式取决于所有制形式，有怎样的所有制形式，就有怎样的分配形式。一方面，按劳分配是社会主义公有制所要求的分配方式，而社会主义公有制又是社会主义初级阶段所有制结构的主体。所以，社会主义初级阶段的分配结构必然以按劳分配为主体。另一方面，在社会主义初级阶段的所有制结构中多种所有制并存和共同发展，多种所有制则要求与自身相适应的分配方式，这就决定了社会主义初级阶段的分配结构中必然存在多种分配方式。

(2) 多种分配方式并存，还由于社会主义社会存在着多种经营方式。除了不同的所有制经济具有不同的经营方式外，在社会主义公有制中，也存在多种经营方式。按照出资者所有权和企业法人财产权分开的原则，根据企业的性质、规模和技术特点，不同的企业分别实行国有国营、股份制经营、承包经营、租赁经营等经营方式。在这些不同的经营方式中，所有者、经营者、劳动者的职能和相互关系不同，从而获得收入的方式也就各异。

(3) 社会主义市场经济体制的建立，要求实行多种分配方式。因为在市场经济中，各种社会生产要素在物质资料生产过程中起着不同的作用，作出不同的贡献，而且生产要素的合理配置主要由市场机制来决定和实现，各种生产要素都要通过市场买卖，才能进入物质资料生产过程，因而各种生产要素必然要参与收益的分配，形成**按生产要素分配**。例如通过市场筹集资金和调配资金，发行股票或债券，就要以股息、红利、利息等形式对股票或债券持有者进行支付。

二、坚持个人收入分配中按劳分配的主体地位

在整个社会主义初级阶段，在多种收入分配方式并存的情况下，必须坚持按劳分配的主体地位。具体地说，一是要求在整个国民收入的消费基金用于个人消费的部分中，必须使通过按劳分配进行分配的部分占主体地位，二是要求在公有制企事业单位的劳动者的个人收入中，按劳分配的收入占主体地位。

坚持个人收入分配中按劳分配的主体地位，是社会主义的本质要求。社会主义的本质是解放和发展生产力，消灭剥削，消除两极分化，最终达到共同富裕。实现这一本质要求需要整个社会各方面工作的统筹协调，其中重要的工作就是坚持按劳分配的主体地位。按劳分配的实现可以有力地促进社会主义生产力的迅速发展，有力地调动劳动者的积极性和创造性，从而提高劳动生产率。按劳分配作为一种个人收入分配方式，其本身就是对一切剥削制度的分配方式的否定。实行按劳分配，人们之间的收入会存在一定的差别，但这种差别只是人们之间富裕程度不同的差别，而不是阶级利益根本对立的贫富

① 马克思，恩格斯. 马克思恩格斯文集：第3卷. 北京：人民出版社，2009：436.

差距，因而这种按劳分配引起的收入差别绝不是两极分化，也不会导致两极分化。由此可见，在多种分配方式并存的社会主义初级阶段，必须坚持按劳分配的主体地位，这是社会主义的本质要求。

坚持个人收入分配中按劳分配的主体地位，也是我国社会主义初级阶段所有制结构的必然要求。分配方式是生产资料所有制在分配领域的体现。按劳分配是社会主义公有制的产物，是社会主义公有制在分配领域的实现。我国社会主义初级阶段的客观经济条件决定了我国的所有制结构是公有制为主体、多种所有制并存的共同发展的结构，而公有制的主体地位则决定了在分配领域中必然由按劳分配占主体地位。

三、非按劳分配形式

在社会主义初级阶段，存在着作为主体的按劳分配以及按生产要素分配等多种分配方式，上面已经分析了作为主体的按劳分配，下面进一步分析非按劳分配的几种形式。

1. 个人通过劳动创造价值而获得个人收入的分配方式

这是同个体私有制相适应的分配方式，个体劳动者使用自有的生产资料，从事不剥削他人的劳动，诸如从事个体小手工业生产或经营个体商业、服务业等，其劳动创造的价值实现后或者得到劳务收入后，经过依法缴纳税金和扣除再生产需要的部分，剩余下来的则构成劳动者的个人收入。这种个人收入数量除与个体劳动者投入的资金多少有关外，主要取决于劳动者的辛勤程度和劳动熟练程度，另外还取决于市场状况。这虽然是一种不剥削他人的劳动者个人通过劳动创造价值而获得个人收入的分配方式，但同公有制下的按劳分配存在着本质的区别。

2. 私营企业主的资本收入

这是同私营企业主私有制相适应的个人收入的分配方式。在我国的私营企业主和外资企业经营者的个人收入中，除一部分是管理劳动所创造的收入外，有相当大的部分是按照他们投入的资本量进行生产经营而占有雇佣劳动者创造的剩余价值所取得的。由于资本在社会财富的创造中是不可缺少的要素，投资者应按照市场规律获得市场回报，在社会主义市场经济条件下，依法经营的私营企业主按投入的资本所作的贡献，在依法缴纳税赋后取得相应的收入是合法的，应该得到保护。

3. 利息和股息等收入

在社会主义市场经济条件下，企业依法为筹集资金而发行股票或债券，购买者凭股票和债券分别取得股息和利息收入。银行吸收存款，存款者获得利息收入。农村中承包土地的农户在生产经营中的投资，会带来相应的资金收入。此外，出租房地产和各种生产资料的出租人得到租金。这些收入都属于生产要素对社会财富的增长作出了贡献的合法回报。

4. 按土地、知识、技术、管理、数据分配

土地、知识、技术、管理、数据等都是重要的生产要素，特别是在知识经济时代，在经济增长中，知识、科技的作用所占的比重越来越高，生产经营管理的作用日益突出，且随着经济活动数字化转型的加快，数据对提高生产效率的乘数作用凸现，成为最具时代特征的新生产要素。因此，它们在市场生产和经营中的投入会为其所有者带来相应的较高收入。

5. 风险补偿分配

这是市场经济条件下必然存在的一种分配方式。由于商品生产者或经营者在生产上或经营上对市场预测的失误会给商品生产者或经营者造成经济损失，而且在商品经济的"大海"中，风险的程度与失败造成的损失一般来说是成比例的，即经营风险系数越大，失败造成的损失也就越大，因而必须允许经营风险补偿的存在，这种补偿一般是从经营收入或商品的价格中取得的。风险补偿的存在有利于促进企业行为合理化，调动经营者的积极性。

6. 按劳动力价值分配

在三资企业和私营企业中被雇用的劳动者，他们的工资收入就是出卖劳动力商品的收入，即按劳动力价值分配。

7. 社会保障分配

我国对生活困难的家庭、老弱病残和鳏寡孤独者提供各种社会保障、福利待遇、社会救济，从而使这些社会成员获得社会保障收入。

四、深化我国的收入分配制度改革

经过四十多年的改革，特别是随着社会主义市场经济体制的建立和逐步完善，我国的个人收入分配制度也不断地改革和完善。目前，我国已经建立起同现阶段所有制结构相适应的按劳分配为主体、多种分配方式并存的分配制度，基本建立起劳动、资本、土地、知识、技术、管理、数据等生产要素按贡献参与分配的制度，实行了允许并鼓励一部分地区、一部分人通过辛勤劳动和合法经营先富起来，带动和帮助后富，逐步实现共同富裕的方式。正是由于实施了这一正确的分配制度和分配方式，我国人民的生活水平得到了很大的提高，已经全面达到了小康水平。

但应看到，在全国人民整体收入水平显著提高的同时，城乡之间、行业之间、地区之间和部分社会成员之间收入差距仍较大，2021 年我国的**基尼系数**[①]为 0.46，低收入人口还有相当数量，仍然存在一些违法活动和谋取非法利益问题以及腐败现象。究其原因，一是分配体制不完善，仍然有一些行业搞垄断性经营，从而取得过高收入；二是我国不同地域经济发展不平衡，导致收入上的差距扩大；三是再分配手段不完善，使初次分配中形成的收入差距不能完全得到调节和缓解；四是市场经济法规和政府政策不完善、不配套，致使一些人获取了不合理、不合法收入。收入分配方面存在的问题必须在共享发

① 基尼系数是判断社会成员收入分配平均程度的指标。基尼系数介于 0 与 1 之间，数值越大，表明收入差距越大，反之表明收入差距越小。国际上通常认为，基尼系数在 0.2 以下为收入绝对平均，在 0.2～0.3 之间为收入比较平均，在 0.3～0.4 之间为收入差距比较合理，0.4 为贫富差距的警戒线，在 0.4～0.5 之间为收入差距较大，在 0.5 以上为收入差距悬殊。

展理念的指引下和大力发展经济的基础上，通过理顺分配关系和深化分配制度改革加以解决。

在新的历史条件下，深化我国的收入分配制度改革，要实现全体人民共同富裕，提高人民的收入水平，坚持按劳分配原则，完善按要素分配的体制机制，促进收入分配更合理、更有序。

（一）完善劳动要素参与分配机制，深化工资制度改革

坚持多劳多得，着重保护劳动所得，增加劳动者特别是一线劳动者的劳动报酬，提高居民收入在国民收入分配中的比重，提高劳动报酬在初次分配中的比重。工资是劳动要素按贡献参与分配的初次分配形式，必须加大劳动报酬保护力度，以体现按劳分配在基本分配制度中的主体地位。按照市场机制调节、企业自主分配、平等协商确定、政府监督指导的原则，形成反映劳动力市场供求关系和企业经济效益的工资水平决定机制、正常增长机制、支付保障机制。完善最低工资和工资指导线制度，合理调整社会最低工资标准，建立企业薪酬调查和信息发布制度，积极稳妥地推行企业工资集体协调制度并扩大其覆盖范围，缓解初次分配领域不公平的问题。改革国有企业工资总额管理办法，加强对部分行业工资总额和工资水平的双重调控，缩小行业间工资水平差距。完善机关事业单位工资和津补贴制度，向艰苦地区、特殊岗位倾斜。提高农民家庭经营收入，努力增加农民的工资性收入。

（二）完善资本、土地、知识、技术、管理、数据等要素按贡献参与分配的分配机制

资本等生产要素在创造财富中发挥着重要作用，随着科学技术的发展，知识、技术、管理、数据作为生产要素对经济增长的贡献明显上升，特别是数据作为生产要素对提高生产效率的乘数作用十分突出，所以，要健全和完善上述生产要素由市场评价其贡献，按贡献决定报酬的机制。同时，要探索通过土地、资本等要素的使用权、收益权多渠道增加中低收入群体的要素收入。

（三）多渠道增加城乡居民财产性收入，规范财富积累机制

要加强立法，完善制度，有效保护城乡居民的合法财产和财产收益。一是适度扩大存贷款利率浮动范围，逐步缩小存贷款利差，保护存款人的权益。二是在加强市场监督和风险防范的基础上，拓宽居民投资渠道。三是依法保障农民对承包土地的占有、使用、收益等权利。鼓励有条件的地方推进农村集体经济组织产权制度改革，鼓励农户利用土地承包经营权、农用设备、技术、资金等入股，拓宽农民的租金、股息、红利等财产性收入渠道。

（四）规范收入分配秩序，调节收入分配关系

公正合理的收入分配秩序是落实社会成员收入公平、平等，遏止收入差距过大以至缩小收入差距的保证。为此，要规范收入分配秩序，完善收入分配调控体制机制和政策

体系，建立与健全自然人收入和财产信息系统，保护合法收入，调节过高收入，清理规范隐性收入，遏制以权力、行政垄断等非市场因素获取收入，取缔非法收入，将收入获取建立在公平竞争和要素贡献的基础之上，将分配制度建立在法治轨道上。要接续推进脱贫地区发展，增加低收入者的收入，扩大中等收入者的比重，缩小城乡、区域、行业收入分配差距，逐步形成“橄榄型”分配格局。预计我国中等收入群体在未来 15 年将超过 8 亿。

加快形成公开透明、公正合理的收入分配秩序，尤其应做好以下几个方面：一是健全工资保障机制，完善工资保证金制度，建立健全打击恶意欠薪制度，切实维护劳动者的权益。二是清理并规范国有企业和机关事业单位工资外收入、非货币性福利。严格控制国有及国有控股企业高管人员的职务消费。加强监督检查，严肃查处违规违纪行为。三是加大廉政建设和反腐工作力度，严格打击非法收入，依法严肃查处以权谋私、权钱交易、行贿受贿、操纵股市、内幕交易、偷税漏税、走私贩私等违纪违法行为。

第四节 社会主义初级阶段的居民消费和实现共享发展

一、社会主义消费的特点和作用

消费是社会再生产的一个重要环节，消费关系构成生产关系的内容之一。消费有广义和狭义的区分，广义的消费包括生产消费和生活消费，狭义的消费仅指生活消费，我们在这里考察的是狭义的消费。生活消费是指通过人们的吃、穿、住、行、用等形式消耗一定的生活资料和劳务来满足人们各方面需要的行为和过程。生活消费具有两重性：一方面，它是人类生存与发展的需要，这是任何社会形态都不可缺少的，是消费的自然属性；另一方面，消费过程又都是在一定社会制度下进行的社会过程，它必然体现着消费过程中人们之间的相互关系，这是消费的社会属性。政治经济学考察的是消费的社会属性。不同的社会制度下的消费具有不同的社会性质，体现不同的经济关系。

（一）社会主义消费的特点

社会主义消费建立在社会主义公有制的基础上，社会主义的本质要在人民群众的生活消费中体现出来，因而社会主义消费的社会性质、所体现的经济关系都有着自身的特点。

（1）社会主义消费消除了阶级对抗的性质，体现着消灭了剥削和贫富对立的一种新型的平等互助关系。社会主义消费建立在公有制的基础上，整个社会生产是为了满足广大人民日益增长的消费需要和促进全面发展的需要。这就使得社会主义消费体现着一种使劳动人民的消费得到满足的平等互助关系。

（2）社会主义消费水平随着生产力的发展而不断提高。社会主义生产是为了满足劳动者的物质文化消费需要，这就使生产与消费在根本上是统一的，劳动者的消费水平是在生产发展所许可的范围内得到最大限度的增长。

（3）社会主义消费结构随着社会主义经济的发展和经济结构的优化而日益合理化和科学化，诸如丰富人民的精神文化生活、保护身体健康、促进生态文明等，这是逐步把消费者培养成全面发展的人所必需的物质条件。

（二）社会主义消费的作用

在社会主义再生产的四个环节中，消费受制于其他三个环节：生产决定消费；分配、交换制约着消费。但消费并非完全处于被动的、消极的状态，它对其他三个环节也有着积极的作用。首先，消费对生产起着重要的反作用。具体表现为：（1）消费为生产提供直接的目的和动力，提供市场供求的信息。没有消费也就没有生产，离开了消费，社会主义生产目的就无法实现，而且消费的发展又使新的需要不断产生，从而推动生产向广度和深度发展。消费需求本身就是一种市场供求的信息，为企业作出正确的生产经营决策提供依据。（2）消费再生产出劳动力，以满足生产的需要。消费过程就是劳动力的再生产过程，消费的状况决定着再生产出来的劳动力的素质，并且影响着劳动者的积极性。（3）消费是生产成果的最终实现。只有通过消费使生产过程最终完成，再生产才能继续进行。其次，消费是分配的最终实现。分配是联结生产与消费的中介，分配的结果最终要体现在消费上，而且消费是分配方式合理性的检验。最后，消费是交换的目的，交换应服从消费的需求，消费的规模和速度制约着交换的规模和速度，消费结构的变化引导着交换发展的方向。

习近平同志强调指出："要把握扩大内需这一战略基点"①。我国实施扩大内需战略，而扩大内需的一个重要内容就是促进消费。消费是促进经济增长的持久动力，消费对经济增长具有基础性的拉动作用。近年来，我国居民消费持续扩大升级，消费能力不断提高，消费需求持续增长，消费结构加快升级，呈现出从注重量的满足向追求质的提升、从有形物质产品消费向更多服务消费、从模仿型消费向个性化多样化消费转变。2021年我国消费对经济增长的贡献率提升到了65.4%。消费对经济增长的基础性作用显著增强。为了促进我国经济更高质量、更有效率、更加公平、更可持续地发展，必须积极扩大消费需求，构建扩大消费需求的长效机制，把扩大消费需求作为扩大内需的战略重点，营造良好的消费环境，增强居民的消费能力，合理引导居民的消费预期，发展消费新业态新模式，促进消费结构升级，释放城乡居民的消费潜力，进一步发挥消费对经济增长的基础性作用，促进经济增长向依靠消费、投资、出口协调拉动转变。

二、社会主义消费水平和消费方式

（一）社会主义消费水平

消费水平是指一定时期里人均消费各种消费资料和劳务的数量与质量，它反映一定社会在一定时期里人们的物质文化需要已达到的满足程度。消费水平通过实物消费、价

① 习近平在宁夏考察时强调 决胜全面建成小康社会 决战脱贫攻坚 继续建设经济繁荣民族团结环境优美人民富裕的美丽新宁夏．人民日报，2020-06-11.

值消费、劳务消费三方面的指标表现出来。实物消费指标具体表现为人均享有的食品、衣着、住房、交通工具、文化娱乐设施等消费品的数量和质量。价值消费指标具体表现为人均占有的各项消费项目的价值消费额，也可以表现为年人均实际收入等。劳务消费指标具体表现为一定数量人口中拥有文化教育、医疗保健、体育娱乐等基本公共服务的数量。国际上常用**恩格尔系数**即家庭食品支出占家庭消费总支出的比重来反映国民生活水平的高低。联合国粮农组织提出的标准是：恩格尔系数在59%以上为贫困，在50%～59%之间为温饱，在40%～50%之间为小康，在30%～40%之间为富裕，低于30%为最富裕。2022年，我国居民家庭恩格尔系数为30.5%，这表明我国居民消费已进入富裕水平。2020年，我国已如期完成脱贫攻坚任务，全国832个贫困县全部摘帽，近一亿农村贫困人口实现脱贫，历史性地解决了绝对贫困问题。

共同富裕是社会主义的本质要求，是中国特色社会主义的根本原则，这就决定了必须不断提高全体人民的消费水平，为此必须做到：大力发展生产，增加国民收入总量；调整产业结构，促进经济高质量发展，尤其是加大供给侧结构性改革力度，发展适合需要的消费品生产和消费服务业，以高质量供给更好地满足广大人民群众不断升级的消费需求。

（二）社会主义消费方式

消费方式是指人们消费生活资料和劳务所采取的形式和方法。社会主义消费方式包括个人消费和社会公共消费。个人消费是指满足个人消费需要的消费活动，既包括纯粹个人的消费，又包括整个家庭的消费。在社会主义市场经济条件下，个人消费是指劳动者个人及家庭成员使用货币收入，自由地在市场上选购各种商品和劳务，使个人及其家庭的消费需要得到满足。个人消费是分散进行的，具有很大的灵活性，它有利于劳动者合理安排开支，满足劳动者的特殊需求，调动劳动者的积极性。社会公共消费又称集体消费，它是指满足社会共同消费需要的消费活动，既包括全社会的消费，诸如文化教育、医疗卫生、住房保障、基础设施、社会保险、妇幼保健、公共交通等，又包括集团消费，即各单位、集体内部实行的集体消费活动。社会公共消费是以消费资料公共所有为基础的，是集体进行的消费，它具有相对统一性和集中性的特点。社会公共消费是社会主义生产目的实现的重要形式，它有利于劳动者德、智、体的全面发展，有利于避免个人收入差距过大，有利于集体观念的培养。

影响消费方式的因素是多方面的，但主要的因素有：（1）社会生产和科学技术状况。生产决定消费，生产出的消费资料的种类、数量以及所采用的生产技术，决定着消费方式不断地多样化。（2）社会制度。不同的社会制度中存在不同的社会集团、不同的消费品分配关系、不同的社会生产目的、不同的价值观和人生观，以及不同的消费观念。这一切都对消费方式起着直接的作用。（3）社会文化发展状况。文化水平不同的个人和家庭，其消费需要表现出很大的差异。此外，不同国家和地区的地理环境、资源条件、民族传统、风俗习惯、伦理道德规范也影响着消费方式。

我国是社会主义国家，但又是生产力水平还比较低、人口众多的发展中国家，资源分配不均，社会文化发展不平衡，建立起一个比较完善的消费方式，需要解决的主要问题如下：一是消费的社会化程度低，我国绝大部分居民的消费基本上是一种自我服务的消费，应当顺应消费升级趋势，提高消费服务方面的社会化程度，提升传统消费，培育新型消费；二是加强和优化公共服务，建立健全基本公共消费服务体系，提升基本公共消费服务水平，进一步推进基本公共服务均等化；三是要解决我国资源相对不丰富而且分配不均、生态环境比较差的问题，大力发展绿色消费、节能消费、低碳消费、健康消费、安全消费，以提高资源利用效率，加快形成节约资源和保护环境的生活方式和消费模式；四是健全现代流通体系，发展无接触交易服务，降低企业流通成本，促进线上线下消费融合发展，大力开拓城乡消费市场，强化消费者权益保护。

近年来，随着消费升级，我国人民的消费方式、消费习惯正发生改变，新型消费模式兴起。我国市场规模的扩大、数字化信息技术的发展，以及产业链、供应链和物流业的完善，为信息消费和网络消费等提供了有力支撑，促进了信息技术与网上购物、线上外卖、娱乐文旅，医疗健康、教育培训等相互融合，新型消费方式较快发展。新型消费方式的发展，有利于加快整合生产、物流、销售等资源，打通城乡间产销对接通道，促进国内消费需求的增长。

三、社会主义消费结构

消费结构是指一定时期里人们在消费过程中所消费的各种消费资料和劳务的组成与比例关系。消费结构可以从不同的角度来分类：按消费需要的层次来分类，可分为生存资料的消费、享受资料的消费和发展资料的消费；按消费方式的不同来分类，可分为个人消费和社会消费；按消费对象的不同使用价值来分类，可分为吃、穿、住、行、用等消费；按取得消费对象的方式不同来分类，可分为自给性消费和商品性消费；按消费商品的价值来分类，可分为低档、中档和高档消费品的消费；等等。在研究一定社会的消费结构时，还要区分微观消费结构和宏观消费结构。微观消费结构是指家庭和个人的消费结构，这种消费结构主要从消费者的角度来分析形成各种不同状况的家庭消费结构的原因和变化的趋势等。宏观消费结构是指全社会的整体消费结构，实际上是消费基金的分配结构问题。

消费结构受多种因素的制约和影响，归纳起来主要有：(1) 生产力水平和产业结构。生产力水平的高低决定了提供消费资料数量的多少，而产业结构又直接决定消费资料的供给结构，这就从物质形态上直接决定了消费结构。(2) 社会制度和社会经济体制。社会主义国家必须通过宏观调控，使消费结构符合培养劳动者全面发展的需要。经济体制的选择也会对消费结构产生重大影响，我国在原有高度集中的计划经济体制下，形成了较大程度的供给性和自给性消费结构，而在社会主义市场经济体制下，必然形成商品性消费结构。(3) 人民的收入水平和物价水平。人民的收入水平和物价水平直接影响购买力的大小和需求的构成，从而影响消费结构。另外，商品的比价和差价是否合理也直接影响消费需求，从而制约消费结构。(4) 人口总量及构成。在社会消费资料总量一定的情况下，人均消费水平与人口总量成反比，从而影响着消费结构。人口中的职业结构、文化水平、年龄结构会导致不同的消费群体的形成，从而影响消费结构。(5) 消费心理和消费习惯。不同年龄、性别、民族、职业的人有着不同的消费心理和消费习惯，这就会影响对不同消费资料的选择，从而影响消费结构。

考察消费结构的形成，是为了选择一个符合我国国情的合理的社会主义消费结构。这样的消费结构是：（1）要适应我国的生产力水平，不能脱离我国经济发展的可能而盲目追求高消费，应随着生产力的发展而逐步优化消费结构。（2）要服从社会主义生产目的的要求，使消费结构尽可能有利于培养劳动人民成为有理想、有文化、有道德、有纪律的社会主义新人，促进人们体力、智力的全面发展。（3）要有利于合理使用我国的经济资源，有利于生态环境的保护，有利于节约社会劳动。（4）要引导消费朝着智能、绿色、健康、安全方向转移，以扩大服务消费为重点，带动消费结构升级，建立与我国国情相适应的中国特色社会主义生活方式和消费模式，满足人民美好生活需要、实现全面发展对多样化的物质文化的需求。

第五节　增进民生福祉、保障和改善民生

一、增进民生福祉、保障和改善民生是社会主义的本质要求和以人民为中心发展思想的体现

增进民生福祉、保障和改善民生，提高人民生活品质，实现全体人民共同富裕，是社会主义制度的本质要求。社会主义社会发展的根本出发点和落脚点就在于造福人民，为人民创造美好生活。必须坚持发展为了人民、发展依靠人民、发展成果由人民共享，坚定不移地走全体人民共同富裕的道路，这是我国经济发展坚持以人民为中心的鲜明特征。党的二十大报告强调指出："江山就是人民，人民就是江山。"必须"增进民生福祉，提高人民生活品质"。"为民造福是立党为公、执政为民的本质要求。必须坚持在发展中保障和改善民生，鼓励共同奋斗创造美好生活，不断实现人民对美好生活的向往。"

我国自改革开放以来，特别是党的十八大以来，贯彻以人民为中心的发展思想，在保障和改善民生方面取得了显著成效。我国如期完成了脱贫攻坚任务，人民群众享有的基本公共服务水平和均等化程度明显提高，居民家庭财产普遍增加，消费结构快速升级，吃、穿、住、行、用、文化娱乐条件显著改善，城乡低收入群体的基本生活得到保障，文化生活丰富多彩，人民生活水平、居民收入水平、社会保障水平迈上了一个大台阶，人民生活全方位改善。人民群众的获得感、幸福感、安全感更有保障、更可持续，共同富裕取得新成效，实现了小康这个中华民族的千年梦想。

二、全面增进民生福祉、保障和改善民生、推进人民共同富裕

增进民生福祉、保障和改善民生，实现好、维护好、发展好最广大人民的根本利益，必须紧紧抓住人民最关心最直接最现实的利益问题，既尽力而为，又量力而行。必须在我国经济社会发展中，始终坚持民生优先的原则，着力完善教育、就业、收入分配、社

会保障、医疗卫生、住房、基本公共服务、人口等方面的保障和改善民生的制度安排，打造共建共治共享的社会治理格局。尤其要采取更多惠民生、暖民心举措，着力解决好人民群众急难愁盼问题，健全基本公共服务体系、提高公共服务水平，增强均衡性和可及性，扎实推进共同富裕。

为了在实现中国式现代化的过程中，进一步增进人民福祉，提高人民的生活品质，党的二十大作出了全面部署。

（1）完善分配制度。分配制度是促进共同富裕的基础性制度。坚持按劳分配为主体、多种分配方式并存，构建国民收入初次分配、再分配、第三次分配协调配套的制度体系。努力提高居民收入在国民收入分配中的比重，提高劳动报酬在初次分配中的比重。增加低收入者收入，扩大中等收入群体，促使中等收入群体在2022年后的15年超过8亿人口。增加要素收入和财产性收入，规范收入分配秩序和财富积累机制。

（2）实施就业优先战略。就业是最基本的民生。强化就业优先政策，健全就业促进机制，促进高质量充分就业。健全就业公共服务体系和支持体系，统筹城乡就业政策体系。健全终身职业技能培训制度，完善促进创业带动就业的保障制度，健全劳动法律法规，支持和规范发展新就业形态。

（3）健全社会保障体系。社会保障体系是人民生活的安全网和社会运行的稳定器。健全覆盖全民、统筹城乡、公平统一、安全规范的多层次社会保障体系。完善基本养老保障、基本医疗保险、失业保障、工伤保险以及全国统一的社会保险公共服务平台。健全社会救助体系，保障妇女儿童合法权益，完善残疾人社会保障制度和住房制度。

（4）推进健康中国建设。人民健康是民族昌盛和国家强盛的重要标志。把保障人民健康放在优先发展的战略位置，完善人民健康促进政策。优化人口发展战略，实施积极应对人口老龄化国家战略，深化医药卫生体制改革，深入开展健康中国行动和爱国卫生运动，倡导文明健康生活方式。

本章重要名词概念

按劳分配	社会主义工资	奖金	津贴
个人收入分配制度	按生产要素分配	基尼系数	消费水平
恩格尔系数	消费方式	消费结构	

思考题

1. 按劳分配的本质、必然性和重要作用是什么？

2. 我国社会主义初级阶段为什么存在按劳分配为主体、多种分配方式并存的分配结构？

3. 为什么在社会主义市场经济条件下必须把按劳分配和按生产要素分配相结合？

4. 社会主义市场经济条件下的按劳分配有何特点？

5. 社会主义市场经济条件下有哪些非按劳分配形式？它们的含义是什么？

6. 如何深化我国的收入分配制度改革?
7. 社会主义消费有什么特点和作用?
8. 怎样认识社会主义的消费水平、消费方式和消费结构?
9. 我国应如何增进民生福祉、保障和改善民生?

本章练习

第十四章

社会主义市场经济体制

本章重点

1. 社会主义商品经济存在的客观必然性和作用
2. 价值规律在社会主义经济中的作用
3. 社会主义市场经济的作用和特殊性
4. 社会主义经济中计划与市场的关系
5. 我国经济体制改革是一场新的伟大革命，是解放和发展生产力的必由之路
6. 我国经济体制改革的目标和方向是建立社会主义市场经济体制
7. 社会主义市场经济体制的基本框架
8. 经济体制改革中正确处理政府和市场的关系
9. 社会主义市场经济体制是社会主义基本经济制度的重要组成部分
10. 构建高水平社会主义市场经济体制

社会主义市场经济体制是社会主义基本经济制度的重要组成部分。本章阐释了社会主义商品经济和社会主义市场经济的基本原理，分析了我国通过经济体制改革建立社会主义市场经济体制的历程及其基本框架结构，进而论述了进一步深化经济体制改革，在新时代加快构建高水平的社会主义市场经济体制。

第一节　社会主义商品经济的客观必然性及其特点

一、社会生产的性质和社会生产的经济形式的关系

考察一种社会经济制度，需要从两个方面对其社会生产进行考察：一方面要考察社会生产的性质，即社会生产关系的性质；另一方面还要考察社会生产所采取的经济形式，如自然经济、商品经济或其他经济形式。任何社会生产都离不开一定的经济形式，因而这种经济形式就构成了社会经济制度的一部分，如果不研究它，就不可能全面深刻地理解社会经济制度的本质。因此，要了解社会主义生产为什么采取商品经济形式以及商品经济在社会主义经济制度中的地位和作用，就有必要了解社会生产的性质和社会生产的经济形式的相互关系。

社会生产的性质和社会生产的经济形式之间存在着一定的联系和互相制约的关系，但是，两者并不是一回事。前者主要是从生产关系方面说明人们在生产中的纵向关系。例如，奴隶主怎样剥削奴隶，封建主怎样剥削农奴，资本家怎样剥削工人，等等。这种生产关系主要取决于生产资料所有制的性质。后者主要是从人们劳动的社会联系和交换形式方面说明人们在生产中的横向关系。这种横向关系虽然也受生产资料所有制的制约，但是，这种横向关系存在的必然性并不直接取决于生产资料所有制，它同所有制一样直接受生产力的制约。正因为如此，在人类社会的发展中，不同性质的社会生产可以采取相同的经济形式。如原始社会、奴隶社会、封建社会的生产的性质是根本不同的，但都采取了自然经济形式或以自然经济为主体的经济形式，其原因就是这些社会的生产力还不够发达，人们在生产中的横向联系是狭窄的。随着社会生产力的发展，社会分工越来越发达，生产开始变成社会化的生产。这时，人们在生产中的横向联系大大地扩大了。如果没有这种横向联系，社会化的生产就无法存在和发展。在社会分工存在的条件下，由于生产资料所有制不同而引起的人们在经济利益上的差别，使人们之间的横向联系都必须通过商品生产和商品交换来实现，否则人们之间在经济利益上的差别就不可能得到实现，社会生产也无法存在和发展。

综上所述，随着生产力的发展，自然经济必然为商品经济所代替，这是不以人们的意志为转移的。商品经济是生产力发展的结果，同时在存在不同的所有制和人们在经济利益上还有差别的条件下，商品经济又是生产力进一步发展的条件。

二、社会主义社会存在商品经济的客观必然性

社会主义生产之所以有必要采取商品经济形式，除社会分工这个前提条件外，首先是因为现阶段的社会主义生产资料公有制是由社会主义全民所有制、社会主义集体所有制和其他各种公有制形式组成的。这些不同的公有制形式所组成的各种经济组织，如全民所有制企业、集体所有制企业、各种经济联合体或企业集团，都有自己独立的经济利益。它们之间的经济联系、互通有无不可能是无偿的，而只能通过产品的买卖，实行等价交换。否则，就否定了它们独立的经济利益，从而就会破坏社会主义生产的发展。这就是说，在社会主义公有制存在多种形式的条件下，社会主义生产就不可避免地要采取商品经济形式。

其次，在社会主义全民所有制条件下，一方面，劳动者成为生产过程的主人，劳动者之间有着共同的经济利益；另一方面，由于生产力的发展还没有达到产品极大丰富的程度，旧的社会分工还存在，因而劳动仍然仅仅是一种谋生的手段，劳动者对自己的劳动成果还有物质利益要求。这种物质利益要求是通过劳动者所在的企业来实现的，因而由若干劳动者组成的全民所有制企业也必然有自身独立的物质利益要求，否则劳动者的个人物质利益要求就不可能得到实现。正是各个全民所有制企业具有其独立经济利益这一经济条件，决定了社会主义全民所有制内部必然存在商品生产和商品交换。有的企业经营得好，在单位时间内能够生产出较多较好的产品；有的企业经营得不好，其结果则相反。在这种条件下，经营得好的企业，就要求得到较多的经济利益，以便用于增加职

工的个人收入和集体福利，以及进行扩大再生产，等等。由于全民所有制企业之间客观上还存在不同的经济利益，所以，它们之间的商品交换应当遵循权利和利益对等的原则，实行等价交换。这样，经营得好的企业才能实现较多的盈利，这些企业的职工才能得到较多的物质利益，以鼓励他们更好地生产；而经营较差的企业只能实现较少的盈利，甚至亏损，这些企业的职工就只能得到较少的物质利益，以督促这些企业改进工作。因此，在社会主义全民所有制条件下，各个企业必然是商品生产者，具有商品生产和商品交换的独立性。全民所有制企业具有商品生产者的地位，是社会主义全民所有制的一个重要特点。同样，社会主义集体所有制企业也有自身的独立经济利益，必然具有商品生产者的地位。

最后，在我国现阶段除了社会主义公有制经济，还存在混合所有制经济，以及个体经济、私营经济以及外资经济等非公有制经济，它们都采取了商品经济形式，因而这些商品经济都是我国社会主义社会中的商品经济的重要组成部分，对发展生产和满足社会需要发挥着重要作用。

三、社会主义商品经济的特点

马克思说："商品生产和商品流通是极不相同的生产方式都具有的现象，尽管它们在范围和作用方面各不相同。因此，只知道这些生产方式所共有的抽象的商品流通的范畴，还是根本不能了解这些生产方式的不同特征，也不能对这些生产方式作出判断。"① 因此，考察一种商品经济属于什么性质，在社会经济中起什么作用，不能只看商品经济的一般特征，而要看这种商品经济借以存在的经济条件，要看它所体现的生产关系的实质。

社会主义商品经济是指以公有制为基础的商品经济，它同历史上的小商品经济、资本主义商品经济有许多共同的地方：它们都是具有不同经济利益的生产者所进行的商品生产；它们的商品都是使用价值和价值的统一；它们的商品的价值量都是由社会必要劳动时间决定的；它们的商品的交换价值都是价值的表现形式；等等。但是，由于它们借以存在的基本经济制度条件是不同的，所以，它们之间又存在着区别。社会主义商品经济同资本主义商品经济相比，主要具有以下特点。

（1）资本主义商品经济是建立在资本主义私有制基础上的，它以追求利润为直接的和唯一的目的。同资本主义商品经济不同，社会主义商品经济是建立在社会主义公有制基础上的，社会主义生产的目的制约着作为商品生产者的社会主义企业的行动，虽然企业也要追求利润，但这种商品经济的根本目的是满足社会的需要。

（2）社会主义商品经济已不像资本主义商品经济那样，体现着资本家剥削工人和资本家之间瓜分剩余价值的关系。社会主义商品经济所体现的是社会主义国家和企业（包括全民所有制企业、集体所有制企业）之间、全民所有制企业和全民所有制企业之间、集体所有制企业和集体所有制企业之间、全民所有制企业和集体所有制企业之间的互助互利的合作关系。在社会主义商品经济中也存在而且必然存在竞争，但是这种竞争不但

① 马克思，恩格斯. 马克思恩格斯全集：第 23 卷 . 北京：人民出版社，1972：133.

不会像资本主义竞争那样导致生产者的两极分化，而且会通过在竞争中的优胜劣汰有力地促进社会主义生产的发展，使社会的需要得到更好的满足。因此，社会主义竞争同人们之间互助互利的合作关系并不是矛盾的，而是这种关系的一种表现形式。

综上所述，可以看到，社会主义商品经济和小商品经济、资本主义商品经济在性质上是不同的，它的存在和发展有利于社会主义生产的发展和社会主义制度的巩固。社会主义商品经济是建立在公有制基础上的、没有剥削的和为社会主义生产目的服务的商品经济。

四、社会主义商品经济的作用

在我国社会主义现代化建设的事业中，大力发展商品经济具有极其重大的意义。中华人民共和国成立前我国处于半殖民地半封建社会，没有经过资本主义社会的发展阶段，因而商品经济极不发达。新中国成立以后至改革开放之前，广大农村的生产虽然得到了很大的发展，但自给和半自给性生产仍占很大的比重，特别是粮食的商品率很低；在工业生产中，社会分工和专业化生产从总体来看还很不发达；在地区如省、市、自治区之间，封闭式的自给自足的经济体系的特征相当明显；等等。这些都影响了商品经济的发展。改革开放以来，这种状况有了根本性改变。为了加速实现现代化，应进一步促进商品经济的迅速发展。只有商品经济大大地发展了，才能使各个企业、各个地区的经济优势充分地发挥出来；才能有力地促进各个企业和整个社会提高劳动生产率，提高经济效益；才能生产出数量多、质量优、品种全和价格便宜的产品，更好地满足整个社会的需要；才能更好地调动广大人民群众建设社会主义的积极性。

总之，商品经济的充分发展，是社会经济发展不可逾越的阶段，要实现社会主义现代化，必须大力发展商品经济。这是社会主义社会特别是它的初级阶段的一项极其重要的历史任务。

第二节　社会主义经济中的价值规律

一、价值规律在社会主义经济发展中的作用

价值规律是商品经济的规律，只要存在商品经济，价值规律就必然存在和起作用。社会主义生产既然采取商品经济形式，那么，价值规律在社会主义经济中也就必然存在和起作用。价值规律的基本内容是：商品的价值取决于生产商品的社会必要劳动时间，商品交换的比例以商品价值的比例为基础，进行等价交换。价值规律的作用形式是：由于受供求关系等市场因素的影响，商品的市场价格以其价值为轴心上下波动。

价值规律对社会主义经济发展的作用，主要有以下几个方面。

（1）可以促进企业不断地改进生产技术和加强经营管理，提高劳动生产率，节约劳动耗费。因为商品交换的比例是以价值为基础的，而价值则取决于社会必要劳动时间，

因此，社会主义企业作为商品生产者，只有不断地改进技术和加强经营管理，提高劳动生产率，节约劳动耗费，才能使自己商品的个别劳动时间低于社会必要劳动时间，获得较多的盈利。充分发挥价值规律的这一作用，有利于促进社会主义现代化建设事业迅速发展。

（2）可以调节社会生产，配置社会资源。价值规律通过价格与价值的背离，影响商品生产者的物质利益，直接关系到企业生产经营的收入、支出和盈利。因此价格高于或低于价值，必然促使企业扩大或缩小生产规模，从而调节社会资源和生产要素在各个生产部门之间的配置。社会主义国家可以自觉利用价值规律的这种调节作用，从社会规模上对生产进行宏观调控。

（3）可以调节商品流通。价值规律的作用要求商品交换以价值为基础，价格高于或低于价值必然影响商品的供求。供给按照与价格相同的方向变动，需求按照与价格相反的方向变动。价值规律就是通过对商品供求关系的调节，从而调节着商品流通。

（4）可以促进劳动者（包括科学技术人员和管理人员）勤奋劳动，不断提高科学技术水平，对自己的业务精益求精，不断提高工作效率和经济效益。价值规律的这些作用使劳动者不能安于现状，要不断地学习和进步，否则就不能适应经济发展的需要。

总之，在社会主义制度下，必须重视价值规律的作用，自觉地运用这一规律来促进社会主义经济的迅速发展。

二、价值规律在社会主义经济中作用的后果

在私有制商品经济的条件下，价值规律是在人们的背后，作为一种盲目的力量，支配着人们的经济活动。在这种条件下，价值规律的作用的后果是双重的。在资本主义条件下，价值规律一方面促进了生产技术的进步和劳动生产率的提高，另一方面又引起了商品生产者的分化，经济大起大落，浪费了大量的社会劳动。

但是，我国在社会主义制度下，由于生产资料社会主义公有制主体地位的确立，国家能够在全社会范围内自觉地运用价值规律的作用，促进社会主义经济的发展，而不会引起经济危机和社会成员的两极分化。这是社会主义制度优越性的表现。

在我国社会主义初级阶段，商品经济是建立在占主体地位的社会主义公有制基础上的，政府对国民经济有较强的调控功能，价值规律是被自觉利用的，因而能趋利避害，防止和校正其负面作用，有利于搞活经济，有利于提高经济效益。

第三节　社会主义市场经济

一、我国社会主义市场经济的建立

在我国社会主义经济制度下，长期以来，一直存在着社会主义商品经济，相应地也存在着市场。但是，有社会主义商品经济和市场，并不等于就有社会主义市场经济。市

场经济是市场机制在对经济活动进行调节和对资源进行配置中起决定性作用的商品经济。我国从新中国成立后到实行改革开放以前的近三十年中，虽然一直存在着社会主义商品经济和市场，但是，在原有的高度集中的计划经济体制下，商品经济很落后，市场很不发达，市场的功能很微弱，市场机制不能在社会资源配置中起决定性作用，因而并不意味着实行了社会主义市场经济。

资源配置就是在全社会范围内把经济资源（即各种生产要素）按比例分配到各个部门和地区，使各种生产要素合理而有效地组合，以保持社会经济均衡和快速发展，获得最大的社会产出。生产要素包括从事生产活动的物的要素和人的要素。由于这些生产要素总是有限的，在不同组合条件下投入产出的效果又不同，所以要在社会的各个部门进行合理分配，通常就叫做资源的合理配置。资源配置分为两个层次：从微观层次来说，一个经济单位为生产某种产品所进行的生产要素配置，即个量资源配置；从宏观层次来说，整个社会各个部门的生产要进行统筹的生产要素配置，即社会资源配置。一般来说，个量资源配置是社会资源配置的基础。但同时也应看到，在社会化生产条件下，各个经济部门是相互依赖和相互制约的，这就要求在全社会范围内合理安排社会资源在各部门的分配比例，才能实现社会资源的最佳配置。

实行市场经济，必须充分发挥市场配置资源的作用。1992 年党的十四大明确提出，“要使市场在社会主义国家宏观调控下对资源配置起基础性作用”。市场在资源配置中“起基础性作用”的提出，是重大理论突破，对我国改革开放和经济社会发展发挥了重要作用。随着我国经济体制改革的不断深化，2013 年党的十八届三中全会进一步明确提出，经济体制改革是全面深化改革的重点，要“使市场在资源配置中起决定性作用和更好发挥政府作用”。把市场在资源配置中的作用从“基础性作用”提升为“决定性作用”，表明对市场决定资源配置这个市场经济规律的认识进一步深化和又一次升华。

实行市场经济，意味着发挥市场对资源配置所起的决定性调节作用。所谓**市场调节**是指市场机制的调节。市场调节的作用有三个方面。一是市场机制调节价格，即价格不是由国家统一规定，而是在市场供求机制、竞争机制、利率机制等发挥作用的过程中形成的。形式上是企业定价，实际上是市场定价。二是市场机制调节企业的生产经营活动，即调节企业的生产方向、生产规模与生产结构。市场引导或调节企业，是市场信号的引导和调节。市场信号，主要是指集中反映整个市场机制运行与变化的价格信号。但价格信号的调节是事后的调节，完全依靠价格信号来安排企业的生产和经营活动，有一定的滞后性，容易造成经济波动。市场信号也包括市场预测信号和中远期市场（如期货）信号，从而在一定程度上和一定范围内实现了市场机制对生产的事先调节。三是市场机制调节需求，包括调节需求规模和结构。当市场价格在市场机制的作用下形成时，价格反映供求的变化，而市场价格的变动必然影响和调节着需求的变化，体现着市场对需求的调节。

只有充分发挥市场调节的上述三个方面的作用，才能使市场真正起到对资源配置的决定性作用。但是，市场发挥调节作用是有条件的。（1）作为市场主体的企业要有完善的产权制度，要有产供销和人财物的自主权，具有完善的经营机制，成为自主经营、自负盈亏的经济实体。（2）具备以市场形成价格为主的价格机制，市场价格既反映商品价值，又反映供求关系，为企业传递正确的市场信号。（3）具备完善的市场体系，企业面向市场，成为市场竞争的主体。（4）政府正常发挥其经济职能，对市场发育、市场规则和市场供求关系起着引导、管理和调节的积极作用。（5）具有比较完备的市场经济法律法规。市场经济的有序运行要以比较完善的法律体系作为保证。这些条件越充分，市场机制越完善，市场体系发育得越完善，市场调节资源配置的作用也就越能有效发挥。

二、社会主义市场经济的特殊性

社会主义市场经济是指市场经济同社会主义制度相结合的一种新型的市场经济。所以，社会主义市场经济除了具有市场经济的一般特征外，还具有其特殊性，这主要表现在：（1）整个市场经济运行的根本目标必须符合社会主义本质的要求，最大限度地满足广大人民不断增长的物质文化和美好生活需要。（2）在所有制结构上，必须坚持公有制为主体、多种经济成分共同发展的方针，不同经济成分还可以自愿实行多种形式的联合经营。在市场的生产经营活动中，公有制经济起主体作用。各种类型的企业都要进入市场，通过平等竞争来发挥国有经济的主导作用，从而有利于发挥市场经济的积极作用，限制它的消极作用。（3）在分配制度上，要建立按劳分配为主体、多种分配方式并存的个人收入分配制度，体现效率与公平相结合，鼓励一部分地区一部分人通过诚实劳动和合法经营先富起来，从而有利于实现共同富裕的目的。（4）在宏观调控上，社会主义国家能够把人民的当前利益与长远利益、局部利益与整体利益结合起来，建立以间接手段为主的完善的宏观调控体系，从而有利于保证国民经济健康运行。

第四节　我国从计划经济体制向社会主义市场经济体制的转变

一、经济体制改革是一场伟大的革命

我国的经济体制改革是在新的时代条件下进行的新的伟大革命，是当代中国最鲜明的特色。其目的就是要解放和发展社会生产力，实现国家现代化，让中国人民富裕起来，振兴伟大的中华民族；就是要推动我国社会主义制度自我完善和发展，开创和发展中国特色社会主义，为社会主义现代化建设提供强大动力和有力保障。事实证明，改革开放是决定当代中国命运的关键抉择，是党和人民事业大踏步赶上时代的重要法宝。

社会主义的根本任务是解放和发展生产力，而解放和发展生产力离不开生产关系和上层建筑的完善与发展。新中国成立后形成的社会主义生产关系和上层建筑，基本上是适应生产力发展的要求的，但也有不适应生产力发展的一面，主要是传统的高度集中的计划经济体制严重地束缚和限制了生产力的发展。我国社会主义的根本制度是适应生产力发展的，我们必须坚持；而对那些僵化的经济体制和落后的管理制度及管理方式，则必须进行彻底的改革。**经济体制**是指体现社会生产关系性质的一定经济制度所采取的具体组织形式和管理制度。改革是解放生产力，也是发展生产力。只有对那些不适应生产

力发展的经济基础和上层建筑的具体形式进行改革，才能增强企业的活力，调动各方面的积极性，促进社会生产力的发展。从这个意义上说，我国经济体制改革也是一场新的伟大革命，它是在党的领导下有秩序、有步骤地进行的改革，是对落后经济体制的革命，是社会主义经济制度的自我发展与完善。

新中国成立后建立起来的计划经济体制，在当时的条件下对生产力的发展起过积极作用，但是随着社会经济的发展和条件的变化日益暴露出严重的弊端。这主要是：政府直接管理企业，政企职责不分；企业缺乏应有的经营自主权、独立的经济利益和应负的经济责任；按照行政部门和地区系统管理经济，造成条块分割；忽视商品经济、价值规律和市场的作用，没有形成良好的经济运行机制；在分配上统收统支，平均主义严重，难以充分调动企业和劳动者的积极性；在对外经济关系上基本上处于封闭半封闭的状态，脱离世界经济发展的潮流。因此，对传统经济体制进行改革，是解放和发展生产力的客观要求。

在我国社会主义初级阶段，发展生产力和解放生产力，二者既有区别也有联系。发展生产力侧重于改进和发展生产力本身的各种要素，主要是增加生产要素的数量和提高其质量，采用新技术，提高劳动者的素质等。解放生产力则是指改革不适应生产力发展的生产关系和上层建筑，改善生产的组织制度和管理体制，调动各方面的积极性。解放生产力是发展生产力的前提，发展生产力是解放生产力的目的。

二、社会主义经济中计划与市场的相互关系

我国的经济体制改革是要通过经济组织和管理制度的变革，建立适应社会主义市场经济发展要求的经济运行机制和资源配置方式。1992 年党的十四大明确指出：“我国经济体制改革确定什么样的目标模式，是关系整个社会主义现代化建设全局的一个重大问题。这个问题的核心，是正确认识和处理计划与市场的关系。”

人类社会发展到今天，社会资源的配置有两种方式，即计划方式和市场方式。计划方式有两种：一种是**指令性计划**，即由国家制定经济活动的全面计划，计划指标由上而下逐级分解，通过行政手段加以贯彻，这是一种由政府集中配置资源的方式；另一种是**指导性计划**，这种计划不能直接配置资源，而是政府通过经济政策和经济杠杆的调节，对资源配置起间接的、导向性的作用。市场方式是指企业对经济活动进行分散决策，通过市场机制的作用，由市场价格信号引导资源的流向，从而实现资源的最佳配置。

两种资源配置方式要求有不同的管理制度。计划方式特别是指令性计划要求有一整套执行计划职能的组织和制度，通过自上而下的纵向管理体系，对生产计划、物资分配、投资决策和人事工资安排等，分门别类地进行集权式管理。而市场方式则要求企业成为市场生产经营活动中真正的主体，政府主要负责制定和执行宏观调控政策，搞好基础设施建设，创造良好的经济发展环境。尽管这两种资源配置方式运行的机制有质的区别，但由于两者的目标都是要实现资源最优配置，因此在某种具体的经济体制中，计划和市场两种手段可以以不同形式结合起来。我国在经济体制改革过程中，在坚持市场调节的决定性作用的同时，使计划和市场两种手段正确地相互结合，从而实现社会资源

的优化配置。

传统的观念认为，市场经济是资本主义特有的东西，计划经济才是社会主义经济的基本特征。1978 年党的十一届三中全会以来，随着改革的深入，我们逐步摆脱这种观念，形成新的认识，对推动我国经济体制改革和经济发展起了重要作用；1982 年党的十二大提出，计划经济为主，市场调节为辅；1984 年党的十二届三中全会指出，商品经济的充分发展是社会经济发展不可逾越的阶段，我国的社会主义经济是公有制基础上的有计划的商品经济；1987 年党的十三大提出，社会主义有计划商品经济的体制应该是计划与市场内在统一的体制。特别是邓小平同志在 1992 年初的南方谈话中进一步指出："计划经济不等于社会主义，资本主义也有计划；市场经济不等于资本主义，社会主义也有市场。计划和市场都是经济手段。""计划多一点还是市场多一点，不是社会主义与资本主义的本质区别。"① 这个精辟论断从根本上解除了把计划经济和市场经济看做社会基本制度范畴的思想束缚，使我们在计划与市场关系问题上的认识有了新的重大突破。

同时，改革开放以来，随着市场范围逐步扩大，大多数商品的价格已经放开，计划直接管理的领域显著缩小，市场对经济活动的调节作用大大增强。实践表明，市场作用发挥比较充分的地方，经济活力就比较强，发展态势也比较好。我国经济要优化结构，提高效率，加快发展，积极参与国际竞争，就必须继续强化市场机制的作用。

三、我国经济体制改革的目标模式

基于我国经济体制改革的实践经验和理论成果，1992 年党的十四大明确提出，"我国经济体制改革的目标是建立社会主义市场经济体制，以利于进一步解放和发展生产力。"把建立社会主义市场经济体制作为我国经济体制改革的目标模式，标志着建设中国特色社会主义的又一重大突破，标志着中国经济改革进入了一个新的阶段。

我们要建立的**社会主义市场经济体制**是把社会主义制度和市场经济有机结合的经济体制，就是要使市场在社会主义国家宏观调控下对资源配置起决定性作用，使经济活动遵循价值规律的要求，适应供求关系的变化；通过价格杠杆和竞争机制的功能，把资源配置到效益较好的环节中去，并给企业以压力和动力，实现优胜劣汰；运用市场对各种经济信号反应比较灵敏的优点，促进生产和需求的及时协调。同时也要看到市场有其自身的弱点和消极方面，必须加强和改善国家对经济的宏观调控，更好发挥政府的作用。我们要大力发展全国的统一市场，进一步扩大市场的作用，并依据客观规律的要求，运用好经济政策、经济法规、计划指导和必要的行政管理，引导市场健康发展。

由此可见，在社会主义市场经济体制中，市场和计划都是资源配置的调节手段，两者能够而且必须互相结合；同时，二者所处的地位和功能又有区别，市场在资源配置中起决定性作用，计划则是国家对经济进行宏观调控的一个重要手段。市场对资源配置的决定性作用主要表现在两个方面：（1）市场通过价格信号，直接调节生产和需

① 邓小平．邓小平文选：第 3 卷．北京：人民出版社，1993：373.

求，在各个部门、各个企业间分配资源。市场供求的变化会引起价格的变化，当市场上某种商品供不应求时，价格上涨，刺激生产扩大，抑制消费需求，这就会促进资源向社会需要的部门和行业流动。反之，当市场上某种商品供过于求时，价格下降，就会促使资源从生产该种商品的部门流出。（2）市场通过竞争机制实现优胜劣汰，把资源分配到经济效益较好的企业。在同一行业中，不同企业利用资源的效果是不同的，成本低而效益高的企业会较快发展，而效益低的企业则会萎缩甚至破产，从而提高资源的利用效率。

发挥市场的调节作用，并不排斥计划的调节作用。由于市场调节具有自发性和滞后性，不可避免地会出现经济波动和社会分配不公等问题，因此在社会主义市场经济体制条件下，经济计划是国家宏观调控的一个重要手段。但是，这里所说的计划调节手段，并非指令性的直接计划管理，而是以指导性的间接计划管理为主，综合运用各种经济杠杆调节经济的运行。

四、我国渐进式经济体制改革

我国在确定社会主义市场经济体制改革目标的前提下，对从传统的计划经济体制向市场经济体制转变，采取了渐进式的改革方式。

我国渐进式经济体制改革的主要特点如下：

（1）我国的改革是在实事求是的思想路线指导下进行的，坚持从实际出发，坚持四项基本原则，依据中国的基本国情，积极发挥中央与地方两个积极性，具有明显的群众性的特点。

（2）我国的改革是从农村开始的，并逐步走向城市。以“包产到户”为中心的农村经济改革，成为中国市场化改革的“引爆点”。农村改革率先取得成功，为稳定人民生活奠定了基础，也增强了人们改革的信心。

（3）我国的改革保持了历史的延续性，实行双轨过渡、增量改革。中国渐进式改革注重历史的延续性，采取了一种过渡性的双轨制的体制。双轨制的基本思路是，在旧体制“存量”暂时不变的前提下，在“增量”部分首先实行新体制，然后随着新体制部分的确立和比重加大，再使“存量”部分逐步向新体制“并轨”。双轨制渗透到价格、财税、金融、收入、外汇等各个方面。

（4）我国的改革是试点先行，从局部到整体逐步推进的。渐进式改革是一种局部先行的非均衡改革战略。渐进式改革的理论认为，从历史上看市场经济是逐步发展起来的，前后经历了数百年的时间，由计划经济向市场经济转变也不能急于求成，更不能采取所谓一步到位的“休克疗法”。因为市场体系的形成、企业制度的转换、市场法规的制定、社会价值观念的更新和政府职能的转变，都需要一个演进与磨合的过程，所以只能先试验再推广，实行分领域、分部门、分地区、分企业的各个突破。

（5）我国的改革将国有经济的体制内改革与体制外推进相结合。社会主义国家经济改革的中心环节乃是国有经济管理体制改革。渐进式改革的理论认为，公有制经济同市场经济是可以兼容的，应该把国有经济的内部改革与市场体系的外部推进紧密地结合起来，并把以公有制为主体的现代企业制度作为社会主义市场经济体制的基础，市场取向的改革决不能否定社会主义公有制的主体地位。

（6）我国的改革是将改革与发展、稳定结合起来，把促进经济发展作为改革的首要目标。中国的改革始终将经济发展放在首要位置，把发展作为根本任务。改革是发展的动力，改革就是为了解放生产力、发展生产力，把**“三个有利于”**① 作为衡量改革是否成功的根本标准。同时强调稳定是改革和发展的前提，只有政治局面和社会秩序稳定，才能为改革和发展提供有力保证。

总之，对中国这样一个发展中社会主义国家来说，渐进式改革是唯一正确的选择，全盘西化、全面私有化的激进式“休克疗法”在中国是根本行不通的。中国必须走自己的特色社会主义道路，必须坚持渐进式改革才能取得成功。

在肯定渐进式改革取得巨大成果的同时，也应看到这种改革模式是在逐渐改革旧体制的同时，逐步引进市场体制的。这种做法具有稳健的一面，但也由于改革过程中新旧体制的交叉并存，人们利益关系的变动与摩擦，不可避免地引起了一些矛盾与问题，改革不可能一帆风顺、一蹴而就。因此在经济体制改革过程中，国家统筹兼顾改革、发展、稳定，统筹兼顾各方面的利益关系。

第五节　我国社会主义市场经济体制的建立

一、社会主义市场经济体制的基本框架

建立和完善社会主义市场经济体制，是一个长期发展的过程，是一项艰巨复杂的社会系统工程，它涉及经济基础和上层建筑的许多领域，需要有一系列的体制改革和政策调整与之相配合。社会主义市场经济体制的基本框架，包括几个相互联系的重要环节：（1）必须坚持以公有制为主体、多种经济成分共同发展的经济制度，进一步转换国有企业经营机制，建立适应市场经济要求，产权清晰、权责明确、政企分开、管理科学的现代企业制度；（2）建立和培育全国统一开放的市场体系，实现城乡市场紧密结合，国内市场与国际市场相互衔接，充分发挥市场机制的调节作用，促进资源的优化配置；（3）转变政府管理经济的职能，建立以间接手段为主的、完善的宏观调控体系，保证国民经济的健康运行；（4）建立以按劳分配为主体、多种分配方式并存的个人收入分配制度，体现兼顾效率与公平的原则，鼓励一部分地区一部分人先富起来，走共同富裕的道路；（5）建立多层次的社会保障制度，积极建立与完善社会保险、社会救济、社会福利、优抚安置、社会互助、个人储蓄等多层次的社会保障体系；（6）建立和健全市场经济的法律体系和规章制度，以保障社会主义市场经济的正常运行。

以上主要环节是相互联系和相互制约的有机整体，构成社会主义市场经济体制的基

---

① “三个有利于”即有利于发展社会主义社会的生产力，有利于增强社会主义国家的综合国力，有利于提高人民的生活水平。

本框架。我国的经济体制改革就是围绕这些主要环节，从实际出发，整体推进，重点突破，循序渐进，注重制度建设和创新，积极而有步骤地全面进行改革。

二、我国社会主义市场经济体制的基本建立

1992 年党的十四大提出中国经济体制改革的目标是建立社会主义市场经济体制。1993 年 11 月党的十四届三中全会通过了《中共中央关于建立社会主义市场经济体制若干问题的决定》，使中国市场化改革走上了正轨。十年之后，2003 年 10 月党的十六届三中全会通过了《中共中央关于完善社会主义市场经济体制若干问题的决定》，全面规划了我国经济体制改革的总体方略。2013 年 11 月，党的十八届三中全会又通过了《中共中央关于全面深化改革若干重大问题的决定》，为我国进一步深化经济体制改革指明了方向。

经过长期的改革，我国实现了从高度集中的计划经济体制向充满活力的社会主义市场经济体制的转变，社会主义市场经济体制基本建立，我国的市场化改革取得了举世瞩目的重要成果：（1）确定了我国经济体制改革的目标是建立社会主义市场经济体制，就是要使市场机制在国家宏观调控下对资源配置起决定性作用。（2）初步建立起较为健全的现代市场体系，包括生产资料市场、消费品市场和劳务市场在内的商品市场中的绝大部分商品实现了市场价格形成机制，包括劳动力市场、土地市场、资本市场、技术和信息市场在内的各种生产要素市场已经基本建立起来。（3）公有制为主体、多种所有制经济共同发展的经济制度已经得到巩固和发展，国有企业建立现代企业制度的改革取得了巨大进展，农村集体经济体制改革取得了很大成功，非公经济取得了迅速增长。特别是包括各种所有制成分在内的混合所有制的企业组织形式，如股份制、股份合作制，更是得到了长足的发展。（4）财政体制改革和金融体制改革取得了显著的成果，政府的宏观调控体系已然建立起来并日臻完善。通过财政政策和货币政策的协调配合，我国较好地克服了宏观经济运行中的周期性波动，使国民经济保持了较快的增长速度。（5）适合我国国情的居民收入分配制度基本建立起来，实行了按劳分配为主体、多种分配方式并存的分配制度，将按劳分配与按生产要素分配结合起来，城乡居民收入有了较大增加，适应现代市场经济的社会保障体系建设逐步加强。（6）对外开放程度不断提高，我国经济在世界经济体系中起着越来越重要的作用。

我国这场历史上从未有过的大改革、大开放，极大地调动了亿万人民的积极性，使我国成功实现了从高度集中的计划经济体制到充满活力的社会主义市场经济体制，从封闭、半封闭到全方位开放的伟大历史转折。正是这场大改革、大开放，使一个面向现代化、面向世界、面向未来的社会主义中国巍然屹立在世界东方。

三、经济体制改革要正确处理政府和市场的关系

党的十四届三中全会通过了《中共中央关于建立社会主义市场经济体制若干问题的决定》，全面系统地阐明了建立社会主义市场经济体制的基本框架和任务。进入新世纪，

社会主义市场经济体制初步建立，但尚不完善。在这种新的历史条件下，如何进一步深化经济体制改革，建立完善的社会主义市场经济体制，面临着如何更好地处理政府与市场的关系的问题。对此，2012 年党的十八大明确提出，我国“经济体制改革的核心问题是处理好政府和市场的关系，必须更加尊重市场规律，更好发挥政府作用”。这是对我国经济体制改革理论和实践的认识的深化，为我国深化经济体制改革和加快完善社会主义市场经济体制指明了方向。党的十八届三中全会更加强调了，要紧紧围绕使市场在资源配置中起决定性作用，深化经济体制改革，并进一步明确指出，全面深化经济体制改革和完善社会主义市场经济体制的核心问题，是处理好政府与市场的关系。党的十九大报告和二十大报告中都明确指出，要发挥市场在资源配置中的决定性作用，更好发挥政府作用。

政府和市场是社会主义市场经济体制中密切关联的两个重要组成部分，政府是市场经济中宏观经济管理和经济总量调控的主体，市场是有效配置社会资源的主体。在社会主义市场经济运行过程中，市场通过价格、竞争、供求等市场机制，发挥对社会资源的决定性配置作用；政府通过经济、法律、计划、行政等调节手段，实现对社会资源的导向性配置作用。政府这只“看得见的手”和市场这只“看不见的手”，二者在社会主义市场经济体制中不可或缺、有机结合，二者的相互关系决定着市场经济的基本走向和运行质量。

但是，政府的调控行为与市场的调节功能并非完美无缺，都有其弱点和局限性。市场经济存在着自发性、滞后性、排斥公共利益、损害生态环境、催生过度垄断、引发分配不公和社会两极分化等“市场失灵”问题，这些缺陷需要通过政府的调控加以弥补。但是，政府的调控范围、手段和力度如果超越了维护市场经济正常运行、弥补市场失灵的合理需要，过多运用行政手段干预市场微观主体的活动，各种政策工具选择搭配不当，行政审批程序过多过细，或是政府干预经济的方向有误，出现政府行为越位、错位、缺位问题，反而会抑制市场机制的正常运作，不利于社会经济的发展。

我国当前在社会主义市场经济运行过程中，既要高度重视发挥政府和市场的作用，又要重视解决好存在的市场失灵和政府行为越位、错位和缺位方面的问题。因此需要认真处理好政府和市场的关系，不断完善政府行为和市场功能，使二者扬长避短，有机结合，寻求政府和市场作用的最佳结合点，以激发市场主体的创造活力，释放经济发展潜力，促进社会主义市场经济体制不断完善。必须积极稳妥地从广度和深度上推进市场化改革，大幅度减少政府对资源的直接配置，推动资源配置依据市场规则、市场价格、市场竞争实现效益最大化和效率最优化。政府的职责和作用主要是保持宏观经济稳定，加强和优化公共服务，保障公平竞争，加强市场监管，维护市场秩序，推动可持续发展，促进共同富裕，弥补市场失灵。

习近平强调：“在社会主义条件下发展市场经济，是我们党的一个伟大创举。我国经济发展获得巨大成功的一个关键因素，就是我们既发挥了市场经济的长处，又发挥了社会主义制度的优越性。……我们要坚持辩证法、两点论，继续在社会主义基本制度与市场经济的结合上下功夫，把两方面优势都发挥好，既要‘有效的市场’，也要‘有为的政府’，努力在实践中破解这道经济学上的世界性难题。”① 这一重要论述为坚持和完善社会主义市场经济体制、正确处理政府和市场关系提供了基本遵循。

第六节　构建高水平社会主义市场经济体制

一、社会主义市场经济体制是社会主义基本经济制度的重要组成部分

党的十九届四中全会通过的《中共中央关于坚持和完善中国特色社会主义制度、推进国家治理体系和治理能力现代化若干重大问题的决定》，将社会主义市场经济体制提升为社会主义基本经济制度的重要组成部分，这是党中央对社会主义基本经济制度的内涵作出的重要新概括和重大决策部署，是新时代中国特色经济理论和实践的重要创新和发展。社会主义市场经济体制是社会主义制度与市场经济体制的有机结合，体现了实现社会资源优化配置和推动经济社会发展的制度要求。将社会主义市场经济体制提升为社会主义基本经济制度的重要组成部分，对于发挥我国社会主义制度的优越性，推动中国特色社会主义事业的发展，加快改革开放的进程，实现“两个一百年”奋斗目标和社会主义现代化，具有十分重大的意义。习近平同志明确指出：“坚持社会主义市场经济改革方向，不仅是经济体制改革的基本遵循，也是全面深化改革的重要依托。使市场在资源配置中发挥决定性作用，主要涉及经济体制改革，但必然会影响到政治、文化、社会、生态文明和党的建设等各个领域。要使各方面体制朝着建立完善的社会主义市场经济体制这一方向协同推进，同时也使各方面自身相关环节更好适应社会主义市场经济发展提出的新要求。”②

二、加快构建高水平社会主义市场经济体制

中共中央和国务院于 2020 年 5 月 11 日发布了《中共中央 国务院关于新时代加快完善社会主义市场经济体制的意见》，强调提出要在更高起点、更高层次、更高目标上推进经济体制改革及其他各方面体制改革，构建更加系统完备、更加成熟定型的高水平社会主义市场经济体制。

高水平社会主义市场经济体制集中体现为：产权有效激励，要素自由流动，价格反应灵活，竞争公平有序，企业优胜劣汰。

构建高水平市场经济体制必须建设高标准市场体系。党的二十大报告指出，要“深化要素市场化改革，建设高标准市场体系”。这一重要论述，为构建高水平社会主义市场经济体制、加快市场体系建设指明了改革方向和目标。

---

①　习近平. 不断开拓当代中国马克思主义政治经济学新境界. 求是，2020（16）：4－9.

②　《中共中央关于坚持和完善中国特色社会主义制度、推进国家治理体系和治理能力现代化若干重大问题的决定》辅导读本. 北京：人民出版社，2019：39.

首先，建设高标准市场体系，是实现经济高质量发展和建设高水平社会主义市场经济体制的重要基础和支撑。建设统一开放、竞争有序、制度完备、治理完善的高标准市场体系，是充分发挥我国超大规模市场优势的现实需要和必要选择。

其次，客观认识当前我国建设高标准市场体系存在的问题和差距，知难而进。改革开放以来，我国市场体系建设取得了巨大成就，但对照构建高水平社会主义市场经济的目标和要求，市场体系建设仍存在一些短板，必须尽快补齐完善。

再次，认清建设高标准市场体系的重点任务，要坚持目标导向和问题导向，牢牢把握工作的着力点。高标准市场体系建设是一项系统工程，涉及方方面面，主要包括：不断夯实市场体系基础制度，深入推进要素资源高效配置，加快改善市场环境和质量，全面提升市场监管现代化水平，等等。

最后，构建高水平社会主义市场经济体制必须完善市场经济基础制度。党的二十大报告指出，要"完善产权保护、市场准入、公平竞争、社会信用等市场经济基础制度"。这是社会主义市场经济体制有效运行的基本保障，是构建高水平社会主义市场经济体制的内在要求，也是确保充分发挥市场在资源配置中的决定性作用、更好发挥政府作用的必要前提。

为此，要做好以下四个方面的工作。

一是健全以公平为原则的产权保护制度。构建归属清晰、权责明确、保护严格、流转顺畅的现代产权制度。建立健全各种所有制经济产权制度，强化知识产权保护制度，完善居民财产保护制度，健全平等保护产权的法律法规体系。二是健全全国统一的市场准入负面清单制度，坚决清理取消违规设立的准入许可、隐性准入门槛和地方自行制定的准入类负面清单。三是健全透明规范的公平竞争审查制度。强化公平竞争审查制度刚性，健全反垄断调查和审查制度，建立竞争政策与其他经济政策的协调机制，强化跨国反垄断信息共享和执法合作。四是健全激励相容的社会信用制度。加强信用信息共享应用，依法依规扩大信用信息开放，进一步加强安全生产、食品药品、卫生养老等与群众密切相关的领域的信用建设。

本章重要名词概念

社会主义商品经济　资源配置　市场调节　社会主义市场经济
经济体制　指令性计划　指导性计划　社会主义市场经济体制
三个有利于

思考题

1. 为什么社会主义商品经济的存在具有客观必然性？
2. 社会主义商品经济有哪些作用？
3. 价值规律在社会主义经济中的作用是什么？
4. 什么是市场经济？它对社会经济运行具有什么作用？

5. 社会主义市场经济具有什么特殊性?
6. 如何理解经济体制改革是一场新的伟大革命?
7. 社会主义经济中计划与市场的相互关系是怎样的?
8. 我国渐进式经济体制改革的特点是什么?
9. 社会主义市场经济体制的基本框架是什么?
10. 我国经济体制改革中的政府和市场的关系是怎样的?
11. 怎样认识社会主义市场经济体制是社会主义基本经济制度的重要组成部分?
12. 如何加快构建我国高水平的社会主义市场经济体制?

本章练习

第十五章

社会主义国有企业

本章重点

1. 社会主义国有企业的性质
2. 国有企业的重要地位和作用
3. 建立现代企业制度是我国国有企业改革的方向
4. 国有企业的法人治理结构
5. 中国特色现代企业制度
6. 国有资产管理体制

社会主义国有企业是社会主义市场经济的重要主体。为了使国有企业能适应社会主义市场经济体制，必须建立中国特色现代企业制度。本章着重阐明了我国国有企业在国民经济中的重要地位和作用，国有企业建立和完善中国特色现代企业制度，国有企业的法人治理结构，以及国有资产管理体制问题。

第一节 国有企业在社会主义市场经济中的地位和作用

一、国有企业是商品生产和经营的基本经济单位

社会主义国有企业是使用一定数量的社会主义国家所有的资金进行生产和经营，并以满足社会需求和营利为目的的基本经济单位。国有企业进行商品生产和经营时，需要有一定数量的资金由企业占有、支配和使用。但这部分资金的最终所有权仍归国家，国家所有制也就是全民所有制。从公有制的一般特点看，在公有制下的国有企业中，生产资料成为劳动者共同的财产，他们通过社会联合实现对生产资料的共同占有，人们在生产资料占有上处于完全平等的地位，任何个人或集团都不是所有权的垄断者，都不能凭借对生产资料的占有获得特殊的利益，人们之间的关系是一种消灭了阶级统治的真正平等的社会关系，生产资料的占有具有真正社会化的性质，即生产资料是由劳动者共同支配和使用，并满足劳动者共同的利益。但是，这些特点只是把公有制与私有制区分开了，而没有对共产主义高级阶段的公有制与社会主义阶段的公有制作具体的区分，仅仅从这些特点出发还不能对社会主义国有企业的实质与具体结构进行深入分析。社会主义国有

企业除了具有公有制的一般规定性外，还具有自身特殊的规定性，这种特殊的规定性是由旧的社会分工带来的。社会主义公有制与共产主义高级阶段公有制的最主要的区别在于：前者是建立在旧的社会分工这种特殊的劳动组织形式上的，后者是以消灭旧分工、个人实现自由全面发展为基础的。

在社会主义国有企业中，劳动者与生产资料的结合并不完全是一种直接的、自然而然的结合，而是一种间接的、有条件的结合，要通过劳动者与企业的双向选择才能实现。这种双向选择可能成功，也可能失败。因此，社会主义公有制下劳动者与生产资料的结合具有一定的间接性。劳动者之间还存在经济利益上的差别和矛盾，任何个人和集团使用社会共有的生产资料都不能是无偿的和无条件的，在劳动者与劳动者之间以及企业与企业之间都必须实行等量劳动相交换的原则，每个人只有在向社会提供了一定的劳动量后，才能从社会获得相应的报酬。

在社会主义国有企业中，虽然生产资料是社会成员共同所有的，他们通过在全社会范围的联合并在此基础上统一调节生产资料来实现对生产资料的共同占有，但是，由于旧分工的存在，属于社会共同所有的生产资料又是通过具体的人和单位来分别使用的，这就不可避免地使生产资料的占有关系带有局部占有的性质。每个国有企业的从业者个人以及每个从业者集体之间在对生产资料的使用上具有明显的经济利益上的差别，公有的生产资料在一定程度上是他们实现自身利益的手段，与个人和集体的特殊的经济利益具有十分密切的内在联系。

社会主义国有企业的本质是生产资料的社会所有和从业者局部占有的统一，是具有独立利益的经济主体。各个国有企业之间在利益上和经营权上存在明显差异，彼此都是自主经营、自负盈亏的商品生产和经营者。

国有企业进行商品生产或经营，是和市场密切联系在一起的。企业在开始生产之前，购买生产资料和招收职工的过程要经过市场。国有企业销售生产出来的商品或进行商品经营，必须通过市场。因此，国有企业的商品生产和经营必须遵循价值规律的要求，按照市场的需要进行，积极面对和参与市场竞争，通过市场机制组织生产经营活动，满足社会需要并实现盈利的最大化。

二、社会主义国有企业的性质

以上的分析表明，社会主义国有企业具有双重属性，即：一方面，国有企业属于全民所有，是推进国家现代化、保障人民共同利益的重要力量，是我们党和国家事业发展的重要物质基础和政治基础；另一方面，社会主义国有企业是独立的商品生产和经营者，必须适应市场经济的规律，在市场竞争中发展壮大。这两个方面的有机结合，体现了社会主义国有企业的本质特点。国有企业的运营和发展必须既充分体现社会主义制度的要求，又充分尊重市场经济的规律，把社会主义的优越性与市场经济的长处有机结合起来，只有这样，才能超越和扬弃私有制的逻辑，发挥出社会主义国有经济制度的优势。

从体现社会主义制度的要求来看，国有企业必须更好体现全民所有、为民服务的性质和要求。第一，国有资本的收益属于全体人民，由社会共享，现阶段要提高国有资本收益上缴公共财政比例，更多用于保障和改善民生。第二，国有资本投资运营要服务于国家战略目标，发展重要前瞻性战略性产业、保护生态环境、支持科技进步、保障国家安全和提供公共服务。第三，要发挥经济民主，完善各级人民代表大会、国有资产监督管理机构和社会各界对国有资本管理过程的监督机制，完善劳动者参与企业民主管理的机制。第四，国有企业的收入分配要体现按劳分配和共同富裕的原则，保障公平正义，防止两极分化。第五，要坚持**党对国有企业的全面领导**，贯彻党的路线方针政策，有效履行社会责任，兼顾国家、集体、个人和各方面的利益关系。做好以上几个方面的工作，国有企业就能够充分发挥其制度优势，更好地为人民利益服务，得到全体人民的衷心拥护。

从尊重市场经济的规律来看，国有企业必须坚持社会主义市场经济改革方向，健全协调运转、有效制衡的公司法人治理结构，建立有效的激励约束机制，规范经营决策，不断提高企业经营管理能力和核心竞争力，使资产保值增值，健全市场化经营机制，公平参与竞争，打造法治国企，提高企业效率，增强企业活力。

三、国有企业的重要地位和作用

新中国成立以来，国有企业始终是我国国民经济的支柱和工业化与现代化建设的主力军，为我国社会主义经济建设和工业化的发展作出了巨大的历史贡献。改革开放以来，随着计划经济向市场经济的转轨和多种所有制经济的不断发展，国有企业在国民经济中的比重有所下降，但其在国民经济中的重要地位和作用得到了加强，在推动经济持续健康发展中发挥了重要的作用。

国有企业是中国特色社会主义的重要物质基础和政治基础。国有企业特别是中央管理的企业，掌控强大的经济技术实力，在关系国家安全和国民经济命脉的主要行业和关键领域占据主导和支配地位，是国民经济的重要支柱，是我国社会主义制度的物质基础，在党的执政和国家政权事业中起着重要物质基础和政治基础作用，是党执政兴国的重要支柱和依靠力量。在中国特色社会主义条件下，必须做强做优做大国有企业，这关系到社会主义公有制地位的巩固和国家综合国力的壮大，是夯实中国特色社会主义制度根基、维护党和国家事业的重要保证。

以国有企业为核心的国有经济，是国民经济中的主导力量。包括国有企业在内的公有制经济，是国家引导、推动、调控经济和社会发展的基本力量，是实现广大人民群众根本利益和共同富裕的重要保证。没有了公有制的主体地位和国有经济的主导作用，就必然会出现经济的无序状态，加剧劳动与资本的对立、财富分配的两极分化，催生私人资本特别是大资本的形成，导致金融寡头的出现，破坏社会的稳定，导致社会的混乱，动摇中国特色社会主义事业的根基，最终将严重阻碍生产力的健康发展。

国有企业是我国经济发展的重要力量。改革开放以来，国有企业不断深化改革，调整结构，强化管理，增强了可持续发展能力，在实现国有资产保值增值、自身不断得到发展的同时，通过上缴税金、国有资本收益和国有股转持社保基金等方式，为国家贡献了巨大的财富。国有企业集中在军工、能源、交通、通信、金融、基础设施和支柱产业等关系国民经济命脉的重要行业和关键领域，发展壮大国有经济，国有经济控制国民经济命脉，对于促进国民经济持续健康发展，支撑国民经济的运行，增强我国的经济实力、国防实力和民族凝聚力，提高我国应付各种突发事件和重大风险的能力，具有关键性作用。

国有企业是构建社会主义和谐社会的重要力量。建立在公有制基础上的国有企业从根本上消除了资本与劳动的阶级对立和对抗性的社会矛盾，劳动者成了企业的主人，为构建和谐的劳动关系奠定了良好的基础。在长期的改革与发展中，国有企业在保障劳动者的就业、福利和保持社会稳定方面承担了重要的社会责任。国有企业分布于与国计民生息息相关的行业和领域，承担着为基础设施建设、社会服务等提供公共产品的职能，在供水、供电、能源、交通、金融、通信服务等关键领域，在保障民生中发挥着重要作用。

国有企业是实现我国自主发展的重要保障。随着经济全球化的不断加深，国际上的竞争日趋激烈，全球范围内资本的集中和垄断趋势进一步加剧，在与实力雄厚的国际跨国资本的竞争中，实力较弱的国内企业往往处于下风，或成为跨国公司的依附，甚至成为这些公司并购的对象。在这种条件下，只有充分发挥社会主义制度集中力量办大事的优势，依托国有企业这一强大载体，加速国内资本的集中和积累，加强对战略性资源的开发和利用，推动重点部门和重点企业的迅速扩张，加快推进产业结构的调整和自主创新战略的实施，保持国家对关键行业和领域的控制力，有效防范和化解国际风险的冲击，才能在全球化条件下实现国家的自主发展，形成在全球化条件下参与国际竞争的新优势。

国有企业是多种所有制共同发展的关键条件。国有企业多数是大企业和骨干企业，国有企业的蓬勃发展对于促进和带动非公有制企业具有重要作用；当前我国的国有企业除少数由国家独资经营外，绝大多数实现了投资主体多元化，进行了股份制改造，成了以公有制为主的混合所有制经济，与民营经济你中有我，我中有你，相互融合；国有经济在宏观稳定、技术创新、维护安全等方面的作用为民营经济发展创造了有利的宏观条件；国有企业的重要作用是保障非公有制经济沿着社会主义方向前进并为社会主义服务的决定性条件。国有企业是保卫国家安全、加强国防建设、实现国防现代化的重要保障。因此，在发展社会主义市场经济的条件下，国有企业有着广泛的发展空间，发挥国有企业的支柱作用对于改革、发展和稳定的大局具有举足轻重的意义。

四、国有经济的结构调整与分类

国有经济的主导作用与结构调整和体制创新是紧密相联的，在不同的领域，国有经济的范围、作用和运行体制各有差别。最早对这一问题作出系统阐述的是党的十五大报告，该报告指出：“国有经济起主导作用，主要体现在控制力上。要从战略上调整国有经济布局。对关系国民经济命脉的重要行业和关键领域，国有经济必须占支配地位。在其他领域，可以通过资产重组和结构调整，以加强重点，提高国有资产的整体质量。”党的十五届四中全会通过的《中共中央关于国有企业改革和发展若干重大问题的决定》对国有经济的作用范围作了明确的阐述。该决定指出，国有经济需要控制的行业和领域主要包括：涉及国家安全的行业，自然垄断的行业，提供重要公共产品和服务的行业，以及支柱产业和高新技术产业中的重要骨干企业。其他行业和领域，可以通过资产重组和结构调整，集中力量，加强重点，提高国有经济的整体素质。2015年8月24日发布的《中共中央、国务院关于深化国有企业改革的指导意见》对国有企业分类改革进行了新的设计。该意见根据国有资本的战略定位和发展目标，结合不同国有企业在经济社会发展中的作用、现状和发展需要，将国有企业分为商业类和公益类。

商业类国有企业按照市场化要求实行商业化运作，以增强国有经济活力、放大国有资本功能、实现国有资产保值增值为主要目标，依法独立自主开展生产经营活动，实现优胜劣汰、有序进退。商业类国有企业具体又分两种情况：

（1）主业处于充分竞争行业和领域的商业类国有企业。这类企业原则上都要实行公司制股份制改革，积极引入其他国有资本或各类非国有资本实现股权多元化，国有资本可以绝对控股、相对控股，也可以参股，并着力推进整体上市。对这些国有企业，重点考核经营业绩指标、国有资产保值增值和市场竞争能力。

（2）主业处于关系国家安全与国民经济命脉的重要行业和关键领域、主要承担重大专项任务的商业类国有企业。这类企业要保持国有资本控股地位，支持非国有资本参股。对自然垄断行业，实行以政企分开、政资分开、特许经营、政府监管为主要内容的改革，根据不同行业特点实行网运分开、放开竞争性业务，促进公共资源配置市场化；对需要实行国有全资的企业，也要积极引入其他国有资本实行股权多元化；对特殊业务和竞争性业务实行业务板块有效分离，独立运作、独立核算。对这些国有企业，在考核经营业绩指标和国有资产保值增值情况的同时，加强对服务国家战略、保障国家安全和国民经济运行、发展前瞻性战略性产业以及完成特殊任务的考核。

公益类国有企业以保障民生、服务社会、提供公共产品和服务为主要目标。这类企业可以采取国有独资形式，具备条件的也可以推行投资主体多元化，还可以通过购买服务、特许经营、委托-代理等方式，鼓励非国有企业参与经营。对公益类国有企业，重点考核成本控制、产品服务质量、营运效率和保障能力，根据企业不同特点有区别地考核经营业绩指标和国有资产保值增值情况，考核中要引入社会评价。

上述两种类型国有企业的划分是原则上的、粗线条的，实际的情况要复杂得多，而且是不断变化的。从总体上看，国有企业应当以发挥国有经济的主导作用为依据，根据不同情况分类推进，使结构调整与机制创新有机结合起来。

需要强调的是，我们建立和发展社会主义市场经济以及推动国有企业改革的根本目的，就是要把社会主义公有制与市场经济结合起来，使公有制企业特别是国有企业适应市场竞争的要求，在市场竞争中得到发展壮大。那种把国有经济的结构调整视为国有经济退出竞争领域的观点是不正确的。如果说国有企业只能存在于非竞争领域，国有企业都要退出竞争领域，这就等于说，国有经济根本不应当存在，发挥国有经济的控制力、影响力和带动力就失去了客观基础，建立和完善社会主义市场经济就成了一句空话，深化国有经济的改革就失去了方向，也就不可能实现形成各种所有制经济平等竞争、相互促进新格局的目标。可以说，在竞争领域存在大量国有企业是社会主义市场经济的本质特征，只有这样才是社会主义公有制与市场经济的结合。

国有经济布局结构调整应主要围绕以下目标进行。一是有效发挥国有企业的功能作用。在国防、能源、交通、粮食、信息、生态等关系国家安全的领域保障能力显著提升；

在重大基础设施、重要资源以及公共服务等关系国计民生和国民经济命脉的重要行业控制力明显增强；在重大装备、信息通信、生物医药、海洋工程、节能环保等行业的影响力进一步提高；在新能源、新材料、航空航天、智能制造等产业的带动力更加凸显。二是资源配置更趋合理。通过兼并重组、创新合作、淘汰落后产能、化解过剩产能、处置低效无效资产等途径，形成国有资本有进有退、合理流动的机制。产业链上下游资源配置不断优化，从价值链中低端向中高端转变取得明显进展，整体竞争力大幅提升。同质化经营、重复建设、无序竞争等问题得到有效化解。三是国有企业发展质量明显提升。企业发展战略更加明晰，主业优势更加突出，资产负债规模更趋合理，企业治理更加规范，经营机制更加灵活，创新驱动发展富有成效，国际化经营稳步推进，风险管控能力显著增强，国有资本效益明显提高，实现由注重规模扩张向注重提升质量效益转变。要以供给侧结构性改革为主线，贯彻扩大国内需求、满足国内需求为主的方针，并从国内经营为主向国内外经营并重转变。

实现上述目标，应统筹做好“巩固加强、创新发展、重组整合、清理退出”等四个方面的工作。巩固加强，就是对主业处于关系国家安全和国民经济命脉的重要行业和关键领域、主要承担国家重大专项任务的国有企业，要保证国有资本投入，保持国有资本的控股地位，支持非国有资本参股；创新发展，就是要搭建调整重组平台、科技创新平台、国际化经营平台，推动产业集聚和转型升级，促进战略性新兴产业发展，增强国有企业参与国际市场竞争的能力，在国家产业升级优化中继续发挥主导作用；重组整合，就是推进国有企业强强联合、专业化整合、内部资源整合和并购重组，实现国有资本优化配置；清理退出，就是通过大力化解过剩产能、清理处置长期亏损企业和低效无效资产、退出不具有发展优势的非主业、剥离企业办社会职能和解决历史遗留问题等措施，解决好国有企业“退得出”的问题。

在此基础上，党的十九大提出：“要完善各类国有资产管理体制，改革国有资本授权经营体制，加快国有经济布局优化、结构调整、战略性重组，促进国有资产保值增值，推动国有资本做强做优做大，有效防止国有资产流失。”党的二十大进一步提出：“深化国资国企改革，加快国有经济布局优化和结构调整，推动国有资本和国有企业做强做优做大，提升企业核心竞争力。”按照党的二十大的要求，国有经济的结构调整将遵循三条主线：一是进一步围绕服务国家战略，推动国有经济向关系国家安全、国民经济命脉和国计民生的重要行业和关键领域、重点基础设施集中，优化国有经济布局，有效发挥国有经济整体功能作用；二是推动国有资本形态转换和结构调整，支持创新发展前瞻性战略产业，加快处置低效无效资产，淘汰落后产能，提高国有资本配置效率；三是推动国有企业战略性重组，聚焦发展实体经济，突出主业、做强主业。

第二节 国有企业改革

一、国有企业改革的历程

国有企业是我国国有经济的主要载体，是我国国民经济的支柱，发挥国有经济的主导作用，必须重视国有企业的作用。

在传统的计划经济体制中，企业不是独立的商品生产者，企业生产什么、生产多少和如何生产都主要由国家指令性计划来管理。针对这种情况，1978 年召开的党的十一届三中全会的公报指出："现在我国经济管理体制的一个严重缺点是权力过于集中，应该有领导地大胆下放，让地方和工农业企业在国家统一计划的指导下有更多的经营管理自主权"。随着改革开放的不断深入，国有企业改革作为整个经济体制改革的中心环节也不断向前迈进，大体经历了放权让利、两权分离、建立现代企业制度、国有经济布局战略调整四个阶段。

1979—1984 年，国有企业改革迈出了市场化的第一步。这一阶段主要是通过扩大企业经营自主权，实行利润留成、利润包干等措施，调动企业完成计划和增产增收的积极性。通过这一阶段的改革，企业有了一定的生产自主权，开始成为独立的利益主体，企业和职工的积极性都有所提高，并在传统计划经济体制上打开了一个缺口。但是，扩大企业自主权的改革思路是在计划经济的框框下进行的，企业还没有成为真正独立的商品生产者。

1984 年 10 月召开的党的十二届三中全会通过的《中共中央关于经济体制改革的决定》提出，全面推进以增强企业活力，特别是增强国有大中型企业活力为中心的、以城市为重点的经济体制改革，并重新确立了国有企业改革的目标，这就是：要使企业真正成为相对独立的经济实体，成为自主经营、自负盈亏的社会主义商品生产者和经营者，具有自我改造和自我发展的能力，成为具有一定权利和义务的法人。围绕着这一改革目标，从 1984 年底开始，我国国有企业改革进入了一个新的发展阶段，改革的目标是实现所有权和经营权的两权分离，减少和取消指令性计划，使国有企业向市场主体转变。

1992 年 10 月召开的党的十四大提出，我国经济体制改革的目标是建立社会主义市场经济体制，并要求围绕社会主义市场经济体制的建立加快经济改革步伐。1993 年党的十四届三中全会通过的《中共中央关于建立社会主义市场经济体制若干问题的决定》指出，我国国有企业改革的方向是建立**现代企业制度**，并把现代企业制度概括为适应市场经济和社会化大生产要求的产权清晰、权责明确、政企分开、管理科学的企业制度，要求通过建立现代企业制度，使企业成为自主经营、自负盈亏、自我发展、自我约束的法人实体和市场竞争主体。这使得我国国有企业改革又经历了一次重大飞跃。

1997 年党的十五大后，国有企业的改革有了新的发展。1999 年党的十五届四中全会通过的《中共中央关于国有企业改革和发展若干重大问题的决定》明确地指出："从战略上调整国有经济布局，要同产业结构的优化升级和所有制结构的调整完善结合起来，坚持有进有退，有所为有所不为。"2002 年党的十六大报告进一步强调："继续调整国有经济的布局和结构，改革国有资产管理体制，是深化经济体制改革的重大任务。"2007 年党的十七大报告提出：要"深化国有企业公司制股份制改革，健全现代企业制度，优化国有经济布局和结构"。这一阶段改革的基本战略是把国有企业的战略调整与制度创新相结合。一方面，根据国有经济的主导地位调整国有经济的战略布局，加强国有经济对重点部门的控制力，而在其他部门则逐步降低国有企业的比重，有进有退，有所为有所不为；另一方面，在调整国有经济布局的同时，深化国有企业改革，通过股份制改造，建立现代企业制度，使国有企业与市场经济更好地结合起来。

党的十八大以后，中国特色社会主义进入新时代，国有企业改革也进入了新阶段。2012 年党的十八大报告指出，要“深化国有企业改革，完善各类国有资产管理体制，推动国有资本更多投向关系国家安全和国民经济命脉的重要行业和关键领域，不断增强国有经济活力、控制力、影响力”。2015 年 8 月 24 日发布的《中共中央、国务院关于深化国有企业改革的指导意见》对深化国有企业改革进行了全面的部署，强调以解放和发展社会生产力为标准，以提高国有资本效率、增强国有企业活力为中心，完善产权清晰、权责明确、政企分开、管理科学的现代企业制度，完善国有资产监管体制，防止国有资产流失，全面推进依法治企，加强和改进党对国有企业的领导，做强做优做大国有企业，不断增强国有经济活力、控制力、影响力、抗风险能力。

党的十九大明确了新时代国有企业改革的方向和任务，提出要完善各类国有资产管理体制，改革国有资本授权经营体制，加快国有经济布局优化、结构调整、战略性重组，促进国有资产保值增值，推动国有资本做强做优做大，有效防止国有资产流失。深化国有企业改革，发展混合所有制经济，培育具有全球竞争力的世界一流企业。党的十九届四中全会通过的《中共中央关于坚持和完善中国特色社会主义制度、推进国家治理体系和治理能力现代化若干重大问题的决定》继续明确提出：探索公有制多种实现形式，推进国有经济布局优化和结构调整，发展混合所有制经济，增强国有经济竞争力、创新力、控制力、影响力、抗风险能力，做强做优做大国有资本。深化国有企业改革，完善中国特色现代企业制度。形成以管资本为主的国有资产监管体制，有效发挥国有资本投资、运营公司功能作用。这为新时代国有企业改革指明了方向、提供了根本遵循。

2020 年，中央全面深化改革委员会制定了《国企改革三年行动方案（2020—2022 年）》，对完善中国特色现代企业制度、积极稳妥深化混合所有制改革、加快健全市场化经营机制、优化国有资本布局、推动国有资本战略性重组和专业化整合、完善国有资产监管体制等方面进行了部署。目前，这一改革行动方案已取得了明显成效，具体来说：一是形成了更加成熟更加定型的中国特色现代企业制度和国资监管体制，公司制改制全面完成，党的领导与公司治理实现了有机统一，国资监管体制更趋成熟完善。二是进一步推动了国有经济布局优化和结构调整，2022 年，中央企业数量已从十年前的 117 户调整至 98 户，涉及战略安全、产业引领、国计民生、公共服务等重点领域的营业收入占比超过 70%。三是明显提高了国有企业活力和效率，国有企业劳动、人事、分配制度改革在更大范围、更深层次展开：加快实施了市场化用工制度、全面推行了经理层成员任期制和契约化管理、推动完善了按业绩贡献决定薪酬的分配机制。

党的二十大对国有企业改革提出了新的要求，即：“深化国资国企改革，加快国有经济布局优化和结构调整，推动国有资本和国有企业做强做优做大，提升企业核心竞争力。”“完善中国特色现代企业制度，弘扬企业家精神，加快建设世界一流企业。”这一方面体现了与既有国有企业改革历程在整体思路上的一脉相承，也体现出了在重点工作和使命任务方面的新变化。在国企三年改革目标任务已经基本完成的背景下，国有资产管理体制建设完善目标已经实现，未来国有企业改革的工作重心，一是加快国有经济布局优化和结构调整，二是完善中国特色现代企业制度，而改革的核心目标则是提升企业核心竞争力、建设世界一流企业。

二、中国特色现代企业制度的基本特征

建立中国特色现代企业制度是国有企业特别是国有大中型企业改革的目标。**中国特色现代企业制度**有四个基本特征。

（一）产权清晰

这里讲的产权清晰，是指出资者与作为法人的企业之间产权关系的清晰。出资者是企业财产的最终所有者，拥有出资者所有权，企业拥有法人财产权。企业中的国有资产所有权属于国家，企业拥有包括国家在内的出资者投资形成的全部**法人财产权**。在全部法人财产中，既有国家出资形成的财产，也有非国家出资者出资形成的财产。非国家出资者出资形成的财产，最终所有权不属于国家。现代企业有的是国家独自出资的企业，有的是国有和非国有的经济实体或法人及个人共同出资的企业。这种法人财产既不是由国家支配和使用，也不是由某一非国家出资的经济实体、法人或个人支配和使用，只有作为法人的企业对它所拥有的全部法人财产才完全有权支配和使用。同时作为法人的企业享有民事权利，即对任何部门、单位和个人损害企业经济利益的行为，有权依法向法院起诉；企业也要承担民事责任，企业如有损害其他部门、单位和个人经济利益的行为，被损害了经济利益者可向法院起诉企业，企业必须依法赔偿受损害者的损失。

（二）权责明确

权责明确，是出资者的权责和企业的权责之间应有明确的划分和规定。出资者的权利是，出资者按投入企业的资本享有所有者权益和对企业债务负有限责任。出资者把资本投入企业，按所出资本额的多少享有相应的收益权，出资多的分得的利润部分也多，出资少的分得的利润部分也少。出资者对企业生产经营的重大问题，如企业的生产经营方向、企业扩大或压缩某种商品的生产规模、企业留利的分配等，享有决策权，也享有通过适当的方式选择企业管理者的权利。出资者的责任是，出资者投入的资本所兴办的企业实行有限责任公司和股份有限公司形式时，如果企业因经营不善而亏损或破产，出资者也只以其投入的资本额对企业的债务承担有限责任，这对出资者是有利的。

企业的权利是，企业法人有权以其全部法人财产，依法自主经营，自负盈亏。企业的责任是，企业要对国家和经济单位、法人及个人出资者承担资产的保值增值责任，并遵守国家法律，照章纳税，合法经营。

（三）政企分开

实行政企分开，即政府管理职能与企业行为分开，企业享有自主经营的权利，政府不能直接干预企业的正常生产经营活动。企业在市场上进行竞争，优胜劣汰，长期亏损、资不抵债的企业，应依法破产。

（四）管理科学

企业管理的好坏，对于企业生产经营的效果，以及企业的盈利或亏损，有着极其重要的意义。所以，企业要建立科学的企业领导体制和组织管理制度，以调节出资者和经营者及职工之间的关系，在企业内部要完善激励机制，使这种机制能调动各方面生产经营的积极性，同时，必须建立起约束机制，使所有者、经营者和职工受到应有的制约，齐心协力地把企业的生产经营搞好。

三、国有大中型企业的公司制改革

我国建立中国特色现代企业制度，要对国有大中型企业实行规范的公司制改革，除极少数必须由国家独资经营的企业外，大多数国有大中型企业要改制为多元股东持股的公司。

把一些国有大中型企业改为公司制企业，应依据《中华人民共和国公司法》（以下简称《公司法》）进行。按出资的构成和出资者对公司债务所承担的义务，公司制企业分为有限责任公司和股份有限公司两类。

有限责任公司，是由 2 个以上、50 个以下的股东共同出资设立的。股东的出资要达到《公司法》规定的按公司从事经营内容的不同所应达到的出资数额。股东共同制定出公司章程。在制定的公司章程中，应载明《公司法》对这类公司的有关规定和生产经营事项。

国务院确定的生产特殊产品的公司或者属于特定行业的公司，即关系国民经济命脉和国家安全的大型国有企业、重要基础设施和开发重要自然资源的企业，应当改组为国有独资公司形式。国有独资公司的章程，由国家授权投资的机构或者国家授权的部门依照《公司法》制定，或由董事会制定，报国家授权投资机构或授权部门批准。在制定的公司章程中，应载明《公司法》对国有独资公司的各种有关规定和生产经营事项。

股份有限公司的设立，可以采取发起人发起设立的方式和发起人募集设立的方式。采取发起人发起方式设立的股份有限公司，发起人应当有 5 人以上，半数以上在中国境内有住所；发起人应认购公司发行的全部股票。采取发起人募集方式设立的股份有限公司，由发起人认购公司应发行股票的一部分，其余部分向社会公开募集。发起人应制定出股份有限公司的章程，在制定的股份有限公司章程中，应载明《公司法》中对股份有限公司的各种规定和生产经营事项。由此可以看出有限责任公司和股份有限公司因股东出资方式和成立方式的不同而不同，但在性质上没有本质的区别。至于国有股权在公司中占有多少份额比较合适，可按不同产业和股权分散程度区别对待。生产某些特殊产品的公司，即支柱产业和基础产业中的骨干企业，应由国有资产控股；其他一些企业，国有资产参股，并吸收非国有资本入股，以扩大国有经济的主导作用和影响范围。在股份公司中，国有股以一定数量的资本支配更多数量的集体企业的资本和一些非公有企业及个人的资本，能增强国有经济的支配力和实力。

在对国有企业进行改革和改组的过程中，把现有的一些国有大中型企业改革和改组为有限责任公司和股份有限公司制企业，资产仍归国有的是国有公司。也需要把现有全国性行业总公司逐步改组为控股公司，发展一批以公有制为主体，以资产联结为纽带的跨地区、跨行业、跨所有制与跨国经营的大公司和大型企业集团。发展大型企业集团，在我国现时经济条件下，只能以国有企业为主体。在大企业集团内，必须理顺集团内部的组织结构关系，使母公司、分公司、子公司的全体职工团结协作，发挥大企业集团的优势，促进产业结构调整，搞好规模效益，以市场为导向，加快新技术、新产品开发，创造出驰名中外的名牌产品，增强国际竞争能力。

四、国有企业的法人治理结构

国有企业在进行股份制改造后，就在所有者与经营者之间形成了委托-代理关系，即国有资产管理机构作为所有者的代表委托企业经营者有效经营国有资产，实现国有资产的保值增值。在这种条件下，企业经营效率的高低主要取决于企业内部的法人治理结构。

现代企业制度要建立和完善公司的法人治理结构。**法人治理结构**是由股东大会、董事会、经理层和监事会组成的一种制度安排和运行机制。建立法人治理结构是为了处理由于企业所有权与经营权分离而产生的委托-代理关系，即股东与董事会之间，以及董事会与经理层之间的关系。法人治理结构是现代公司制企业的核心，具有各司其职、权责明确、有效制衡、运转协调的特征，有利于从企业内部建立起运转机制、约束机制和激励机制。

有限责任公司和股份有限公司的权力机构是股东大会。股东大会由全体股东参加。有限责任公司和股份有限公司的股东大会权力基本上相同，主要职权是：决定公司经营方针和投资计划；选举和更换非由职工代表担任的董事、监事，决定有关董事、监事的报酬事项；审议批准董事会和监事会或者监事的报告；审议批准公司年度财务预算方案和决算方案；审议批准公司的利润分配方案和亏损弥补方案；对公司增加或减少注册资本作出决议；对公司发行债券作出决定；对公司合并、分立、解散和清算等事项作出决议；修改公司章程；公司章程规定的其他职权。

有限责任公司设董事会，其成员为3～13人，但是股东人数较少或者规模较小的有限责任公司，可以设一名执行董事，不设董事会。股份有限公司设董事会，其成员为5～19人。有限责任公司和股份有限公司的董事任期由公司章程规定，但每届任期不超过3年，任期届满，可连选连任。董事会对股东会负责，行使以下职权：负责召集股东会议，并向股东报告工作；执行股东会的决议；决定公司的经营计划和投资方案；制定公司的年度财务预算方案、决算方案；制定公司的利润分配方案和亏损弥补方案；制定公司增加或者减少注册资本以及发行公司债券的方案；制定公司合并、分立、解散或者变更公司形式的方案；决定公司内部管理机构的设置；决定聘任或解聘公司经理及其报酬事项，并根据经理的提名决定聘任或解聘公司副经理、财务负责人及其报酬事项；制定公司的基本管理制度；公司章程规定的其他职权。有限责任公司、国有独资公司、股份有限公司的经理都由董事会决定聘任或解聘。公司经理对董事会负责，主持公司日常的生产经营管理工作，组织实施董事会决议。

公司职工依照《中华人民共和国工会法》组织工会，开展工会活动，维护职工合法权益。公司工会代表职工就职工的劳动报酬、工作时间、福利、保险和劳动安全卫生等事项依法与公司签订集体合同。公司依照宪法和有关法律的规定，通过职工代表大会或者其他形式，实行民主管理。公司研究决定改制以及经营方面的重大问题、制定重要的规章制度时，应当听取公司工会的意见，并通过职工代表大会或者其他形式听取职工的意见和建议。

有限责任公司和股份有限公司设监事会，其成员不得少于三人。股东人数较少或者规模较小的有限责任公司，可以设一至两名监事，不设监事会。监事会应当包括股东代表和适当比例的公司职工代表，其中职工代表的比例不得低于三分之一，具体比例由公司章程规定。监事的任期每届为三年，监事任期届满，连选可以连任。监事会、不设监事会的公司的监事行使下列职权：检查公司财务；对董事、高级管理人员执行公司职务的行为进行监督，对违反法律、行政法规、公司章程或者股东会决议的董事、高级管理人员提出罢免的建议；当董事、高级管理人员的行为损害公司的利益时，要求董事、高级管理人员予以纠正；提议召开临时股东会会议，在董事会不履行《公司法》规定的召集和主持股东会会议职责时召集和主持股东会会议；向股东会会议提出提案；依照有关规定对董事、高级管理人员提起诉讼；公司章程规定的其他职权。监事可以列席董事会会议，并对董事会决议事项提出质询或者建议。监事会、不设监事会的公司的监事发现公司经营情况异常，可以进行调查。

国有独资公司的特别规定包括以下内容。国有独资公司不设股东会，由国有资产监督管理机构行使股东会职权。国有资产监督管理机构可以授权公司董事会行使股东会的部分职权，决定公司的相关重大事项。国有独资公司设董事会，董事会成员中应当有公司职工代表，董事会成员由国有资产监督管理机构委派，但是董事会成员中的职工代表由公司职工代表大会选举产生。国有独资公司设经理，由董事会聘任或者解聘。国有独资公司监事会成员不得少于五人，其中职工代表的比例不得低于三分之一，监事会成员由国有资产监督管理机构委派，但是，监事会成员中的职工代表由公司职工代表大会选举产生。监事会主席由国有资产监督管理机构从监事会成员中指定。

在现代企业的法人治理结构中，最重要的问题是如何使作为代理人的高层经理在合理的激励与约束条件下，既享有与现代市场竞争相适应的充分经营管理权，又尽职尽责地履行代理人的义务，实现委托人利益最大化。如何建立对经营者有效的激励约束机制是企业法人治理结构的难点。

激励问题的核心是如何衡量经营者的贡献，按照他们的业绩确定报酬。一般来说，企业家的贡献通过他的经营管理工作，从总体产出如企业的产出量、利润率、资产增值状况等方面予以衡量；而企业经营者的报酬则包括工资、奖金、福利、职位消费等。此外，还有一些企业通过给予经营者一定的财产权如股票等来激励经营者努力工作。

约束机制的核心是建立合理的产权结构和分配制度，完善内部治理结构，在所有者、经营者和生产者之间形成相互合作、自我约束、相互制衡的机制。

完善企业的法人治理结构还需要形成完善的市场竞争环境，这主要包括三个方面的内容：一是形成完善的产品市场；二是形成完善的资本市场；三是形成完善的经理市场。完善的市场机制和有效的竞争环境，一方面可以通过市场竞争中的优胜劣汰，对企业经理人员的行为产生最为有效的激励和约束，减少其“偷懒行为”；另一方面可以使所有者对经营者的监督和管理具有比较充分的公开的信息依据，减少信息不对称问题，并为建立有效的企业治理结构创造良好的条件。

五、完善中国特色现代企业制度

上述这些方面体现的是现代企业法人治理结构的一般特点。在中国特色社会主义经济中，国有企业不仅要遵循企业治理的一般规律，而且要体现企业治理的中国特色。党的十九届四中全会明确提出，“深化国有企业改革，完善中国特色现代企业制度”。党的二十大进一步要求，“完善中国特色现代企业制度，弘扬企业家精神，加快建设世界一流企业”。

什么是中国特色现代企业制度？“现代”主要体现在公司治理的一般性特点上，而“特色”则体现在坚持党对国有企业的领导这一重大原则上。习近平总书记强调：“中国特色现代国有企业制度，‘特’就特在把党的领导融入公司治理各环节，把企业党组织内嵌到公司治理结构之中，明确和落实党组织在公司法人治理结构中的法定地位，做到组织落实、干部到位、职责明确、监督严格。”① 这种制度安排是中国所独有的，是与国外现代企业制度的重要区别，也是对现代企业制度的重大创新。

国有企业是中国特色社会主义的重要物质基础和政治基础，是我们党执政兴国的重要支柱和依靠力量。党对国有企业的领导是政治领导、思想领导、组织领导的有机统一。国有企业党组织发挥领导核心和政治核心作用，归结到一点，就是把方向、管大局、保落实。坚持党对国有企业的领导，完善中国特色现代企业制度，就必须将党组织的地位和作用在公司治理结构中明朗化和制度化，通过合理的制度设计，明确党组织在决策、执行、监督各环节的权责和工作方式，使党组织发挥作用组织化、制度化、具体化，同时要处理好党组织和其他治理主体的关系，明确权责边界，做到无缝衔接，形成各司其职、各负其责、协调运转、有效制衡的公司治理机制。

第一，要明确党组织在国有企业法人治理结构中的法定地位，将党建工作总体要求纳入国有企业章程，明确党组织在企业决策、执行、监督各环节的权责和工作方式，使党组织成为企业法人治理结构的有机组成部分。要充分发挥党组织的领导核心和政治核心作用，领导企业思想政治工作，支持董事会、监事会、经理层依法履行职责，保证党和国家方针政策的贯彻执行。

第二，要充分发挥纪检监察、巡视、审计等监督作用，国有企业董事、监事、经理层中的党员每年要定期向党组（党委）报告个人履职和廉洁自律情况。上级党组织对国有企业纪检组组长（纪委书记）实行委派制度和定期轮岗制度，纪检组组长（纪委书记）

① 习近平在全国国有企业党的建设工作会议上强调 坚持党对国有企业的领导不动摇 开创国有企业党的建设新局面. 人民日报，2016-10-12.

要坚持原则、强化监督。纪检组组长（纪委书记）可列席董事会和董事会专门委员会的会议。

第三，积极探索党管干部原则与董事会选聘经营管理人员有机结合的途径和方法。坚持和完善双向进入、交叉任职的领导体制；党组（党委）书记、董事长一般由一人担任，推进中央企业党组（党委）专职副书记进入董事会。在董事会选聘经理层成员工作中，上级党组织及其组织部门、国有资产监管机构党委应当发挥确定标准、规范程序、参与考察、推荐人选等作用。

完善中国特色现代企业制度，还必须坚持全心全意依靠工人阶级的方针。要健全以职工代表大会为基本形式的民主管理制度，推进厂务公开、业务公开，落实职工群众知情权、参与权、表达权、监督权，充分调动工人阶级的积极性、主动性、创造性。企业在重大决策上要听取职工意见，涉及职工切身利益的重大问题必须经过职代会审议。要坚持和完善职工董事制度、职工监事制度，鼓励职工代表有序参与公司治理。

第三节　国有资产管理体制

一、改革和完善国有资产管理体制

建立完善的国有资产管理体制是深化国有企业改革的一个重要方面。国家作为生产资料的所有者、政权机关，与作为宏观经济管理者的性质、职能和运行方式是不同的，但是，在传统经济体制中，国家的这三种职能是合而为一的，这造成了政企不分、政资不分。就国家所有权的行使来说，存在的主要问题是，国家所有权主要被各级行政管理部门分割，结果既造成了政资不分、政企不分、行政垄断，又造成了多头负责、条块分割。改革开放以来，政企不分的状况得到很大改变，党的十六大总结了改革开放以来国有资产管理体制改革的丰富经验，对国有资产管理体制改革的战略进行了新的部署。其主要精神是：

（1）在坚持国家所有的前提下，充分发挥中央政府和地方政府两个积极性。国家要制定法律法规，建立中央政府和地方政府分别代表国家履行出资人职责，享有所有者权益，权利、义务和责任相统一，管资产和管人、管事相结合的国有资产管理体制。

（2）关系国民经济命脉和国家安全的大型国有企业、基础设施和重要自然资源等，由中央政府代表国家履行出资人职责。其他国有资产由地方政府代表国家履行出资人职责。

（3）中央政府和省、市（地）两级地方政府设立国有资产监督管理委员会，专司国有资产的管理，包括运营和监督。

（4）各级政府严格执行国有资产管理的法律法规，坚持政企分开，实行所有权和经营权分离，使企业自主经营、自负盈亏，实现国有资产保值增值。

成立国有资产监督管理委员会，实现政资分开，是完善国有资产管理体制的重要步骤。国有资产监督管理委员会作为国有资产的所有者代表，根据国家的授权对国有资产进行监管，依法履行出资人的职责，监督企业实现国有资产保值增值，防止国有资产流失，保证出资人各项权利的充分行使和所有者权益的充分实现。按照权利、义务和责任相统一，管资产和管人、管事相结合的原则，国有资产监督管理委员会的主要职责是：（1）依照《公司法》等法律、法规，对所出资企业履行出资人职责，维护所有者权益；（2）指导推进国有及国有控股企业的改革和重组；（3）依照规定向所出资企业委派监事；（4）依照法定程序对所出资企业的企业负责人进行任免、考核，并根据考核结果对其进行奖惩；（5）通过统计、稽核等方式对企业国有资产的保值增值情况进行监管；（6）履行出资人的其他职责和承办本级政府交办的其他事项。国务院国有资产监督管理机构除上述规定职责外，可以制定企业国有资产监督管理的规章、制度。

党的十八大明确提出要“完善各类国有资产管理体制”，这既是对党的十六大以来国有资产管理体制改革取得成效的充分肯定，也是对进一步加强各类国有资产监管作出的重要部署。2015年9月，中共中央、国务院印发了《中共中央、国务院关于深化国有企业改革的指导意见》，就改革和完善现代企业制度、国有资产管理体制等提出了一系列重要的指导意见。总的方向是：坚持和完善社会主义基本经济制度，坚持社会主义市场经济改革方向，适应市场化、现代化、国际化新形势，以解放和发展社会生产力为标准，以提高国有资本效率、增强国有企业活力为中心，完善产权清晰、权责明确、政企分开、管理科学的现代企业制度，完善国有资产监管体制，防止国有资产流失，全面推进依法治企，加强和改进党对国有企业的领导，做强做优做大国有企业，不断增强国有经济活力、控制力、影响力、抗风险能力，主动适应和引领经济发展新常态，为促进经济社会持续健康发展、实现中华民族伟大复兴中国梦作出积极贡献。2015年11月，国务院印发了《国务院关于改革和完善国有资产管理体制的若干意见》，就改革和完善国有资产管理体制提出了一系列重要的指导意见。总的方向是：坚持和完善社会主义基本经济制度，坚持社会主义市场经济改革方向，尊重市场经济规律和企业发展规律，正确处理好政府与市场的关系，以管资本为主加强国有资产监管，改革国有资本授权经营体制，真正确立国有企业的市场主体地位，推进国有资产监管机构职能转变，适应市场化、现代化、国际化新形势和经济发展新常态，不断增强国有经济活力、控制力、影响力和抗风险能力。这两个意见从推进国有资产监管机构职能转变、改革国有资本授权经营体制、提高国有资本配置和运营效率等几个方面对改革和完善国有资产管理体制的重点作出了部署，主要包括：以管资本为主推进国有资产监管机构职能转变，国有资产监管机构要准确把握依法履行出资人职责的定位，科学界定国有资本所有权和经营权边界，建立监管权力清单和责任清单；改进与创新监管方式和手段，更多运用法治化、市场化的监管方式，切实减少出资人审批核准事项，改变行政化管理方式，针对企业不同功能定位，实施更加精准有效的分类监管；改革国有资本授权经营体制，改组组建国有资本投资、运营公司，明确国有资产监管机构与国有资本投资、运营公司的关系，界定国有资本投资、运营公司与所出资企业的关系，深化国有资本投资运营公司综合性改革，探索有效的运营模式，发挥国有资本市场化运作的专业平台作用；建立国有资本布局和结构调整机制，建立健全国有资本收益管理制度；建立健全各类国有资产监管法律法规体系，实现国有资产监管的制度化、规范化和系统化；稳步推进经营性国有资产集中统一监管。

二、建立国有资产经营责任制度

要实现国有资产的保值增值，必须建立起一套科学有效、严格的国有资产经营责任制度。

首先是建立国有资本经营预算制度。**国有资本经营预算制度**是社会主义国家以国有资产所有者身份依法取得国有资本经营收入和安排国有资本支出的专门财政预算，是政府财政预算的重要组成部分。实行国有资本经营预算是国有资产监督管理机构履行出资人职责的重要方式，是调整国有经济布局和结构的重要手段，是对国有资本管理和运营进行评价考核的重要方面。国有资本预算管理的对象是国有资本收益，管理的目的是实现国有资本保值增值，它与一般的公共预算性质不同。

其次是完善**国有资本收益分享制度**。在国家与企业的分配关系上，国家以政权机关和生产资料的所有者两种不同的身份与企业发生关系。在前一种场合下，国家以政治上层建筑和公共行政权力的身份，以税收这种无偿、强制的形式参与企业收入分配过程，获取一部分公共收入，目的是满足国防、治安、行政等公共需要，以保证国家政权的正常运转。在后一种场合下，国家是以所有者的身份介入经济关系和经济生活的内部，从整体上对社会的再生产过程进行统一的调节。国家作为生产资料的所有者从企业获得的收入实质上就是所有权收益，是资本所有权在经济上的实现。在我国，中央企业自 2007 年起开展向财政上缴国有资本收益的试点工作。国务院从 2011 年起将 5 个中央部门（单位）和 2 个企业集团所属共 1 631 户企业纳入中央国有资本经营预算实施范围，同时适当提高中央企业国有资本收益收取比例，其中资源类中央企业国有资本收益收取比例由 10％提高到 15％，一般竞争类中央企业收取比例由 5％提高到 10％，军工科研类企业收取 5％。党的十八届三中全会通过的《中共中央关于全面深化改革若干重大问题的决定》提出，提高国有资本收益上缴公共财政比例，2020 年提到 30％，更多用于保障和改善民生。目前，这一比例要求已经实现，未来仍有进一步提高的空间。

再次是建立企业经营业绩考核体系。**企业经营业绩考核体系**是国有资产监督管理机构依法对所出资企业的经营业绩进行考核的一系列指标所构成的综合体系，是年度考核与任期考核相结合、结果考核与过程评价相统一、业绩考核与奖惩和分配紧密挂钩的国有资产业绩考核制度。实行企业经营业绩考核是实行国有资产经营目标管理和落实国有资产经营责任制度的重要手段，有利于提高国有资产的经营效率和竞争能力。

最后是建立、完善企业经营者的激励和约束机制。实行规范的年薪制、奖励制等多种薪酬方式，以形成有利于最大限度实现国有资产保值增值目标的激励体系。根据绩效考核和评价结果对企业负责人进行奖惩。强化企业内部约束，完善法人治理结构，形成股东大会、董事会、监事会、总经理之间分权制衡机制和企业内部财务预算硬约束机制；严格实行企业重大决策失误责任追究制度，建立健全企业风险内控机制。

三、完善国有资本授权经营制度

完善**国有资本授权经营制度**是深化国有资产管理体制改革的一项重要任务。授权经营是指国有资产出资人将由其行使的部分权利授予其所出资企业中具备条件的国有独资企业、国有独资公司行使。被授权企业对其全资、控股、参股企业中的国有资产依法进行经营、管理和监督，并承担保值增值责任。被授权经营的企业可以是从事生产经营的大公司、大企业集团，也可以是国有资产控股公司、国有资产经营公司、国有资产投资公司和金融资产管理公司等。实行国有资本授权经营制度的好处有：

第一，有利于明确国有资产投资主体，明晰国有企业的产权关系。实行国有资本授权经营可以把国有资产的所有权职能从政府的行政管理和宏观调节的职能中分离出来，这既有利于明确国有资产的所有权主体以及与此相关的权利和责任，解决所有权缺位问题，同时又有利于避免政府行政部门对企业活动的直接干预，实现政资之间和政企之间较大程度的分离。

第二，有利于实现国有资本与市场机制的结合，充分提高国有资本的配置效率。实行国有资本授权经营之后，国有企业的产权关系表现为股权关系，国有资本的投资主要表现为股权投资，这就为国有资本进入市场奠定了制度基础。通过国有控股公司不断进行的股权组合和调整，国有资产可以打破条块分割的限制，按照市场机制的要求实现在不同行业间的转移和流动，提高国有资本的配置效率。

第三，实行国有资本授权经营有利于更好地实施抓大放小的政策和战略，把政府的作用与市场机制的作用结合起来。通过组建各种形式的授权经营公司，国家既可以集中力量对国有大型企业集团和控股公司进行有效的监督管理，充分发挥国有企业的作用，又可以把大量的国有资产经营活动交给企业和市场，更好地发挥市场机制的作用。

四、加强对国有资产的民主监督与管理

社会主义公有制是全体人民共同占有生产资料的一种所有制形式，公有制的性质要求其管理过程必须充分体现全体人民的共同利益和共同意志。在现实经济中，国有资产管理中存在一些薄弱环节和不足之处，如在一些部门和企业，领导人权力约束不力、以权谋私现象时有发生，有些垄断企业收入过高、重大决策不够规范等，引起了群众的不满。这些问题的产生与国有资产管理中的民主监督机制不健全有关。因此，要健全以管资本为主的国有资产监管体制，创新和加强对国有资产管理过程的民主监督，创新和完善人民群众参与国有资产管理的体制机制。从宏观上，要加强各级人民代表大会以及人民群众对各级政府管理部门和国有企业的监督，保证国有资产管理决策更加民主，更体现全体人民的共同利益；从微观上，要加强国有企业内部劳动者对企业经营管理的民主监督，完善职工代表大会制度及其他制度，实行民主管理，维护职工合法权益。

本章重要名词概念

社会主义国有企业	商业类国有企业	公益类国有企业
现代企业制度	中国特色现代企业制度	法人财产权
有限责任公司	股份有限公司	法人治理结构
国有资本经营预算制度	国有资本收益分享制度	企业经营业绩考核体系
国有资本授权经营制度		

思考题

1. 为什么社会主义国有企业是商品生产和经营的基本经济单位？
2. 怎样认识国有企业的重要地位和作用？
3. 为什么要调整和怎样调整国有经济的布局和结构？
4. 建立现代企业制度为什么是我国国有企业改革的方向？
5. 中国特色现代企业制度的基本特征是什么？
6. 为什么要建立和怎样完善国有企业的法人治理结构？
7. 如何改革和完善国有资产管理体制？

本章练习

第十六章
社会主义初级阶段的国民收入分配

本章重点

1. 社会主义国民收入的初次分配、再分配和第三次分配
2. 社会主义的积累和消费
3. 我国现阶段分配中的效率与公平
4. 我国的社会保障制度及其改革

社会主义国民收入被创造出来以后，要经过一系列复杂的分配过程，包括国民收入的初次分配、再分配和第三次分配，最后形成各种基金，用以满足社会和个人的各种需要。在国民收入分配中要正确处理效率与公平的关系。社会保障则是通过国民收入再分配而形成的一种分配关系。

第一节　社会主义国民收入的初次分配、再分配和第三次分配

一、社会总产品和国民收入

（一）社会总产品及其构成

社会主义社会的**社会总产品**，是社会在一定时期（通常为一年）内所生产的全部物质资料的总和。社会总产品中既包含用来满足社会生产所需要的生产资料，又包含用来满足个人和社会所需要的生活资料。社会总产品是各个生产部门、分部门、行业和企业所生产的产品的总和。

社会总产品的结构，就是各个生产部门所生产的产品在总产品中所占的比例。社会总产品的构成从实物形态看，既有生产资料，又有消费资料。生产资料用来补偿在过去的生产中已经消耗掉的生产资料，补偿以后的剩余部分作为积累用于扩大生产规模。消费资料用来补偿已经消费掉的消费资料，多余部分用来进一步提高劳动者个人和社会集体的物质文化生活水平，有一部分也用于积累。

社会总产品的构成从价值形态看，是物化在总产品中的社会劳动量。耗费在总产品中的社会劳动量，是由物化劳动和活劳动构成的，它所形成的社会总产品的价值，包括

在生产过程中消耗掉并转移到产品中的生产资料的价值（c）、劳动者在为自己劳动的时间内所创造的价值（v）、劳动者在为社会劳动的时间内所创造的价值（m），其中后两部分（v+m）是劳动者的活劳动新创造的价值。

（二）国民收入

在社会总产品中包括国民收入。国民收入是由物质生产部门的劳动者在新生产过程中创造的，它在物质形态上是扣除了一年内在生产过程中已经消耗掉的生产资料后的那一部分社会总产品，这部分社会总产品就是劳动者在一年内重新生产的全部消费资料和用于扩大再生产、增加储备的那一部分生产资料。国民收入在价值形态上是在一年内由活劳动创造的新价值。在社会总产品的价值中，扣除掉一年内消耗掉的生产资料价值之后，余下的那部分价值就是当年创造的新价值，即**国民收入**，也就是 v+m。

国民收入分为两部分：一部分是物质生产领域劳动者在为自己劳动的时间内创造的，这部分国民收入是物质生产领域（包括物质生产过程在流通领域里继续的部分）的劳动者消费资金的来源，用来满足和提高这部分劳动者物质文化生活的需要。另一部分是物质生产领域劳动者在为社会劳动的时间内创造的，这部分国民收入中的消费资料用来满足和提高非物质生产领域劳动者及社会的物质文化生活的需要；有相当大的部分是生产资料，用来增加积累，进行扩大再生产，以及建立使扩大再生产顺利进行的社会储备和社会保证基金；还必须有一部分用于国家管理及发展教育、科技、文化、卫生、环保和体育事业。

增加国民收入的途径有三条：（1）增加生产中的劳动量，主要是增加投入生产的劳动者人数。由于我国人力资源比较丰富，这条增加国民收入的途径仍然有着现实意义。（2）提高劳动生产率。采用新技术，提高劳动者的技术水平，改善经营管理，改进劳动组织、工艺过程以及提高劳动生产率，能在相同时间内生产出更多的产品，从而也就能创造出更多以实物形态和按可比价格计算的国民收入。提高劳动生产率，应是增加国民收入的主要途径，它能使每个居民平均占有的物质财富增加。（3）节约使用固定资金和流动资金。在社会总产品一定的情况下，节约使用固定资金和流动资金，就意味着社会总产品中的国民收入部分得到增加。

（三）国民生产总值和国内生产总值

国民生产总值（GNP）和**国内生产总值**（GDP）是国际上通常使用的反映一国经济增长水平和经济活动总成果的重要综合性经济指标，是指一个国家（或地区）的国民经济各部门在一定时期（一般为一年）内以货币表现的全部社会最终产品和劳务价值的总和。

我国计算的 GNP 或 GDP，相当于国民收入加上国民经济各部门的固定资产折旧费，再加上各个非物质生产部门的工资、利润、利息、租金、税金等纯收入的价值。

GNP 与 GDP 的不同之处在于，GNP 包括本国居民在国外凭财产和劳务所获得的收入，但不包括在本国内外国居民凭财产和劳务所获得的收入。而 GDP 则是将本国国土范围内所有的本国和外国居民所获得的收入都计算在内，但不包括本国居民在国外所获得的收入。

二、社会主义国民收入的初次分配

社会主义国民收入的分配过程可分为初次分配、再分配、第三次分配三个层次。党的二十大强调指出，要“构建初次分配、再分配、第三次分配协调配套的制度体系”，充分发挥国民收入分配作为促进共同富裕的基础性制度的重要作用。

首先分析国民收入的初次分配。

国民收入是由物质生产部门的企业的劳动者创造出来的，所以，**国民收入的初次分配**是指在物质资料生产部门内部对国民收入进行的分配。由于社会主义初级阶段存在着多种所有制形式和多种经营方式，因而国民收入的初次分配在所有制性质不同和经营方式不同的企业是以不同的形式进行的。

全民所有制生产性企业的劳动者在一年内所创造的产品价值总和，扣除生产过程中耗费的原料、燃料、辅助材料以及固定资产的折旧等生产资料的价值以后，剩余的部分就是该企业劳动者所创造出来的国民收入，一般称为企业净产值。目前我国全民所有制生产性企业的经营方式不一样，因此，其初次分配的情况不尽相同。

实行经营承包责任制的国有企业一年内所创造的国民收入在初次分配中分为三部分：一部分以税金和利润的形式按承包的数额，按期上缴国家财政，形成国家集中的纯收入；一部分以企业基金的形式，留归企业用于发展企业生产、举办集体福利事业和奖励职工；还有一部分以工资的形式分配给企业职工，作为职工的劳动收入。

在实行国有控股的股份制企业中，企业一年中所创造的国民收入在初次分配中分为四个部分：一部分以工资的形式分配给企业职工，作为职工的劳动收入；一部分以税金的形式上缴国家，成为国家集中的纯收入；另外两部分是企业的税后利润，其一是用于生产积累的公积金，其二是按持有股份比例向股东分派的股息（包括现金派息与股票派息）。

社会主义集体所有制生产性企业包括城镇集体所有制企业和农村集体所有制企业。城镇集体所有制生产性企业一年内创造的国民收入通过初次分配分为四部分：一部分以税金的形式上缴国家，作为国家集中的纯收入；一部分以合作事业基金的形式上缴主管部门和集资单位，用于发展本部门和本集资单位的扩大再生产和集体福利事业；一部分以企业基金的形式留给企业支配，用于企业发展生产、举办集体福利事业和奖励职工等；还有一部分以工资的形式分配给职工个人，用于满足其生活需要。

目前，我国农村集体所有制经济基本上是实行家庭承包经营制。农民承包集体土地所生产的农副产品，以承包户为单位进行分配。承包户按承包合同预先确定的集体提留数额将一部分产品上缴集体，剩余的部分全部归自己所有。在归农民所有的产品中，扣除当年耗费的生产资料后便是承包户的净收入。净收入的一部分用于满足农民家庭消费，另一部分作为积累用于扩大再生产。

改革开放以来，我国城乡个体经济发展迅速。个体经济所创造的国民收入，一部分以税金的形式上缴国家，剩下的归自己所有。归己所有的一部分用来满足家庭消费需要，另一部分作为积累用于扩大再生产。我国现阶段还存在私营企业，以及中外合资、中外合作和外商独资企业。它们创造的国民收入在初次分配中，一部分以税金的形式上缴国家；另一部分以工资的形式作为雇工的劳动报酬；剩下的是企业利润，归企业主和投资者所有和支配。

国民收入的初次分配是同我国存在多种经济成分和多种经营方式相联系的。尽管国民收入的初次分配是在所有制性质不同的企业以不同形式进行的，但都涉及国家、企业、投资者和劳动者个人之间的物质利益，四者各自在国民收入初次分配中所占的份额，必须体现对四者的利益统筹兼顾、合理安排的原则。总之，国民收入的初次分配要兼顾目前利益和长远利益，兼顾国家、集体、投资者和劳动者各方的利益，兼顾效率与公平。

三、社会主义国民收入的再分配

国民收入的再分配，是指国民收入在初次分配的基础上，进而在整个社会范围内的分配。国民收入之所以必须进行再分配，是因为：

第一，社会主义社会除了生产领域外，还有非生产领域，如文化部门、教育部门、卫生部门、国家行政与国防部门、社会团体等。它们所进行的活动虽然不创造社会总产品和国民收入，但对物质资料生产的发展却是十分重要的，是社会化大生产必不可少的。这些部门的发展对满足人们日益增长的文化生活需要、实现充分就业、发展市场经济、搞活经济都至关重要。而上述部门所需要的物质资料和各种耗费、资金、职工的工资等，必须通过国民收入的再分配才能得到满足。

第二，为了促进社会生产力既能较快地又能平衡协调地发展，需要进行国民收入的再分配。在社会主义市场经济条件下，经济建设的投资实现了多元化，但国家投资仍占重要的部分，同时我国各地区之间、各产业之间发展是不平衡的。为了保证国家重点建设，加强薄弱环节、推进乡村振兴，加快经济落后地区与少数民族地区和边疆地区的经济发展，特别是加快社会主义新农村建设，必须由国家通过国民收入的再分配，把一部分国民收入有目的、有计划地分配到有关部门和地区。

第三，社会上一部分劳动者的劳务收入是通过收取服务报酬的形式，从物质生产部门劳动者在国民收入初次分配中得到的个人收入中转移过来的，因而属于国民收入的再分配。

第四，为了应付突发事故和各种自然灾害，需要建立社会后备基金，这也要通过国民收入的再分配来实现。

第五，为了保证劳动者的健康和全面发展，解决劳动者的暂时困难，保障丧失劳动能力的劳动者和残疾者的生活需要等，国家必须举办各种社会福利事业，建立社会保障基金，这也主要是借助于国民收入再分配实现的。

社会主义国民收入的再分配，主要通过下列途径和形式来进行。

第一，国家预算。**国家预算**是指经过法定程序审核批准的国家年度集中性财政收支计划，也是国民收入再分配的一个重要渠道。国家预算反映整个国家的政策，规定了政府活动的范围和方向。经过国民收入的初次分配，国家财政机关把各企业上缴的税金和利润集中起来，形成国家的预算收入，然后以预算支出的形式，将其有计划地用于社会管理、扩大再生产和非生产部门的费用开支，以及建立社会后备基金和社会保障基金等。

第二，劳务费用。在社会经济生活中，各种非生产性劳务提供服务性劳动，以满足人们生活的需要。享受这种服务的人们要以自己在初次分配或再分配中所取得的收入支付劳务费用，从而使一部分国民收入向这些非生产性劳务部门转移，实现国民收入的再分配。

第三，价格杠杆。商品价格的高低将直接影响有关当事人的收入分配。例如，农产品价格上升或农用生产资料价格降低会相应增加农业的收入；消费品价格上升或降低会减少或增加居民的实际收入；生产资料或消费品价格的变化会影响生产不同产品的企业的收入。

第四，银行信贷。在市场经济条件下，信贷也是一种资金和收入再分配的重要手段。银行等信贷机构通过存款吸收社会闲置资金，通过贷款把资金借给有关单位和个人，这就在一定时期内起到了资金再分配的作用。同时，银行的存款和贷款的利息差额，也使一部分国民收入在银行、企业和个人之间进行再分配。随着市场经济的发展，信贷、利息日益显示出在国民收入再分配中的重要作用。

四、发挥第三次分配的作用，发展慈善等社会公益事业

国民收入的第三次分配是指通过社会慈善等社会公益事业所进行的分配活动，覆盖扶贫、济困、扶老、救孤、恤病、助残、优抚、救灾，以及促进科教、文卫、体育等领域事业的发展。它是在政府的倡导和支持下，由民间团体和个人自愿组织开展的，是一种不求回报、不以营利为目的对社会资源和社会财富进行的分配活动。第三次分配所开展的慈善等社会公益事业，其主要特征是以社会成员的慈善心为其道德基础，以社会团体和个人所募集和自愿捐献的资金和物资为其经济来源，以济困扶弱、恤幼养老、解助危难为其分配活动的基本对象，以自愿无偿、不求回报、助人为乐为其分配活动的基本原则。①

党的十九届四中全会提出“重视发挥第三次分配作用，发展慈善等社会公益事业”，这就从根本上明确了第三次分配在我国经济和社会发展中的重要地位。这是继2016年《中华人民共和国慈善法》颁布实施后，进一步释放出新时代党和国家大力发展公益慈善事业，对收入分配格局进行调节的重大信号，成为建设更有优势的分配制度、发展中国特色社会主义公益慈善事业、走向共同富裕的重要举措。党的二十大进一步指出，要“引导、支持有意愿有能力的企业、社会组织和个人积极参与公益慈善事业”。

国民收入的第三次分配是助力解决贫困问题、缩小收入差距、促进共同富裕的重要手段，是关系经济发展和国家治理的重要制度安排。重视发挥第三次分配的作用，发展慈善等社会公益事业具有重要意义。

---

① 国民收入的第三次分配，并不是指国民收入分配在时间顺序上的排列，并非全部发生在国民收入初次分配和再分配之后，如有的慈善捐赠活动及由此产生的税收减免，可以发生在国民收入的再分配之前。

第一，可以有效化解社会矛盾。我国在市场经济条件下，存在着影响经济社会发展的多种因素，导致了一些发展不平衡不充分的突出问题，收入分配差距依然较大，民生领域有不少短板，群众在就业、教育、医疗、居住、养老等方面仍面临不少问题，社会矛盾和问题交织叠加，社会文明水平尚需提高。发挥第三次分配的作用，发展慈善等社会公益事业，不仅有利于改善收入分配，创造更为均衡的发展，还能够化解社会矛盾、提升社会和谐和文明程度，从而有利于经济社会可持续发展。

第二，是对国民收入初次分配与再分配的有益补充。在市场主导下的初次分配不可避免地会带来社会成员收入差距的扩大，特别是按生产要素的贡献进行分配，更使得社会收入差距拉大。再分配由政府调节，由于各种条件的限制，政府调节方式和调节效果也会有不足之处。第三次分配既有助于克服市场机制分配所带来的弊端，又能在一定程度上弥补政府调节机制的不足。此外，由于第三次分配是基于团体和个人自觉自愿的行为，可以深入社会的每个角落和细微生活的方方面面，充满了温暖和友爱，所以，第三次分配通常被称为“温柔之手”，不仅可以对初次分配和再分配的结果进行弥补，而且是对市场和政府相对硬性的分配方式的柔性调节，因此是对初次分配和再分配的有益补充。

第三，有助于弘扬中华民族优良传统文化，践行社会主义核心价值观。第三次分配不仅弥补了各种正式社会保障制度安排的缺漏，而且具有弘扬中华民族优良传统文化和提升公众社会责任和社会公德的功能，扮演着积极促进互助友爱、提升文明道德水平、践行社会主义核心价值观的重要角色。在进入中国特色社会主义建设新时代后，我们迫切需要传承好、弘扬好这些传统美德，把中华民族传统美德和社会主义核心价值观有机结合起来。

发展慈善等社会公益事业，要建立具有良好社会声望、具有较强专业能力、治理结构完善、梯次分工合理的现代慈善组织。要严格落实法律责任，遵循和完善慈善法等各项规定，加强规范和管理。要鼓励和提倡慈善事业的发展，加强各类慈善组织的公信力。

第二节　社会主义的积累和消费

一、积累基金和消费基金的构成

社会主义国民收入经过初次分配、再分配和第三次分配以后，从收入主体来看，可以分为四部分：一是归社会主义国家支配的资金；二是归企业支配的资金；三是投资者的收益；四是劳动者个人的收入。从最终用途来看，可以归纳为积累基金和消费基金两大部分。

- 国民收入
  - 积累基金
    - 生产性积累
    - 非生产性积累
    - 社会后备基金
  - 消费基金
    - 社会消费基金
    - 个人消费基金
    - 社会保障基金

积累基金是生产部门的劳动者在为社会劳动的时间内所创造的用来追加生产资金的那部分国民收入。在积累基金中，一部分用来增加工业、农业、商业、交通运输业和为生产服务的技术研发机构的固定资金，由这些物质生产部门购买固定资产，如建筑厂房，购置机器设备、仓库，开办商店，修建道路，以及购置技术研发单位所用的仪器设备、房屋和运输工具，等等；另一部分用来增加工业、农业、交通运输业和技术研发机构的流动资金，由这些物质生产部门购买更多的原料、燃料和辅助材料。在有机构成不变的条件下，还要有一部分积累基金用于增加劳动者的消费基金。剩下的积累基金用于增加储备，以防止自然灾害或其他事故给生产造成的困难和生产中可能出现的薄弱环节，使生产能够按比例地协调发展。

在一些教材和实际经济工作中，把国家机关、国防部门以及文化、卫生机构用来建筑房屋、置办设备的费用，划为积累基金，把这些建筑物和设备的建设称作积累。① 按照马克思主义关于积累的理论，这部分积累只是国民财富的积累。用于这种非生产性基本建设的基金，是耐用消费基金的一部分。只有直接用于扩大再生产和为扩大再生产服务的建设费用，才是本来意义上的生产性积累基金。

消费基金是生产部门的劳动者创造的另一部分国民收入，用来满足劳动者个人及社会公共的消费需要。物质生产部门的劳动者在为自己劳动的时间内所创造的价值，用来满足他们个人和家属物质文化生活的需要。物质生产部门的劳动者在为社会劳动的时间内所创造的价值中，有一部分用来满足非生产部门的劳动者即文化教育、卫生、行政管理和国防等部门劳动者的个人需要，还要有一部分用来满足社会公共需要，即文化教育、卫生、福利、行政管理和国防等机构进行活动所需要的基金。

积累基金和消费基金既然是国民收入的两部分，那么所有能够提高国民收入的因素也都能够提高积累基金和消费基金的数量。国民收入增加了，积累基金和消费基金都有可能随之增加。

二、积累基金和消费基金的关系

在社会主义条件下，以生产资料公有制为基础的积累基金和消费基金，都是用来为社会全体成员谋利益的。消费基金直接用于满足劳动者个人和社会的需要，而劳动者的物质文化生活需要得到满足，他们的文化和科学技术水平得到提高，又能调动劳动者的劳动积极性，从而能促进劳动生产率的提高，这就会增加积累基金，促进生产规模的扩大。积累基金用于扩大再生产，而扩大再生产的成果还是为了用于满足劳动者个人和社会将来的需要。因此积累基金和消费基金，从其发展的结果来看，都起着促进扩大再生产和满足劳动者不断增长的物质文化生活需要的作用。从根本上说，积累基金和消费基金的作用是一致的。但是，这并不是说二者之间没有矛盾。积累基金所反映的是全体劳动者长远的利益，消费基金所反映的则是劳动者目前的利益。在国民收入为一个既

---

① 用于这方面的基金，国家机关不可能再收回来并投入再生产过程，更不可能用这部分基金去进行扩大再生产，所以，不是生产性的积累。

定量的条件下，如果用于扩大再生产的积累基金过多，用于满足劳动者物质文化生活需要的消费基金就会减少，使劳动者的物质文化生活水平长期得不到提高，必定会影响劳动者的劳动积极性，挫伤他们的劳动热情，从而必然会降低生产发展的速度。绝不能认为大量增加积累基金而不顾劳动者的生活需要，就能使生产得到很快的发展。当然，消费基金过多，积累基金过少，也不能使生产得到应有的发展，这样也会影响劳动者将来的物质文化生活水平的提高。因此，积累基金和消费基金之间的分配比例必须适当。

积累基金和消费基金的比例关系，在正常的条件下应当是：积累基金能够保证进行扩大再生产，消费基金能够保证劳动者的物质文化生活水平得到逐步提高。积累基金的最低限额是使生产能在原有基础上有所扩大，积累基金的最高限额不能影响劳动者物质文化生活水平在一个生产周期内应有的逐步提高；在生产发展的基础上，消费基金的最低限额应使劳动者的消费水平比上一个生产周期有所提高，消费基金的最高限额不能影响下一个生产周期的必要的扩大再生产。在生产发展和国民收入增加的基础上，积累基金和消费基金都必须有所增加。在生产发展水平一定的条件下，应根据实践经验，及时调整积累基金和消费基金在国民收入中所占的比例，使积累基金和消费基金的比例既能保证全体居民的生活水平有适当的提高，又能保证扩大再生产的逐渐发展。

积累基金和消费基金是国民收入中的生产资料和消费资料的货币表现。因此，积累基金和消费基金的比例必须与国民收入中的生产资料和消费资料的比例相适应，而且要使积累基金的增加与生产资料的增长相适应，使消费基金的增加与消费资料的增长相适应。如果积累基金的增加超过了生产资料生产的增长，就会出现生产资料供应不足，使得企业停工待料，或者把用于简单再生产的生产资料转用于基本建设，使得原有企业的简单再生产也不能正常进行。这时就必须动用一部分生产资料的储备，来克服投资与生产资料供应之间的不平衡。相反，如果积累基金的增加过少，低于生产资料生产的增长，那么除去多留一部分储备外，会使一部分生产资料积压起来，不能在扩大再生产中发挥作用，从而减缓国民经济发展的速度。对于一部分积压的生产资料，应该用增加投资的办法，使其很快投入扩大再生产。同样，如果消费基金的增加超过了消费资料生产的增长，居民占有的货币量增加了，购买力提高了，这时就需要动用消费资料的储备来投入市场，否则就会出现消费资料供不应求，消费品供应紧张的现象，甚至引起物价上涨，从而影响广大人民群众的实际收入。如果消费基金的增加不是使全体劳动者取得的货币量都有所增加，那么消费品价格的上涨就会引起货币收入没有增加的劳动者的生活水平下降。当然，也不能使消费基金的增加低于消费资料生产的增长。消费基金的数量增加得少，劳动者的货币收入少，他们的购买力就低，这就会使一部分已经生产出来的消费品销售不出去，造成积压，影响这些企业的扩大再生产。总之，积累基金和消费基金只有同生产资料和消费资料的生产相适应，才能既起到促进扩大再生产又提高全体居民生活水平的作用。

第三节 社会主义初级阶段分配中的效率与公平

一、效率与公平的基本含义及其关系

这里所说的**"效率"**，是资源配置和利用效率的简称。经济学研究资源配置和利用，效率是其中心问题。从宏观来看，效率是指社会资源的合理配置，通过将社会资源合乎比例地分配到社会各部门、各地区和各企业，使有限的社会资源被有效地加以利用，从而取得最好的效益。从微观来看，效率是指经济组织在既定的投入和技术的约束下使人们的需要尽可能得到最大满足的经济资源利用状态，也就是生产要素的投入与产出效果的最佳比率，即生产要素的最佳投入产出率。市场机制是现代社会资源配置的有效工具，强调效率重要，必须让市场在资源配置中发挥决定性作用，由市场来决定各种生产要素的价格，促进降低成本和提高效益，从而决定居民的劳动收入和资产收益的水平。

收入分配公平，从我国现阶段存在以按劳分配为主体的多种分配方式来看，既包括人们的投入与收入公平，又包括分配结果公平和分配机会公平。投入与收入公平是指人们的各种投入，包括劳动、经营、知识、信息、数据、科技、资本等方面的投入，应与其收入达到适度平衡，使投入的变化与收入的变化相适应。结果公平是指社会各阶层成员的收入总体上既应保持合理的收入差距，不能搞平均分配，又不能使收入差距过大，高低悬殊。机会公平指人们在生活、自由和追求幸福的权利平等的基础上，有公平的机会选择从事不同的经济活动，在经济活动中有公平的机会按其贡献获得相应的报酬，有公平的机会消费社会产品、积累个人财富和获取经济成就。一般认为，机会公平更重要。因为如果只强调结果公平，就会抑制人们的积极性、创造性。

在社会主义制度下，效率与公平是辩证统一的关系。在我国社会主义初级阶段的个人收入分配中，必须兼顾效率与公平，以效率促进公平，以公平实现效率，实现效率与公平的有机统一。在建立和完善社会主义市场经济体制的过程中，既要发挥市场机制的优点，通过市场优化资源配置，提高经济效率，又要防止市场经济的自发运行引发过度的分配不公，扩大收入分配差距。既要效率又要公平的途径主要是贯彻按劳分配为主体与按生产要素分配相结合的收入分配制度，构建初次分配、再分配、第三次分配协调配套制度体系，并通过政府干预来修补市场机制这只"看不见的手"的缺陷，政府所能采取的措施主要有实行累进的个人所得税、完善社会保障制度、对低收入者给予补贴等。

二、合理调节收入分配关系、处理好效率与公平的关系

党的十八大指出："初次分配和再分配都要兼顾效率和公平，再分配更加注重公平。"这表明，我们放弃了过去多年在分配领域中实行的"效率优先，兼顾公平"的原则，强调了效率和公平的结合与兼顾，特别是在国民收入再分配领域中要更加重视公平，对效率与公平关系的认识进一步深化。同时，党的十八大还提出，在国民收入分配中要"提

高居民收入在国民收入分配中的比重，提高劳动报酬在初次分配中的比重”，为此强调要完善初次分配机制和健全再分配调节机制。

我国调整收入分配关系，是由于我国经济发展的形势有了明显的变化，经过四十多年的改革，人民的生活水平有了很大提高，但居民收入差距过大，需要加以扭转。我国是社会主义国家，最终理想是消除两极分化、实现共同富裕。在收入分配方面要坚持兼顾效率与公平的原则，更加注重社会公平，为此要做到：

(1) 坚持基本分配制度。坚持按劳分配为主体、多种分配方式并存的收入分配制度，完善劳动、资本、信息、数据、技术、管理等要素参与分配的初次分配体制机制，保持初次分配、再分配和第三次分配调节并重。

(2) 逐步缩小收入分配差距。通过以税收、社会保障、转移支付为主要手段的国民收入再分配机制，调节城乡之间、区域之间、行业之间、居民之间的收入差距，大幅减少低收入人口，增加低收入者的收入，持续扩大中等收入人群，调节过高收入，履行好政府再分配调节职能，加快推进基本公共服务均等化，尽快缩小收入差距。

(3) 规范收入分配秩序。完善收入分配调节机制和政策体系，建立个人收入和财产信息系统，健全收入分配税收体系和监管制度，鼓励勤劳守法致富，保护合法收入，清理规范隐性收入，遏制以权力、行政垄断等非市场因素获取收入，取缔非法收入，形成公正、公开、公平的收入分配秩序。

(4) 形成合理有序的分配格局。努力实现居民收入增长和经济发展同步，劳动报酬增长和劳动生产率增长同步。逐步提高居民收入在国民收入分配中的比重、劳动报酬在初次分配中的比重以及社会保障和就业等民生支出占财政收入的比重。拓宽居民劳动收入和财产性收入渠道。努力实现城乡居民收入总体水平的稳步提高，形成“橄榄型”收入分配格局。

第四节　我国的社会保障制度

一、社会保障制度的基本内容

社会保障是通过国民收入再分配而形成的一种分配关系。社会保障行为最早表现为社会互助、灾荒救济以及慈善事业等。随着社会的发展、政府职能的增加，政府将一些社会保障行为制度化，便产生了社会保障制度。**社会保障制度**是指由政府制定的，旨在对社会成员因生病、生育、年老或暂时失去谋生机会而遇到自身无法解决的困难，提供必要社会帮助的各种制度规定的总称。社会保障制度由一系列社会保障项目组成社会保障体系来体现，**社会保障体系**一般包括以下保障项目：社会保险（养老保险、医疗保险、失业保险、工伤保险等）、社会救济、社会福利、优抚安置、社会互助、个人储蓄积累保障等。社会保障的项目、保障范围、保障水平取决于多种因素，这些因素包括经济因素、政治因素、民族文化传统因素等。但最根本的因素是经济因素，离开了社会的物质经济基础，社会保障就是一句空话，因为各项社会保障的支出归根到底是社会国民生产总值的扣除，属于社会物质财富的再分配。

二、建立社会保障制度的必要性

党的二十大报告明确指出：“社会保障体系是人民生活的安全网和社会运行的稳定器。”社会保障从最早的社会互助行为逐渐发展成为由一系列社会保障项目组成的社会保障体系，形成社会保障制度，其基本原因就在于，社会保障制度是促进经济与社会发展的必要条件。

第一，社会保障制度的建立和健全，是社会稳定的重要保证。社会的稳定取决于多个因素，但一个最根本的因素就是社会成员要饥有所食、寒有所衣、学有所教、劳有所得、病有所医、住有所居、老有所养。任何一个社会，若上述这一根本条件不具备，就必然会出现社会动荡不安。社会保障制度越健全、社会保障体系越完善，社会稳定就越有保证。

第二，社会保障制度的建立和健全，有利于缩小社会贫富差距，实现社会公平。社会保障的支出来源于国内生产总值，属于再分配的范畴，通过这种再分配，社会成员可以得到基本生活保障，从全社会来说，这就有利于缩小社会贫富差距，在一定程度上缓解社会矛盾，有利于实现社会公平。

第三，社会保障制度的建立和健全，是建立市场经济体制必须具备的条件。市场经济体制要求各种生产要素能够自由流动，在劳动力流动过程中，劳动者往往有一个接受新职业的培训和待业过程，这段时间的基本生活需要就要依靠社会保障制度来满足。另外，在市场经济条件下，企业中年老或丧失劳动能力的职工的生活和医疗需要也要通过社会保障制度来满足。

社会保障制度的建立和健全，对于社会主义社会来说，意义更为重要。因为社会主义社会是以公有制为基础的社会，劳动人民是社会的主人，社会的生产目的是满足劳动人民的物质文化生活需要，这种需要以劳动人民得到基本生活保障和健康保障为起点，这在社会主义初级阶段尤其重要。

三、我国社会保障制度的改革与完善

（一）我国社会保障制度改革的必要性

加快我国社会保障制度的改革，是建立社会主义市场经济体制的重要环节。

第一，我国原有的社会保障制度存在严重弊端，它越来越不能适应我国经济与社会发展的需要。具体来说这些弊端是：（1）社会保障范围过窄。绝大部分的保障项目只限于国有企事业单位和国家机关的职工。（2）保障项目不全。原有计划经济体制下没有失业保险项目。（3）保障经费来源单一。保障经费全部由国有企事业单位负担，一些经营困难企业的职工的基本医疗得不到保障，离退休人员的养老金也难以按时发放。（4）社会保障工作不是由社会来办，而是由企事业单位自己办，形成了企事业单位办社会，影响了企事业单位的生产经营和本职工作。（5）社会保障制度不健全，管理不完善，致使仅有的一些保障项目如医疗保险等浪费很大。

第二，我国原有的社会保障制度已成为我国经济体制改革深化的重要障碍。随着我国国有企业改革的深化，一部分企业必然会面临改组和调整，或在市场竞争中被兼并或破产，从而会出现职工下岗失业现象，而失业问题不解决，又会导致社会的不稳定。由于我国原有的社会保障制度难以解决这一问题，所以必须加快我国社会保障制度的改革。

第三，改革原有的社会保障制度，建立起适应社会主义市场经济需要的社会保障制度，是我国建立社会主义市场经济体制的必要条件。社会主义市场经济体制要求社会经济资源的配置由市场起决定性作用。资源配置的一项重要内容就是劳动力的有效配置，由市场引导劳动力合理流动，而离开了失业、医疗、工伤等保险，市场机制对劳动力配置的作用就难以实现。

（二）建立公平可持续的社会保障制度

我国要建立健全同经济发展水平相适应的覆盖全民、统筹城乡、公平统一、安全规范、可持续的多层次的社会保障体系，这是社会稳定和国家长治久安的重要保证。构建符合我国国情的社会保障体系的基本框架，是我国健全社会保障体系的重要内容，这一基本框架应由三部分构成：（1）由国家财政支撑的社会保险项目，这类项目包括社会救济、社会福利、优抚安置、社会服务等；（2）由国家法律强制实行，主要项目由国家、企业、职工三方负担的社会保险，包括养老、医疗、失业、工伤、生育等保险项目，还有需要加入的住房公积金制度，这是社会保障体系的主体部分；（3）遵循自愿原则，由企业和个人出资，主要由商业保险公司经办的补充保险和个人储蓄保险，以及非营利性的社会互助保险等，这是社会保险的补充。

我国加强和完善社会保障体系需要做好以下几项工作。

第一，加快完善社会养老保险制度。发展多层次、多支柱养老保险体系。坚持社会统筹和个人账户相结合的基本养老保险制度，健全多缴多得原则，确保参保人权益。全面落实城镇职工基本养老保险省级统筹，实现基础养老金全国统筹，切实做好城镇职工基本养老保险关系转移接续工作。逐步推进城乡养老保障制度有效衔接。发挥商业保险的补充性作用。继续充实全国社会保障基金，积极稳妥地推进养老基金投资运营。适当降低社会保险费率。

第二，加强社会救助体系建设。完善城乡最低生活保障制度，规范管理，分类施保，实现应保尽保。健全低保标准动态调整机制，合理提高低保标准和补助水平。加强城乡低保与最低工资、失业保险和扶贫开发等政策的衔接。提高农村五保供养水平。做好自然灾害救助工作。

第三，积极发展社会福利和慈善事业。以扶老、助残、救孤、济困为重点，逐步拓展社会福利的保障范围，推动社会福利由补缺型向适度普惠型转变，逐步提高国民福利水平。坚持家庭、社区和福利机构相结合，逐步健全社会福利服务体系，推动福利服务社会化。加强对残疾人、孤儿的社会保障制度和关爱福利服务。加强优抚安置工作。加快发展慈善事业，增强全社会慈善意识，积极培育慈善组织。

第四，完善基本医疗卫生制度。按照保基本、强基层、建机制的要求，增加财政投入，深化医药卫生体制改革，建立健全基本医疗卫生制度，加快医疗卫生事业的发展。要加强公共卫生服务体系和城乡医疗服务体系建设，健全医疗保障体系，完善大病保险和医疗救助体系，落实异地就医结算，建立长期护理保险制度，积极发展商业医疗保险，完善药品供应保障体系，积极稳妥地推进公立医院改革。

第五，扩大社会保险覆盖面，健全基本养老、基本医疗保险筹资和待遇调整机制，推动基本医疗保险、失业保险、工伤保险省级统筹。

第六，提高住房保障水平。坚持房子是用来住的、不是用来炒的定位，加快建立多主体供给、多渠道保障、租购并举的住房制度。逐步形成总量基本平衡、结构基本合理、房价与消费能力基本适应的住房供需格局。加快构建以政府为主提供基本保障、以市场为主满足多层次需求的住房供应体系。加大保障性住房供给，重点发展公共租赁住房，逐步使其成为保障性住房的主体。

本章重要名词概念

国民收入的初次分配　　国民收入的再分配　　国家预算

国民收入的第三次分配　　积累基金　　消费基金

效率　　收入分配公平　　社会保障制度

社会保障体系

思考题

1. 什么是国民收入的初次分配？
2. 进行国民收入再分配的原因和途径是什么？
3. 国民收入第三次分配的作用是什么？
4. 怎样认识社会主义积累和消费的相互关系？
5. 如何正确认识和处理我国收入分配中的效率与公平的关系？
6. 社会保障制度的基本内容是什么？
7. 怎样认识我国建立和健全社会保障制度的重要意义？

本章练习

第十七章

社会主义商品流通、货币金融和财政

本章重点

1. 商品流通在社会主义经济运行中的重要地位和作用
2. 培育和完善社会主义市场体系，构建全国统一大市场
3. 社会主义货币流通
4. 社会主义价格体系和价格形成机制
5. 社会主义信贷和利息
6. 社会主义银行和金融
7. 社会主义财政的性质和作用

本章考察社会主义条件下的商品流通、货币流通、金融和财政，相应地分析社会主义市场体系和价格问题，分别阐明它们在社会主义国民经济中的地位和作用。

第一节　商品流通在社会主义经济中的地位和作用

一、商品流通在社会主义经济中的地位

社会再生产是一个生产、分配、交换、消费四个环节循环往复的运动过程。这四个环节在再生产运动的总过程中紧密联系、互相制约，组成一个有机的整体。在这个统一体内，生产发挥着决定性作用，而分配、交换、消费又反作用于生产，限制或促进生产的发展。流通是从总体上看的交换，流通在社会再生产过程中处于生产和消费的中间环节，是联结生产和消费的桥梁。在社会主义市场经济条件下，只有借助于商品流通，才能建立起各生产部门之间、各企业之间特别是工业和农业之间、城市和乡村之间、社会和个人之间以及本国和外国之间的经济联系。可见，商品流通在社会再生产各个环节中有着十分重要的地位。

社会主义生产资金的运动要经过生产前的商品购买阶段（即企业购买生产资料和劳动者购买生活资料的阶段）、生产阶段和生产后的商品销售阶段。生产前和生产后的两个阶段都是商品流通过程。马克思把这两个阶段所构成的流通称为“总流通”或“总流通过程”，它包括商品流通和与之相对应的货币流通。这个总流通过程对整个社会再生产和

社会主义市场经济运行具有重要影响。

从三次产业变动的趋势来看，第三产业的比重呈现出不断提高的趋势。在市场经济发达的国家中，第三产业所占比重都超过第一、第二产业的总和。而商品流通业和服务业作为第三产业的主体，其逐步发展和在三次产业结构中比重的不断提高，表明商品流通在我国产业结构调整和优化过程中占有重要地位。

二、商品流通对社会主义经济发展的主要作用

商品流通对社会主义经济发展的主要作用表现在以下几个方面。

（1）商品流通是保证社会主义再生产正常进行、促进资源配置和生产发展的重要条件。要使社会再生产正常进行，社会总产品就必须在价值上得到补偿，在实物上得到替换，而产品价值的补偿和实物的替换都离不开流通过程。畅通的商品流通，完善的商品市场和生产要素市场，不仅使生产部门可以迅速地获得所需要的原材料、机器设备、资金、人才等生产要素，而且使其产品具有广阔的销售市场，从而推动生产的顺利进行和生产规模的扩大。此外，商品流通部门作为联系生产和消费的纽带，了解社会消费需求及其发展趋势，把消费者的需求信息及时传递给生产部门，帮助生产企业调整产品结构，提高产品质量，从而影响和指导生产的发展。

（2）商品流通是实现社会主义生产目的、丰富人民生活和提高人民生活水平的重要环节。社会主义的生产目的是满足人们不断增长的物质文化和美好生活需要，而要满足这种需要，固然首先应该把产品生产出来，但还须经过商品流通以及相伴随的货币流通，才能使人们真正得到他们所需要的各种商品和服务。流通部门组织商品的储存调运工作是否及时和对路，商品流通渠道、流通环节和网络、流通形式等流通状况如何，商业的服务观念和服务质量等，都直接关系到人们能否及时、有效地获得适合自己需要的各种商品和服务，关系到人们生活的丰富和改善。

（3）社会主义商品流通的发展能够为社会主义建设积累资金。商品流通部门通过出卖商品，在实现商品价值的同时，也实现了劳动者的剩余劳动（为社会的劳动）创造的价值即盈利，其中一部分会以税收的形式转化为积累资金。商品流通领域进行的包装、分类、运输、保管和加工等生产性劳动所创造的价值，也能为国家提供一部分积累资金。

（4）商品流通能够促进社会主义分配的实现。在社会主义市场经济条件下，国民收入的分配和个人收入分配都是通过商品流通最终实现的。国民收入分配和再分配形成积累基金和消费基金，必须通过商品流通，才能把以货币形式存在的积累基金和消费基金转化为相应的生产资料和消费资料及服务。按劳分配为主体与按生产要素分配相结合、多种分配方式并存的个人收入分配，都是通过商品货币关系进行的。人们获得的各种货币收入只有在市场上购买到各种商品和服务，个人收入分配才能最终实现。

（5）商品流通的发展能够创造更多的就业岗位。商品流通部门能够吸纳大量的人员就业，它是扩大就业领域、解决就业问题的重要渠道。

（6）加快商品流通可以提高经济效益。流通对提高经济效益的促进作用表现在两个方面：一是从流通领域本身来看，如果流通环节少，渠道多，消耗少，速度快，就可以

提高流通中的经济效率，取得较大流通效益。二是从整个社会生产过程来看，流通速度快，有利于加速社会资金周转、提高社会资金的使用效率，因而必然会使社会经济效益提高。

（7）发展商品流通有利于促进对外经济技术交流。国际经济技术交流从总体上看，就是国内流通过程的延伸。不仅商品的进出口属于流通，利用外资和对外投资、引进技术和出口技术也必须首先经过流通过程。所以，没有流通，也就没有国际经济技术交流可言。发展对外流通（对外贸易），有利于有效地利用国外的自然资源和经济资源、利用国外的人才和技术，有利于我国企业“走出去”，促进我国的社会主义现代化建设。

三、社会主义社会的商业

社会主义社会必须大力发展商品经济，而商品只有经过流通以后才能实现其价值和使用价值。社会主义社会的商业就是一个组织商品流通的经济部门。

公有制为主体、多种所有制经济共同发展，是我国社会主义初级阶段的一项基本经济制度。与此相适应，我国现阶段的商业有社会主义国有商业、集体商业和个体商业、私营商业，以及中外合资经营、中外合作经营、外资独营、各种联营商业等商业形式。

国有商业是社会主义商业的主导力量，国有商业根据市场供求关系和商品的合理流向，经过批发机构和零售环节，组织全国的商品流通，及时调节供求关系，稳定物价，做好市场供应。大量的商品掌握在国有商业手里，就可以保证社会主义生产的快速协调发展和人民生活的安定，并促进对外贸易的发展。

集体商业包括农村的供销合作社、城镇的合作商店等。它是社会主义商品流通的一个重要渠道。它具有规模小、网点多、服务方式灵活、经营品种多样、对社会需要适应性强等特点。发展集体商业，不仅可以壮大城乡集体经济，而且对于促进社会主义生产、繁荣社会主义市场、满足人民需要、支援外贸出口都有着不可忽视的重要意义。

在我国社会主义初级阶段，在社会主义市场经济中，还存在着大量非公有制商业企业。非公有制商业在满足流通领域的需要、加速物流、沟通城乡经济、促进商品流通中发挥着重要作用。非公有制商业企业主要包括私营、个体和外资三类。其中，私营商业企业和个体商业企业遍布城乡，在活跃市场、方便生活乃至增加就业等方面起到了积极作用。一些外资大商业企业不但在活跃市场、满足人民购物需求方面起到了积极作用，还带来了发达市场经济国家经营商业的理念、模式，对我国商业的发展起到了促进作用。

从商业企业的经济性质来划分，国有商业和集体商业是社会主义商业的主体，其他各种商业形式都是社会主义市场经济的重要组成部分。

从现实经济生活中的商业企业具体业务来看，我国商业的具体形式也可分为批发和零售两大类。生产企业和流通企业之间以及不同流通企业之间的大宗商品交易属于批发商业，以各种形式向消费者直接供应商品的则属于零售商业。随着经济的发展及社会与科技的进步，商业企业的具体形式也在不断变化，比如方兴未艾的通过网络进行的各种电子商务活动，包括大型电商平台、个体网店、网上直销带货等，都是在新形势下商业具体形式的发展与创新。

第二节 社会主义市场体系和构建全国统一大市场

一、加快形成现代市场体系的必要性

促进国民经济持续健康发展，完善社会主义市场经济体制，必须加快形成统一、开放、竞争、有序的现代市场体系。

市场体系是指商品市场和生产要素市场相互联系而构成的市场整体。加快形成社会主义现代市场体系是建立和完善社会主义市场经济体制的重要环节。这是因为：（1）现代市场体系是市场机制发挥作用的平台。培育和发展现代市场体系，才能有效发挥市场机制在资源配置中的决定性作用。（2）培育和发展现代市场体系，是转换企业经营机制、培育独立自主的市场主体的必要外部条件。企业生产什么、生产多少的生产经营决策，企业投资方向和投资规模的长远目标决策，都要依据市场状况和市场发展趋势来进行。健全的现代市场体系是企业真正成为自主经营、自负盈亏、自我发展、自我约束的经济实体和市场竞争主体的前提条件。（3）培育和发展现代市场体系，是健全科学的宏观调控体系的必要纽带。只有建立和健全现代市场体系，国家才能通过市场中介，间接引导企业的生产经营活动，以间接调节为主的宏观调控体系和方法才能形成。

二、现代市场体系的特征

建设统一、开放、竞争、有序的市场体系，是使市场在资源配置中起决定性作用的基础。统一、开放、竞争、有序相互联系，相辅相成，共同构成社会主义现代市场体系的基本特征，这是由社会主义制度和市场经济的本质决定的。

统一是指市场体系在全国范围内应该是统一的。一是只有在全国范围内形成统一市场，各种商品和生产要素才能在不同部门、行业、地区之间按最合理的方式自由流动，达到节约时间、降低费用、提高效率的目的。为此就要打破条块分割、地区封锁和行业垄断。二是只有商品交换在全国范围内按照统一的规则进行、全国市场按照统一的制度运作，政府监管机构才能够运用市场调节工具和监管手段，克服不同经济主体由于利益不一致而给商品流通和资源流动造成的障碍，把局部利益和整体利益统一起来。

开放是指一地对其他地区、一国对他国商品和劳务的市场准入。开放是商品经济发展的要求，伴随商品经济的发展，需要开拓和扩大市场以及地区、国家间的交流，这在客观上要求市场体系不仅对内开放，而且对外开放，这样才能利用国内国际两个市场、两种资源，在更大范围内实现资源的优化配置。同时也只有开放，才能突破对市场的分割、封锁和垄断，促进市场体系的统一。

竞争是指市场体系必须在一个公平公正的环境下运行。竞争是商品经济的实现机制和必然产物。只有通过竞争的波动从而通过商品价格的波动，商品生产的价值规律才能得到贯彻，社会必要劳动时间决定商品价值这一点才能成为现实。只有通过竞争机制和价格杠杆的功能，市场才能把资源配置到效益好的环节中去，并给企业以压力和动力，实现优胜劣汰。而竞争要求开放，在开放的市场体系中，才能有市场主体的公平竞争。

有序是指市场体系要有一定的规则来维持市场的正常秩序。社会主义市场经济从一定意义上讲是法治经济。社会主义市场经济的运行，要求有完善的法律体系和行业自律体系，用以规范市场主体和市场监管者的行为，反对不合理的行政干预，制止不正当竞争和商业欺诈，完善市场监管体系，防止市场垄断，以保护公平竞争，维护市场主体的合法利益，促进市场经济的健康稳定运行。

我国建设统一开放、竞争有序的市场体系，要实现市场准入畅通、市场开放有序、市场竞争充分、市场秩序规范，加快形成企业自主经营公平竞争、消费者自由选择自主消费、商品和要素自由流动平等交换的现代市场体系。

三、加快形成和完善现代市场体系

现代市场体系是相互联系、相互作用的各类市场的有机统一体，它既包括消费品市场和生产资料市场等**商品市场**，又包括资本市场、技术市场、劳动力市场、土地市场和信息市场等各类**生产要素市场**。在更大程度上发挥市场在资源配置中的决定性作用，必须加快形成和健全现代市场体系，以搭建市场机制发挥作用的平台。

（一）进一步发展商品市场

商品市场是市场体系的基础，是国民经济中物质商品与服务交易的基本场所和主要形式，它包括消费品市场和生产资料市场。要建立多层次、多类型、多功能的消费品市场体系，使消费品的流通高效、畅通和有序。要进一步发展和完善生产资料市场，使绝大部分生产资料作为商品进入市场流通。在重要商品的产地、销地或集散地，建立大宗农产品、工业消费品和生产资料批发市场，并规范少数商品期货市场，以便沟通产销环节、平抑供求矛盾和减少市场波动。要根据商品流通的需要，构建大中小相结合、各种经济形式和经营方式并存、功能完备的商品市场网络，推动流通现代化。

（二）大力发展生产要素市场

1. 发展多层次的金融市场

金融市场即资金融通的市场，金融市场主要有专门从事长期融资活动的资本市场和专门从事短期融资活动的货币市场。资本市场以债券和股票为信用工具，因而证券市场是资本市场的重要组成部分。货币市场主要包括银行间的同业拆借市场、票据贴现市场、票据承兑市场和期限在一年之内的短期债券市场。此外，金融市场还包括保险市场、外币市场即外汇交易市场、黄金买卖市场等。

金融市场是现代市场体系的动脉，是市场配置资源的主要形式。在我国目前阶段的各类生产要素中，就其稀缺程度来说，资本在大多数经济领域仍是最稀缺的资源，这在经济欠发达地区和广大中小企业中表现得尤为突出。发展资本市场是加快形成和完善生产要素市场的核心内容，对于提高我国的资源配置效率具有决定性意义。现在我国的资本市场尚不够健全和规范，必须加强资本市场的基础性制度建设，解决资本市场不适应经济发展的矛盾，发展多层次资本市场，大力发展证券市场、保险市场等。

2. 健全和完善统一规范的劳动力市场

劳动力市场是指劳动力进行流动和交流的场所。建立和完善统一规范的劳动力市场有利于运用市场机制特别是工资调节劳动力的供求关系，促进人才的合理流动，发展各类人才市场，实现人力资源的合理配置。我国要把开发利用和合理配置人力资源作为发展劳动力市场的出发点。要广开就业门路，更多地吸纳城镇劳动力就业。要形成城乡劳动者平等就业制度，使数以亿计的农村剩余劳动力平稳有序地向城市和向第二、第三产业转移，以提高我国的劳动生产率。据统计，农村劳动力转移到第二、第三产业，劳动生产率平均提高 4～5 倍。要发展长期工、合同工、临时工等多种就业形式，形成用人单位和劳动者双向选择、合理流动的就业机制。

3. 规范和发展房地产市场

我国的土地属于国家所有或集体所有，其所有权不转让，只实行所有权与使用权的分离，所以，我国的土地市场是进行土地使用权交易和转让的市场。土地市场包括土地一级市场（即由土地所有者有偿出让土地一定期限使用权的市场）和土地二级市场（土地使用权再转让的市场）。国家要垄断城镇土地一级市场，同时加强对土地二级市场的管理。我国地少人多，确保 18 亿亩耕地的红线不被突破，在工业化和城镇化过程中要严格控制农业用地转为非农业用地。要严格控制行政划拨用地范围。要完善土地价格形成机制，实现土地资源的市场化配置，使土地价格反映土地市场供求和土地资源的稀缺状况。要改革征地补偿办法，切实保障农民的土地权益。要深化农村土地制度改革、完善承包地“三权”（所有权、承包权、经营权）分置制度。我国要保持房产的平稳健康发展，坚持“房住不炒”的调控定位，防止投资和投机性购房。

4. 发展产权、技术、数据、信息等生产要素市场

产权包括物权、债权、股权和知识产权等各类财产权，产权是所有制的核心和主要内容。**产权市场**是指进行产权交易的市场。要依法保护各类产权，健全产权交易规则和监管制度，推动产权有序流转，保障所有市场主体的平等地位和发展权利。生产要素是商品，企业产权也是商品，能进入市场进行有偿转让。企业进行产权交易的市场，能够提供企业兼并、出售、拍卖、租赁、股权转让、闲置资产调剂等各类产权交易服务，它的发展能够活跃企业产权交易，促进企业产权的重新组合，降低重组成本，有利于建立优胜劣汰机制，优化存量资源的配置，促进产业结构的优化和行业的整合，创造新的生产力。在通过产权交易实现产权转让的过程中，要注意妥善解决被转让企业的债务问题，防止国有资产流失，并注意妥善解决被转让企业职工的安置问题，依法维护职工的利益。

要进一步发展技术、数据、信息市场。这就要求引入竞争机制，保护知识产权，实行技术成果有偿转让，实现技术产品、数据和信息商品化及产业化，完善要素价格形成机制和市场运行机制。

（三）发展市场中介组织，发挥其服务、沟通、公证、监督作用

市场中介组织可分为两大类：一是主要为商品流通提供服务和进行沟通的市场中介，

如经纪商和经纪人、信息咨询机构等；二是主要对市场运行提供公证和进行监督的市场中介，如会计师事务所、律师事务所等。市场中介组织的发展和规范程度是市场体系发育的成熟程度和现代化水平高低的标志。要积极发展独立公正、规范运作和市场认可的行业协会与专业化中介服务机构，使其在行业内发挥应有的作用。为发挥市场中介组织的积极作用，需要加强对这些机构的管理。对市场中介组织的管理一般包括立法管理、行政管理、行业管理和自律管理四个方面，同时对市场中介组织的违法行为的处理也应非常严格。在我国构建高水平社会主义市场经济体制的过程中，市场中介组织要依法通过资格认定，依据市场规则，建立自律性运行机制，承担相应的法律和经济责任，并接受政府有关部门的管理和监督。

四、社会主义市场秩序和法规

社会主义市场的正常运行，不但需要有统一的、完善的市场体系和健全的市场机制，而且需要有一整套行之有效的市场秩序和法规。

社会主义**市场秩序和法规**，是指维护市场公平竞争、保证社会主义市场正常运行的秩序及各种法律和规则的总和，是社会主义国家为规范市场和市场主体的行为所制定的具有法律意义的规则和规定，目的在于使市场主体的行为规范化，保证市场的良好经济秩序，促进市场经济的发展。

社会主义市场秩序和法规的建立有着重要的意义。（1）它可以促进市场的健康发育。市场的运行应当有完善的秩序和法规可循，使投机诈骗、牟取暴利、欺行霸市、制造和销售假冒伪劣商品的行为受到应有惩罚，这样才能使市场机制发挥作用，社会主义市场才能有序地、健康地发育和发展。（2）它有利于确保国家对市场运行实行宏观调控和对企业的经济活动实行间接调控。在市场经济条件下，国家对经济的调控，主要借助于市场机制的调节来实现，即充分发挥税收、信贷、利率、价格等经济杠杆的作用。这就需要有一套健全的市场法规，以便市场能对各种经济杠杆的变化作出有效的反应，调节企业行为和促进经济总量的平衡以使国家的间接调控意图迅速得到实现。（3）它有助于转换企业经营机制，增强企业活力。在完善的社会主义市场秩序和法规下，企业的经济行为才会有法可依，活而不乱，企业才能有效地根据市场供求和各种市场信号，灵活调节生产经营，完善经营机制，取得好的经营效果。（4）良好的市场经济秩序以及完善的社会主义市场法规，还有助于政府的廉政建设和社会风气的改进，为社会主义精神文明建设创造良好的条件。

在社会主义市场经济条件下，市场主体的经营是分散和独立进行的，但其市场行为应遵守统一的秩序和法规，这样市场才能有序地运作。良好的市场秩序是市场机制发挥作用的前提和保证。由于市场机制的作用都是通过竞争实现的，因而最基本的市场秩序就是公平竞争。围绕公平竞争的市场秩序主要有三个方面：（1）市场准入和退出秩序。这是指企业、其他单位或个人进入市场时，必须具备某些条件，遵守有关法规，包括对市场主体及其经营商品的双重制约。只有符合市场秩序要求的市场主体和商品，才可以自由地进入市场；同样，退出市场也必须有一定的规则。建立市场准入和退出秩序的目的，是使市场主体资格和商品品质规范化，这是保证市场有序运行的前提条件。（2）市场竞争秩序。这是指市场上经营者在开展竞争时，要遵守有关的一系列制度规范，核心内容和基本宗旨是保证公平交易和平等竞争。这主要包括两方面：一要严格禁止和打击各种不正当竞争行为，特别是要严禁假冒伪劣商品进入市场；二要防止市场垄断，为所有的市场主体进行公平竞争提供一个平等的环境。（3）市场交易秩序。这是指各种市场主体在进行市场交易活动时，都必须共同遵守某些交易规则，如双方必须签订并履行合同、违约必须赔偿损失等。交易行为应以诚信为本，买卖自由，不能强买强卖。

维护市场秩序，需要有政府干预，即政府制定行之有效的市场制度和法规，以促使市场主体的行为规范化，保证市场有良好的经济秩序。市场制度和法规的内容十分广泛，概括起来大体可分为三类：一是市场准入法规，二是市场行为法规，三是市场行政管理法规（详见本书第三章第一节）。这就要求依据我国社会主义初级阶段的市场实际，制定和不断完善企业法、公司法、投资法、合同法、银行法、证券法、商标法、破产法、反垄断法、禁止不正当竞争法等基本法规，使市场主体的经济行为既有法律限制和规范，又有法律保证。经过四十多年的法制建设，一个适应改革开放和社会主义市场经济发展需要的中国特色社会主义法律体系已经基本形成。随着现代化建设和社会主义市场经济的发展，它还将进一步充实和完善。

五、深化流通体制改革，构建全国统一大市场

党的二十大报告强调指出，要“构建全国统一大市场，深化要素市场化改革，建设高标准市场体系”。我国要加快建设高效规范、公平竞争、充分开放的全国统一大市场，建设高标准市场体系，全面推进我国市场由大到强的转变，为构建高水平社会主义市场经济体制提供坚强支撑。

一要强化市场基础制度规则的统一。要完善统一的产权保护制度，实行统一的市场准入制度，维护统一的公平竞争制度，健全统一的社会信用制度。

二要推进市场设施高标准联通。要建设现代流通网络，完善市场信息交互渠道，推动交易平台优化升级。

三要打造统一的要素和资源市场。要健全和培育城乡统一的土地和劳动力市场、资本市场、技术和数据市场、能源市场、生态环境市场。

四要推进商品和服务市场高水平统一。要健全商品质量市场、完善标准和计量体系、全面提升消费服务质量。

五要推进市场监管公平统一。要健全统一市场监管规则、强化统一市场监管执法，全面提升监管能力和水平。

六要清除不当市场竞争和规范市场干预行为。要着力强化反垄断，依法查处不正当竞争行为，破除地方保护和区域壁垒，清理废除妨碍依法平等准入和退出的规定和做法，持续清理招标采购领域违反统一市场建设的规定和做法。

第三节 社会主义货币流通和价格

一、社会主义货币流通

伴随着社会主义的商品流通，必然发生社会主义的货币流通。货币流通是在商品流通过程中，货币作为流通手段和支付手段所形成的连续不断的运动。

我国的中国人民银行和各个商业银行是货币流通的中心，货币都从银行流出和流回。所谓**货币流通渠道**，就是指货币从银行投入流通，又从流通回到银行的途径和方式。

社会主义经济中的货币流通有两种形式：现金流通和非现金流通（又称转账结算）。现金流通，在我国就是指人民币的流通。现金流通渠道包括现金投放渠道和现金回笼渠道两个方面。现金流通在整个货币流通中所占比例较小，大部分货币流通是非现金流通，即转账结算。非现金流通同现金流通相比有两个特点：一是这种流通是在银行的直接控制下，在银行内部进行的；二是这种流通对银行来说，收付是平衡的，不影响银行资金的流通。

在社会主义商品经济中，无论在消费资料流通领域、生产资料流通领域还是各种生产要素流通领域，货币流通量规律都必然发生作用（关于货币流通量规律问题见本书第二章第三节）。我国商品经济是建立在生产资料公有制为主体的基础之上的，国家垄断货币的发行，因而可以自觉地利用货币流通量规律，正确地制定以稳定币值为主要目标的货币政策，有计划地调节货币流通量，实现社会购买力和社会商品供应量之间的基本平衡，避免严重的通货膨胀或通货紧缩，促进社会主义经济的发展。

我国目前实行稳健的货币政策，货币政策保持中性，松紧适度。在货币流通中，管好货币供给总闸门，保持货币供应量、信贷规模和社会融资规模合理增长、相互协调，完善货币供应调控机制，稳妥推进数字货币研发，维护货币流动性合理稳定，提高直接融资特别是股权融资比重。疏通货币政策传导渠道，用好差别化银行准备金、差异化信贷等政策，引导资金更多投向小微企业、“三农”领域和已脱贫地区，更好服务于实体经济，促进经济持续稳定协调发展。而在整体经济有下行压力的情况下，稳健的货币政策要更加灵活适度，运用降准、降息、再贷款等手段，保持流动性合理充裕，引导贷款市场利率下行，把资金用到支持实体经济特别是中小微企业上。

二、社会主义市场经济中价格的形成

（一）价格形成的基础是价值

价格是市场经济运行的信号和平衡器。正是通过市场价格的波动，市场既调节社会资源的有效配置，又反映出商品供求状况并调节着供求关系，使之趋向平衡。

价格是价值的货币表现，商品价格要以其价值为基础，这是价值规律的基本要求，也是有效利用价格杠杆的调节、核算、监督、分配功能的前提。只有在这一前提下，企业才能准确进行经济核算，正确评价其生产经营效果。价格关系到生产者、经营者、消费者的利益，关系到国家、企业和个人各方面的利益。因此，价格必须符合客观经济规律的要求，才能合理调节各方面的经济利益，体现各方面利益的一致性和互助互利的合作关系。

(二) 影响市场价格的因素

价格必须以价值为基础，但这并不意味着价格要时刻与价值完全相等。在现实生活中，市场价格经常围绕价值上下摆动，它的高低受一系列因素的影响。影响市场价格的主要因素有：

(1) 供求关系是影响价格的重要因素。市场上供求关系经常发生变化，致使价格往往与价值不一致。市场上供给与需求变动的不同组合状况，都会引起价格的变动。需求既定但供给增加，或供给既定但需求减少，会引起价格下降；而需求既定但供给减少，或供给既定但需求增加，则会引起价格上升。

(2) 纸币发行量或单位纸币代表的价值大小是影响价格的又一因素。当商品价值总量不变，而纸币发行量发生巨大变化，致使单位纸币所代表的价值发生变化时，商品价格会随之变化。

(3) 价格还受政府经济政策的影响。因为价格的高低涉及生产者、经营者、消费者等各方面的经济利益，政府作为宏观调控者进行价格调节，如改变政府定价范围、改变价格管理和定价规则、调整某些价格，都会影响价格的变化。另外，其他经济政策如货币政策、信贷利息政策的变化也会引起价格的相应变化。

(4) 市场垄断也会影响价格的变化。卖方垄断即卖方垄断了市场，在这种情况下，卖方会为获得高额利润而提高价格。反之，买方垄断也会影响价格，垄断的买方会迫使卖方降低价格。

此外，人们的心理预期、一些市场主体的惜售行为、一些游资的炒买炒卖行为等，也会导致某些商品价格的波动。

(三) 在社会主义市场经济条件下，价格形成机制要市场化

为了有效地发挥市场在资源配置中的决定性作用，提高资源配置效率，必须建立以商品价值为基础，并反映市场供求状况、资源稀缺程度、环境损害成本的价格形成机制。经过四十多年的以市场为导向的改革开放，我国已基本建立起国家宏观调控下主要由市场形成价格的机制。绝大多数商品和服务的价格已经放开，实行市场调节价，即由经营者自主定价，通过竞争形成价格。我国自2001年以来，由国家发展和改革委员会与国务院有关部门直接定价的商品和服务项目已大幅度减少。2015年国务院进一步精简了定价目录，具体定价项目从约100项减至20项。2020年国家发展和改革委员会对《中央定价目录》又进行了修订，我国已形成以市场调节为主的价格机制，市场调节价的比重超过97%。

三、社会主义价格体系和社会主义价格管理体制

（一）社会主义价格体系

价格体系是指社会主义市场经济中相互联系和相互制约的各种商品价格的有机整体。

我国在传统的计划经济体制下，由于长期忽视价值规律的作用，价格体系极不合理，不少商品的价格既不反映价值，也不反映供求关系，不同商品之间的比价不合理，同种商品之间的差价没有拉开。因此，发挥价格机制和价格杠杆的作用，必须改革不合理的价格体系和价格管理体制。通过改革，建立起适应社会主义市场经济要求的合理的价格体系，其内容包括在价格以价值为基础并能灵敏反映供求关系的前提下，形成商品的合理的比价体系和差价体系。

比价体系是指在同一时间、同一市场上不同种商品价格之间的对比关系。它包括工农业产品比价、农产品比价、工业品比价以及工农业产品和服务的比价四大类。（1）工农业产品比价，这是指在同一时间、同一市场上工业品零售价格同农产品收购价格之间的比例。工农业产品比价是否合理，关系到国民收入在工业和农业之间、工人和农民之间以及城市和乡村之间的分配，特别是关系到农民的实际经济利益和农业生产的发展。（2）农产品比价。这是指在同一时间、同一市场上不同种类的农产品价格之间的比例，其中最主要的是粮食作物和重要经济作物之间的比价关系，如粮棉比价、粮油比价等。农产品比价是否合理关系到粮农与棉农等各部分农民之间的利益关系。合理的农产品比价有利于农业生产内部重要比例关系的协调，建立合理的农业结构，促进农业生产的发展。（3）工业品比价，即在同一时间、同一市场上不同种类的工业品价格之间的比例。它包括原材料和加工工业产品之间的比价、半成品与成品之间的比价、各种资源性产品之间的比价以及不同工业加工品之间的比价等。合理的工业品比价对于协调不同工业部门职工的经济利益、促进工业生产结构的合理化、促进工业生产的发展具有重要作用。（4）工农业产品和服务的比价。这是指工农业产品和为生产服务的服务品、为生活消费服务的服务品之间的价格对比关系。合理的工农业产品和服务的比价，关系到工农业和服务业职工的经济利益，有利于促进第一、第二、第三产业的协调发展。

总之，价格是市场机制的核心，市场配置资源的决定性作用主要是通过价格信号的引导作用实现的。合理的比价体系对合理配置社会资源，优化产业结构和消费结构，合理调节不同经济部门之间、不同行业之间以及不同社会阶层之间的利益关系，都有重大作用。

差价体系是指同一种商品在流通过程中由于流转环节、地区、季节或质量不同而形成的价格差额关系。差价体系主要包括购销差价、批零差价、地区差价、季节差价和质量差价。购销差价也称进销差价，是指同一商品购进价格和销售价格之间的差额。具体来说，购销差价就是指在同一时间、同一市场上，同一工业品进货价格和批发价格之间的差额，或同一农副产品收购价格和销售价格之间的差额。购销价格的差额是由商业企业在购销活动中支付的费用和利润构成的。购销差价涉及工商之间、农商之间的经济利益，合理的购销差价可以促进工农业生产的发展，扩大商品流通，改善企业经营管理。

在商业部门内部，为了使零售企业能够就自己的流通费用、商品损耗等取得补偿，并且在补偿以后还能获得利润，要有合理的批零差价。为了使商业部门在地区之间运销商品时所支付的流通费用和商品损耗能够得到补偿，并且在得到补偿后还能够获得利润，就要有合理的地区差价。在商业部门经营的商品中，有不少是季节生产、常年消费的农产品，因而需要一定的保管期，为此就需要支付一定的保管费用，或者在不同季节生产同一种农产品，农业企业需要耗用不同的生产成本，从而影响到商业部门必须对同一农产品支付不同的收购价格，这就要求有合理的季节差价。同类商品的质量有差别，所以价格也有差别，形成质量差价。

我国经过价格改革，各种商品的比价关系、差价关系有了根本改善，价格体系不断趋于合理。

(二) 社会主义价格管理体制

价格管理体制是社会主义国家对商品和服务价格进行管理和调节的各种具体管理制度和管理形式。建立合理的价格管理体制，必须适应社会主义市场经济的要求，改变高度集中的价格管理体制，打破完全由国家统一定价，实行主要由市场形成价格的价格形成机制。我国通过价格管理体制的改革，原有的高度集中的价格管理体制发生了根本变化，实行了国家统一定价、国家指导价格、市场调节价格相结合的多层次的价格管理体制，生产经营者基本上有了自主定价权。现在，绝大多数商品和服务的价格已经放开，基本上形成了由市场决定商品价格的机制，市场配置资源的决定性作用进一步增强，有力地促进了国民经济持续快速发展。

放开价格并不是政府对价格完全放手不管。在放开价格的同时，要积极健全政府对价格的宏观调控体系，加强和改善国家对价格的宏观调控。要进一步建立和健全重要商品储备制度、价格调节基金制度、价格监测分析和预警预报制度。要加强和完善对垄断性和公益性价格的管理，坚持以经济手段引导价格。要实行政府价格决策听证制度、政府定价集体审议制度和专家评审制度，进一步增强政府价格决策的民主性和透明度；实行价格和收费公示制度，主动接受社会监督，发挥新闻媒体对政府价格管理工作的监督作用；实行重要商品和服务定价成本监审制度，强化成本约束，提高政府定价的科学性。要进一步搞好市场和价格立法，健全价格的法律法规体系，规范和维护正常的市场秩序，为促进经济发展和改善人民生活提供良好的价格环境，努力保持物价总水平的基本稳定。

四、深化价格改革

经过改革开放，我国已基本建立起国家宏观调控下主要由市场形成价格的机制。但也应当看到，我国的价格形成机制还不够完善，部分产品的价格还没有理顺，特别是资源性产品价格形成机制不够合理。这具体表现为：资源性产品价格市场化程度不高，价格不能真实地反映市场供求关系和资源稀缺程度，缺乏对投资者、经营者和消费者的激励和约束作用；资源性产品价格构成不合理，价格只反映资源开发成本，尚未包括开发引起的资源破坏和环境治理成本；各种资源性产品之间的比价关系不合理；资源性产品市场体系不健全，我国在国际市场资源性产品价格形成过程中缺乏应有的话语权。资源和要素价格形成机制不完善，不能反映资源利用和要素使用的真实成本，不利于资源节约和保护，也不利于生产要素的合理配置。我国人均资源不足，有的资源甚至严重不足，同时我国资源利用效率较低，“高投入、高消耗、高污染、低效益”的粗放型经济发展方式必须转变。必须深化资源性产品价格改革，理顺资源性产品价格体系，建立和健全能够灵活反映市场供求关系、资源稀缺程度、环境损害成本的资源性产品价格形成机制。加快推进资源性产品价格改革，是建立现代市场体系和完善社会主义市场经济体制的重要内容。理顺资源性产品价格体系有利于建立资源节约和合理开发的价格约束机制与补偿机制，对于促进经济发展方式转变，实现资源的永续利用和生态环境的改善，建设节约型社会，都具有重要的意义。

充分发挥市场在资源配置中的决定性作用，要加快要素价格市场化改革。要深化资源性产品、垄断行业等领域价格形成机制改革，进一步破除各种形式的自然垄断和行业垄断，根据水、石油、天然气、电力、交通、电信等不同行业的特点实行网运分开和公共资源市场化配置，放开竞争性业务和竞争性环节的价格，真实反映市场供求关系、资源稀缺程度和环境损害成本。同时要强化价格领域反垄断执法、加强事中事后监管。

第四节 社会主义金融

金融是指资金的融通，或曰资金的集聚与流动，即与货币流通和银行信用有关的一切活动。货币的发行、投放和回笼，存款的吸收和提取，贷款的发放和收回，投资资金的筹集，国内外汇兑的往来，以及贴现市场和证券市场的活动等皆属于金融的范畴，它主要通过银行及其他非银行金融机构的各种业务来实现。

一、社会主义信贷的本质

信贷是商品经济发展的产物，但在不同社会的商品经济中，信贷的性质不同。社会主义制度下存在信贷的必然性是由社会主义再生产的资金运动决定的。在社会主义再生产过程中，资金有三种形式，即货币资金、生产资金和商品资金。在货币资金运动中，由于企业等经济单位的资金周转的特点和速度不同，会产生货币资金运动的不平衡：一方面，有些企业会出现暂时闲置的货币资金；另一方面，有些企业又会发生货币资金不足，需要临时补充货币资金。与此同时，城乡居民手中的货币也不是马上被全部花掉，有一部分会暂时闲置起来。这样，国家就有必要把社会上闲置的货币动员、集中起来，并通过银行等信贷机构贷给需要货币资金的企业等经济单位使用，使之为社会主义经济建设服务。

社会主义信贷是以货币形式表现的一部分社会产品的分配关系。但它与财政不同，偿还性、期限性和有偿性是一切信贷关系不同于财政的基本特点。

在不同的社会生产方式下，信贷具有不同的性质。社会主义的信贷关系虽然同资本主义的信贷关系在形式上有许多相似之处，如都必须实行“有借有还”的原则，借款都必须支付利息等，但二者在本质上是不同的。在社会主义条件下，银行贷出货币并不以追求利息为最终目的，而是为了促进社会主义经济的繁荣；社会主义企业借入货币，同样是为了发展生产，满足人民的物质文化生活需要。社会主义信贷体现的是国家、集体和劳动者个人为实现共同的社会主义生产目的而发生的分配关系。

二、社会主义利息

利息是借贷关系的必然产物。社会主义的借贷之所以要支付利息，是由于包括国有企业和国有银行在内的所有公私企业和个体经营者都是具有自身经济利益的经济实体，它们都有各自独立的经济利益要求。因此，各企业向银行借款时，不仅要偿还，而且要把运用贷款所得盈利的一部分以利息形式交给银行，作为对银行给予贷款的报酬。银行在吸收企业和个人的存款时，也要给予一定的利息，这些存款利息的来源就是其他企业支付的贷款利息。可见，社会主义利息所反映的经济关系，已经发生了本质变化。社会主义利息是企业盈利的一部分，是劳动群众创造的一部分国民收入。银行收取利息，是为了促使借款单位改善经营管理，节约使用资金，提高经济效益。银行支付利息，是为了鼓励企业和个人把暂时不用的资金存入银行，支援社会主义建设。

在社会主义条件下，居民储蓄能获得存款利息。这种利息收入虽然不是根据按劳分配原则取得的，但也不是剥削收入，而是根据按生产要素分配取得的。银行支付给存款者一定的利息，是为了鼓励他们发扬勤俭节约的精神，踊跃参加储蓄，积极支援社会主义建设。

利息率（简称利率）是一定时期内的利息额和存款或贷款数额的比率。由于利息是利润的一部分，所以利息率一般应低于利润率。社会主义的利息率是国家规定的。国家在规定存款和贷款的利息率时，应根据整个国民经济的发展情况，不仅要考虑全国资金的供求情况，而且要考虑利息在总利润中所占的比重及其对企业生产经营的影响。国家在规定居民个人存款的利息率时，还要考虑到货币购买力和商品供应量的关系以及居民的物质利益。在我国社会主义市场经济条件下，要完善和健全市场化利率形成和传导机制。

三、银行在社会主义经济中的作用

在社会主义条件下，既然还存在货币信贷关系，就必然存在专门经营货币和信贷业务的银行。

（一）为适应我国社会主义现代化建设的需要，必须充分发挥银行在国民经济中的作用

1. 发挥银行在宏观经济调控体系中的作用

银行是国民经济中的一个综合部门，各部门的经济活动，如生产和分配情况、收入

情况、投资拨款情况、市场供求和物价情况以及居民的货币收支情况等，都可以从银行的业务中反映出来。银行可以从中发现国民经济中出现的不平衡，积极进行调节，并按照货币流通量规律适当控制信贷规模和货币供应量，发挥银行在综合平衡、稳定货币和物价方面的作用。

2. 发挥银行筹集、融通和分配货币资金，促进生产和流通发展的作用

银行可以利用信贷业务，把社会上大量闲置的货币资金吸收和集中起来，再根据社会的需要，有计划地贷放出去，聚集和融通资金，调剂企业资金的余缺，以推动经济的协调增长和经济结构的调整，促进生产和流通的发展。

3. 发挥银行对企业生产经营活动的监督作用

银行对企业的监督作用主要是通过信贷来进行的，银行可以从借款单位对贷款用途的确定是否正当、贷款使用的效果是否良好以及贷款的归还是否按期等方面来判断企业的经营方向和管理水平，从中发现问题，加以监督。银行发放贷款应实行区别对待、择优扶持的原则，对经营管理好和信用好的企业，贷款条件从宽，反之，贷款条件从严。对创新型企业、高新技术企业以及产品质量好、产品销路好的企业，以及暂时经营有困难的企业特别是中小微企业，应给予贷款支持。贷款条件的严与宽，除了表现在贷款的数量和期限上以外，还表现在利率的高低上。银行要充分利用利率这一经济杠杆，支持生产的发展，协助企业精打细算，节约资金使用，加速资金周转。

4. 发挥银行在外汇管理中的积极作用

为了适应我国商品进入国际市场和发展对外经济关系的需要，银行必须大力吸收外币存款，大力组织侨汇、侨资等方面的外汇收入，还应积极进入国际市场，从国际市场上广泛筹集外汇资金，以满足社会主义现代化建设对外汇的需要，并应努力做好外汇收支平衡工作。银行还应同国外银行建立各种资金往来关系，以便妥善处理利用外资、引进技术、发展外贸、对外投资、合资经营等涉外经济活动中的外汇业务，促进对外经济关系的发展。

（二）充分发挥银行在国民经济运行中的作用，必须改革与完善我国的银行体系和金融体系

经过改革，我国以中国人民银行为领导，以国有商业银行为主体的多种金融机构并存、互相配合、互为补充的**金融体系**已经建立并日趋完善。

在我国的银行体系中，中国人民银行是我国的中央银行，它专门行使中央银行的职能，是国务院领导和管理全国金融事业的国家机关，它研究和拟订金融工作的方针、政策、法令和基本制度，在国务院的领导下独立执行货币政策，掌管货币发行，调节市场货币流通；统一管理人民币存贷款利率和汇价；编制国家信贷计划，集中管理信贷资金；管理国家外汇、金银和国家外汇储备、黄金储备；代理国家财政金库；审批金融机构的设置和撤并；协调和稽核各金融机构的业务工作；管理金融市场；代表我国政府从事有关国际金融活动。它从过去主要依靠信贷规模管理，转变为运用存款准备金率、对商业银行的存贷款利率即基准利率和公开市场业务等手段，调控货币供应量，保持币值稳定；

维护金融秩序，不对非金融机构办理业务。按照货币在全国范围流通和需要集中统一调节的要求，中国人民银行在各地设立的分支机构为总行的派出机构，并执行调查统计分析、横向头寸调剂、经理国库、现金调拨等服务功能。

党的十九届五中全会提出要“建设现代中央银行制度”，这是我国推进国家治理体系和治理能力现代化、促进经济高质量发展的必然要求和重大举措。现代中央银行制度是现代货币政策框架、金融基础设施服务体系、系统性金融风险防控体系和国际金融协调合作治理机制的总和。建设现代中央银行制度的目标是，建立有助于实现币值稳定、充分就业、经济增长、国际收支平衡四大目标的中央银行体制机制，管好货币总闸门，提供高质量金融基础设施服务，防控系统性金融风险，管控外部溢出效应，促进形成公平合理的国际金融治理格局。

我国原有的专业银行已逐步转化为商业银行，实行商业化经营，即实行自主经营、自担风险、自负盈亏、自我约束的企业化经营。在原有的经济体制中，中国工商银行是负责工商信贷业务的专业银行；中国建设银行是办理基本建设拨款和贷款的专业银行；中国银行是专门经营外汇业务的专业银行，是我国的外汇收支中心；中国农业银行是面向“三农”、服务城乡的专业银行。改革开放后，四大银行业务不断拓展，经营领域日益扩大和融合，成为具有雄厚金融资本的国有控股的股份制商业银行。除国有控股的股份制商业银行之外，我国还有步骤地组建了全国性股份制商业银行如中信银行、招商银行、华夏银行、中国光大银行等，以及地方性股份制商业银行如农村商业银行和城市商业银行等非国有的商业银行机构。

政策性银行专门从事政策性金融业务。政策性金融业务是指银行根据政府的产业政策，为支持与发展基础部门和支柱产业而进行的不以营利为目的的金融活动，如无息、低息贷款等。政策性银行在业务上受中国人民银行监督，直接为政府的经济政策服务。它遵循自担风险、保本经营、不与商业性金融机构竞争的原则。现在我国已经组建的政策性银行有：中国进出口银行，其业务是为大型成套设备进出口提供买方信贷和卖方信贷，为中国银行的成套机电产品出口信贷办理贴息和出口信贷担保；中国农业发展银行，它承担国家粮棉油储备、农副产品收购、农业开发等方面的政策性贷款，代理国家财政支农资金的拨付及监督使用。

开发性金融机构是政策性金融机构的深化和发展，以国家信用为基础，以市场业绩为支柱，通过融资贯彻国家政策，实现政府的发展目标。简单地说，开发性金融机构就是既开展政策性金融业务，又开展商业性金融业务的金融机构。国家开发银行为目前我国唯一的开发性金融机构，主要通过开展中长期信贷与投资等金融业务，为国民经济重大中长期发展战略服务。

此外，我国还有各种非银行金融机构如保险公司、信托公司、证券公司、财务公司等。

所有这些共同构成以中国人民银行为领导，各商业银行、政策性银行、开发性金融机构，以及多种非银行金融机构分工协作的统一金融体系，它们在各自的领域内组织货币流通，共同为社会主义经济建设服务。

四、深化金融体制改革

党的二十大报告指出，我国深化金融体制改革，应“建设现代中央银行制度，加强和完善现代金融监管，强化金融稳定保障体系，依法将各类金融活动全部纳入监管，守住不发生系统性风险底线。”

首先，要丰富金融机构体系。健全商业性金融、开发性金融、政策性金融、合作性金融分工合理和相互补充的金融机构体系。构建多层次、广覆盖、有差异的银行机构体系，扩大民间资本进入银行业，发展普惠金融和多业态中小微金融组织。规范发展互联网金融。稳妥推进金融机构开展综合经营。推动民间融资阳光化，规范小额贷款、融资担保机构等的发展。提高金融机构的管理水平和服务质量。

其次，要健全金融市场体系。积极培育公开透明、健康发展的资本市场，提高直接融资比重，降低杠杆率。创造条件实施股票发行注册制，发展多层次股权融资市场。完善债券发行注册制和债券市场基础设施，加快债券市场互联互通。开发符合创新需求的金融服务。健全利率、汇率市场决定机制，更好地发挥国债的作用。推动同业拆借、回购、票据、外汇、黄金等市场的发展。积极稳妥地推进期货等衍生品市场创新。加快发展保险、再保险市场，探索建立保险资产交易机制。建立安全高效的金融基础设施，实施国家金库工程。

再次，要构建金融有效支持实体经济的体制机制，加强金融机构对实体经济的支持力度。实体经济是社会主义市场经济的重要主体，金融机构要支持和帮助企业特别是中小企业、个体企业的发展。要优化企业融资和信贷结构，加强对企业的贷款业务，鼓励银行合理让利，利用金融科技和大数据降低金融机构服务成本，提高服务质量，促进金融机构与实体经济共生共荣。

最后，要建立现代金融监管体系，改革金融监管框架。全面加强金融宏观审慎管理制度建设，改革并完善适应现代金融市场发展的金融监管框架，强化综合监管，突出功能监管和行为监管，健全符合我国国情和国际标准的监管规则。明确监管职责和健全金融风险防范、预警、处置、问责制度体系，构建货币政策与审慎管理相结合的金融管理体制。统筹监管系统重要性金融机构、金融控股公司和重要金融基础设施。完善中央与地方金融管理体制，依法依规界定中央和地方金融监管权责分工，强化地方政府属地金融监管职责和风险处置责任。完善国有金融资本管理制度。加强外汇储备经营管理，优化外汇储备运用。有效运用和发展金融风险管理工具，健全监测预警、压力测试、评估处置和市场稳定机制，防止发生系统性、区域性金融风险。

第五节　社会主义财政

一、社会主义财政的性质和作用

财政是国家为了实现其社会经济职能对一部分国民收入进行分配和再分配的工具。

财政既然和国家政权相联系，同时又是分配社会产品的工具，那么它的性质必然由国家政权的性质和社会生产的性质决定。**社会主义财政**是社会主义国家为实现其经济和社会职能以价值形式对一部分社会产品进行分配和再分配的一种工具。它的特征是“取之于民，用之于民”。社会主义财政体现了社会主义国家和企事业单位以及广大劳动者之间的根本利益的一致性。

社会主义财政的性质决定了财政在国民经济中的作用。社会主义财政的作用主要有：

（1）筹措和分配社会资金。社会主义国家为了维护其政权和进行扩大再生产，需要依靠财政来筹措资金。社会主义财政通过收税、收费等形式形成一定的收入。财政收入形成的过程就是国家参与一部分国民收入分配的过程。财政收入形成以后，又通过财政拨款、政府采购、政府投资和财政补贴等形式形成财政支出，通过财政支出对一部分国民收入进行分配和再分配。社会主义财政就是这样通过财政收支活动发挥它的筹措和分配资金的作用的。

（2）调节经济。社会主义国家可以通过财政收支有计划地调节社会经济。例如，它可以用增加财政投资和财政补贴的办法，来加强国民经济中的薄弱部门和社会再生产中的薄弱环节；也可以用绝对或相对减少财政投资和财政补贴的办法，来限制某些过度发展的部门和环节；还可以通过税率的提高或降低来调节生产和流通。所以，社会主义财政是促进国民经济发展、实现国民经济综合平衡的重要杠杆。

（3）监督经济。为了有效地集中和合理地使用财政资金，就需要实行财政监督。财政监督就是财政机关依法对国家机关、企事业单位及其他组织的财政收支进行的检查、稽核和监督活动。财政监督的作用在于：首先，通过财政监督开源节流，把一切应该收上来的钱都收上来，把一切应该集中的资金都集中起来，把一切应该节约的资金都节约下来，做到少花钱，多办事。其次，通过财政监督鼓励先进，鞭策后进，实行物质鼓励原则。最后，通过财政监督维护财经纪律，坚决杜绝一切偷税漏税、贪污受贿和铺张浪费行为。可见，发挥财政的监督作用，对于增产节约和加强廉政建设具有重要的意义。

二、社会主义国家预算

国家预算是政府制定的年度财政收支计划，是财政管理体制的重要组成部分。预算管理是政府依据有关法律法规对预算资金的筹集、运用进行组织协调和监督的活动，具体包括预算编制、预算报告和审批等内容。我国政府财政收支的绝大部分都包括在国家预算中。预算收入的主要来源是税收和国有企业的上缴利润。由国家负担的经济、文化、社会、生态文明与国防建设的投资和其他各种经费，则通过预算拨款支付出去。国家的预算拨款和财政性存款是银行信贷资金的重要来源。所以，国家预算是社会主义财政体系中的主导环节，是基本的财政计划，是有计划地集中和分配社会资金的主要工具。

我国的国家财政预算过去长期实行单式预算制度。随着财税体制改革的深化，我国的国家财政预算已由传统的单式预算转变为复式预算。**复式预算制度**，就是用特定的预算收入来保证特定的预算支出的需要，在预算收入和支出之间建立稳定的关系，避免不同性质的财政资金相互挤占。我国目前的复式预算根据社会主义国家既是社会管理者又是国有资产所有者的双重身份，将财政预算相应划分为两部分，即公共财政预算和国有资本经营预算。**公共财政预算**是为满足社会成员的公共需要，以由政府提供的、市场机制不能有效提供的公共产品和公共服务为内容的财政分配制度。它具有公共性、公平性、公益性和法制性四个基本特征，是构建社会主义市场经济体制的重要环节。**国有资本经营预算**是社会主义国家以国有资产所有者的身份依法取得国有资本经营收入和安排国有资本支出而发生的各项财政收支计划。

党的二十大报告提出，要“健全现代预算制度”。为此要推动预算编制科学完善、预算执行规范高效、预算监督严格有力、预算管理手段先进完备，构建综合统筹、规范透明、约束有力、讲求绩效、持续安全的现代预算制度。

三、社会主义税收

社会主义税收是社会主义国家按照税率向征税对象征收的货币收入，它是国家有计划地集中社会资金的一种手段。其特点是具有强制性、无偿性和稳固性。因此，为了更好地进行社会主义现代化建设，有必要强化税收的作用。社会主义国家把通过税收集中起来的社会资金，用于发展社会经济、文化、教育、卫生和集体福利事业，为人民谋利益。

社会主义国家的税收有两种作用：一是征集社会公共管理资金。国家通过税收征集财政资金，将其作为国家集中的一部分纯收入，有计划地用于社会公共管理的各项费用。二是调节经济发展。社会主义国家把税收作为调节社会生产、分配、交换和消费的一个重要经济杠杆。税收的这种调节作用表现为：（1）国家可以通过设置不同的税种和税率调节国民经济各部门、各企业和各类劳动者的收入；（2）国家可以通过减税或免税来鼓励某种生产或消费；（3）国家可以通过开征新税和提高税率来限制某种生产或消费；（4）国家可以通过税收在对外经济关系中保护本国的经济利益，利用外国的资金和技术。

我国改革开放和社会主义市场经济发展的实践表明，要使税收政策成为社会主义市场经济条件下宏观经济调控的重要手段，一要实行分税制，二要改革和完善税收制度。

实行**分税制**，就是把各项税种按一定原则划分为中央税、地方税及中央与地方共享税的制度。为改变计划经济体制下统收统支的财政收入分配制度，我国在经济体制改革过程中曾实行地方财政包干制度。它虽然有利于调动地方的积极性，却导致了在全部财政收入中中央财政收入所占比重的不断下降，削弱了中央的宏观调控能力，同时也强化了地方利益和地方保护主义，为中央统一政策的贯彻执行带来了阻力，不利于统一市场的形成和市场竞争机制发挥作用。因此，为发挥中央和地方两个积极性，1994 年我国开始实行分税制财政管理体制，把地方财政包干制度改为在合理划分中央与地方事权（即合理划分中央和地方各自管理的事务）基础上的分税制，建立了中央税和地方税体系。实行分税制的原则是：将维护国家权益和实施宏观调控所必需的税种列为中央税，如关税、消费税等；将同经济发展直接相关的主要税种列为中央与地方共享税，包括增值税、资源税、企业所得税、个人所得税、证券交易税等；将适合地方征管的税种划为地方税，如城镇土地使用税、房产税等，并充实地方税种，增加地方税收收入。通过实行分税制，形成了中央财政收入稳定增长的机制，从而增强了中央的宏观调控能力。同时由于改革坚持了财权与事权相统一的原则，根据事权界定财权，中央与地方财政的界限分明，这就克服了过去财权与事权脱节的缺陷。改为分税制后，我国实行了中央财政对地方的返还和转移支付制度，以调节分配结构和地区结构，特别是扶持经济不发达地区的发展和老工业基地的改造。

实行分税制以后，我国又陆续进行了一系列税制改革，不断完善税收制度。特别是2006 年全面取消农业税，2017 年起全面实行营业税改征增值税，标志着我国实施多年的农业税和营业税退出历史舞台。

四、深化财税体制改革

深化我国财税体制改革，党的十九大报告指出，要“加快建立现代财政制度，建立权责清晰、财力协调、区域均衡的中央和地方财政关系。建立全面规范透明、标准科学、约束有力的预算制度，全面实施绩效管理。深化税收制度改革，健全地方税体系”。党的二十大进一步指出，要“健全现代预算制度，优化税制结构，完善财政转移支付体系”。

第一，确立合理有序的财力格局。加强财政资源统筹，加强中期财政规划管理，增强国家重大战略任务财力保障。建立事权和支出责任相适应的制度，适度加强中央事权和支出责任。结合税制改革，考虑税种属性，进一步理顺中央和地方收入划分，完善增值税划分办法。完善中央对地方转移支付制度，规范一般性转移支付制度，完善资金分配办法，提高财政转移支付透明度。健全省以下财力分配机制。增强基层公共服务保障能力。

第二，建立全面、规范、公开、透明的预算制度。建立健全预算编制、执行、监督相互制约和相互协调机制。完善政府预算体系，加大政府性基金预算、国有资本经营预算与一般公共预算的统筹力度，完善社会保险基金预算编制制度。实施跨年度预算平衡机制和中期财政规划管理，加强与经济社会发展规划计划的衔接。全面推进预算约束和绩效管理，优化财政资源配置效率和资金使用效益，提升财政的公共服务质量。建立政府资产报告制度，深化政府债务管理制度改革，建立规范的政府债务管理及风险预警机制。建立权责发生制政府综合财务报告制度和财政库底目标余额管理制度。扩大预算公开范围，细化公开内容。

第三，改革和完善税费制度。按照优化税制结构、稳定宏观税负、推进依法治税的要求全面落实税收法定原则，建立税种科学、结构优化、法律健全、规范公平、征管高效的现代税收制度，健全地方税、直接税体系，优化税收结构，适当提高直接税比重。深化增值税改革，建立规范的消费型增值税制度。进一步减轻企业税负，重点降低制造业、交通运输业等行业的税率，提高小规模纳税人年销售额标准，大幅扩展享受减半征收所得税优惠政策的小微企业范围，实施和扩大多种税收优惠范围，以促进实体经济转型升级、激发市场活力。清理规范和降低行政事业性收费。

第四，实施积极的财政政策，优化财政支出结构，完善财政可持续发展机制。优化财政支出结构，提高财政支出的公共性、普惠性，加大对防范化解重大风险、污染防治的支持，更多向创新驱动、“三农”、民生等领域倾斜，把财政资金更多用于为发展增添后劲、为民生雪中送炭。修正不可持续的支出政策，调整无效和低效支出，腾退重复和错位支出。建立库款管理与转移支付资金调度挂钩机制。创新财政支出方式，引导社会资本参与公共产品提供，使财政支出保持在合理水平，将财政赤字和政府债务控制在可承受范围内，确保财政的可持续性。

本章重要名词概念

市场体系	商品市场	生产要素市场	产权市场
市场秩序和法规	货币流通渠道	价格体系	比价体系
差价体系	价格管理体制	金融	金融体系
社会主义财政	国家预算	复式预算制度	公共财政预算
国有资本经营预算	社会主义税收	分税制	

思考题

1. 商品流通在社会主义市场经济中的地位和作用是什么？
2. 社会主义市场体系的特征是什么？
3. 为什么要培育和发展社会主义现代市场体系？怎样完善社会主义现代市场体系？
4. 为什么要构建和怎样构建全国统一大市场？
5. 社会主义货币流通有哪些形式？
6. 社会主义价格是怎样形成的？商品比价体系和差价体系包括哪些内容？
7. 银行在社会主义建设中有什么重要作用？
8. 现阶段怎样深化我国的金融体制改革？
9. 怎样认识社会主义财政的性质和作用？
10. 现阶段如何深化财税体制改革？

本章练习

第十八章

社会主义经济的增长与发展

本章重点

1. 我国经济增长和发展要以新发展理念为指导
2. 转变我国的经济发展方式，提高经济发展质量和经济效益
3. 经济发展要走依靠科技进步的道路，建设创新型国家和实施创新驱动发展战略
4. 我国产业结构的调整与优化
5. 经济社会统筹协调发展
6. 改善生态环境与实施可持续发展战略

本章论述社会主义经济增长与经济发展问题，着重说明我国的经济要坚持科学发展，在创新、协调、绿色、开放、共享的新发展理念指导下，实现经济持续健康发展。为此要推动经济高质量发展和较快增长，实现科学技术的进步和创新发展，转变经济发展方式，优化产业结构，统筹协调经济社会的发展和实现可持续发展。

第一节　以新发展理念指导经济持续健康发展

一、经济增长与经济发展

经济增长和经济发展是两个既有联系又不相同的概念，**经济增长**是指一个国家或地区生产的产品与劳务总量的增加，即国民经济的更多产出，它意味着国民经济规模的扩大和数量的增长，一般以一定时期内国民生产总值、国内生产总值和国民收入等总量指标的增长率以及按人平均的增长率来表示，反映的是国民经济量的变化，是经济发展的基础。**经济发展**除包括经济增长的内容外，还包括经济结构的改变，以及生态环境、文化卫生、生活状况等方面的变化。这就是说，看经济有无发展，主要看经济质量是否提高，经济结构是否优化和升级。如果经济质量没有提高，经济结构没有变化，经济就只有数量上的增长，而无经济发展。经济增长反映国民经济量的变化，经济发展则指国民经济质的变化。

当代中国经济不仅面临经济增长的任务，而且更为重要的是面临经济发展的任务。

2010年中国的GDP已超越日本，成为世界第二大经济体。但中国的经济结构还很不完善，经济发展的质量亟须提高。因此本章分析的内容，既包括经济增长，也包括经济发展。

二、以新发展理念指导经济发展

中国共产党在把马克思主义原理同中国实际相结合的过程中，不断推进实践基础上的理论创新和其他方面的创新，丰富和发展了马克思主义的发展观。党中央从21世纪新阶段党和人民事业的全局出发，立足社会主义初级阶段的基本国情，总结我国改革开放和经济发展的实践经验，借鉴国外的发展经验，适应新的发展要求，提出了科学发展观，坚持把发展作为党执政兴国的第一要务，建设中国特色社会主义，首先要发展。发展是硬道理，是解决我国所有问题的关键。改革开放以来我国取得的一切成果，都是建立在发展的基础上的，不发展就没有中国特色社会主义。

党的十八大以后，以习近平同志为核心的党中央在深刻总结国内外发展经验教训、深刻分析国内外发展大势的基础上，针对我国经济发展环境、条件、任务、要求等方面发生的新变化，提出创新、协调、绿色、开放、共享的新发展理念，创造性地回答了新形势下实现什么样的发展、如何实现发展的重大问题，进一步丰富和发展了马克思主义的发展理论，集中反映了我们党对经济社会发展规律认识的深化，为全党在发展问题上提供了管全局管根本管长远的思想导向、行为导向，明确了我国现代化建设的指导原则。党的十八届五中全会鲜明提出了创新、协调、绿色、开放、共享的**新发展理念**。党的十九大强调指出，要“坚持新发展理念。发展是解决我国一切问题的基础和关键，发展必须是科学发展，必须坚定不移贯彻创新、协调、绿色、开放、共享的发展理念”。党的二十大进一步指出：“我们提出并贯彻新发展理念”，“必须完整、准确、全面贯彻新发展理念”。

创新是引领发展的第一动力，必须将其摆在国家发展全局的核心位置，不断推进理论创新、制度创新、科技创新、文化创新等各方面创新，让创新贯穿党和国家的一切工作，让创新在全社会蔚然成风。

协调是持续健康发展的内在要求，必须牢牢把握中国特色社会主义事业总体布局，正确处理发展中的重大关系，重点促进城乡区域协调发展，促进经济社会协调发展，促进新型工业化、信息化、城镇化、农业现代化同步发展，在增强国家硬实力的同时注重提升国家软实力，不断增强发展整体性。

绿色是永续发展的必要条件和人民对美好生活追求的重要体现，必须坚持绿水青山就是金山银山理念，坚持尊重自然、顺应自然、保护自然，坚持节约资源和保护环境的基本国策，坚持可持续发展，坚定走生产发展、生活富裕、生态良好的文明发展道路，加快建设资源节约型、环境友好型社会，构建生态文明体系，促进经济社会发展全面绿色转型，形成人与自然和谐共生的现代化建设新格局，推进美丽中国建设，为全球生态安全作出新贡献。

开放是国家繁荣发展的必由之路，必须顺应我国经济深度融入世界经济的趋势，奉行互利共赢的开放战略，坚持内外需协调、进出口平衡、“引进来”和“走出去”并重、引资和引技引智并举，发展更高层次的开放型经济，积极参与全球经济治理和公共产品供给，提高我国在全球经济治理中的制度性话语权，构建广泛的利益共同体。

共享是中国特色社会主义的本质要求，必须坚持发展为了人民、发展依靠人民、发展成果由人民共享，使全体人民在共建共享发展中有更多获得感，增强发展动力，增进人民团结，朝着共同富裕方向稳步前进。

坚持创新发展、协调发展、绿色发展、开放发展、共享发展的发展理念，是关系我国发展全局的一场深刻变革。这五大新发展理念是具有内在联系的集合体，是指引我国实现“两个一百年”奋斗目标的发展思路、发展方向、发展着力点的集中体现，也是改革开放四十多年来我国发展经验的集中体现，反映出党对我国发展规律的新认识，必须贯穿于经济社会发展的各领域、各环节。

三、经济发展速度和经济发展质量

社会主义经济的增长与发展，不仅要有较快的速度，而且要有较高的质量。要正确处理经济发展中的快与好的关系，经济的快速发展必须以提高经济效益为前提。不仅要保持国民经济较快发展，更要注重推进经济结构调整，努力提高经济发展的质量和效益。

（一）经济增长和发展的速度

经济增长和发展的速度，一般是通过经济增长率来度量的，多以国民生产总值或国内生产总值及人均值等综合性经济指标的增长率来表示。

社会主义国家应当而且有可能争取经济发展的较快速度，因为要最大限度地满足全社会劳动者的物质文化和美好生活需要，没有经济的较快发展是不可能的。我们正在进行的经济体制改革，正是为了解放和发展生产力，促进国民经济以较快的速度向前发展。对我国来说，保持经济较快的发展速度是十分必要的，它不仅是重大的经济问题，而且是重大的政治问题。(1) 保持经济较快的发展速度是我国社会主义制度得以存在和巩固的根本条件。只有较快发展，社会主义制度的物质基础才能建立、巩固、充实和发展壮大起来，人民生活水平才能不断提高，从而显示出社会主义制度的优越性，增强社会主义的凝聚力。(2) 保持经济较快的发展速度是我国长治久安的根本保证。只有经济发展和强大了，社会主义公有制及其主体地位才能巩固，人民群众对社会主义的信念才会增强，从而达到长治久安。(3) 保持经济较快的发展速度是提高我国国际地位和增强我国在国际事务中作用的根本条件。国际经济关系说到底是一种国际经济实力的对比与较量，只有较快发展、增强国力，才能使我国在世界经济舞台上处于有利地位。因此，必须力争一个较快的经济发展速度。

社会主义经济的增长与发展要有较快的速度，而且应该是平稳较快、可持续的发展，避免经济发展速度的大起大落。低速发展当然十分不利，但经济发展速度并非越快越好，因为在经济发展中，速度不是一个孤立的现象，它受到各种社会经济因素的制约，必须同经济发展中的其他因素相协调。片面地追求高速度，必然是图虚名，受实害，欲速而不达，引起不良的经济后果。在经济发展过程中，需要保持合理平稳的发展速度。合理的发展速度应符合以下各种条件。

(1) 不但要以国民经济的基本比例关系为基础，而且应有利于基本比例关系的协调和产业结构的优化。

(2) 应以提高经济效益为前提，而且应能带来更大的经济效益。必须把提高社会经济效益作为经济建设的中心，在提高经济效益的前提下，力争尽可能快的发展速度。当然，一定的增长速度本身也是一种效益。

(3) 应当使人民生活逐步改善和提高。为此，必须正确确定积累基金和消费基金的合理比例，正确确定积累率，坚决防止基本建设战线过长。

(4) 要充分考虑社会需要和市场供求情况。根据保持财政、信贷、物资和外汇收支平衡的要求来确定发展速度，反对脱离实际的高指标。

(5) 应是能够保持持续平稳增长的速度，而不是低速度或负增长，也不是一时的高速度，更不是大起大落的速度。合理的发展速度应是有后劲的速度、留有余地的速度。

保持合理的发展速度，必须处理好速度、比例和效益的关系。三者关系协调了，国民经济全局就能保持又好又快发展。速度、比例与效益的关系是：适当的发展速度必须以合理的比例关系和最佳的经济效益为前提，同时也是比例合理化和争取最佳效益的要求；合理的比例是达到适当的发展速度和最佳经济效益的基础，同时也需要有适当的发展速度和最佳的经济效益来保证；最佳的经济效益是比例合理和发展速度适当的标志，同时也必须以合理的比例和适当的发展速度为条件。

我国自 1978 年实行改革开放以来至 2018 年底，国内生产总值的年均增长率达到 9.5%，是当代世界上经济增长和发展速度最快的国家之一。2021 年中国国内生产总值占世界的比重为 18.5%，对世界经济增长的平均贡献率接近 30%，在全球居于首位。经过四十多年的发展，2021 年，我国国内生产总值已达到 114 万亿元，人均 GDP 达到 8.1 万元。而经济规模扩大，发展的基数提高，增长的速度就会相应减慢，这是国际经济发展的普遍现象，是一个一般规律。我国正处在复杂多变的国内外环境中和新旧动能转换时期，2008 年国际金融危机以来，世界变局加剧，经济增长乏力，我国经济发展进入新常态，产能过剩化解、产业结构优化升级、创新驱动发展实现，都需要一定的时间和空间，经济下行压力加大。面对这种形势，我国必须实行稳中求进的经济发展，稳中求进是我国治国理政的总基调和重要原则，“稳”和“进”是辩证的统一，要将其作为一个整体来把握，必须长期坚持。我国现阶段保持经济中高速增长，好于全球平均水平，增速仍居于世界主要经济体的前列，保持了量的合理增长。

(二) 提高经济发展质量，推动经济高质量发展

在保持经济较快发展速度、实现量的扩张的同时，更要注重在社会经济发展中提高经济发展质量，讲求经济效益，优化经济结构，加快新旧动能转换，实现更有效率、更高水平的量的增长，这是经济又好又快发展要求中“好”的具体体现。

中国特色社会主义进入了新时代，我国经济发展也进入了新时代，基本特征就是我国经济已由高速增长阶段转向高质量发展阶段。党的十九大指出，中国特色社会主义进入新时代，“我国经济已由高速增长阶段转向高质量发展阶段，正处在转变发展方式、优化经济结构、转换增长动力的攻关期”，党的二十大进一步指出：“高质量发展是全面建

设社会主义现代化国家的首要任务"，"我们要坚持以推动高质量发展为主题，把实施扩大内需战略同深化供给侧结构性改革有机结合起来，增强国内大循环内生动力和可靠性，提升国际循环质量和水平，加快建设现代化经济体系，着力提高全要素生产率，着力提升产业链供应链韧性和安全水平，着力推进城乡融合和区域协调发展，推动经济实现质的有效提升和量的合理增长。"

高质量发展，就是能够很好满足人民日益增长的美好生活需要的发展，是体现新发展理念的发展，是创新成为第一动力、协调成为内生特点、绿色成为普遍形态、开放成为必由之路、共享成为根本目的的发展。一方面，我国正处在转变发展方式的关键阶段，传统发展方式难以为继，同时世界新一轮科技革命和产业变革正在多点突破，只有推动高质量发展，形成优质高效多样化的供给体系，才能在新的水平上实现供求均衡，保持经济持续健康发展。另一方面，当今世界正经历百年未有之大变局，我国发展的外部环境日趋复杂。防范化解各类风险隐患，积极应对外部环境变化带来的冲击和挑战，关键在于办好自己的事，增强国家综合实力和抵御风险能力，这就要求必须提高经济发展质量。再一方面，我国社会主要矛盾已经转化为人民日益增长的美好生活需要和不平衡不充分的发展之间的矛盾，不平衡不充分的发展就是发展质量不高的表现，解决这个主要矛盾必须推动高质量发展。由此可见，推动经济高质量发展，是保持我国经济持续健康发展的必然要求，是适应我国社会主要矛盾变化的必然要求，也是推动我国全面建设社会主义现代化国家的必然要求，是遵循经济发展规律的必然要求。习近平同志强调指出，我国经济社会发展"必须把发展质量问题摆在更为突出的位置"，"当前，我国社会主要矛盾已经转化为人民日益增长的美好生活需要和不平衡不充分的发展之间的矛盾，发展中的矛盾和问题集中体现在发展质量上。这就要求我们必须把发展质量问题摆在更为突出的位置，着力提升发展质量和效益"①。

（三）提高经济效益

经济效益是指人们对取得的经济效果进行的社会评价。不同社会的生产目的不同，因而对同一经济效果的社会评价标准就会不同。经济效益不单纯指投入与产出的关系，而且包含了经济关系。当人们使用经济效益的概念时，都要标明其社会制度属性，如资本主义经济效益、社会主义经济效益。资本主义的生产目的是追求最大限度的剩余价值，这是资本主义社会评价某一经济效果的社会标准，即资本主义经济效益的评价标准。社会主义经济效益是同社会主义生产目的紧密相连的，如果生产的产品不适销对路，不能满足劳动人民的需要，即使生产产品的劳动耗费少，也是一种浪费，是负效益。社会主义经济效益要把宏观经济效益和微观经济效益相互结合，微观经济效益是宏观经济效益的基础，宏观经济效益是微观经济效益的前提和目标。有时生产某种产品的企业本身的局部微观经济效益虽好，但对社会却有不利影响，例如造成了环境污染，影响了人民健康，破坏了生态环境等，导致损害了宏观经济效益，对社会造成了损害，同样是一种负

① 习近平. 关于《中共中央关于制定国民经济和社会发展第十四个五年规划和二〇三五年远景目标的建议》的说明. 人民日报，2020-11-04.

效益。只有在符合社会主义生产目的和有利于社会整体经济发展的前提条件下，生产一定质量和数量的产品同生产这些产品的劳动占用和劳动消耗的比较，才能成为评价社会主义经济效益的具体标准。

四、经济发展方式及其转变

实现经济增长的具体方式有很多，**经济增长方式**可分为粗放型经济增长方式与集约型经济增长方式两大类。**粗放型经济增长方式**指在生产要素的质量、结构、使用效率不变的情况下，单纯依靠生产要素的大量投入和扩张来实现经济增长，如扩大生产场地、添加技术水平不变的机器设备、增加劳动者的数量等。**集约型经济增长方式**是指依靠生产要素质量和使用效率的提高以及生产要素的优化组合等方式实现经济增长，如提高技术水平和劳动者的素质，提高资金、设备、原材料的利用率等。粗放型经济增长方式的实质是单纯以经济增长速度为中心，是一种单纯数量扩张型的经济增长方式。其表现是：高投入、高消耗、高速度，低产出、低质量、低效益。集约型经济增长方式的实质是以提高经济增长质量和经济效益为中心，是一种质量效益型的经济增长方式。其表现是：低投入、低消耗，高产出、高质量、高效益、高速度。从各国近现代经济发展史来看，在实现经济现代化的过程中，基本上都经历了一个从以粗放型为主向以集约型为主的经济增长方式转变过程。

20 世纪 90 年代中期，我国在经济生活中提出经济增长方式要从粗放型向集约型转变。转变经济增长方式，与 20 世纪 80 年代以来一直强调的经济建设要以提高经济效益为中心的精神实质是一致的。我国社会主义建设中长期存在的一个突出问题就是经济增长的粗放方式和经济效益低下，只重视单纯的数量增加和速度增长，忽视质量、技术和劳动者素质的提高，忽视经济效益。特别是 20 世纪 90 年代以来，我国工业化日益面临规模扩张与资源、环境、技术、人才和体制等方面的约束，面临“三农”问题和西部发展问题等难题，迫切需要转变传统的粗放型增长方式。

经过多年的经济发展，我国在转变经济增长方式方面已取得明显成效，经济效益不断提高，科技水平逐步提高，产业结构加快调整。为了破解我国经济发展中的深层次矛盾，有效解决我国经济发展所面临的实际问题，党中央审时度势，于 2007 年进一步有针对性地提出了转变经济发展方式的战略方针。这是在深入探索和全面把握我国经济发展规律的基础上提出的重要方针，是关系国民经济全局的紧迫而重大的战略任务，是我国经济社会领域的一场深刻变革。

转变经济发展方式，不仅包含经济增长方式的转变，即从粗放型增长方式转变为集约型增长方式，而且包括产业结构、经济质量、经济效益、生态平衡、环境保护、资源利用等方面的转变。加快转变经济发展方式，要坚持集约式经济发展，着重实现以下四个方面的转变。

第一，在需求结构上，促进经济增长由主要依靠投资、出口拉动向依靠消费、投资、出口“三驾马车”协调拉动转变。这是包括内外需结构、内需中的消费与投资结构在内的整体需求结构的调整，是针对我国经济增长过于依赖投资和出口带动的问题提出的。

第二，在供给结构上，促进经济增长由主要依靠传统产业和服务业向主要依靠现代制造业、现代农业、现代服务业和利用先进科学技术改造传统产业转变。要积极改善产品和服务供给，促进制造业升级，加快现代服务业发展，改进消费品的质量和构成，扩大有效供给和优质供给。这是经济发展中供给结构调整的基本方向，是针对经济增长中某些产品和服务供给不足，而某些产品和服务产能过剩，某些产品和服务质量较低、成本过高，以及无效供给问题提出的。

第三，在产业结构上，促进经济增长由主要依靠第二产业带动向依靠第一、第二、第三产业协同带动转变。这是三大产业结构调整的基本方向，是针对农业基础薄弱、工业大而不强、服务业发展滞后以及三大产业之间比例不合理的问题提出的。

第四，在要素投入上，促进经济增长由主要依靠增加物质资源消耗向主要依靠科技进步、劳动者素质提高、管理创新转变。这是经济增长中要素结构调整的基本方向，是针对经济增长过于依赖物质资源投入的增加和简单劳动的投入，而科技进步、劳动者素质提高、管理创新等对经济增长的贡献不大的问题提出的。

五、供给侧结构性改革和以扩大内需为发展战略基点

我国在推进经济增长和发展的过程中，必须重视社会总供给与总需求的平衡，实现二者的相互衔接和相互促进。从我国当前经济增长与发展的实际出发，实施供给侧结构性改革和扩大国内需求战略，形成需求牵引供给、供给创造需求的动态平衡，是实现我国经济持续健康和高质量发展的必要条件。习近平同志强调指出："要把握扩大内需这一战略基点，以供给侧结构性改革为主线，着力打通生产、分配、流通、消费各个环节。"①

近年来，我国经济社会发展稳中有进，稳中向好，改革开放和现代化建设取得重大成就，但在经济发展中也存在总量不平衡和结构不合理问题，而结构性问题更加突出。供需结构方面的问题表现为，广大人民不断升级与个性化的物质文化和美好生活需要日益增长，消费需求升级加快，而有效供给和中高端供给却明显不足。党中央审时度势，在2015年及时提出我国在适度扩大总需求的同时，要着力推进供给侧结构性改革，根本目的是提高供给体系的质量和效率，通过供给能力的提升满足人民消费需求的变化和增长。习近平同志指出："要坚持供给侧结构性改革的战略方向，提升供给体系对国内需求的适配性，打通经济循环堵点，提升产业链、供应链的完整性，使国内市场成为最终需求的主要来源，形成需求牵引供给、供给创造需求的更高水平动态平衡。"②

供给侧结构性改革，既要做减法，又要做加法，减少无效和低端供给，扩大有效和高端供给。要从体制机制创新上推动供给侧结构性改革，培育新的发展动能，改造和提升传统产业的比较优势，推动产业迈向中高端水平，支持企业技术改造和产品创新，强

① 习近平在宁夏考察时强调 决胜全面建成小康社会 决战脱贫攻坚 继续建设经济繁荣民族团结环境优美人民富裕的美丽新宁夏. 人民日报，2020-06-11.

② 习近平. 关于《中共中央关于制定国民经济和社会发展第十四个五年规划和二〇三五年远景目标的建议》的说明. 人民日报，2020-11-04.

化创新驱动，提升消费品品质，促进制造业升级，发展高新技术产业和现代服务业，扩大有效供给。增强供给结构对需求结构变化的适应性和灵活性，优化要素配置，提高全要素生产率，提升供给体系的质量和效率，以供给侧结构性改革为主线，实现供需相互协同，建立供给与需求新的更高水平的平衡。

我国在大力加强供给侧结构性改革的同时，也关注对需求结构的调整与改革，实施扩大国内需求战略，扩大国内需求总量，深挖需求潜力，加强需求侧管理和改革，增强消费拉动经济增长的基础性作用，发挥有效投资对稳增长、调结构的关键作用，促进供给与需求相对接，形成对经济发展稳定持久的内需支持。

习近平同志指出："面向未来，我们要把满足国内需求作为发展的出发点和落脚点，加快构建完整的内需体系"①。我国是一个人口众多的发展中大国，国内需求是我国经济发展的基本动力，应以内需为主促进经济发展，构建完整的内需体系，这关系到我国的长远平稳发展和长治久安。我国内需对经济增长的贡献率 2021 年为 79.1%。面向未来，内需对我国经济的增长仍有强劲拉动作用。一方面，我国拥有众多人口，中等收入群体规模很大，市场规模位居世界前列，消费升级方兴未艾，消费对经济增长的基础性作用日益凸显。另一方面，我国正处于新型工业化、信息化、城镇化、农业现代化迅速发展阶段，投资需求潜力巨大，拉动经济增长的作用明显。扩大内需是我国必须长期坚持的战略基点。

我国在扩大内需方面，既要提振消费，又要扩大有效投资。在提振消费方面，要扩大居民消费，释放消费潜力，多举措增加居民收入，拓展消费领域，大力发展公共消费，支持生活服务业发展，推动线上线下消费融合，优化消费结构，培育新的消费增长点，开拓新的消费方式，以满足人民群众的多元化需求。在扩大有效投资方面，要发挥投资对经济增长的拉动作用和乘数效应。优化投资结构，保持投资合理增长。加强传统基础设施和新型基础设施投资，促进传统产业改造升级，推进和扩大智能制造、信息网络、数字经济、生命健康、新材料新能源等战略性新兴产业的发展。同时要加强新型城镇化建设，大力提升县城公共设施和服务能力，以适应农民日益增加的到县城就业安家的需求。

六、构建以国内大循环为主的"双循环"新发展格局

我国经济要持续、平稳、高质量发展，必须保持社会再生产的生产、分配、流通、消费各环节顺畅地进行良性循环。习近平同志明确指出：要"着力打通生产、分配、流通、消费各个环节，逐步形成以国内大循环为主体、国内国际双循环相互促进的新发展格局，培育新形势下我国参与国际合作和竞争新优势"②。构建新发展格局，是与时俱进提升我国经济发展水平的战略决策，是塑造我国国际经济合作和竞争优势的战略抉择，是党中央根据国内国际经济形势的深刻发展变化，对我国经济发展作出的战略部署。

①② 习近平在看望参加政协会议的经济界委员时强调 坚持用全面辩证长远眼光分析经济形势 努力在危机中育新机于变局中开新局 汪洋参加看望和讨论. 人民日报，2020-05-24.

改革开放以来，特别是加入世界贸易组织后，我国加入国际大循环，市场和资源“两头在外”，形成“世界工厂”发展模式，对我国快速提升经济实力、改善人民生活发挥了重要作用。近年来，随着全球政治经济环境的变化，逆全球化趋势加剧，有的国家大搞单边主义、保护主义，传统国际循环明显弱化。在这种情况下，我国必须把发展立足点放在国内，更多依靠国内市场实现经济发展。

国内大循环是指我国社会再生产的生产、分配、流通、消费各个环节周而复始的循环。我国的经济增长与发展，有赖于畅通国内再生产各环节的正常往复循环，保持各环节的相互紧密衔接，不间断地进行循环运转，防止任一环节循环运转的梗阻或不畅。我国作为一个有中国特色的社会主义大国，其显著优势就是可以使生产、分配、流通、消费各环节更多依托国内完整的生产体系、规模庞大的国内市场和巨大的内需潜力，构建可持续循环架构，完全有条件、有能力实现良性的国内大循环。我国必须充分发挥自身的经济优势，以国内大循环为主，通过繁荣国内经济，为国内经济发展增添动力。以国内大循环为主，要以深化供给侧结构性改革为主线，坚持扩大内需这个战略基点，把满足国内需求作为经济发展的出发点和落脚点，构建完整的内需体系，形成完善的国内循环。当今世界正经历百年未有之大变局，国际环境日趋复杂多变，国际经济发展的不稳定、不确定因素增强，在世界经济萎缩和低迷的外部环境下，我国坚持以国内大循环为主，显得尤为重要。

以国内大循环为主，绝不是封闭运行。国内循环与国际循环是彼此交融、相互促进的。要以国内大循环推动国际大循环，以国际大循环促进国内大循环。国内循环越畅通，越有利于中国与世界各国在生产、分配、流通、消费各方面的国际循环运转，越有利于更好吸引全球资源要素，实现国际经济交往，通过国际范围的专业化分工协作，互通有无，共同发展，形成我国参与国际合作和竞争的新优势。而畅通的国际循环，既可以为国内循环提供支撑，又可以带动世界经济发展，有利于各国合作共赢，促进开放型世界经济的建设。总之，国内国际双循环的发展，有利于发挥内需的潜力，使国内市场和国际市场更好联通，更好利用国内国际两个市场、两种资源，发展国际循环合作的产业链和供应链，实现更强劲的可持续发展，推动建设开放型世界经济。

第二节 科技进步与创新发展

一、经济发展要走依靠科技进步的道路

科学技术是第一生产力，而且是先进生产力的集中体现和主要标志，是推动人类文明进步的革命力量。在社会主义经济发展过程中，大力加强科学研究，不断进行技术改造，采用与推广先进科技，具有非常重要的作用，可以使劳动资料得到改进，提高劳动资料的质量和效能，通过设备更新加速实现生产的机械化和自动化，并使生产方法和加工工艺不断革新；可以提高劳动者的技术水平、劳动技能和劳动的复杂程度，使劳动者的技术素质不断得到改善，更有效地发挥作为生产主体的劳动者的作用；可以扩大劳动

对象的范围和种类，使各种自然资源得到充分利用；可以促进社会分工和生产专业化的发展，提高生产的社会化水平；可以大大节约劳动耗费，使一定数量的劳动投入获得更多的产品，提高社会经济效益。科技进步所起的这些重要作用，都可以促进社会劳动生产率的提高，从而推动社会主义再生产在日益提高的技术水平基础上不断更新和扩大。发达资本主义国家科学技术对经济增长的贡献率在20世纪初为5％～10％，而到21世纪初已达到70％～80％。我国科学技术对经济增长的贡献率处于较低水平。2020年我国全社会研发投入约2.4万亿元，科技进步贡献率超过60％。科技进步为我国经济高质量发展注入强劲动能。我国社会主义经济的发展必须坚持走依靠科技进步的道路。

当今世界，科技发展日新月异。国际上当代第四次科学技术革命正在广泛发展，人工智能、大数据、云计算、信息技术、生物技术、空间技术、新材料技术、新能源技术等正在崛起和发展。科学技术突飞猛进，科技应用日益广泛，科技与经济社会发展的结合越来越密切，会给世界生产力和人类经济社会的发展带来极大的推动力。科学技术迅猛发展的这种客观趋势，对我国经济社会的发展既是机遇，又是挑战，我国必须紧紧抓住这个机遇，应对这种挑战，加快科技发展和应用的进程。

二、加快科学技术的自主创新

加快我国的科技发展和提高我国的科技水平，关键在于科学技术的自主创新。党的十九大强调指出："创新是引领发展的第一动力，是建设现代化经济体系的战略支撑。"党的二十大进一步指出：要"坚持创新在我国现代化建设全局中的核心地位。"新中国成立以来，科技事业取得了巨大成就。以"两弹一星"、载人航天、杂交水稻、陆相成油理论与应用、高性能计算机等为标志的一大批重大科技成就，极大地增强了我国的综合国力，提高了我国的国际地位。近年来，我国大力实施创新驱动发展战略。创新型国家建设成果丰硕，天宫、蛟龙、天眼、悟空、墨子、大飞机、5G（第五代移动通信技术）等重大科技成果相继问世。高速铁路、特高压输变电、水电装备、北斗导航、信息网络、电动汽车等重大科技成果产业化取得突破，部分产业走在世界科技前列。我国科技创新正由跟跑为主向更多领域并跑、领跑转变，成为全球瞩目的创新创业热土。但同发达国家相比，我国科技总体水平尚有较大差距，主要表现为：关键技术自给率较低，发明专利数量较少；一些地区特别是中西部的农村，技术水平仍比较落后；科学研究质量不够高，优秀拔尖人才比较匮乏；科技投入不足，科技体制机制存在不少弊端。目前，我国虽然是一个经济大国，但还不是一个经济强国，一个根本原因就是科学技术的创新能力薄弱。只有通过科技自主创新，形成多主体协同、全方位推进的创新局面，才能迎头赶上，实现我国生产力发展的跨越。

我国要把发挥社会主义制度的优越性，同掌握、运用和发展先进的科学技术紧密结合起来，把科学技术置于优先发展的地位，把增强科技自主创新能力作为科学技术发展的战略基点和调整产业结构、转变经济发展方式的中心环节。

我国科学技术的发展要坚持"自主创新、重点跨越、支撑发展、引领未来"的指导方针。**自主创新**就是从增强国家创新能力出发，加强原始创新、集成创新和引进消化吸收再创新。重点跨越就是坚持有所为、有所不为的原则，选择具有一定基础和优势、关系国计民生和国家安全的关键领域，集中力量，重点突破，实现跨越式发展。支撑发展就是从现实的紧迫需求出发，着力突破重大的关键技术和共性技术，支撑经济社会的持续协调发展。引领未来就是着眼长远，超前部署前沿技术和基础研究，创造新的市场需求，培育新兴产业，引领未来经济社会的发展。这一方针是我国半个多世纪以来科技发展实践经验的概括总结，是面向未来、实现中华民族伟大复兴的重要抉择。

三、建设创新型国家和实施创新驱动发展战略

我国科学技术事业发展的总体目标是：到 2020 年时使我国进入创新型国家行列，到 2035 年时使我国进入创新型国家前列，到中华人民共和国成立一百年时使我国成为世界科技创新强国。我国 2022 年的科技创新能力指数位居世界第 11 位，表明我国已迈入创新型国家行列。

建设创新型国家是关系到我国社会主义现代化建设全局的重大战略决策。**创新型国家**即依靠科技创新支撑经济发展而形成强大经济实力和竞争优势的国家。①

我国建设创新型国家，核心就是把增强自主创新能力作为发展科学技术的战略基点，走中国特色自主创新道路，推动科学技术的跨越式发展；就是把增强自主创新能力作为调整产业结构、转变经济发展方式的中心环节，建设资源节约型、环境友好型社会，推动国民经济又好又快地发展；就是把增强自主创新能力作为国家战略，贯穿到现代化建设的各个方面，激发全民族的创新精神，培养高水平创新人才，形成有利于自主创新的体制机制，大力推进理论创新、制度创新、科技创新。

我国实现科学技术的自主创新，进入创新型国家行列，走的是中国特色自主创新道路。2012 年，党的十八大强调提出，我国必须实施创新驱动发展战略。**创新驱动发展战略**就是依靠科技创新来推动经济发展的战略。实施这一战略，为我国经济发展更多地依靠科技创新来驱动指明了方向。科技创新是提高社会生产力和综合国力的战略支撑，必须将其摆在国家发展全局的核心位置。要坚持走中国特色自主创新道路，以全球视野谋划和推动创新，提高原始创新、集成创新和引进消化吸收再创新能力，更加注重协同创新。

我国要加快建设创新型国家。党的二十大报告明确指出，要“加快实施创新驱动发展战略。坚持面向世界科技前沿、面向经济主战场、面向国家重大需求、面向人民生命健康，加快实现高水平科技自立自强。以国家战略需求为导向，集聚力量进行原创性引领性科技攻关，坚决打赢关键核心技术攻坚战。加快实施一批具有战略性全局性前瞻性的国家重大科技项目，增强自主创新能力。加强基础研究，突出原则，鼓励自由探索。

---

① 当今世界各国经济的发展，按照支撑其发展的主要经济因素来划分，有三种主要类型：一是创新型国家，目前国际上公认的创新型国家约有 20 个，包括世界各主要国家。二是资源型国家，即主要依靠自身的自然资源而增加国民财富的国家，如中东的一些石油生产国。三是依附型国家，即主要依附于发达国家的资本、技术和市场而发展的国家，如拉美、非洲的某些发展中国家。一般来说，科技创新能力指数达到世界前 15 位，就进入了创新型国家行列。

提升科技投入效能，深化财政科技经费分配使用机制改革，激发创新活力。加强企业主导的产学研深度融合，强化目标导向，提高科技成果转化和产业化水平。强化企业科技创新主体地位，发挥科技型骨干企业引领支撑作用，营造有利于科技型中小微企业成长的良好环境，推动创新链产业链资金链人才链深度融合”。

第三节　产业结构的调整与优化和建设现代产业体系

一、产业结构的优化与升级

在社会主义国民经济发展过程中，必须从我国国情出发，建立合理的产业结构。**产业结构**是指国民经济中各个物质资料生产部门（包括部门内部的分部门）之间的组合与构成以及它们在社会生产总体中所占的比重。所以，产业结构实质上是各个物质资料生产部门之间的联系和比例。广义的产业结构还包括非物质资料生产部门。合理的产业结构就是指国民经济各部门之间和各部门内部建立起最佳或最优的比例关系。

建立合理的产业结构，对促进我国产业结构的优化与升级具有重要的作用和意义。（1）有利于促进国民经济较快发展。建立合理的产业结构，促进产业结构的优化，能够使社会再生产各个环节相互适应，保持国民经济按比例地协调发展，实现国民经济的良性循环，保持经济较快的发展速度。（2）有利于经济发展方式的转变和经济增长质量及经济效益的提高。通过产业结构的合理化与优化，特别是通过提升产业层次和产业技术水平，提高产业集中度，关闭和淘汰落后生产能力，能够有效地利用社会资源和各种生产要素，促进经济发展方式向质量效益型转变，大大提高经济增长的质量和效益。（3）有利于实现社会总供给与总需求的平衡。总供给与总需求的平衡，要以产业结构的平衡为基础。只有在产业结构平衡的基础上，才有可能避免在某些短线产品供不应求的同时，又存在某些长线产品的供过于求，从而才能实现与供需结构平衡相统一的供需总量平衡。（4）有利于产业结构的合理化。只有调整与优化了产业结构，才能在物质上保证国民收入中的积累基金和消费基金得到实现，从而保证人民生活水平的提高和社会生产的发展。

我国经过四十多年的体制改革和社会主义现代化建设，产业结构的调整与优化取得显著成效，农业的基础地位继续加强，传统产业得到提升，高新技术产业和现代服务业加速发展。但是，在产业结构方面仍存在一些深层次的矛盾，调整产业结构，推进产业结构优化升级和建设现代产业体系，是我国极为迫切的任务。

推进我国产业结构的优化升级和建设现代产业体系，要坚持把发展经济的着力点放在实体经济上，推进新型工业化，加快建设制造强国、质量强国、航天强国、交通强国、网络强国、数字中国。要形成以高新技术产业为先导、以基础产业和制造业为支撑、服务业全面发展的产业格局。要坚持把经济结构战略性调整作为加快转变经济发展方式的主攻方向。要以供给侧结构性改革为主线，推动经济发展质量变革、效率变革、动力变革，提高全要素生产率。要构建扩大内需的长效机制，促进经济增长向依靠消费、投资、出口协调拉动方向转变。要加强农业的基础地位，提升制造业的核心竞争力，发展战略性新兴产业，加快发展服务业，促进经济增长向依靠第一、第二、第三产业协同带动转变。

广义的产业结构，是对物质资料生产部门和非物质资料生产部门加以综合考察，通常划分为三次产业。我国对**三次产业**的划分标准为：**第一产业**是农、林、牧、渔业；**第二产业**是采矿业，制造业，电力、燃气及水的生产和供应业，建筑业；**第三产业**是除第一、第二产业以外的其他行业。

我国国民经济中的第一、第二、第三产业变化的总趋势是，第一产业的比重逐渐下降，质量日益提高，第二产业的结构不断优化，第三产业的比重逐步提高。我国产业结构的调整与优化必然要反映和遵循这种变化的客观趋势，见表18－1。

表18－1 我国改革开放以来三次产业在国内生产总值中所占比重的变化（1978—2021年）（%）

年份	第一产业	第二产业	第三产业
1978	28.1	48.2	23.7
1980	30.1	48.5	21.4
1985	28.4	43.1	28.5
1990	27.1	41.6	31.3
1995	20.5	48.8	30.7
2000	16.4	50.2	33.4
2005	12.4	47.3	40.3
2010	10.2	46.8	43.0
2015	9.0	40.5	50.5
2020	8.0	38.0	54.0
2021	7.3	39.4	53.3

资料来源：历年《国民经济和社会发展统计公报》。

我国的现代化建设，从产业结构方面看，主要是建设和发展**现代产业体系**，推动经济体系优化升级。坚持把发展经济的着力点放在实体经济上，坚定不移建设制造强国、质量强国、网络强国、数字中国。推进产业基础高级化，提升产业链供应链现代化水平；大力推进信息化和工业化融合，促进工业由大变强，振兴装备制造业，淘汰落后生产能力；提升高新技术产业，推进数字经济、智能制造、信息网络、生命健康、航空航天、新材料等战略性新兴产业发展；发展现代服务业，提高服务业的比重和水平；加强基础产业、基础设施建设，加快发展现代能源产业和综合运输体系。

二、加强农业的基础地位

调整和优化产业结构，必须加强我国农业的基础地位，把农业放在经济工作的首位，坚持把解决好“三农”问题作为全党工作的重中之重，走中国特色社会主义乡村振兴道路，实施乡村振兴战略和乡村建设行动，全面繁荣农村经济，建设社会主义新农村。农业是国民经济的基础，也是社会安定、国家自立的基础。建设现代农业，发展农村经济，增加农民收入，强化以工补农、以城带乡，形成工农互促、城乡互补、协调发展、共同繁荣的新型工农城乡关系，加快农业农村现代化，是我国全面建设社会主义现代化国家的重大任务。

农业在整个国民经济中居于基础地位，这主要表现在：第一，农业是人类生存和一切生产的历史起点与先决条件，它为人类生存提供了最基本的生活资料。第二，农业劳动生产率的提高，是国民经济其他部门赖以独立化的基础。从人类历史来看，只有随着农业生产力的发展，能够提供一定数量的剩余农产品时，其他的经济社会部门才有可能成为独立的部门。第三，农业是国民经济其他部门进一步发展的基础。国民经济其他部门的发展规模和速度，都取决于农业生产力发展的规模和速度。

农业在国民经济中的基础地位，决定了农业在国民经济中具有基础性作用，主要表现为：第一，农业为工业和整个国民经济的发展提供粮食与农副产品等基本生活资料；第二，农业为工业的发展提供大量原料和广阔市场；第三，农业为国民经济其他部门的发展提供大量劳动力；第四，农业是经济建设资金积累的重要来源；第五，农业为外贸提供大量出口商品。

建立合理的农村产业结构，对农村产业结构进行优化，要解决好三个层次的关系：一是种植业内部的粮食生产和经济作物生产要协调发展；二是农业内部的农、林、牧、渔各业应协调发展；三是农村内部第一、第二、第三产业应全面协调发展。

农业是国民经济的基础，也是全面建设社会主义现代化国家的基础，必须加快转变农业发展方式，着力构建现代农业产业体系、生产体系、经营体系，推进以农业科技现代化为核心的农业现代化，提高农业质量效益和竞争力，走产出高效、产品安全、资源节约、环境友好的农业现代化道路。

三、发展和调整第二产业，走新型工业化道路

促进产业结构的合理化，调整和优化产业结构，要继续大力发展第二产业，积极调整工业结构，走新型工业化道路。

我国要在21世纪中叶建成社会主义现代化强国，而现代化的主体是工业化，高度发达的工业是现代化的重要标志。我国所要实现的工业化，有别于许多发达国家所实现的传统的工业化，而是要走**新型工业化道路**。要坚持以信息化带动工业化，以工业化促进信息化，走出一条科技含量高、经济效益好、资源消耗低、环境污染少、人力资源优势得到充分发挥的新型工业化路子。

坚持走中国特色新型工业化道路，最重要的是实现第二产业的转型升级，提高第二产业的核心竞争力。一要适应市场需求的变化，根据科技进步的新趋势，发挥我国产业在全球经济中的比较优势，发展结构优化、技术先进、清洁安全、附加值高、吸纳就业能力强的现代产业体系。二要改造提升制造业，实施制造强国战略，以提高制造业创新能力和基础能力为重点，推进信息技术与制造技术深度融合，促进制造业朝高端、智能、绿色、服务方向发展，培育制造业竞争新优势。三要全面提升工业基础能力，加快发展

新型制造业，推动传统产业改造升级，加强质量品牌建设，积极稳妥地化解过剩产能，降低实体经济企业成本。四要推进重点产业结构调整，优化产业布局，加强企业技术改造，引导企业兼并重组，促进中小企业发展。五要培育发展战略性新兴产业，加强以大数据中心、人工智能、工业互联网、5G网络等为代表的“新基建”即新型基础设施建设项目的建设。推进我国产业向全球价值链中高端迈进，推动重点领域跨越式发展，实施产业创新发展工程。六要推动能源生产和利用方式的变革，推进能源多元清洁发展，优化能源开发布局，加强能源通道建设。

我国要按照走新型工业化道路的要求，对工业的产业结构进行调整和优化，正确处理好以下几方面的关系。

第一，正确处理工业化和信息化的关系。**工业化**一般是指由传统的农业社会向现代工业社会转变的过程。**信息化**是指充分利用信息技术，开发利用信息资源，促进信息交流和知识共享，提高经济增长质量，推动社会经济发展转型的历史进程。信息化是我国加快实现工业化和现代化的必然选择。我国可以避开发达国家曾走过的先工业化、后信息化的老路，而是以信息化作为我国高起点加快实现工业化的有力支撑，充分发挥信息化对工业化所起的催化作用，以信息化带动工业化，实现我国工业化的跨越式发展。同时应该看到，信息化是工业化发展到一定阶段的产物。工业化为信息化提供了强大的物质基础，并为信息化的发展提供了现实需求，工业化的发展会不断推动和加速信息化的发展。必须“以信息化带动工业化，以工业化促进信息化”，使工业化与信息化融为一体，从而推动我国国民经济的发展。

第二，正确处理高新技术产业和传统产业的关系。我国现在面临着既要发展传统产业，又要迎头赶上世界高新技术产业发展的双重任务。**高新技术产业**是指第二次世界大战后，近几十年来随着新技术的发展而发展起来的产业部门，如数字经济、智能制造、信息网络、原子能工业、电子工业、航天工业、生物产业、合成材料工业、新能源工业，等等。发展高新技术产业，是实现我国产业结构现代化的迫切需要，只有逐步提高高新技术产业在国民经济中的比重，才能改变我国产业结构较落后的状况。发展高新技术产业可以避免完全重复其他国家技术发展走过的老路，使我国某些生产部门跳跃式地前进，直接把先进技术运用于改造传统产业或建立新兴产业部门，从而有利于加速我国产业结构现代化的进程。

我国在积极发展高新技术产业的同时，必须十分重视传统产业的发展。**传统产业**是指18世纪末产业革命后发展起来的产业部门，如钢铁、纺织、汽车制造、建筑、能源、交通等这样一些生产部门。传统产业在我国已有相当的规模和基础，在今后相当长的时期内，传统产业仍然有广阔的市场需求和发展前景。但从总体上看，我国传统产业的集中度不够高，工艺技术装备比较落后，资源利用率较低。必须促进传统产业转型升级，用高新技术和先进适用技术改造与提升传统产业，增加科技含量，促进产品更新换代，提高产品质量。高新技术产业要为改造传统产业提供强有力的技术支持。

第三，正确处理资金密集型产业和劳动密集型产业的关系。**资金密集型产业**是指资金有机构成较高的产业，**劳动密集型产业**是指资金有机构成较低的产业。为了加快我国工业化的进程，提高工业生产的技术水平和效率，必须积极发展技术先进、设备完善、劳动生产率高的资金（技术）密集型产业。但是，我国劳动密集型产业仍有很大的需求和发展潜力。一般来说，劳动密集型产业需要的投资较少，造价比较低，建设周期较短，就地取材进行生产，在国际竞争中具有一定的优势。而且我国人口众多，劳动密集型产业在保就业方面发挥着重要作用。因此，在我国的工业化进程中，产业结构要建立在资金密集型产业和劳动密集型产业相结合的基础上，以促进经济的发展。

第四，正确处理工业化和可持续发展的关系。走新型工业化道路，必须把可持续发展放在十分突出的地位，坚持优生优育、保护环境和保护资源的基本国策。（见本章第五节的论述。）

四、发展第三产业和现代服务业

实现产业结构的合理化，调整和优化产业结构，必须大力促进第三产业的发展。第三产业的发展，是生产社会化程度和社会劳动生产率提高的必然趋势，是现代化经济的一个重要特征。一个国家的国内生产总值中第三产业所占的比重，是衡量经济社会发展程度和现代化水平的一个重要标志。第三产业的发展对国民经济发展的全局具有极端重要性。（1）它是改革开放的需要，有利于深化企业改革、加快政府职能转变以及分配制度和社会保障制度的改革，也有利于为扩大对外开放创造条件；（2）它是经济较快发展和提高经济素质的需要，特别是科技、教育、交通、通信、信息等具有全局性、先导性、基础性的行业发展的需要，有利于为整个国民经济的较快发展创造条件；（3）它是提高经济发展质量、提高经济效益和提高服务的社会化与专业化水平的需要，第三产业的大部分行业可以取得较高的经济效益，并能为生产发展和人民生活的改善提供社会化与专业化的服务；（4）它是优化产业结构，促进第一、第二产业发展的需要，有利于为第一、第二产业提供高效服务和广泛信息，促进经济效率和效益的提高，实现三次产业的协调发展；（5）它是改善人民生活、提高劳动力素质、扩大就业的需要；（6）它是加强宏观经济调控的需要，第三产业中的许多行业，如信贷、税收、金融、审计、法律，以及国家经济机构等，直接与国家宏观经济调控作用的发挥有密切关系。

我国改革开放以来，第三产业有了较大发展。要继续大力促进第三产业的兴起和发展，第三产业的增长速度要高于第一、第二产业，要逐步建立起适合我国国情的社会主义统一市场体系、城乡社会化综合服务体系和社会保障体系。

发展第三产业，既要改造和提高传统服务业，又要发展旅游、信息、会计、咨询、法律服务等新兴服务业。伴随着信息技术和知识经济的发展，用现代化的新技术、新业态和新服务方式改造传统服务业，创造需求，引导消费，向社会提供高附加值、高层次、知识型的生产服务和生活服务的服务业即**现代服务业**是第三产业发展的方向。它包括基础服务、生产和市场服务、个人消费服务、公共服务等几大类。其发达程度是衡量经济、社会现代化水平的重要标志。发展现代服务业是国民经济持续发展的主要增长点，是缓解就业压力的主渠道，是提升国民经济素质和运行质量的战略举措，是实施国民经济可持续发展战略的需要，是实现跨越发展的有效途径，是促进经济社会和人的全面发展、实现经济社会全面现代化的必要条件，因此，要推动现代服务业优质高效发展。当前的任务，一是要促进生产性服务业向专业化和价值链高端发展，实施高技术服务业创新工程；二是要推动生活性服务业向精细和高品质转变，促进生活性服务业的专业化、规模化、网络化发展；三是要完善服务业发展体制和政策，面向社会资本扩大市场准入，扩大服务业对外开放。

近年来，我国推进产业结构转型升级，服务业在创造税收、吸纳就业、新设市场主体、固定资产投资、对外贸易等方面增长较快。2019 年，服务业对我国经济增长的贡献率达到 59.4%，服务业占国内生产总值的比重达到 53.9%，2020 年以来受疫情影响，这个比重略有下降，但服务业仍然是我国第一大产业，对国民经济平稳运行贡献显著，支撑了国民经济的持续健康发展。

第四节　经济社会的统筹协调发展

一、统筹协调经济社会发展

统筹兼顾是正确认识和妥善处理中国特色社会主义事业中各种重大关系行之有效的重要方法和经验。**统筹兼顾**就是要从发展的大局和人民的根本利益出发，正确反映和兼顾不同方面群众的利益，调动一切积极因素，调节并处理好各种具体的利益关系，促进整个社会的协调发展，使全体人民朝着共同富裕的方向稳步前进。统筹兼顾经济社会的协调发展，蕴含着全面发展、协调发展、均衡发展、可持续发展、安全发展和个人的全面发展。

全面发展是“统筹兼顾”的核心内容。“统筹兼顾”以经济、政治、文化全面协调发展为内容，以社会主义物质文明、政治文明和精神文明整体推进为重要目标，以经济、社会、自然协调发展为途径，着眼于全面发展，囊括了当前改革和发展所要解决的一系列战略性、全局性的重大问题，反映了社会主义现代化建设的客观规律，体现了社会主义社会全面发展的战略构想。

协调发展是“统筹兼顾”的一条主线。社会发展的实践告诉我们，社会进步是通过协调发展来实现的，协调发展是“统筹兼顾”的立足点、着眼点和基本点。

均衡发展是“统筹兼顾”的关键环节，无论是哪一对统筹兼顾的关系，都必须均衡发展。

可持续发展是“统筹兼顾”的重要支撑。坚持走可持续发展道路，是总结多年来经济社会发展的经验和教训得出的必然结论，是立足现实、着眼长远作出的战略选择。

安全发展是“统筹兼顾”的必要前提。要统筹发展和安全，坚持总体国家安全观，实施国家安全战略，增强机遇意识和风险意识，加强国家安全体系和能力建设，确保国家经济安全和人民生命安全。

个人的全面发展是“统筹兼顾”的本质要求。以人为本的发展理念是“统筹兼顾”的根基。以人为本就是把人作为社会的主体和中心，在社会发展中以满足人的需要、提升人的素质、实现人的全面发展为终极目标。以人为本，要求我们在完善体制、深化改革、加快发展的实践中，必须一切以人为本位，一切以人为核心，一切以人为目的，把满足人们的现实需要、维护人们的切身利益作为一切工作的出发点和归宿。

统筹协调经济社会发展，要正确认识和妥善处理中国特色社会主义事业中的重大关系，统筹改革发展稳定、内政外交国防、治党治国治军各方面的工作。要着力统筹城乡发展、区域发展、经济社会发展、人与自然和谐发展、国内发展和对外开放、中央和地方关系，统筹个人利益和集体利益、局部利益和整体利益、当前利益和长远利益，以及统筹国内国际两个大局，从而充分调动各方面的积极性，努力形成全体人民各尽所能、各得其所而又和谐相处的局面。

二、协调发展区域经济，实施区域协调发展战略

党的二十大明确提出，我国要“促进区域协调发展。深入实施**区域协调发展战略**、区域重大战略、主体功能区战略、新型城镇化战略，优化重大生产力布局，构建优势互补、高质量发展的区域经济布局和国土空间体系”。

推进西部大开发形成新格局。要把深入实施西部大开发战略放在优先位置，推动西部经济发展质量变革、效率变革、动力变革，促进经济发展与人口、资源、环境相协调，实现更高质量、更有效率、更加公平、更可持续发展。形成大保护、大开放、高质量发展的新格局。要更好地发挥“一带一路”建设对西部大开发的带动作用。加快内外联通通道和区域性枢纽建设，进一步提高基础设施水平，明显改善落后边远地区的对外通行条件。大力发展绿色农产品加工、文化旅游等特色优势产业。设立一批国家级产业转移示范区，发展产业集群。依托资源环境承载力较强地区，提高资源就地加工转化比重。加强水资源科学开发和高效利用。强化生态环境保护，提升生态安全屏障功能。健全长期稳定资金渠道，继续加大转移支付和政府投资力度。加快基本公共服务均等化。加大门户城市开放力度，提升开放型经济水平。

推动东北全面振兴取得新突破。加快市场取向的体制机制改革，积极推动结构调整，加大支持力度，提升东北地区等老工业基地的发展活力、内生动力和整体竞争力。加快服务型政府建设，改善营商环境，加快发展民营经济。大力开展和积极鼓励创业创新，支持建设技术和产业创新中心，吸引人才等各类创新要素集聚，使创新真正成为东北地区发展的强大动力。加快发展现代化大农业，促进传统优势产业提质增效，建设产业转型升级示范区，推进先进装备制造业基地和重大技术装备战略基地建设。支持资源型城市转型发展，组织实施好老旧城区改造、沉陷区治理等重大民生工程。加快建设快速铁路网和电力外送通道。深入推进国资国企改革，加快解决厂办大集体等问题。支持建设面向俄日韩等国家的合作平台。

促进中部地区加快崛起。制定实施新时期促进中部地区崛起规划，完善支持政策体系，推动城镇化与产业支撑、人口集聚有机结合，形成重要战略支撑区。支持中部地区加快建设贯通南北、连接东西的现代立体交通体系和现代物流体系，培育壮大沿江沿线城市群和都市圈增长极。有序承接产业转移，加快发展现代农业和先进制造业，支持能源产业转型发展，建设一批战略性新兴产业和高技术产业基地，培育一批产业集群。加

强水环境保护和治理，推进鄱阳湖、洞庭湖生态经济区和汉江、淮河生态经济带建设。加快郑州航空港经济综合实验区建设。支持发展内陆开放型经济。

鼓励东部地区加快推进现代化。发挥其对全国发展的支撑引领作用，增强辐射带动能力。加快实现创新驱动发展转型，打造具有国际影响力的创新高地。加快推动产业升级，引领新兴产业和现代服务业发展，打造全球先进制造业基地。加快建立全方位开放型经济体系，更高层次参与国际合作与竞争。在公共服务均等化、社会文明程度提高、生态环境质量改善等方面走在前列。推进环渤海地区合作协调发展。支持珠三角地区建设开放创新转型升级新高地，加快深圳科技、产业创新中心建设。深化泛珠三角区域合作，促进珠江—西江经济带加快发展。

在区域经济发展方面，还要健全区域协调发展机制。要支持革命老区、民族地区加快发展，加强边疆地区建设，推进兴边富民、稳边固边。推进京津冀协同发展、长江经济带发展、长三角一体化发展，推动黄河流域生态保护和高质量发展。高标准、高质量建设雄安新区，推动成渝地区双城经济圈建设。健全主体功能区制度，优化国土空间发展格局。推进以人为核心的新型城镇化。加快农业转移人口市民化。以城市群、都市圈为依托构建大中小城市协调发展格局，推进以县城为重要载体的城镇化建设。坚持人民城市人民建、人民城市为人民，提高城市规划、建设、治理水平，加快转变超大特大城市发展方式，实施城市更新行动，加强城市基础设施建设，打造宜居、韧性、智慧城市。发展海洋经济，保护海洋生态环境，加快建设海洋强国。

三、实施乡村振兴战略，促进城乡融合发展

改革开放以来，我国农业和农村的经济社会发展取得了举世瞩目的重大成就，但是，我国城乡二元经济结构和城乡二元经济社会管理体制所形成的深层次矛盾，导致我国农业基础仍相对薄弱，农村发展仍然滞后，农民增收仍有困难，这是影响我国从根本上解决“三农”问题的体制性障碍。因此，要实施**乡村振兴战略**。农业农村农民问题是关系国计民生的根本性问题，必须始终把解决好“三农”问题作为全党工作重中之重。党的二十大报告指出，要全面推进乡村振兴。全面建设社会主义现代化国家，最艰巨最繁重的任务仍然在农村。坚持农业农村优先发展，坚持城乡融合发展，畅通城乡要素流动。扎实推动乡村产业、人才、文化、生态、组织振兴。全方位夯实粮食安全根基，牢牢守住十八亿亩耕地红线。深化农村土地制度改革，赋予农民更加充分的财产权益。保障进城落户农民合法土地权益，鼓励依法自愿有偿转让。

实施乡村振兴战略要坚持农业农村优先发展，着力重点在于：一是要加快发展乡村产业，顺应产业发展规律，立足当地特色资源，推动乡村产业发展壮大，优化产业布局，完善利益联结机制，让农民更多分享产业增值收益。二是要加强社会主义精神文明建设，加强农村思想道德建设，弘扬和践行社会主义核心价值观，普及科学知识，推进农村移风易俗，推动形成文明乡风、良好家风、淳朴民风。三是要加强农村生态文明建设，保持战略定力，以钉钉子精神推进农业面源污染防治，加强土壤污染、地下水超采、水土流失等治理和修复。四是要深化农村改革，加快推进农村重点领域和关键环节改革，激

发农村资源要素活力，完善农业支持保护制度，尊重基层和群众创造，推动改革不断取得新突破。五是要实施乡村建设行动，继续把公共基础设施建设的重点放在农村，在推进城乡基本公共服务均等化上持续发力，注重加强普惠性、兜底性、基础性民生建设。要接续推进农村人居环境整治提升行动，重点抓好改厕和污水、垃圾处理。要合理确定村庄布局分类，注重保护传统村落和乡村特色风貌，加强分类指导。六是要推动城乡融合发展见实效，健全城乡融合发展体制机制，促进农业转移人口市民化。要把县域作为城乡融合发展的重要切入点，赋予县级更多资源整合使用的自主权，强化县城综合服务能力。七是要加强和改进乡村治理，加快构建党组织领导的乡村治理体系，深入推进平安乡村建设，创新乡村治理方式，提高乡村善治水平。

随着我国新时代农村脱贫攻坚任务于2020年如期完成，要进一步实现巩固拓展农村脱贫攻坚成果同乡村振兴有效衔接，接续推进脱贫地区发展，增强其内生发展动力，健全防止返贫监测和帮扶机制。

促进城乡融合发展，要健全和完善城乡融合发展的体制机制和政策体系。要以缩小城乡发展差距和居民生活水平差距为目标，以完善产权制度和要素市场化配置为重点，促进城乡要素自由流动、平等交换，公共资源合理配置，基本公共服务普惠共享，基础设施一体化发展，乡村经济多元化发展，农民收入持续增长。坚持工业反哺农业，城市支持农村，强化以工补农、以城带乡，推动形成工农互促、城乡互补、协调发展、共同繁荣的新型工农、城乡关系。

四、推进城镇化发展，实施新型城镇化战略

城镇化是指人口向城镇集中的过程，主要是农村人口向城镇转移就业并融入城镇的过程。这个过程表现为城镇数目的增多和各城市内人口规模的不断扩大，并伴随农业活动的比重逐渐下降、非农业活动的比重逐步上升的结构性变动，同时，城镇化也包括城市的产业结构、就业方式、人居环境、社会保障等的进一步社会化和现代化。

我国推进**新型城镇化战略**，要坚持以人的城镇化为核心、以城市群为主体形态、以城市综合承载能力为支撑、以县城为重要载体、以体制机制创新为保障，加快新型城镇化步伐，提高社会主义新农村建设水平，努力缩小城乡发展差距，推进城乡发展一体化。2021年我国城镇化率为64.72%，不仅明显低于发达国家80%的水平，也低于许多发展中国家的水平，具有很大的发展潜力和空间。我国既要积极又要稳妥地推进城镇化。

第一，要加快农业转移人口市民化。统筹推进户籍制度改革，绝大多数城市放宽落户限制，全面实施居住证制度，健全促进农业转移人口市民化的机制，使进城落户人口与城镇居民享有同等权利和义务。

第二，要优化城镇化布局和形态。实施重点城市群规划，形成大中小城市和小城镇合理分布、协调发展的格局。加快城市群建设发展，发展一批中心城市，增强中心城市的辐射带动功能，加快发展中小城市和特色镇。

第三，要建设和谐宜居城市，实施城市更新行动。推进城市生态修复、功能完善工程，统筹城市规划、建设、管理，合理确定城市规模、人口密度、空间结构，建设海绵

城市、韧性城市。转变城市发展方式，提升城市治理水平，加大“城市病”防治力度，加强城市基础设施建设，加快城镇棚户区和危房改造，不断提升城市环境质量、居民生活质量和城市竞争力，努力建设和谐宜居、富有活力、各具特色的新型城市。

第四，要健全住房供应体系。构建以政府为主提供基本保障、坚持“房住不炒”的政策定位、以市场为主满足多层次需求的住房供应体系，完善购租并举的住房制度，促进房地产市场健康发展，提高住房保障水平。

第五，要推动新型城镇化和新农村建设协调发展，推进以县城为重要载体的城镇化建设，发展特色县域经济，提升县域经济的支撑辐射能力，促进公共资源在城乡间均衡配置。

第五节　改善生态环境与可持续发展

一、实施可持续发展战略

以五大新发展理念指导我国经济社会的发展，促进人与自然的和谐共生，必须坚持可持续发展，实施可持续发展战略。

在当代，实现经济和社会的**可持续发展**，是具有战略意义的重大问题，它既关系到当前的经济发展，更关系到长远的经济发展。**可持续发展战略**是指社会经济的发展不仅要谋求和满足当代人的需要和目前利益，而且要保证满足后代人的需要和长远利益的发展战略。我国实施可持续发展战略要以计划生育、节约资源和保护环境为重要条件，使经济社会发展与人口增长、资源利用和环境保护相适应，实现资源、环境的承载能力与社会经济发展相协调，在人口、资源、环境、经济、社会相互协调中使经济得到发展，并在发展中带动人口、环境和资源问题的解决。这就是说，实施可持续发展战略的基本要求，就是把经济社会发展与人口、资源、环境结合起来统筹规划、综合协调，促进社会全面进步。这样才能做到经济发展不以损坏自然资源和生态环境为代价，不以破坏其他国家和地区的发展为代价，当代的发展不使后代的发展失去机会。实施可持续发展战略的主要对策有：

（1）人口对策。人口问题关系国家的长远可持续发展和民族的未来。实行计划生育是我国的一项基本国策。我国从 20 世纪 80 年代开始，为了应对经济短缺与人口过多的矛盾，实行“独生子女”的计划生育政策，这一政策实施 30 多年后，我国人口状况发生了转折性变化，中国进入低生育率国家行列，劳动力短缺开始显现，人口老龄化快速发展，从而使人口的“结构问题”取代“总量问题”，成为人口与社会经济协调发展的突出矛盾，对社会经济可持续发展形成了巨大挑战。为了调整人口结构问题，我国于 2015 年修订了《中华人民共和国人口与计划生育法》，实施“国家提倡一对夫妻生育两个子女”的计划生育新政策，即实施“全面两孩”政策，从 2016 年 1 月 1 日起施行。2021 年进一步修改《中华人民共和国人口与计划生育法》，提倡适龄婚育、优生优育，一对夫妻可以生育三个子女。这一政策有利于促进我国人口的长期均衡发展。我国在调整人口结构的同时，要全面提高人口素质，实施人才强国战略，培养造就大批德才兼备的高素质人才，为经济现代化和可持续发展提供人才支撑。同时，我国为应对人口老龄化趋势，保持必要的就业人口，实施了渐进式延迟法定退休年龄。坚持男女平等基本国策。

（2）资源对策。这里所说的资源主要指自然资源，包括空间资源、地面资源、地下资源和海洋资源等。从总量上说，我国地大物博，不少矿产资源储量居世界前列。但由于我国人口多，按人均占有量衡量，有相当多的资源我国的人均占有量大大低于世界平均水平，再加上有的资源总量本来就不多，或分布不均匀，或品位较低，这一切决定了我国在实现经济发展目标时，要合理利用、综合开发和大力节约资源，要加强对自然资源的管理和保护。近年来我国在合理开发、利用和节约资源方面，提出了发展循环经济和建立节约型社会。所谓**循环经济**是指一种以资源的高效利用和循环利用为核心，以“资源—产品—废物再生资源”为原则，以低消耗、低排放、高效率、再利用为基本特征，符合可持续发展理念的经济增长模式。循环经济是对“大量消耗资源—产品—大量排废”的传统增长模式的根本变革。发展循环经济是缓解资源约束矛盾的根本出路，是从根本上减少环境污染的有效途径，是提高经济效益的重要措施，是实现可持续发展的本质要求。我国是人均资源相对不足的国家，资源的利用水平较低，我国必须建设资源节约型社会，大幅提高资源利用综合效益，走节约、集约、循环利用资源的发展道路。保护和节约资源是我国的一项基本国策。

（3）生态环境对策。自然是生命之母，人与自然是生命共同体，人类必须敬畏自然、尊重自然、顺应自然、保护自然。要实现社会经济的可持续发展，必须坚持人与自然和谐共生，牢固树立和切实践行绿水青山就是金山银山的理念。要加强生态环境的建设和保护，使我们的子孙后代永远有一个适宜的生存环境。要动员全社会力量推进生态文明建设，保护和建设好各地的生态环境。建设好我国山水林田湖草沙生命共同体的“中国山水工程项目”。建设一批园林化城市、环境生态示范县和生态农业点，重点整治沙漠化现象，加强水土流失的治理，推行小流域综合治理，保护珍稀生物资源，推动能源清洁低碳高效利用。我国承诺在 2030 年前实现碳达峰，在 2060 年前实现碳中和。要以完善的法制和经济手段加强对环境污染的防范和治理，实行最严格的环境保护制度，健全生态安全保障机制，加强生态文明制度建设，建立健全生态风险防范体系，建设一个环境友好型社会。要走出一条生产发展、生活富裕、生态良好、环境优美的文明发展道路。保护环境是我国的一项基本国策。

实现可持续发展，已成为世界各国经济社会协调发展的共识，是我国对联合国等世界组织作出的庄严承诺，同时也是由我国的具体国情决定的。我国是人口众多、资源相对不足、环境问题比较严重的国家，在现代化建设中必须实施可持续发展战略。

二、优化国土空间布局

我国为了立足资源开发、生态保护和环境承载能力，发挥各地比较优势，有度有序利用自然，实行绿色发展，必须实施**主体功能区战略**，构建高质量发展的国土空间开发保护新格局。

进行国土空间的开发保护，要优化国土空间布局，将国土空间划分为城市化地区、农产品主产区、生态功能区三大空间格局，以优化重大基础设施、重大生产力和公共资源布局。

城市化地区是高效集聚经济和人口的地区，主要功能是提供工业品和服务产品，发展制造业和高新技术产业。农产品主产区是保障农产品生产的主体地区，着力保护基本农田和农业耕地，增强农业生产能力。生态功能区的发展重点是保护生态环境，提供优质生态产品，实行保护为主，限制或禁止开发，支持生态功能区的人口逐步有序转移。

优化国土空间布局，有利于形成主体功能明显、优势互补、高质量发展的国土空间开发保护新格局，促进国民经济和社会的高质量发展。

本章重要名词概念

经济增长	经济发展	新发展理念	高质量发展
经济效益	经济增长方式	粗放型经济增长方式	集约型经济增长方式
转变经济发展方式	自主创新	创新型国家	创新驱动发展战略
产业结构	三次产业	现代产业体系	新型工业化道路
信息化	现代服务业	区域协调发展战略	乡村振兴战略
新型城镇化战略	可持续发展	可持续发展战略	循环经济
主体功能区战略			

思考题

1. 什么是新发展理念？其主要内容是什么？
2. 如何提高经济发展的质量和效益？
3. 为什么我国要加快经济发展方式的转变？
4. 为什么我国经济发展要走依靠科技进步的道路？
5. 我国科技发展为什么要坚持自主创新？为什么要建设创新型国家？
6. 怎样促进我国产业结构的优化与升级？
7. 我国如何走新型工业化道路？
8. 我国统筹协调经济社会发展的主要任务有哪些？
9. 为什么要推进和如何实施乡村振兴战略与区域协调发展战略？
10. 什么是循环经济？什么是可持续发展战略？

本章练习

第十九章
全面建设社会主义现代化国家

本章重点

1. 我国经济发展战略和“两个一百年”奋斗目标
2. 全面建成小康社会
3. 全面建设社会主义现代化国家
4. 中国式现代化的特色
5. 中国式现代化的本质要求、战略安排、总体目标
6. 中国式现代化的首要任务和重大原则
7. 建设现代化经济体系

把我国建设成为现代化强国，实现中华民族的伟大复兴，是近代以来中国人的梦想，是党团结带领中国人民奋斗的目标。新中国成立后，党就提出建设社会主义现代化国家的战略目标。改革开放以来，我国规划了实现由温饱到小康再到实现社会主义现代化的战略部署。特别是从党的十八大进入中国特色社会主义新时代以来，如期成功实现了全面建成小康社会的历史任务，迈上了全面建设社会主义现代化国家新征程，成功推进和拓展了中国式现代化，以中国式现代化推进中华民族伟大复兴。实现中华民族伟大复兴进入了不可逆转的历史进程。

第一节　我国经济发展战略和全面建设小康社会

一、我国经济发展战略和“两个一百年”奋斗目标

经济发展战略，是指在较长时期内，根据对影响经济发展的各种条件的估量，考虑到经济发展各个方面的关系，对经济发展所要达到的目标、所要解决的重点问题和所要经历的阶段，以及为满足上述要求所必须采取的重大措施的总决策。它主要有以下三个特征：（1）全局性，即它所要解决的是全局性而不是个别性、局部性的问题；（2）长期性，即它所要实现的是长时期而不是短时期内的任务；（3）根本性，即它所决定的是经济发展中的根本性而非次要或细小的问题。只有同时具有全局性、长期性和根本性三个特征的问题，才是经济发展的战略问题。

经济发展战略目标在经济发展战略中处于首要地位，是指在较长时期内国民经济发展所要达到的总体目标，体现着经济发展所要达到的水平和人民生活水平所要提高的程度。确定了正确的经济发展战略目标，就为正确地选择战略重点、确定战略阶段、实行正确的战略指导、保证经济的顺利发展奠定了基础。若在战略决策和指导上失误，战略目标选择不当，则会导致经济发展出现混乱。

经济发展战略目标通过相应的指标体系来表示，一般以人均国内生产总值或人均国民收入的增长率作为标志，并以人均国内生产总值或人均国民收入的数量作为划分不同发展程度的国家以及一个国家不同战略发展阶段经济发展水平的标志。同时，还可以用平均预计寿命、死亡率、识字率、就业率、人均热量、人均居住面积等经济社会指标，作为表示经济发展战略目标的具体标志。

我国经济发展战略目标是在1982年党的十二大上首次提出的，到20世纪末，实现全国工农业的年总产值比1980年翻两番，人民生活达到小康水平；后来又提出，到21世纪中叶，人均国民生产总值达到中等发达国家水平，人民生活比较富裕。这个经济发展战略目标的特点就是突出地以生产总值或人均生产总值和人民生活水平的提高程度为标志，它是在总结我国经济建设经验的基础上，全面估量了社会主义初级阶段经济社会发展的趋势而作出的，是完全切合我国实际情况的。

在确定经济发展战略目标的基础上，必须规划有步骤地实现这一战略目标的**战略发展阶段**。1987年党的十三大提出，我国经济建设的战略部署大体分三步走：第一步，到1990年，实现国民生产总值比1980年翻一番，解决人民的温饱问题。这个任务已经实现。第二步，到20世纪末，使国民生产总值比1990年再增长一倍，人民生活达到小康水平。原定到2000年国民生产总值比1980年翻两番的任务已于1995年提前完成，人民生活已在总体上达到小康水平。第三步，到21世纪中叶，人均国民生产总值达到中等发达国家水平，人民生活比较富裕，基本实现现代化。

党的十六大提出并规划了到建党一百年时全面建成**小康社会**[①]和到新中国成立一百年时基本实现现代化的战略目标。2012年党的十八大明确提出："在中国共产党成立一百年时全面建成小康社会"，"在新中国成立一百年时建成富强民主文明和谐的社会主义现代化国家"。2017年党的十九大擘画了全面建成小康社会、加快推进社会主义现代化的宏伟蓝图，发出了向实现"两个一百年"奋斗目标进军的时代号召，强调指出"从十九大到二十大，是'两个一百年'奋斗目标的历史交汇期，我们既要全面建成小康社会，实现第一个百年奋斗目标，又要乘势而上开启全面建设社会主义现代化国家新征程，向第二个百年奋斗目标进军"。自此，**"两个一百年"**成为全党全国人民共同奋斗的战略目标。2020年，我国完成了脱贫攻坚、全面建成小康社会的历史任务，实现了第一个百年奋斗目标。2022年党的二十大对新时代党和国家事业发展作出科学完整的战略部署，提出以中国式现代化推进中华民族伟大复兴，实现第二个百年奋斗目标，推动我国迈上全面建设社会主义现代化国家的新征程。

---

① 小康社会一般是指在摆脱贫困和实现温饱的基础上，生活质量进一步提高，达到丰衣足食和比较宽裕的社会。

二、全面建成小康社会，实现千年梦想

2002 年党的十六大和 2012 年党的十八大都对我国在 21 世纪上半叶，特别是前 20 年的社会经济发展作出了战略部署和规划，提出了全面建设小康社会的目标。2016 年所制定的《中华人民共和国国民经济和社会发展第十三个五年规划纲要》，提出了到 2020 年全面建成小康社会的更为全面的目标要求，主要包括：

（1）经济保持中高速增长。到 2020 年国内生产总值和城乡居民人均收入比 2010 年翻一番，主要经济指标平衡协调，发展质量和效益明显提高。

（2）创新驱动发展成效显著。创新驱动发展战略深入实施，自主创新能力全面增强，迈进创新型国家和人才强国行列。

（3）发展协调性明显增强。消费对经济增长的贡献继续加大，投资效率和企业效率明显上升。区域协调发展新格局基本形成，发展空间布局得到优化。对外开放深度及广度不断提高。

（4）人民生活水平和质量普遍提高。就业、教育、文化体育、社保、医疗、住房等公共服务体系更加健全，基本公共服务均等化水平稳步提高。收入差距缩小，中等收入人口比重上升。我国现行标准下农村贫困人口实现脱贫，贫困县全部摘帽，解决区域性整体贫困。

（5）国民素质和社会文明程度显著提高。中国梦和社会主义核心价值观更加深入人心。

（6）生态环境质量总体改善。生产方式和生活方式绿色、低碳水平上升。主体功能区布局和生态安全屏障基本形成。

（7）各方面制度更加成熟、更加定型。国家治理体系和治理能力现代化取得重大进展，各领域基础性制度体系基本形成。

随着我国经济实力、科技实力、综合国力跃上新的大台阶，全面深化改革取得重大突破，对外开放持续扩大，脱贫攻坚任务如期实现，经济结构持续优化，生态环境明显改善，人民生活水平显著提高，我国决胜全面建成小康社会取得决定性成就，完成了全面建成小康社会的历史任务，实现了第一个百年奋斗目标，小康这个中华民族的千年梦想成为现实。2021 年，我国国内生产总值达到 114 万亿元，我国经济总量占世界经济的比重达 18.5%，稳居世界第二位，人均国内生产总值达到 8.1 万元。人均预期寿命增长到 78.2 岁，居民人均可支配收入达到 35 100 元。人民群众的获得感、幸福感、安全感更加充实，更有保障，更可持续，共同富裕取得新成效。尤其应当看到，我国全面建成小康社会的一个重大标志，是在 2020 年完成脱贫攻坚历史任务，我们坚持精准扶贫、尽锐出战，打赢了人类历史上规模最大的脱贫攻坚战，全国 832 个贫困县全部摘帽，近一亿农村贫困人口实现脱贫，960 多万贫困人口实现易地搬迁，历史性地解决了绝对贫困问题，为全球减贫事业作出了重大贡献。党的二十大强调指出："完成脱贫攻坚、全面建成小康社会的历史任务，实现第一个百年奋斗目标。这是中国共产党和中国人民团结奋斗赢得的历史性胜利，是彪炳中华民族发展史册的历史性胜利，也是对世界具有深远影响

的历史性胜利。”“经过接续奋斗，实现了小康这个中华民族的千年梦想，我国发展站在了更高历史起点上。”

第二节 推进中国式现代化

全面建设社会主义现代化国家、实现第二个百年奋斗目标，以中国式现代化推进中华民族伟大复兴，这是新时代中国特色社会主义新征程的中心任务。在新中国成立特别是改革开放以来长期探索和实践的基础上，经过党的十八大以来在理论和实践上的创新突破，我们党成功推进和拓展了中国式现代化。党的二十大对新时代实现中国式现代化作出科学完整的战略部署。

一、中国式现代化的特色

党的二十大报告指出：“**中国式现代化**，是中国共产党领导的社会主义现代化，既有各国现代化的共同特征，更有基于自己国情的中国特色。”

（1）中国式现代化是人口规模巨大的现代化。我国十四亿多人口整体迈进现代化社会，规模超过现有发达国家人口的总和，艰巨性和复杂性前所未有，发展途径和推进方式也必然具有自己的特点。我们始终从国情出发想问题、作决策、办事情，既不好高骛远，也不因循守旧，保持历史耐心，坚持稳中求进、循序渐进、持续推进。

（2）中国式现代化是全体人民共同富裕的现代化。共同富裕是中国特色社会主义的本质要求，也是一个长期的历史过程。我们坚持把实现人民对美好生活的向往作为现代化建设的出发点和落脚点，着力维护和促进社会公平正义，着力促进全体人民共同富裕，坚决防止两极分化。

（3）中国式现代化是物质文明和精神文明相协调的现代化。物质富足、精神富有是社会主义现代化的根本要求。物质贫困不是社会主义，精神贫乏也不是社会主义。我们不断厚植现代化的物质基础，不断夯实人民幸福生活的物质条件，同时大力发展社会主义先进文化，加强理想信念教育，传承中华文明，促进物的全面丰富和人的全面发展。

（4）中国式现代化是人与自然和谐共生的现代化。人与自然是生命共同体，无止境地向自然索取甚至破坏自然必然会遭到大自然的报复。我们坚持可持续发展，坚持节约优先、保护优先、自然恢复为主的方针，像保护眼睛一样保护自然和生态环境，坚定不移走生产发展、生活富裕、生态良好的文明发展道路，实现中华民族永续发展。

（5）中国式现代化是走和平发展道路的现代化。我国不走一些国家通过战争、殖民、掠夺等方式实现现代化的老路，那种损人利己、充满血腥罪恶的老路给广大发展中国家人民带来深重苦难。我们坚定站在历史正确的一边、站在人类文明进步的一边，高举和平、发展、合作、共赢旗帜，在坚定维护世界和平与发展中谋求自身发展，又以自身发展更好维护世界和平与发展。

二、中国式现代化的本质要求、战略安排和总体目标

（1）中国式现代化的本质要求是：坚持中国共产党领导，坚持中国特色社会主义，实现高质量发展，发展全过程人民民主，丰富人民精神世界，实现全体人民共同富裕，促进人与自然和谐共生，推动构建人类命运共同体，创造人类文明新形态。

（2）中国式现代化的战略安排。全面建成社会主义现代化强国，总的战略安排是分两步走：从 2020 年到 2035 年基本实现社会主义现代化；从 2035 年到本世纪中叶把我国建成富强民主文明和谐美丽的社会主义现代化强国。

（3）2035 年我国发展的总体目标是：①经济实力、科技实力、综合国力大幅跃升，人均国内生产总值迈上新的大台阶，达到中等发达国家水平；②实现高水平科技自立自强，进入创新型国家前列；③建成现代化经济体系，形成新发展格局，基本实现新型工业化、信息化、城镇化、农业现代化；④基本实现国家治理体系和治理能力现代化，全过程人民民主制度更加健全，基本建成法治国家、法治政府、法治社会；⑤建成教育强国、科技强国、人才强国、文化强国、体育强国、健康中国，国家文化软实力显著增强；⑥人民生活更加幸福美好，居民人均可支配收入再上新台阶，中等收入群体比重明显提高，基本公共服务实现均等化，农村基本具备现代生活条件，社会保持长期稳定，人的全面发展、全体人民共同富裕取得更为明显的实质性进展；⑦广泛形成绿色生产生活方式，碳排放达峰后稳中有降，生态环境根本好转，美丽中国目标基本实现；⑧国家安全体系和能力全面加强，基本实现国防和军队现代化。

（4）到本世纪中叶我国发展的远景目标是：在基本实现现代化的基础上，我们要继续奋斗，到本世纪中叶，我国物质文明、政治文明、精神文明、社会文明、生态文明将全面提升，统筹推进经济建设、政治建设、文化建设、社会建设、生态文明建设“五位一体”总体布局取得标志性重大成果，把我国建设成为综合国力和国际影响力领先的社会主义现代化强国。

三、中国式现代化的首要任务

党的二十大强调指出：“高质量发展是全面建设社会主义现代化国家的首要任务。”我国经济已由高速增长阶段转向高质量发展新阶段，正处在转变发展方式、优化经济结构、转换增长动力的攻关期。随着新一轮科技革命和产业革命深入发展，经济发展质量正在成为国际竞争的战略支点。我国已实现了全面建成小康社会的奋斗目标，推动我国发展站在了更高历史起点上，从而使我国有条件也必须坚持党的二十大提出的“以推动高质量发展为主题”，实现全面建成社会主义现代化强国的历史任务。

高质量发展作为全面建设社会主义现代化国家的“首要任务”，重点要完整、准确、全面贯彻创新、协调、绿色、开放、共享的新发展概念；要推进构建以国内大循环为主体、国内国际双循环相互促进的新发展格局；要把实施扩大内需战略同深化供给侧结构性改革有机结合；要加速建设现代化经济体系，以社会经济活动的各个环节、各个层面

相互联系的经济体系推动高质量发展；要着力提高全要素生产率，提升产业链和供应链的韧性和安全水平，推进城乡和区域协调发展。通过强化质量提升、提高质量标准、加强质量管理深化质量强国建设。

四、中国式现代化必须把握的重大原则

全面建设社会主义现代化国家，是一项伟大而艰巨的事业，前途光明，任重道远。我国发展进入战略机遇和风险挑战并存、不确定难预料因素增多的时期，改革发展稳定面临不少深层次矛盾，必须增强忧患意识，坚持底线思维，做到居安思危，未雨绸缪，准备接受各种重大考验。党的二十大报告强调全面建设社会主义现代化国家，必须牢牢把握以下重大原则。

第一，坚持和加强党的全面领导。坚决维护党中央权威和集中统一领导，把党的领导落实到党和国家事业各领域各方面各环节，使党始终成为风雨来袭时全体人民最可靠的主心骨，确保我国社会主义现代化建设正确方向，确保拥有团结奋斗的强大政治凝聚力、发展自信心，集聚起万众一心、共克时艰的磅礴力量。

第二，坚持中国特色社会主义道路。坚持以经济建设为中心，坚持四项基本原则，坚持改革开放，坚持独立自主、自力更生，坚持道不变、志不改，既不走封闭僵化的老路，也不走改旗易帜的邪路，坚持把国家和民族发展放在自己力量的基点上，坚持把中国发展进步的命运牢牢掌握在自己手中。

第三，坚持以人民为中心的发展思想。维护人民根本利益，增进民生福祉，不断实现发展为了人民、发展依靠人民、发展成果由人民共享，让现代化建设成果更多更公平惠及全体人民。

第四，坚持深化改革开放。深入推进改革创新，坚定不移扩大开放，着力破解深层次体制机制障碍，不断彰显中国特色社会主义制度优势，不断增强社会主义现代化建设的动力和活力，把我国制度优势更好转化为国家治理效能。

第五，坚持发扬斗争精神。增强全党全国各族人民的志气、骨气、底气，不信邪、不怕鬼、不怕压，知难而进、迎难而上，统筹发展和安全，全力战胜前进道路上各种困难和挑战，依靠顽强斗争打开事业发展的新天地。

第三节　建设现代化经济体系

党的二十大明确指出，全面建设社会主义现代化国家，实现中国式现代化，必须“加快建设现代化经济体系”。建设现代化经济体系是我国发展的战略目标，是从党和国家事业全局出发，着眼于实现中国式现代化奋斗目标、顺应中国特色社会主义进入新时代的新要求所作出的重大决策部署。国家强，经济体系必须强。只有形成现代化经济体系，才能有力推动我国经济由高速增长阶段转向高质量发展阶段，才能更好地顺应现代

化发展潮流和赢得国际竞争主动，也才能为其他领域现代化提供有力支撑，确保建成社会主义现代化强国目标如期实现。

现代化经济体系是由社会经济活动各个环节、各个层面、各个领域的相互关系和内在联系构成的一个有机整体。这个体系包含建设以下相互联系的各方面经济体系。

一是建设创新引领、协同发展的产业体系。坚持把发展经济的着力点放在实体经济上。实现实体经济、科技创新、现代金融、人力资源、数字经济协同发展，使科技创新在实体经济发展中的贡献份额不断提高，现代金融服务实体经济的能力不断增强，人力资源支撑实体经济发展的作用不断优化。

二是建设统一开放、竞争有序的市场体系。实现市场准入畅通、市场开放有序、市场竞争充分、市场秩序规范。加快形成企业自主经营公平竞争、消费者自由选择自主消费、商品和要素自由流动平等交换的现代市场体系。

三是建设体现效率、促进公平的收入分配体系。实现收入分配合理、社会公平正义、全体人民共同富裕，推进基本公共服务均等化，逐步缩小收入分配差距。

四是建设彰显优势、协调联动的城乡区域发展体系。实现区域良性互动、城乡融合发展、陆海统筹整体优化，培育和发展区域比较优势，加强区域优势互补，塑造区域协调发展新格局。

五是建设资源节约、环境友好的绿色发展体系。实现绿色循环低碳发展、人与自然和谐共生，牢固树立和践行绿水青山就是金山银山的理念，形成人与自然和谐发展的现代化建设新格局。

六是建设多元平衡、安全高效的全面开放体系。发展更高层次开放型经济，推动开放朝着优化结构、拓展深度、提高效益方向转变。

七是建设充分发挥市场作用、更好发挥政府作用的经济体制。实现市场机制有效、微观主体有活力、宏观调控有度。

以上几方面体系是统一的整体，建设现代化经济体系，必须推动整个经济体系一体建设、相互协同、一体发展。

本章重要名词概念

经济发展战略　小康社会　两个一百年　中国式现代化　现代化经济体系

思考题

1. 经济发展战略的主要特征和作用是什么？
2. 我国全面建设小康社会取得了什么成就？
3. 如何认识中国式现代化的特色？
4. 中国式现代化的本质要求、战略安排和总体目标是怎样的？
5. 为什么高质量发展是全面建设社会主义现代化国家的首要任务？

6. 中国式现代化要把握哪些重大原则？
7. 为什么要建设和如何建设我国的现代化经济体系？

本章练习

第二十章
社会主义市场经济中的宏观经济调控

本章重点

1. 加强宏观经济调控是社会化大生产和现代市场经济健康发展的客观要求；社会主义国家更需要健全对经济的宏观调控
2. 政府的经济职能及我国政府经济职能的转变
3. 宏观经济调控的基本任务和主要目标
4. 宏观经济调控的主要手段是经济手段和法律手段
5. 宏观经济调控的财政、货币、产业、收入政策

社会主义市场经济的正常运行，需要加强和完善国家的宏观经济调控，建立和健全社会主义市场经济的宏观调控体系。本章着重阐明宏观经济调控的必要性，政府的经济职能，宏观经济调控的目标、方式、手段和政策等问题。

第一节　宏观经济调控的必要性

一、社会主义宏观经济调控的必要性

宏观经济是相对于微观经济而言的。**微观经济**是指经济主体（企业或居民）的个量经济活动。**宏观经济**是指国民经济的总体（总量）经济活动，如社会总供给与总需求，国民收入或国内生产总值的生产、分配和使用，国民经济各部门的比例关系，货币供应与需求等有关国民经济全局的经济活动。**宏观经济调控**，简称宏观调控，是指国家根据客观经济规律的要求，运用各种政策手段，对全社会的经济活动从总体上进行监管、控制和调节，为微观经济活动创造必要的外部条件和市场环境，促进整个国民经济持续发展。

我国社会主义市场经济条件下，加强宏观经济调控的必要性主要体现为下述四方面：

（一）宏观经济调控是社会化大生产的客观要求

随着社会生产力的发展，社会分工不断扩大，生产社会化程度不断提高，社会各地区、各部门、各企业之间，社会再生产各环节之间，以及国内市场和国际市场之间的联

系日益紧密，它们相互依赖、相互制约，共同构成一个复杂的国民经济有机整体。国民经济各部门必须保持一定的比例，社会再生产才能顺利进行。生产社会化程度越高，就越是如此。社会主义生产是公有制基础上的社会化大生产，社会再生产的顺利进行，同样要求国民经济各部门保持一定的比例关系。价值规律的自发作用固然可以使社会资源按一定比例分配，但价值规律的事后调节所实现的比例，必然带来社会资源的破坏和浪费。要选择最优生产结构，对社会资源进行导向性配置，实现各产业部门、各地区、社会再生产各环节按比例持续健康发展，必须通过国家的宏观调控，从国民经济发展的全局制定科学的经济发展战略和规划。

（二）宏观经济调控是巩固和发展生产资料社会主义公有制的要求

社会主义经济制度的基础是社会主义公有制。随着公有制主体地位的确立，一方面，整个国民经济的主体不再被生产资料私有制所分割，而是结成一个统一的有机整体；另一方面，社会主义公有制企业又是具有自身独立经济利益的经济实体。实践表明，在改革开放和社会主义建设过程中，如果没有国家对国民经济的有效管理和调节，就可能发生国有资产的流失，甚至公有制企业可能蜕变为为少数人利益服务的企业，从而损害公有制经济。为确保公有制的巩固和发展，需要国家对以公有制为主体的国民经济进行宏观管理和调节。再者，公有制决定社会经济活动必须以人为本，以人民的根本利益为出发点和归宿。公有制决定社会主义生产的目的是满足全社会劳动者不断增长的物质文化和美好生活需要。实现这一目的需要通过国家的宏观经济调控，把人民的当前利益和长远利益、局部利益和整体利益结合起来，从宏观上调节各经济主体的利益关系，这样才能保证改革开放和经济发展的成果由人民共享，保证社会公平，从而充分地调动各方面的积极性，促进生产资料公有制和社会主义经济制度的巩固和发展。同时，公有制使各部门、各地区、各企业的根本利益一致，为宏观经济调控创造了良好的前提条件，使社会主义国家有可能对以公有制为主体的国民经济进行全面的调控和计划指导。

（三）宏观经济调控是克服市场缺陷，引导社会主义市场经济合理高效运行的需要

发展社会主义市场经济必须加强市场调节，发挥市场对资源配置的决定性作用。同时也应看到，市场并不是万能的，市场有其盲目性、自发性和滞后性的弱点，如市场调节往往是一种事后调节，企业追求更多利润和市场刺激的短期行为，往往会造成盲目进行生产，导致生产的波动、供需总量失衡、资源的破坏与浪费；市场对许多基础设施和公共设施的建设以及公共消费也难以进行有效的调节；市场不能自发地实现收入分配的社会公平；市场经济不能使企业自发地保护环境和维持生态平衡；等等。为了克服"市场失灵"的功能性缺陷、纠正市场机制调节的不足，更加有效地发挥市场对资源配置的决定性作用，必须加强和改善国家对经济的宏观调控。事实上，当今世界已没有实行完全自由放任市场经济的国家，西方资本主义国家的政府都对市场经济的运行实行不同程度的政府干预和宏观调控。我国的市场经济是社会主义市场经济，由社会主义制度决定的全体人民根本利益的一致性，使我们应该而且有条件更好地实施和加强国家的宏观经济调控。

（四）宏观经济调控是使微观经济活动符合宏观经济目标的需要

在社会主义国民经济的总体运行中，宏观经济与微观经济存在着密切的联系，微观经济活动构成宏观经济的基础，宏观经济是微观经济的有机总和。在社会主义市场经济条件下，企业和个人的微观经济活动是分散的，他们各自独立进行经济决策，独立从事生产和经营，追求自身利益的最大化，因而他们的经济活动不可能或不可能完全自发地同宏观经济的整体利益和需要相互协调。为解决微观经济行为与宏观经济整体运行的矛盾，必须加强和完善国家的宏观经济调控，政府应运用各种手段和政策，引导微观主体的经济活动与宏观经济运行的要求相适应，使企业的生产经营目标同社会的宏观发展目标相互统一和衔接。

二、健全社会主义宏观经济调控体系

我国社会主义市场经济体制已基本建立并在加快完善，我国在建立健全科学的宏观管理体制和方法方面取得了很大进展，适应社会主义市场经济要求的宏观经济调控体系不断完善。目前，需要通过进一步转变政府职能，加强和完善宏观经济调控。

社会主义国家的**宏观经济调控体系**，包括宏观经济调控目标、宏观经济调控方式和手段，以及宏观经济调控政策等。宏观经济调控过程，实质上是一个运用适当的调节方式和手段，采取有效的经济政策，对各地区、各产业部门、各企业及个人的经济活动进行调节和引导，使社会经济协调有序运行，促使宏观经济调控目标实现的过程。

党的二十大报告指出，要“健全宏观经济治理体系，发挥国家发展规划的战略导向作用，加强财政政策和货币政策协调配合”。创新和完善宏观调控，要遵循经济和社会发展规律，立足新发展理念，创新监管和服务方式，发挥国家发展规划的战略导向作用，把握好宏观调控的度，健全财政、货币、产业、区域等经济政策协调机制。要建立健全重大问题研究、民主决策和政策评估调整机制，善于利用互联网、大数据等手段促进治理能力现代化。

第二节　政府的经济职能

一、政府经济职能的内容

社会主义的宏观经济调控是由社会主义国家进行的。社会主义国家除了具有保卫本国领土完整和主权独立、维护国内安全稳定的政治职能外，还具有领导和管理经济的职能。社会主义国家的经济职能是由政府来执行的。我国政府的经济职能概括起来包括政府作为公权机关所具有的公共服务职能，政府作为社会管理机构所具有的社会管理职能，政府作为宏观经济调控者所具有的宏观经济调控职能，政府作为国有资产所有者所具有的国有资产所有者职能，以及政府作为市场组织者和监管者所具有的市场组织监管职能。

经济体制改革的核心问题是处理好政府与市场的关系。为加快完善社会主义市场经济体制，必须完善政府职能，通过科学、适度、有效的宏观调控，更好发挥政府的作用。

(一) 政府的公共服务职能

公共服务是维护社会公平的基础，发挥着社会矛盾缓冲器的作用。强化政府的公共服务职能，大力改善我国的公共服务状况，有利于缓和及解决我国在社会转型过程中所面临的各种社会矛盾，顺利推进社会建设。我国要在实现全面建成小康社会目标的基础上实现全面建成社会主义现代化强国的新目标，必须大力加强政府公共服务职能的建设，完善公共政策，健全政府主导、社会参与、覆盖城乡、可持续的基本公共服务体系，完善以地方政府为主、统一与分级相结合的公共服务管理体制，增强基本公共服务能力，促进城乡基本公共服务均等化。要明确基本公共服务的范围和标准，确立公共教育、就业服务、社会保障、医疗卫生、人口计生、住房保障、公共文化、基础设施、生态环境保护等都是政府履行公共服务职能的范围。

(二) 政府的社会管理职能

适应经济体制、社会结构、利益格局、思想观念深刻变化的新形势，需要创新社会管理制度，加强社会管理建设，加快构建源头治理、动态管理和应急处置相结合的社会管理机制。要强化社区自治和服务职能，全面开展城乡社区建设，健全新型社会管理和服务体制，把社区建设成管理有序、服务完善、文明祥和的社会生活共同体，拓宽社情民意表达渠道，完善社会矛盾调解机制，健全维护群众利益的保障机制，切实维护群众合法权益。要加强公共安全体系建设，健全突发事件应急体系，完善社会治安防控体系。

(三) 政府的宏观经济调控职能

随着生产的不断社会化和市场经济的发展，国家必须承担起作为宏观经济调控者的职能。为了克服市场机制所具有的自发性、盲目性和滞后性的内在缺陷对社会经济发展的负面影响，国家需要从人民的整体利益和长远利益出发，对国民经济和社会发展进行统筹兼顾、全面协调和计划调节，对社会资源配置发挥导向性作用，完善宏观调控体系，这是国家最基本的经济职能。国家通过制定国民经济和社会发展战略、长远规划和年度计划，从宏观上对国民经济和社会发展的目标、结构、速度、质量、效益等进行有计划的调节，统筹各种经济关系，促进现代化建设各个环节、各个方面相协调，推动国民经济持续健康发展。

(四) 政府的国有资产所有者职能

政府的国有资产所有者职能是和社会主义制度相联系的政府经济职能的一个特点，是社会主义市场经济中政府的一项重要职能。政府作为国有资产所有者的职能，不是政府直接管理和经营国有企业，而是代表全体人民对国有资产进行有效监管，保证国有资产的保值增值及其权益不受侵犯，协调国有资产内部所有者、经营者和生产者的关系，通过国有资产管理机构和代理机构来管理国有经济的资产和股份，任命或提名国有控股公司的负责人，参与国有资产经营的重大战略决策，监督国有资产的运营，确保国有经济控制国民经济命脉和关系国家安全的领域，对经济发展起主导作用，增强国有经济的竞争力、创造力、控制力、影响力、抗风险能力，做强做大国有资本，防止国有资产流失。

（五）政府的市场组织监管职能

政府作为市场的组织者和监管者，应培育和健全社会主义市场体系，建立完善的市场规则和法律制度，监督市场运行，规范各类经济主体的行为。通过制定市场进入、市场交易和市场退出规则，以及反不正当竞争和反垄断措施，来维护公开、公正、公平的平等竞争市场环境。完善监管体系，规范市场执法，维护全国市场的统一开放、公平诚信、竞争有序，及时合理地弥补市场的功能缺陷。

二、政府经济职能的转变

我国过去在高度集中的计划经济体制下，长期地将政府领导和管理经济的职能，混同于各级政府机关直接经营管理企业，并且主要依靠行政命令和行政手段指挥与管理包括企业生产经营活动在内的各项社会经济活动。特别是没有实行国有资产所有权同企业经营权的分离，严重地存在着政企不分、政资不分的问题，政府对企业管得过多过死，使企业成为政府行政机构的附属物，致使企业缺乏活力，严重地束缚了生产力的发展。政府行政机构在包揽了许多不该管也管不了的事情的同时，政府作为社会管理者、公共服务者的职能却没能很好地履行，存在比较严重的政府行为越位、错位、缺位问题。因此，适应社会主义市场经济的发展要求，必须着力推进行政管理体制改革，转变政府职能。

所谓政府职能转变，就是要把政府职能由计划体制下管得过多过宽、主要靠行政手段管理，转变到公共服务、社会管理、宏观经济调控、国有资产所有者、市场组织监管上来。转变政府职能的基本原则是："政企分开，宏观管住，微观放开"。根据这一原则，政府应科学地区分其作为公权机关、社会管理机构、宏观经济调控者、国有资产所有者、市场组织者和监管者的职能，并按照经济规律和经济发展的客观需要，合理行使各项职能。政府应按照社会主义市场经济发展的要求行使职权，做到权责一致，不越位、不错位、不缺位。

转变政府职能的根本途径是实行政企分开、政资分开、政事分开、政社分开。政府对国有资产的所有权同企业的经营权相分离，使企业真正成为具有独立经济利益的经济实体，成为自主经营、自负盈亏的市场竞争主体。政府的经济职能切实转到为市场主体服务、创造有序的市场秩序、培育良好的发展环境、提供优质公共服务、维护社会公平正义上来。

转变政府职能的一个重点是强化政府的社会管理和公共服务职能，建设职能科学、结构优化、廉洁高效、人民满意的服务型政府。建设服务型政府要按照转变职能、权责一致、强化服务、改进管理、提高效能的要求，深化行政管理体制改革，优化机构设置，减少行政层次，更加注重履行社会管理和公共服务职能。要以发展社会事业、保障和改善民生为重点，优化公共资源配置，把财力和物力等公共资源更多地向其倾斜，注重向农村、基层、欠发达地区倾斜，逐步形成惠及全民的基本公共服务体系。要创新公共服务体制，改进公共服务方式，加强公共设施建设。

我国经过以实行政企分开、政资分开为根本途径，以建设服务型政府为重点，强化政府社会管理和公共服务职能的行政管理体制改革，政府职能转变取得了显著成效。改革开放四十多年来我国行政管理体制改革的过程，就是从计划经济条件下政府职能体系不断向社会主义市场经济条件下政府职能体系转变的过程。现在我国已初步形成了基本适应社会主义市场经济体制的政府组织构架和职能体系，为推动科学发展、促进社会建设提供了有力保障。

按照党的十九大提出的“转变政府职能，深化简政放权，创新监管方式，增强政府公信力和执行力，建设人民满意的服务型政府”的要求，我国以更大力度，在更广范围、更深层次上加快政府机构职能转变，重在向市场、社会和地方放权，减少对微观事务的管理，全面正确履行政府职能。一是进一步简政放权。深化行政审批制度改革，最大限度地减少政府对企业经营的干预，最大限度地缩减政府审批范围。市场机制能有效调节的经济活动，一律取消审批。对保留的行政审批事项，要规范管理、提高效率，推进行政审批标准化建设。直接面向基层、量大面广、由地方管理更方便有效的经济社会事项，一律下放给地方和基层管理。二是加强发展战略、规划、政策、标准等的制定和实施。要加强市场活动监管，保障公平竞争。三是创新和优化政府服务方式。提供公开透明、高效便捷、公平可及的政务服务和公共服务，全面推进政务公开，促进基本公共服务均等化。四是合理界定中央政府和地方政府职能。中央政府要加强宏观调控职责和能力，地方政府要加强公共服务、市场监管、社会管理、环境保护等职责。五是推动公共服务提供方式多元化。能由政府通过市场化方式购买而提供的公共服务事项，政府不再直接承办，交由社会组织机构和企业承担；能由政府和社会资本合作提供的公共服务，广泛吸引社会资本参与。凡属事务性管理服务，原则上都要引入竞争机制，向社会购买。

推进政府职能转变，必须加强政府自身建设，优化政府组织结构，深化政府机构和行政体系改革。党的二十大报告指出，要“转变政府职能，优化政府职责体系和组织结构，推进机构、职能、权限、程序、责任法定化，提高行政效率和公信力”。一是坚持精简统一效能，调整和优化机构设置、职能配置和工作流程，推进职能整合，完善决策权、执行权、监管权既相互制约又相互协调的行政运行机制，着力解决职能交叉、推诿扯皮问题，提高行政效能。二是依法行政。完善依法行政制度，提高制度质量。健全科学、民主、依法决策机制，建立决策后评估和纠错制度。严格依照法定权限和程序履行职责，确保法律、法规有效执行。深化政务公开，建立健全各项监督制度，让人民行使监督权。强化行政问责，严格责任追究。三是坚持推进反腐倡廉建设，推进反腐败国家立法，坚持有贪必肃、有腐必反，用制度管权、管钱、管人，给权力涂上“防腐剂”、戴上“紧箍咒”，形成不敢腐、不能腐、不想腐的反腐机制。

第三节　宏观经济调控的内容和目标

一、调节经济总量和经济结构

宏观经济调控是总量调控，是对全社会的经济活动从总体上进行控制和调节。调节经济总量就是调节社会总供给与社会总需求，使二者保持基本平衡。但由于经济总量平衡和经济结构优化是密切关联和相互制约的，因此，调节经济总量和经济结构，保持经济总量平衡和经济结构优化是宏观经济调控的基本任务。

（一）调节经济总量，保持社会总供给与总需求的基本平衡

经济总量平衡是社会总供给与总需求的基本平衡。在社会主义市场经济条件下，**社会总供给**，在实物形式上是指国民经济各部门在一定时期（通常为一年）内向市场提供的物质产品和服务的总和，在价值形式上是指社会在一定时期内提供的进入市场可供购买的商品和服务的价值总量。**社会总需求**是指一定时期内社会的有效需求，即以有货币支付能力为前提的社会购买力总额，在实物上表现为社会购买力所要购买的商品和服务总量。

市场上商品和服务的供应量是在社会商品和服务资源总量的基础上形成的。一定时期进入市场的商品和服务资源总量取决于下列主要因素：（1）物质生产发展水平和商品率的高低；（2）进出口商品的数量；（3）国家储备物资调入和拨出的差额；（4）不作为商品的军需品占社会总产品的比例；（5）可作为商品的物资的回收数量；（6）社会各行业所提供的有偿服务数量。

市场上商品和服务的需求量是由有货币支付能力的社会购买力形成的。一定时期对商品和服务的社会购买力取决于以下主要因素：（1）城乡居民货币收入的数量；（2）社会各阶层、集团货币收入中用于储蓄和购买有价证券的比例；（3）社会集团的购买力状况；（4）商品的价格水平；（5）各行业的服务收费水平；（6）社会积累基金和补偿基金所形成的对生产资料的需求总量。

保持社会总供给与总需求的基本平衡具有重要意义。供给和需求是市场经济内在关系的两个基本方面，二者相互依赖，相互促进，需求是供给的动力，供给是需求实现的条件。社会总供给与总需求是否基本平衡，是国民经济运转是否正常的重要表现。供需总量平衡是保持国民经济协调发展的最基本的平衡。供需总量失衡，无论是总供给大于总需求，还是总需求大于总供给，都会给国民经济的发展带来严重后果。总需求不足，会使市场疲软，生产停滞甚至萎缩、衰退。总供给不足，总需求过旺，势必使市场紧缺，物价上涨，通货膨胀，经济秩序混乱。

（二）调节经济结构，促进重大经济结构优化

经济结构是在社会生产的一定发展阶段上国民经济各部门、社会再生产各环节、社

会各地区之间的比例、构成及相互关系。它包括产业结构、地区结构、企业结构、商品和服务的供给与需求结构等。经济结构优化，就是在各产业部门、各地区、各行业之间保持合理的发展比例和充分发挥关键产业对整个国民经济增长的带动作用，并形成市场经济发展所要求的互惠互利的分工协作关系。

经济结构优化和经济总量平衡是相互联系、彼此制约的。总量平衡是结构优化的前提，经济结构的合理和优化是长期保持经济总量平衡的基础。一方面，只有在经济结构合理的基础上，才能达到真正的供需总量平衡。供给总量和需求总量内部都有着复杂的构成，如果供需结构不合理（产业结构、地区结构、企业结构的不合理最终都会表现为供需结构的失衡），即使在价值形式上供需总量是平衡的，也会出现一些产品过剩甚至严重积压，同时另一些产品短缺甚至严重供不应求，导致供需总量的失衡。只有在经济结构合理和优化基础上的总量平衡，才是积极的、经济效益好的总量平衡。另一方面，经济总量平衡又会制约经济结构的合理和优化。只有在供需总量基本平衡的条件下，才能保持正常的市场秩序、基本稳定的价格和良好的市场供销环境，从而才有可能从资金、物资、技术等方面，有力地促进供需结构的调整与合理化。

（三）实现总量平衡和结构优化的主要途径

在我国的经济建设中，经济总量失衡和经济结构失调曾多次出现，明显地制约了国民经济的发展。根据我国的实践经验，在社会主义市场经济条件下，保持经济总量平衡和经济结构优化的主要途径是：

（1）深化投资体制改革，优化投资结构，建立与完善固定资产投资的有效约束与调节机制。固定资产投资对经济总量平衡和经济结构优化有重要影响，投资规模、投资结构和投资效益对国民经济的总体运行状况具有关键性的决定作用。要形成对投资主体的内在约束和外在约束，有效遏制盲目扩张和重复建设，提高投资活动的合理性和效益，促进社会投资稳定增长和结构优化。

（2）加大经济结构调整力度。面对世界科技革命加快发展和国际经济结构加速重组的趋势，必须适应国内外市场需求的变化，依靠技术进步，对经济结构进行战略性调整，提高经济的整体素质，解决制约经济持续稳定发展和影响经济总量平衡的重大结构性问题。

（3）建立和完善科学、民主的经济决策体制。通过科学、民主的经济决策，既要抓住有利时机，促进国民经济持续健康发展，又要防止急于求成，片面追求速度、产值的倾向。

（4）建立和完善社会主义市场体系，疏通商品流通渠道。通过加快培育社会主义市场体系，保持各类商品流通渠道的畅通，加强物资交流以利于促进生产的发展，增加有效供给。特别是由商业部门保持适度的商品储备，可起到蓄水池的作用，增强对供需失衡的随机调节能力。

（5）改革供给结构和扩大国内需求。近年来，我国经济社会发展稳中有进，稳中向好，但也存在总量不平衡和结构不合理问题，而结构性问题更加突出。党中央审时度势，在2015年及时提出着力推进供给侧结构性改革，提高供给体系的质量和效率，减少无效和低端供给，扩大有效和高端供给，改造和提升传统产业，发展中高端新产业，通过供给能力的提升满足人民消费需求的变化和增长。我国在大力加强供给侧结构性改革的同时，也关注对需求结构的调整与改革，实施扩大内需战略，既增强消费拉动经济增长的基础性作用，又发挥有效投资对稳增长、调结构的关键作用，促进供给与需求相对接，形成对经济发展稳定持久的内需支持。

二、宏观经济调控的主要目标

宏观经济调控经常使用经济增长率、失业率、通货膨胀率以及国际收支等相互联系的经济总量指标，因为经济总量是否平衡、经济结构是否合理往往在经济增长速度的快慢、物价是否稳定、失业率的高低以及国际收支是否平衡等方面反映出来。坚持把促进经济增长和高质量发展、增加就业、稳定物价、保持国际收支平衡作为宏观经济调控的主要目标，是改革开放后我国现代化建设经验的总结。

（一）促进经济增长和高质量发展

以经济建设为中心是兴国之要，发展仍是解决我国所有问题的关键。我国经济已由高速增长阶段转向高质量发展阶段。党的二十大报告指出："高质量发展是全面建设社会主义现代化国家的首要任务"。我国要在实现经济增长的同时，大力推动经济高质量发展，实现经济增长和质量效益提高互促共进。经济增长是社会经济发展的基础，发展是硬道理。经过四十多年的改革与发展，我国人均国内生产总值已达到中等收入国家水平，进入了实现全面建设社会主义现代化国家奋斗目标的历史时期，面临着从未遇到的严峻挑战和多发的社会矛盾，人民对增加收入、提高生活质量、加强和改善公共服务提出了新期待，世界各国对我国经济增长带动世界经济摆脱危机、走向复苏寄予了新希望。解决国内所有的矛盾、不辜负世界各国对我们的期盼的关键都有赖于我们自己的发展。扩大就业规模，提高人民生活水平，缩小地区和城乡差距，逐步实现共同富裕，大力推动生态文明建设，为人民创造良好的生活环境，都要靠经济增长与提高发展质量和经济效益。也只有保持经济持续稳定增长，并且不断提高经济发展的质量和效益，不断增强我国的综合国力，才能更有力地维护国家主权、安全、发展利益，顶住任何外来压力；才能反对任何形式的霸权主义和强权政治；才能以更加积极的姿态参与国际事务，发挥负责任大国的作用，在与世界各国共同应对全球性挑战中合作共赢，为世界经济的发展、为人类和平与发展事业作出更大贡献。所以，促进经济高质量发展、提高经济效益，始终是我国宏观经济调控的核心目标。

（二）增加就业

就业是民生之本和安国之策。实施就业优先战略，千方百计地扩大就业总量、实现高质量充分就业既是经济发展的需要，也是保持和维护社会稳定的需要。人口众多是我国的一个显著特点和重要国情。一方面，我国有着丰富的人力资源；另一方面，我国也面临着巨大的就业任务。由于人口基数大，每年新增劳动力达1 000多万人，相当于一个中等国家的人口，此外，还有下岗和失业人口，农村剩余劳动力也需向非农产业转移。无论是城市还是乡村，都是就业总量任务和结构性矛盾并存。因此我国必须坚持把促进就业放在社会经济发展的优先位置，贯彻劳动者自主就业、市场调节就业、政府促进就业和鼓励创业的方针。

坚持实施就业优先战略和更加积极的就业政策，必须立足于发展经济和调整结构，保持经济增长对就业的有力拉动，通过稳定经济增长和调整经济结构来增加就业岗位，实现经济增长和就业的同步推进。为此，要大力发展就业容量大的劳动密集型产业、服务业和小型微型企业，千方百计扩大就业创业规模。鼓励自主创业，引导劳动者转变就业观念，多渠道多形式就业，搭建创新创业平台，促进创业带动就业。做好以高校毕业生为重点的青年就业工作和农村转移劳动力、城镇困难人员、退役军人就业工作。着力解决结构性就业矛盾，统筹城乡就业政策体系，加强职业技能培训，推行终身职业技能培训制度，提升劳动者的就业创业能力。破除妨碍劳动力、人才流动的体制和政策弊端，健全人力资源市场，完善就业服务体系，健全重点群体就业支持体系，增强失业保险对促进就业的作用，实现比较充分和高质量的就业。

（三）稳定物价

保持物价总水平的基本稳定，有利于企业和个人在比较稳定的价格预期下安排生产和消费，促进经济健康、平稳增长，避免经济增长的大幅波动。物价的大幅上涨或大幅下滑，都会带来人们对价格的预期的紊乱，影响经济行为主体的判断和信心，扭曲资源配置，影响消费者的心理预期，对社会稳定和经济发展产生负面影响。必须建立完备而有效的政府对价格的宏观调控体系，以约束定价主体的定价行为，防止剧烈的价格波动，抑制物价上涨，同时也要防止物价的大幅下滑。在物价上涨较快，通货膨胀预期增强时，要把稳定物价总水平作为宏观调控的首要任务。同时要控制预算赤字和国际收支，长期大量的预算赤字和国际收支失衡会引起物价的波动。对物价的宏观调控主要不是由政府直接为各种商品定价，要减少政府对价格形成的干预，形成由市场决定商品价格的机制，完善政府对价格的宏观调控，着眼点是保持物价总水平基本稳定和经济总量平衡，促进经济发展。

（四）保持国际收支平衡

国际收支是指一个国家在一定时期（通常为一年）内与其他国家之间的一切经济交往所发生的收入总额和支出总额。国际收支既包括经常项目收支，如贸易收支、劳务收支、单方转移支付等，也包括资本项目收支，如直接投资和非直接投资所形成的资本输入和输出。国际收支全面反映一个国家一定时期内的涉外经济交往状况，关系到该国的经济稳定程度。促进国际收支基本平衡，是统筹国内发展和对外开放、改善国民经济总量平衡状况、实现经济持续稳定发展的需要。国际收支出现过度顺差和逆差都不利于本国经济稳定发展。国际收支顺差虽有利于增加外汇储备，稳定币值，增强抵抗经济风险的能力，但顺差过大往往会导致资金使用效益降低，引起对外贸易摩擦，对国民经济造成负面影响。国际收支逆差会减少外汇储备，影响币值和物价稳定，削弱抗衡金融风险的能力，使投资环境恶化，严重时会导致资本外逃，甚至导致经济危机。在国际经贸关系不断发展的情况下，受各种复杂的国内外因素的影响，要尽力使每年的国际收支保持平衡，避免国际收支不平衡，以利于对外经济交往和国内经济的稳定发展。

上述各项宏观经济调控目标相互联系、相互制约，共同构成社会主义国家宏观经济调控的目标体系。在不同时期和不同情况下，国家宏观经济调控的侧重点可以有所不同。

实现宏观经济调控目标，需要采取适当的宏观调控方式和调控手段，制定切实可行的宏观经济调控政策。

第四节 宏观经济调控方式、手段和政策

一、宏观经济调控方式

社会主义国家对国民经济运行进行宏观调控可以采取不同的调控方式。宏观经济调控基本上有直接调控和间接调控两种方式。**直接调控**就是国家运用行政手段和指令性计划，直接对微观经济单位进行的宏观调控。**间接调控**是国家运用经济手段，借助于市场机制来实现的宏观调控。两种宏观调控方式相区别的主要标志是，国家采取的宏观调控手段是否借助于市场机制这一中间环节来发挥作用。

在我国传统的计划经济体制下，国家对国民经济的宏观调控主要采取直接调控方式。这种直接调控方式在中华人民共和国成立初期对迅速恢复国民经济和社会主义经济建设曾经发挥过应有的历史作用，但它不适应社会主义市场经济发展的要求。在社会主义市场经济条件下，一方面，这种调控方式容易忽视微观经济主体的利益，从而压抑微观经济主体的生产经营积极性，使其失去生机和活力；忽视市场机制的作用，不发挥甚至否定市场对资源配置的决定性作用；易于使计划脱离实际、使生产与消费脱节，导致资源浪费。另一方面，由于经济利益主体的多元化和经济活动的日趋复杂，这种调控方式很难达到有效调控的目的。社会主义市场经济的发展客观上要求国家的宏观调控由直接调控为主转向间接调控为主，建立以间接调控为主的宏观经济调控体系，借助市场机制对整个国民经济进行管理和调控。

在社会主义市场经济条件下，宏观经济调控以间接调控为主，并不否定适度的直接调控。由于直接调控方式具有强制性、约束性和速效性的特点，当国民经济的运行出现总量、结构或速度上的严重失衡和失常时，为迅速有效地解决矛盾、克服困难，使国民经济的总体运行恢复正常状态，在重视间接调控的同时，也需采取某些必要的、适当的直接调控。当然，这种直接调控也必须符合社会主义经济规律和商品经济规律的要求，适应社会主义市场经济微观基础的特点，而不同于传统计划经济体制下的直接调控。

我国推动经济高质量和高效益发展，要更多运用改革创新的调控方式，在区间调控的基础上加强定向调控和相机调控，采取精准调控措施，适时预调微调。稳健推行中长期的稳增长、防风险、统筹发展的“跨周期调节”，以提升宏观经济增长潜力和内生动力，提高宏观调控的前瞻性。同时要适时针对经济运行中的突出矛盾、问题和不良现象，

进行矫正性的“逆周期调节”，防止经济较大波动，从而促进经济在平稳运行的基础上实现高质量、高效益发展。

二、宏观经济调控手段

社会主义宏观经济调控是借助于各种宏观调控手段来进行的。与社会主义市场经济相适应，宏观调控应主要运用经济手段和法律手段，同时也要重视计划手段以及必要的行政手段。

（一）经济手段和经济杠杆

1. 经济手段的特点

社会主义宏观调控以间接调控为主，就是主要依靠经济手段进行宏观调控。**经济手段**是指依据价值规律的要求，通过运用与价值形式相关的各种经济杠杆调节经济主体的经济利益，以引导经济主体的经济活动，协调微观经济与宏观经济的运行，达到宏观调控目标的调控手段。**经济杠杆**是国家掌握和利用的各种价值形式和价值工具，是和商品货币关系特别是和价值规律及市场机制相联系的范畴。经济杠杆之所以能够从宏观上调节经济的运行，是因为经济杠杆是物质利益的引导杠杆，经济杠杆的本质属性和调节方式是物质利益的引导。因此，各种经济杠杆都是经济利益的调节者，它们的作用结果都从不同方面影响着市场经济主体的经济利益，促使各经济主体从自身的经济利益出发，自动地按照经济杠杆作用所引导的方向调整自己的生产经营与投资的方向和规模，因而它们能从经济利益的制约上促使经济主体的经济活动大体上符合宏观经济运行目标。

经济手段具有间接性和灵活性的特点。经济手段借助于经济杠杆影响各经济主体的经济利益来引导其经济行为，促使其从自身经济利益出发按照经济杠杆作用所引导的方向调节自己的生产经营方向、规模和投资决策，因而经济手段对经济主体的经济活动的调节是间接的，它是以经济主体的自主选择、自动适应为基础的。运用经济手段进行宏观调控，可以根据不同的经济形势和外部环境，运用不同的经济杠杆，并随时调整经济杠杆的作用方向和作用力度，因而又具有灵活性。

2. 经济杠杆体系及其作用

社会主义宏观经济调控中所运用的经济杠杆内容很多，主要有价格、税收、信贷、利率、工资、奖金、汇率等，它们共同构成经济杠杆体系。这一经济杠杆体系对经济活动具有调节、分配、监督等职能。

在社会主义经济杠杆体系中，价格杠杆占有重要地位。它是国家自觉依据价值规律调整或安排价格，使其既反映价值又反映市场供求关系，从而合理配置资源的一种手段。价格杠杆在宏观经济调控中发挥调节杠杆和核算工具两种作用。价格作为调节杠杆，其作用主要是通过价格的涨落来调节生产和投资的方向，调节商品流通和消费结构，调节国民收入的再分配，以及促使企业加强经济核算，改进生产技术和经营管理，增强企业的市场竞争能力。价格作为核算工具，其作用主要表现为，它是编制国民经济计划的工具，借助于价格可以考核经济效益的高低，可以检验商品生产上的劳动耗费的多少，并可通过价格核算监督企业节约劳动时间。价格作为调节杠杆与核算工具，要求市场价格以价值为基础并反映市场供求关系，保证价格在市场总体运动中既处于相对稳定状态，又以价值为中心随着供求关系的变化而适当地波动。价格如果长期与价值相背离，或价格不能随着供求关系的变化而灵活变化，则不能起到调节杠杆和核算工具的作用。

税收是一种重要的经济杠杆。它是国家通过制定税收制度、设置税种、规定税率、增减税目和征收税金，以及运用税收减免、纳税环节、纳税期限等方式，来调节国民经济运行的一种手段。税收的基本职能是分配和再分配国民收入，国家将税收作为集中财政收入和调节企业及社会各阶层经济利益的手段，它是调节国家与企业、企业与企业、国家与个人以及个人之间分配关系的强有力杠杆。国家还可以利用税收的分配职能调节生产、流通和消费，即通过调整税种、提高或减免税金，来调节产品生产和流通的增减及引导消费。税收对进出口贸易也有重要的调节作用。

信贷和利率作为经济杠杆，具有重要的调控作用。它们是以中央银行为中心的银行体系通过调整利率水平、信贷规模和信贷结构来调节国民经济运行的手段。信贷的调节作用主要表现为，银行根据国家的经济发展战略和产业政策，通过规定贷款的方向、规模、利率和期限，来影响资金的投放领域，调节生产和流通结构，使之符合宏观经济发展的需要；银行可以通过吸收存款和发放贷款，加速资金周转，使社会资金得到合理、有效利用；可以通过银行信贷的松紧来调节货币供应量，以实现社会总供给与社会总需求的基本平衡。利率的调节作用主要是通过利率的高低来影响投资方向和投资领域，引导投资符合宏观经济发展的需要。

工资和奖金也是重要的经济杠杆。工资和奖金都是实现收入分配的具体形式，它们对国民经济发展有重要的调节作用。根据社会经济发展水平和社会劳动生产率的高低，合理确定国有企业的工资总额，完善最低工资制度和工资指导线制度，逐步提高最低工资标准，稳妥扩大工资集体协商的范围，能够有效地调节国家、企业和个人的分配关系；工资和奖金的高低可以调节劳动力在行业、地区和企业之间的配置，从而起到调节生产结构和地区经济结构的作用。

汇率杠杆是国家通过汇率的变动来进行宏观调控的手段。国家根据国际市场状况和国内经济发展的需要，调整汇率，以汇率的升降来影响国家的进出口贸易和国际收支的变化，从而影响社会总供给与社会总需求之间的平衡关系。

3. 综合运用经济杠杆

利用经济杠杆进行有效的宏观经济调控，必须综合运用经济杠杆。所谓综合运用经济杠杆，就是按照宏观经济计划目标，统筹规划对各种经济杠杆的运用，使它们有机结合、相互协调，对国民经济运行发挥最佳效果。之所以必须综合运用经济杠杆，一是因为各种经济杠杆都具有各自适用的领域和调节特点，也有各自的局限性。这就要求运用经济杠杆时既要考虑每种经济杠杆的调节特点，分别加以选择利用，又要使它们相互配合，取长补短。二是因为企业之间、产业之间、地区之间以及社会再生产各环节之间有着错综复杂的联系，不可能单靠某一种经济杠杆的调节来实现国民经济的协调发展。

在利用经济杠杆的过程中，应从经济杠杆体系的整体性、互补性、选择性等特性出发，加以综合利用。利用经济杠杆的整体性，就是使各种经济杠杆的作用相互促进、相互配合，否则会给生产经营者以错乱的信号，使各种经济杠杆的作用互相抵消。利用经济杠杆的互补性，就是利用各种经济杠杆的特殊调节功能，互相加以补充，以达到总体调控的效果。利用经济杠杆的选择性，就是在利用经济杠杆调节国民经济的运行时，应根据各种经济杠杆的特殊功能，有选择地加以利用，使之起到最有效的作用。

为了充分发挥经济杠杆的调节作用，必须在建立和完善社会主义市场经济体制的过程中，建立合理的价格体系，完善税收制度，健全财政信贷制度，改革工资奖金制度，为经济杠杆创造一个发挥作用的良好场所和经济环境。

（二）法律手段

社会主义市场经济从一定意义上说是法治经济。**法律手段**是依靠国家的法权力量，通过经济立法机构和经济司法机构，制定和运用法律、法规来调节经济的手段。法律手段具有权威性、规范性、强制性和相对稳定性等特点。法律手段的主要职能是采取法律的形式来调节各种经济关系和经济活动。通过法律手段可以有效地维护公有制为主体、多种所有制经济共同发展的基本经济制度，维护各种经济形式、各经济组织和劳动者个人的合法权利，调整各经济组织之间横向和纵向的关系，维护经济运行的正常秩序。在社会主义市场经济条件下，市场上各经济活动主体的权利、义务、地位和行为规则要依靠法律来规范、确认和保护，市场秩序要依靠法律来规范和维系，国家也要依靠法律来调节市场的运行。法治是市场经济秩序的内在要求和有机组成部分。

法律调控手段的内容包括保护和制裁两个方面。**法律保护手段**是通过经济立法，制定和实施各种具有强制性和普遍约束力的法律、法规，借以保护各种经济计划、经济政策、经济合同的贯彻执行，保护市场主体之间的公平竞争及市场主体正当的权利和利益，保护社会主义建设的顺利发展。**法律制裁手段**是通过经济司法，审理各种经济纠纷案件，维护市场秩序，制止非法竞争和犯罪活动，对违法单位和犯罪分子予以惩罚和制裁。

发挥法律手段的调节作用，需要进一步完善社会主义市场经济的法律体系，制定和完善有关社会主义市场经济的基本法律，包括规范市场主体的法律、保障市场经济秩序的法律、规范政府培育和调控市场行为的法律以及涉外经济法律等。

（三）计划手段

邓小平同志指出："计划和市场都是经济手段。"① 实行社会主义市场经济，市场机制对资源配置起决定性作用并不排斥计划调控。计划和市场两种调控手段相结合，是现代市场经济的客观要求，是建立社会主义市场经济体制的内在要求。计划和市场两种调控手段相结合，实现两者的优势互补，才能保证社会主义市场经济健康发展。计划调控手段的主要功能是从宏观总体上保持社会总供给与总需求的平衡，实现国民经济按比例地协调发展；在全社会范围内对资源配置进行导向性调控，动员和集中必要的财力、物力和人力，从整体和长远利益出发，进行重点投资，建设重大项目，有计划地调整和优化产业结构；通过收入分配的宏观调节，促进社会分配公平和提高经济效率。第二次世

① 邓小平．邓小平文选：第3卷．北京：人民出版社，1993：373.

界大战后，许多西方市场经济国家都通过制定中长期计划和短期计划，实行“经济计划化”，来加强对市场经济的干预和调节。我国是以公有制为基础的社会主义国家，更有必要和可能利用计划手段的调节作用。通过计划来组织社会生产，协调再生产的各种比例关系，是社会化大生产的客观要求。可见，计划是宏观调控的一个重要手段。在现代市场经济中，计划手段和财政政策、货币政策被并列为经常性的宏观政策工具。在社会主义市场经济条件下，计划手段与财政政策、货币政策协调配合又相互制约，共同指导和调节经济运行，保证国民经济的长期稳定协调发展。在社会主义市场经济运行中，国家计划对维护宏观经济稳定具有不可替代的综合协调作用。

计划手段是国家通过所制定的国民经济和社会发展长期与中期规划以及短期计划，对国民经济的运行和发展进行调节的手段。在计划管理中，计划手段采取指令性计划和指导性计划两种方式。指令性计划具有强制性，是有关部门、单位和企业必须执行的计划管理形式。指导性计划不带有强制性，是国家通过运用经济杠杆和经济合同等方式，引导企业能动地实现国家计划任务的计划管理形式。

我国曾实行的高度集中统一的计划体制，存在诸多弊端，为了正确发挥计划作为宏观调控重要手段的作用，我国进行了计划体制改革，转变政府的计划管理职能。改革计划体制的基本原则是使国家计划以市场为基础。国家计划以市场为基础，主要指计划与市场机制对资源配置的决定性作用相适应，通过对市场信号和市场参数的影响，间接地调节市场主体的行为，达到既定的计划目标。以市场为基础的计划就是指导性计划。因此，计划体制改革就是从以指令性的直接计划管理为主，转变为以指导性的间接计划管理为主，即国家计划总体上是指导性的计划。国家的宏观调控从一定意义上说就是计划调控，没有计划调控就没有宏观调控。计划工作的任务是合理确定国民经济和社会发展的战略、宏观调控目标以及产业政策，搞好经济预测，规划重大经济结构、生产力布局、生态环境保护、国土整治和重点建设。计划工作要突出宏观性、战略性、政策性，把重点放到中长期规划上，综合协调宏观经济政策和经济杠杆的运用。

我国的计划（或规划）按行政层级划分，分为国家计划、省级计划、市县级计划三级；按计划的对象和功能划分，分为总体计划、专项计划、区域计划三类。它们相互衔接、相互补充，共同构成我国的计划（或规划）体系。我国还进行了国家规划改革，完善国家规划体系，健全规划编制程序，完善国家中长期规划和年度计划的管理与实施机制，形成了以经济社会发展规划为统领，各类规划定位清晰、功能互补、有效衔接的规划体系，从而发挥国家规划、计划、产业政策在宏观调控中的战略导向作用，并且综合运用财政政策、货币政策，提高宏观调控水平。

（四）行政手段

社会主义宏观调控有必要采取一定的行政调控手段。**行政手段**是国家依靠行政机构，采取带有强制性的命令、指示、指标、规定和下达指令性任务等形式，按照行政系统、行政层次来直接调节和管理国民经济的手段。它具有强制性、纵向性和直接性的特点。

社会主义国家在宏观经济管理中，为了保证社会主义公有制基础上市场经济的顺利发展，保证国民经济协调一致地有序运行，实现社会的长远利益和整体利益，需要在一定范围内运用一定的行政手段对国民经济进行管理，这在任何时候都是必要的。

社会主义宏观调控虽然需要采用必要的行政调控手段，但不能片面强调和过多地运用行政调控手段，否则会不利于社会主义市场经济体制的建立和完善。而且即使运用行政调控手段，也必须符合和反映客观经济规律的要求，要从实际出发，不能带有主观随意性，要重视和保护被调节者的经济利益。

从上述对宏观经济调控各种手段的分析可以看出，经济、法律以及计划、行政等调控手段各具特点，各有所长，它们相互联系、相互补充，共同组成完整的社会主义宏观经济调控手段体系。社会主义宏观经济调控应以经济和法律手段为主，综合采用各种调控手段，发挥宏观调控手段的总体功能，并应从经济运行的实际状况出发，把握好宏观调控力度，从而有效地调节社会主义市场经济的运行。

三、宏观经济调控政策

社会主义宏观经济调控目标需要通过宏观经济调控政策来实现。宏观经济调控政策主要有财政政策、货币政策、产业政策、收入政策等。

（一）财政政策

财政政策在宏观经济管理与调节中有着非常重要的地位，尤其是在调节社会供需总量方面有着特别重要的作用。**财政政策**是由财政收入政策、财政支出政策、预算平衡政策、国家债务政策等构成的财政政策体系。

财政收入政策的主要内容是税收政策，财政收入主要来源于税收。财政支出政策的主要内容是政府的各项预算拨款政策，财政支出主要用于政府购买、公共工程建设和转移支付。财政收入政策和财政支出政策的主要任务在于通过国民收入的分配和再分配达到社会总供给和总需求的基本平衡。

根据财政政策在调节社会总供给和总需求方面的不同功能，可将财政政策区分为平衡财政政策、盈余财政政策和赤字财政政策三种类型。**平衡财政政策**又称中性财政政策，即财政支出应根据财政收入的多少来安排，既不要有大量结余存在，也不要有较大赤字发生，使财政收支基本平衡，从而对社会总需求既不产生扩张性影响也不产生紧缩性影响。**盈余财政政策**又称紧缩性财政政策，它是指通过增加税收来增加财政收入，或通过压缩财政支出来减少或消灭财政赤字，致使出现或增加财政盈余，达到抑制或减少社会总需求，消除总需求膨胀的效应。**赤字财政政策**又称扩张性财政政策，它是指通过减税来减少国家的财政收入，增加企业和个人的可支配收入，刺激社会需求，或通过扩大政府财政支出的规模来扩大社会需求。

宏观经济调控要保持社会总供给与总需求的基本平衡，以促进国民经济持续平稳较快发展。不论是平衡财政政策、盈余财政政策还是赤字财政政策，都和社会总供给与总需求的平衡状态相联系。在宏观调控中，应根据社会总供给与总需求的不同对比状态来选择适宜的财政政策，以求达到社会总供给与总需求的基本平衡。当社会总需求明显不足、资源和生产能力未能充分利用，致使经济增长缓慢，失业增加时，一般应实行赤字

（扩张性）财政政策，以增加社会总需求，促进经济增长，扩大就业规模；在社会总需求明显超过总供给并由此导致较严重的通货膨胀的情况下，应实行盈余（紧缩性）财政政策，以抑制过旺的社会总需求，降低通货膨胀率；而当社会总供给与总需求大体平衡时，则应实行平衡财政政策。财政政策是我国重要的宏观调控手段。

根据我国经济发展的实际情况，我国现阶段必须实施积极的财政政策，积极的财政政策就是通过减税、增加政府购买和增加政府转移支付，达到推动经济发展的目的。2020年初，新冠疫情在我国暴发，严重影响了社会经济的发展，中央决定以更大的宏观政策力度对冲疫情影响，指出积极的财政政策要更加积极有为，提高赤字率，发行抗疫特别国债，增加地方政府专项债券，提高资金使用效率，保持适度支出强度，增强国家重大战略任务财力保障，在促进科技创新、加快经济结构调整、调整收入分配上主动作为，发挥财政政策稳定经济、推动经济高质量发展的关键作用。

（二）货币政策

货币政策是国家为实现一定的宏观经济目标而制定的关于货币供应和货币流通组织管理的政策，它是由信贷政策、利率政策、汇率政策等具体政策构成的一个有机的政策体系。

我国货币政策的基本目标是稳定货币与发展经济。稳定货币是指把货币供应量控制在流通中对货币的客观需要所能容许的范围内，以保持物价总水平的基本稳定。发展经济是指通过合理分配货币资金，充分发挥各种生产要素的作用，使社会总供给与总需求保持基本平衡，推动国民经济健康发展。稳定货币和发展经济从根本上说是一致的，二者互为条件、相互促进。稳定货币是发展经济的必要条件，发展经济是稳定货币的物质基础，但二者有时也会出现矛盾。应把稳定货币与发展经济作为一个总体目标来把握，既要实现货币的稳定，也要促进经济的发展，使二者达到最佳结合，以破坏货币的稳定来发展经济或以牺牲经济发展来实现货币稳定都是应该避免的。

货币政策的核心是通过变动货币供应量来调节社会总供给与总需求。根据货币政策在调节社会总供给与总需求方面的不同功能，可以把货币政策分为均衡性货币政策、扩张性货币政策和紧缩性货币政策三种类型。**均衡性货币政策**是指保持货币供应量与货币需求量的大体平衡，以实现社会总供给与总需求的基本平衡。**扩张性货币政策**是指货币供应量超过流通中对货币的客观需要量，其主要功能是刺激社会总需求的增长。这一政策除在总需求不足时会刺激有效需求增加，促使供需总量趋于平衡外，在其他情况下实行这一政策会进一步加剧通货膨胀。**紧缩性货币政策**是指货币供应量小于流通中对货币的客观需要量，其主要功能是抑制社会总需求。

上述三种类型的货币政策在调节社会总供给与总需求方面具有不同的功能，对经济发展具有不同的影响。必须根据社会总供给与总需求的不同对比状况，慎重地选择以上三种政策。由于扩张性货币政策往往会造成通货膨胀，或进一步加剧通货膨胀，而紧缩性货币政策又往往会造成通货紧缩并引起经济停滞，二者都应是在特定情况下实行的特殊政策。在现阶段我国必须实施稳健的货币政策。所谓稳健的货币政策，是指以币值稳定为目标，正确处理防范金融风险与支持经济发展的关系，在提高贷款质量的前提下，保持货币供应量适度增长，支持国民经济持续健康发展。稳健的货币政策是使本国币值稳定的国家经济政策与宏观调控手段。实施稳健的货币政策要保持中性，松紧适度，管住货币供给总闸门，保持货币信贷和社会融资规模的合理增长。党的十八大以来，我国保持了币值稳定和经济持续健康发展，表明稳健的货币政策发挥了重要作用。2020 年以来，为了更好推进我国的经济社会发展和新冠疫情防控，在继续实行稳健的货币政策方面，国家加强了货币政策的灵活精准、合理适度，保持货币供应量和社会融资规模增速同名义经济增速基本匹配，保持宏观杠杆率基本稳定，降低实体经济的融资成本，完善市场利率形成机制，以提升货币政策传导的有效性。

货币政策是通过货币政策手段来发挥作用的。由于货币政策的核心是如何控制货币供应量，货币政策手段实际上也就是中央银行所运用的调节货币供应量的各种手段。当前，我国中央银行即中国人民银行运用的货币政策手段有计划手段、利率手段、再贷款手段和存款准备金率、公开市场业务以及再贴现率手段等。

需要指出，财政政策和货币政策作为政府进行宏观经济调控的两大主要的和基本的政策手段，对社会总供给与社会总需求的调节作用是相互联系、相互制约的。根据不同时期社会总供给与总需求的不同态势，在选择不同的财政政策和货币政策时，应注意二者的相互配合、协调使用，使二者作用方向一致，以降低宏观调控成本，实现宏观调控目标。

（三）产业政策

产业政策是国家根据国民经济和社会发展的内在要求所制定的用来指导产业组织和产业结构调整的所有政策措施的总和。制定和实施正确的产业政策，对保持社会总供给与总需求的基本平衡、合理配置和利用资源、提高经济效益和推动国民经济持续平稳较快发展具有重要作用，关系到现代化建设的全局。

产业政策作为重要的宏观经济调控政策，要根据市场需求、产业关联、技术进步、创汇作用和经济效益等因素，安排好产业发展序列，并制定相关的各项政策，明确支持和限制什么产业。所以，社会主义产业政策的基本内容有三：一是**产业支持政策**，即支持和鼓励什么产业的发展；二是**产业抑制政策**，即限制和紧缩什么产业的发展；三是**产业替代政策**，即在产业结构调整中，以新兴和高效的产业取代某些传统和低效的产业。同时，还要确定重点产业、先导产业、支柱产业，处理好重点产业与一般产业协调发展的关系、生产要素存量调整与增量配置的关系、产业总体配置与发挥地区优势的关系。

根据我国当前的产业政策和产业格局的状况，我国应推进产业结构优化升级，形成以高新技术产业为先导、基础产业和制造业为支撑、服务业全面发展的产业格局。

有选择地在税收、财政、拨款、信贷方面对不同产业给予优惠或限制，以及采取相关的工商管理和市场调节措施，都是实施产业政策的手段。

（四）收入政策

收入政策又称收入分配政策，是指国家根据宏观经济调控目标所规定的个人收入总量和结构的变动方向，以及政府调节收入分配的基本方针、原则和政策。我国的收入分配政策的主要内容是：(1) 坚持和完善按劳分配为主体、多种分配方式并存的分配制度，健全劳动、资本、技术和管理等生产要素按贡献参与分配的制度，创造条件让居民拥有并多渠道增加财产性收入。(2) 允许和鼓励一部分地区和一部分人通过诚实劳动和合法经营先富起来。既要注重物质利益，激励人们创业致富，也要提倡回报国家、为人民为社会作贡献和先富帮后富、先富带后富，最终达到共同富裕。(3) 收入分配政策应体现效率与公平相结合，把效率与公平统一起来。国民收入初次分配和再分配都要兼顾效率与公平，再分配更加注重公平。既要保持合理的收入分配差距，也要防止收入过分悬殊和两极分化。努力实现居民收入增长和经济发展同步、劳动报酬增长和劳动生产率提高同步，提高居民收入在国民收入分配中的比重，提高劳动报酬在初次分配中的比重，尽快缩小收入差距。(4) 规范个人收入分配秩序，强化对分配结果的监管。要着力提高低收入者的收入水平，逐步扩大中等收入者的比重，调节过高收入；努力缩小行业之间、地区之间、社会成员之间的收入差距。对公务员和国有企事业单位的工资分配制度要加以规范和监管，控制和调节垄断性行业的收入。要整顿不合理收入，保护合法收入，取缔非法收入。

完善我国的宏观经济治理，应健全以国家发展规划为战略导向，以财政政策和货币政策为主要手段，由产业政策、收入政策、区域政策、投资政策、消费政策、价格政策、环保政策和对外经济政策等协调配合的宏观经济政策体系。各项宏观经济政策各有特点，各自调控的主要对象和对同一调控对象的调控角度与力度也各不相同，每项政策的具体操作又有不同的选择方案。进行宏观经济调控必须从国民经济运行的具体实际出发，使各项宏观经济调控政策紧密协调配合、目标优化、分工合理，形成高效协同的宏观经济治理体系。同时要完善宏观经济政策制定和执行机制，重视预期管理，提高调控的科学性。要加强国际宏观经济政策协调，搞好跨周期政策设计，提高逆周期调节能力，促进经济总量平衡、结构优化、内外均衡。要加强宏观经济治理数据库等建设，提升大数据等现代技术手段的辅助治理能力。

本章重要名词概念

微观经济	宏观经济	宏观经济调控	宏观经济调控体系	社会总供给
社会总需求	国际收支	直接调控	间接调控	经济手段
经济杠杆	法律手段	法律保护手段	法律制裁手段	计划手段
行政手段	财政政策	平衡财政政策	盈余财政政策	赤字财政政策
货币政策	均衡性货币政策	扩张性货币政策	紧缩性货币政策	产业政策
产业支持政策	产业抑制政策	产业替代政策	收入政策	

思考题

1. 社会主义市场经济条件下为什么要加强宏观经济调控?
2. 我国政府的经济职能是什么？实行社会主义市场经济为什么要转变和如何转变政

府的经济职能？

3. 宏观经济调控的基本任务和主要目标是什么？
4. 实现总量平衡和结构优化的主要途径是什么？
5. 社会主义市场经济条件下的宏观经济调控方式是什么？
6. 社会主义市场经济条件下的宏观经济调控手段是什么？
7. 社会主义市场经济条件下的宏观经济调控政策是什么？

本章练习

PART FOUR

4

|第四篇|

经济全球化和国际经济关系

第二十一章
垄断资本全面国际化和经济全球化

本章重点

1. 资本国际化的发展及其采取的形式
2. 经济全球化的表现、动因和作用
3. 区域经济集团化的类型、原因和作用
4. 国际经济协调的原因、内容和作用
5. 经济一体化及其组织形式
6. 当代发达资本主义国家之间的经济关系
7. 当代发达资本主义国家同发展中国家之间的经济关系
8. 构建人类命运共同体、建立公正合理的国际经济新秩序

当代资本主义的一个重要特征是资本的全面国际化。资本的全面国际化使国际垄断有了新的发展，整个国际经济关系也随之有了很大的变化，并大大推动了经济全球化的发展进程。本章在考察垄断资本全面国际化的基础上，着重阐明经济全球化的形成、发展、表现和作用，相应说明区域经济集团化形成与发展的原因，以及国际经济协调、世界经济一体化、当代国际经济关系、构建人类命运共同体和建立国际经济新秩序等问题。

第一节　资本的全面国际化

一、资本国际化及其发展

资本从其出现在世界上起，本质上就是国际的，资本进行榨取剩余价值的活动，从来就不受国家或民族地域疆界的限制。它要开拓世界市场，要到遥远的异国去寻找原料，要不远万里地掠夺和榨取其剥削对象。正是资本的这种国际性的本质，形成了资本的国际化，促使资本主义世界体系的形成和发展。

资本国际化的程度是不断提高的。在资本主义发展的不同历史阶段，资本各种具体形态的国际化程度和所起的作用是不同的。最早表现出资本国际化趋向的是商品资本。资本主义国家生产出来的大量商品需要不断扩大市场，这就促使资本家奔波于世界各地，大力在国外市场上推销自己的商品，实现资本的增殖，世界市场因之逐步形成。自由竞

争资本主义时期是以大量的商品输出，从而以商品资本的国际化为其资本国际化的主要特征的。

在资本运动的过程中，各种资本形态的变化不是割裂的。一种资本形态的国际化，必然要影响到其他资本形态，致使资本形态发生变化。在自由竞争资本主义时期，当商品资本走向国际市场时，生产资本与货币资本也有了一定程度的国际化。这时的资本主义生产虽然仍在资本的母国进行，但它的原料来源和商品销售市场范围都已越出了国界，生产资本因之也就具有国际化的因素。这时的货币资本也有了变化，在商品已进入国际市场的情况下，商品在国外实现变成货币资本形态时已不是本国货币，而是外国货币。货币资本若要恢复其本来面目成为本国货币，就要进行货币的国际兑换，从而引起与汇率、汇兑等相关的一系列国际金融业务的产生。但是，在自由竞争资本主义时期，生产资本和货币资本的国际化还只是商品资本国际化的派生物，与商品资本国际化的程度比起来相对要低得多。

随着资本主义过渡到垄断阶段，垄断资本主义国家所出现的大量过剩资本被输出到国外，在世界各地寻找有利的投资场所。这时，货币资本的国际化已不再仅仅是为了与商品资本的国际化相适应，而是走上了独立发展的道路，而且其重要性超过了商品资本的国际化，同时更超过了生产资本的国际化，因而货币资本的国际化成为垄断资本主义时期资本国际化的一个重要经济特征。

第二次世界大战后，在科学技术进步和国际分工发展的推动下，经济生活国际化要求对资源在世界范围内进行合理的配置。再加上国家垄断资本主义的参与和推动，当代资本主义国家对国际市场和资源的争夺已不能再简单地依靠国际贸易来进行。垄断资本开始在世界范围内安排资本循环的整个过程，不仅把生产配置到国外，而且往往把分工引进自己设置在世界不同地区和国家的企业之中，形成了国际生产的流水线。生产资本国际化的重要性凸显。所以，第二次世界大战后与国家垄断资本主义相联系的资本国际化的特点是生产资本的国际化。

二、资本全面国际化的形式与跨国公司在资本国际化中的重要作用

资本的各种形态全面地国际化，使资本国际垄断的形式与手段也随之发生了变化。

过去，国际垄断最主要的形式是国际卡特尔。在第一次世界大战前夕，国际卡特尔就已达到 110 多个，到第二次世界大战前夕，更猛增到 1 200 个左右。采取这种国际垄断形式是与当时资本国际化的水平相适应的。那时，生产资本的国际化可以说还没有起步，垄断资本在国际范围争夺的主要是国际商品市场，以保证剩余价值的实现并攫取高额垄断利润。国际卡特尔通过各国垄断资本根据各自的实力所达成的瓜分世界市场的协议，确定垄断价格，控制生产数量和原料产地，它是当时最适合满足这些要求的一种形式，所以能得到很大的发展。

第二次世界大战后，国际卡特尔在资本全面国际化的情况下已不再适应资本国际垄断的需要，从而逐渐削弱和减少，代之而起的是大量蓬勃发展的跨国公司。**垄断资本主义国家的跨国公司**是指通过对外直接投资，在国外设立子公司和分支机构，在世界范围

内从事生产、销售和金融等各种经营活动，以获取高额垄断利润的大型垄断企业。跨国公司作为国际垄断的一种主要组织形式和实现形式，是社会生产力发展到国际化阶段的结果。国家垄断资本主义的发展则为跨国公司的巨大发展创造了必要的条件。垄断资本主义国家跨国公司发展的必然性在于：

（一）跨国公司的发展适应了生产国际化和国际分工深化的需要

随着当代资本主义国家社会生产力水平的大幅度提高，生产的社会化已进入国际化阶段。国际分工不断地扩大和深化，使以垂直分工为主要特征的国际分工逐渐向水平分工演化。第二次世界大战后，不仅国际水平分工有了巨大的发展，而且这种水平分工深入到了产业部门的内部和产品生产的不同工序之间。国际分工的这种发展与实现，需要与之相适应的组织形式，跨国公司就是一种最适合的组织形式，这是因为，跨国公司在世界范围内配置资源、组织生产，可以使生产要素得到更好的组合；跨国公司可以利用各个国家不同的科学技术优势，组织世界范围内的技术开发协作；跨国公司在世界各地组织生产并进行销售，能使生产出来的商品更好地适应各国不同的特点和需要，可以充分利用各个国家的政策差异和行情变化，为自己攫取最大限度的垄断利润服务。凡此种种，使得跨国公司成为战后国际垄断资本采取的最普遍的一种国际垄断组织形式。

（二）跨国公司是垄断资本进行国际剥削的主要手段

第二次世界大战后，垄断资本进行国际扩张和国际剥削的条件发生了很大的变化。一方面，在主要资本主义国家，随着国家垄断资本主义的发展，资本主义国家对社会经济生活的干预与调节大大加强。为了维护本国垄断资本的利益，它们往往为外国商品进入本国设置各种各样的障碍，甚至组织地区性的经济集团来共同维护本集团内各国垄断资本的利益。另一方面，由于民族解放运动的空前发展，帝国主义的旧殖民主义体系瓦解了。广大的殖民地、附属国获得了政治上的独立，走上了发展民族经济的道路。当代垄断资本主义国家很难像以前那样通过军事占领和政治统治来对发展中国家进行国际剥削，它们被迫转向采取新殖民主义的经济渗透和剥削。垄断资本进行国际扩张和剥削的条件发生了这样的变化，从而要求垄断资本用新的方式和手段来达到自己在世界范围内追逐最大限度利润的目的。跨国公司就是在这样的条件和背景下广泛地发展起来的。

（三）国家垄断资本主义对跨国公司起到了支持与推动作用

跨国公司在第二次世界大战后得到了迅速而巨大的发展，除了资本全面国际化的要求之外，国家垄断资本主义的支持与推动也起了重要作用。这种作用主要表现为：资本主义国家通过国家资本输出来支持与推动私人垄断资本的对外扩张，为跨国公司扩大市场创造了条件；资本主义国家对跨国公司的商品和资本输出进行资助和担保，以增强本国企业的竞争实力并承担国际经营活动的各种风险；国家垄断资本主义通过开展国际经济协调、组织各种国际经济组织和机构、制定国际经济活动规则等，来为跨国公司的经营活动创造良好的国际经济秩序和必要的国际条件。

资本的全面国际化和国家垄断资本主义的高度发展，使跨国公司成了当代资本主义国家的主要经济支柱和重要象征。通过跨国公司，国际垄断已提高到一个新的高度。离开了跨国公司，也就没有当代资本主义国家如此高度发达的社会生产力发展水平和如此雄厚的政治、经济实力，也就没有当代垄断资本主义国家对世界经济的控制与国际垄断的发展。

第二节　经济全球化

一、经济全球化及其主要表现

国家垄断资本主义的发展推动了资本主义国家科学技术的进步和社会经济发展水平的提高。科学技术的巨大进步使国际分工在广度和深度上都迅速地向前跨进了一大步。世界上各个地区和国家都被深深地卷入了国际分工的体系之中。正是在这一基础上，资本全面地国际化了，资本国际化使国际经济关系的广泛发展变成了现实，推动了经济全球化的进程。

经济全球化是指随着生产力的巨大发展、生产社会化程度的提高和世界范围内市场经济的发展，它们必然要求资源配置从一国范围扩展到世界范围，各国经济通过跨国生产、国际贸易、资本国际运动以及国际技术交流等经济纽带而日益密切联系在一起的趋势。这一概念包含三层含义：第一，它是经济国际化发展到高级阶段的产物，是一个长期渐进的客观历史进程。第二，经济全球化发展最根本的动因是新科技革命推动下生产力的巨大发展，而其最重要的现象与特征是生产要素在全球范围内流动并进行配置。第三，经济全球化发展的基础在于国际分工，在于世界各国经济的相互依赖。

作为一个客观历史进程和趋势，经济全球化发端于19世纪60—70年代世界市场和世界经济的形成，蓬勃发展于20世纪50年代之后，尤其是20世纪90年代。一般来说，经济全球化主要表现为：

（1）生产全球化。经济全球化最为核心的内容在于生产全球化，即物质生产跨越国界，在全球范围内安排和进行。生产全球化的基础是生产资本的国际化，而生产资本的国际化主要是由跨国公司推动的。

（2）贸易全球化。贸易全球化是经济全球化的一个重要方面。它以贸易自由化为先导，主要指商品和服务在全球的自由流通。世界贸易高速增长以及各国贸易依存度的普遍提高，标志着贸易全球化程度日渐发展和加深。

（3）金融全球化。金融全球化是经济全球化的一项重要内容。金融全球化是指金融资本在全球的大规模扩张和自由流动。金融全球化的前提是金融自由化，而金融自由化之所以能够兴起，主要得益于20世纪80年代以来信息技术的高度发展和各国金融市场的开放。作为金融全球化的重要表征的国际金融市场蓬勃发展，规模急剧扩大。

二、经济全球化的动因

经济全球化的基础在于国际分工和经济国际化，其根本动力是社会生产力的发展。就具体动因而言，经济全球化趋势的形成与发展主要同下列因素有关。

（一）科技进步与相应的生产力大发展，为经济全球化奠定了必要的物质技术基础

每一次科技革命都会使社会生产力跃上一个新台阶，而伴随着社会生产力的每一次跃升，经济国际化程度都会不断提高，生产要素的流动范围与规模都会不断扩大。18世纪下半叶，第一次科技革命引起了工业的发展，机器大工业代替了工场手工业，资本主义生产方式得以在世界范围内确立起来。这一时期，社会生产能力成百倍地提高，原材料的来源与产品的销售不再仅限于本地，而是大量扩展到海外，真正意义上的国际分工开始产生。19世纪下半叶，第二次科技革命促进了重工业和交通运输业的发展，先进资本主义国家的工业生产大幅增长，资产阶级往来奔走于世界各地，世界上多数国家和地区的生产都已成为世界性的。这时，垂直型国际分工体系进一步扩大和深化，国际贸易迅速增长，国际信贷也有所发展，世界市场和世界经济最终形成。以此为基础，经济国际化发展到高级阶段，经济全球化初露端倪。第二次世界大战后，第三次科技革命使社会生产力发生了革命性的变化，人类进入知识经济和信息经济时代。电子计算机、卫星定位通信系统、互联网等高新技术的发展，使人类日益突破自然资源和空间的局限，在全球范围内实现了全方位的沟通、联系、融合与互动。在这一阶段，跨国公司迅猛发展，其全球性的扩张活动使国际分工由原来的以垂直型分工为主转变为以水平型分工为主；世界市场的内涵更加丰富而全面，产品、资本、劳动力、技术、信息等各类生产要素以空前的速度和规模在全球各个角落、各个领域流动并进行配置；世界各国的经济也因此而更加紧密地联系到了一起。与此相适应，经济全球化进程加速，并继续向前发展。

（二）世界性的市场化改革，为经济全球化提供了体制保障

经济全球化最重要的现象与特征是生产要素以空前的速度和规模在全球范围内流动并进行配置。这一点必须依靠市场来实现。因此，市场化既是各民族国家参与经济全球化进程的起点，也是经济全球化发展的客观要求。可以说，没有市场化，就没有经济全球化。19世纪后半期，统一的资本主义世界市场和世界经济体系形成，经济全球化得以萌芽。随后几十年，资本主义世界市场不断扩大、经济全球化程度不断加深。20世纪50—80年代，由于美国、苏联两个超级大国相互争夺世界霸权，形成冷战的对峙局面，加之苏联实行高度集中的计划经济体制，因而全球市场被人为地分割成两个平行的世界市场。在此过程中，经济全球化虽然有所发展，但并不突出。20世纪90年代，随着冷战的结束和苏联的解体，俄罗斯、东欧和中亚一些国家以及曾受苏联影响的诸多发展中国家纷纷放弃原来那套高度集中的计划经济模式，转而进行市场化经济改革，大力发展市场经济。这样，在世界性的市场化洪流中，经济全球化出现了新的发展。

（三）经济自由化的政策导向，推动了经济全球化的发展

经济自由化包括贸易自由化、金融自由化、投资自由化等各个方面，它是资本主义国家发展经济所奉行的一种指导思想和方针政策，重点强调放松管制、对外开放本国市场。经济自由化是与国家对经济的管制、保护相对的。经济自由化有利于生产要素在国际上无障碍地自由流动，因而是经济全球化进程的一个重要推动力。从 19 世纪至今的 100 多年间，经济自由化曾三度获得较大发展：一是 19 世纪 20 年代—20 世纪初，以英国为首的资本主义国家为了开拓世界市场，积极倡导实行自由贸易政策，当时，由于经济发展水平的差异，美、德等国先是实行保护政策，后来随着工业实力的壮大，也纷纷要求到世界市场上“自由地竞争”；二是 20 世纪 50—70 年代初，经济实力最为强大的美国极力倡导贸易自由化和货币自由兑换，在关税及贸易总协定和布雷顿森林体系（关于布雷顿森林体系，见本书第二十四章第三节）等国际经济协调机制的保障下，世界贸易、金融、投资都有了很大的发展；三是 20 世纪 80—90 年代，以美国为主导的发达资本主义国家向全球大力推行新自由主义经济政策，极力鼓吹贸易、金融、投资自由化，致使世界上多数发展中国家都积极进行经济改革，大幅度开放本国市场。显然，这三次经济自由化浪潮正是通过不断消除生产要素的流动障碍，为经济全球化开辟了道路。

三、经济全球化的双重作用

马克思主义认为，历史上产生的经济全球化具有生产力和生产关系双重属性。

从生产力发展和资源配置的角度看，经济全球化是生产社会化发展的必然趋势和更高阶段，是科技进步和生产力发展的必然结果，是不可逆转的时代潮流，对经济全球化的进程加以正确引导和驾驭，可以促进各国的经济和社会发展，也有利于世界经济的发展和国际社会的稳定。

概括地说，经济全球化的积极作用主要体现在：

（1）有利于全球资源实现合理有效配置与整合。经济全球化的一大特征是生产要素在全球范围内大规模流动并进行配置。因此，在全球化条件下，资本、劳动力、技术、信息等资源可以突破民族国家的局限，在全球范围内寻找最合理有效的配置与组合方式。与此同时，世界上各个民族国家也可以根据本国的具体条件，参与到涵盖了不同层次的全球分工体系之中。这样，不仅全球资源能得到充分利用，而且世界各国经济能实现相互融合与优势互补，从而推动世界经济不断向前迈进。

（2）为世界各国的经济发展提供了良好机遇。一方面，在经济全球化条件下，世界各国经济都面向世界市场，因而摆脱了国家和地区市场的限制，为世界各国的经济发展提供了广阔的空间。各个国家可以依据世界市场的需求，结合本国情况，充分发展优势产业，生产特色产品，行销全世界。另一方面，在跨国公司进行全球性生产经营活动的过程中，资金、知识、信息以及先进的技术和管理经验在世界各地传播，各国可以因势利导，充分利用这些有利条件，调整本国产业结构，提升本国的经济发展水平。

（3）在促进全球竞争的同时，推动了全球合作。经济全球化使市场竞争扩展到了世

界范围。各个国家、各个企业在参与经济全球化的过程中，都不可避免地要面临广泛而激烈的世界竞争。这种强大的竞争压力有助于推动世界各国和各企业不断开发新技术、推出新产品、降低生产成本、提高生产效率、改善企业经营管理，这是促进世界经济发展与变革的不可或缺的动力。与此同时，由于全球化消除了要素流动限制，因而世界各国和各企业有可能在全球范围内加强合作。特别是在跨国生产以及科学技术的研究与开发方面，全球可以互通有无，实现资源共享。

从生产关系的角度看，历史上的经济全球化在很大程度上是资本主义生产方式在世界范围内的扩张。在资本原始积累时期，资本主义制度的扩张是通过对殖民地的征服来实现的。在自由竞争时期，资本主义制度的扩张是在武力征服和自由贸易的共同推动下完成的。进入垄断阶段后，资本的输出成为资本主义制度全球扩张的主要工具，通过对外投资，资本主义生产关系被直接输出到广大发展中国家，资本主义生产方式在全球得到扩张。在当代，贸易的全球化、资本的全球化、跨国公司的迅猛发展，使得资本主义生产关系在全世界得到广泛扩展，广大发展中国家仍受到垄断资本主义国家的剥削和压榨。

因此，经济全球化是一把“双刃剑”，经济全球化在推动生产的社会化和世界经济发展的同时，又给世界经济的发展带来了许多新矛盾，资本主义的基本矛盾也随着经济的全球化而在全世界范围内得到了更为广泛的发展。对发展中国家来说，经济全球化既是机遇，更是挑战。

第一，当今世界的经济全球化是西方发达资本主义国家主导的全球化。在经济全球化过程中，发达资本主义国家处于“中心”地位，垄断着资金、技术等资源，并在制定国际经济的“游戏规则”中发挥着主导作用，因而成了支配的一方，它们在全球化中获益最大，而广大的发展中国家的利益受到严重损害。

第二，资本的全球流动和市场的全球扩展推动了经济的自由化，减少了国家对经济生活的干预，跨国公司建立的全球性经济网络也日益突破国界的限制，把资源和财富集中在自己手里，并力图左右发展中国家的国内政策以满足其资本增殖的需要，从而对发展中国家的经济发展形成了严重冲击。

第三，随着资本主义全球化的不断发展，世界性经济危机也在不断深化。经济的全球化把生产与消费、个别企业生产的有组织性同整个社会生产的无组织性的矛盾推向了一个更高的阶段和更广的范围，这样就产生了越来越大的失调的可能性，从而导致了爆发世界性经济危机的可能性。自 20 世纪 90 年代以来，世界经济就连续发生了 1994 年的墨西哥金融危机、1997 年的亚洲金融危机、1998 年的巴西金融危机和 2008 年的国际金融危机等。这些金融危机严重影响了发展中国家宏观经济的稳定。

第四，全球市场的发展还使得人类生态环境问题更加尖锐。以利润为导向的经济增长方式在创造巨大的物质财富的同时，也引发了全球变暖、臭氧层变薄、森林过度砍伐和土地沙漠化、许多种类植物群和动物群的灭绝或濒临灭绝以及空气、水和土壤被严重污染等一系列危及人类生存的全球性问题。

第五，当今世界的经济全球化是一种不对称的全球化，在全球化过程中，发达国家只是一味推动商品和资本的自由流动，对来自发展中国家的移民却设置了重重障碍，劳动力市场的全球化远远落后于商品和资本市场的全球化，这样就形成了一种不对称的全球化，即货物和资本市场倾向于被全球化，而劳动力市场却被分割成许多板块；一方面是越来越全球化的经济，另一方面是南北差距的不断扩大和民族国家之间利益冲突的持续存在。

经济全球化过程中出现的问题，并不是由经济全球化本身带来的，而是由不合理的生产关系引起的，体现了资本主义导向的经济全球化的深刻矛盾和弊病。

四、坚持经济全球化的正确方向

2008 年国际金融危机之后，资本主义主导的经济全球化的矛盾和弊端集中爆发，经济全球化遇到波折，保护主义有所抬头，“逆全球化”思潮暗流涌动，经济全球化何去何从成为国际社会关注的焦点。

2020 年暴发的新冠疫情席卷了整个世界，疫情的蔓延不仅对人类的生命与健康造成了极大的伤害、对人类的财产造成了极大的损失，而且对经济全球化造成了前所未有的阻碍。经济全球化意味着各种生产要素在国与国之间的通畅流动，进行资源的有效配置。而新冠病毒在人与人之间的传染所造成的巨大伤害及隔离这种必要和有效的防疫手段在一定程度上造成了经济停摆与生产要素流动的阻滞，从而对当今世界的经济全球化进程造成了一定的阻碍。更令人忧心忡忡的是以美国为代表的一些西方国家，出于自身狭隘的私利，搅动起逆全球化的浪潮，不仅大肆推行单边主义和保护主义，而且以这场新冠疫情的蔓延为借口，挑动事端、一意孤行、毁路断网、退群脱钩，破坏各国协同抗疫的合作局面，打乱了经济全球化的正常节奏。应该看到的是，在中国共产党和中国政府的领导下，中国人民不仅率先取得了疫情防控的重大成果，而且以构建人类命运共同体为开拓经济全球化的新目标、新路径所进行的有益探索与不懈努力正在取得明显的成效。在此关键时刻，习近平同志多次发表重要讲话，系统阐述中国对坚持经济全球化的认识。习近平同志强调指出：“从长远看，经济全球化仍是历史潮流，各国分工合作、互利共赢是长期趋势。我们要站在历史正确的一边，坚持深化改革、扩大开放、加强科技领域开放合作，推动建设开放型世界经济，推动构建人类命运共同体。”① 在党的二十大报告中，习近平同志进一步指出：“中国坚持经济全球化正确方向，推动贸易和投资自由化便利化，推进双边、区域和多边合作，促进国际宏观经济政策协调，共同营造有利于发展的国际环境，共同培育全球发展新动能，反对保护主义，反对‘筑墙设垒’、‘脱钩断链’，反对单边制裁、极限施压。中国愿加大对全球发展合作的资源投入，致力于缩小南北差距，坚定支持和帮助广大发展中国家加快发展。”② 习近平同志的重要讲话，回应了国际社会对经济全球化的关切，反映了中国共产党和中国人民对人类命运和世界发展的深刻思考，为引导经济全球化健康发展提供了中国方案、贡献了中国智慧。

① 习近平在企业家座谈会上的讲话. 中国共产党新闻网，2020-07-22.

② 习近平：高举中国特色社会主义伟大旗帜 为全面建设社会主义现代化国家而团结奋斗——在中国共产党第二十次全国代表大会上的报告. 中国政府网，2022-10-25.

要坚持经济全球化的方向不动摇。经济全球化是社会生产力发展的客观要求和科技进步的必然结果，是历史大势，推动了贸易大繁荣、投资大便利、人员大流动、技术大发展。把困扰世界的问题简单归咎于经济全球化，既不符合事实，也无助于问题的解决。因此，必须坚定不移地推进经济全球化进程，旗帜鲜明地反对单边主义、保护主义，促进商品、服务和生产要素在全球范围更加自由便捷地流动。历史证明，开放带来进步、封闭导致落后。经济全球化进程虽然有曲折和反复，但作为历史发展的大趋势、时代的潮流，是任何力量都难以改变的。

同时要看到，经济全球化作为一把“双刃剑”，存在增长和分配、资本和劳动、效率和公平等矛盾。当世界经济处于下行期的时候，这些矛盾就会更加突出，凸显经济全球化存在的问题和弊端。在新形势下，必须积极引导经济全球化的走向，努力消除经济全球化的负面影响，着力解决公平公正问题，推动经济全球化朝着普惠共赢的方向发展。要完善全球经济治理体系，以平等为基础、以开放为导向，倡导共商、共建、共享的全球治理理念，坚持正确义利观，推动变革全球治理体制中不公正不合理的安排，促进全球治理规则民主化、法治化，努力使全球治理体制更加平衡地反映大多数国家的意愿和利益。在经济全球化条件下，各国相互联系、相互依存、命运与共、休戚相关，日益成为一个你中有我、我中有你的命运共同体。因此，应坚持人类命运共同体理念，共同推动构建人类命运共同体，坚持对话协商、共建共享、合作共赢、交流互鉴、绿色低碳，努力建设一个持久和平、普遍安全、共同繁荣、开放包容、清洁美丽的世界。

第三节　区域经济集团化

一、区域经济集团化及其类型

区域经济集团化，亦称区域经济一体化，是指由地域相邻近的一些国家签订文件或条约，在不同程度上将所有缔约方经济结合在一起，以对内加强经济合作、增强经济实力，对外提高竞争力为目的，建立地区性经济组织的现象。

区域经济集团化具有以下特征：第一，组成区域经济集团的国家一般地理位置都比较相近。地理位置相距甚远或不处于同一地理区域者，是难以形成区域经济一体化组织的。第二，区域经济集团化组织一般都以市场一体化为基础，以区域经济一体化为目标。第三，区域经济集团化组织一般都兼具开放性和排他性。开放性主要体现为，在组织内部相互开放市场、加强经济联合。排他性主要体现为，对组织以外的非成员国实行差别待遇。第四，在区域经济集团化组织中，一般都有一个或几个国家起到核心国的作用。

根据发展目标和程度的不同，区域经济集团化可分为六种类型。

（1）特惠关税区。特惠关税区的特点在于，成员国之间在进出口商品方面相互给予关税减让优惠，任何非成员国都不能享受这种优惠。由于成员国之间仍然存在一定程度的关税，所以特惠关税区是发展程度最低的一种区域经济一体化组织形式。东南亚国家联盟（简称东盟）就是采取特惠关税区形式的区域经济一体化组织。

（2）自由贸易区。自由贸易区的特点是，各成员国相互取消彼此之间的商品贸易关税及其他贸易壁垒，但各成员国仍然按照各自的标准，维持其对非成员国的关税和贸易政策。北美自由贸易区是自由贸易区的一个典型。

（3）关税同盟。关税同盟的特点是，在成员国之间削减或取消关税及其他贸易壁垒，实行自由贸易；对非成员国采取共同的贸易壁垒，实行统一关税和统一贸易政策。其目的在于使成员国商品在统一关税的境内市场上处于有利地位，发展成员国之间的商品贸易，而限制非成员国商品的进口。欧洲联盟（简称欧盟，前身为欧洲共同体）建立的起点就是实行关税同盟。

（4）共同市场。共同市场是在关税同盟的基础上发展起来的，它不仅包括关税同盟的内容，即取消成员国之间的关税、对外实行统一关税，还包括取消成员国之间对生产要素流动的限制，使资本、劳动力等生产要素在共同市场内自由流动。也就是说，在共同市场的成员国之间，不仅商品可以自由流动，而且资本、劳动力等生产要素可以自由流动。因此，共同市场是程度较高的一种区域经济一体化组织形式。按照欧洲共同体（简称欧共体）的安排，1993年1月1日，欧洲统一大市场正式启动，标志着欧洲共同市场的形成。

（5）经济货币同盟。经济货币同盟除了包括共同市场的内容之外，还要求成员国在社会经济政策如货币政策、财政政策、经济发展政策和社会福利政策等方面保持协调一致。这是程度相当高的一种区域经济一体化组织形式。

目前，只有欧盟是比较典型的经济货币同盟。欧盟是当今世界上最具影响力的区域经济集团化组织，也是典型的国家垄断资本主义的国际垄断同盟。在欧盟内部建立了关税同盟，实行共同的农业政策，建立了欧洲货币体系。2002年1月1日，欧元投入流通，自2002年7月1日起，欧元取代各欧元国原来的货币，成为欧元区唯一的法定货币，并由在1998年建立的欧洲中央银行实行统一的货币政策。至此，欧盟的经济一体化程度达到了高峰。

（6）完全的区域经济政治一体化。完全的区域经济政治一体化是层次最高的区域经济集团化组织形式。它不仅要求各成员国在经济上取消国界，实行统一的经济政策，而且要求各成员国在政治上拥有共同的权力机构，即拥有各成员国政府授予全权的中央议会及其执行机构，在军事上要求建立共同防务。迄今为止，还没有一个区域经济集团化组织达到了区域经济政治一体化。

二、区域经济集团化形成的原因

20世纪50年代以来，在经济全球化进程日益加快的同时，区域经济集团化趋势也在不断地增强。究其原因，主要是：

（1）全球经济合作目前尚存在局限性和松散性，促使某些国家先寻求区域经济合作。20世纪50年代以来，全球大多数国家都不可避免地参与了经济全球化进程。由于这些国家所处的社会发展阶段各不相同，经济发展水平彼此悬殊，参与全球化的程度又有深有浅，因此，人们为促进生产要素在全球范围自由流动而制定的全球性经济合作规则就不可能非常具体和严格。这无疑使全球经济合作缺乏约束，显得相对松散。在实际运用规则方面，各个国家的要求和执行情况又千差万别，贫穷国家由于缺乏实力，无法承担全球经济合作所要求履行的义务，而富裕国家由于经济发展水平较高，对生产要素自由流动的要求较强烈，又颇不满足于简略的现行国际经济合作规则。所以，为了适应各自的需要，一些国家就从自身的现实条件出发，缩小范围，转而在地区内先寻求经济合作，以弥补全球性合作的不足。

（2）世界各国的对外经济关系互不均衡，决定了某些国家之间必然要首先实现合作。对于任何国家来说，其对外经济关系都有不均衡性，即在对待世界其他国家方面，各国都有亲疏之分。通常情况下，处于同一地区的各个国家之间，联系要相对紧密一些。这是因为，地理位置相邻或相近的国家，彼此往来比较方便，历史上很可能早已有了密切交往的渊源；同在一个地区的国家，其历史、文化、宗教、风俗、观念等各个方面都可能会有较多的共同或相似之处，沟通起来比较容易。因此，当生产力水平提高到经济发展需要突破国界限制、走向全球时，各国自然首先趋向于同那些与自己国家有着天然联系、处于同一地区的国家合作。这些国家以合作为基础，逐步达成一体化协议，组建起区域经济集团化组织，也就在情理之中了。

（3）经济发展水平不同的国家参与世界竞争，需要通过区域合作增强实力。在经济全球化条件下，世界竞争的范围更加广泛，程度更为激烈。面对强大的竞争压力，各国如果仅凭自己一国的力量，难免都会感到势单力薄。如西欧的一些国家，虽然在世界经济中占有十分重要的地位，但各国在单独抗衡美国这样的超级大国并应对其日益深入的经济扩张时，都显得比较脆弱。因此，为了维护自身利益，避免受到威胁，西欧各国纷纷要求联合起来，组成区域经济一体化组织。发达国家如此，为数众多的发展中国家更是如此。许多原来处在殖民统治下的国家，经济十分落后，第二次世界大战后获得了政治独立，其民族经济的发展仍困难重重。为了突破自身资源和经济条件的限制，这些国家从 20 世纪 60 年代开始提出了“集体自力更生”的口号。它们联合起来，互相取长补短，组建了一系列区域经济集团化组织，共同提高国际竞争力。拉丁美洲的“南方共同市场”、非洲的“西非国家经济共同体”等等，都是现实的例证。

除上述原因外，一些经济实力强大的国家为了扩大本国市场，达到主导地区经济、利用地区资源的目的，也会倾向于推动区域经济合作、建立区域经济集团化组织。例如《区域全面经济伙伴关系协定》（RCEP）就是最早由东盟于 2012 年发起，历时八年，由包括中国、日本、韩国、澳大利亚、新西兰和东盟十国共 15 方成员制定、于 2022 年 1 月 1 日正式生效的自贸协定。按照中国商务部 2023 年发布的数据，RCEP 区域总人口、GDP 总值、货物贸易金额均占全球的约 30%，是当前世界上人口最多、经贸规模最大、最具发展潜力的自由贸易区。RCEP 的成功运行对于构建开放型世界经济，支持多边贸易体制框架，改善地区贸易和投资环境，推进贸易投资自由化、便利化将发挥重大的推动和促进作用，并给本地区和世界各国人民带来更大的福祉。截至 2022 年底，RCEP 实施一年来，成员国之间零关税产品比例大幅提高，贸易与投资自由化、便利化不断推进，经济增长的红利得到初步释放。2022 年，区域内农产品、汽车及零部件、机械装备、化工等行业的贸易都呈现出积极的增长态势，区域内产业链、供应链和价值链进一步巩固和发展。2022 年 1—10 月，韩国、澳大利亚以及马来西亚、泰国、越南等东盟国家的贸易额增速超过两位数，中国、日本和新西兰的对外贸易额增速也达到了 7%以上。中国的经济总量约占 RCEP 区域的 60%。RCEP 生效后，中国与 RCEP 其他成员间的经济合作实现了新发展。2022 年前 11 个月，中国与 RCEP 其他成员的进出口总额达 11.8 万亿元人民币，同比增长 7.9%，占我国外贸总额的近三分之一。同期中国对 RCEP 其他成员非金融类直接投资达 164.3 亿美元，同比增长 20.7%；中国实际利用 RCEP 其他成员投资金额约 219 亿美元，同比增长 40.2%。上述案例表明，自贸区正在蓬勃发展。

总之，区域经济集团化的形成与发展有一系列复杂的主客观原因。目前，虽然也有一些消极因素在阻碍着区域经济集团化向前推进，但作为一种客观趋势，区域经济集团化将同经济全球化一样，不可阻挡地日益推进。

三、区域经济集团化的作用和影响

区域经济集团化发展至今，对其成员国经济和世界经济整体都产生了不可忽视的作用和影响。它通过在更大范围内调节各国的经济关系，推动了世界经济与经济全球化的发展，特别是区域经济集团化组织各成员国的经济发展。归纳起来，其作用包括：

第一，扩大了市场容量，推动了贸易发展。区域经济集团化组织都有一个共同点，即打破集团内部的贸易壁垒，消除生产要素流动障碍，扩大市场容量。贸易壁垒的削弱与打破，使市场不再局限于一个民族国家的疆界范围，因而能够极大地促进区域经济集团化组织内部各成员国贸易的发展。以欧盟的前身欧共体（1967 年 7 月 1 日之前为欧洲经济共同体，下同）为例，1958—1969 年，欧共体成员国的贸易额年均增长 11.5%，成员国相互之间的贸易额年均增长 16.5%，都比同期世界贸易的年均增长率要高；1957—1969 年，欧共体 6 个成员国之间的贸易额占其 GDP 的比重从 8.1%增长到了 13.1%。在区域经济集团化组织内部贸易获得发展的同时，各成员国对区域经济集团化组织以外国家和地区的贸易也大幅增长。2018 年，欧盟的外贸出口总额为 2.3 万亿美元，占全世界出口贸易总额的 11.85%。在扩大市场容量、推动贸易发展方面，发展中国家的区域经济集团化组织同样发挥了重要作用。伴随中国-东盟自由贸易区的建成和升级，双边贸易投资自由化、便利化进程加快，双边经贸关系强度显著提升。2002—2010 年，中国-东盟双边货物贸易占中国对外货物贸易总额的比重保持在 9%～10%之间，而在 2010—2019 年，这一指标上升到 14%。此外，中国在东盟出口市场中的地位显著提升。2010—2018 年，在东盟初级产品出口中，中国的市场份额从 23%上升到 29%；在东盟消费品出口中，中国的市场份额从 5%翻倍至 10%。中国-东盟自由贸易区的建设和升级，对于推动东亚区域经济一体化的发展发挥了强劲的激励和示范作用。

第二，通过内部竞争与合作，促进了生产规模的扩大和生产效率的提高。区域经济集团化组织由于取消或减少了内部贸易关税等限制，使各成员国企业不再享受贸易壁垒的保护，因而内部市场竞争有所加剧。在这样的情况下，各成员国为了提高本国产品的竞争能力，竭力扩大固定资本投资，竞相改进技术、提高效率。其结果是，各国的生产规模得以扩大，生产效率得以提高。与此同时，区域经济集团化组织着力推动生产要素在各成员国间的自由流动，为各成员国进行经济技术合作创造了极为有利的条件。各成员国以此为基础，可以通过优势互补，促进生产力的发展。

第三，使投资大量增加，经济发展速度加快，国际经济地位提高。区域经济集团化的形成，为地区经济发展开辟了一个广阔的空间，这对外资有很大的吸引力，因而有利于促进区域内投资的增长。贸易、投资不断增加，各成员国的经济发展速度也会随之加快。此外，各成员国通过区域经济集团化组织，能够针对现实情况较好地进行经济政策协调，避免或减轻经济波动。在经济相互融合、力量逐步汇集的过程中，各成员国以一个整体活跃于世界舞台，其竞争实力与国际地位都会得到提升。

不可否认，区域经济集团化也存在某些消极影响：第一，它对区域外国家和地区有一定的排他性，不免有一些贸易保护主义的倾向和行为，这对世界贸易以及世界经济的发展都会造成一定的阻碍和损害；第二，区域经济集团化无法有效消除内部经济发展的不平衡，因而在一体化进程中，有可能加剧内部矛盾，一旦矛盾激化，就会导致一体化进程的倒退甚至分裂，举世瞩目的英国脱欧就是一个非常典型的案例。第三，区域经济集团化不可能从根本上解决资本主义生产力与生产关系的基本矛盾，更不可能完全消除世界各国之间的国际矛盾，甚至会加剧集团成员国与集团外国家之间的矛盾，使国际经济关系受到不利影响。

第四节 国际经济协调与世界经济一体化

一、国际经济协调的发展及原因

国际经济协调是指在多边或者双边体制范围内，以各国政府为主体，对一些共同关心的问题进行广泛讨论和协商，并在一定程度上达成妥协协议，以便实现对国家间经济关系和经济活动的联合干预与调节，使世界经济得以正常运行。

第二次世界大战爆发前，发达资本主义国家之间就存在过一些国际经济协调活动。如 20 世纪 20—30 年代，资本主义世界发生了经济危机，几个大国间出现了货币战、贸易战、汇率战，使各方利益受到损害，为避免局势进一步恶化，有关国家就由政府出面进行国际斡旋，通过协商并采取某些共同政策，达到了解决问题、缓解危机的目的。但在当时，这类国际经济协调一般都是临时应急性质的，其协调范围和作用都很有限，因此还不是完备意义上的国际经济协调。

第二次世界大战后，国际经济协调进入新的阶段。第二次世界大战后初期至 20 世纪 70 年代，西方各国陆续建立起一系列超国家的国际经济组织，如国际货币基金组织、关税及贸易总协定、世界银行，等等。这些国际经济组织的建立为战后国际经济协调奠定了体制基础。这一时期，国际经济秩序实际上是以布雷顿森林体系为框架，辅之以关税及贸易总协定，其本质就是以美国为核心的国际经济协调。当时，国际经济协调侧重于解决一些全球性的经济问题，协调范围主要是国际贸易和国际货币金融关系。从发展水平看，这一时期的国际经济协调尚处于初级阶段。

20 世纪 70 年代初，由于美元贬值，美元停止兑换黄金，因而以美元为核心的布雷顿森林体系崩溃，一时间，浮动汇率盛行，股市、物价动荡不定，贸易保护主义抬头，各国之间的经济争端此起彼伏；美国实力、地位下降，而西欧、日本逐渐崛起。在这种情况下，原有的国际经济协调方式已不能满足实际需要，20 世纪 70 年代以后，西方大国之间通过举行各种多层次、多方面的国际会议，对宏观经济进行协调。于是，七国集团（G7）首脑会议、七国集团财长会议等新的国际经济协调形式产生，欧共体、美加自由贸易区等区域经济集团化组织也纷纷发展起来，国际经济协调出现了多元化、多极化特点。概括而言，20 世纪 70—80 年代，国际经济协调的总体特征是机构协调与随机协调并重，多边协调与双边协调并存，全球性的松散型协调与区域经济集团化等紧密型协调同步发展。

20 世纪 90 年代以来，国际经济协调在保持前一阶段特点的基础上，又继续深化。首先，区域经济集团化组织规模不断扩大，一体化程度不断提高，主要表现为：北美自由贸易区成立；亚洲太平洋经济合作组织（简称亚太经合组织，APEC）产生并顺利运转；欧共体发展成为欧盟，欧洲经济与货币联盟不断取得阶段性成果。其次，国际经济组织的影响和作用日益加强，如 1995 年，世界贸易组织（简称世贸组织）正式成立，取代关税及贸易总协定，成为协调多边贸易的重要国际机构。此外，二十国集团（G20）领导人峰会、二十国集团财长会议等国际经济协调方式的内容也不断扩展。

国际经济协调在第二次世界大战后迅速发展起来的主要原因是：

第一，世界经济相互依存程度加深，需要进行国际范围内的经济协调。第二次世界大战后，经济全球化趋势不断增强，在跨国公司的作用下，各个国家的生产、交换、消费都带上了世界性特点，其贸易、金融乃至整个经济生活都已国际化。在资本、技术、信息、劳动力等生产要素在全球范围内大规模流动并进行资源配置的过程中，世界各国的经济被空前紧密地联系在了一起。各个国家经济状况和宏观经济政策的变动不再只是作用于国内，而是对世界上的其他国家和地区都产生影响，从而客观上对在国际范围内开展经济协调提出了现实要求。

第二，世界经济发展失衡所导致的危机和矛盾的缓解，需要进行国际经济协调。20 世纪 50 年代以来，由于世界各国之间的经济联系日益密切，世界经济危机频繁爆发，危机的波及面更广、影响范围更大且破坏性更强。特别是 2008 年爆发的国际金融和经济危机，是自 1929—1933 年资本主义世界爆发严重经济危机以来，又一次极为严重的全球性金融和经济危机。这些问题和矛盾都不可能依靠一国自己的力量加以解决，因此，迫切需要通过加强国际经济协调来缓和矛盾，进而缓解危机。

第三，世界经济发展不平衡，需要进行国际经济协调。发展不平衡是当代世界经济的一个重要特点。总体而言，世界经济发展不平衡大致有三类：发达国家之间的不平衡、发展中国家之间的不平衡、发达国家与发展中国家之间的不平衡。第二次世界大战结束以来，发达国家之间的不平衡主要表现为，随着美国经济的衰落，西欧、日本、美国三大经济体形成“三足鼎立”的局面，相互争夺世界经济主导权。发展中国家之间的不平衡主要表现为，全球 100 多个发展中国家分成了经济水平显著不同的各种类型。发达国家与发展中国家之间的不平衡主要表现为，南北差距扩大，二者之间的鸿沟日渐加深。

在经济全球化进程日益发展的情况下，世界各国经济相互影响、彼此渗透，导致各种不平衡所带来的冲突和矛盾与日俱增、错综复杂交织，世界经济表现出多元化和多极化特点。为平衡各方利益，调整各国之间的经济关系，保障世界经济顺利发展，国际经济协调应运而生。

二、国际经济协调的主要内容

国际经济协调的主要内容包括如下四个方面。

（一）国际贸易协调

国际贸易协调侧重于协调各国的贸易政策。其目的主要在于消除贸易障碍、贸易失衡和贸易摩擦，促进国际贸易的发展，以推动各国及世界经济的增长。

（二）国际收支与汇率协调

国际收支与汇率协调主要是针对国际收支严重失衡、汇率剧烈波动等有损国际经济活动顺利进行的情况，通过采取各种国际金融协调措施，使各国恢复并保持国际收支平衡，维持汇率稳定，从而促进经济增长。

（三）宏观经济政策协调

随着经济全球化程度的日益加深，世界各国之间的经济联系越来越密切。一国的国内政策尤其是宏观经济政策往往也会对世界其他国家或地区产生影响。因此，往往必须对各国所实行的宏观经济政策进行协调。这种协调主要采取三种形式：

（1）国际经济机构在调整各国对外经济贸易关系的同时，作为辅助性手段，对各国的宏观经济政策进行协调。如关税及贸易总协定规定，实行市场经济是各成员加入该组织的先决条件，各成员制定经济政策必须遵循某些基本原则；国际货币基金组织对各成员的经济发展和政策措施进行了解、督促；等等。

（2）以经济一体化为基础，在一体化组织的成员国之间进行政策协调。如欧盟内部有关农业、货币、财政、科技的政策以及宏观经济政策的协调等。

（3）在没有机构约束的情况下，以国际协商为基础，进行双边或多边政策协调，如七国集团首脑会议和七国集团财长会议所进行的协调活动。

（四）突发事件协调

在种种常规性的国际经济协调之外，国际社会有时还针对某些意外冲击，对突发事件进行应急性国际经济协调。20 世纪 90 年代以来，世界经济特别是国际金融领域的突发事件逐渐增多，致使以应对突发事件为目的而进行的国际经济协调日益频繁，并日显重要。如 1997 年，亚洲金融危机在泰国突然爆发，货币贬值迅速蔓延到整个东南亚地区以及除中国以外的部分东亚国家和地区，为防止局势进一步恶化，包括国际货币基金组织、亚洲各国政府等在内的国际社会积极行动，通过协商、合作、提供经济援助等方式，使危机得到了一定程度的缓解和遏制。

三、国际经济协调和世界经济一体化的组织形式

经济全球化和国际经济生活的协调，要求在世界经济领域中有一定的制度安排和建立相对统一的国际经济秩序，实现世界经济一体化。**世界经济一体化**就是经济全球化和国际经济协调在制度上和组织形式上的体现与反映。各种国际经济组织、国际经济条约与协定、区域经济组织，乃至重要的国际经济会议，都是在不同领域、不同范围、不同程度上的世界经济一体化和实现国际经济协调的组织形式与方式。

第二次世界大战后，为了适应上述国际经济协调和世界经济一体化的要求，一批重要的国际经济组织成立，其中影响最大的有国际货币基金组织、国际复兴开发银行（世界银行）、世界贸易组织。

国际货币基金组织（IMF）正式成立于 1945 年 12 月，是联合国在经济方面的一个专门机构。其宗旨集中体现为：通过设立常设机构，便利各成员开展国际货币问题的商讨与协作，促进国际货币合作；稳定汇率，维持成员间有秩序的外汇安排，避免竞争性的汇率大幅波动；协助成员建立自由的多边支付制度，消除妨碍世界贸易发展的外汇管制；向成员提供贷款，帮助其消除国际收支的不平衡；缩短成员国际收支失衡的时间，并减轻其程度。

国际货币基金组织的协调活动具体包括：第一，实施汇率监督，即对成员的汇率制度进行监督。汇率监督有两种形式：一是多边监督，即分析主要工业国家国际收支和汇率政策的相互作用，并估计这些政策对世界经济的影响；二是个别监督，即检查各成员的汇率政策，要求各成员将其汇率安排通知国际货币基金组织。第二，开展磋商与协调，即国际货币基金组织通过磋商，了解各成员的经济发展和政策措施，迅速处理成员的贷款申请，并同主要工业国家进行特别协商，促进这些国家在国际货币金融领域的合作。第三，提供短期信贷，即国际货币基金组织在成员发生国际收支暂时不平衡时，以卖给外汇的方式，向成员提供短期贷款。第四，重新安排国际债务，即当严重的国际债务危机发生时，国际货币基金组织积极参与债权方和债务方之间的债务重议。

此外，国际货币基金组织为协助各成员解决货币金融问题，还根据需要向有关成员派遣技术专家，帮助它们改革财政体制，建立财政机构，培训相关部门和机构的工作人员，协助改进各成员财政统计资料的搜集和报道工作，并在这些成员制定对国际收支有重要影响的货币和金融政策时，提供咨询服务。

国际复兴开发银行（又称世界银行，WB）是联合国的一个专门机构，成立于 1945 年，其宗旨是向成员提供用作生产性投资的长期贷款，以促进经济的复兴与发展。该银行在第二次世界大战后初期为成员筹措恢复和发展经济所需要的资金，目前主要在兴建基础设施、发展工农业和文教卫生事业等方面向成员提供资金援助，其贷款期限和利率均较优惠。该银行的资金主要来源于国际资本市场的借款，主要以发行债券方式筹资，此外有成员缴纳的股金与历年纯利的积累。该行现有 180 多个成员。

世界贸易组织（WTO）在国际贸易协调中占有核心地位。世界贸易组织的前身为关

税及贸易总协定，关税及贸易总协定形成于 1947 年，是第二次世界大战结束后，由 23 个成员通过签署一个临时性多边贸易协定《关税及贸易总协定》而成立的。1948 年 1 月 1 日，该协定正式生效，成为战后管理多边贸易、商定国际贸易政策共同准则、调整各成员贸易关系的一个重要工具。关税及贸易总协定在减少关税方面起了很大作用，推动了全球贸易自由化的进程。1995 年 1 月 1 日，世界贸易组织成立，取代了关税及贸易总协定。世界贸易组织所有成员的贸易额占全球总贸易额的 95%以上，因而它协调着全世界绝大部分贸易活动。在国际贸易协调方面，世界贸易组织具有五大职能：一是多边贸易规则的管理组织；二是各成员的“谈判场”；三是各成员的争端解决机构；四是各成员的贸易政策审议机构；五是同其他国际经济组织进行合作与协调的机构。自成立以来，世界贸易组织在发挥其职能，特别是解决国际贸易争端等方面，已取得了一定的成效。

四、国际经济协调的作用

第二次世界大战结束至今，国际经济协调在维护世界经济秩序、推动世界经济稳定发展等方面发挥了非常重要的作用。其积极影响为：

第一，促进了世界经济增长。国际经济协调对世界经济增长的促进作用主要是通过消除生产要素流动障碍、减少经济干扰因素来实现的。如在国际贸易领域，推动贸易自由化、降低关税、减少贸易壁垒，促进世界贸易迅速发展。在国际金融领域，通过国际货币基金组织的协调，西欧各国于战后初期逐步取消了外汇管制，实行货币自由兑换，使国际资本流动更加便利；20 世纪 70 年代以来，该组织继续监督各成员的汇率政策，推动各成员之间的货币合作，并积极参加国际债务的重新安排，这些协调活动为国际金融的发展和稳定提供了十分重要的保障，使全球生产、贸易、金融等领域的各种生产要素得以在世界范围内自由流动，并进行有效的配置，促进了世界经济的增长。

第二，改善了世界经济运行机制。国际经济协调的形成和发展，弥补了自发市场调节的盲目性、滞后性等缺陷与不足。作为国际范围内的宏观经济调控，国际经济协调具有经常性、预见性、规范性和统一性，因而能在一定程度上改善世界经济运行机制，预防并缓和世界经济危机。

第三，缓解了世界经济冲突与矛盾。第二次世界大战以来，国际社会针对世界各国之间的冲突与矛盾，展开斡旋和进行国际经济协调，以保证世界经济的顺利运行，并取得了一定的实际效果。例如，美国同欧盟之间多次发生的农产品贸易摩擦，最后之所以没有酿成大规模的贸易战，在很大程度上就归功于关税及贸易总协定和世界贸易组织所进行的多边经济协调。

应该说，国际经济协调是当代世界经济顺利发展不可或缺的保障，但目前的国际经济协调还存在某些局限性：第一，缺乏约束力。现有的国际经济协调形式通常不具备充分的强制力来约束各成员的行为，因而其协调效果与目标往往不一致。第二，机制本身存在缺陷。目前的国际经济协调反应能力不强，决策机制不健全，并且时常掺杂政治等非经济因素，因而尚不完善，有时甚至失效。第三，不够公正和平等。许多在国际经济协调活动中发挥重要作用的国际经济组织，由于受某些经济实力强大的国家主导或操纵，在制定国际经济规则时，往往有失公允。

随着世界经济活动日趋复杂与世界经济体系内在矛盾不断深化，尤其是在世界经济危机常态化的背景下，原有的以西方国家为主导、以维护经济发达国家利益最大化为核心目标的传统的国际经济协调体系和运行机制所固有的局限愈发明显地暴露出来，尤其是美国现政府所推行的“美国优先”政策与普遍实施的双重标准，引起了世界大多数国家的普遍不满，改革原有国际经济协调体系的呼声日益高涨，新的协调组织、协调方式在不断涌现并在国际经济事务协调中发挥着愈发明显的作用。国际货币基金组织和世界贸易组织改革方案的提出，以及二十国集团（G20）会议协调机制的运行，都提供了可期待的效果。

第五节　当代国际经济关系和构建人类命运共同体

一、当代发达资本主义国家之间的经济关系

第二次世界大战后到 20 世纪 70 年代初期，在科技革命的推动下，美国全面实现了国民经济的工业化和现代化，综合国力大大增强，经济实力远远超过其他资本主义国家，形成了美国独霸资本主义世界的格局。但是，在资本主义经济和政治发展不平衡规律的作用下，20 世纪 70 年代初，美国经济相对衰落，以美元为中心的布雷顿森林体系瓦解，日本和西欧逐渐崛起，美国独霸资本主义世界经济的局面逐渐演变为美、日、西欧“三足鼎立”的多极化格局。当然，多极化并不意味着各极的地位和力量是大体相当的。它们的经济力量不仅有着差别，而且有的差别很大，因此是很不平衡的，从而它们在世界经济中所起的作用也不相同。在当今的世界经济格局中，西方发达国家仍然处于主导地位，而在西方发达国家中，美国作为一个超级大国，其经济实力要高出其他各国。特别是在 20 世纪 90 年代以后，在日本和西欧经济持续低迷的同时，美国经济在高科技和金融业蓬勃发展的支撑下，出现了强劲增长，美国在国际竞争中的优势地位得以重新确立，暂时摆脱了 20 世纪 70 年代的衰落趋势，当前美国的国内生产总值超过了整个欧盟的国内生产总值，在全球生产总值中所占的份额超过了四分之一。面对这样的经济形势，特别是苏联解体所形成的历史性时机和美国超强的经济与军事实力，美国试图构建以美国为中心的单极世界的企图一度抬起头来。尽管美国一强独大的地位暂时还难以动摇，但是，与第二次世界大战后美国经济的超强地位相比，其相对衰落的趋势还是非常明显的。美国尽管在世界经济中仍具有最大的影响力，却无法像过去那样独霸天下，主导整个世界经济。从现在的发展趋势看，这种多极化下一超多强的格局在今后相当长的时期内还不会发生根本性变化。这些发达资本主义国家之间在经济上既有利益一致之处，又有矛盾和争夺。它们之间经济关系的实质是，按照资本和实力在经济上分割世界与维护垄断资本的利益，获取尽可能多的垄断利润。它们之间的矛盾和斗争主要体现在贸易、投资和金融三个方面。

（1）贸易领域的矛盾。国际贸易是资本主义国家生存与发展的生命线。当代资本主

义各国的市场问题都很尖锐，对世界市场的争夺更为激烈。谁能占领更多的国外市场，谁就可以缓解国内生产过剩的压力，获取更多的利润，增加国内就业，减少社会矛盾。而国外市场被挤掉就意味着利润减少，债务增加，失业扩大，社会矛盾激化。因此，资本主义各国间不断爆发“贸易战”。在贸易方面的矛盾斗争，主要表现在三个方面：一是各国贸易发展的不平衡。有的国家呈现贸易顺差，有的国家呈现贸易逆差，从而美、日、西欧之间由于贸易不平衡的发展，经常发生矛盾和摩擦。二是各国在主要商品上的贸易冲突。第二次世界大战后，美、日、西欧之间的纺织品出口大战、钢铁出口大战、汽车出口大战、农产品出口大战已是屡见不鲜。三是各国市场开放程度的不平衡。由于各国经济实力、经济结构以及国际经济环境的变化，有的国家市场开放程度高，有的国家采取贸易保护政策，市场开放程度低，从而形成两者之间的矛盾和斗争。发达资本主义国家之间为缓解贸易领域的矛盾，避免摩擦所造成的损失，经常进行磋商和协调，采取各种促进贸易发展的措施。但是，由于世界市场的有限性和资本主义经济政治发展的不平衡，发达资本主义国家之间的贸易冲突是不可避免的。

（2）投资领域的矛盾。资本输出是垄断资本主义阶段的一大经济特征，是资本主义国家获取海外高额利润，控制其他国家和人民的一大工具。然而，世界市场又是有限的，特别是有利的投资场所、投资项目总不能满足资本主义国家大量输出资本的要求，争夺自然也就不可避免。第二次世界大战后资本主义国家的投资方向有了很大改变，由原来主要向不发达国家投资，发展为主要在发达资本主义国家间相互投资。这是因为广大发展中国家纷纷独立，在吸收国外投资方面有所选择，而这些国家的经济发展水平又较低，投资环境不一定有利，而发达资本主义国家的基础条件较好，科技水平和劳动力素质较高，有许多新兴产业，法制也比较健全，相对地可以保证投资的安全性。因此，发达资本主义国家间的相互投资越来越多，形成了我中有你、你中有我的局面。投资开放度、歧视性待遇等投资领域的矛盾、冲突和争夺以及控制和反控制的斗争也就不可避免。

（3）金融领域的矛盾。资本输出中的矛盾不仅引起对投资场所的争夺，而且带来了货币金融方面的问题和矛盾。首先，各国都要为巩固和加强各自的货币在国际货币、资本市场和金融事务中的地位而斗争。第二次世界大战后初期形成的美元的霸主地位在20世纪70年代后已不复存在，但美元仍然处于比较有优势的地位，这就引起日本、欧洲及其他资本主义国家和地区同美国在货币领域的斗争。其次，各国货币的汇率是不断变化的，这又是由其经济实力变化及其他相关因素引起的，因而在世界市场上就有所谓硬通货和软通货的区别，购买力高且币值稳定的货币是硬通货或者说坚挺的货币，而购买力低且币值不稳定的货币就是软通货或者说疲软的货币，往往硬通货币值上升而软通货币值下降。但在对外贸易中，货币贬值国家的出口可因商品价格下降而增加，而货币升值国家的出口却会因商品价格上升而受到影响。

这样，一些复杂的国际经济关系在发达资本主义国家间就往往演化成经济领域的矛盾和冲突。当然，在国家垄断资本主义阶段，在资本国际化和经济全球化的当代，已有很多协调与缓和这些矛盾的国际经济组织和有关的调节措施。但资本主义国家间的关系是建立在实力基础上的，是以垄断资本获取高额利润为目的的，只要有利益冲突，就无法从根本上使这些矛盾得到化解。

二、当代发达资本主义国家同发展中国家之间的经济关系

第二次世界大战后，随着民族解放运动的发展，帝国主义的旧殖民体系逐步瓦解了。绝大部分殖民地都获得了政治独立，陆续走上了发展民族经济的道路。政治上独立的发展中国家与原来的宗主国和其他发达资本主义国家的政治经济关系因之发生了很大的变化，它们已不再是发达资本主义国家政治与经济上的直接附庸，但未能从根本上改变仍在经济上不同程度地受到剥削的地位。当代世界 200 多个国家和地区中，只有 20 多个发达国家或市场经济工业国，其他绝大多数国家属于发展中国家。这种一边是少数发达富国、另一边是广大发展中国家的世界格局，是第二次世界大战以后国际经济关系的发展所形成的。

（一）发展中国家与发达资本主义国家之间存在着不对等的相互依赖关系

随着资本的全面国际化和经济全球化，当代发达资本主义国家的国际经济交往虽然主要是在它们相互之间进行的，但它们与发展中国家的经济关系并不是无足轻重的。这不仅表现为发达国家的出口仍有 1/3 左右要依赖发展中国家的市场，而且作为原料产地，发展中国家的地位更加突出。发达国家所需的主要能源和工业原料——石油有 75%来自发展中国家；各种稀有金属，如锰、铬、钴、铝、锶、铂、锡、镍等，少则 70%～80%、多则 90%以上需要依赖发展中国家供应。对发展中国家来说，它们的对外经济交往更是主要与发达国家展开。发展中国家的进口和出口贸易都有 2/3 左右是与发达国家进行的。它们所需的资金、技术和生产设备更是主要来自发达国家。因此，发展中国家与发达资本主义国家相互依赖和依存，但这种相互依赖并不是对等的，经济上落后的发展中国家对发达国家的依赖性相对要大一些。发达国家正是在此基础上，凭借其在国际经济中的垄断地位对发展中国家进行各种形式的经济剥削。

当然，现在的国际剥削已与过去侧重于殖民占领和超经济的剥削有很大的不同，是更符合资本主义剥削制度本质的经济剥削。发达资本主义国家通过国家资本输出进行“援助”，通过私人垄断资本设立的跨国公司进行资本输出、技术转让、就地生产等，用各种不同的方式，从发展中国家攫取了大量的利润。这是在市场经济的活动范围内进行的剥削，表面上，双方是平等的交易伙伴，但发达国家的垄断资本却凭借其掌握的资本和技术以及对国际市场的控制和垄断，掠走了发展中国家的大量财富。

对于当代资本主义国家与发展中国家的这种相互关系，应当看到它不同的两个方面：一方面，这里仍然存在着严重的国际剥削，尽管这种剥削已与以前的殖民剥削形式有所不同，但剥削的实质并没有改变；另一方面，这种资本关系的发展打破了发展中国家存在的某些前资本主义社会生产方式，这是一种历史的进步，从而对推动发展中国家更快地向工业化的现代社会发展有一定的积极意义。正是发展中国家与当代资本主义国家之间经济关系的这种两重性，决定了第二次世界大战后这两类国家在经济关系上既有联系和发展又有矛盾和冲突的现实状况。

（二）发展中国家与发达国家在经济上的矛盾与斗争

发展中国家获得了政治独立，大多刚刚走上发展经济的道路。过去遭受的掠夺和现在所受的剥削使它们缺乏自身经济发展所必需的许多条件。它们的社会经济发展遇到了严重的困难。在这种情况下，发展中国家虽然经过了第二次世界大战后几十年的努力，但在经济上与发达国家的差距并没有明显地缩小，在一些国家，某些方面的差距甚至有所扩大。这不能不使发展中国家与发达国家之间在经济上存在日益增长的矛盾。

发展中国家为了改善自身所处的国际环境，曾与发达国家展开了一系列斗争，例如，著名的“石油斗争”、争取改善初级产品国际贸易条件的斗争，以及建立国际经济新秩序的斗争，等等，有的虽然取胜于一时，但多数成效不大。近年来，虽然国际经济秩序有一定的调整，但发展中国家在国际经济关系中的不利地位并没有发生大的变化，它们与发达资本主义国家的经济矛盾仍在进一步增长。

发展中国家从整体来说遇到的经济困难主要表现为：（1）许多发展中国家经济增长速度不快，有时还有所减慢。发展中国家经济本来就落后，一些发展中国家经济增长速度比发达国家还要慢，就更谈不上在经济上赶超发达国家了。（2）不少发展中国家人口的增长快于经济的增长。这使一些发展中国家的人均国内生产总值不是增长，而是下降。在20世纪80年代，除东亚和东南亚地区之外，其余地区的发展中国家都出现了人均国内生产总值的负增长。进入20世纪90年代后，发展中国家人均国内生产总值最低的还不到100美元，而许多发达资本主义国家甚至已达到4万美元左右，差距非常惊人。进入21世纪，随着一些发展中国家在经济全球化的进程中被日益边缘化，这种悬殊的差距不仅没有好转，甚至变得更加严重了。2019年，人均国内生产总值接近和超过6万美元的发达国家已有10个，而发展中国家马拉维仅为360美元。（3）一些发展中国家不仅资金严重短缺，而且背负了沉重的国际债务，再加上其他形式的资金流出，从发展中国家流出的资金往往要多于流入的资金。对本来就缺乏建设资金的发展中国家来说，这无疑是雪上加霜，更进一步增加了它们的经济困难。许多发展中国家的经济困难虽然是由自身的诸多原因造成的，但与国际垄断资本所进行的剥削也有很大的关系。它们为改善经济发展的各种条件，正继续展开着艰巨的斗争。这一斗争的主要内容是：要求打破发达国家对国际市场的垄断，以改善发展中国家的贸易条件；要求为发展中国家提供必要的发展资金和科学技术，放宽贷款条件，并减轻发展中国家的债务负担；要求对国际经济组织进行调整和改革，以提高发展中国家的地位和扩大它们的发言权。这些合理的要求涉及国际垄断资本的剥削利益，因此不是轻易就能争取到的。在这一方面，发展中国家与发达国家之间的矛盾与斗争将是长期的。

总之，第二次世界大战后，发达资本主义国家与发展中国家经济关系的基本特征是既相互依赖，又相互斗争，它们之间经济关系的实质是一种控制与反控制、剥削与反剥削的关系。

三、构建人类命运共同体，建立国际经济新秩序

人类生活在同一个地球村，在经济全球化日益推进的条件下，世界各国相互依存、

命运与共，越来越成为你中有我、我中有你的命运共同体。没有哪个国家能够独自应对人类面临的各种挑战，也没有哪个国家能够退回到自我封闭的孤岛。世界各国需要以负责任的精神同舟共济，共同维护和促进世界的和平与发展。但是，发达资本主义国家竭力维护和推行不公平不合理的国际经济旧秩序，它们对发展中国家推行新殖民主义政策，以大压小、以强凌弱、进行国际剥削和压制控制，这种旧秩序是垄断资本主义国家赖以生存的基础。随着经济全球化、世界多极化、社会信息化、文化多样化的深入发展，世界各国相互联系、相互依存的程度日益加深，国际社会迫切呼唤新的全球治理理念，打破旧的国际经济秩序，构建新的公正合理的国际体系和国际经济秩序，开辟人类美好的发展前景。

党的十八大以来，习近平同志以宏大视野和战略思维，提出构建人类命运共同体的重要战略思想，指明了世界发展和人类未来的前进方向，成为中国引领时代进步方向、建立公正合理国际经济新秩序的鲜明旗帜。构建人类命运共同体的提出，受到国际社会的高度评价和积极响应，已被多次写入联合国文件，产生了日益广泛而深远的国际影响。

构建**人类命运共同体**的内涵极为丰富和深刻，其核心就是党的十九大报告所提出的，“建设持久和平、普遍安全、共同繁荣、开放包容、清洁美丽的世界”。总体上要从政治、安全、经济、文化、生态等五个方面推动构建人类命运共同体。

一是政治上，国与国之间要相互尊重、相互信任、平等协商、包容互鉴，坚决摒弃冷战思维和强权政治，走对话而不对抗、结伴而不结盟的国与国交往新路。

二是安全上，要坚持以对话解决争端，以协商化解分歧，统筹应对传统和非传统安全威胁，反对一切形式的恐怖主义。

三是经济上，要同舟共济、合作共赢、共同发展、利益兼顾，促进贸易和投资自由化便利化，反对贸易保护主义和单边主义，推动经济全球化朝着更加开放、包容、普惠、平衡、共赢的方向发展。

四是文化上，要尊重世界文明多样性、发展道路多样化，以文明交流超越文明隔阂、以文明互鉴超越文明冲突、以文明共存超越文明优越。

五是生态上，要坚持环境友好，合作应对气候变化，保护好人类赖以生存的地球家园。

在党的二十大报告中，习近平同志对于构建人类命运共同体的现实紧迫性、基本原则和中方立场做了全面而深入的阐述：“当前，世界之变、时代之变、历史之变正以前所未有的方式展开。一方面，和平、发展、合作、共赢的历史潮流不可阻挡，人心所向、大势所趋决定了人类前途终归光明。另一方面，恃强凌弱、巧取豪夺、零和博弈等霸权霸道霸凌行径危害深重，和平赤字、发展赤字、安全赤字、治理赤字加重，人类社会面临前所未有的挑战。世界又一次站在历史的十字路口，何去何从取决于各国人民的抉择。”“构建人类命运共同体是世界各国人民前途所在。万物并育而不相害，道并行而不相悖。只有各国行天下之大道，和睦相处、合作共赢，繁荣才能持久，安全才有保障。中国提出了全球发展倡议、全球安全倡议，愿同国际社会一道努力落实。中国坚持对话协商，推动建设一个持久和平的世界；坚持共建共享，推动建设一个普遍安全的世界；坚持合作共赢，推动建设一个共同繁荣的世界；坚持交流互鉴，推动建设一个开放包容的世界；坚持绿色低碳，推动建设一个清洁美丽的世界。”①

中国作为发展中的社会主义大国，坚持推动构建人类命运共同体，主张建立公正合理的国际经济新秩序，秉持共商共建共享的全球治理理念，全面发展同世界各国的友好合作，积极参与和推进全球治理体系改革和建设，促进国际关系民主化，支持广大发展中国家在国际事务中的代表性和发言权。中国将不断发挥负责任大国的作用，为完善全球治理和促进各国共同发展贡献中国智慧和力量。

本章重要名词概念

资本国际化
经济自由化
世界经济一体化
世界贸易组织
垄断资本主义国家的跨国公司
区域经济集团化
国际货币基金组织
人类命运共同体
经济全球化
国际经济协调
国际复兴开发银行

思考题

1. 资本国际化的程度是怎样提高的？
2. 经济全球化形成的原因、表现形式和作用是什么？
3. 区域经济集团化的类型、形成原因和作用是什么？
4. 国际经济协调的原因、内容和作用是什么？
5. 世界经济一体化及其主要组织形式是什么？
6. 当代发达资本主义国家之间的经济关系是怎样的？
7. 当代发达资本主义国家同发展中国家之间的经济关系是怎样的？
8. 为什么要构建和如何构建人类命运共同体？

本章练习

① 习近平：高举中国特色社会主义伟大旗帜　为全面建设社会主义现代化国家而团结奋斗——在中国共产党第二十次全国代表大会上的报告. 中国政府网，2022-10-25.

第二十二章
生产资本全球化与国际分工

本章重点

1. 生产资本全球化是资本追逐高额利润的客观要求
2. 对外直接投资的迅速发展是生产资本全球化的具体表现
3. 当代国际分工的特点
4. 当代跨国公司的新特点
5. 跨国公司对世界经济格局的影响

生产资本全球化是资本主义再生产扩展到全世界的过程及趋势。生产资本全球化是商品资本和货币资本全球化的基础。本章着重讨论生产资本全球化的动因、进程，以及作为生产资本全球化直接产物的国际分工和跨国公司的新特点、新规律。

第一节 生产资本全球化的产生与发展

一、生产资本全球化的动因

资本主义企业生产的目的是追求最大限度的利润。在追求利润最大化的内在动力和市场竞争的外在压力的推动下，企业只有不断扩大生产规模、降低成本才能立于不败之地。因此，从根本上说，生产资本全球化的动因是由资本主义生产目的决定的，是资本主义经济规律作用的结果。具体来说，其动因有以下几个方面。

第一，保证资本主义生产所必需的原材料、自然资源的供应。原材料、矿产品的获取可以通过国际贸易来实现，但与国际贸易相比较，通过对外直接投资在当地开办企业，就地生产，就地销售，不仅可以节约运输成本，而且可以利用投资者自己所拥有的先进技术、现代化装备，提高原材料质量，改良原材料品种，以达到降低成本的目的。

第二，利用廉价劳动力。随着发达国家劳动力成本的不断上升，跨国公司力求在劳动力成本低廉的国家建立和收购子公司，生产劳动密集型中间产品和最终产品，以供本地销售或返销母国。

第三，占领销售市场和服务市场。绕过关税壁垒和非关税壁垒，在当地直接投资设厂，就地销售，占领当地销售市场是跨国生产的一个重要动因。在竞争空前激烈的情况下，各国常常采取设置关税或非关税壁垒的办法，如规定限额，以阻止外国商品进入。但通过对外直接投资在东道国开办工厂，生产出的商品以本地商品的面貌出现，就可以避免关税或非关税壁垒的限制，顺利占领当地市场。

第四，争夺高科技人才和技术。在当代市场的激烈竞争中，人才的竞争处于关键地位。创新型高科技人才、高级管理人才往往成为争夺的重点。跨国公司之间通过兼并、收购、联营、参股等手段实现战略联盟，固然是为了实现全球战略目标，同时也是为了获取最新科技成果和特殊人才。这种情况尤其发生在发达国家之间的跨国公司并购过程中，美国一直是世界上吸收外资最多的国家之一，其中的原因也就在于此。

在资本主义发展历史中，上述各种生产资本全球化的动因在不同时期、不同国家各有侧重。以掠夺资源为主要动因的对外直接投资，在欧洲老牌殖民主义者中极为盛行。直到第二次世界大战前夕，这种类型的对外直接投资仍然占世界对外直接投资总额的3/5。到了20世纪80年代，这种类型的投资下降到占世界对外直接投资总额的1/3，其中约45%是在发展中国家。随着世界产业结构的调整，20世纪70年代以来，发达国家将大量劳动密集型、资本密集型制造业转移到发展中国家，寻求熟练和半熟练类型劳动力的对外直接投资迅猛增加。20世纪90年代后，随着信息时代的来临，争夺人才和技术的对外直接投资成为跨国公司关注的主要目标。进入21世纪后，占领国际市场，提高国际竞争力，成为跨国公司对外直接投资的重要目标。2008年国际金融危机后，随着世界各国经济结构的调整以及世界初级产品价格的持续走低，国际资本投资的重点则转向现代服务业如金融、保险、咨询、信息、数据处理、旅游等产业。

生产资本全球化是投资国与东道国双向选择的过程。东道国接受外国直接投资的主要原因是：

第一，引进外资来弥补国内资本缺口。一些发展中国家在发展民族经济、改善本国人民的生活状况时，往往遇到资本短缺的问题。这些发展中国家为吸引外资流入，纷纷制定了吸引外资流入的优惠条件并尽力改善基础设施条件，有的国家甚至提出“以市场换资金”等，这些都起到了吸引外资的作用。外资进入这些国家后，加速了当地经济的发展，扩大了当地就业，增加了当地的政府税收。这些都对当地经济发展起到了积极作用。

第二，引进先进技术和管理方法。许多国家允许并欢迎外国直接投资的目的是引进先进技术和管理方法。有的国家更加看重发达国家的商标、品牌、专利及其研发机构，以推动本国产业结构升级换代。

第三，世界统一市场恢复，更多国家实行对外开放战略，使国际资本流动更加便捷。20世纪90年代初期，苏联解体、东欧剧变，许多原计划经济国家开始实施市场经济和对外开放战略。它们大举引进外资，积极参与国际分工和国际竞争，使国际资本流动大大加快，跨国公司在全球迅速扩张。

上述投资国和东道国基于本国利益，促成国际资本交往的动因相互推动，使生产资本全球化的进程大大加快。

二、生产资本全球化的进程

生产资本的跨国运动从来就有，但并不是任何生产资本的跨国流动都可以称为生产资本全球化。从历史上看，先后出现过三次国际直接投资高潮。

第一次高潮发生在 17 世纪和 18 世纪资本原始积累时期。这一时期，西班牙、荷兰和英国的公司在美洲和部分亚洲地区开矿与建立种植园。第二次高潮发生在 19 世纪末 20 世纪初，发达国家对外直接投资大增，投资的目的是获取廉价的原材料和资源。第三次高潮发生在第二次世界大战后。第二次世界大战后，世界对外直接投资迅速增加是由多方面原因促成的，主要有：

第一，新的科技革命为对外直接投资提供了强大的物质技术基础，促进国际分工在广度和深度上的发展。跨国公司的生产环节被分解到不同的国家和地区，同一个产品不同的零部件和生产工序也被分解到不同的国家和地区，产生了新的生产链和价值链，发达国家一般从事价值链高端环节的生产，而新兴国家或落后国家从事价值链低端环节的生产，因而使跨国公司的世界生产成为可能，从而大大促进了对外直接投资。

第二，交通运输和通信设备上的技术进步，为企业从事国际化生产经营活动提供了便利条件。不同国家和地区生产的零部件需要集中到某个国家和地区进行组装、调试、销售，没有先进的交通运输和通信设备是难以实现的。

第三，各国实行的贸易和投资自由化政策促进了对外直接投资。随着经济全球化和区域经济一体化的加快发展，各国政府大都推行了贸易和投资自由化政策。这主要表现为各国相继放松或取消了外汇管制，减少了贸易方面的关税壁垒和非关税壁垒，降低了市场准入的门槛，不同程度地开放了金融、保险、证券、电信以及基础设施等部门的投资，等等，这些政策有利于世界对外直接投资的发展。

第四，经济全球化和金融全球化加快了对外直接投资。由于经济全球化和金融全球化的影响，贸易自由化和便利化水平提高，国际上的投融资更加容易，从而推动国际上的产业兼并、收购浪潮迭起。

三、生产资本全球化的特点

生产资本全球化过程中的**国际投资**，是一国的资本所有者对另一国进行的投资活动。根据投资者对所投资项目控制方式的不同，国际投资可划分为间接投资和直接投资两种类型。

国际间接投资又称国际证券投资，是指投资者在国际证券市场上通过购买股票、债券等有价证券进行的投资。间接投资的特点是投资者对所投资项目不进行直接的管理和控制，在资本流动的过程中，资本连同对它的使用权、控制权被一起转让，投资者只根据所拥有的股票、债券获取红利和利息，没有其他的权利。**国际直接投资**（FDI）又称对外直接投资，是指个人或机构投资者对境外投资，并参与所投资企业的经营管理等生产性活动的一种投资方式。间接投资与直接投资的区别在于：前者以单纯的直接获利为主要目的，而后者以获取企业的所有权、控制权从而获取利润为目的。然而二者的区别是相对的，如果间接投资已超过一定的比例（国际上一般规定为 10%），从而已经掌握了对该企业的控制权，这时间接投资就变成直接投资。生产资本全球化通常主要指以获取控制权从而谋利为目的的对外直接投资。

第二次世界大战后，对外直接投资呈现出以下特点。

第一，发达国家之间的对外直接投资已占国际直接投资的绝大部分。第二次世界大战之前，70%以上的对外直接投资是从发达国家流入发展中国家的，资本运动表现为单向流动。第二次世界大战之后，对外直接投资则主要流向发达国家，到20世纪80年代末，发达国家吸收了全部国际直接投资的75%以上，流向发展中国家的国际直接投资则不足25%。美国、英国、德国、法国、日本等发达国家一直是世界上最大的资本流入国和流出国。近年来，随着新兴市场经济国家的兴起，它们在国际直接投资中所占的比重明显上升，中国已成为仅次于美国的第二大对外投资国。

第二，国际直接投资的部门结构发生了变化。在第二次世界大战前和战后初期，发达国家的对外直接投资大部分投入资源性开发领域，如采掘业和农业等。20世纪60年代以后，与对外直接投资主要流向发达国家相适应，对外直接投资也逐渐转向制造业部门，表现为发达国家制造业部门之间的相互投资。流向发展中国家的对外直接投资也逐渐转向资源密集型和劳动密集型的制造业部门。此外，投资于金融、保险、证券、电信以及现代服务业各行业的比重明显提高。

第三，跨国并购成为对外直接投资的主要形式。跨国并购包括跨国兼并和跨国收购两种形式。跨国兼并是指原来属于两个不同国家的企业的资产和经营结合成一个新的法人实体；跨国收购是指东道国当地企业资产和经营的控制权从当地企业手中转移到外国公司手中，前者成为后者的子公司。收购者或购买者所在国家被称为“母国”，被收购者所在国家则被称为“东道国”。跨国收购可以是少数股权收购（10%～49%）、多数股权收购（50%～99%）或全额收购（100%）。

20世纪80年代以来，跨国并购发展极其迅速。在国际直接投资总额中，跨国并购的交易额占80%左右。经过第二次世界大战后的企业跨国并购浪潮，生产资本的全球化过程最终完成了。这使生产资本全球化发生了质变，使资本主义再生产过程越出了一国范围，成为世界性的生产。

第四，国际直接投资与国际地缘政治紧密联系。西方发达国家常常用经济制裁手段对其他国家进行经济制裁，以“保护本国利益”“维护国家安全”为借口，限制某些国家的资本输入本国。这实际上是一种反贸易和投资自由化政策，是与生产资本全球化背道而驰的措施。

第二节 国际分工的产生、发展及特点

一、国际分工的形成与发展

国际分工是各国在世界范围内的劳动分工，它是一国国内的社会分工越出一国国境而形成的国际的劳动分工。国际分工是世界市场、世界生产以及跨国公司形成和发展的基础。

国际分工的形成与发展主要取决于社会经济条件和自然条件两种因素。前者主要指生产力发展水平、科技革命进程、国内市场容量、经济结构状况以及各国的经济制度选

择等；后者则包含地理位置、气候、资源分布、国土面积以及人口多寡等。其中，生产力发展水平、科技革命进程对国际分工的形成和发展起着决定性作用。

在人类历史上曾发生过的社会分工，长时期内都是国内和区域内的劳动分工，并不是国际分工。国际分工的萌芽阶段开始于15世纪末16世纪初的地理大发现。所谓地理大发现，是指欧洲国家从15世纪末到16世纪初对美洲大陆的发现以及通往东方新航路的开辟。地理大发现使欧洲一些国家的对外贸易迅速地从地中海沿岸扩大到大西洋沿岸，以及非洲和亚洲地区。但这一时期的国际分工是建立在工场手工业的基础上的，体现为宗主国和殖民地之间的殖民关系，它还不是严格意义上的国际分工。

国际分工的形成阶段开始于18世纪60年代第一次科技革命，延续到19世纪70年代第二次科技革命前。第一次科技革命是以蒸汽机的发明和广泛应用为标志的，它使发达国家的生产力由工场手工业生产过渡到机器大工业生产。这次科技革命的发源地是英国，但迅速扩张到法国、德国和美国。第一次科技革命所形成的巨大社会生产力，一方面，促进了生产规模迅速扩大，西方国家迫切需要寻找国外市场；另一方面，使机器大工业生产得以进行所需要的原料、燃料单纯依靠国内资源已不能得到满足，必须到国外开辟新的原料供应地。正是这种生产的内在需求，推动了资本主义生产超越国界，向外扩张。与此同时，第一次科技革命也推动了交通运输、邮电通信迅速发展，为国际分工创造了物质条件。这一时期的国际分工基本上是以英国为中心形成的，英国几乎垄断了世界贸易和世界船运业，英镑也成为当时的世界货币。以英国为首的发达国家生产工业品、殖民地和附属国提供廉价原材料的这种**垂直分工体系**，是这一时期国际分工体系的特点。

第二次科技革命开始于19世纪70年代，终于第二次世界大战。第二次科技革命是以电力、电动机和内燃机的发明和应用为标志的。第一次科技革命中资本主义机器大工业生产还是以轻工业产品为主，第二次科技革命则以重工业产品为主，推动了电力工业、汽车制造业、钢铁业、造船业、石油化工业等工业突飞猛进的发展。在生产力的推动下，国际分工也得到了空前迅速的发展，被卷入国际分工体系的国家越来越多，分工更加专业化，世界市场日益扩大，资本主义中心国与外围国的格局基本形成。这一时期，资本主义国家生产关系也发生了重大变化，自由竞争的资本主义被垄断资本主义所代替，以资本输出取代商品输出已成为垄断资本主义的基本特点。这一时期，国际分工的特征与资本输出的特征具有明显的一致性，资本输出地区结构、产业结构对国际分工产生了重大影响。

第二次世界大战后，发生了人类社会的第三次科技革命。这次科技革命是人类历史上规模最大、影响极其深远的科技革命。这次科技革命发生于20世纪50年代初，一直延续至今。在这个长达七十多年的时期中，科技革命涵盖了几乎所有科学技术领域，尤其是电子信息、生物工程、能源、新材料、宇航等领域都发生了革命性的变化。这次科技革命对国际分工产生了重要而深远的影响。

当前，第三次科技革命的巨大作用与深远影响还风头未尽，而以人工智能、大数据、云计算、清洁能源、无人控制技术、量子信息技术、虚拟现实以及生物技术为主要标志的第四次科技革命浪潮便已呼啸而来。这场全新的技术革命不仅正在深刻地改变着外部客观世界，也在全面地重塑着人类的生产和生活方式，对国际分工产生了更为深远的影响，它不仅产生了量的影响，即形成了大量新产业、新业态，而且产生了质的影响，即形成了新的产业链和价值链，对国际分工体系和产业结构的革命性进步与变革的作用和影响极为显著和深远。

二、当代国际分工的特点

在第二次世界大战后第三次科技革命乃至当前兴起的第四次科技革命，以及经济全球化的推动下，国际分工出现了许多不同于过去的新特点和新现象，国际分工进入了一个新阶段。

（一）从垂直分工转向水平分工

第二次世界大战前的两次科技革命所促成的国际分工，其主要特点是垂直分工。第一次科技革命后，以英国为代表的发达国家输出的商品主要是工业制成品，其中又以棉纺织品为大宗。这些产品主要输往落后国家和殖民地，而殖民地则主要出口原材料，其中又以棉花、羊毛和其他农产品为主。

第二次科技革命后出现了大批重工业部门如钢铁、电力、汽车、机械、化工等。发达国家与殖民地及发展中国家的垂直分工不断扩大和深化。殖民地及发展中国家不仅向发达国家提供廉价的农产品，还要向发达国家提供矿产品如铜、铅、铁、锡、钨、煤、石油等。而且这时的工业国不止英国一个国家，美国、德国、法国、俄国、日本等也加入工业国的行列。这一时期，西方列强对原料、矿产品产地的争夺，不仅涉及已经发现拥有原料和矿产品的国家和地区，而且涉及可能有原料和矿产品的国家和地区，甚至对处于交通要道的地区也加强了争夺。这种垂直分工体系一直延续到第二次世界大战以后。

第二次世界大战后，随着第三次科技革命的发展、生产国际化的推进，发达国家将重化工业转移到发展中国家，同时分工的转向开始发生根本变化。国际分工开始从发达国家生产制成品，发展中国家生产农产品、矿产品的**垂直分工**阶段发展到发达国家内部以及发达国家与发展中国家之间的**水平分工**，即按工艺和生产阶段实行的以专业化分工为主的新阶段。虽然这一时期发达国家与发展中国家之间依然存在部分垂直分工，但它已经不占主导地位了。

（二）从产业内分工逐步过渡到产品内分工

分工形成由产业内分工向产品内分工的过渡，这是科技革命和经济全球化发展的产物。**产业内分工**是指同一产业内生产不同产品的分工。由于各国经济联系日益密切，相互依赖程度越来越高，跨国公司将产业内分工甚至同一产品的不同零部件、不同工序之间的分工在世界范围内重新配置。**产品内分工**即原来在一个企业内部进行的设计、研究和开发、零部件的加工或采购及组装和总装、分配和销售等一系列生产环节和生产工序，分包在其他国家进行，由各国分别完成。这实际上是把部门内或企业内分工移植到许多国家中实现。

国际分工的这一新变化的直接结果是一些发展中国家如中国、印度、巴西这样的新兴市场经济国家成为工业制成品生产大国，其在国际贸易中的地位和作用显著提高，而一些发达国家如美国将制造业转移到其他国家，反而成为制成品进口大国。发达国家将产品的核心技术、商标、专利等牢牢地控制在自己手里。国际分工成为制成品生产者和技术垄断者之间的分工，高技术垄断者获取了大量商品的附加价值，而生产者只能得到廉价的加工费。用向美国出口8亿条牛仔裤的利润购买一架波音飞机的现象正反映了国际分工新变化的实质。

（三）国际分工与世界产业结构调整具有同步性

国际分工体系发展与世界产业结构调整有着密切的关系，二者互为因果、互相促进。各国产业结构的调整会直接影响世界市场，从而影响国际分工，反之国际分工体系的变化向各国产业的调整提出了新需求和新市场。第二次世界大战后发达国家在科技革命的推动下，发生了几次重大的产业结构调整。第二次世界大战后的20世纪50年代和60年代，发达国家大力发展重化工业如钢铁、机械、石油化工、造船、汽车等，将大量劳动密集型产业如纺织、服装、制鞋、玩具等轻工业转移到发展中国家。这一时期亚洲新兴市场经济国家和地区承接了国际产业结构的转移，大力发展轻纺工业，将这些产业的产品返销回发达国家。20世纪70年代以后，发达国家开始了以“信息革命”为重要内容的产业结构的进一步升级，将一些重化工业如钢铁、造船、汽车、家用电器等转移到发展中国家。有的发展中国家一方面承接了发达国家转移的重化工业，另一方面又将劳动密集型轻纺工业转移至开放较晚的其他发展中国家。20世纪90年代以后，西方国家凭借科技优势进一步提升高科技产业，将一些高科技产业如电子和计算机软硬件转移到新兴市场经济国家，并将一些现代服务业如产品设计、软件、信息咨询等外包给这些国家，引发了新一轮的世界产业结构调整的浪潮。这几次重大产业结构调整和产业转移对国际分工都产生了深远影响。

（四）政府在推动国际分工中的作用大大加强

在国际分工形成和发展的初期，国际分工主要靠市场在资源配置中的决定性作用完成，国家很少干预本国产业参与国际分工，这与当时自由竞争资本主义阶段国家职能的性质是相适应的。第二次世界大战后，国家垄断资本主义空前迅速发展，政府对经济生活的干预和调节大大加强。通过财政、金融等手段大力促进高新技术产业的形成和发展，重视科技经费投入，引导落后的产业升级和转移，重视教育和尖端人才的培养，加强环境保护等，把本国经济融入世界经济之中，更是一国政府的战略选择。所以，第二次世界大战后国际分工是在市场和政府的共同参与下进行的。

第三节　跨国公司的发展和影响

一、跨国公司的产生与发展

跨国公司又被称为多国公司，它是指在两个或两个以上国家开设分支机构并在一个统一的决策体系下从事生产经营活动的国际性企业。联合国有关组织对跨国公司的内涵作出了规定：（1）跨国公司必须在 2 个或 2 个以上国家设立分支机构；（2）在国外的分支机构不少于 6 个；（3）海外业务必须占总公司业务的 25%以上；（4）有统一的决策体系，内部实行一体化的经营策略。

早期的跨国公司可以追溯到 19 世纪下半叶，当时资本主义正处于从自由竞争向垄断过渡的阶段，掠夺原材料和占领市场是资本主义大企业向外扩张的主要动因。据统计，到 1914 年，西方发达国家在国外设立的制造业分支机构已达 349 家，从事包括生产、销售等在内的跨国业务。早期最著名的跨国公司如英国的帝国化学工业公司、瑞士的雀巢公司、美国的通用电气公司等已经在许多国家设立分支机构，其生产规模巨大，在世界市场上的占有率已相当高。

两次世界大战之间，跨国公司处于缓慢发展和停滞时期，这是因为由于战争和 1929—1933 年的大危机，各国都不同程度地受到重创，国际货币和国际经济关系处于混乱时期，各国垄断资本对外扩张的能力遭到严重削弱。

第二次世界大战后，跨国公司获得了空前迅速的发展。20 世纪 70 年代，发达国家的跨国公司有 7 267 家，其分支机构有 23 000 家；2010 年跨国公司猛增至 103 786 家，其分支机构超过 892 114 家。经过 10 余年的优胜劣汰、兼并、重组、新建，至 2021 年全球跨国公司的数量超过 80 000 家。美国作为全球集经济、科技和军事实力于一身的超级大国，无疑也是跨国公司最主要的“产出国”之一。2022 年 12 月 21 日，胡润百富发布的《2022 胡润中国外商投资企业百强榜暨投资大湾区指南》列出了对中国经济贡献最大的 100 家外国跨国公司 2021 年在中国区的销售额共 7.6 万亿元人民币，相当于中国全年 GDP 的 7%，平均每家企业年销售额为 760 亿元人民币。这一百家企业在中国共有将近 300 万名员工，平均每家企业有近 3 万名员工。在百强企业中，59%直接面向消费者，41%是 B2B 企业；同时，81%销售实体产品，19%销售软件或服务。在跨国公司百强榜中，投资最多的是汽车、消费品、医疗健康和消费电子这四个行业。2021 年中国拥有跨国公司 14 267 家，由于受全球新冠疫情和逆全球化的影响，中国跨国公司 2021 年的国际化指标出现了全面下降。2021 年中国跨国公司百强企业海外资产总额为 92 179 亿元，海外营业收入为61 507亿元，海外员工总数为 1 185 017 人，分别比上一年下降了 11.81%、16.10%、9.56%；2021 年中国跨国公司百强企业入围门槛为 109.39 亿元，比上一年降低了 10.83 亿元。2021 年中国跨国公司百强企业的平均跨国指数为 15.07%。① 受新冠疫情影响，2021 年中国跨国公司百强企业的海外资产占比、海外营业收入占比、海外员工占比分别为 16.52%、19.10%、9.58%，分别比上一年下降了 0.28、2.17、0.65 个百分点。第二次世界大战以后，跨国公司不仅数量增长迅速，而且实力大大加强，已成为影响各国经济发展的重要力量。跨国公司在当代世界经济中的地位和作用可以从以下一些数据中表现出来。跨国公司生产总值约占世界生产总值的 1/2；跨国公司内部贸易占国

---

① 跨国指数（transnational index，TNI），又称跨国化指数，是指一家公司在海外的经营活动占其全部业务活动的比例，即衡量企业国际化程度的指标。其计算公式为：

跨国指数＝(国外资产/总资产＋国外销售额/总销售额＋国外雇员数/总雇员数)÷3×100%

际贸易总额的1/3；新增的国际投资中约90%是由跨国公司进行的；跨国公司的研发经费约占世界民用技术研发经费的90%；国际技术转让中90%是通过跨国公司进行的；国际金融市场上90%的国际游资是由跨国公司操纵和掌握的。跨国公司成为当代对外直接投资、国际贸易、国际金融等领域的实际操纵者。

第二次世界大战后跨国公司的迅猛发展有其客观必然性。

第一，科技革命推动了跨国公司的发展。科技革命使大量新兴产业部门产生，为跨国公司提供了投资场所。科技革命促成国际分工体系产生重大变化，由产业内的垂直分工发展到产业内部、公司内部的产品分工，直到生产环节、生产工序的分工，大大促进了产业转移，而这一切又都是在跨国公司的安排下进行的。科技革命还推动了通信技术、网络技术的革命性变革，为跨国公司的全球扩张提供了技术手段。

第二，资本主义竞争激化，推动了跨国公司的发展。垄断没有消除竞争，反而使竞争更加激烈和尖锐。第二次世界大战后垄断已经变成国际垄断，国际垄断是更高层次、更大范围的垄断。世界范围的竞争比国内竞争更加残酷、更加尖锐。垄断资本为了争夺世界市场份额、争夺垄断技术、争夺尖端人才，发展跨国公司成为战胜竞争对手的有效办法。或是通过并购，使竞争对手从属于自己，或是组成战略联盟，形成巨大的跨国公司。

第三，金融全球化、金融自由化、金融创新为跨国公司的发展提供了资金保证。第二次世界大战前跨国公司的对外扩张主要靠自身的资本积累或靠银行间接融资进行。第二次世界大战后，特别是20世纪70年代以来，国际金融市场空前迅速发展，金融自由化、金融创新、各种金融衍生工具的广泛推广，使跨国公司得以通过直接融资迅速扩大资本，加速对外扩张。

第四，发展中国家实行对外开放，调整外资政策，促进了跨国公司的发展。第二次世界大战后初期，发展中国家普遍实行了国有化政策，没收外资，将其变为国有企业，对外资采取排斥政策。20世纪80年代以后，发展中国家政策发生了重大调整，由排斥外资变为引进外资，并制定了一系列针对外资的优惠政策，吸引外资到本国投资。与此同时，发达国家由于工资成本上升过快、环境污染严重等方面的原因，需要把工厂向发展中国家转移，从而促进了跨国公司的发展。

二、当代跨国公司的特点

跨国公司早已有之，但当代跨国公司无论是在规模方面，还是在发展战略、组织结构、盈利模式、公司治理等方面，都表现出新的特点。

第一，巨型跨国公司是当代垄断组织的一种新形式。跨国公司在当代世界经济中起着支配作用，其中巨型跨国公司又是跨国公司中的“巨无霸”，垄断了世界生产和销售的重要部分。根据联合国的统计，2017年在全球7万多家跨国公司中，按海外资产排列的最大100家跨国公司实力强大，尽管它们只占当年全球跨国公司总数的0.13%，但是它们所拥有的海外资产、海外销售额和海外雇员分别占全部跨国公司的17%、16%和12%。

巨型跨国公司在世界各行业中的集中程度更是惊人。在飞机制造业中，美国波音飞机公司和欧洲空中客车公司两家就占全球民用航空飞机产量的90%以上。在汽车制造业中，美国通用汽车公司、美国福特汽车公司、美国克莱斯勒公司、德国大众汽车公司、德国梅赛德斯-奔驰汽车公司、德国宝马汽车公司、日本丰田汽车公司、日本本田汽车公司、日本日产汽车公司、意大利菲亚特汽车公司10家公司约占全球汽车产量的80%。在石油冶炼方面，美国埃克森美孚公司、英荷壳牌石油公司、美国康菲石油公司、英国石油公司等5家公司占全球石油冶炼量的40%以上。在商业批发零售业中，美国沃尔玛公司、法国家乐福集团等3家公司占全球商业批发零售额的20%左右。在计算机和办公设备方面，美国IBM公司、惠普研发有限合伙公司、戴尔公司、施乐公司，韩国三星集团，日本富士公司、佳能公司等10家公司占全球计算机和办公设备销售额的50%左右。计算机服务和软件业则被美国苹果公司、美国微软公司和美国电子数据系统公司控制。

第二，跨国公司发展战略的核心是国际战略。跨国公司在世界范围内组织生产、销售、研发以及资金融通等经营活动是从国际全局出发的，而不再囿于某个子公司或某一地区市场的利益得失。跨国公司的国际战略也就是利润最大化、成本最小化战略。跨国公司对东道国的税收、利润、成本等加以比较，通过各种途径转移利润、逃避税收，以保证获得最大限度的利润。除了经济上的考虑外，跨国公司还特别关注地缘政治、国家利益以及权力分配、国家财富分配等战略因素。

第三，跨国公司通常实行全球网络式组织结构。当代跨国公司由于分支机构遍布世界各地，产品繁杂，分工较细，通常都实行网络式组织结构。所谓网络式组织结构是由单个组织结构综合形成的多维组织结构，它的特点是交叉负责，母公司通过职能分部、产品分部和地区分部三个组织来实现对子公司的管理和控制，协调整个公司的经营管理，产品的开发、生产和销售，以及一个地区的生产经营。

第四，发展中国家的跨国公司异军突起。目前在全球8万多家跨国公司中，发达国家无疑占绝大部分，在资产、销售收入、雇用员工等方面具有绝对控制力。但近年来，随着新兴市场经济国家经济高速增长、经济实力不断加强，它们也实行“走出去”战略，即加强对外直接投资，鼓励自己的优势产业、优秀企业在国际上建立分支机构，从而使发展中国家的跨国公司获得了一定的发展。

三、跨国公司对世界经济的影响

以上对跨国公司的产生和发展，以及当代跨国公司的特点的分析表明，当今世界上，发达资本主义国家的跨国公司，无论在数量上还是在资产额和销售额上，抑或是在雇员数量上，都占据绝对优势。发展中国家的跨国公司则处于起步阶段，所占比重和影响力尚较小。发达国家的跨国公司对世界经济的影响如下。

(一) 跨国公司对国际贸易的影响

跨国公司是国际贸易的主导力量。早在2005年，跨国公司海外子公司创造的增加值就达到了4.5万亿美元，出口的商品和服务超过了4万亿美元，而当年全球出口总值为

10 万亿美元，换言之，跨国公司当年海外子公司的出口就占全球出口总额的 40%左右。跨国公司对国际贸易的影响不单纯表现为在国际贸易中占有重要地位，还表现在以下四个方面。

（1）跨国公司对国际贸易的地区结构的影响。跨国公司出于利润最大化的目的，总是把生产基地设置在最有利可图的地区和国家，跨国公司直接投资地区结构的调整就会直接影响到国际贸易地区结构的变化。20 世纪 70 年代后期，跨国公司将直接投资重点放在了亚太地区，亚太地区成为世界经济中最具活力的地区，也是国际贸易增长最快的地区。20 世纪 90 年代以后，随着中国对外开放的继续扩大，跨国公司将投资重点放在了中国。

（2）跨国公司控制了世界主要商品价格的决定权。跨国公司既是世界商品的主要供应者，又是商品的最大需求者。因此，跨国公司对商品的供给和需求的任何变化都会影响世界市场商品价格的变化。不仅如此，当今世界商品期货市场十分发达，跨国公司拥有巨额资金，在期货市场上进行投机性炒作，影响着商品国际价格的变动。近年来，国际石油价格和其他大宗商品价格持续下跌，除了同国际经济回升乏力、供求关系不断变化有关外，还同跨国公司的炒作分不开。

（3）跨国公司对国际贸易商品结构变动的影响。随着科技革命和世界产业结构的发展，世界进出口商品结构发生了重大变化。初级产品在国际贸易中的比重大大下降，制成品的比重显著上升；货物贸易在国际贸易中的比重下降，而以知识产权为特征的服务贸易所占比重则在不断上升。上述国际贸易商品结构的变化主要是由跨国公司产品结构的调整造成的。

（4）跨国公司对国际贸易政策和规则的影响。国际贸易政策和规则的制定是由发达国家操纵的，而发达国家制定对外贸易政策和规则时又主要受跨国公司的影响。

（二）跨国公司对国际投资和国际金融的影响

跨国公司是对外直接投资的主体。在全球资本流动中，90%以上是跨国公司的资本流动。跨国公司增加或减少对外直接投资，就会影响全球资本流动的速度和规模。跨国公司改变直接投资的地区结构和产业结构也会影响世界资本流动的结构变化。此外，跨国公司的国际并购十分活跃，国际并购大多采取股权转换的形式，从而国际股票市场和债券市场空前迅速地发展。而一旦跨国公司的股票行情发生变化，又会引起全球股市的震荡。跨国银行不断推出各种新的金融衍生产品，从而引起全球金融业的创新和变革。跨国公司巨额资金在国际上的频繁流动，加大了各国中央银行监管的难度，加剧了国际资本市场的风险和不稳定性。跨国公司既促成了金融资产在国际范围内的合理配置，从而促进了世界经济的发展，但与此同时，又增加了国际金融市场的动荡和风险。

（三）跨国公司对世界经济格局的影响

世界经济格局的变化最终取决于一国的硬实力和软实力，取决于一国产业、产品、公司的国际竞争力。跨国公司的强弱是一国经济实力的具体体现。美国现在仍然是世界头等经济强国。它拥有最发达的科技力量、最强大的跨国公司群。随着欧洲、日本经济力量的增强，欧、日的跨国公司无论在数量上还是在实力上都异军突起，构成了对美国跨国公司的严峻挑战。20 世纪 90 年代以来，新兴市场经济国家经济高速增长，又具有人口众多、市场潜力大、资源丰富等优势，已成为 21 世纪世界经济发展最具活力的国家。这些国家的跨国公司跻身世界市场，引起了世人的关注。世界经济格局已经由一极变为多极，任何一个大国哪怕是最强的超级大国都无权发号施令。世界银行、国际货币基金组织、七国集团首脑会议等世界经济组织和协调机构已不太适应变化中的世界经济，要求改革现行国际经济秩序的呼声越来越高，改革已势在必行。

本章重要名词概念

生产资本全球化　国际间接投资　国际直接投资　国际分工　垂直分工
水平分工　产业内分工　产品内分工　跨国公司

思考题

1. 为什么会形成生产资本的全球化？
2. 生产资本全球化的特点有哪些？
3. 第二次世界大战后对外直接投资的新特点是什么？
4. 第二次世界大战后国际分工的新特点是什么？
5. 第二次世界大战后跨国公司迅速发展的原因是什么？
6. 当代跨国公司的新特点和新趋势是怎样的？
7. 跨国公司对世界经济的影响有哪些？

本章练习

第二十三章

商品资本全球化与国际贸易

本章重点

1. 世界市场与国际贸易产生和发展的历史过程
2. 当代世界市场的新特点
3. 自由贸易与保护贸易的内容和作用
4. 国际收支失衡的原因和影响
5. 国际贸易协调的机制和方法

商品资本全球化是经济全球化的重要组成部分。本章分析商品资本全球化过程中的世界市场与国际贸易问题，着重说明世界市场的形成与特点、自由贸易与保护贸易政策、多边贸易体系的建立与发展，以及国际贸易的协调等。

第一节　世界市场与国际贸易

一、世界市场的形成与发展

世界市场指的是世界各国商品和劳务交换的活动场所，或指世界商品与劳务交换关系的总和，它是商品经济在世界范围内发展的结果。世界市场是在各国国内市场和区域性市场的基础上形成的。

16 世纪至 18 世纪中叶，随着封建制度的瓦解和资本主义生产方式的确立，商品经济和国际分工急剧扩大，不仅形成了统一的国内市场，而且开始出现世界市场。18 世纪中叶以后，英国产业革命建立起来的机器大工业引发了资本主义生产的根本变革和社会分工的深入发展，业已形成的世界市场进入不断发展的轨道。19 世纪末 20 世纪初，资本主义向垄断阶段过渡，加上第二次科技革命对社会生产力发展的巨大推动作用，急剧扩大了世界市场的范围、规模和容量，最终形成了无所不包的世界市场。

第二次世界大战结束以后至 21 世纪初，世界市场进入了新一轮发展轨道，呈现出一些新的发展特点和趋势。特别是 2008 年国际金融危机爆发后，世界市场变化明显。

（一）世界市场的基本格局发生了变化

第二次世界大战以前，除苏联以外，世界市场基本上是资本主义一统天下。第二次世界大战以后，在亚洲、拉丁美洲、东欧等地区出现了一大批社会主义国家，它们实行计划经济和自力更生的对外政策，加上西方国家对社会主义国家采取封锁、禁运政策，统一的市场曾一度分裂为两个平行“市场”，世界市场被严重扭曲和割裂。20 世纪末，苏联解体、东欧社会主义国家发生剧变，俄罗斯以及波兰、捷克等东欧国家纷纷改变了社会主义制度，进行了一系列资本主义性质的改革。中国等坚持社会主义的国家和广大发展中国家都实行了对外开放政策，融入了世界经济体系，成为世界市场中的一支重要力量，统一的世界市场得以恢复。但是总体来说，资本主义经济体系在世界市场上仍然占据主导地位。

（二）世界市场的范围和规模空前扩大

一般来说，由于世界市场作为各国商品与劳务交换的领域，是在由国际贸易沟通的各国市场和区域性市场的基础上构成的，因此世界市场的规模一般可以用各国对外贸易的总和即世界贸易额来代表。第二次世界大战以后，相对和平的环境和科学技术的进步导致了社会生产力的迅速发展。在此基础上国际分工得到进一步扩大，跨国公司迅速发展，新的贸易方式和方法不断得到推广和应用，各国普遍实行贸易自由化和投资便利化政策等，从而使得世界市场的范围和规模的扩大超过了以往任何时期。世界贸易额在 1948—1980 年的 30 多年间增长了 7.2 倍，1991—2006 年年均增长速度在 10%以上。进入 21 世纪后，这一增长速度更加迅猛，2006 年的世界贸易增长速度已经达到了 15%以上。但 2008 年国际金融危机爆发后，世界各国经济增速放缓，回升乏力，国际贸易发生较大波动。近几年全球贸易增长率已有所回升，2017 年，全球贸易总额为 34.3 万亿美元，增长率为 8.5%。但 2020 年受全球性新冠疫情的影响，全球贸易额严重下降。

（三）世界贸易区域化、集团化倾向加强

第二次世界大战后，随着国际形势的变化和各种社会经济矛盾的激化，世界贸易区域化、集团化的趋势日益明显，出现了一系列经济集团和区域性经济合作组织。应当说战后成立的世界贸易组织（当时称为关税及贸易总协定）作为最大的全球性贸易集团在世界贸易全球化、经济一体化等方面起到了很大作用。但世界贸易组织成员众多，各成员经济政治状况各不相同，导致在多边贸易体系下往往存在众多分歧，难以在短时间内迅速调和、统一，从而使得与世界贸易组织这种多边贸易体系相比，成员更少、协议制定更灵活、见效更快的小规模范围内的贸易区域化组织和集团化组织迅速发展起来，至今已经形成以欧盟、北美自由贸易区、亚太经合组织、中国-东盟自由贸易区、非洲大陆自由贸易区等为代表的区域性经贸集团，范围覆盖各大洲许多国家和地区。这些区域性经贸集团在区域内部实行不同程度的关税、非关税、国内税收、直接投资、知识产权等各方面的优惠，一体化程度高的组织更是实行货币政策的协调甚至货币一体化，促进了区域内的经济交流与发展。

（四）世界市场上的产品结构发生了巨大变化

工业制成品在国际贸易中所占的比重超过了初级产品，1980 年，初级产品和工业

制成品在国际货物贸易中的比重分别为37%和63%，而到2008年，这两个指标则分别为30%和70%。服务贸易作为国际贸易的新的发展方向，开始在世界市场上占据越来越重要的地位，到20世纪末21世纪初，服务贸易已经占到了世界贸易额的1/5～1/4。

（五）世界市场上的竞争更加激烈

第二次世界大战以后，随着世界市场的迅猛发展，争夺市场的竞争也日益尖锐化。战后初期，在战争中大发横财的美国以其超强的军事、政治、经济实力，利用其在关税及贸易总协定、国际货币基金组织和世界银行等国际机构中的主导权，逐渐取得在世界市场上的绝对优势。从20世纪50年代开始，在第二次世界大战中经济受到严重破坏的日本和西欧国家开始出现经济恢复与发展，经济实力逐步增强，打破了由美国独霸世界市场的局面，美、日、西欧在世界市场上“三足鼎立”的局面逐步形成。

20世纪末21世纪初，世界市场的局面发生了一些微妙的变化。一方面，在资本主义经济内部，欧盟经过数次东扩，已经发展到包括27个成员国，在世界市场上的地位得到进一步提高。而美国连年出现贸易逆差、国际收支逆差，在国际贸易中的地位明显下降，但美国仍是国际贸易头等大国。日本在经历了长时间经济停滞以后，在世界市场中的份额也有所下降。另一方面，世界上最大的社会主义发展中国家中国在世界市场中的份额则不断上升。中国改革开放以来经济的长期高速增长和巨大市场潜力，加上数量庞大的廉价劳动力的存在，吸引了大量跨国公司将生产基地转移至中国进行产品的组装和生产，并出口至世界市场，使得中国近十几年来出口贸易额占世界的比重迅速上升。2001年12月11日，中国经过长达15年的艰苦谈判，终于正式成为世界贸易组织第143个成员。当年中国的货物贸易总出口额为0.26万亿美元，仅占全球货物贸易总出口额的4.29%。2009年是值得载入史册的一年，中国货物贸易总出口额超过日本和德国，中国成为世界第一出口贸易大国。2021年，即使新冠病毒在全球蔓延、世界经济衰退、国际市场低迷，中国货物贸易总出口额依然创出了3.36万亿美元，占全球货物贸易总出口额15.10%的佳绩。这导致中国在短短几十年里积累了大量贸易顺差和3万多亿美元的外汇储备，成为世界市场上的大国之一。“金砖五国”中的其他四国即印度、俄罗斯、巴西、南非在国际贸易中的地位明显提高。新兴发展中国家已成为国际贸易中的重要力量。21世纪随着国际金融危机的深化，西方一些国家置一贯标榜的自由贸易于不顾，实行逆自由贸易政策和反全球化措施。美国单方面退出《巴黎协定》，在“美国优先”的借口下推行贸易保护主义和单边主义，反映了美国强权政治的一贯政策。

二、国际贸易的产生与发展

国际贸易亦称世界贸易，指国际商品和劳务的交换，是世界各国对外贸易的总和。它是世界各国经济在国际分工的基础上相互联系、相互依赖的主要形式之一。在世界经济史上，国际贸易经历了产生和发展的漫长过程。

在历史上，由于生产力和生产方式以及科学技术的限制，在奴隶社会和封建社会，尽管国际贸易开始逐渐出现和发展，但在人类社会中都没有占据主要地位，只能称为国际贸易的产生与初步发展阶段。

国际贸易真正获得巨大发展是在资本主义生产方式形成与发展时期。资本主义拥有相对于奴隶社会、封建社会更优越的生产方式，加上社会生产力发展和技术进步的长期积累，使得国际贸易在资本主义时期急剧扩大，国际贸易活动遍及全球，并成为资本主义世界经济体系的重要组成部分。在自由竞争资本主义时期，国际贸易有了很大发展，到垄断资本主义时期，国际贸易更是成为垄断组织在全球范围获取最大限度利润的重要途径。特别是在第二次世界大战以后，国际贸易的地位得到了进一步提高，国际贸易的快速增长和世界各国贸易依存度的提高，促使国际贸易的全球化进程日益发展。

20 世纪末以来，随着经济全球化的发展和世界生产与分工结构的调整，国际贸易获得了前所未有的发展。各发达资本主义国家通过产业转移，将大量劳动密集型产业以及技术密集型产业的劳动密集型环节转移到拥有大量廉价劳动力的发展中国家，自己则利用高新技术与资金控制世界资源的流向和经济产出的流向，以游戏规则制定者的身份保证自己在世界经济中的利益。而以中国为代表的发展中国家则利用这次产业与技术转移的机遇，一方面努力增加出口，另一方面努力升级产业结构，提高出口产品的技术含量，将产业转移的潜在危害转化为机遇，促使国际贸易额出现了迅速增长。2008 年爆发的国际金融危机和世界性经济危机，导致国际贸易发生了较大波动，2009 年的出口总额大幅下降到 11.5 万亿美元。伴随着全球贸易自由化的不断发展，世界贸易出口总额也在不断增长，从 2011 年到 2014 年，世界贸易出口总额连年突破 17 万亿美元，2018 年更是达到了 10 年来的峰值 18.3 万亿美元，创下了历史最高值。然而，由于贸易保护主义和逆全球化所引致的世界经济的衰退，全球贸易出口也严重受挫，2019 年世界贸易出口总额锐减到 14.2 万亿美元，暴跌回 10 年前的水平。展望未来，随着贸易保护主义的发展、经济的衰退和新冠疫情的后续影响，国际贸易将进入一个较长的低迷时期。

第二节　自由贸易与保护贸易

对外贸易政策是各国在一定时期对进出口贸易进行管理的原则、方针、措施和手段的总称，一般由总贸易政策、商品与服务贸易政策、国别与地区贸易政策三部分组成。自世界贸易产生和发展以来，发达资本主义国家主要实行过两种类型的对外贸易政策，即自由贸易政策和保护贸易政策。发达资本主义国家的这两种对外贸易政策，归根结底是为其统治阶级和阶层在不同时期的利益服务的工具。这两种贸易政策的交替变化，一方面反映了各国内部资产阶级集团的实力对比变化，另一方面反映了世界各国资产阶级之间的矛盾与实力变化，以及发达资本主义国家与广大发展中国家之间的矛盾和斗争。

一、自由贸易

所谓**自由贸易政策**，指的是国家取消或减少对商品和服务进口的限制以及对本国商品和服务出口的各种特权与优待，使商品和服务自由进出口，使商品、服务和有关生产要素在国内外市场尽量公平、自由地竞争。

（一）资本主义自由竞争时期的自由贸易

18 世纪中叶，各主要资本主义国家开始了产业革命，英国成为从产业革命中受益最大的国家，贸易额占世界贸易总额的 1/4。传统的主张贸易保护的重商主义贸易政策已经越来越成为英国经济发展和资本进一步扩张的障碍。新兴资产阶级经过长期的斗争，终于在英国确立了自由贸易政策。英国实行的自由贸易政策在当时也带动了其他国家接受并推行自由贸易，直至资本主义进入垄断阶段后才一度受阻。

（二）第二次世界大战后至 20 世纪 70 年代中期的自由贸易

第二次世界大战后，随着世界经济的迅速恢复与发展，加上美国的大力鼓吹，20 世纪 50—70 年代中期，发达资本主义国家都在不同程度上放宽了进口限制，在对外贸易中呈现出贸易自由化倾向。20 世纪 60 年代初，美国为将商品打入西欧和日本市场，提出“贸易自由化”的口号，而西欧和日本随着经济的恢复与发展，为满足本国垄断资本向外扩张的需要，也开始推行贸易自由化，主要表现为大幅度削减关税、降低和撤销非关税壁垒、放宽或解除外汇管制等。

二、保护贸易

所谓**保护贸易政策**，指的是国家广泛利用各种措施对进口和经营领域进行限制，保护本国的商品与服务在本国市场上免受外国商品与服务的竞争，并对本国出口的商品与服务给予优待与补贴。国家对贸易活动进行多方面干预，通过征收高额进口关税等措施限制外国商品、服务和有关生产要素参与本国市场的竞争。

（一）资本原始积累时期的重商主义保护贸易政策

15—17 世纪，世界处于资本主义生产方式萌芽时期。随着商业资本的发展和国家支持政策的实施，人们把商业看成财富的唯一来源，追求代表财富的货币的积累，因而产生了从理论上阐述这些经济政策的要求，逐渐形成了重商主义的保护贸易理论，并用其指导国家对外贸易政策的实施。

（二）资本主义自由竞争时期的幼稚工业保护政策

在以英国为首的欧洲发达国家完成产业革命并开始推行自由贸易政策的同时，德国和美国则在“幼稚工业保护理论”的指导之下，对本国的幼稚工业采取了贸易保护措施。

这种与英国奉行的自由贸易政策相区别的保护贸易政策，在德国、美国资本主义经济的发展中起到了积极的作用，使其资本主义幼稚工业得以生存并迅速发展起来，并最终实现了赶超世界先进国家的目标。

（三）垄断资本主义时期的超贸易保护主义

在第一次世界大战和第二次世界大战之间，资本主义世界进入了垄断资本主义时期，资本主义国家实现了资本的高度集聚和集中，导致国内大部分人民消费能力有限，国内市场狭小，资本对市场的争夺日益激烈，严重的资本主义世界性经济危机又使得市场问题进一步尖锐，从而使得保护贸易重新受到重视，出现了所谓超保护贸易政策。

这一时期的超保护贸易政策与自由竞争时期的幼稚工业保护政策相比，有着自己鲜明的特点：第一，保护对象不仅仅是本国的幼稚工业，而是更多地保护国内发达的或出现衰落的工业。第二，保护目标不再是培养本国工业自由竞争的能力，而是巩固和加强对国内外市场的垄断。第三，不是防御性地限制进口，而是在垄断国内市场的基础上对国外市场进行进攻性扩张。第四，保护政策的措施不仅有关税和贸易条约，还有其他各种奖出限入措施。总而言之，20 世纪初的超保护贸易政策的实质是垄断资本主义国家为了维护本国垄断资产阶级的利益，帮助其产品和资本向国外市场扩张的进攻性保护贸易政策。

（四）20 世纪 70 年代末以来的新贸易保护主义

20 世纪 70 年代中期的世界性资本主义经济危机使得资本主义世界的贸易自由化趋于停顿，并直接导致新贸易保护主义的出现。1974—1975 年以及 1980—1982 年资本主义世界经济危机使得主要发达资本主义国家陷入了经济滞胀的局面，国内市场难以开拓。同时，原本在第二次世界大战后独占世界经济鳌头的美国也渐渐被日本、欧洲等国家和地区追赶上来，使得美国在世界市场上面临越来越激烈的竞争，并导致美国的对外贸易逆差大量增加，促使美国采取贸易保护措施，并最终带动主要发达资本主义国家纷纷采取偏向保护主义的贸易政策，通常称为新贸易保护主义政策。

这一期间发达资本主义国家的新贸易保护主义的特点是：（1）限制进口措施的重点由关税壁垒转向非关税壁垒。（2）贸易保护的歧视性增加，对发展中国家出口的限制增大。（3）奖出限入措施的重点由限制进口转向鼓励出口。（4）国家贸易壁垒逐步转向区域性贸易壁垒。（5）新贸易保护主义更加注重政治上的考虑。地缘政治、意识形态、国家安全、政治制度一度成为实施贸易保护的重要因素。

2008 年国际金融危机爆发以来，美国经济复苏缓慢，债务危机加深，欧洲主权债务危机和经济危机深化，导致国际贸易增速下滑，国际贸易萎缩，新贸易保护主义有所加强。尤其是近年来美国政府为摆脱危机、谋取一己私利，大肆推行霸凌主义、单边主义和保护主义，悍然发动对华贸易战，一些西方国家紧随美国之后，导致贸易保护主义甚嚣尘上。随着新冠疫情在全球的蔓延，资本主义国家经济萎缩，西方各国政府更是壁垒高筑、国门紧闭，贸易保护主义将严重阻碍世界经济的发展。

三、多边贸易体系的建立与发展

所谓**多边贸易体系**，指的是通过组织多边贸易谈判来增加国与国之间的贸易、规范贸易行为和解决贸易纠纷，从而使国际贸易更加自由、资源得到更有效配置的这样一套国际贸易体系。多边贸易体系的建立最直接的好处是简化了多国之间的贸易行为。在多边贸易体系下，需要与多国发生贸易关系的国家可同时与多个贸易伙伴进行谈判，达成适用于各伙伴国的统一协议，而不用与各国分别达成不同的协议，从而大大简化了国际贸易，促进了国际贸易量的快速增长。第二次世界大战后至今，1947 年建立的**关税及贸易总协定**以及它的继任者、1995 年成立的世界贸易组织就是世界上最重要的多边贸易体系，给国际贸易带来了巨大的发展动力，为国际贸易的顺利进行提供了有力的支持。

（一）关税及贸易总协定的产生与发展

20 世纪 30—40 年代，贸易保护主义盛行是造成世界经济萧条的一个重要原因。第二次世界大战结束后，解决复杂的国际经济问题，特别是制定国际贸易政策，成为战后各国所面临的重要任务。经过多次谈判，美国等 23 个国家于 1947 年 10 月 30 日在日内瓦签订了《关税及贸易总协定》。该协定于 1948 年 1 月 1 日开始临时适用。此后，《关税及贸易总协定》的有效期一再延长，并为适应情况的不断变化，多次加以修订。于是，《关税及贸易总协定》便成为确立各国共同遵守的贸易准则、协调国际贸易与各国经济政策的唯一的多边国际协定。

关税及贸易总协定组织的主要活动是举行削减关税和其他贸易壁垒的谈判。这种谈判有一个专门术语，被称为“回合”。1947—1986 年即乌拉圭回合开始之前，在关税及贸易总协定的主持下各国共进行了 7 轮多边贸易谈判。除组织多边关税及贸易谈判外，关税及贸易总协定还组织有关国家就商业政策方面出现的问题进行磋商，解决争端；协助个别国家解决本国贸易中的问题；帮助有关国家加强地区性贸易合作；执行培训国际贸易专业人员的计划等。

1986 年 9 月关税及贸易总协定部长级会议在乌拉圭的埃斯特角城举行，决定进行旨在全面改革多边贸易体系的新一轮谈判，故被命名为“乌拉圭回合”谈判。这是关税及贸易总协定成立以来最大的一轮贸易谈判，历时 7 年半，于 1994 年 4 月在摩洛哥的马拉喀什结束。参与方有 128 个，还包括 19 个观察员和 30 多个国际组织。谈判的结果是，发达国家和发展中国家平均降税 1/3，发达国家工业制成品平均关税水平降为 3.6%左右；农产品和纺织品重新回到关税及贸易总协定贸易自由化的轨道；将关税及贸易总协定的基本原则延伸至服务贸易和知识产权以及投资领域，达成了《服务贸易总协定》和《与贸易有关的知识产权协定》，修改和完善了解决争端的规则。谈判以签署乌拉圭回合一揽子协定的方式告终，并签署了在会后建立世界贸易组织的协定。

（二）世界贸易组织的产生与发展

世界贸易组织（WTO）是一个独立于联合国的永久性国际组织，1995 年 1 月 1 日正式开始运作，与关税及贸易总协定共存一年后，于 1996 年 1 月 1 日，正式取代关税及贸易总协定，担当负责管理世界经济和贸易秩序的全球经济贸易组织的角色。世界贸易组织是具有法人地位的国际组织，在调解成员争端方面具有更高的权威性。与关税及贸易总协定相比，世界贸易组织涵盖货物贸易、服务贸易以及知识产权贸易，而关税及贸易总协定只适用于货物贸易。

世界贸易组织的宗旨是：提高生活水平，保证充分就业和大幅度、稳定提高实际收入与有效需求；扩大货物和服务的生产与贸易；坚持走可持续发展之路，每个成员都应促进对世界资源的最优利用，保护和维护环境，并以符合不同经济发展水平下各成员需要的方式，采取各种相应的措施；积极努力确保发展中国家尤其是最不发达国家在国际贸易增长中获得与其经济发展水平相适应的份额和利益。

世界贸易组织的目标是：建立一个完整的，包括货物、服务、与贸易有关的投资及知识产权等内容的，更具活力、更持久的多边贸易体系，使之可以包括关税及贸易总协定贸易自由化的成果和乌拉圭回合多边贸易谈判的所有成果。

世界贸易组织的基本职能有：管理和执行共同构成世界贸易组织的多边及诸边贸易协定；作为多边贸易谈判的讲坛；寻求解决贸易争端；监督各成员的贸易政策，并与其他制定全球经济政策的有关国际机构进行合作。与关税及贸易总协定相比，世界贸易组织管辖的范围除传统的和乌拉圭回合确定的货物贸易外，还包括长期游离于关税及贸易总协定外的知识产权、投资措施和非货物贸易（服务贸易）等领域。世界贸易组织具有法人地位，它在调解成员争端方面具有更高的权威性和有效性。

世界贸易组织成立以后，2001 年 11 月开始了历史上持续时间最久、内容最广泛、参与国家最多的新一轮国际贸易谈判，即“多哈回合”谈判，时至今日，已达 20 余年之久，仍未取得任何实质性成果。“多哈回合”谈判陷入僵局的根本原因是，当前的国际贸易规则是由西方大国制定的，并被西方国家操纵，广大发展中国家的利益往往被忽视。只要这种情况不改变，就不可能从根本上解决国际贸易中存在的矛盾和冲突，也不可能真正做到公平地解决各种国际贸易争端。目前，世界各国都认为 WTO 的改革势在必行。但由于 WTO 的缔约方众多，利益目标多元化，各方提出的改革方案、改革目标高度分散，难以达成妥协。特别是美国，甚至威胁要退群，自己另起炉灶，表明了世界多边贸易体系命运多舛、前途未卜，面临着愈发严峻的挑战。

第三节　国际贸易的协调

国际贸易作为一国宏观经济的重要组成部分，对一国经济发展起着重要作用，在一定因素的作用下可能会出现失衡的状况，需要通过一定的经济政策手段来调节国际贸易失衡，使内部和外部经济保持稳定发展。

一、国际贸易失衡

(一) 国际贸易失衡的概念

一国的对外贸易包括出口和进口两个方面，根据进出口不同的金额状况，一国在一定时期内的贸易收支状况可以分为贸易顺差、贸易逆差和贸易平衡三种类型。所谓**贸易顺差**，是指一国在特定年度内出口贸易总额大于进口贸易总额，又称“出超”。所谓**贸易逆差**，是指一国在特定年度内进口贸易总额大于出口贸易总额，又称“入超”。而**贸易平衡**是指一国在特定年度内进、出口贸易总额基本上趋于平衡。纵观世界各国（地区）政府的外贸政策实践，国际贸易经常处于平衡状态的国家（地区）并不多。

国际贸易失衡的概念包括狭义和广义两种，狭义的国际贸易失衡指的是单个国家在一定时期内处于贸易顺差或贸易逆差状态的状况，而广义的国际贸易失衡则是从整个世界的角度看，指的是世界范围内某些国家出现大量贸易顺差，而另外一些国家出现大量贸易逆差的状况。由于世界是一个整体，有一些国家出现大量顺差，必然意味着其他国家会出现大量逆差。广义的国际贸易失衡描述的就是世界贸易的这种不平衡状况。

(二) 国际贸易失衡的类型

根据国际贸易失衡的不同特点，我们一般将国际贸易失衡分为以下几种特定的类型。

1. 临时性失衡

指的是由偶然因素引起的一国国际贸易处于顺差或逆差状态的状况。

2. 周期性贸易失衡

指的是由一国经济周期变化引起的国际贸易失衡，往往在经济萧条时一国的生产力下降，出口产品减少，导致贸易逆差，而在经济高涨时出口增加，导致贸易顺差。

3. 收入性贸易失衡

指的是由于一国国民收入发生较大的提高或下降，人们的购买力和进出口需求发生变化而导致的国际贸易失衡。

4. 货币性贸易失衡

指的是一国出现严重的通货膨胀，或一国的货币对外汇率发生变化，导致一国的进出口发生变化而产生的国际贸易失衡，其实质是进出口产品价格的变动导致进出口需求的变化。

5. 结构性贸易失衡

指的是由于世界或单独国家的产业结构发生变化，某国的产业结构适应了世界产业结构的变化或是无法适应世界产业结构的变化而造成的贸易顺差或逆差。21 世纪初美国出现的严重贸易逆差而东亚国家出现的贸易顺差就可以用结构性贸易失衡来解释，它是以美国为首的发达国家，将劳动密集型产业以及技术密集型产业的劳动密集环节，大量转移至以中国为代表的东亚发展中国家所造成的。

6. 政策性贸易失衡

指的是由于各国宏观经济政策变化而产生的国际贸易失衡。如美国近年推行以新能源为核心的新能源政策，大力开发新能源，减少对进口石油的依赖，影响到国际石油价格的变化，导致石油生产国收入水平大幅下降。

（三）国际贸易失衡的影响

国际贸易收支是一国国际收支的重要组成部分，国际贸易失衡意味着在资本和金融账户不变的前提下一国国际收支失衡，这对一国的内部经济和外部经济都有重大影响。

1. 对本国货币汇率的影响

一国货币的汇率受供求关系影响而变动，国际贸易失衡意味着本币（也可以说外币，因为汇率是两种货币的比值）供求发生变动。在实行浮动汇率制度以及资本和金融账户稳定的前提下，一国处于贸易顺差状态造成本币相对于外币升值，处于贸易逆差状态则造成本币相对于外币贬值。

2. 对国民收入的影响

国民收入变化本身是影响国际贸易收支的重要因素，而国际贸易收支状况反过来也影响国民收入。在开放条件下，净出口增加（顺差增大或逆差减小）可能导致本国国民收入增加；反之，净出口减少（顺差减小或逆差扩大）则可能导致本国国民收入减少。

3. 对外汇储备的影响

在实行固定汇率制度以及资本和金融账户稳定的前提下，如果一国处于贸易逆差状态，该国货币将面临贬值压力。为了维持汇率稳定，货币当局需要在外汇市场上抛出外汇买进本币，这就意味着外汇储备的消耗。若本国外汇储备不多，则持续的贸易逆差很可能导致本币难以维持固定汇率而最终贬值，在资本项目开放的情况下可能引起资本外逃，甚至引发金融动荡。

二、国际贸易协调的机制和方法

由于国际贸易对一国经济有着重大影响，当国际贸易出现非临时性失衡的时候，需要通过各种经济政策手段对失衡进行调节。

（一）国际贸易失衡的自动调节机制

当国际贸易处于顺差或逆差状态时，经济中存在着自动恢复贸易平衡的机制，被称为国际贸易失衡的自动调节机制，一般可以分为自动汇率调节机制、自动收入调节机制、自动货币调节机制三种。

1. 自动汇率调节机制

自动汇率调节机制指的是国际贸易失衡发生后导致一国货币汇率发生变化，从而使得贸易收支有恢复平衡的趋势。在浮动汇率制度下这种机制可以起到调节国际贸易失衡的作用。当一国处于贸易逆差状态时，浮动汇率制度使得该国货币兑外币贬值，使得出口产品外币价格下降从而促进出口，使得进口产品本币价格上升从而减少进口，从而使贸易收支走向平衡。

2. 自动收入调节机制

自动收入调节机制指的是一国出现的国际贸易失衡影响国民产出和国民收入，而国民收入的变化影响进出口。举例而言，如果甲国对乙国出现贸易逆差，净出口减少直接导致甲国国民收入减少，国民收入减少使得甲国进口减少（包括从乙国的进口也减少），而乙国净出口增加导致国民收入上升，国民收入上升使得乙国进口增加（包括从甲国的进口也增加），这样就会使甲国与乙国的贸易收支趋向平衡。

3. 自动货币调节机制

自动货币调节机制指的是贸易收支失衡引起货币供给的变化，货币供给的变化再影响贸易收支的调节机制。

以上关于国际贸易的自动调节机制，从理论上讲是可行的，但其前提条件是国际贸易协调大体一致。但实际上自2008年国际金融危机爆发后，各国宏观经济政策不一致的情况时有发生，特别是近年来一些西方国家推行单边主义和保护主义政策，因而自动汇率调节机制难以发挥作用。

（二）国际贸易调节政策

国际贸易调节政策指的是国际贸易失衡国家的政府通过主动的经济政策调节来达到国际贸易平衡的政策方法。由于自动调节机制存在时滞等缺陷，政府需要利用经济政策主动对贸易失衡进行调节。国际贸易失衡的主动调节方法主要有三种，即弹性法、吸收法和货币调节法。

1. 弹性法

所谓用弹性法调节贸易收支指的是通过采用本币主动贬值的方法来改变本币兑外币的比价，从而降低本国产品的出口外币价格，进而增加出口额，达到改善贸易收支的目的。

2. 吸收法

一国的国民收入的总支出由国内支出（又称“国内吸收”，包括国内的消费、投资、政府开支等各项支出）和净出口（即出口与进口的差额）组成。当一国的国民收入水平既定时，如果发生贸易逆差，政府可以采取财政政策、货币政策等各种政策手段，降低国内各种支出的水平，即降低“国内吸收”水平，以减少贸易逆差，即减少进口和增加出口，从而实现贸易收支的平衡。这种通过调节“国内吸收”来平衡贸易收支的方法，被称为“吸收法”。可以看到，用吸收法调节贸易逆差，实际上与上述贸易的自动收入调节机制类似，只不过是由政府主动实施调节而已。

3. 货币调节法

货币调节法从调节货币供给出发，通过改善货币供给来调整进出口、改善贸易收支状况。货币调节法认为，国际收支逆差（也包括贸易逆差）的根源是国内货币需求小于主动货币供给，于是多余的货币流出，形成国际收支逆差（贸易逆差），解决的途径是减少主动货币供给，即缩小国内信贷规模。

（三）其他调节方法

除了以上自动调节机制和三大调节政策之外，在国际经济的实际运行中还有一些用于调节国际贸易失衡的方法。

1. 外汇管制

外汇管制是一国政府通过法令对本国的国际结算和外汇买卖实行管制，用以实现国际收支平衡与稳定本国货币汇率的一种制度。具体做法是，规定出口所得需要按照官方汇率出售给指定银行，进口用汇需得到有关当局的批准，对本币出入境进行严格管理，对个人用汇进行限制，以便达到控制进口金额、使贸易收支实现平衡的目的。

2. 进出口严格审批制度

这种方法与外汇管制的实质相同，指的是国家对进出口实行逐笔审批，对不同意进出口的项目和货物一律禁止进出口。这对于恢复贸易平衡有迅速而稳定的效果，但由于该制度是对市场制度的严重扭曲，并具有很大的随意性，因此是自由贸易的拥护者所坚决反对的措施。

3. 各种贸易保护措施

国家通过采用关税和各种非关税壁垒，包括自动出口限制、进口押汇、进口许可证、卫生检验检疫、进口垄断、国内歧视性采购、技术壁垒、知识产权壁垒等手段，鼓励出口，限制进口，从而达到改善贸易收支的目的。近年来，在世界贸易组织和其他区域性经贸合作组织的努力下，许多贸易保护措施例如进口许可证、进口押汇等手段在一定程度上已经难以实施，并且这种以邻为壑的贸易保护措施很容易引起贸易伙伴的报复，引发不必要的贸易战。

4. 宏观经济协调

各国宏观经济政策的差异导致各国收入水平存在差异的情况经常发生，如各国货币政策、汇率政策、产业政策的变化影响到国际市场价格的波动，导致国际收支不平衡。因此，协调各国的宏观经济政策尤为重要。

本章重要名词概念

世界市场	自由贸易政策	保护贸易政策	多边贸易体系
关税及贸易总协定	世界贸易组织	国际贸易失衡	

思考题

1. 当代世界市场有哪些特点？

2. 自由贸易和保护贸易在不同历史时期分别有什么特点？
3. 第二次世界大战后国际贸易迅速发展的原因是什么？
4. 多边贸易体系的前景怎样？
5. 当前国际贸易失衡的原因有哪些？
6. 国际贸易失衡有什么重大影响？

本章练习

第二十四章

金融资本全球化与国际金融

本章重点

1. 金融资本全球化的形成和影响
2. 金融自由化、金融创新与金融资本全球化的表现形式
3. 当代国际金融市场的特点
4. 当代国际金融危机的特征及防范
5. 国际货币制度的改革及前景

金融资本全球化是经济全球化的重要组成部分，同时也是经济全球化的催化剂，它加速了商品资本全球化和生产资本全球化的发展。金融自由化、金融创新、金融市场一体化已成为不可阻挡的趋势。与此同时，全球性金融系统风险日益增大，金融危机以及金融动荡频繁发生。①

第一节　金融资本全球化与金融自由化

一、金融资本全球化

（一）金融资本全球化的形成

金融资本全球化是指世界各国和地区放松金融管制，开放金融市场，使资本在世界各国、各地区的金融市场自由流动，最终形成全球统一的金融市场的过程。金融资本全球化是经济全球化的组成部分，是经济全球化中最核心、最敏感的领域。

20 世纪 70 年代，生产的国际化导致跨国公司的发展，跨国公司海外投资迅速增加，促使跨国银行在海外开设大量的分支机构，以满足跨国公司全球范围资本流动的需要，这是金融资本全球化最初的推动力量；同时，贸易全球化的发展也带动了各国货币在国

① 本章所考察的金融资本与第八章所考察的金融资本，既有联系，又有所区别。第八章所考察的金融资本，是垄断资本主义国家中，银行垄断资本与工业垄断资本相互融合所形成的一种垄断资本形式，它活动和控制的领域包括流通领域和生产领域。本章所考察的是在经济全球化过程中的国际金融资本，既包括发达资本主义国家的金融资本，又包括发展中国家和国际货币金融机构的金融资本，它活动的领域主要为国际货币市场和国际资本市场等货币流通领域。

际金融市场上交换的数量和规模不断扩大，进一步促进了金融资本全球化的产生；尤其是20世纪70年代末以来，金融创新为金融资本全球化提供了联系全球市场的金融工具，货币互换、期权、期货、远期协议等金融创新工具连接了全球的资本市场和货币市场；为了提高金融机构的效率，各国不得不放松金融管制，开放国内金融市场，取消外汇管制，实施利率、汇率市场化等，便利了资本在国际上的自由流动，降低了融资成本，提高了资金的使用效率。可以说，金融创新和金融自由化内在地推动了金融资本全球化的形成和发展。此外，现代通信技术和计算机网络在金融领域的广泛应用，消除了国际金融交易的一系列技术障碍和限制，使各国金融市场在时间和空间上的距离越来越近，对国际和国内资本的流动几乎没有限制，为金融资本全球化提供了物质基础。

（二）金融资本全球化的表现形式

金融资本全球化的具体表现形式有以下几个方面。

（1）金融活动"游戏规则"的全球一致化。无论是国内金融活动，还是跨国金融活动，通用的都是基本相同的"游戏规则"。如果说在过去跨越国境的金融活动通常与各国的国内金融市场相对割裂开来，采取一种相对独立于各国金融体系的形式来进行，并同时受到本国管理法规和国际惯例两套并不完全一致的规则制约的话，那么，金融资本全球化下的跨国金融活动则是在相同的"游戏规则"下进行的，即采用相同的一系列安排和惯例，以及统一的一套协调、监督规则和机构。

（2）市场参与者的全球一体化。这是指资金需求者可以从国际金融市场筹措资金，而资金的供给者也可以在全球范围内选择其投资、贷款的对象。

（3）**金融工具**的全球化。金融交易的工具，从原生产品到其衍生品，都发展成世界各国的金融工具。①

（4）金融市场的全球化。建立在互联网基础上的各金融市场24小时不间断的交易体系已经形成，金融市场在时间、空间上的障碍已不复存在。

（5）交易币种的多样化。随着越来越多的国家放松金融管制，越来越多的国家的货币进入全球金融市场。

（三）金融资本全球化的影响

金融资本全球化是国际生产和国际贸易发展的必然结果。它既有积极的一面，也有消极的一面。

1. 金融资本全球化的积极影响

第一，金融资本全球化打破了国际金融市场相互隔离的局面，使资本这一基本生产要素的流动更为顺畅。多元化和更有效率的资本流动，有利于提高资源在全球的配置效

---

① 金融工具又称金融产品，传统的金融工具是指货币、利率、外汇、股票、债券等。金融衍生工具或金融衍生产品，是指以传统金融工具为基础所衍生出来的作为买卖对象的金融产品，包括货币衍生品（如货币期货、货币期权、远期外汇合约等）、利率衍生品（如利率期货、利率期权、远期利率协议等）、股权式衍生品（如股票期货、股票期权、股票指数期货、股票指数期权等）。

率，促进了国际贸易、国际投资的增长和各国经济的发展。

第二，金融资本全球化为各国的投融资活动提供了便利。既使需要大量投资但本国储蓄不足的发展中国家可以获得国际资本的补充，又使一些国际收支不平衡的国家能从国际金融市场吸收资金来弥补国际收支的赤字，从而弥补国内投资和对外贸易两个缺口。

第三，金融资本全球化提升了各国金融业的竞争力。金融资本全球化为各国的金融业竞争提供了国际舞台，在国际协调和监管机制的规范下，提高了发展中国家金融服务的质量，降低了筹资成本，并推动了各国的金融创新、金融体制改革和金融结构调整。

2. 金融资本全球化的消极影响

第一，金融资本全球化加剧了全球金融市场的动荡与金融危机的蔓延。金融资本全球化的发展使得经济的不确定性因素增加，国际金融市场的动荡已经成为常态，这是金融资本全球化最不利的影响。而且，一国经济和金融形势的不稳定通过资本流动的变动产生巨大的波及效应和放大效应，很容易通过日渐畅通的金融渠道迅速传递给所有关联国家。20 世纪 90 年代以来爆发的欧洲货币体系危机、墨西哥金融危机、亚洲金融危机以及 2008 年爆发的国际金融危机就是例证。

第二，金融资本全球化削弱了国内货币政策的独立性，并使汇率制度选择面临困难。在金融资本全球化的背景下，资本账户开放成为发展趋势，随着资本管制的逐步放松，一国将面临货币政策独立性与汇率稳定之间的明显冲突，如果处理不当，将会引发金融动荡或者金融危机。

第三，金融资本全球化加剧了一些国家经济的泡沫化程度。在金融资本全球化背景下，资金流动加快，流动性过剩日益突出，资产证券化盲目扩张。大量资金流入股市和房地产市场，使股市和房地产市场出现泡沫。20 世纪 80 年代初日本股市和房地产市场泡沫破裂，以及 2007 年美国发生的房地产市场泡沫破裂所引起的次级信贷危机都表明了这一点。特别是 2008 年爆发国际金融危机以来，西方国家以及其他国家尤其是许多新兴市场经济国家的股市和楼市形成了大量泡沫。

第四，金融资本全球化给各国的金融监管带来了挑战。金融资本全球化意味着金融资本在全球范围内自由流动与获利，并且现代金融交易工具发展迅速，金融创新不断涌现，计算机和通信技术的发展使得可以在极短时间内完成巨额资金的交易与转移。这在多个层面上给各国的金融监管与调控带来了严峻的挑战。

二、金融自由化

（一）金融自由化的形成

金融自由化是相对于金融管制或金融抑制现象而言的，它是指金融管理当局通过金融改革，放松或解除金融市场的各种行政管制措施，从而为金融市场交易提供一个更为宽松自由的管理环境。从国内来看，金融自由化可划分为发达资本主义国家的以解除金融管制为特征的制度性创新和发展中国家的以消除金融抑制为特征的金融改革。从内容上看，金融自由化可划分为对内金融自由化与对外金融自由化，前者包括废除对利率、汇率及信贷资源配置的管制和对金融机构业务经营范围的限制，后者包括消除对国际资本自由流动和外汇自由兑换的限制。

在20世纪30年代的大萧条中，以美国为首的西方主要发达国家都发生了严重的金融危机和银行倒闭风潮，严重动摇了人们对自由市场经济的信念。政府的金融管理思想也相应地发生了根本性的转变，从主张自由竞争和政府不干预，转向了以加强对金融市场和金融机构的管制为核心的金融体制改革。美国率先实施严格的金融管制，英国、日本等国也相继效仿，从而形成了20世纪70年代以前西方主要发达国家以金融管制为特征的货币政策体系。广大发展中国家由于经济水平低下，资金短缺，担心国外金融动荡的冲击，普遍建立起以利率、汇率管制以及限制资本自由流入和流出为特征的货币金融体制。发展中国家的政府对金融的种种限制过严，使其不能正常发展，这种现象即被称为金融抑制。

到了20世纪70年代，情况开始发生变化。多数发达国家在石油危机的冲击下，陷入经济滞胀的泥潭。第二次世界大战后普遍实行的凯恩斯主义的政府干预政策受到质疑，经济自由主义思潮复苏，在经济政策领域出现自由化倾向。而且，随着资本主义各国经济的发展和生产社会化程度的提高，国际贸易与跨国公司得到迅猛发展，各国在经济、技术、资金上的联系不断加强，国际资金交易量猛增，国际资本流动更加频繁，这种金融国际化的趋势构成了对管制严格的金融体制的极大冲击，迫使许多发达国家开始实施以放松金融管制为特征的金融自由化改革。而在发展中国家由于金融抑制加剧了金融体系发展的不平衡，极大地限制了金融机构的业务活动，束缚了金融市场的形成和发展，因此，为了消除金融抑制以促进金融、经济的发展，金融自由化改革逐步成为发展中国家的普遍选择。

（二）金融自由化的内容

尽管发达国家和发展中国家的金融发展水平和模式不同，导致各自实施金融自由化的具体措施及表现形式也不尽相同，但其核心内容都是尽量发挥市场在配置金融资源中的决定性作用，减少政府干预，提高金融效率。

（1）利率自由化。利率自由化即放宽对利率的限制，让金融商品的价格发挥市场调节作用。具体指金融管理当局取消对金融机构的利率限制，利率水平由市场的资金供求关系决定。目的在于增加利率和其他资产价格的灵活性，减少利率控制带来的成本，优化信贷配置，增加整个金融服务业的竞争性。

（2）业务经营自由化。业务经营自由化即放宽对各类金融机构在业务范围上的限制，允许商业银行与投资银行在业务经营上的融合，银行与证券公司在业务经营上可以相互渗透、相互交叉，银行与证券公司可以通过设立子公司的方式进入其他业务领域，商业银行或外国金融机构可以从事证券投资业务，以促进公平竞争。

（3）市场准入自由化。市场准入自由化即放宽对金融机构跨国业务活动的限制，资本自由进入和流出，包括放宽对外国金融机构进入本国市场的限制，放宽对本国金融机构进入国际市场的限制。其目的是加强本国金融机构同外国金融机构之间的竞争，促使本国金融机构向海外扩张。

（4）资本流动自由化。**资本流动自由化**即放宽或取消对资本跨国流动的限制，允许国内外金融市场主体从事离岸金融业务，允许国内居民自由转换各种金融资产，实现资本项目下的自由兑换，使国内金融市场和国际金融市场一体化。目前，发达国家已完全取消资本管制，部分发展中国家也实行了资本项目的自由兑换。

（三）金融自由化的影响

从发达国家和发展中国家推行金融自由化的实践来看，它对世界经济、国际金融发展有着一定的积极作用。

第一，金融自由化解除了利率管制，使利率能真实地反映资金供求状况，有利于提高储蓄率，增加银行的可贷资金，从而推动了投资和经济增长。

第二，金融业务的自由化有利于提高金融机构的效率和竞争力，促使金融机构不断地拓展新业务，有利于金融资源的有效利用，进而提升金融业在总体经济中的地位。

第三，金融自由化促进了金融中介机构的发展，加强了金融中介的竞争，减少了在垄断状态下金融中介的垄断利润，把金融中介的储蓄更多地转化为投资，增加了对私人部门的信贷供给，使信贷配置更加合理和有效，进而提高了资本配置效率，促进了经济增长。

第四，资本项目兑换的自由化、国际金融市场的开放使国际资本的流动更为畅通，金融资源能够得到更为合理的利用，获得更高的收益，加快了企业投融资国际化的进程。

不过，也应该认识到，金融自由化在带来积极效应的同时，也可能给一国经济和金融发展带来消极影响。如冲击银行体系原有的稳定性，把银行体系置于复杂多变的市场风险之中，使金融监管和风险管理的难度加大。尤其对发展中国家而言，过快或者过度的金融自由化往往带来金融动荡乃至金融危机。如 20 世纪末以来智利、墨西哥及阿根廷等国爆发的金融危机都源于金融自由化和资本账户开放。所以，发展中国家应该采取渐进式的金融自由化战略，趋利避害，保持金融体系稳定、可持续的发展。

三、金融创新

（一）金融创新的含义及产生背景

金融创新是指金融业各种生产要素的重新组合，或者是指金融机构和金融管理当局对金融机构设置、金融业务产品、金融工具及制度安排所进行的金融业创造性变革和开发活动。金融创新的主体是金融机构和金融管理当局，它们是所有金融创新活动的策划者、发动者。金融创新的目的不外乎两个方面，从微观金融机构看，是为了营利，无论是规避管制的创新、转嫁风险的创新，还是创造信用的创新，都离不开这个最终目的；从金融管理当局看，是为了提高整个金融业的宏观效益，通过金融监管制度的创新，既促进金融机构效率的提高，又确保稳定的金融运行秩序。金融创新的本质是金融要素的重新组合。金融创新的表现形式是金融机构、金融业务、金融工具以及金融制度的创新，它们都是金融要素重新组合的结果。

金融创新始于 20 世纪 70 年代。它是与金融自由化同时进行的，是金融自由化的客观要求。金融自由化产生后，客观上要求改变在金融管制时期形成的规章制度，实行与利率自由化、经营业务自由化、市场准入自由化、资本流动自由化相适应的规章制度，金融创新就自然被提到议事日程上来。与此同时，布雷顿森林体系的解体也为金融创新创造了客观条件。布雷顿森林体系崩溃后，固定汇率制不复存在，各国相继实行浮动汇率制或者有管理的浮动汇率制，汇率波动频繁，股市风潮迭起，为了避免汇率、利率、股市变化带来的损失，各国相继推出了转移风险型创新。

（二）金融创新的内容

金融创新的内容有广义和狭义之分。广义上指包括金融工具、金融市场、金融制度在内的整个金融体系的创新；狭义上仅指金融工具的创新。

（1）金融工具的创新。金融工具的创新是金融创新的核心。它是在原有金融工具的基础上通过对利率、汇率或股价等变动的预测，来规避金融风险或获得收益而创造出的新型金融工具，也被称为金融衍生工具。

（2）金融市场的创新。金融市场的创新主要表现在以下两个方面：一是欧洲货币市场。它是在20世纪60年代后欧洲美元市场的基础上形成的，是指在货币发行国境外进行该国货币交易的市场，它把各国的金融市场互相连接起来，促进了金融市场的全球化、一体化。可以说，金融市场国际化是金融市场创新的趋势。二是金融衍生交易市场。伴随着上述金融衍生工具的产生，金融衍生交易市场在近十多年来也相应得到了快速的发展。

（3）金融制度的创新。金融制度主要包括构成金融体系的金融组织制度和规范金融秩序的金融监管制度。金融组织制度的创新主要指新型金融机构的设立，如20世纪70年代以后欧美国家出现的跨国大型复合金融机构、金融百货公司或金融超级市场等；还指各类金融机构之间业务的交叉和渗透，如允许商业银行、储蓄银行、证券机构之间的混业经营；此外，金融机构在业务经营管理方面的创新也被包含在内，如金融业的市场营销管理等。金融监管制度的创新主要指在国际金融一体化进程中，面对动荡的国际金融环境、频繁的国际金融创新及其所带来的日益严重的金融风险这一背景，各国监管当局和专门的跨国监管组织不断创新监管方式和手段。1988年的《巴塞尔协议Ⅰ》、2004年的《巴塞尔协议Ⅱ》和2010年的《巴塞尔协议Ⅲ》就是国际银行业加强监管的重要体现。

（三）金融创新的影响

金融创新的影响有两个方面：一方面，金融创新增加了社会效益，推动了金融和经济的发展；另一方面，金融创新也模糊了货币和其他金融资产的界限，影响了货币政策的效力，威胁了金融市场的稳定性。

1. 金融创新的积极影响

第一，金融创新使银行和其他金融机构有了自主融资的渠道，打破了金融机构之间分业经营的限制，加强了市场竞争，提高了金融业的效率。

第二，金融创新增加了金融资产之间的替代性，扩大了企业、居民的金融资产选择范围，降低了融资成本，提高了投资效益，推动了经济发展。

第三，金融创新为单个企业和金融机构提供了越来越多的工具与手段，提高了规避风险的能力。

2. 金融创新的消极影响

第一，金融创新弱化了货币政策的实施效果，这给传统的货币政策工具、中介指标和传导机制带来了挑战，改变了银行体系的行为，使货币需求和资产结构处于多变状态，货币供应过程变得极为复杂和难以控制，货币政策和宏观调控变得十分困难和复杂，提高了社会管理成本。

第二，金融创新使金融业的金融风险加大。虽然金融创新可使单个金融机构的收益增加，但整个社会都积累了大量风险，金融创新工具本身也包含风险，因而金融创新产生了新的风险。

第三，金融创新使金融体系的稳定性下降，有可能导致金融危机。金融衍生工具一般具有高度的杠杆放大作用，获利高，风险大，投机性强，吸引大量投资沉淀于金融领域，容易引起金融泡沫，引发金融危机。而在全球金融市场一体化的背景下，金融危机极易传递和蔓延，给全球经济带来危害。

第二节　国际金融市场

一、国际金融市场的类型

国际金融市场是指从事各种国际金融业务的场所、渠道和领域，也就是由国际上资金的借贷、结算以及证券、黄金和外汇的买卖形成的市场。国际金融市场上的交易超越了一个国家的国境，交易的货币也不限于一种，交易比较自由且大多在无形市场上进行。国际金融市场从不同的角度可以划分为不同的类型。

（一）按市场功能划分

可分为货币市场、资本市场、外汇市场和黄金市场，也就是广义的国际金融市场。货币市场是指资金融通和借贷期限在 1 年以下（含 1 年）的短期资金交易市场，又称短期资金市场。资本市场指长期资金交易市场，即资金融通和借贷期限在 1 年以上的交易市场，又称长期资金市场。外汇市场是指个人、企业、银行和经纪人从事外汇交易的组织系统、场所和网络。黄金市场是专门进行黄金买卖的国际性交易市场。

（二）按市场性质划分

可分为传统国际金融市场和新型国际金融市场。传统国际金融市场是从事市场所在国货币的国际借贷，并受市场所在国政府政策与法令管辖的金融市场。这种类型的国际金融市场经历了由地方性金融市场，到全国性金融市场，最后发展为世界性金融市场的历史发展过程。它由一国的金融中心发展为世界性金融市场，是以其强大的工商业、对外贸易与对外信贷等经济实力为基础的。伦敦、纽约、苏黎世、巴黎、东京、法兰克福、米兰等都属于这类国际金融市场。新型国际金融市场是指第二次世界大战后形成的欧洲货币市场。它是在传统国际金融市场的基础上形成的。其特点是：所经营的货币不限于市场所在国的货币，而是包括所有可以自由兑换的货币，这就为货币借贷提供了方便条件；它的经营活动可以不受任何国家金融法规条例的制约；它打破了只限于市场所在国国内的资金供应者的传统界限，从而使外国贷款人与外国借款人都不受国籍的限制；它的借贷活动不受任何国家政府政策与法令的管辖。总之，同业务活动具有国际性又受本国金融管理当局控制与金融法规约束的传统金融市场相比，欧洲货币市场是真正意义上的国际金融市场。

(三) 按金融业务涉及的主体划分

可分为在岸金融市场和离岸金融市场。在岸金融市场办理居民和非居民之间的交易，离岸金融市场专指办理非居民之间金融业务的市场，也是新兴的国际金融中心。所有离岸金融市场结合成整体，就是通常所说的欧洲货币市场。欧洲货币市场是境外货币交易的市场，也是离岸金融市场的总体。离岸金融市场的特点是，不受任何国家金融法规条例的限制。

二、当代国际金融市场的特点

20世纪90年代以来，国际金融市场呈现出以下特点。

(一) 金融证券化趋势大大加强

金融证券化是指借款人与贷款人之间日益通过直接融资来完成金融活动，而不是通过银行借贷来实现间接融资。对企业来讲，通过资本市场发行债券、股票和商业票据等进行直接融资，不仅可以绕过政府对银行体系的严格管制，还可以大大降低融资成本；对投资者来说，各种金融衍生产品流动性强，收益高，是投资者首选的投资项目。发达国家金融衍生产品花样翻新，层出不穷，目前已达2 000余种。金融衍生产品具有以小博大的杠杆效应和投机性，易于引起信贷迅速扩张或突然收缩，造成国际金融市场的不稳定。

近四十多年来，国际金融市场上一项重要的金融创新——资产证券化得到迅猛发展。**资产证券化**是指将缺乏流动性但能产生稳定的现金流的资产，通过一定的安排转换成在金融市场上可以出售和流通的证券的过程。资产证券化源于20世纪70年代美国的居民住房抵押贷款证券化。它是在资本市场上进行直接融资的一种方式。与发行其他金融产品（例如，债券及股票）类似，资产证券化发行人在资本市场交易中是通过向投资者发行资产支持证券进行融资的。资产证券化产品的还款来源是一系列未来可回收的现金流，产生这些现金流的资产可以作为基础抵押资产对资产证券化产品起到支持作用。基础资产涵盖的范围很广，包括住房抵押贷款、商业房地产抵押贷款、消费贷款、商业租赁合约以及其他任何具有可回收现金流的金融工具。因此，资产证券化的实质是出售未来可回收的现金流从而获得融资。

金融证券化的加强在一定时期、一定条件下对国际贸易、国际投资以及跨国公司的并购确实产生了积极影响，促进了生产国际化和跨国公司的发展。但是，金融证券化也相应带来了金融盲目扩张，以至金融发展严重脱离真实经济的发展而形成泡沫。2007年美国次贷风波就是房地产抵押贷款经由资产证券化形成的信贷泡沫最终破灭所引发的金融危机。

（二）金融风险国际化的趋势显现

随着金融国际化的发展，金融风险国际化的趋势也同时产生。国际金融风险呈现出多样化和复杂化的局面。金融机构的国际化使世界各类银行和非银行金融机构形成了相互交织的债权债务网，一旦资金链条的某一环节断裂，就会立即引起机构相互之间和系统内部的支付体系面临混乱局面。一方面，金融国际化使一国的金融风险不会停留在一个国家的范围内，它能够通过多种渠道传播到其他国家以及国际金融市场；另一方面，任何一国的监管机构都无法对面临的风险作出及时的预警和评估，这是各国金融机构面临的严峻挑战。

（三）国际金融格局出现多极化的趋势

第二次世界大战后美元的霸权地位确立，美元作为主要储备货币和国际结算货币，保证了国际支付和国际贸易的正常运行。但20世纪70年代以来，由于美国连年出现贸易逆差，美国政府不断通过增发美元来弥补其日益扩大的贸易逆差，从而使美元泛滥，美国不得不改变了强势美元的政策，任其货币贬值，引起国际外汇市场的动荡。在经济领域，中国由于四十多年来经济迅速增长，已经成为全球第二大经济体（仅次于美国）和第一贸易大国。2019年末，中国外汇储备达到3.1万亿美元。2014年10月21日，英国政府发行的首只人民币主权债券在伦敦证券交易所挂牌交易。此次发行不仅标志着人民币正式成为英国的外汇储备货币，而且标志着人民币的储备功能开始得到西方国家的认可。人民币于2016年10月1日作为主要储备货币之一加入国际货币基金组织的特别提款权（SDR）货币篮子①，人民币在特别提款权货币篮子中的权重仅小于美元与欧元，超过日元和英镑，位列第三，从这方面来看，人民币已成为全球第三大货币，这是人民币国际化的重要里程碑。以人民币计价的中国原油期货于2018年3月上市，进一步强化了人民币的国际地位。2017年6月欧洲央行宣布，已经将价值5亿欧元的外汇储备从美元转成了人民币。2018年1月德国和法国等欧洲发达国家宣布将人民币纳入外汇储备。目前全球已有70多个国家和地区的央行或货币当局将人民币纳入外汇储备，这是人民币国际化的重大进展。其他新兴经济体在国际金融市场上的地位和作用日益提升。这些都证明美元一家独霸天下的局面已一去不复返，国际金融格局发生了重大变化，在国际金融市场上出现了多极化的趋势。

---

① 国际货币基金组织特别提款权是国际货币基金组织于1969年创设的一种国际储备资产，用以弥补成员官方储备不足，其价值原由美元、欧元、日元、英镑所组成的一篮子储备货币决定。人民币于2016年10月1日加入特别提款权货币篮子，在其中的比重为10.92%，超过日元和英镑的比重，位列第三。

三、国际金融危机及其防范

（一）国际金融危机的表现形式

金融危机是指全部或大部分金融指标出现快速、剧烈的逆周期恶化。这些指标包括短期利率、汇率、资产（证券、房地产、土地等）价格、厂商破产数和金融机构无支付能力及倒闭数等。**国际金融危机**则是指发生在一国资本市场和银行体系等国内金融市场上的价格波动以及金融机构的经营困难与破产，通过各种渠道传递到其他国家从而引起国际范围的金融动荡。

国际金融危机的表现形式一般有如下四种。

第一，货币危机。**货币危机**又称货币汇率危机，是指一国货币相对于其他国家货币大幅贬值，引起资本外逃、利率上升，造成金融市场混乱的情况。货币危机多发生在资本市场不发达和汇率制度存在缺陷的国家，在投机的冲击下导致货币大幅贬值，迫使当局动用大量的外汇储备或大幅提高利率以保持本币币值稳定，结果造成一国的货币流通领域出现严重混乱，甚至原有的汇率制度趋于崩溃的局面。它会对证券市场、银行业、国际收支以及整个国民经济产生强烈的影响，容易引发债务危机、银行业危机及证券市场危机等多种危机。

第二，债务危机。债务危机是指一国或地区无力偿还其所欠的外债，引起外资抽逃、金融环境恶化的情形。债务危机通常发生在借入大量外债的发展中国家，由于其经济形势变化和管理不善而导致短期内无法支付到期的本息，引起金融市场恐慌。

第三，银行业危机。银行业危机又称金融机构危机，是指由于银行所持有的债权资产无法收回或权益资产价格下降而引起丧失支付能力或破产倒闭的情形。银行危机通常会在银行业产生连锁反应，导致一批金融机构丧失支付能力或破产，即引起银行业危机。

第四，证券市场危机。证券市场危机又称资本市场危机，表现为资本二级市场上的金融资产价格强烈波动，如股票市场、债券市场、基金市场及与之相关的金融衍生产品的金融资产价格发生急剧、短暂或超周期的暴跌。投资者恐慌性抛售并竞相退出，造成一发不可收拾的金融资产价格狂跌，股市崩盘。

现代金融危机以货币危机为主要表现形式，多数表现为上述几种危机的混合体，并呈相互演化趋势，常常是一种危机的爆发引发其他危机的爆发。

（二）当代国际金融危机的特征

（1）金融危机呈现出非周期性和突发性。传统的金融危机表现为周期性金融危机，由经济周期性波动引发并伴随着经济周期性波动而出现高峰和低谷，20 世纪 30 年代的金融大危机就是历史上最典型的周期性危机。当代金融危机脱离了经济周期的轨道，随着经济证券化、国际化、虚拟化的发展，虚拟经济与实体经济严重脱钩，当经济运动的泡沫积累到一定程度时，首先在金融领域爆发危机，使当代金融危机的超前性、突发性加强，成为经济危机爆发的前兆。

(2) 金融危机的扩散性和传染性加强。20 世纪 90 年代以后，随着计算机、通信、网络技术的迅速发展，以贸易自由化、生产全球化、金融自由化与国际化为特征的经济全球化进程加快，各国在经济上的联系越来越密切。这也使得金融危机蔓延和传染的范围更广、程度更深。一旦重要国家内部爆发金融危机，就将迅速扩散到其他国家和地区，演变成区域性甚至世界性的金融危机。2007 年发生在美国的次贷危机，是因次级住房抵押贷款过度发展和恶性投机而导致大量还贷违约、银行等次贷金融机构破产、与次贷相关的证券和股票价格剧烈下挫所引发的一场金融危机，继而迅速席卷全球金融市场，蔓延到世界其他国家，演变为第二次世界大战后最为严重的国际金融危机。

(3) 金融危机源于国际游资的冲击日益严重。国际游资是以套利、套汇从而获取高收益为目的的投机资金。近年来，大量短期国际资本的无序流动是造成国际金融风险和金融危机的一个重要原因。国际游资的投机活动实质上充当了金融危机爆发的导火索，如 1992 年欧洲货币体系危机、1997 年亚洲金融危机和 2008 年爆发的国际金融危机都与国际游资的投机攻击有直接关系。

(三) 国际金融危机的防范

随着金融全球化和自由化的发展，国际金融领域的风险形成因素更加复杂化，为了有效防范、消除或者减少金融危机的爆发及其所带来的危害，应采取的措施主要有：

第一，加强国际金融协调与合作。金融自由化和全球化常因信息分散与金融衍生工具增加而使金融发展与实体经济发展不对称，从而使国际货币运行处于高风险状态。只有各国加强协调与合作，才能有利于信息集中和有效监管国际金融风险，避免金融危机的发生。

第二，健全国际金融危机的预警机制。鉴于 20 世纪 90 年代末国际金融危机的教训，国际货币基金组织曾提出国际金融风险的七项预警指标：短期债务与外汇储备比例失调、巨额经常项目逆差、消费比例过大、预算赤字较大、资本流入的组成中短期资本比例过高、汇率定值过高、货币供应量迅速增加。同时必须尽快建立起配套的金融危机预警组织和监督机构，并健全法规形成预警制度体系，最后形成世界性的金融危机预警网络。

第三，加强对金融衍生市场的监管。在金融全球化进程中，金融衍生产品及其交易市场得以快速发展。名目繁多的金融衍生产品在给投资者带来高收益的同时，也加大了金融市场风险。如果大规模的金融衍生产品交易发生信用危机，将极易引发外汇市场或股票市场的剧烈波动，引起国际金融风险与危机的连锁反应。因此，加强对国际金融交易活动的监管，重点是加强对金融衍生市场的监管。

第四，加强对国际资本流动的控制和引导。对发展中国家而言，对引进外国资本必须进行适度的监控并有效利用外资，优化引进外资的结构和投向，尤其是控制短期资本的流入和投向，防止短期资本大规模撤离，遏制资本流动中的投机性和破坏性，提高外资的利用效率。

第三节　国际货币制度

一、国际货币制度的产生与发展

国际货币制度是指为了适应国际贸易和国际支付的需要，世界各国共同或有组织地对国际收支及其调节、汇率决定及其变动、汇率制度及其选择、国际储备及其构成等方面作出的安排或决定。它既包括具有法律约束力的有关国际货币关系的规章和制度，也包括各国在实践中共同遵守的某些规则和做法，还包括在国际货币关系中起协调、监督作用的全球性或地区性的国际金融组织或机构。简单地讲，国际货币制度就是指在国际上进行各种交易支付所采用的一系列安排和惯例，以及支配各国货币关系的一套规则和机构。国际货币制度主要包括以下几个方面的内容。

（1）国际收支调节方式。即当一国国际收支不平衡时，各国之间的政策措施如何相互协调配合，以使各国公平合理地承担调节的责任。

（2）汇率决定及其变动。即一国货币与他国货币之间的比价应如何决定和变动，一国货币能否自由兑换成他国货币等。

（3）汇率制度及其选择。即一国的汇率制度应该是固定的还是浮动的，各国政府都应该作出选择。

（4）国际储备资产及其构成。即一国采用何种货币作为国际储备货币，以及怎样确定国际储备的规模和构成来满足国际支付和调节国际收支的需要。

健全的国际货币制度会对国际贸易的发展、国际资本的流动及各国经济的发展等发挥积极作用，具体体现为：良好的国际收支调节机制能使各国以最低的成本公平合理地承担国际收支不平衡的调节责任，以维持世界经济平衡发展；相对稳定的汇率机制会降低国际贸易和国际投资的外汇风险与交易成本，并使其收益核算更为便利，从而极大地促进二者的发展；适度的国际储备规模及其适当的构成可以保持国际清偿能力的合理增长，使之与世界经济和国际贸易发展的速度相适应，保障国际贸易和世界经济稳定增长；合理的国际货币制度所形成和建立的有效的共同准则，可以促进各国经济政策相互协调，加强各国之间的货币合作，从而为世界经济与金融秩序的稳定提供良好的外部环境。

国际货币制度从产生至今共经历了三个发展阶段。

（1）国际金本位制。**金本位制**是一种以一定成色及重量的黄金为本位货币（本位货币是指一国货币制度中的基本货币）的货币制度。它产生于 19 世纪 70 年代，由英国首先实行，以后西方各大国纷纷实行金本位制，第二次世界大战爆发后金本位制崩溃。金本位制采取过三种形式：一是金币本位制，即以金币作为本位货币的货币制度。二是金块本位制，即以黄金作为准备金，以有法定含金量的纸币为流通手段的货币制度。三是金汇兑本位制，即将本国货币间接地与黄金连接的金本位制。实行金汇兑本位制的国家使其货币与另一实行金币和金块本位制国家的货币保持固定汇率，但禁止金币的铸造和流通。

（2）布雷顿森林体系。1944 年 7 月，44 国代表在美国新罕布什尔州的布雷顿森林举行会议，签署了《国际货币基金组织协定》，从而建立了布雷顿森林体系。在布雷顿森林体系下，各国货币与美元保持固定汇率，美元与黄金保持固定汇率（当时规定为 35 美元＝1 盎司黄金）。各国官方可随时以官方价格向美国兑换黄金。美元成为储备货币、结算货币和国际流通手段。

但是，20 世纪 70 年代初期，由于美国连年出现贸易逆差，美元大肆泛滥，美国政府无法承诺外国用美元兑换黄金的义务，布雷顿森林体系正式崩溃。

（3）牙买加体系。1976 年通过的《牙买加协定》及《国际货币基金组织协定第二次修正案》正式确立了牙买加体系。它的主要内容是：承认浮动汇率制度的合法化，即成员可以根据自身情况自由选择汇率制度；储备资产多元化，美元不再是唯一的国际储备资产和国际清算及支付手段；扩大对发展中成员的资金融通；增加成员在国际货币基金组织中的基金份额；推行黄金非货币化。

牙买加体系是布雷顿森林体系的延伸，美元仍是这一体系的核心。虽然牙买加体系实现了储备资产的多元化，但实际上美元仍是主要储备资产，充当国际货币，执行国际主要流通手段、支付手段、结算手段的职能。这样，美国的国际收支状况及其宏观经济政策就不仅影响着美国自身的经济发展，而且必然对世界经济产生巨大影响，从而加剧了世界经济的不稳定性。

二、现行国际货币制度的弊端与改革

随着世界经济的发展，牙买加体系的弊端日益明显地暴露出来，主要体现在以下几个方面。

（一）汇率体系极不稳定

在牙买加体系中，全球 1/3 的国家和地区实行独立浮动或管理浮动的汇率制度，其余 2/3 的国家和地区实行**钉住汇率制**①。作为储备货币的主要是美元，美元仍然占主导地位，美国的国际收支及经济发展状况仍然在很大程度上左右着汇率的稳定性。由于汇率波动频繁，汇率风险增大，不利于国际贸易的发展。汇率可以自由浮动，也助长了外汇投机活动，加剧了国际金融市场的动荡和混乱，尤其是使发展中国家的经济金融体系的不稳定性增加，一国比较容易受别国经济的牵制与影响。

同时，美国作为世界货币的发行国，它的货币政策的取向对世界经济影响极大。2008 年国际金融危机爆发以来，美国一直在实行量化宽松的货币政策，此后欧洲的主权债务危机不断深化，日本为摆脱持续了约 20 年的通货紧缩，实行超级量化宽松的货币政策，对世界经济的不利影响加剧，从而使国际金融领域的混乱和不确定性进一步增加。

（二）缺乏行之有效的国际收支调节机制

牙买加体系对国际收支的调节功能并不完善。由于汇率机制运转失灵，利率机制有

---

① 钉住汇率制是指本国货币按某种固定比价同另一国的货币挂钩（即“钉住”），从而本国货币的汇率随着所“钉住”国货币汇率的变动而变动的汇率制度。所挂钩或“钉住”的货币必然是主要国家的比较坚挺和稳定的货币，如美元、英镑等。

副作用，国际货币基金组织又无力指导和监督顺差方与逆差方双方对称地调节国际收支，等等，因而逆差方储备锐减、债台高筑，顺差方则储备猛增，有的成为重要资本输出方，全球性国际收支失衡现象日趋严重。

（三）监督和预警机制严重滞后于市场发展

20 世纪 80 年代以来的金融自由化浪潮、近年来世界金融市场流动性的增加，以及信息技术的飞速发展和新兴市场的迅速崛起，这一切使得资本跨国流动达到空前的规模和速度。建立一个严密的、一体化的、行之有效的国际监管机制显得尤为必要和迫切。但是，目前的监管机制较为松散，对国际金融市场的监管基本上处于各自为战的割据状态，缺乏行之有效的协调和合作。风险管理方法和金融危机预警防范机制很不健全。

针对上述弊端，现行国际货币制度的改革需要解决的主要问题在于建立起完善有效、公平合理的国际货币本位制度、汇率制度和国际收支调节机制。但在这三个方面的改革上，美国、西欧、日本、发展中国家存在严重分歧，这源于各国在国际货币关系上的利益冲突，这种利益冲突是由各国经济实力的变化引起的，因而很难在短期内协调一致。但是，随着中国经济实力的增强，人民币国际化日益推进，人民币作为储备货币的功能加强，人民币的国际地位提升，这些将有力地增加国际金融体系的稳定性和公平性。

本章重要名词概念

金融资本全球化　金融工具　金融自由化　金融创新
国际金融市场　资产证券化　国际金融危机　货币危机
国际货币制度　金本位制　钉住汇率制

思考题

1. 金融资本全球化是怎样形成的？它对国际经济有什么影响？
2. 金融自由化的主要内容包括哪些方面？
3. 金融创新的主要内容和影响是什么？
4. 国际金融市场的类型和特点有哪些？
5. 当代国际金融危机的表现形式和特征是什么？
6. 为什么要对国际货币制度进行改革？
7. 我国人民币国际化的表现和进展是什么？

本章练习

第二十五章 社会主义国家的对外经济关系

本章重点

1. 社会主义国家必须实行对外开放，同时要坚持独立自主、自力更生原则
2. 对外贸易是国际经济联系的主要形式，要深化我国外贸体制改革
3. 积极开展对外技术、资金、劳务交流，发展国际旅游事业
4. 我国全方位对外开放的格局
5. “一带一路”建设
6. 在经济全球化条件下不断提高我国的经济竞争力和推进高水平对外开放

社会主义国家在发展经济的过程中，必然发生与其他国家和地区之间的经济关系。社会主义经济是开放型经济，对外经济关系是社会主义市场经济运行总过程中不可缺少的一个方面。本章阐明社会主义国家对外经济关系的理论，分析坚持开放发展理念及相应措施，以形成对外开放新体制，加速社会主义现代化建设和改革开放事业。

第一节　社会主义国家发展对外经济关系的必要性

一、社会主义国家对外开放的客观必然性

对外经济关系是一个国家同其他国家和地区间各种经济联系的总称，包括国际商品交换、资金和技术交流、劳务的输出与输入等。国家之间经济关系的产生和发展，是社会生产力发展特别是生产社会化和国际化以及商品经济和市场经济发展的结果。**对外开放**，是指一种积极开展国际交流的对外政策，开展国际交流包括经济、文化、体育、卫生等许多方面，最主要的是对外经济技术交流。

国际经济关系是随着商品交换越出国界和国际分工的发展扩大而开始的。但在资本主义生产方式产生之前，这种国际经济联系是不确定和不稳定的。因为当时的社会生产力水平还很低，各国的经济主要还是自给自足的、地区性和封闭性的经济。真正意义上的国际分工是在资本主义制度产生以后，特别是产业革命以后，随着生产社会化程度的提高而发展起来的。社会生产力的提高，市场经济的发展，客观上打破了地区和国别的界限。国际分工、国际交换和世界市场不断扩大，逐渐把世界各国卷入统一的、无所不

包的资本主义世界体系之中，使一切国家的生产和消费都具有世界性，以至离开国际贸易和世界市场，资本主义经济就不能得到发展。当今世界是一个开放的世界，任何一个国家和地区都不可能只依靠自己的资源和技术，孤立地发展自身的经济。各国只有通过国际交往和经济交流，互通有无，调剂余缺，才能加快本国的经济发展。

社会主义国家实行对外开放有着客观必然性。

（1）这是社会化大生产本身发展的要求。社会主义国家发展经济，必须遵循社会化大生产内在规律的要求，积极参与国际分工和国际交换，不断开展和扩大对外经济联系。

（2）实行对外开放，发展对外经济关系，是发展社会主义市场经济的需要。具体说来，第一，发展对外经济关系，可以促进社会主义国民经济的协调发展。在社会主义市场经济的运行过程中，会出现一些商品短缺、另一些商品过剩的市场失衡现象，除了依靠国内调节外，还可以利用国际分工和世界市场来调剂余缺，减少失衡，从而保证国民经济协调发展。第二，发展对外经济关系，可以节约社会劳动，提高经济效益。世界各国由于各种主客观原因，生产不同商品的成本和劳动耗费有很大差异。一国要善于利用自己的优势，参与国际分工，出口自己有优势的产品、技术或劳务，换回本国需要、在本国生产效率又低的短缺商品、技术或劳务，这样就能在国际经济交往中获得利益、节约社会劳动。

（3）发展对外经济关系，是加速社会主义现代化建设的必由之路。一方面，在科技发展迅猛的当代，一个国家要不甘落后，就要善于利用对外经济技术交流，取外国之长补自己之短，以加速经济的发展和现代化的进程。另一方面，一国要积极利用国外资源和国外市场，弥补本国发展经济所需资源的不足和进行对外交流。这两方面对我国这样一个生产力水平较低、科技水平相对不高、资源相对不足的社会主义发展中国家来说尤其重要。

二、坚持对外开放基本国策，实施互利共赢开放战略

党的十一届三中全会以来，我国实行了改革开放的方针。当今世界的经济和政治格局已发生了极大变化，我们必须坚定不移地坚持对外开放的基本国策。

对外开放的重要性和紧迫性可从国际国内两方面来认识。从国际形势来看，当今世界的两大主题是和平与发展。经济全球化的日益发展，促使世界范围内生产社会化、国际化程度不断提高，国际分工、国际竞争和国际经济联系不断加强。在这种形势下，闭关锁国不可能，只保持一定的开放程度而不扩大开放程度也不行。近年来世界经济的一体化、多元化、区域化、集团化发展，也要求我们扩大开放程度。而且新的科学技术的发展以及世界经济结构和格局的调整，对我国的对外开放和现代化建设也是一个难得的、稍纵即逝的机遇，必须抓住机遇，扩大对外开放。从国内形势来看，对外开放是加快现代化建设的需要，也是构建高水平社会主义市场经济体制的要求。构建高水平社会主义市场经济体制，必须不断扩大开放程度，向发达市场经济国家学习和借鉴，使改革和开放相互促进。

当前我国经济社会发展进入了新时代，必须坚持对外开放的基本国策，在更大范围、

更广领域、更高层次上参与国际经济技术合作和竞争。我国要实施**互利共赢开放战略**，就是要利用有利的国际环境，通过积极参与经济全球化和区域合作实现自身发展，并以我国自身的发展更好地维护世界和平，加强世界各国的经济合作及促进共同发展。实施互利共赢开放战略，有利于维护和扩大我国在国际经济贸易中的权益，缓和国际经贸摩擦，促进各国经贸共同发展，推动经济全球化进程，营造一个公平、和谐、开放的国际经贸环境，因而这是我国必须长期坚持的对外开放战略。

适应我国对外开放由出口和吸引外资为主转向进口和出口、吸收外资和对外投资并重的新形势，必须实行更加积极主动的开放战略，统筹双边、多边、区域、次区域开放合作，不断拓展新的开放领域和空间，扩大和深化同各方利益的汇合点，完善更加适应发展开放型经济要求的体制机制。同时要提高抵御国际经济风险的能力，有效防范风险。

三、对外开放与独立自主、自力更生

社会主义国家发展对外经济关系，必须正确处理对外开放和独立自主、自力更生的关系。**自力更生**就是在政治独立和经济自主的前提下，主要依靠本国力量发展民族经济。社会主义国家不能靠对外剥削和掠夺来发展自己的经济，不能完全依赖外国的力量实现现代化，只有从本国国情出发，主要依靠自己的力量，勤俭建国、艰苦奋斗，才能建设起一个社会主义现代化强国。特别是对中国这样一个拥有 14 亿人口和幅员广大的发展中国家来说，更是如此。因此，对外开放必须以自力更生为基础和前提，在发展对外经济关系时，要维护国家的主权和独立，要充分考虑我国的国情和国力，并且通过发展对外经济关系，进一步增强我国自力更生发展经济的能力。

强调自力更生绝不意味着闭关锁国，或者降低对外开放的重要地位。自力更生与对外开放是相辅相成、相互依赖、相互促进的。片面强调自力更生，排斥对外开放，不利于本国经济的发展，从而会降低自力更生能力。而充分利用对外经济关系，会促进国内经济的发展，增强自力更生的能力。在自力更生的基础上，扩大对外开放，还必须贯彻平等互利的原则，使各国在平等的基础上通过发展经济联系，各得其所、互相促进。

第二节　社会主义国家的对外贸易

一、社会主义国家对外贸易的性质与特点

在社会主义国家的对外经济关系的多种形式中，最重要的是对外贸易。**对外贸易**是指一个国家同其他国家或地区之间的商品交换关系，它既包括商品的出口和进口，也包括技术的出口和进口。同时，由于对外贸易的发展必然会引起一系列货币、劳务等各种经济关系的发展，因此，对外贸易是一个国家对外经济关系的基础。

一个国家对外贸易的性质是由这个国家的社会经济制度决定的。社会主义国家的对外贸易是建立在社会主义公有制为主体的所有制基础上的，它的目的是通过国际商品交

换，促进本国和其他国家经济的共同发展。社会主义制度的性质决定了社会主义国家的对外贸易在本质上是一种新型的平等互利的国际交换关系。

社会主义国家对外贸易的性质决定了它的如下特点。

（1）社会主义国家的对外贸易是在国家的集中领导和统一管理之下进行的，坚持统一政策、统一计划、统一对外。对外贸易与国内贸易不同，对外贸易中存在着维护国家主权、坚持经济上的独立自主、反对他国掠夺和控制、保护本国经济发展的任务。国家统一集中管理、规划对外贸易，能更好地在对外贸易中发挥本国优势，统一协调产销以维护对外贸易的社会主义性质，更好地完成对外贸易任务。当然，集中统一管理并不意味着国家机构直接经营一切对外贸易业务。国家的任务是集中力量搞好规划，统一制定政策，各部门、各地区和有条件的企业在国家的统一管理、规划下，通过代理的方式自主经营对外贸易业务，这样可以调动各方面的积极性，提高效率，促进对外贸易的发展。

（2）社会主义国家的对外贸易是在国家计划的指导下进行的。对外贸易是国民经济的组成部分，是社会主义流通过程的进一步延伸，因此必须纳入国民经济总体规划。外贸平衡是国民经济综合平衡不可缺少的一个方面。外贸计划的中心环节是协调进口和出口的比例关系。对外贸易的计划性能促进外贸和国民经济稳定健康地发展，减少和避免世界市场与国际经济关系中不利因素的冲击和影响。

（3）社会主义国家的对外贸易是建立在平等互利的基础上的。对外贸易方面的平等互利包括：进出口商品的品种、质量、规格等合乎双方的要求；进出口商品价格要公平合理；交换各方的关系是平等的，对外贸易应有进有出，反对独占市场和倾销政策等。此外，不能在进出口商品时附带任何不平等条件和损害本国或其他国家的主权，要保证国家在政治上和经济上的独立自主。

二、社会主义对外贸易中的商品出口和进口

对外贸易由商品的出口和进口两个方面组成。出口和进口是相互依存和制约的，要坚持出口和进口并重。一般来说，通过出口换取外汇，才能进口所需要的商品。因此，扩大出口是发展和扩大对外贸易的基础，应努力创造条件增加商品的出口。

（1）要努力增产国际市场上适销对路的商品。增加出口的关键是发展适销商品的生产。要从我国的国情和世界市场的需要着眼，发挥我国资源丰富、传统技艺精湛、劳动力众多等出口竞争优势。组织好国际市场上适销商品的生产，保证充足的货源，及时调整、变换滞销商品的生产，改进品种、质量、花色、包装，逐步改变我国的出口商品结构，增加工业品、科技新产品、高附加值商品出口的比重，加快培育和形成以技术、品牌、质量、服务为核心的出口竞争新优势。

（2）要处理好内销和外销的关系。对内销和外销要统筹兼顾，适当安排。对有关国计民生的重要物资要限量出口；对国内市场和出口都需要而又货源紧张的商品，要积极发展生产，尽量多出口一些；对国内市场可多可少的商品，应尽量多出口；对不可再生自然资源，要严格把关，即使出口换汇很有利，也要慎重出口。

（3）要采取灵活多样的贸易方式，拓展出口渠道。国际贸易中的许多习惯做法，如

来料加工、来样加工、来料装配、补偿贸易等，是各国对外贸易实践的产物。对这些贸易形式，要积极地、有区别地加以利用。多一种方式就多开辟一条外贸渠道，而且可以解决部分资金、原料不足的困难，增加劳动就业。

（4）积极推进以质取胜和**市场多元化战略**，发挥我国的比较优势。在发展对外贸易的过程中，我们借鉴了在其他国家特别是新兴工业国行之有效的**进口替代**、**出口导向**等成功的对外贸易战略，即在发展对外贸易中积极发展本国工业，以替代某些进口商品，同时以世界市场需求为导向，发展出口贸易。根据我国的具体情况，特别是近年来发展对外贸易的经验教训，我国应推进以质取胜和市场多元化战略。在过去较长一段时期中，在出口商品方面，我国的出口商品档次相对较低，质量也相对较差，在国际市场上缺乏竞争力。因此，必须树立质量观念和质量意识，提高产品质量以便打开销路，以我国具有优势品牌、质量和价格的商品，着力提高出口商品和服务的竞争力，去占领市场，增加创汇。在出口市场方面，我国原有的出口主要集中于美国、日本及西欧国家，应在巩固传统市场的同时，更广阔地开辟新兴市场，实施市场多元化战略，以使我国的对外贸易有更大的回旋余地。

（5）优化进口贸易结构，满足国内需求。社会主义国家的外贸进口要为促进经济发展、提高科学技术水平和改善人民生活服务。必须优化进口结构，着重引进先进技术、关键设备、国内短缺资源和节能环保产品。对某些必需的消费品，也可以组织适量的进口，但要防止比重过大。进口商品的主要目的是促进本国经济的发展，因此，要把扩大进口和保护民族工业的发展结合起来，综合考虑，统筹兼顾。国内能够制造和供应的设备，特别是日用消费品，不要盲目进口。同时，在积极保护民族工业的条件下，又要注意防止走向保护落后的道路，要使国内产品面临一定的竞争，促进企业改进技术、革新工艺、提高管理水平，以利于产品质量的提高和成本的降低。要充分发挥进口对宏观经济平衡和结构调整的重要作用。

商品的出口和进口是密切关联的两个方面，应制定综合的进出口发展战略，坚持把稳定出口与扩大进口相结合，既要注意微观经济效益，在各种商品的出口和进口中都要考虑盈亏问题，也要重视宏观经济效益，使商品的进出口在一定时期中保持大体平衡，并对整个国民经济的发展起推动作用。

三、转变我国外贸增长方式，构建对外贸易强国

改革开放以来，我国的**对外贸易战略宗旨**是互利共赢、多元平衡，促进了对外贸易大幅度增长。1978 年我国进出口总额在世界各国中仅居第 29 位，2013 年已跃居世界第 1 位。2018 年以来受中美贸易摩擦，2020 年以来受新冠疫情影响，我国对外贸易增幅有所放缓；但我国的进出口总额仍在增长，2021 年达 39.1 万亿元。但是，也要看到，我国虽然已是一个对外贸易大国，但还不是对外贸易强国。出口贸易主要依靠数量和低成本扩张，自主品牌出口商品短缺，出口商品价格未充分体现劳动、土地等要素的成本和资源环境的代价。进口贸易中对原材料和关键技术的依存度较高，大宗商品进口价格上涨较快。对外贸易基本上仍沿袭数量增长型外贸模式。面对日趋激烈的国际竞争及有限的

世界市场容量和资源供给，我国必须加快转变外贸增长方式，提高外贸的经济社会效益，加快从贸易大国向贸易强国转变。

为了转变外贸增长方式，建立质量效益型外贸增长模式，构建对外贸易强国，我国实施优进优出战略，推动外贸向优质优价、优进优出转变，加快建设贸易强国。党的十九大报告提出，“拓展对外贸易，培育贸易新业态新模式，推进贸易强国建设。实行高水平的贸易和投资自由化便利化政策，全面实行准入前国民待遇加负面清单管理制度，大幅度放宽市场准入，扩大服务业对外开放，保护外商投资合法权益。”

四、加入世界贸易组织，推动对外贸易发展

从20世纪80年代中期提出恢复我国在关税及贸易总协定中的地位开始，经过十余年艰苦的谈判，我国终于在2001年12月11日加入世界贸易组织，成为其正式成员。

中国加入世界贸易组织，是中国深度参与经济全球化的里程碑，标志着中国改革开放进入历史新阶段。加入世界贸易组织对我国的经济发展特别是对外贸易既是机遇也是挑战，我国固然享有了作为世界贸易组织成员的各项权利，同时也要承担相应的义务，既要发展自己，也要造福世界。

中国加入世界贸易组织以来，切实履行了加入世界贸易组织的承诺。我国不断完善社会主义市场经济体制和法律体系，加强同多边贸易规则的对接，切实履行货物和服务贸易开放的承诺，大幅降低进口关税。截至2010年，中国货物贸易降税承诺全部履行完毕，在履行加入世界贸易组织承诺的基础上，中国近年来又多次大幅度自主降低进口关税税率，2015年中国的贸易加权平均关税已降至4.4%，非常接近发达国家水平。我国持续削减非关税贸易限制，促进贸易透明顺畅。我国全面开放外贸经营权，促进经营主体多元化。我国强化知识产权保护，构建完备的知识产权保护法律体系，加强知识产权保护执法力度，效果明显。我国对外开放政策的稳定性、透明度、可预见性显著提高。

中国加入世界贸易组织以来，始终坚定支持多边贸易体制。我国是以世界贸易组织为核心的开放、透明、包容、非歧视的多边贸易体制的积极参与者、坚定维护者和重要贡献者。我国全面参与世界贸易组织的各项工作，为完善全球经济治理发出中国声音、提出中国方案，积极推进贸易投资自由化、便利化，有效维护贸易争端解决机制的法律地位和有效运转。我国积极推动世界贸易组织更加重视发展中国家的关切，全力支持发展中国家融入多边贸易体制，向其他发展中成员提供务实有效的支持。我国坚决反对单边主义和贸易保护主义，维护多边贸易体制的权威性和有效性，与各成员构建利益高度融合、彼此相互依存的命运共同体，共同推动世界贸易组织在经济全球化进程中发挥更大作用。

中国加入世界贸易组织以来，对世界经济发展作出了重要贡献。我国坚定不移奉行互利共赢、多元平衡的对外开放战略，践行世界贸易组织的自由贸易理念，履行入世承诺，大幅开放市场，在对外开放中展现了大国担当和气魄。从加入世界贸易组织到共建“一带一路”，中国开放胸襟、拥抱世界，拉动世界经济复苏和增长，对外贸易发展惠及全球，双向投资造福世界各国，为国际社会提供各种公共产品，为促进世界经济贸易发

展、增加全球民众福祉作出了重大贡献。中国在实现自身发展的同时惠及其他国家和人民，促进了全球共同繁荣，成为世界经济的主要稳定器和动力源。2022 年党的二十大报告指出，“我国成为一百四十多个国家和地区的主要贸易伙伴，货物贸易总额居世界第一，吸引外资和对外投资居世界前列，形成更大范围、更宽领域、更深层次对外开放格局”。

近年来，逆全球化潮流涌动，贸易保护主义和单边主义抬头，以世界贸易组织为核心的多边贸易体制遭遇挑战。中国一如既往，继续践行入世承诺、遵守世界贸易组织规则，积极参与多边贸易体制建设，坚定支持世界贸易组织在全球经济治理中发挥更大作用。而且中国的对外开放不会止步于履行加入世界贸易组织的承诺，面对汹涌澎湃但又充满曲折的经济全球化，中国顺应时代发展潮流和世界发展大势，坚定不移地推动更高水平的对外开放，不断创造更全面、更深入、更多元化、互利共赢的对外开放格局。

五、实施自由贸易区战略

自由贸易区是指一些国家和地区在多边承诺的基础上，进一步相互开放市场，实现贸易和投资自由化，它是比多边贸易体制更高水平的开放。

近年来，全球自由贸易区发展势头迅猛，涌现出大量自由贸易区，全球对外贸易中，有 50%以上是在各自由贸易区内部以比世界贸易组织更优惠的条件进行的。美国、日本、欧洲国家、印度等国竞相发展自由贸易区，打造利益共同体，把自由贸易区作为国家战略来推动，自由贸易区已成为大国开展战略合作与竞争的重要手段，对世界的经济乃至政治格局产生了重大影响。在世界各国特别是大国竞相发展自由贸易区的形势下，我国如果落后于人，发展空间就会受到挤压，在日益激烈的国际竞争中就可能处于不利地位。

我国要以周边为基础加快实施自由贸易区战略，构建立足周边、辐射“一带一路”、面向全球的高标准自由贸易区网络。党的十九大报告指出，要赋予自由贸易试验区更大的改革自主权，探索建设自由贸易港。实施自由贸易区战略，为加入世界贸易组织后的我国提供了新的对外开放途径和方式，是提高我国对外开放水平、建立更加开放的经济体系的紧迫要求。发展自由贸易区有利于拓宽我国的经济发展空间，有利于建立稳定和多元的战略资源供应渠道，有利于消除贸易壁垒和化解国际贸易争端，提升贸易投资自由化便利化水平，有利于改善我国的国际和周边环境。截至 2022 年，我国已与 26 个国家和地区签署了 19 个自由贸易协定，与自由贸易伙伴的贸易额约占中国对外贸易总额的 35%，已签署的自由贸易协定中，接近 90%的产品为零关税。2020 年 11 月，亚太《区域全面经济伙伴关系协定》(RCEP) 正式签署，该协定包括中国、日本、韩国、澳大利亚、新西兰和 10 个东盟国家（越南、泰国、菲律宾、老挝、柬埔寨、缅甸、马来西亚、新加坡、印度尼西亚、文莱）。根据我国商务部 2023 年最新资料，RCEP 区域总人口、GDP 总值、货物贸易金额均占全球的约 30%，标志着当今世界上人口最多、经贸规模最大、最具发展潜力的自由贸易区正式启航，为全球多边贸易体系注入了新活力。在国内，2013 年上海自由贸易实验区正式设立，到 2020 年，我国陆续建立的自由贸易实验区已达21个。2020年我国在海南省启动了自由贸易港建设。

六、深化我国外贸体制改革

为应对世界经济和国际贸易的新形势，我国的外贸体制必须深化改革，主要应做好以下几个方面的改革。

（1）深化外贸企业改革，加速转换企业对外经营机制。使外贸企业由国家计划的单纯执行者，转变为进出口贸易的自主经营者。改变以创汇为主的经营指导思想，转向创汇与效益并重的企业经营思想和运行机制。由主要靠廉价商品扩大市场向以质取胜转变。由主要依靠收购向逐步发展代理制，发展实业，建立稳定的货源基地转变。转为代理制后，外贸企业和生产企业的责权利明确，有利于生产的发展和对外贸易的扩大。从发展方向来看，外贸企业应向工贸、技贸、农贸相结合的方向发展，由单一经营转向多种商品、多种方式灵活经营，建立起一批国际化、实业化、集团化的综合贸易公司和跨国公司。

（2）建立和完善对外贸易的宏观管理体系。政府各级管理对外经济活动的部门要切实转变职能，微观放活，宏观管好。政府的对外经贸管理部门主要的工作是制定对外经贸的发展战略，监督和指导企业贯彻执行政府的有关方针政策，以相互补充配套的经济、法律、政策和必要的行政手段来调控、引导、规范企业的经济行为。要建立起适应社会主义市场经济体制的各项具体管理制度，为企业的发展创造平等的外部条件。

（3）改革进出口管理制度。经过四十多年的改革开放，我国的进出口管理体制与市场经济国家的一般做法和国际惯例已日益接近。我国加入世界贸易组织已超过二十年，今后我国要进一步改革进出口管理制度，以适应世界贸易组织的要求。

（4）推进外贸主体多元化。我国要为各类经营主体和各种所有制企业开展对外贸易创造条件，让有条件的企业特别是国有大中型企业发展对外经营，拓展国际发展空间，形成各种所有制企业平等竞争、内外资企业共同发展的对外贸易新格局。

七、 推进外贸高质量发展

我国构建开放合作、包容普惠、共享共赢的国际贸易新局面，加快培育外贸竞争新优势，必须大力推进对外贸易的高质量发展。

第一，加快创新驱动。增强外贸创新能力，首先要促进外贸与产业互动，强化制造业创新对外贸的支撑作用，加快发展先进制造业和现代服务业，推进产业国际化进程，提高出口产品质量，推进品牌培育。

第二，优化外贸结构，提高外贸发展质量和效益。要优化国际市场布局，继续深耕发达经济体传统市场，着力深化与共建“一带一路”国家的贸易合作，拓展亚洲、非洲、拉丁美洲等市场。要优化外贸经营主体，鼓励行业龙头外贸企业提高国际化经营水平，逐步融入全球供应链、产业链、价值链，形成在全球范围内配置要素资源、布置市场网络的能力。要优化商品结构，大力发展高质量、高技术、高附加值出口商品贸易，提升劳动密集型出口产品的档次和附加值。要优化贸易方式，做强一般外贸，提升加工外贸，推动产业链升级。

第三，促进均衡协调，推进外贸可持续发展。在发展出口贸易的同时，要积极扩大进口，推动外贸与双向投资有效互动，促进外贸与环境协调发展。

第四，培育外贸新业态，增添外贸发展新动能。推进跨境电子商务、外贸综合服务企业、服务外包等外贸新业态发展，提升外贸数字化水平。

第五，建设外贸平台体系。加快培育各类外贸集聚区，办好境内外各种进出口商品交易会和博览会。推进国际营销体系建设，完善外贸公共服务平台建设，构建高效能跨境物流体系。

第六，营造法制化国际化便利化外贸环境。加强外贸监管，完善财税、金融、产业与外贸的政策协调衔接机制。发挥自由贸易试验区示范引领作用，建设高水平自由贸易港。加强知识产权保护和信用体系建设。

第七，坚持共商共建共享经贸合作。深化外贸合作，拓宽双向投资领域，创新投资合作方式和领域，促进贸易投资自由化便利化。坚持互利共赢，拓展外贸发展新空间，建设性参与全球经济治理，推动区域、次区域合作，维护多边贸易体制的权威性和有效性。

第三节　社会主义国家的对外经济技术合作

一、引进先进的科学技术

在国际经济关系中，国际科学技术交流已成为日益重要的内容，它对推动各国与整个世界的发展起着不容忽视的作用。科学技术的进口和出口在国际贸易中所占的比重越来越大。科学技术也是一种商品，只有通过买卖关系才能进行让渡。

进行国际科学技术交流的必要性在于：各个国家由于历史发展、自然条件和生产力状况不同，科学技术水平也不相同。在一定时期内，有的国家科学技术比较先进，有的国家科学技术相对落后；有的国家在某些领域有突出的成就，有的国家在另一些领域有重大的贡献。各国科学技术发展不平衡，要求进行国际交流，以便取长补短、互相促进。科学技术正是沿着这样的途径发展起来的。一个国家在科学技术上能够获得新的进展，总是同直接、间接地吸取了其他国家已有的科技成果分不开。

科学技术是人类在长期生产斗争和科学实验活动中创造的共同财富，没有阶级性，也没有国家和民族的界限，各国都可利用。社会主义国家应积极吸取世界上一切先进的科学技术成果。特别是经济和科技水平还较落后的社会主义国家，更迫切需要通过引进先进技术来迅速改变国民经济的落后状况，促进经济的发展。引进国外先进技术，是进行社会主义建设的重要条件。

社会主义经济制度从根本上消除了利用先进技术的社会障碍，能够最广泛地吸收国外科学技术的先进成果。社会主义市场经济体制为生产力的发展和科学技术的进步开辟了广阔道路。在自力更生的基础上引进必要的先进技术设备，坚持学习和独创相结合的原则，对国民经济的发展有重要的促进作用。(1) 可以加快本国科学技术的发展，促进国民经济的技术改造。引进国外先进技术，是迎头赶上发达国家、加快科学技术发展的重要途径。(2) 可以节约现代化建设资金。引进技术要付出相应的代价，这要比一切都由自己从头研制所花费的资金少得多。(3) 有利于提高劳动生产率。现代生产发展主要依靠劳动生产率的提高，而提高劳动生产率又主要依靠采用先进的科学技术。(4) 有助于自力更生地发展科学技术。引进技术不仅可以提高国内的生产水平，而且可以提高本国的科技水平。

引进国外的先进技术，既要积极又要谨慎，要按照合理、经济、有利的要求，解决好以下几个方面的问题。(1) 要从本国实际出发，根据本国的经济条件、技术结构的特点，有计划、有选择、有重点地引进。我国目前应着重引进先进技术和关键设备。(2) 引进项目要进行技术和经济可行性分析。既要注意引进技术的先进性、可靠性，又要考虑国内的适应性和经济效益。(3) 采取灵活多样的引进方式，提高引进技术的综合效益。引进技术有多种形式，如购买机器设备、专利或专有技术、技术资料，通过咨询服务、合作生产、合作研究等引进技术，聘请外国专家、科技人员等，要权衡各种引进方式的利弊，根据具体情况，选择有利的方式。(4) 要避免盲目引进和重复引进，并且把引进技术同国内消化、吸收、运用、创新相结合。(5) 要注意保护知识产权。

二、利用外国资金

社会主义国家的经济建设应主要依靠自己的积累，同时，也要在发展过程中适当地利用外国的资金。从世界经济发展的历史看，各国在加速发展经济的时候，都曾以不同方式在不同程度上利用过外国资金。

社会主义国家在平等互利的基础上积极利用外资，将其作为筹集建设资金的一种补充形式，有利于加快社会主义现代化建设。我国是正在进行大规模经济建设的发展中国家，资金短缺是一个突出的问题。吸引和利用好外国资金对我国的社会主义经济建设具有重要作用。(1) 利用外资能在一定程度上弥补我国建设资金的不足，保证一批重点、关键项目的建设，为经济成长创造条件。(2) 利用外资能够引进先进技术，促进企业的技术改造、产品的更新换代。(3) 利用外资可以建立具有先进技术水平的新兴产业部门，优化产业结构。(4) 利用外资可促进外向型经济的发展，扩大出口贸易，改善出口商品结构，增加外汇收入。(5) 利用外资可以兴办三资企业，增加就业机会，培养技术和经营管理人才。

利用外资必然要付出一定代价，使外国资本有利可得。付出一定代价来引进外资，是为了使我国的经济有更大的发展。为了合理利用外资，必须坚持以下几项原则。(1) 坚决拒绝一切奴役和掠夺性条件，维护国家主权和正当的经济利益。在借款时决不允许附带任何政治和经济上不平等的条件。(2) 坚持国内积累为主、利用外资为辅的原则。对我国这样一个社会主义发展中大国，主要的建设资金只有也只能靠自身积累，不可能完全利用外资来搞现代化建设。(3) 坚持外汇收支大体平衡。利用外资是建立对外的债务关系，必须按时还本付息。还本付息会增加外汇支出。因此，利用外资必须考虑偿还能力，要提高利用外资的效益，尽可能提高创汇能力。要在拥有可靠偿付能力的条件下利用外资，避免超过国力过多举借外债，避免陷入借新债还旧债的恶性循环。（4）搞好利用外资与国内配套资金的平衡。只有搞好内外资金的平衡，才能取得应有的效益。

利用外资主要有两种形式：一是通过各种信贷途径借入外国资金；二是吸收外国资本进行直接投资。

国际信贷可分为国家信贷和私人信贷。国家信贷多为政府间协议安排和提供的贷款，一些国际经济组织的贷款也属于这一类。这种贷款条件一般比较优惠，且多用于特定项目，数额也有限。私人信贷在国际信贷中占较大比重，又分为商业信贷和银行信贷两类。商业信贷是购买外国商品时由对方出口商提供的，主要表现为延期支付货款。银行信贷是由金融机构提供的，可以在国际贸易中以买方信贷或卖方信贷的形式出现，也可以由金融机构直接提供贷款供借款人自由支配使用。

吸收外国资本进行直接投资，可采取办合资经营企业、合作经营企业或外资独营企业这三种形式，即采取三资企业形式吸收和利用外资。兴办三资企业，吸收外国直接投资，不仅利用了外国资金，而且常常可以同时引入先进的技术和经营管理经验。吸收外国直接投资要有利于国内经济效益的提高、产业结构的优化。吸收外资，要有相应的法律法规来规范、管理、调控利用外资的各项工作。

改革开放以来，随着我国投资环境的改善，我国利用外资的规模大幅度增长。中国累计吸收外资已超过 2 万亿美元，2021 年我国实际使用的外商直接投资（不含银行、证券、保险）金额为 1 734 亿美元。从 1993 年起，我国一直是吸引外资最多的发展中国家。

随着我国经济的快速发展和经济发展方式的转变，我国利用外资的条件正在发生变化，迫切需要创新利用外资的方式，优化利用外资的结构，提高利用外资的综合优势和总体效益，推动引资、引技、引智有机结合，提高利用外资的质量。要提高外资利用水平，放宽准入限制，引导外资更多投向现代农业、高新技术、先进制造、节能环保、现代服务业等领域，鼓励外资投向中西部地区及东北地区。要丰富引进外资的方式，优化投资环境，保护投资者的合法权益，完善外债管理。

三、对外输出技术和资金

国际技术和资金交流是双向的，我国在引进国外先进技术和资金的同时，随着改革开放的深入、国力的增强，业已开始向外输出技术和资金。对外投资和输出技术有利于掌握国际经济信息和世界市场行情，有利于学习国外的先进技术和管理经验，有利于培养专业人才，并能增加外汇收入，取得较好的经济效益。

在对外输出技术方面，我国有一支水平较高、素质较好、阵容整齐庞大、学科配置合理的科技人员队伍，有不少处于世界领先地位的科研成果。从基础理论到工农业实用技术，从航天、超导、计算机等尖端科研领域，到民用消费品的实用发明和专利，各层次的科技成果不断涌现。近年来，我国利用自己独特的航天技术为国外发射卫星，向国外公开出售各种专利技术，我国的科技工作者赴国外合作研究等，都取得了丰硕的成果。

在对外输出资金方面，近年来发展更快。我国在海外的间接投资采取各种贷款形式。海外直接投资主要是在国外开设独资、合资或合作企业，进行跨国经营。改革开放四十多年来，我国的海外中资或合资、合作公司不断发展，进入 20 世纪 90 年代后，海外投资增长势头更猛，截至 2021 年底，我国对外直接投资存量已达 2.79 万亿美元。目前，我国海外投资仍在稳定增长，并且在这些资金的运营中，我国学习了国外的先进技术和管理经验，了解了世界经济的动态和信息。对外投资已成为我国对外开放事业的重要组成部分。今后我国应特别鼓励发展那些自身有比较优势的海外投资项目，拓展经济发展的新空间。

我国的对外投资和跨国经营主要有三类：（1）向发达国家和地区投资，以便更有效地获得国外的先进技术与管理经验，并利用我国的某些经济优势和技术特长，参与国际竞争，扩大市场影响，提高经济效益。（2）向一些资源丰富的国家和地区投资，开发当地的矿产品或其他资源，以保证对我国而言这些矿产品或其他资源有稳定的来源。（3）向发展中国家投资，帮助其发展独立的民族经济。

为了全面提高我国的对外开放水平，构筑我国参与国际经济合作与竞争的新优势，我国必须创新对外投资和合作方式，支持企业在研发、生产、销售等方面开展国际化经营，加快培育我国的跨国公司和国际知名品牌，增强企业的国际化经营能力，培育一批具有世界水平的跨国公司；支持企业扩大对外投资，深度融入全球产业链、价值链、物流链，建设一批大宗商品境外生产基地及合作园区。我国在海外的投资越来越多，涉及的国家和地区越来越广，要随时关注局势的变化，采取适当的对策，确保这些资金的安全和效益。

四、对外经济援助

对外经济援助是社会主义国家应尽的国际主义义务。各国人民的革命和建设事业本来就是相互联系、相互支援的，援助总是相互的。

社会主义国家的对外经济援助与资本主义国家的对外“援助”有着本质的不同，后者的实质是资本输出，它不仅通过对外贷款等形式进行重利盘剥，而且由此带动商品输出，对外倾销剩余产品。资本主义国家的“援助”往往带有各种苛刻的条件，并力图从经济、政治、军事等方面控制受援国。社会主义国家的对外经济援助是为了帮助受援国巩固政治上的独立，促进其民族经济的发展和自力更生能力的加强。在提供经济援助时，社会主义国家坚持平等互利的原则，不要求任何特权。因此，社会主义国家的对外经济援助是无产阶级国际主义的具体体现。

我国是一个发展中的社会主义国家，经济上还不富裕，但我们仍然努力履行自己的国际主义义务，尽可能地提供对外援助。我国对外经济援助的基本原则是：平等互利、讲求实效、形式多样、共同发展。它集中反映了社会主义国家进行对外经济援助的真诚愿望和无私精神。贯彻执行这一原则，有助于加强和发展我国与世界其他国家特别是发展中国家的经济合作，促进我国同各国人民的团结，有利于维护世界和平与进步事业。

五、国际劳务合作和对外承包工程

劳务市场是国际市场的有机组成部分。我国是世界上的人口大国，发挥我国劳动力资源丰富的优势，不断扩大劳务输出，不但可以缓解国内的就业压力，还能增加外汇收入，促进国民经济的发展，有利于进一步改革开放，并能通过对外劳务输出学习国外的先进技术和管理经验，加快人才培养。

在国际劳务市场上对外输出劳务，有国际劳务合作和对外承包工程两种主要形式。**国际劳务合作**是通过向国外提供劳务来获取盈利的经济活动，如派遣技术人员、管理人员、工人、医务人员、海员、厨师等为外国客商服务。我国自 1978 年以来，国际劳务合作不断发展，项目和人员逐年增多，主要是根据国外业主或承包商的要求，按所需专业、工种，提供工程技术人员和熟练工人。我国派出的劳务人员技术熟练精湛，专业知识丰富，有严格的组织性和纪律性，不仅遵守所在国政府的各项法令，而且尊重当地人民的风俗习惯，严格执行合同的各项要求，履约后按期归国，深受国外合作者的欢迎和好评。截至 2019 年底，我国对外劳务合作累计派出各类劳务人员已达 1 000.2 万人次。2020 年以后，受新冠疫情国际大流行的影响，我国每年派出的劳务人员有所减少，但 2021 年末我国还有 30 万以上劳务人员在国外。

对外承包工程即国际承包，一般是由本国的对外承包公司承揽外国政府、国际组织或私人业主的建设项目、物资采购或其他业务。国际承包一般通过投标、议标或其他协商途径签订承包合同，然后按合同规定开展业务活动。我国对外承包工程的具体形式有的是独立承包一个完整的建设项目，有的是只承担某个项目的一部分，还有的是只承担工程项目的劳务部分。我国的对外承包工程目前主要集中在农牧渔业、林业、水利电力、地质勘探、交通运输以及其他一些建设项目上，多属劳动密集型项目；主要分布在亚洲、中东和北非一些发展中国家。截至 2021 年底，我国对外承包工程累计完成营业额已超过 1.91 万亿美元。

六、发展国际旅游

近几十年来，在世界范围内，国际旅游业迅速发展。不但发达国家的国际旅游业日益繁荣，而且随着经济的发展，广大发展中国家的国际旅游业从无到有地发展起来。改革开放以来，我国的国际旅游业蓬勃发展，现已形成一定规模。来华旅游的人数和我国的旅游业创汇收入持续增长，每年都有数以千万计的境外旅游者来华，我国的旅游创汇收入继对外贸易收入、劳务输出收入之后，成为创汇的第三大支柱，并形成了一批旅游创汇基地。随着我国经济的发展、人民收入水平的提高，我国人民开始走出国门从事国际旅游活动，今后这方面的发展将越来越快。

第四节　社会主义国家的国际收支和外汇

一、社会主义国家的国际收支

对外经济关系的发展，必然会引起**国际收支**，即国际的货币收支和国际结算。一个国家对外经济的发展水平和状况集中地反映在它的国际收支中。

一个国家的国际收支大体可以划分为三个组成部分：（1）经常项目。它是指由于日常的经济交往而引起的国际货币收支。主要包括：对外贸易收支、国际劳务收支（如运输、通信、保险、旅游等各种服务引起的货币收支等）、单方支付或转移（例如侨汇、个人或政府的赠予、赔偿等）。其中对外贸易收支最重要，所占比重也最大。（2）资本项目。它是指资本的输出输入，包括直接投资和非直接投资。社会主义建设需要引进一定量的国外资金，所以会有资本输入；同时，为了扩大国际经济往来，有效地利用国际收支盈余，也会在国外开办一些企业，进行适量投资。这些都应列入资本项目。因为它往往需要较长的周转过程，所起的作用与经常项目也不一样。（3）平衡项目。它是指用来平衡国际收支的手段及其变化。一个国家一定时间（如一年）内的国际收支不可能是平衡的。当国际收支有顺差时，会增加一国的黄金和外汇储备。当国际收支有逆差时，会减少外汇储备，必要时还要运用国际信贷手段来弥补。

社会主义国家的国际收支应纳入国民经济总体规划中，进行综合平衡。国际收支有一定的顺差，可以增加国际储备，做到有备无患，这当然是必要的。但如果年年都有大量国际收支顺差，国际储备数目过大，对一国的经济发展也是不利的。因为这等于大量积压外汇资金，不能使之充分发挥经济效益。并且，由于顺差主要来自外贸收入，而长期大量对某国或某些国家出口大于进口，会引起该国或这些国家对我国商品输入的限制，从而影响对外贸易的发展。国际收入有一定的逆差，会减少国际储备，有时还需要增加外债，因此要尽可能避免。但也不要绝对化，当需要大量进口先进的科学技术和生产设备以发展经济时，在个别年份的经常项目上有一定的国际收支逆差是不可避免的。这正是利用外资的必要性所在。如果借入的外资不足以弥补经常项目的逆差，就需要动用国家的外汇储备，从而使外汇储备减少。只要不是长期大量出现国际收支逆差，就不会发生国际收支危机，不致对国民经济的发展造成危害。所以对待国际收支要心中有数，慎重对待，积极进行综合平衡。既要努力开源，通过各种途径增加外汇收入，也要认真节流，把外汇用到最需要的地方。这样就可以在满足国际经济交往不断扩大的需要的同时，做到国际收支基本平衡。

随着我国经济的迅速增长和对外开放的不断扩大，对外经济关系日益发展。特别是在经济全球化趋势深入发展和国际产业转移逐步加快的背景下，国际收支状况对我国经济稳定发展的影响越来越大。目前，我国在国际收支方面，已由过去的外汇短缺转化为贸易顺差和外汇储备的快速增长。2021年，我国货物贸易进出口总值为39.1万亿元人民币，2021年底外汇储备为3.25万亿美元，我国已成为全球外汇储备最多的国家。外贸顺差增大和外汇储备快速增长，是我国参与经济全球化进程和实行改革开放政策的结果，显示了我国经济的迅速发展、综合国力的日益增强、产品国际竞争力的不断提高以及国际市场对我国商品的旺盛需求。但国际收支持续大幅度顺差和外汇储备过快增长，也会给国民经济发展带来一定的负面影响，主要是使人民币升值压力增大，容易引发与其他国家的贸易摩擦，并引起国内资金过于充裕而刺激过度投资，对稳定物价造成较大压力，加大货币政策调控的难度，因此，要采取综合措施促进国际收支基本平衡。

二、社会主义国家的外汇

外汇是一国拥有的国际支付手段，它包括以外币表示的可以在国际上进行支付的凭证。我国所使用的外汇概念包括以下四项内容：(1) 外国货币，包括钞票、铸币等。(2) 外币有价证券，包括政府公债、公司债券、股票、息票等。(3) 外币支付凭证，包括票据、银行存款凭证、邮政储蓄凭证等。(4) 其他外汇资金。外汇、黄金、国际货币基金组织的特别提款权等共同构成一国的国际储备。国际储备的多少及其变动集中反映一国国际经济活动的实力及地位。我们应掌握足够的外汇，并很好地运用它，使之更好地为发展国际经济关系、促进社会主义现代化建设服务。

一国货币与其他国家货币之间的兑换比率是**外汇汇率**。在纸币流通的情况下，由于各国货币流通和通货膨胀的情况各不相同，国际收支也不平衡，各国的外汇汇率是经常变动的。应审时度势，充分掌握国际金融市场的各种信息，以正确确定本国货币兑外币的汇率。

外汇汇率的高低和变化，对一个国家的国际经济关系有重要影响。

(1) 外汇汇率对对外贸易有直接影响。当一国的外汇汇率上升，本国货币贬值时，出口商品在国外市场的价格将相应降低，从而有助于提高商品的国际竞争力，增加出口。与此同时，进口商品的价格将相应上涨，从而不利于外国商品的输入。当一国外汇汇率下降，本国货币升值时，则会有利于进口而不利于出口。因此，有的国家利用本国货币对外贬值的办法来抢占国外市场，被称为外汇倾销。考虑到外汇汇率的这种影响，国家应将自己货币的汇率确定在一个合理的水平上。本国货币定值过高会影响商品出口，使外贸亏损增大，还可能使进口商品增多，影响本国工业生产的发展。本国货币定值过低，则会使进口商品价格上涨，并影响旅游和其他劳务方面的收入，还会带来价格上涨的压力。在确定了合理的货币汇率的情况下，要尽可能地保持汇率的相对稳定，以利于进出口成本核算，促进国际贸易的发展。

(2) 外汇汇率对利用外资有很大影响。如果外汇汇率上升，本国货币发生贬值，将影响外国投资者进行投资的信心。因为在这种情况下，外国投资者获取的利润折算成外汇收入会大大减少，并会增加利用外资还本付息的负担，从而对利用外资不利。如果外汇汇率下降，本国货币定值过高，外国投资者要用更多的外汇投资才能建设同样规模的企业，这也会影响外国投资者的积极性。因此，确定合理的汇率，并保持相对稳定，是更多、更好引进和利用外资的一个重要条件。

(3) 外汇汇率还会影响本国国际储备的价值和构成。外汇储备在国际储备中占很大比重，而外汇储备又是由各种外币储备构成的，因此，各种货币汇率的变动会对一国的外汇储备造成一定的影响。由于美元在当前是最重要的国际支付手段，在各国的外汇储备中美元的储备占相当大的比重，美元汇率的变动对各国外汇储备价值的增减影响也最大。汇率变动使各种货币的外汇储备价值发生变动，从而直接改变着外汇储备的构成。为了避免汇率变动给外汇储备带来损失，政府应随时注意外汇汇率的变动，预测其变化趋势，采取措施来改变外汇储备的构成，以尽可能地避免汇率波动给外汇储备带来的不利影响。

我国对外汇实行统一集中管理。外汇收支是整个国民经济计划的重要内容之一。要使外汇的计划和使用与国内的经济建设协调一致。外汇交易只能由国家指定的外汇专业银行或其他金融机构统一经营。一切其他机构或个人不得私自买卖外汇，外币不得在国内市场使用和流通。利用外资、向国外借款要经过批准，纳入计划。要不断完善外汇管理制度，使外汇管理具有高度的应变能力和必要的灵活性。实现人民币的可自由兑换，是中国对外开放中的一项既定目标。1996年底中国已实现了经常项目下人民币的可自由兑换，这是向人民币可自由兑换迈出的重要一步，今后将逐步实现人民币资本项目的可兑换，推行以人民币计价的对外贸易，提升人民币在国际货币基金组织特别提款权中的权重，支持一些国家将人民币纳为外汇储备，稳步推进人民币国际化进程。（关于人民币国际化问题，请参阅本书第二十四章第二节第二目的相关论述。）

2005年7月，我国开始实行以市场供求为基础、有管理的浮动汇率制度，并根据市场发育状况和经济金融形势，不断完善人民币汇率形成机制，保持人民币汇率在合理、均衡水平上的基本稳定，促进了国际收支的平衡。

第五节　全方位对外开放的格局

改革开放以来，我国已基本形成了一个由沿海到内地，由南向北全方位、多层次、宽领域的对外开放格局，发展了多种对外开放形式、多种对外开放部门和领域、多种对外开放地区。当前，应把扩大开放与区域发展相结合，协同推动沿海、内陆、沿边开放，形成优势互补、分工协作、均衡协调的区域开发格局。

一、经济特区

经济特区是指在一个国家或地区内划出一定的范围，在这个范围内实行特殊的经济政策，创造良好的投资环境，以吸引外资、引进先进技术，促进本地区和本国经济的发展。经济特区的产生和发展是世界经济迅速发展、国际经济交流日益扩展的必然产物。

我国从1979年起先后在深圳、珠海、汕头、厦门兴办了四个经济特区，1988年海南建省后，又设立了海南经济特区。我国的经济特区是社会主义国家在境内开辟的经济特区，其社会性质是社会主义的。经济特区不是特别行政区，而是实行特殊经济政策的、由社会主义国家行使主权的一级行政区域。在经济特区内必须遵守中华人民共和国的法律和法令，要坚持四项基本原则，建设社会主义精神文明。

经济特区集中贯彻我国对外开放的各项特殊政策和措施。对经济特区实行的特殊经济政策和特殊经济管理体制主要有以下几个方面。（1）特区的经济发展主要利用外资，产品大部分出口，其经济活动与国际经济活动密切相连，发展外向型经济。（2）特区经济活动主要面向国际市场，经济运行主要靠市场调节，不断加强国际竞争力，适应国际市场的变化。（3）特区实行一系列优惠政策吸引外商投资，如降低或免征某些税，简化客商出入境手续等。（4）特区有较大的经济活动自主权，如建设项目审批、财政和外汇等方面都较内地有较大自主权。

经济特区是我国对外开放最早的地区，在对外开放总格局中具有处于前沿阵地的战略地位，对我国的社会主义建设起着重要的作用。特区地处沿海，有独特的地理、经济、社会等各方面的优势。特区吸引了大量外资与先进的技术、人才和管理经验，不但发展了自身，还辐射到内地，带动了国内经济的发展。同时，经济特区发展外向型经济，大量产品出口发挥了向外辐射的积极作用。这样特区就成为对内对外两个扇面的中间枢纽点。特区还是我国建立和完善社会主义市场经济体制、各种改革措施出台试点的基地，是我国对外开放政策的一个示范窗口。四十多年来经济特区建设的实践表明，特区确实起到了技术、管理、知识和对外政策窗口的作用。应保持和扩大特区这个经济开放的窗口，鼓励这些地区在体制创新、科技发展、产业升级、扩大开放等方面继续走在前面，发挥对全国的示范、辐射、带动作用。

二、沿海开放城市

我国在建立经济特区的基础上，1984 年又将大连、秦皇岛、天津、烟台、青岛、连云港、南通、上海、宁波、温州、福州、广州、湛江、北海 14 个沿海城市列为开放城市。这些沿海开放城市地理位置优越，交通便利，工业基础好，技术水平和管理水平较高，有较多外贸经验。被列为开放城市后，这些城市实行某些类似特区的政策，以吸引外资和发展外向型经济。沿海开放城市对外开放的主要内容包括两个方面：（1）扩大对外经济活动权限，如放宽利用外资建设项目的审批权，增加外汇使用额度和外汇贷款，对引进的先进技术和设备免税或减税，开办经济技术开发区，扩大劳动人事方面的自主权等。（2）对外资引进给以优惠，从而吸引外商来开放城市投资。如对技术投资和基础建设投资可减免所得税，对土地使用费和土地税的收取标准具有一定的灵活性，对三资企业进口设备和原料、出口产品免征关税，对提供了先进技术和设备的三资企业可以让出部分国内市场，等等。

开放沿海城市是具有长远历史意义的重大决策。它大大拓宽了我国对外开放的空间和区域，加快了我国对外开放的步伐。这些城市交通便利、经济发达、技术先进，面向海外、背靠腹地，具有内引外联的优越条件，开放这些城市不仅有利于这些城市自身的发展，而且对全国经济的发展起到了巨大的推动作用。尤其是在这些城市设立经济技术开发区、保税区，更进一步推动了我国对外开放向深度和广度扩展。沿海开放城市的发展，还促进了国际经济特别是亚太地区经济的活跃和繁荣。

三、沿海经济开放区

1985年我国确定长江三角洲、珠江三角洲和闽南厦、漳、泉三角地区为沿海经济开放区，1988年又将辽东半岛、山东半岛、环渤海地区和广西等沿海的一些市县列为沿海经济开放区。这样，从北到南沿海的广大地区都成为对外经济开放区。这些地区是我国经济最发达的地区，较易吸收和掌握国外先进的东西，对外商投资有较大吸引力。这些地区在利用外资、引进技术等方面，实行沿海开放城市的某些政策，如扩大地方利用外资方面的权限，对三资企业实行优惠政策，对来料加工、出口产品免征关税等。

沿海经济开放区的建立，扩大了我国对外开放的领域，对于推动国内经济的发展，加快现代化建设，具有重大作用。（1）开放沿海地区，有利于发展外向型经济，促进沿海地区的发展。发展以国际分工和国际市场为导向的外向型经济，积极开展对外经贸活动，必然带动和促进沿海地区经济的增长和繁荣。（2）开放沿海地区，还能带动内地经济的发展，从而促进整个国民经济水平的提高和结构的优化。开放沿海地区、发展外向型经济，不仅缓解了沿海地区同内地争资金、争原材料的矛盾，而且使得沿海地区能在资金、原材料方面支援内地建设，帮助内地发展现代产业，促进内地工业化的发展。沿海地区引进的资金、技术、人才和管理经验，也会通过各种方式向内地渗透、扩散和转移，从而提高整个国民经济的发展水平。

四、经济技术开发区和保税区

为了扩大对外开放，早在1984年我国就开始设立经济技术开发区。当时在各沿海开放城市相继开设了14个经济技术开发区，以后又在一些沿海、沿江、沿边和内陆中心城市陆续建立了一批经济技术开发区、高新产业区等。**经济技术开发区**就是在城市市区划出一块明显的地界，集中举办利用外资、引进技术、出口贸易等对外开放事业的区域。经济技术开发区与经济特区的区别是，前者只是行政区中的一个区域，后者则是一级行政区划；前者只有高新技术产业才享受优惠政策，后者则是各种产业享受同样的优惠政策。这是为了促进高新技术产业的发展，以利于我国经济结构的调整、产品的升级换代、科技事业的发展和国际竞争力的增强。

保税区是借鉴国外自由贸易区的经验，结合我国国情设立的处于国境内、海关境外的特殊区域。它有明显的界限和完善的隔离设施，是一种封闭性、综合性的对外开放区域。1990年以来，国家在上海外高桥、天津港等地已陆续开辟了16个保税区。在保税区内的自用设备、为加工而进口的原材料、供转口的货物、加工后出口的产品，免交关税、免领进口许可证、免交工商统一税或对其予以保税，以利于区内企业搞出口加工、转口贸易和进行“两头在外”（即原材料来自海外，产品销往海外）的生产经营活动。保税区内对外商投资给以优惠，对中资企业从事外向型经济活动的同样给以优惠。保税区鼓励从事转口贸易，并为之提供相应的服务。保税区还从事仓储业、金融业、房地产业等。我国的保税区是目前政策最优惠、开放度最高、运作机制最便捷的对外开放区域。

五、沿边、沿江和内陆中心城市的开放

1992年我国加快了对外开放的步伐，在边境省区辽宁、黑龙江、吉林、内蒙古、新疆、云南、广西开辟了丹东、黑河、珲春、满洲里、伊宁、瑞丽、凭祥等14个沿边开放城市，实行鼓励外商投资、促进边境贸易发展的各项优惠政策，加强同周边国家的经济交流与合作，推动了这些原来较封闭地区经济的发展，使原来对外开放的大后方变成了对外开放的前沿。我国沿边境的省份共有9个，总面积约593万平方公里，约占全国面积的62%，人口有近3亿，约占全国人口的20%。这些沿边地区有明显的地缘优势，自然资源丰富，是传统的商品粮基地和重工业基地，还有边贸传统，对外开放的潜力是巨大的。

1992年7月，我国进一步开放了沿长江的重庆、岳阳、武汉、九江、芜湖等5个长江沿岸城市，哈尔滨等4个边境、沿海省区的省会或首府城市，以及太原等11个内陆省会或首府城市，进一步发展了全方位对外开放的格局，有助于缩小我国沿海与内地之间、东西部之间的差距，促进我国国民经济的总体水平和布局、结构登上一个新的台阶。

六、沿主要交通线地带和中、西部地区的开发开放

我国的对外开放，是由沿海到内地、由南向北、由东向西逐步开展的，发展到现在，沿主要交通线的地带和中、西部地区的开发开放问题，已全面展开。沿主要交通线的地带有其交通便利的优势，中、西部地区有资源、历史、地理、人文、旅游等方面的优势。因此，在先开放地区的辐射和带动下，加快这些地区的开发开放，发挥其自身优势，不仅是振兴经济的需要，而且有着广阔的开发开放前景，潜力是很大的。

改革开放以来，我国的对外开放事业蓬勃发展，形成了全方位、多层次、宽领域的对外开放格局，取得了举世瞩目的成就。今后要加快形成各具特色、优势互补、分工协作、均衡协调的区域开放新格局。

第六节　推进“一带一路”建设

一、“一带一路”建设是我国对外开放的重大举措

“一带一路”是“丝绸之路经济带”和“21世纪海上丝绸之路经济带”的简称，是我国借用古代丝绸之路的历史符号，于2013年提出的进一步对外开放，加强同相关国家和地区的经济联系，互利互惠，共同发展，促进经济全球化和区域经济一体化发展的又一重大举措，得到了国际社会的高度关注和积极响应。

丝绸之路经济带涵盖东南亚、东北亚经济整合，并最终融合在一起通向欧洲，形成欧亚大陆经济整合的大趋势。21世纪海上丝绸之路经济带从海上联通欧亚非三个大陆，

和丝绸之路经济带形成一个海上、陆地的闭环。

“一带一路”倡议的目的是聚焦互联互通，深化务实合作，应对各种风险挑战，实现互利共赢、共同发展。目标是要建立一个政治互信、经济融合、文化包容的利益共同体、命运共同体和责任共同体，把“一带一路”打造成为顺应经济全球化潮流的最广泛的国际合作平台。

“一带一路”由中国与丝路沿途国家分享优质产能、共商项目投资、共建基础设施、共享合作成果，合作内容包括政策沟通、设施联通、贸易畅通、资金融通、民心相通等“五通”，肩负着探寻经济增长之道、实现全球化再平衡、开创地区新型合作三大使命。由中国首先提出倡议，有57个意向创始成员国参与（其中域内国家37个、域外国家20个），于2016年正式开业的亚洲基础设施投资银行（简称亚投行），坚持国际性、规范性、高标准，截至2021年底已有来自六大洲的104个成员。此外还有其他一些双边多边合作项目的开展，显示出“一带一路”倡议的世界性影响。共建“一带一路”成为深受欢迎的国际公共产品和国际合作平台。

二、“一带一路”建设的意义和总体方向

“一带一路”建设是纵贯古今、统筹陆海、面向全球的世纪蓝图，是构建人类命运共同体的重要实践，谱写了全球共同发展的时代新篇章，具有十分重要和深远的意义。

我国构建全方位对外开放新格局，要以“一带一路”建设为统领，它是我国扩大对外开放的重大举措和经济外交的顶层设计，是为破解人类发展难题提供的中国智慧和中国方案，是探索全球经济治理新模式、构建人类命运共同体的新平台，是新时代中国特色社会主义的伟大开放实践。要健全“一带一路”合作机制，畅通“一带一路”经济通道，打造国际合作新平台，增添共同发展新动力，创立开放包容的人文交流新局面。

党的十九大报告指出：“要以‘一带一路’建设为重点，坚持引进来和走出去并重，遵循共商共建共享原则，加强创新能力开放合作，形成陆海内外联动、东西双向互济的开放格局。”党的二十大报告进一步指出，要“推动共建‘一带一路’高质量发展”。我们要以此为指引，秉承丝路精神，推动“一带一路”真正成为一条和平之路、繁荣之路、合作之路、增长之路、开放之路、创新之路和文明之路；要以共商共建共享为基本原则，以深化“五通”交流合作为关键支撑，以构建全面开放新格局为“一带一路”建设的努力方向。

三、促进“一带一路”国际合作的重点内容

第一，要坚持“引进来”和“走出去”并重，深化双向投资合作和国际产能合作。“引进来”和“走出去”是“一带一路”国际合作的重要内容。

第二，推动国际大通道建设，深化沿线大通关合作。要促进基础设施互联互通，突破沿线发展瓶颈，基础设施互联互通是“一带一路”建设优先领域。

第三，要加强创新能力开放合作，增强发展新动力。主要是加强技术创新开放合作、

理论创新交流互鉴以及创新人才资源交流合作。

第四，要推动开放合作，完善全球经济治理体系。主要是提升贸易和投资便利化水平和经济治理水平。

第五，构筑多层次人文交流平台，促进包容发展。在新形势下，要努力开辟更多合作渠道，推动各国政府、企业、社会机构、民间团体积极参与。

2013 年 9 月我国提出共建“一带一路”倡议以来，截至 2021 年底，已有 170 多个国家和国际组织同我国签署关于共建“一带一路”合作谅解备忘录，共同开展了 2 000 多个合作项目，形成了一大批务实合作成果。从 2013 年到 2021 年，中国与共建“一带一路”国家货物贸易总额已经达到 11 万亿美元，中国企业对沿线国家的投资累计已超过 1 600 亿美元，沿线国家对中国的投资也超过了 700 亿美元。“一带一路”建设促进了多边平衡发展，为推进世界经济发展与国际合作共赢作出了重大贡献。

第七节　顺应经济全球化、推进高水平对外开放

一、经济全球化与扩大我国的对外开放

经济全球化是当代世界经济发展不可逆转的潮流，面对世界经济的这种发展趋势，必须进一步扩大对外开放，才能在激烈的国际竞争中生存和发展。当今世界，任何国家都难以在封闭的状态下取得较快的发展，特别是经济、科技还较为落后的发展中国家，要想获得快速发展，并实现对发达国家的赶超，就必须积极和善于参与国际经济的竞争，在经济全球化的进程中找到自己的位置，来促进国内经济社会的发展。我国是人口众多的发展中大国，扩大内需、开拓国内市场是我国经济发展的基本立足点和长期战略方针。但也要看到，我国加入世界贸易组织以后，国际市场的竞争更加深入地与国内市场的竞争结合在一起，国际市场竞争的一些主要因素成为国内市场竞争的组成部分。适应这种新形势，顺应我国经济深度融入世界经济的趋势，就要在更大范围、更广领域、更高层次上参与国际竞争与合作，也就是必须进一步扩大对外开放的深度和广度，发展更高层次的开放型经济，积极参与全球经济治理和公共产品供给，提高我国在全球经济治理中的制度性话语权，奉行互利共赢的开放战略，构建广泛的利益共同体。只有如此，才能充分利用国内国际两个市场、两种资源，才能弥补国内市场与资源的不足，进一步拓宽发展空间。

一方面，经济全球化是世界经济发展的客观趋势，我们必须融入这个大潮流中。但另一方面，有的西方发达国家实行利用经济全球化来谋取经济霸权乃至全面霸权的战略。就经济全球化的发展趋势而言，经济全球化对世界各国的发展都应该是有利的。但从西方国家的战略来说，由其主导的经济全球化的发展，给广大发展中国家带来了严峻的挑战。近年来，在一些西方国家中，还出现了一股逆全球化、单边主义、保护主义倾向，但经济全球化是无法阻挡、无法回避的大趋势，关键是要找到促使其健康发展、造福各方的途径。因此我国一贯主张，必须积极促进经济全球化向着有利于实现世界各国共同

繁荣的方向发展，趋利避害，使世界各国特别是发展中国家从经济全球化中受益和真正得到实惠。

当今世界正处于大发展大变革大调整时期，中国一贯坚持对外开放的基本国策，坚持打开国门搞建设。党的十九大报告强调指出，我国要“推动形成全面开放新格局。开放带来进步，封闭必然落后。中国开放的大门不会关闭，只会越开越大”。

二、提高经济竞争力，形成参与国际经济合作和竞争的新优势

在经济全球化的条件下，要想在激烈的世界经济竞争中生存和发展，就要不断提高本国的国际竞争力，形成参与国际经济合作和竞争的新优势。当今世界上国与国之间的经济关系，说到底要以经济实力为后盾，提高国际经济竞争力首先要提高和增强本国的经济实力。在科学技术成为第一生产力的当代，提高经济实力最主要的途径就是提高科技水平，增强创新能力，改造传统产业，发展新兴产业，从而大幅度提高劳动生产率。我国在参加国际经济合作和竞争中，要在提升人力素质、进行科学技术创新、打造知名品牌、提高商品质量、完善市场体系等方面，形成新的优势，构建更加成熟的开放型经济体系。

学习、引进先进的经营机制、经济组织形式和经营管理方式，也是提高国际竞争力的重要方面。在当代生产力的发展中，不但资金、技术、资源等实体性因素起着重要的作用，而且制度创新、组织创新、经营管理等经济运行机制和制度性、运筹性的经济增长因素起着越来越重要的作用。因此对现代市场经济的运行机制、组织形式、经营管理方式的学习和引进，对社会主义市场经济体制还处于发展完善阶段的我国来说，尤为重要。

我国在学习和引进国外的经营机制和经营方式中，采用了对外商投资的负面清单管理模式。负面清单管理模式是指政府规定哪些经济领域不对外资开放，不允许外商经营，除了清单上所列禁区，其他行业、领域、业务都许可外商投资经营。这种模式使外资准入更加透明，对扩大对外开放，增强外资信心，鼓励和吸引外商投资都起到了积极作用。我国从 2013 年起在上海等部分地区试行外商投资市场准入负面清单管理，2018 年正式实行全国统一的市场准入负面清单制度，有力地促进了对外开放进程。

在国际竞争中要求得生存和发展，还要做到知己知彼，了解世界经济的走势与行情，了解国际通行的规则与做法，了解竞争对手的各方面情况，从而在激烈的国际竞争中使我国处于有利地位。

最后，还要善于抓住世界经济格局变迁调整中的机遇，利用发达国家产品升级、技术更新转移等机会，积极引进适用技术、开拓市场，增强我国的国际经济竞争力。

三、坚持“引进来”和“走出去”相结合

在我国实行对外开放的起始阶段，“引进来”的比较多，例如引进国外先进技术、资金、人才和管理经验等。这些对外开放措施使我们加快了发展，了解了世界，弥补了国

内资源的不足，对社会经济发展起到了有力的促进作用。在我们的改革开放取得了一定成效，经济实力有了一定提高后，就要进一步把“引进来”同“走出去”结合起来，不但要继续引进各种有利于我国发展的生产要素，更要能“走出去”，对外输出相关要素，增强国际双向交往，提高开放水平，增强国际竞争力和综合国力。可以说，近年来我国已由主要是单向的引进技术、资金、人才和管理经验，逐步向国际上各生产要素相互交流转变，初步实现了“引进来”和“走出去”的结合。这不仅体现在技术、资金等要素的交流大大增加上，还体现在国际劳务合作和国际旅游等方面的长足发展上。

进一步把“引进来”和“走出去”结合起来，主要应从以下一些方面着手：第一，在对外贸易方面，要进一步扩大商品和服务贸易，实施市场多元化战略、以质取胜战略等行之有效的外贸发展战略，把进口替代和出口导向合理结合起来，并不断改革外贸体制、关税制度和贸易融资体制以适应国际经济发展的要求。第二，在利用外资方面，要创新利用外资方式，优化利用外资结构，进一步吸引外商直接投资，提高利用外资的质量和水平。要按照世界贸易组织的要求逐步开放国内市场，包括服务贸易领域如金融、电信、旅游等领域的开放。通过多种方式利用国外中长期投资，通过收购、兼并、投资基金、证券投资等形式利用国外资金。鼓励跨国公司投资于国内的农业、制造业和高新技术企业。同时，要进一步健全法制，改善投资环境，给外商以国民待遇。第三，注重人才与智力的引进，吸引国内需要的各种人才来华，鼓励海外留学人员归国创业。第四，实施“走出去”战略。在“走出去”方面要充分发挥我国的比较优势，鼓励和支持有比较优势的各种所有制企业对外投资，带动商品和劳务出口。要创新对外投资与合作方式，积极发展我国自己的跨国公司和跨国经营，要积极参与国际特别是区域经济合作，要创出中国的世界著名企业和世界知名产品与品牌，要参与对我国有利的国际投资项目。第五，无论是“引进来”还是“走出去”，都要有利于我国的经济安全和社会稳定，都要坚持主权独立、平等互利的原则。

四、推进高水平对外开放

我国要建设多元平衡、安全高效的全面开放体系，发展更高层次的开放型经济，建设更高水平开放型经济新体制，坚持实施更大范围、更宽领域、更深层次对外开放，依托我国大市场优势，促进国际合作，积极参与全球经济治理体系改革，实现互利共赢。我国秉持开放、合作、团结、共赢的信念，坚定不移全面扩大开放，更有效率地实现内外市场联通、要素资源共享，让中国市场成为世界的市场、共享的市场，为国际社会注入更多正能量。

党的二十大报告指出，要“推进高水平对外开放。依托我国超大规模市场优势，以国内大循环吸引全球资源要素，增强国内国际两个市场两种资源联动效应，提升贸易投资合作质量和水平。稳步扩大规则、规制、管理、标准等制度型开放。推动货物贸易优化升级，创新服务贸易发展机制，发展数字贸易，加快建设贸易强国。合理缩减外资准入负面清单，依法保护外商投资权益，营造市场化、法治化、国际化一流营商环境。推动共建‘一带一路’高质量发展。优化区域开放布局，巩固东部沿海地区开放先导地位，提高中西部和东北地区开放水平。加快建设西部陆海新通道。加快建设海南自由贸易港，实施自由贸易试验区提升战略，扩大面向全球的高标准自由贸易区网络。有序推进人民币国际化。深度参与全球产业分工和合作，维护多元稳定的国际经济格局和经贸关系”。

本章重要名词概念

对外经济关系	对外开放	互利共赢开放战略	自力更生	对外贸易
市场多元化战略	对外贸易战略宗旨	自由贸易区	国际收支	外汇
外汇汇率	经济特区	经济技术开发区	保税区	“一带一路”

思考题

1. 社会主义国家为什么要实行对外开放？
2. 怎样认识对外开放与独立自主、自力更生的关系？
3. 如何发展我国的对外贸易？
4. 我国在对外贸易中为什么要实施市场多元化战略、互利共赢开放战略、自由贸易区战略？
5. 为什么要引进先进技术？
6. 为什么要利用外资？怎样更好地利用外资？
7. 我国全方位对外开放的格局是怎样的？
8. “一带一路”建设有什么重要作用和意义？
9. 为什么我国要实行和怎样实行“引进来”与“走出去”相结合？
10. 在经济全球化条件下，为什么我国要进一步扩大对外开放？怎样提高我国的经济竞争力和推进高水平对外开放？

本章练习

第二十六章

社会主义必然发展到共产主义

本章重点

1. 共产主义社会是社会历史发展的必然
2. 共产主义社会必然经历其自身发展的两个阶段，其低级阶段是社会主义，高级阶段是共产主义
3. 社会主义社会与共产主义社会的共同点和差别
4. 社会主义必然发展到共产主义
5. 实现共产主义的基本条件
6. 走历史发展的必由之路，努力为实现共产主义创造条件

唯物主义历史观和剩余价值理论两大发现，使社会主义由空想变为科学。社会主义绝非某个天才头脑的偶然发现，而是人们对人类社会发展规律认识不断深化的体现，它是人类社会历史发展的必然归宿。

社会主义社会是共产主义社会的低级阶段，在社会主义社会的生产力高度发展的基础上，通过社会主义生产关系和上层建筑的不断改革而自我完善与发展，将来社会主义社会必然过渡到共产主义社会的高级阶段。党的二十大通过的《中国共产党章程》的总纲中指出："党的最高理想和最终目标是实现共产主义。""中国共产党人追求的共产主义最高理想，只有在社会主义社会充分发展和高度发达的基础上才能实现。"

第一节　共产主义社会及其发展的两个阶段

一、共产主义社会是社会历史发展的必然

自人类进入阶级社会以来，面对阶级压迫、阶级剥削的残酷现实，必然有人以各种方式来揭露和鞭挞这些罪恶的社会现象，反抗统治阶级的压迫和剥削，幻想和追求一种没有压迫和剥削、人人都自由平等的美好社会。我国古代的思想家就提出过"等贵贱""均贫富""有田同耕，有饭同食"以及反对不劳而获的思想。欧洲从16世纪到19世纪初，出现了空想社会主义思潮，空想社会主义者不仅深刻揭露和抨击了资本主义的种种罪恶，而且对未来理想社会作出了许多精彩的描绘，诸如：人人都参加劳动，各尽所能；

劳动成为生活的乐趣；人们将全面地发展自己的能力；整个社会生产将有计划地组织起来；消灭旧的分工、城乡对立、脑力劳动和体力劳动的对立；国家消亡；等等。但这些思想都不是建立在科学理论的基础上的，提出这些思想的思想家都不懂得社会基本矛盾及其对社会发展的推动作用，更不了解社会发展的客观规律，不懂得人民群众是推动社会发展从而是创造历史的动力和主人。他们幻想通过宣传、呼吁、实验和示范等途径，甚至寄希望于通过宣扬理性和正义来感动统治阶级以帮助实现"理想社会"，这就决定了他们的思想和追求是一种不可能实现的空想。

马克思主义唯物主义历史观科学地揭示了社会生产力和生产关系、经济基础和上层建筑的矛盾是社会的基本矛盾，这一基本矛盾的对立与统一，推动着社会从低级向高级有规律地向前发展。正是唯物主义历史观科学地回答了人类社会为什么必然经历原始社会、奴隶社会、封建社会、资本主义社会、共产主义社会五种社会形态。马克思主义剩余价值理论深刻地揭示了资产阶级和无产阶级对立的经济根源，论证了无产阶级的经济地位决定了他们是资本主义的掘墓人和新社会的创造者。所以，恩格斯指出，由于唯物主义历史观和剩余价值理论这两大发现，"社会主义变成了科学"①。

以上分析表明，马克思、恩格斯揭示了人类社会发展规律，这一规律推动人类社会从低级形态向高级形态有序地发展。在社会生产力高度发展、社会化大生产普遍化的条件下，客观规律要求社会占有和支配生产资料，实现整个社会经济的有计划协调发展。随之而来的便是劳动生产率极大提高、社会物质财富喷泉似地涌流，人们的劳动时间大大缩短，从而人们有更多自由支配时间进行多种知识技能的学习，劳动成为人的一种乐生需要，使人逐渐成为全面发展的新人。这就是说，在人类社会向前发展的轨道上，人类社会的列车必定驶进共产主义理想社会，这是人类社会发展的必然。

二、社会主义是共产主义社会的低级阶段

在马克思、恩格斯的著作以及列宁的早期著作中，社会主义和共产主义这两个词是通用的。后来列宁在《国家与革命》一书中，根据马克思在《哥达纲领批判》一书中所阐明的**共产主义社会两阶段**的学说，对社会主义和共产主义作了明确的划分，确定社会主义是共产主义社会的低级阶段，共产主义是共产主义社会的高级阶段。即使如此，列宁在以后的一些著作中，也常常通用社会主义和共产主义这两个词。这是因为社会主义和共产主义的区别，只是同一社会形态不同发展阶段的区别，而不是一种社会形态同另一种社会形态的根本区别。

作为共产主义社会低级阶段的社会主义社会，在本质上已经具备了共产主义社会形态的基本特征：（1）已经建立起同社会化生产相适应的生产资料公有制，生产资料公有制是社会主义经济制度的基础。虽然在社会主义初级阶段，由于生产力水平较低，公有制还不可能囊括社会经济的一切方面，还存在多种所有制经济并存和共同发展，但这种所有制结构是以公有制为主体的。（2）社会主义社会的生产目的是满足人民日益增长的

① 马克思，恩格斯．马克思恩格斯文集：第9卷．北京：人民出版社，2009：30.

物质文化和美好生活需要，达到共同富裕和促进人的全面发展。这与共产主义社会的生产目的是一致的，只是在满足需要和富裕程度上存在差别。（3）从总体上消灭了人剥削人的制度，劳动人民成了社会的主人，建立了平等、互助合作的关系。（4）在个人消费品分配方面，按劳分配已成为主体的分配方式。虽然按劳分配不同于共产主义的按需分配，但从消灭了剥削关系这一本质来看是相同的。（5）在意识形态方面，以马克思主义为指导思想，以集体主义为意识形态的核心，培育和践行社会主义核心价值观，倡导社会主义荣辱观。列宁在论述生产资料社会主义公有制的问题时曾说："既然生产资料已成为**公有**财产，那么'共产主义'这个名词在这里也是可以用的，只要不忘记这还**不是**完全的共产主义。"① 社会主义只是不完全的共产主义，从不完全到完全的共产主义还需要经过相当长的历史发展过程，但它毕竟已经属于共产主义社会形态。

三、社会主义社会与共产主义社会的差别

社会主义虽然属于共产主义社会形态，但它毕竟是刚刚从旧社会脱胎出来的，因而不可避免地还带有旧社会的传统和痕迹。马克思曾指出："我们这里所说的是这样的共产主义社会，它不是在它自身基础上已经**发展了的**，恰好相反，是刚刚从资本主义社会中**产生出来的**，因此它在各方面，在经济、道德和精神方面都还带着它脱胎出来的那个旧社会的痕迹。"② 至于在我国社会主义的初级阶段，这种旧的痕迹就更多了。因此，作为共产主义社会低级阶段的社会主义社会，与成熟的高级阶段的共产主义社会还存在着重大的差别。这些差别主要表现在：（1）在社会主义社会，虽然生产资料社会主义公有制的建立为社会生产力的迅速发展提供了可能，与旧社会相比，生产力有了较大的发展，但生产力还远未发展到很高的水平，社会产品还没有达到极大丰富的程度，与共产主义社会高级阶段高度发展的生产力相比，还有很大距离。（2）在社会主义社会，生产资料公有制虽然已经建立起来了，但在相当长时期内还存在着多种所有制经济。到了共产主义社会高级阶段，生产力高度发展了，社会将实行单一的共产主义社会所有制。（3）在社会主义社会，由于旧的社会分工的束缚，劳动者还不可能得到全面发展，劳动还只是一种谋生的手段。所谓**旧的社会分工**，就是每个劳动者长期乃至终生被束缚在一种职业上，使劳动者的劳动片面化，特别是形成了脑力劳动与体力劳动的对立或本质差别和事实上的不平等。只有到了共产主义社会高级阶段，消灭了旧的社会分工，人们才能获得自由和全面发展，劳动才成为人们生活的第一需要。（4）社会主义公有制经济范围内对个人消费品的分配，实行按劳分配的原则。社会主义初级阶段的分配方式，除以按劳分配为主体外，还包括按生产要素分配和其他多种分配方式，还不可能消灭劳动者在收入和生活富裕程度上的差别和事实上的不平等。只有到了共产主义社会高级阶段，才能在个人消费品分配上实现事实上的平等，实行**按需分配**的原则。（5）在社会主义社会，剥削阶级作为阶级已经被消灭了，但在社会主义社会特别是在社会主义初级阶段，由于国

---

① 列宁．列宁全集：第 31 卷．2 版．北京：人民出版社，1985：94.

② 马克思，恩格斯．马克思恩格斯文集：第 3 卷．北京：人民出版社，2009：434.

际和国内因素的影响，阶级矛盾还将在一定范围内长期存在，而且这种矛盾有可能激化。因此，无产阶级专政的国家还必须存在。到了共产主义社会高级阶段，随着阶级的消灭，国家将完全消亡。（6）在社会主义新型的生产关系的基础上，产生了新的社会主义的意识形态和新的道德观念以及社会风气，如社会主义核心价值观和荣辱观。但在社会主义社会，特别是它的初级阶段，资产阶级思想和封建思想以及小资产阶级思想都还存在并对人们产生影响。到了共产主义社会高级阶段，全体人民的共产主义觉悟和道德品质都将有极大提高，到达一个新的境界。

以上说明社会主义和共产主义虽然属于同一社会形态，但两者之间还存在着重大差别。这种差别的基础就在于，社会主义社会的生产力还不像共产主义社会高级阶段那样得到高度发展。同时，人们也还没有具备共产主义的精神面貌及道德品质。所以，建立起社会主义制度以后，我们的根本任务就是通过改革进一步解放和发展社会生产力，加快实现社会主义现代化，在加强物质文明建设的同时加快推进社会主义精神文明建设。

第二节　社会主义发展到共产主义的必然性

一、社会主义发展到共产主义是生产力和生产关系矛盾运动的必然结果

社会主义社会同以往的其他社会一样，都是在生产力和生产关系的矛盾运动中向前发展的。所不同的只是，在社会主义制度下，由于社会主义公有制的确立，人们之间是一种平等和谐、互助合作的关系，不存在根本利害冲突，生产力和生产关系之间的矛盾不具有对抗性，它可以依靠社会主义制度本身通过改革自我调节和完善获得解决。

在社会主义再生产过程中，生产规模不断扩大，生产技术不断进步，人的生产技能不断提高，因而生产力获得了迅速发展。与此同时，社会主义生产关系也是在不断扩大的规模上再生产出来的，使社会主义公有制日益巩固和发展，生产关系不完善的方面也逐渐完善。前面说过，社会主义和共产主义存在差别的基础在于社会主义社会的生产力还比较低。随着生产力的发展、生产关系的日臻完善，通过若干阶段的部分质变，社会主义必然发展成为共产主义，这是不以人们的意志为转移的。

二、实现共产主义的基本条件

社会主义和共产主义的差别表明，实现向共产主义过渡必须具备以下基本条件。

（1）社会生产力有了高度发展，集体财富的一切源泉都充分涌流，产品极大丰富，这是实现共产主义的最重要的物质条件。生产力在社会发展中起着决定性的作用，如果没有生产力的高度发展，生产关系各方面的完善是不可能的，其他条件也不可能实现，特别是“按需分配”更是不可能，共产主义也就成为空中楼阁。所以，生产力的高度发展，产品的极大丰富，是实现共产主义的根本物质前提。

（2）全体人民的共产主义觉悟和道德品质的极大提高，先进科学文化的广泛普及，

是实现共产主义伟大理想所必备的精神条件。列宁在论述共产主义制度时指出："在这种制度下，人们习惯于履行社会义务而不需要特殊的强制机构，不拿报酬地为公共利益工作成为普遍现象。"① 所以，在共产主义社会高级阶段，全体人民应是具有高度自觉的劳动态度和劳动纪律、完全根据公共利益进行劳动的共产主义新人。为此，在整个社会主义历史时期，不仅要努力建设高度的物质文明，还要努力建设高度的社会主义精神文明。社会主义精神文明的范围很广，可以分为文化建设和思想建设两个方面。文化建设的主要内容是教育、科学、文学艺术、新闻出版、广播电视、卫生体育、图书馆、博物馆等各项文化事业的发展和人民群众知识水平的提高；同时也包括健康、愉快、生动活泼、丰富多彩的群众性娱乐活动，使人民得到高尚趣味的精神享受。思想建设的主要内容是马克思主义的世界观、人生观、价值观和科学理论，是共产主义的理想和信念，是同社会主义公有制相适应的主人翁思想和集体主义思想，是同社会主义政治制度相适应的权利义务观念和组织纪律观念，是为人民服务的献身精神，是社会主义的爱国主义和国际主义，等等。要倡导富强、民主、文明、和谐，倡导自由、平等、公正、法治，倡导爱国、敬业、诚信、友善，积极培育和践行社会主义核心价值观。党的二十大报告指出，"社会主义核心价值观是凝聚人心、汇聚民力的强大力量"，要"深入开展社会主义核心价值观宣传教育，深化爱国主义、集体主义、社会主义教育，着力培养担当民族复兴大任的时代新人"。培育和践行社会主义核心价值观，努力使全国人民成为有理想、有道德、有文化、有纪律的人，全面提高人民的道德素质，就是为共产主义准备精神条件。

（3）"三大差别"消灭，社会成员都成为体力和智力获得**全面发展的新人**。由于社会主义社会是刚从旧社会脱胎出来的，生产力水平还不够高，必然存在着工农差别、城乡差别、脑力劳动和体力劳动差别这**"三大差别"**，人们还不能完全摆脱旧的社会分工的束缚，尚未实现人的全面发展。而在生产力高度发展和产品极大丰富的条件下，劳动条件就可以大大改善，"三大差别"随之消灭，劳动时间可以大大缩短，人们有更多的时间自由支配，从事各种发展体力和智力的学习和活动，并根据自己的兴趣和爱好从事各方面的工作，从而人们才能成为全面发展的新人。

与劳动者获得全面发展相联系，劳动的性质也发生变化。在社会主义制度下，劳动者已经摆脱了剥削，从这一点来说，与旧社会相比，劳动已具有根本不同的性质，成为光荣的、豪迈的事业。但在社会主义社会，由于劳动者还不可能得到全面发展，不劳动者不得食，因而劳动还带有一定的强制性质，劳动还仅仅是一种谋生手段。而当生产力有了高度发展，生产条件极大改善，产品极大丰富时，每个劳动者都获得充分发挥其聪明才智的条件，劳动者成为全面发展的新人，劳动就会从一种负担变成人们生活的第一需要。

（4）在全世界消灭一切剥削制度，促使国家自行消亡。国家是阶级统治的机器，在社会主义阶段，它还不可能消亡。但是，随着社会主义的发展，随着国家内部阶级差别的完全消灭和国际上一切剥削制度的完全消灭，国家的内部镇压和防止国外敌人颠覆侵略的职能就失去作用，国家也将自行消亡。

---

① 列宁．列宁选集：第4卷．3版修订版．北京：人民出版社，2012：91.

实现了以上经济、思想、文化、政治和社会各方面的条件，社会主义才能最终过渡到共产主义。那时，“社会才能在自己的旗帜上写上：各尽所能，按需分配！”①

第三节　为实现共产主义理想而奋斗

一、坚定共产主义理想信念

以上分析了社会主义发展到共产主义的客观必然性，从社会主义发展到共产主义是人类社会发展的必由之路，归纳了实现共产主义所需具备的基本条件。但是，有人认为共产主义很难实现，有些渺茫。这是缺乏科学态度的表现。应当指出，上述共产主义的一些基本特征，不是马克思和恩格斯凭空想出来的，而是他们对资本主义社会的生产力和生产关系的状况进行全面系统分析而得出来的科学预见。实践已经证明，科学技术和生产力的发展是无止境的，因而打破束缚生产力发展的旧的生产关系和经济体制，在新的生产关系和经济体制的推动下，生产力就可以迅速地发展，劳动生产率就可以大幅度地提高，社会产品就能够逐步达到极大丰富的程度。在这个基础上，共产主义的其他一些原则，如人的全面发展、按需分配等，就可以而且必然得到实现。所以，共产主义是建立在科学基础上的，是合乎社会发展规律的，因而一定能够实现，任何怀疑都是没有根据的。当然，要深刻认识到实现共产主义是一个一个阶段性目标逐步达成的历史过程，实现共产主义需要经历一个很长的历史时期，需要若干代人的努力，我们应当为子孙后代的幸福、为人类最理想最美好的共产主义的实现添砖加瓦。

二、共产主义远大理想和中国特色社会主义共同理想的相互统一与紧密结合

共产主义需要经历一个很长的历史发展时期才能实现，并不意味着它在现实生活中是看不见的。从科学社会主义诞生以来，在资本主义国家以及在旧中国，都有许多仁人志士为共产主义的实现而进行着推翻旧制度的斗争，这就是共产主义在那个时代的实践，这个任务在我国和一些社会主义国家已经胜利地实现了。现在我们为建设中国特色社会主义所进行的经济体制改革和为建设富强民主文明和谐美丽的社会主义现代化国家所付出的努力，正是共产主义在现阶段的实践。现阶段的共产主义实践与过去相比，不是离共产主义更远了，而是更近了。我们现在所建立起来的中国特色社会主义，尽管是社会主义的初级阶段，但它毕竟已处于共产主义社会的低级阶段，特别是中国特色社会主义已进入了新时代，我们现在已经跨入共产主义社会大门之内。因此，前途绝不是渺茫的，而是我们正走在一条通向共产主义的光明大道上。党的十九大报告强调指出，共产主义远大理想和中国特色社会主义共同理想，是我们的“精神支柱和政治灵魂”，党的二十大报告要求我们“自觉做共产主义远大理想和中国特色社会主义共同理想的坚定信仰者和

① 马克思，恩格斯. 马克思恩格斯文集：第3卷. 北京：人民出版社，2009：436.

忠实实践者”。我们要把共产主义远大理想和中国特色社会主义共同理想相互统一、紧密结合起来，千里之行，始于足下，要积极投身于中国特色社会主义事业，坚定信心、同心同德、埋头苦干、奋勇前进，全面建设社会主义现代化国家、全面推进中华民族伟大复兴，奋力开拓中国特色社会主义事业的广阔前景，为实现共产主义的远大理想而努力奋斗。

本章重要名词概念

共产主义社会两阶段　旧的社会分工　按需分配　全面发展的新人　“三大差别”

思考题

1. 为什么说共产主义社会是历史发展的必然？
2. 共产主义社会为什么必然经历自身发展的两个阶段？
3. 社会主义社会与共产主义社会有哪些共同点和差别？
4. 实现共产主义理想需要具备什么基本条件？
5. 如何为实现共产主义远大理想而奋斗？
6. 为什么要把共产主义远大理想和中国特色社会主义共同理想紧密结合起来？

本章练习

图书在版编目（CIP）数据

政治经济学教程/宋涛主编；顾学荣，杨干忠，张宇副主编. --14版. --北京：中国人民大学出版社，2023.7

新编21世纪经济学系列教材

ISBN 978-7-300-31907-0

Ⅰ.①政… Ⅱ.①宋… ②顾… ③杨… ④张… Ⅲ.①政治经济学-教材 Ⅳ.①F0

中国国家版本馆CIP数据核字（2023）第123832号

普通高等教育“十一五”国家级规划教材

新编21世纪经济学系列教材

政治经济学教程（第14版）

主　编　宋　涛

副主编　顾学荣　杨干忠　张　宇

Zhengzhi Jingjixue Jiaocheng

出版发行　中国人民大学出版社

社　　址　北京中关村大街31号　　**邮政编码**　100080

电　　话　010－62511242（总编室）　010－62511770（质管部）

010－82501766（邮购部）　010－62514148（门市部）

010－62515195（发行公司）　010－62515275（盗版举报）

网　　址　http://www.crup.com.cn

经　　销　新华书店

印　　刷　天津中印联印务有限公司

开　　本　787 mm×1092 mm　1/16

印　　张　29.25　插页1

字　　数　660 000

版　　次　1982年1月第1版

2023年7月第14版

印　　次　2025年4月第2次印刷

定　　价　69.00元

教学支持说明

1. 教辅资源获取方式

为秉承中国人民大学出版社对教材类产品一贯的教学支持，我们将向采纳本书作为教材的教师免费提供丰富的教辅资源。您可直接到中国人民大学出版社官网的教师服务中心注册下载——http://www.crup.com.cn/Teacher。

如遇到注册、搜索等技术问题，可咨询网页右下角在线 QQ 客服，周一到周五工作时间有专人负责处理。

注册成为我社教师会员后，您可长期根据您所属的课程类别申请纸质样书、电子样书和教辅资源，自行完成免费下载。您也可登录我社官网的"教师服务中心"，我们经常举办赠送纸质样书、赠送电子样书、线上直播、资源下载、全国各专业培训及会议信息共享等网上教材进校园活动，期待您的积极参与！

2. 高校教师可加入下述学科教师 QQ 交流群，获取更多教学服务

经济类教师交流群：809471792

财政金融教师交流群：766895628

国际贸易教师交流群：162921240

税收教师交流群：119667851

3. 购书联系方式

网上书店咨询电话：010－82501766

邮购咨询电话：010－62515351

团购咨询电话：010－62513136

中国人民大学出版社经济分社

地址：北京市海淀区中关村大街甲 59 号文化大厦 1506 室　100872

电话：010－62513572　010－62515803

传真：010－62514775

E-mail：jjfs@crup.com.cn